Monaldi & Sorti

Imprimatur

Monaldi & Sorti

IMPRIMATUR

Roman

Aus dem Italienischen
von Maja Pflug und Friederike Hausmann

Claassen

Die Originalausgabe erschien 2002 unter dem Titel
Imprimatur
bei Arnoldo Mondadori Editore, Mailand

Claassen Verlag
Claassen ist ein Verlag des Verlagshauses
Ullstein Heyne List GmbH & Co. KG.

2. Auflage 2003

Gesetzt aus der Sabon und Tiepolo book bei
Franzis print & media GmbH, München
Druck und Bindung: Bercker, Kevelaer

ISBN 3-546-00335-7

Inhalt

Divinatorische Deutungen
des Arkanums Gericht:

Auferstehung der Vergangenheit
Wiedergutmachung von erlittenem Unrecht
Gerechtes Urteil der Nachwelt.

Nichts geht verloren; die Vergangenheit bleibt lebendig in dem, was die Zukunft betrifft.

OSWALD WIRTH, *Die Magie des Tarot*

Como, 14. Februar 2040

An Seine Exzellenz Msgr.
Alessio Tanari
Sekretär der Kongregation für die Heiligsprechung
Rom – Vatikanstadt

In nomine Domini

Ego, Lorenzo Dell'Agio, Episcopus Comi, in processu canonizationis beati Innocentii Papae XI, iuro me fideliter diligenterque impleturum munus mihi commissum, atque secretum servaturum in iis ex quorum revelatione preiudicium causae vel infamiam beato afferre posset. Sic me Deus adiuvet.

Sehr lieber Alessio,

bitte verzeihen Sie, wenn ich meinem Schreiben an Sie die Formel des üblichen Eides voranstelle: Schweigen zu bewahren über gewisse Dinge, die ich erfahren habe und die dem Ruf einer selig gesprochenen Seele zum Schaden gereichen könnten.

Ich weiß, dass Sie Ihrem alten Seminarlehrer die Wahl eines Briefstils vergeben werden, der weniger orthodox ist, als Sie es gewöhnt sind.

Vor nunmehr drei Jahren schrieben Sie mir im Auftrag des Heiligen Vaters und baten mich, eine angebliche Wunderheilung aufzuklären, die sich vor über vierzig Jahren in meiner Diözese zugetragen hat, bewirkt durch den Seligen Papst Innozenz XI.: jenen Benedetto Odescalchi aus Como, von dem Sie als Kind vielleicht zum ersten Mal eben aus meinem Munde erzählen hörten.

Bei dem Fall von *mira sanatio* ging es, wie Sie sich gewiss noch erinnern, um einen kleinen Jungen: ein Waisenkind aus dem Umland von Como, dem ein Hund einen Finger abgebissen hatte. Die Großmutter des Buben, die Papst Innozenz verehrte, hob den blutigen Stummel sofort auf, wickelte ihn in ein Heiligenbildchen des Pontifex und übergab ihn so den Ärzten in der Notaufnahme. Nach der Operation, bei der der Finger wieder angenäht wurde, konnte der Kleine ihn sogleich frei bewegen und alles spüren: eine Tatsache, die sowohl bei dem Chirurgen als auch bei dessen Assistenten Staunen auslöste.

Ihren Anweisungen und dem Wunsch Seiner Heiligkeit entsprechend, habe ich den Prozess *super mira sanatione* eingeleitet, den zu eröffnen mein damaliger Vorgänger nicht für nötig befunden hatte. Ich will mich hier nicht weiter über den Prozess auslassen, den ich soeben abgeschlossen habe, obwohl unterdessen fast alle Zeugen des Vorgangs verstorben sind, die klinischen Berichte nach zehn Jahren vernichtet wurden und das Kind von damals mittlerweile ein fünfzigjähriger Mann ist, der schon lange in den Vereinigten Staaten lebt. Die Akten werden Ihnen gesondert zugeschickt. Wie es das Verfahren vorsieht, werden Sie sie der Kongregation zur Beurteilung vorlegen, ich weiß, und dann einen Bericht für den Heiligen Vater abfassen. Ich weiß auch, wie sehnlich sich unser geliebter Pontifex wünscht, bald ein Jahrhundert nach der Seligsprechung den Kanonisierungsprozess von Papst Innozenz XI. wieder aufzurollen, um ihn endlich heilig zu sprechen. Und gerade weil das Vorhaben Seiner Heiligkeit auch mir am Herzen liegt, komme ich nun zur Sache.

Gewiss ist Ihnen der beträchtliche Umfang des meinem Schreiben beiliegenden Konvoluts aufgefallen: Es ist das Manuskript eines nie veröffentlichten Buches.

Ihnen in allen Einzelheiten seine Entstehungsgeschichte zu schildern wird schwierig sein, denn nachdem die beiden Autoren mir ein Exemplar davon zukommen ließen, sind sie spurlos verschwunden. Ich bin sicher, dass Unser Herrgott dem Heiligen Vater und Ihnen nach der Lektüre des Werkes eingeben wird, was die gerechteste Lösung in diesem Dilemma ist: *secretum servare aut non?* Schweigen bewahren oder den Text veröffentlichen? Was immer entschieden wird, es wird mir heilig sein.

Ich entschuldige mich schon im Voraus, wenn meine Feder – da mein Geist erst jetzt von drei Jahren mühevoller Nachforschungen befreit ist – zuweilen allzu frei dahineilt.

Ich lernte die beiden Autoren des Manuskripts, ein junges Paar, vor nunmehr dreiundvierzig Jahren kennen. Ich war soeben zum Pfarrer in Rom ernannt worden und dort aus meiner Heimatstadt Como eingetroffen, in die ich dann später dank der Gnade unseres Herrn als Bischof zurückkehren durfte. Die miteinander verlobten jungen Leute, Rita und Francesco, waren beide Journalisten. Sie wohnten unweit meiner Pfarrei und wandten sich daher an mich, um bei mir den Brautkurs zu absolvieren.

Das Gespräch mit dem jungen Paar sprengte bald den Rahmen eines rein seelsorgerischen Verhältnisses und wurde mit der Zeit enger und vertraulicher. Der Zufall wollte, dass der Priester, der die Trauung vornehmen sollte, vierzehn Tage vor der Hochzeit von einer schweren Krankheit heimgesucht wurde. Es war daher für Rita und Francesco nur natürlich, mich zu bitten, den Ritus zu zelebrieren.

Ich traute sie Mitte Juni an einem sonnigen Nachmittag, im reinen, erhabenen Licht der Kirche San Giorgio in Velabro, unweit der glorreichen Ruinen des Forum Romanum und des Kapitols. Es war eine innige Feierstunde voller Rührung. Ich betete inbrünstig zum Allerhöchsten, er möge dem jungen Paar ein langes, heiteres Leben gewähren.

Nach der Hochzeit pflegten wir den Kontakt noch einige Jahre weiter. So erfuhr ich, dass Rita und Francesco trotz der wenigen Freizeit, die ihnen die Arbeit ließ, das Studium nie ganz aufgegeben hatten. Zwar hatten sich beide nach ihrem Staatsexamen in Literaturwissenschaft der schnelllebigeren und zynischeren Welt der Presse zugewandt, jedoch darüber die alten Interessen nicht vergessen. Sie widmeten sich vielmehr in freien Momenten weiterhin guter Lektüre, unternahmen Museumsbesuche und gelegentliche Streifzüge durch die Bibliothek.

Einmal im Monat luden sie mich zum Abendessen oder zu einem nachmittäglichen Kaffee ein. Häufig mussten sie, damit ich mich setzen konnte, im letzten Augenblick einen unter Stößen von Fotokopien, Mikrofilmen, Reproduktionen alter Stiche und Büchern begrabenen Stuhl frei machen: Und bei jedem Besuch sah ich, dass diese Papierberge noch gewachsen waren. Neugierig geworden, fragte ich, womit sie sich denn mit solch glühendem Eifer beschäftigten.

Daraufhin erzählten sie mir, sie seien vor einiger Zeit in der Privatsammlung eines bibliophilen römischen Aristokraten auf eine Reihe von acht handgeschriebenen Bänden gestoßen, die aus den ersten Jahren des 18. Jahrhunderts stammten. Dank einiger gemeinsamer Freunde hatte der Besitzer, Marchese *** ***, den beiden die Erlaubnis erteilt, die alten Bände zu studieren.

Für Geschichtsliebhaber handelte es sich um ein wahres Juwel. Die acht Bände enthielten das Epistolarium des Abbé Atto Melani, der einer alten adeligen toskanischen Familie von Musikern und Diplomaten angehörte.

Doch die wahre Entdeckung sollte noch kommen: In einen der acht Bände mit eingebunden war ein umfangreiches Memoiren-Manuskript zum Vorschein gekommen. Es war auf 1699 datiert und in winziger Schrift abgefasst, von deutlich anderer Hand als der Rest des Bandes.

Der anonyme Autor der Memoiren behauptete, er sei Hausbursche in einer römischen Locanda gewesen, und schilderte in der ersten Person überraschende Begebenheiten, die sich im Jahre 1683 in Paris, Rom und Wien abgespielt hatten. Den Memoiren war ein kurzer Brief vorangestellt, ohne Datum, Absender oder Adressat und von recht dunklem Inhalt.

Mehr konnte ich zu jenem Zeitpunkt nicht erfahren. Die beiden Jungvermählten wahrten hinsichtlich ihrer Entdeckung größte Zurückhaltung. Ich ahnte nur, dass all ihre regen Nachforschungen von dem Fund jener Memoiren in Gang gesetzt worden waren.

Allerdings hatten die jungen Leute, da sie beide für immer aus der akademischen Welt ausgeschieden waren und ihren Studien keinen wissenschaftlichen Anstrich mehr geben konnten, begonnen, das Projekt eines Romans ins Auge zu fassen.

Anfangs erzählten sie mir davon wie zum Scherz: Sie würden die Memoiren des Hausburschen in die Form und Prosa eines Romans bringen. Darüber war ich zuerst etwas enttäuscht, da ich die Idee – als leidenschaftlicher Gelehrter, der zu sein ich mir einbildete – überheblich und oberflächlich fand.

Dann, im Laufe meiner Besuche, begriff ich, dass die Sache allmählich ernst wurde. Kaum ein Jahr nach der Hochzeit widmeten sie dem Projekt schon ihre gesamte Freizeit. Später gestanden sie mir, dass sie auch ihre Hochzeitsreise beinahe ausschließlich in den Archiven und Bibliotheken von Wien verbracht hatten. Ich stellte nie Fragen, sondern beschränkte mich darauf, als schweigsamer und diskreter Mitwisser ihrer Anstrengungen aufzutreten.

Leider schenkte ich damals dem Bericht, den mir die beiden jungen Leute über das Fortschreiten ihrer Arbeit lieferten, nicht die gebührende Aufmerksamkeit. Sie wiederum, angespornt durch die Geburt einer hübschen kleinen Tochter und müde, auf den Treibsand unseres armen Landes zu bauen, hatten plötzlich beschlossen, nach Wien zu ziehen, eine Stadt, die sie vielleicht auch wegen der süßen Erinnerungen an ihre Flitterwochen lieb gewonnen hatten.

Kurz bevor sie Rom endgültig den Rücken kehrten, luden sie mich zu einem kurzen Abschiedstreffen ein. Sie versprachen, mir zu schreiben und mich zu besuchen, wenn sie wieder einmal nach Italien kämen.

Doch sie taten nichts von alledem, und ich hörte nichts mehr von ihnen. Bis ich eines Tages, nach Monaten, ein Päckchen aus Wien bekam. Es enthielt das Manuskript, das ich Ihnen sende: den sehnlich erwarteten Roman.

Ich freute mich zu erfahren, dass es ihnen wenigstens gelungen war, ihn zu Ende zu bringen, und wollte antworten, um ihnen zu danken. Doch ich musste erstaunt feststellen, dass sie mir weder ihre Adresse mitgeteilt noch ein paar begleitende Zeilen beigelegt hatten. Auf dem Frontispiz stand eine knappe Widmung: »Den Besiegten«. Und auf der Rückseite des Päckchens, mit Filzstift geschrieben, nur: »Rita & Francesco«.

Ich las also den Roman. Oder sollte ich eher von Memoiren sprechen? Handelte es sich wirklich um barocke, für den heutigen Leser aufbereitete Memoiren? Oder doch eher um einen modernen, im 17. Jahrhundert angesiedelten Roman? Oder beides? Diese Fragen bedrängen mich noch immer. In einigen Teilen hat man nämlich den Eindruck, als läse man aus dem 17. Jahrhundert unberührt auf uns gekommene Seiten: Die Personen disputieren unverändert in der Sprache der damaligen Traktate.

Doch wenn die gelehrten Gespräche dann der Handlung weichen, wandelt sich das linguistische Register abrupt, die gleichen Personen drücken sich in moderner Prosa aus und scheinen sich in ihrem Handeln sogar auffällig an den Topos des Kriminalromans – à la Sherlock Holmes und Watson, damit wir uns recht verstehen – anzulehnen. Geradeso, als hätten die Autoren in diesen Passagen einen Hinweis auf ihren Eingriff hinterlassen wollen.

Und wenn sie mich belogen hätten?, fragte ich mich zu meinem eigenen Erstaunen. Wenn die Geschichte von der Handschrift des Hausburschen, die sie wiedergefunden hätten, reine Erfindung wäre? Glich sie nicht doch zu sehr dem Kunstgriff, mit dem Manzoni und Dumas ihre Meisterwerke, *Die Brautleute* und *Die drei Musketiere*, einleiten? Auch das sind ja, welch ein Zufall, historische Romane, die im 17. Jahrhundert spielen ...

Leider war es mir nicht möglich, der Sache auf den Grund zu gehen, vermutlich ist es ihr bestimmt, ein Geheimnis zu bleiben. Ich konnte nämlich die acht Briefbände des Abbé Melani, von denen die ganze Sache ihren Ausgang genommen hat, nicht auffinden. Die Bibliothek des Marchese *** *** wurde vor etwa zehn Jahren von den Erben aufgelöst und anschließend veräußert. Das Auktionshaus, das den Verkauf abgewickelt hatte, teilte mir, nachdem ich einige Bekannte bemüht hatte, auf informellem Weg die Namen der Käufer mit.

Ich glaubte mich der Lösung nahe und der Gnade des Herrn teilhaftig, bis ich dann die Namen der neuen Besitzer las: Die Bände waren von Rita und Francesco erworben worden. Von denen es natürlich keine Adresse gab.

In den letzten drei Jahren habe ich also mit den wenigen mir zur Verfügung stehenden Mitteln in mühseliger Kleinarbeit den Inhalt des Manuskripts überprüft. Das Ergebnis meiner Recherchen finden Sie auf den Seiten, die ich am Schluss beilege, und ich bitte Sie, alles mit größter Aufmerksamkeit zu lesen. Sie werden dabei entdecken, wie lange ich das Werk meiner Freunde ins Vergessen verbannte und wie viel Leid mir daraus erwuchs. Außerdem werden Sie eine detaillierte Überprüfung der im Manuskript geschilderten historischen Begebenheiten und einen Bericht über die anstrengenden Nachforschungen finden, die ich in den Archiven und Bibliotheken halb Europas angestellt habe, um herauszufinden, ob diese Ereignisse der Wahrheit entsprechen könnten.

Die geschilderten Fakten waren nämlich, wie Sie selbst feststellen können, von solcher Tragweite, dass sie den Lauf der Geschichte gewaltig und für immer verändern würden.

Doch nun, da ich am Ende meiner Nachforschungen angelangt bin, kann ich mit Gewissheit behaupten, dass die Begebenheiten und Personen in der Geschichte, die Sie gleich lesen werden, authentisch sind. Und auch dort, wo es nicht möglich war, Beweise für das Gelesene zu finden, konnte ich zumindest konstatieren, dass es sich um äußerst wahrscheinliche Ereignisse handelt.

Die von meinen beiden ehemaligen Pfarrkindern erzählte Geschichte dreht sich zwar nicht einzig um Papst Innozenz XI. (der sich quasi gar nicht unter den handelnden Personen des Romans befindet), rückt jedoch Umstände ins Licht, die neue, finstere Schatten auf die Seelenreinheit des Pontifex und auf die Lauterkeit seiner Absichten werfen. Ich sage neue, da ja schon das Verfahren zur Seligsprechung des Papstes aus der Familie Odescalchi, das am 3. September 1714 von Klemens XI. eröffnet wurde, beinahe sofort ins Stocken geriet wegen der Einwände *super virtutibus*, die in der *congregatio antepraeparatoria* vom Verteidiger des Glaubens erhoben wurden. Dreißig Jahre mussten vergehen, bis Benedikt XIV. aus der Familie Lambertini die Zweifel der Promotoren und Konsultoren am Heroismus der Tugenden von Innozenz XI. per Dekret zum Schweigen brachte. Doch kurz darauf kam der Prozess erneut zum Stillstand, diesmal für beinahe zweihundert Jahre: Erst 1943 nämlich wurde unter Papst Pius XII. ein neuer Berichterstatter ernannt. Die Seligsprechung ließ noch weitere dreizehn Jahre auf sich warten, und zwar bis zum 7. Oktober 1956. Danach wurde es still um Papst Odescalchi. Nie mehr war, bis heute, die Rede davon, ihn heilig zu sprechen.

Dank der von Papst Johannes Paul II. vor über fünfzig Jahren gebilligten Gesetzgebung hätte ich auf meine Initiative hin eine Zusatzuntersuchung einleiten können. Doch hätte ich es in diesem Fall nicht vermocht, *secretum servare in iis ex quorum revelatione preiudicium causae vel infamiam beato afferre posset*. Denn ich hätte dann den Inhalt des Manuskripts von Rita und Francesco jemandem enthüllen müssen, und sei es auch einzig dem *promotor fidei* und dem *postulator* (den »Vertretern der Anklage und der Verteidigung der Heiligen«, wie sie heute plump in den Zeitungen genannt werden).

Auf diese Weise allerdings hätte ich schwerwiegende und nicht mehr zu beseitigende Zweifel an den Tugenden des Seligen aufkommen lassen: Und eine solche Entscheidung könnte nur der Pontifex Maximus treffen, ich ganz gewiss nicht.

Wäre das Buch allerdings in der Zwischenzeit erschienen, so wäre ich von meiner Geheimhaltungspflicht befreit gewesen. Daher hoffte ich, dass das Werk meiner beiden Pfarrkinder schon einen Verleger gefunden hätte. Ich betraute zwei meiner jüngsten und ahnungslosesten Mitarbeiter mit den entsprechenden Nachforschungen. Doch im Katalog der lieferbaren Bücher fand sich weder eine entsprechende Publikation noch der Name meiner Freunde.

Ich versuchte die beiden jungen Leute zu finden (die nun gewiss nicht mehr jung waren), und beim Einwohnermeldeamt waren sie tatsächlich als nach Wien verzogen registriert: Auerspergstraße 7. Ich schrieb an diese Adresse, doch die Antwort kam vom Leiter eines Studentenheims, der mir keinerlei weitere Auskunft geben konnte. Ich fragte bei der Stadt Wien an, aber es kam nichts Brauchbares dabei heraus. Ich wandte mich an Botschaften, Konsulate, Auslandsdiözesen – ohne das geringste Resultat.

Ich fürchtete das Schlimmste. Sogar an den Pfarrer der Minoritenkirche, der Kirche der italienischen Gemeinde in Wien, schrieb ich. Rita und Francesco aber waren überall unbekannt, glücklicherweise auch bei der Friedhofsverwaltung.

Zuletzt beschloss ich, selbst nach Wien zu reisen, in der Hoffnung, wenigstens ihre Tochter aufzuspüren, obwohl ich mich, nach vierzig Jahren, nicht mehr an ihren Taufnamen erinnerte. Wie vorauszusehen, führte auch dieser letzte Versuch zu nichts.

Von meinen beiden ehemaligen Freunden bleibt mir, außer den Schriften, nur ein altes Foto, das sie mir geschenkt hatten. Ich überlasse es Ihnen, wie auch alles Übrige.

Seit drei Jahren suche ich sie überall. Manchmal überrasche ich mich dabei, wie ich Mädchen anstarre, die rothaarig sind wie Rita, und dabei völlig vergesse, dass ihre Haare nun genauso weiß wären wie meine. Sie wäre jetzt vierundsiebzig Jahre alt und Francesco sechsundsiebzig.

Ich verabschiede mich fürs Erste von Ihnen und von Seiner Heiligkeit. Möge Gott Sie leiten bei der Lektüre, die Ihnen bevorsteht.

Msgr. Lorenzo Dell'Agio
Bischof der Diözese Como

Den Besiegten

Signore,

indem ich Euch diese Memoiren übersende,
die ich schließlich wiederfand, wage ich zu hoffen,
dass Eure Exzellenz in meinen Bemühungen,
Eure Wünsche zu erfüllen, das Übermaß an Leidenschaft
und Liebe erkennen wird, die stets mein Glück
ausmachten, wenn ich sie Eurer Exzellenz
unter Beweis stellen konnte.

Memoiren

enthaltend viele wundersame Begebenheiten,
geschehen in der Locanda del Donzello all'Orso
vom 11. bis zum 25. September des Jahres 1683;
unter Bezugnahme auf andere Ereignisse
vor und nach jenen Tagen.

Zu Rom, A. D. 1699

Erster Tag

11. September 1683

Die Schergen des Bargello kamen am späten Nachmittag, als ich gerade die Fackel entzünden wollte, die unser Schild beleuchtete. In der Hand trugen sie Bretter und Hämmer, Siegel und Ketten und lange Nägel. Während sie die Via dell'Orso entlangmarschierten, schrien und gestikulierten sie herrisch, um den Passanten und den in Gruppen herumstehenden Leuten zu bedeuten, die Straße freizugeben. Sie waren wahrhaftig sehr unwirsch. Als sie neben mir standen, begannen sie mit den Armen zu fuchteln: »Los, los, hinein mit euch, wir müssen schließen«, schrie derjenige von ihnen, der die Befehle gab.

Ich konnte gerade noch von dem Hocker klettern, auf dem ich stand, und schon schubsten mich kräftige Hände unsanft in den Eingang hinein, während sich einige der Schergen daranmachten, die Tür bedrohlich zu verbarrikadieren. Ich war wie betäubt. Das Gedränge, das wie der Blitz aus heiterem Himmel bei dem Geschrei der Offiziere im Flur entstand, brachte mich abrupt wieder zu mir. Es waren die Gäste unserer Herberge, die als Locanda del Donzello bekannt war.

Sie waren insgesamt nur neun und allesamt präsent: In der Erwartung, dass das Abendessen serviert würde, lungerten sie wie jeden Tag zwischen den Ottomanen der Eingangshalle und den Tischen der beiden angrenzenden Speisesäle herum und gaben vor, mit dieser oder jener Tätigkeit beschäftigt zu sein; in Wirklichkeit aber zog sie der junge französische Gast an, der Musiker Roberto Devizé, der mit großer Bravour auf seiner Gitarre übte.

»Lasst mich raus! Wie könnt ihr es wagen? Hände weg! Ich kann nicht hier bleiben! Ich bin kerngesund, verstanden? Kerngesund! Lasst mich durch, sage ich euch!«

Wer so zeterte (ich erkannte ihn kaum hinter dem Lanzengewirr, mit dem die Bewaffneten ihn in Schach hielten), war Pater Robleda, der spanische Jesuit, der bei uns logierte und, vor Panik nach Luft ringend, mit rot angeschwollenem Hals herumbrüllte. So laut, dass es mich an das heftige Quieken erinnerte, das Schweine ausstoßen, wenn sie, kopfunter aufgehängt, abgestochen werden.

Der Lärm hallte in der Gasse wider und war offenbar bis auf den kleinen Platz zu vernehmen, der sich im Nu ganz von selbst geleert hatte. Auf der anderen Straßenseite erkannte ich den Fischhändler und zwei Diener aus der nahen Locanda dell'Orso, die alles beobachteten.

»Sie sperren uns ein«, rief ich ihnen zu und versuchte mich bemerkbar zu machen, doch die drei zuckten nicht mit der Wimper.

Ein Essigverkäufer, ein Schneelieferant und ein Grüppchen kleiner Jungen, deren Geschrei gerade noch die Straße erfüllt hatte, huschten verängstigt um die Ecke, um sich zu verstecken.

Derweil hatte mein Herr, Signor Pellegrino de Grandis, einen Schemel auf die Schwelle der Locanda gestellt. Ein Offizier des Bargello legte das Register der Gäste unserer Locanda darauf, das er sich soeben hatte aushändigen lassen, und begann mit dem Appell.

»Pater Juan de Robleda aus Granada.«

Da ich noch nie eine Schließung wegen Quarantäne erlebt und mir auch noch nie jemand davon erzählt hatte, glaubte ich zuerst, man wolle uns einkerkern.

»Böse Geschichte, böse Geschichte«, hörte ich Brenozzi, den Venezianer, zischen.

»Pater Robleda soll vortreten!«, wiederholte der Offizier ungeduldig.

Der Jesuit, der im vergeblichen Kampf mit den Bewaffneten zu Boden gestürzt war, rappelte sich wieder auf, und nachdem er festgestellt hatte, dass jeder Fluchtweg von den Lanzen abgeschnitten war, antwortete er auf den Appell mit einem Wink seiner stark behaarten Hand. Sogleich wurde er auf meine Seite gestoßen. Pater Robleda war erst vor wenigen Tagen aus Spanien gekommen und hatte seit dem Vormittag aufgrund der Ereignisse nichts anderes getan, als unsere Ohren mit seinem Angstgeheul auf eine harte Probe zu stellen.

»Abbé Melani aus Pistoia!«, rief der Offizier, der den Appell nach dem Herbergsregister durchführte.

Im Halbdunkel blitzte die Spitzenmanschette auf, die nach französischer Manier das Handgelenk unseres neuesten, erst im Morgengrauen eingetroffenen Gastes zierte. Eifrig hob er bei seinem Namen die Hand, und seine kleinen, dreieckigen Augen funkelten wie Dolche, die aus dem Schatten kommen. Der Jesuit rührte keinen Muskel, um beiseite zu treten, als Melani sich ruhigen Schrittes und schweigend zu uns gesellte. Es waren nämlich die Rufe des Abbé an jenem Morgen gewesen, die den Alarm ausgelöst hatten.

Alle hatten wir sie gehört, sie kamen aus dem ersten Stock. Pellegrino, der Wirt und mein Padrone, hatte als Erster seine langen Beine ausgeschüttelt und war hingeeilt. Doch kaum hatte er das große Zimmer im ersten Stock erreicht, das auf die Via dell'Orso hinausgeht, war er stehen geblieben. Dort wohnten zwei Gäste: Signor de Mourai, ein alter französischer Edelmann, und sein Begleiter, Pompeo Dulcibeni aus den Marken. Mourai, der gerade sein gewohntes Fußbad im Zuber nahm, lehnte mit hängenden Armen schräg im Sessel, während Abbé Melani ihn am Oberkörper stützte und versuchte, ihn wiederzubeleben, indem er ihn am Kragen schüttelte. Mourai, der den Blick starr über Melanis Schulter gerichtet hielt und Pellegrino mit großen, verwunderten Augen zu mustern schien, gab ein undeutliches Röcheln von sich. Da bemerkte Pellegrino, dass der Abbé in Wirklichkeit nicht um Hilfe rief, sondern den Alten laut und erregt befragte. Er sprach Französisch mit ihm, und mein Herr verstand nichts, vermutete aber, er wolle sich erkundigen, was ihm zugestoßen sei. Dennoch war es Pellegrino (wie er selbst uns allen später berichtete) so vorgekommen, als schüttelte Abbé Melani Signor de Mourai allzu heftig in der Bemühung, diesen wieder zu Bewusstsein zu bringen, daher stürzte er hin, um den armen Alten aus dem gewaltsamen Griff zu befreien. Genau in diesem Augenblick stieß der arme Signor de Mourai unter riesiger Anstrengung seine letzten Worte hervor: »Ahi, dunqu'è pur vero«, stammelte er auf Italienisch – »O weh, also ist es doch wahr.« Dann hörte er zu röcheln auf. Er starrte weiterhin den Wirt an, und grünlicher Geifer tropfte ihm aus dem Mund auf die Brust. So war er gestorben.

»Der Alte, *es el viejo*«, flüsterte Pater Robleda keuchend und voller Schreck halb auf Italienisch, halb in seiner Sprache, sobald wir die zwei Bewaffneten mit gedämpfter Stimme untereinander die Worte »Pest« und »schließen« wiederholen hörten.

»Cristofano, Medicus und Wundarzt aus Siena!«, rief der Offizier.

Langsam und gemessen trat unser toskanischer Gast vor, in der Hand seine Ledertasche, die all seine Instrumente enthielt und von der er sich niemals trennte.

»Das bin ich«, antwortete er mit leiser Stimme, nachdem er die Tasche geöffnet, in einem Haufen Papiere gewühlt und sich mit eisiger Gründlichkeit geräuspert hatte. Cristofano war ein rundlicher Herr von nicht sehr großer Statur, gepflegtem Äußeren und schalkhaftem Blick, der gute Laune verhieß. An jenem Abend jedoch wurde seine vorgetäuschte Gelassenheit Lügen gestraft von seinem blassen, schweißüberströmten Gesicht, das zu trocknen er sich nicht die Mühe machte, und auch seine auf etwas Unsichtbares vor ihm konzentrierten Pupillen sowie die hastige Bewegung, mit der er sich den Spitzbart glättete, bevor er zu sprechen anhub, enthüllten, dass er unter Hochspannung stand.

»Ich möchte gern klarstellen, dass ich nach einer ersten, aber eingehenden Untersuchung des Leichnams von Signor de Mourai keineswegs sicher bin, dass es sich um die Seuche handelt«, begann Cristofano, »während der ärztliche Gutachter des Gesundheitsmagistrats, der dies mit allergrößter Gewissheit behauptet, sich in Wirklichkeit nur sehr kurz bei dem Toten aufgehalten hat. Ich habe hier«, damit zeigte er seine Papiere, »meine Beobachtungen schriftlich festgehalten. Ich glaube, sie könnten dazu dienen, noch ein wenig nachzudenken und diese Eure übereilte Entscheidung aufzuschieben.«

Die Männer des Bargello hatten jedoch weder die Macht noch die Lust, auf solche Feinheiten einzugehen.

»Der Magistrat hat die sofortige Schließung dieser Locanda angeordnet«, erwiderte derjenige, der offenbar der Anführer war, schroff und fügte hinzu, im Augenblick sei noch keine wirkliche Quarantäne verhängt worden: Die Klausur betrage nur zwanzig Tage, und die Straße werde nicht geräumt; unter der Voraussetzung natürlich, dass keine weiteren verdächtigen Todesfälle oder Krankheiten aufträten.

»Darf ich wenigstens, da ich mit eingeschlossen werde und um mir die Diagnose zu erleichtern«, beharrte Signor Cristofano ein wenig alteriert, »etwas mehr über die letzten Mahlzeiten des verstorbenen Signor de Mourai erfahren, der ja stets allein in seinem Zimmer aß? Es könnte sich nämlich auch um eine einfache Kongestion handeln.«

Der Einwand wirkte und ließ die Schergen zögern, die mit den Augen den Wirt suchten. Doch dieser hatte die Forderung des Arztes gar nicht gehört: Auf einem Stuhl zusammengesunken, stöhnte er voller Verzweiflung und fluchte wie gewöhnlich auf die unendlichen Qualen, die das Leben ihm auferlegte. Zum letzten Mal vor kaum einer Woche, als in einer der Mauern der Locanda ein kleiner Riss entstanden war, was in den alten Häusern Roms nicht selten geschieht. Der Spalt bedeute keinerlei Gefahr, war uns gesagt worden; doch das hatte schon genügt, um meinen Herrn niedergeschlagen und rasend zu machen.

Der Appell ging unterdessen weiter. Die Abendschatten nahten, und der Trupp hatte beschlossen, die Schließung nicht länger hinauszuzögern.

»Domenico Stilone Priàso aus Neapel! Angiolo Brenozzi aus Venedig!«

Die beiden jungen Männer, Dichter der eine und Glasbläser der andere, traten vor und sahen einander dabei an, als wären sie erleichtert, dass sie gemeinsam aufgerufen wurden, wie nach dem Motto: Geteilte Furcht ist halbe Furcht. Brenozzi, der Glasbläser – mit verängstigtem Blick, glänzenden braunen Löckchen und einer Stupsnase, die zwischen den geröteten Wangen hervorlugte –, erinnerte an ein Jesulein aus Porzellan. Schade, dass er wie gewöhnlich seine Anspannung entlud, indem er mit zwei Fingern obszön an dem Selleriestängel zwischen seinen Schenkeln zupfte, fast als spielte er ein Instrument mit nur einer Saite. Mir sprang dieses sein Laster mehr ins Auge als jedem anderen.

»Der Allerhöchste stehe uns bei«, jammerte indessen Pater Robleda – ich begriff nicht, ob wegen der anstößigen Geste des Glasbläsers oder wegen der Situation – und ließ sich hochrot auf einen Schemel fallen.

»Und alle Heiligen«, fügte der Dichter hinzu, »bin ich doch aus Neapel gekommen, um mir die Seuche zu holen.«

»Daran habt Ihr nicht gut getan«, erwiderte der Jesuit, indem er sich mit einem Taschentuch den Schweiß von der Stirn wischte. »Wärt Ihr nur in Eurer Stadt geblieben, dort fehlt es ja nicht an Gelegenheiten.«

»Mag sein. Aber nachdem es nun einen guten Papst gibt, glaubte man, hier der Gnade des Himmels teilhaftig zu werden. Zuerst muss man freilich abwarten, was die, wie sagt man, die hinter der Pforte darüber denken«, zischte Stilone Priàso.

Verkniffene Lippen und eine scharfe Zunge – der neapolitanische Dichter hatte die Stelle getroffen, an der niemand auch nur berührt werden wollte.

Seit Wochen belagerte das türkische Heer der Hohen Pforte nun schon blutrünstig die Tore Wiens. Alle militärischen Kräfte der Ungläubigen strömten unaufhaltsam (so zumindest hieß es in den mageren Berichten, die bis zu uns drangen) vor der Kapitale des Heiligen Römischen Reiches zusammen und drohten, deren Bastionen bald zu stürmen.

Die Soldaten des christlichen Lagers, der Kapitulation nahe, hielten nur noch kraft ihres starken Glaubens stand. Ohne ausreichende Waffen und Verpflegung, von Hunger und Durchfall geschwächt, wurden sie darüber hinaus von den ersten Anzeichen eines Pestherds erschreckt.

Alle wussten: Würde Wien fallen, wäre für die Armeen des türkischen Befehlshabers Kara Mustafa der Weg nach Westen frei. Und sie würden mit blinder, entsetzlicher Freude überallhin vordringen.

Um die Bedrohung abzuwenden, hatten sich viele edle Fürsten, Königshäuser und Feldherrn in Bewegung gesetzt: der König von Polen, Herzog Karl von Lothringen, Kurfürst Maximilian von Bayern, Markgraf Ludwig Wilhelm von Baden und andere. Alle jedoch waren vom einzig wahren Bollwerk der Christenheit überzeugt worden, den Belagerten zu Hilfe zu eilen: von Papst Innozenz XI.

Seit langer Zeit nämlich kämpfte der Pontifex zäh darum, die christlichen Heere zu einen und zu versammeln. Und nicht nur mit den Mitteln der Politik, sondern auch mit wertvoller finanzieller Unterstützung. Ständig wurden von Rom großzügige Subsidien entsandt: über zwei Millionen Scudi an den Kaiser, fünfhunderttausend Gulden nach Polen, dazu weitere hunderttausend vom Neffen des Pontifex gestiftete Scudi, Überweisungen einzelner Kardinäle und schließlich eine großzügige, außerordentliche Entnahme aus dem Kirchenzehnten von Spanien.

Die Heilige Mission, die der Pontifex verzweifelt zu einem Abschluss zu bringen suchte, kam noch zu den zahllosen frommen Werken hinzu, die er in den sieben Jahren seines Pontifikats vollbracht hatte.

Der inzwischen zweiundsiebzigjährige Nachfolger Petri, geboren unter dem Namen Benedetto Odescalchi, war vor allem mit gutem Beispiel vorangegangen. Groß, hager, mit hoher Stirn, Adlernase, strengem Blick, vorstehendem, aber edlem, von Spitzbart und Oberlippenbart gerahmtem Kinn, hatte er sich den Ruf eines Asketen erworben.

Da er ein scheues, zurückhaltendes Temperament besaß, sah man ihn sehr selten in der Kutsche durch die Stadt fahren, und er mied sorgsam den Beifall des Volkes. Es war bekannt, dass er die allerkleinsten, ungastlichsten und schlichtesten Gemächer, die je ein Papst bewohnt, für sich gewählt hatte und dass er fast nie in die Gärten des Quirinals und des Vatikans hinunterging. Er war so genügsam und sparsam, dass er nur Gewänder und Paramente seiner Vorgänger benutzte. Seit seiner Wahl trug er stets dieselbe weiße Soutane, obwohl sie schon ganz abgewetzt war, und er wechselte sie erst, als man ihn darauf hinwies, dass eine zu nachlässige Kleidung dem Stellvertreter Christi auf Erden nicht geziemt.

Doch auch bei der Verwaltung des Kirchenvermögens hatte er sich höchste Verdienste erworben. Er hatte die Kassen der Apostolischen Kammer saniert, die seit den schmählichen Zeiten von Urban VIII. und Innozenz X. Diebereien aller Art ausgesetzt waren. Er hatte den Nepotismus abgeschafft: Kaum gewählt, hatte er seinen Neffen Livio zu sich bestellt, um ihn – so hieß es – wissen zu lassen, dass er ihn nicht zum Kardinal machen und ihn vielmehr von allen Staatsgeschäften fern halten werde.

Darüber hinaus hatte er schließlich seine Untertanen zu strengerem und sittsamerem Lebenswandel aufgerufen. Die Theater, Orte ungezügelter Belustigung, waren geschlossen worden. Der Karneval, der noch zehn Jahre zuvor Bewunderer aus ganz Europa anzog, war so gut wie gestorben. Feste und musikalische Darbietungen waren auf ein Minimum beschränkt. Den Frauen waren zu offenherzige Kleider und Ausschnitte nach französischer Manier verboten worden. Der Pontifex hatte sogar Häschertrupps ausgesandt, um die an den Fenstern aufgehängte Wäsche zu begutachten und zu gewagte Mieder und Blusen zu konfiszieren.

Dank dieser sowohl finanziellen als auch moralischen Strenge hatte Innozenz XI. mühsam das Geld aufbringen können, um die Türken zu bekämpfen, und groß war die Hilfe, die er der Sache der christlichen Heere angedeihen ließ.

Doch nun war der Krieg in die entscheidende Phase eingetreten. Und die gesamte Christenheit wusste, was sie sich von Wien zu erwarten hatte: die Rettung oder den Untergang.

In äußerster Seelenpein befand sich daher das Volk, das bei

jedem Morgengrauen den Blick angstvoll gen Osten wandte und sich fragte, ob der neue Tag Horden von blutrünstigen Janitscharen samt dürstenden Schlachtrössern bringen würde, die nur darauf warteten, sich an den Brunnen auf dem Petersplatz zu laben.

Schon im Juli hatte der Pontifex seine Absicht verkündet, das große Heilige Jahr auszurufen, um die göttliche Hilfe zu erflehen, vor allem aber, um noch mehr Gelder für den Krieg zu sammeln. Alle, Laien und Geistliche, waren feierlich zur Mildtätigkeit aufgefordert worden, und man hatte eine großartige Prozession unter Teilnahme aller Kardinäle und Beamten der Kurie abgehalten. Mitte August hatte der Papst angeordnet, dass die Kirchen Roms jeden Abend eine Achtelstunde lang die Glocken läuten sollten, um Gottes Beistand zu erwirken.

Anfang September schließlich war im Petersdom mit großem Gepränge die Allerheiligste Monstranz ausgestellt worden, begleitet von Musik und Gebeten, und dann hatten die Kanoniker, auf Geheiß Seiner Heiligkeit, vor der riesigen Volksmenge die Feierliche Messe *contra paganos* gesungen.

Daher hatte der Wortwechsel zwischen dem Jesuiten und dem Dichter einen Schrecken wachgerufen, der wie ein unterirdischer Fluss die ganze Stadt durchzog.

Stilone Priàsos Bemerkung hatte in der schon leidgeprüften Seele Pater Robledas Furcht auf Furcht gehäuft. Finster und bebend war das runde Gesicht des Jesuiten vor aufgestautem Zorn, von einem Fettwulst umrahmt, der unter seinem Kinn wabbelte.

»Hält hier jemand zu den Türken?«, keuchte er bösartig.

Die Anwesenden wandten sich instinktiv zu dem Dichter um, den ein misstrauisches Auge in der Tat leicht mit einem Abgesandten der Pforte hätte verwechseln können: Mit seiner dunklen, pockennarbigen Haut und den kohlschwarzen Äuglein sah er so drohend drein wie ein Uhu. Seine düstere Gestalt erinnerte an jene Räuber mit struppigem, kurzem Haar, die man, leider allzu häufig, auf der Straße ins Königreich Neapel antrifft.

Stilone Priàso blieb keine Zeit zu antworten.

»Wollt ihr endlich still sein!«, ging einer der Gendarmen dazwischen, der mit dem Appell fortfuhr.

»Signor de Mourai, Franzose, mit Signor Pompeo Dulcibeni aus Fermo und Roberto Devizé, Musiker aus Frankreich.«

Der Erste war, wie mein Herr sich zu erklären beeilte, der alte Franzose, der Ende Juli in der Locanda del Donzello eingetroffen war und der nun der Seuche erlegen zu sein schien. Er war gewisslich ein großer Edelmann, fügte Pellegrino hinzu, von schwer erschütterter Gesundheit, und er befand sich bei seiner Ankunft in Gesellschaft von Devizé und Dulcibeni. Signor de Mourai war nämlich beinahe blind und brauchte Begleitung. Vom alten Mourai wusste man fast nichts: Seit seiner Ankunft hatte er immer wieder gesagt, er sei sehr müde, hatte sich die Mahlzeiten jeden Tag aufs Zimmer bringen lassen und war auch nur selten zu einem kurzen Spaziergang in der Nähe der Locanda ausgegangen. Die Schergen notierten rasch die Erklärungen meines Padrone.

»Es ist einfach nicht möglich, meine Herrn, dass er an der Pest gestorben ist! Er hatte allerbeste Manieren und war gut gekleidet; es wird das Alter gewesen sein, das ist alles.«

Pellegrinos Zunge hatte sich plötzlich gelöst, und er begann, sich in jenem weichen Tonfall an die Miliz zu wenden, den er zwar nur selten benutzte, der ihn aber zuweilen sehr effektvoll überkam. Trotz der adeligen Züge und der hohen, schmalen Gestalt, der zarten Hände und der vornehmen, leicht gebeugten Haltung seiner fünfzig Jahre, trotz seines Gesichts, das von fließendem weißem, mit einem Band zusammengehaltenen Haar umrahmt war, und seiner schmachtenden braunen Augen war mein Herr leider Opfer eines recht galligen, zornigen Temperaments, weshalb er seine Reden meist reich mit Flüchen schmückte. Nur die drohende Gefahr hinderte ihn bei dieser Gelegenheit daran, seiner Natur freien Lauf zu lassen.

Doch schon hörte ihm niemand mehr zu. Erneut wurden der junge Devizé und Pompeo Dulcibeni aufgerufen, die sogleich vortraten. Die Augen unserer Herbergsgäste leuchteten beim Anblick des französischen Musikers, dessen Gitarrenspiel sie noch kurz zuvor bezaubert hatte.

Die Männer des Bargello hatten es unterdessen eilig, sie wollten gehen und schubsten Dulcibeni und Devizé, noch bevor diese die Wand erreichten, beiseite, während der Offizier rief: »Signor Eduardus Bedfordi, Engländer, und Donna ... und Cloridia.«

Die plötzliche Korrektur und das vieldeutige Lächeln, mit dem der letzte Name ausgesprochen wurde, ließen unzweifelhaft darauf schließen, welch uraltes Gewerbe der einzige weibliche Gast des Donzello ausübte. In Wirklichkeit wusste ich nicht viel über diese Frau, da mein Herr sie nicht zusammen mit den anderen Herbergsgästen, sondern im Türmchen untergebracht hatte, wo sie über einen separaten Eingang verfügte. In dem knappen Monat ihres Aufenthalts hatte ich ihr nur Speisen und Wein bringen und gelegentlich (ehrlich gestanden, mit bemerkenswerter Häufigkeit) Briefchen im verschlossenen Umschlag übergeben müssen, auf denen fast nie der Name des Absenders stand. Cloridia war sehr jung, schätzungsweise etwa so alt wie ich. Manchmal hatte ich sie in die Räume im Erdgeschoss herunterkommen und dort – sehr liebenswürdig, muss ich sagen – mit einigen unserer Herbergsgäste plaudern sehen. Nach den mit Signor Pellegrino geführten Gesprächen schien sie gesonnen, unsere Locanda zu ihrem festen Wohnsitz zu erwählen.

Signor di Bedfordi konnte nicht unbemerkt bleiben: Er hatte feuerrotes Haar, dichte goldene Sommersprossen auf Nase und Wangen, so himmelblaue, schielende Augen, wie ich es noch nie gesehen hatte, und er stammte von den fernen britannischen Inseln. Nach allem, was ich gehört hatte, logierte er nicht zum ersten Mal im Donzello: Ebenso wie der Glasbläser Brenozzi und Stilone Priàso, der Dichter, war er schon zu Zeiten der vorigen Besitzerin hier gewesen, einer verstorbenen Cousine meines Herrn.

Mein Name wurde als letzter aufgerufen.

»Er ist zwanzig Jahre alt und arbeitet seit kurzem bei mir«, erklärte Pellegrino. »Im Augenblick ist er mein einziger Hausbursche, da wir derzeit wenig Gäste haben. Ich weiß nichts über ihn, ich habe ihn eingestellt, weil er niemanden hatte«, sagte mein Herr hastig, wobei er den Eindruck vermittelte, als wolle er jede Verantwortung für die Seuche von sich abwälzen.

»Lass ihn uns bloß sehen, wir müssen schließen«, unterbrachen ihn die Schergen ungeduldig, da sie mich nicht entdecken konnten.

Pellegrino packte mich am Arm und hob mich beinahe in die Höhe.

»Junge, du bist ja wirklich ein Knirps!«, höhnte der Gendarm, während seine Kumpane lachten.

Aus den umliegenden Fenstern beugten sich unterdessen schüchtern einige Köpfe heraus. Die Bewohner des Viertels hatten gehört, was vorging, und nur die Neugierigsten versuchten, sich zu nähern. Der größte Teil der Leute dagegen hielt Abstand, da sie bereits die Auswirkungen der Seuche fürchteten.

Die Gendarmen hatten ihre Aufgabe fast beendet. Die Locanda besaß vier Eingänge. Zwei gingen zur Via dell'Orso hinaus: der Haupteingang und die breite Tür daneben, die in den ersten der beiden kleinen Speisesäle führte und an Sommerabenden stets offen stand.

Dann gab es noch den seitlichen Dienstboteneingang, durch den man von der Gasse direkt in die Küche gelangte, und schließlich das Törchen, das vom Hausflur zum Hof führte. Mit Nägeln, die eine halbe Spanne maßen, wurden sie nun alle akkurat mit starken Buchenbrettern vernagelt und versiegelt. Nicht anders erging es der Tür, die sich von Cloridias Türmchen aufs Dach öffnete. Die Fenster im Erdgeschoss und im ersten Stock sowie die Schlitze, die sich auf der oberen Kellerebene zur gepflasterten Gasse hin öffneten, waren schon vergittert, und eine Flucht aus dem zweiten Stock oder den Speicherräumen hätte die Gefahr mit sich gebracht, abzustürzen oder entdeckt und verhaftet zu werden.

Der Befehlshaber der Männer des Bargello, ein feistes Individuum mit halb abgeschlagenem Ohr, gab uns seine Anweisungen. Den Leichnam des verstorbenen Signor de Mourai sollten wir nach Sonnenaufgang aus einem der Fenster seines Zimmers herunterlassen, wenn der Karren der *Societas Ora-*

tionis et Mortis vorbeikäme, der Bruderschaft, die für das Begräbnis sorgen werde. Von sechs Uhr morgens bis zehn Uhr abends würden wir von einer Tageswache beaufsichtigt, die restlichen Stunden von einer Nachtwache. Wir dürften das Haus nicht verlassen, bis gesichert sei, dass keine Gesundheitsgefährdung mehr von der Locanda ausgehe, auf keinen Fall jedoch vor Ablauf von zwanzig Tagen. Während dieser Zeit müssten wir regelmäßig zum Appell an einem der Fenster antreten, die auf die Via dell'Orso hinausgingen. Man werde uns einige große Schläuche mit Wasser, gepressten Schnee, mehrere Brotlaibe, Käse, Speck, ein paar Kräuter und einen Korb gelber Äpfel dalassen. Später würden wir eine kleine Summe erhalten, damit wir den Nachschub an Lebensmitteln, Wasser und Schnee bezahlen konnten. Die Pferde der Locanda würden bleiben, wo sie waren, nämlich im Stall des Kutschers, der direkt nebenan wohnte.

Wer das Haus verlassen oder die Flucht auch nur versuchen sollte, würde vierzig Strangzüge erhalten und vor den Magistrat gebracht, um abgeurteilt zu werden. Sodann nagelten die Gendarmen das schändliche Schild mit der Aufschrift GESUNDHEITSMAGISTRAT an die Eingangstür. Sie ermahnten uns, alle Befehle zu respektieren, die uns noch gegeben würden, einschließlich der Anordnungen, die in Zeiten von *contagio* oder Pest getroffen werden, denn diejenigen, die nicht gehorchten, würden schwer bestraft. Stumm lauschten wir im Innern der Locanda der Mitteilung, die uns zur Abgeschiedenheit verdammte.

»Wir sind tot, samt und sonders so gut wie tot«, sagte einer der Herbergsgäste mit tonloser Stimme.

Wir waren alle im langen schmalen Flur der Locanda versammelt, der trostlos und dunkel wirkte, seit die Tür verbarrikadiert war. Verwirrt sahen wir uns um. Niemand entschloss sich, in die angrenzenden Speiseräume hinüberzugehen, wo das längst erkaltete Essen aufgetragen war. Mein Herr, auf der Theke im Eingang zusammengesunken, hielt den Kopf zwischen den Händen und schimpfte. Er warf mit Schmähungen und Verwünschungen um sich, die man nicht wiedergeben kann, und drohte, er werde jedem gefährlich werden, der in seine Nähe käme. Plötzlich begann er zuzuschlagen, mit bloßen Händen hieb er so entsetzlich auf die arme Theke ein, dass das Gästebuch in die Luft flog. Danach hob er den Tisch hoch, um ihn gegen die Wand zu schleudern. Wir mussten eingreifen und ihn an Armen und Oberkörper festhalten, um ihn zu bremsen. Pellegrino versuchte sich loszureißen, verlor aber das Gleichgewicht und warf dabei noch ein paar Gäste zu Boden, die mit großem Geschrei übereinander fielen. Ich selbst konnte gerade noch ausweichen, bevor das Menschenknäuel mich unter sich begrub. Mein Herr war flinker als seine Bewacher, sprang sogleich wieder auf und hämmerte erneut wie wild mit den Fäusten auf die Theke.

Ich beschloss, jenen engen und nun gefährlich gewordenen Raum zu verlassen, und schlüpfte die Treppe hinauf. Hier jedoch fand ich mich, am ersten Absatz angekommen, Abbé Melani gegenüber. Vorsichtigen Schrittes kam er ohne Eile herunter.

»Nun haben sie uns eingesperrt, Junge«, sagte er mit Betonung auf seinem seltsamen französischen »r«.

»Was machen wir jetzt?«, fragte ich.

»Nichts.«

»Aber wir werden an der Pest sterben.«

»Mal sehen«, erwiderte er mit einem undefinierbaren Unterton in der Stimme, den ich bald deuten lernen sollte.

Sodann wechselte er die Richtung und lockte mich in den ersten Stock. Wir gingen bis zum Ende des Flurs und betraten das große Zimmer, das der verstorbene Mourai zusammen mit seinem alten Begleiter, Pompeo Dulcibeni aus den Marken, gemietet hatte. Ein Vorhang unterteilte das Zimmer. Wir schoben ihn beiseite und sahen den Arzt Cristofano, der, auf dem Boden hockend, in seinem Köfferchen kramte.

Vor ihm, im Sessel, lag Signor de Mourai, noch halb entkleidet, so wie Cristofano und der ärztliche Gutachter ihn am Morgen verlassen hatten. Der Tote stank schon leicht aufgrund der Septemberhitze und wegen des Fußbades, in dem das Fleisch nun schon faulte, da der Bargello angeordnet hatte, bis zum Ende des Appells nichts zu verändern.

»Junge, schon heute früh hatte ich dich darum gebeten:

Wisch bitte dieses übel riechende Wasser auf dem Fußboden auf«, befahl mir Cristofano mit einem Hauch Ungeduld in der Stimme.

Ich wollte gerade antworten, dass ich es längst getan hatte, sobald er es mir befohlen; doch als ich auf den Boden blickte, sah ich rund um den Zuber tatsächlich noch einige Pfützen. Widerspruchslos beseitigte ich sie mit Lumpen und Schrubber und verwünschte mich dafür, dass ich am Morgen nicht sorgfältig genug gewesen war. Ich hatte nämlich bis dahin noch nie in meinem Leben eine Leiche gesehen, und die Aufregung musste mich verstört haben.

Mourai wirkte noch magerer und blutleerer als bei seiner Ankunft in der Locanda del Donzello. Aus seinen leicht geöffneten Lippen tropfte ein wenig grünlicher Schaum, den Cristofano mit einem Lappen abzutupfen begann, da er den Mund des Toten noch weiter öffnen wollte. Allerdings achtete der Arzt darauf, ihn erst anzufassen, nachdem er seine Hand mit einem weiteren Stofffetzen umwickelt hatte. Wie schon am Morgen sah er dem Verstorbenen aufmerksam in den Hals und roch an dem Schaum. Dann ließ er sich von Abbé Melani dabei helfen, die Leiche aufs Bett zu legen. Die Füße, aus dem Zuber gehoben, waren grau und fahl und verbreiteten einen entsetzlichen Todesgeruch, der uns den Atem nahm.

Cristofano streifte ein Paar braune Stoffhandschuhe über, die er einer Schachtel entnommen hatte. Noch einmal untersuchte er die Mundhöhle, danach betrachtete er den Oberkörper und die schon freigelegte Leistengegend. Zuerst jedoch tastete er mit Zartgefühl hinter den Ohren; dann ging er zu den Achseln über, wobei er den Rock verschob, um das schlaffe, schütter behaarte Fleisch in Augenschein nehmen zu können. Zuletzt stieß er mehrmals mit den Fingerspitzen an das weiche Stück Fleisch, das sich auf halber Strecke zwischen Scham und Schenkelansatz befindet. Anschließend zog er die Handschuhe vorsichtig wieder aus und legte sie in eine Art kleinen Käfig, der von einem waagrechten Gitter in zwei Fächer unterteilt war. Im unteren Fach befand sich ein Schälchen, in das er eine bräunliche Flüssigkeit goss, sodann schloss er das Türchen des Fachs, in welches er die Handschuhe gelegt hatte.

»Das ist Essig«, erklärte er. »Der reinigt von Pestsäften. Man weiß nie. Gleichwohl bleibe ich bei meiner Meinung: Ich glaube wirklich nicht, dass es sich hier um die Seuche handelt. Vorerst können wir beruhigt sein.«

»Den Männern vom Bargello habt Ihr gesagt, es könnte sich um eine Kongestion handeln«, erinnerte ich ihn.

»Das habe ich nur als Exempel genannt, auch um Zeit zu gewinnen. Ich wusste schon von Pellegrino, dass Mourai nur Suppen zu sich nahm.«

»Das ist wahr«, pflichtete ich bei. »Auch heute früh im Morgengrauen hatte er eine verlangt.«

»Ach ja? Erzähl weiter«, hakte der Arzt interessiert nach.

»Da gibt es nicht viel zu sagen: Er hatte bei meinem Herrn um eine Milchbrühe gebeten, als dieser hinaufgegangen war, um Signor de Mourai und den Edelmann aus den Marken, mit dem er das Zimmer teilte, wie jeden Morgen zu wecken. Signor Pellegrino hatte aber zu tun und beauftragte deshalb mich mit der Zubereitung. Ich bin in die Küche hinuntergelaufen, habe die Suppe gekocht und sie ihm gebracht.«

»Warst du allein?«

»Ja.«

»Ist jemand in die Küche gekommen?«

»Nein.«

»Hast du die Brühe je unbewacht gelassen?«

»Keinen Augenblick.«

»Sicher?«

»Falls Ihr denkt, dass etwas in dieser Brühe Signor de Mourai geschadet haben könnte, so wisst, dass ich sie ihm persönlich verabreicht habe, da Signor Dulcibeni schon ausgegangen war, und ich habe auch selbst einen Becher davon getrunken.«

Der Arzt stellte keine weiteren Fragen. Mit einem Blick auf die Leiche fügte er hinzu: »Ich kann hier und jetzt keine Autopsie durchführen, und ich glaube, angesichts des Pestverdachts wird das niemand tun. Doch ich wiederhole, mir scheint, es handelt sich nicht um die Seuche.«

»Aber«, warf ich ein, »warum haben sie uns dann in Quarantäne eingeschlossen?«

»Aus Übereifer. Du bist noch jung, ich glaube jedoch, dass

die Leute in dieser Gegend sich durchaus noch an die letzte Epidemie erinnern. Wenn alles gut geht, werden sie bald merken, dass keine Gefahr besteht. Dieser alte Herr, der sich ohnehin nicht allerbester Gesundheit zu erfreuen schien, ist nicht pestverseucht. Und daher würde ich sagen, dass weder ihr noch ich es sind. Dennoch haben wir keine Wahl: Wir werden den Leichnam und die Kleider des verstorbenen Signor de Mourai auf die Gasse hinunterlassen müssen, wie uns die vom Bargello befohlen haben. Außerdem werden wir jeder in einem anderen Zimmer schlafen müssen. Es sind ja genug Räume vorhanden in der Locanda, wenn ich mich nicht täusche«, sagte er und sah mich fragend an.

Ich nickte. Auf jedem Stockwerk gab es in den zwei Teilen des Flurs vier Zimmer: ein recht geräumiges gleich neben der Treppe, gefolgt von einem sehr winzigen und einem L-förmigen, während sich am Ende des Flurs jeweils das größte Zimmer befand, das einzige auch, das nicht nur auf die Gasse, sondern auch auf die Via dell'Orso hinausging. Es würden also, dachte ich, alle Zimmer im ersten und zweiten Stock belegt sein, aber ich wusste, dass mein Herr nicht sonderlich darüber klagen würde, da ja im Augenblick bestimmt keine neuen Gäste eintreffen konnten.

»Dulcibeni wird in meinem Zimmer schlafen«, fügte Cristofano hinzu, »er kann gewiss nicht hier bei der Leiche bleiben. Wie auch immer«, schloss er, »wenn keine weiteren Fälle hinzukommen, ob echte oder falsche, werden sie uns in ein paar Tagen herauslassen.«

»Wann genau?«, fragte Atto Melani.

»Wer kann das vorhersagen? Falls in der Nachbarschaft jemand erkrankt, und sei es auch nur, weil er schlechten Wein getrunken oder faulen Fisch gegessen hat, wird man sofort uns verdächtigen.«

»Also besteht die Gefahr, dass wir für immer hier drinbleiben«, wagte ich einzuwerfen und fühlte mich schon jetzt erdrückt von den dicken Mauern der Locanda.

»Für immer nicht. Doch beruhige dich: Bist du nicht in den letzten Wochen Tag und Nacht hier drin gewesen? Ich habe dich kaum ausgehen sehen; du bist also schon daran gewöhnt.«

Das stimmte. Der Padrone hatte mich aus Barmherzigkeit in seinen Dienst genommen, weil er wusste, dass ich allein auf der Welt war. Und ich arbeitete von früh bis spät.

Es war zu Anfang des vergangenen Frühlings geschehen, als Pellegrino aus Bologna, wo er als Koch arbeitete, nach Rom gekommen war, um die Locanda del Donzello zu übernehmen, nachdem seiner Cousine, der Wirtin Signora Luigia de Grandis Bonetti, ein Unglück zugestoßen war. Die Ärmste hatte dem Herrgott ihre Seele zurückgegeben, als sie den körperlichen Folgen eines Überfalls erlag, den zwei Zigeunerschurken auf der Straße auf sie verübt hatten, weil sie ihr die Geldbörse rauben wollten. Die Locanda, die Luigia dreißig Jahre lang, zuerst zusammen mit ihrem Mann Lorenzo und ihrem Sohn Francesco und später dann, als sie Witwe geworden und auch den Sohn verloren hatte, allein geführt hatte, war früher sehr berühmt und beherbergte Gäste aus allen Teilen der Welt. Ihre Verehrung für Herzog Orsini, den Besitzer des kleinen Palazzo, in dem sich die Locanda befand, hatte Luigia bewogen, ihn zu ihrem Universalerben zu ernennen. Der Herzog wiederum hatte nichts einzuwenden gehabt, als Pellegrino (der eine Frau, eine Tochter in heiratsfähigem Alter und noch eine Kleine zu versorgen hatte) aus Bologna angereist war, um den Herzog inständig zu bitten, er möchte ihn doch das blühende Geschäft seiner Cousine Luigia weiterführen lassen.

Diese Gelegenheit war für meinen Herrn Gold wert, da er eine andere soeben verpfuscht hatte: Am Ende einer mühevollen Karriere in den Küchen eines reichen Kardinals, wo er den begehrten Posten eines Hilfstruchsess ergattert hatte, war er zuletzt wegen seines aufbrausenden Charakters und seiner Unmäßigkeit in zu vielen Dingen aus dem Haus gejagt worden.

Kaum hatte Pellegrino sich in der Nähe des Donzello niedergelassen in der Erwartung, dass einige vorübergehende Mieter des kleinen Palazzo wieder auszögen, wurde ich ihm vom Pfarrer der nahen Kirche Santa Maria in Posterula empfohlen. Als der glühend heiße römische Sommer begann, war seine Gattin, kein bisschen begeistert von der Idee, als Wirtin aufzutreten, mit den Töchtern ins Gebirge aufgebrochen, in den Apennin, wo noch Verwandte von ihr lebten. Zum Monatsende wurde sie zurückerwartet, und bis dahin war ich die einzige Hilfe.

Gewiss, man konnte von mir nicht verlangen, dass ich den besten aller Burschen abgebe; doch ich tat alles, um Pellegrino zufrieden zu stellen. Hatte ich die täglichen Verrichtungen erledigt, nahm ich eifrig jede Gelegenheit wahr, um mich weiter nützlich zu machen. Und da ich ungern allein ausging und mich den Gefahren der Straße aussetzte (vor allem den grausamen Späßen meiner Altersgenossen), war ich fast immer in der Locanda del Donzello am Werk, wie Cristofano richtig beobachtet hatte. Gleichwohl schien mir die Vorstellung, die ganze Zeit der Quarantäne in jenen – wenn auch noch so vertrauten und gemütlichen – Räumen eingeschlossen zu sein, plötzlich ein unerträgliches Opfer zu bedeuten.

Unterdessen hatte sich der Aufruhr in der Eingangshalle gelegt, und mein Herr war samt allen anderen, die sich mit ihm an der langen und nutzlosen Kräfteverschwendung beteiligt hatten, zu uns gestoßen. Cristofano legte ihnen kurz seine Einschätzung dar, was nicht wenig Erleichterung hervorrief, außer bei meinem Herrn.

»Ich bringe sie um, ich bringe sie alle um«, sagte er, erneut die Fassung verlierend.

Er fügte hinzu, dass dieses Geschehnis ihn ruiniert habe, da nun niemand mehr im Donzello einkehren und es natürlich auch unmöglich sein werde, den Betrieb zu verkaufen, die Locanda sei ja ohnehin schon durch diesen verfluchten Mauerriss entwertet, und er werde alle seine Kreditbriefe einlösen müssen, um eine andere zu bekommen, und in Kürze werde er für immer arm und zugrunde gerichtet dastehen, aber vorher wolle er die ganze Sache dem Kollegium der Locandieri unterbreiten, o ja, auch wenn jeder wusste, dass es nichts nützte, sagte er und widersprach sich dann noch viele Male, woran ich merkte, dass er leider wieder dem guten Wein zugesprochen hatte.

Der Arzt fuhr fort: »Wir werden die Decken und Kleider des Alten zusammenpacken und sie auf die Straße herunterlassen müssen, wenn der Sammelkarren kommt.«

Dann wandte er sich an Pompeo Dulcibeni: »Habt Ihr auf der Reise von Neapel hierher infizierte Leute getroffen oder von solchen gehört?«

»Absolut nicht.«

Nur mühsam konnte der Edelmann aus den Marken seine große Erregung über den Verlust seines Freundes verbergen, dessen Tod zudem noch in seiner Abwesenheit eingetreten war. Ein Schweißfilm bedeckte seine Stirn und seine Wangenknochen. Der Arzt befragte ihn zu einer Menge Einzelheiten: ob der Alte regelmäßig gegessen habe, ob er guten Stuhlgang gehabt habe, ob er schwermütig gewesen sei, kurz, ob er Anzeichen von Schwachheiten gezeigt habe, die über die gewöhnlich vom fortgeschrittenen Alter verursachten Beschwerden hinausgingen. Doch Dulcibeni hatte nicht diesen Eindruck gehabt. Er selbst war von recht korpulenter Statur und stets in einen schwarzen Gehrock gekleidet; was ihn aber vor allem behäbig und plump machte, war eine uralte Halskrause flämischer Machart (was, glaube ich, vor vielen, vielen Jahren einmal Mode gewesen sein muss), von seinem vorstehenden Bauch ganz abgesehen. Diese Leibesfülle und auch seine kräftige Gesichtsfarbe ließen vermuten, dass seine Vorliebe für das Essen nicht geringer war als die meines Herrn für den Wein. Die dichten, unterdessen schlohweißen Haare, das verhaltene Temperament, die leicht schleppende Stimme und das ernste, nachdenkliche Aussehen verliehen ihm den Anschein eines rechtschaffenen und gesitteten Mannes. Erst im Laufe der Zeit und nach aufmerksamerer Beobachtung sah ich später in seinen strengen, blaugrünen Augen und seinen schütteren, stets gerunzelten Brauen den Widerschein einer geheimen, unausrottbaren Verbissenheit.

Dulcibeni sagte, er habe den verstorbenen Signor de Mourai zufällig auf einer Reise kennen gelernt und wisse nicht viel über ihn. Er habe ihn zusammen mit Signor Devizé von Neapel hierher begleitet, weil der Alte, da er fast blind war, Betreuung brauchte. Signor Devizé, der Musiker und Gitarrenspieler, war hingegen nach Italien gekommen, bemerkte Dulcibeni weiter, während Devizé selbst bestätigend nickte, um bei einem neapolitanischen Lautenbauer ein neues Instrument zu kaufen. Danach habe er den Wunsch geäußert, in Rom zu verweilen, um dort die neuesten Musikrichtungen kennen zu lernen, bevor er nach Paris zurückkehrte.

»Was passiert, wenn wir das Haus verlassen, bevor die Quarantäne zu Ende ist?«, fragte ich dazwischen.

»Die Flucht zu wagen ist die unvernünftigste Lösung«, erwiderte Cristofano, »da die Ausgänge alle vernagelt wurden, sogar die Tür, die von dem Türmchen, das Monna Cloridia bewohnt, aufs Dach führt. Die Fenster wiederum sind zu hoch oder vergittert, und unten steht ein Wachsoldat. Besser so: Bei der Flucht aus einer Quarantäne überrascht zu werden würde eine überaus harte Strafe nach sich ziehen und eine viel schlimmere Absonderung über Jahre und Jahre. Die Leute aus dem Viertel würden dabei helfen, dem Flüchtigen auf die Spur zu kommen.«

Inzwischen war es dunkel geworden, und ich verteilte die Öllampen.

»Versuchen wir, guten Mutes zu bleiben«, fügte der toskanische Arzt hinzu und sah meinen Padrone bedeutungsvoll an. »Wir müssen den Eindruck vermitteln, dass zwischen uns bestes Einvernehmen herrscht. Wenn sich die Dinge nicht ändern, werde ich euch nicht untersuchen, außer ihr verlangt es von mir; falls allerdings weitere Fälle von Schwachheit auftreten, werde ich es zum Wohle aller tun müssen. Gebt mir sofort Bescheid, wenn ihr euch gesundheitlich angegriffen fühlt, auch wenn ihr meint, es sei nur eine Lappalie. Im Augenblick ist es jedenfalls nicht angebracht, sich zu ängstigen, denn dieser Mann« – er wies auf den reglosen Leib von Signor de Mourai – »ist nicht an der Pest gestorben.«

»Woran dann?«, fragte Abbé Melani.

»Nicht an der Pest, wiederhole ich.«

»Und woher weißt du das, Arzt?«, bohrte der Abbé misstrauisch nach.

»Es ist noch Sommer und ziemlich heiß. Wenn es die Pest ist, kann es sich nur um den Sommertypus handeln, der der

Verderbung der natürlichen Wärme entspringt und Fieber und Hauptwehe causiert, Leichen, die sofort schwarz und sehr heiß werden, sowie schwarze, faulige Beulen. Doch von Beulen oder Bubonen oder Geschwüren oder Apostemen, wie immer man es nennen will, findet sich bei ihm keine Spur; weder unter den Achseln noch hinter den Ohren noch in der Leiste. Es hat bei ihm weder einen Temperaturanstieg noch Ausdörrung gegeben. Und nach den Auskünften seiner Reisegefährten schien es ihm bis wenige Stunden vor seinem Tod noch recht gut zu gehen. Das genügt meines Erachtens, um die Seuche auszuschließen.«

»Dann ist es ein anderes Übel«, erwiderte Melani.

»Ich sage es noch einmal: Um das herauszufinden, müsste man die Anatomie bemühen. Also den Leichnam öffnen und von innen untersuchen, wie es die Ärzte in den Niederlanden machen. Nach einer äußerlichen Untersuchung könnte ich auf einen jähen Anfall von fauligem Fieber schließen, den man nicht erkennt, bis es zu spät ist. Ich entdecke an dem Leichnam jedoch weder Fäulnis noch schlecht riechende Ausdünstungen, die nicht vom Tod oder vom Alter herrühren. Ich könnte vielleicht vermuten, es handele sich um Morbus Mazucco oder Modoro, wie die Spanier sagen: Ursache ist eine Art Apostem, ein Abszess im Hirn, also unsichtbar, wenn aber allbereit ein Apostem erfolgt ist, so ist kein Rat, sondern es muss der Mensch sterben und das Leben lassen. Wird die Krankheit dagegen bei den allerersten Anzeichen erkannt, ist sie leicht zu heilen. Kurz und gut, wenn ich von der Sache nur ein paar Tage früher erfahren hätte, so hätte ich ihn vielleicht retten können. Es hätte genügt, aus einer der beiden Adern unter der Zunge Blut abzunehmen, beim Trinken eine Spur Vitriolöl beizumischen und Magen und Haupt mit geweihtem Öl zu salben. Doch wie es scheint, hat der alte Mourai keinerlei Zeichen gegeben, dass es ihm schlecht geht. Darüber hinaus …«

»Darüber hinaus?«, ermunterte Melani ihn.

»… lässt der Morbus Mazucco gewiss nicht die Zunge anschwellen«, schloss der Arzt mit einem bedeutsamen Lächeln. »Vielleicht ist es … etwas Ähnliches wie Gift.«

Gift. Während der Arzt in sein Zimmer hinaufging, standen wir anderen stumm da und betrachteten die Leiche. Der Jesuit bekreuzigte sich, zum ersten Mal. Signor Pellegrino fluchte erneut über das Unglück, plötzlich einen Toten in der Locanda zu haben, und noch dazu vielleicht vergiftet, und wehe, was seine Frau dazu sagen würde, wenn sie zurückkam.

Sehr rasch entspann sich dann zwischen den Herbergsgästen eine Unterhaltung über etliche berühmte Fälle von Vergiftung oder angeblicher Vergiftung, allen voran die uralten Geschichten, in denen Herrscher wie Karl der Kahle und Lothar, König der Franken, oder dessen Sohn Ludwig eine Rolle spielten, aber auch, um auf modernere Zeiten zu kommen, über das arsenhaltige Gift und jenes schneeweiße, angenehm schmeckende Pulver, die *cantarella*, die von den Borgias für ihre ruchlosen Verbrechen benutzt wurden sowie für die tödlichen Anschläge der Valois und der Guise. Ein uneingestandenes Zittern hatte die ganze Gruppe erfasst, denn Angst und Gift gehören zusammen wie Zwillinge: Irgendjemand erinnerte daran, dass Heinrich von Navarra, bevor er unter dem Namen Heinrich IV. König von Frankreich wurde, selbst zum Ufer der Seine hinunterging, um das Wasser zu schöpfen, das er bei den Mahlzeiten trinken würde, da er fürchtete, einem Giftbecher zum Opfer zu fallen. War Don Juan d'Austria etwa nicht daran gestorben, dass er vergiftete Stiefel angezogen hatte? Stilone Priàso fiel ein, dass Caterina de' Medici erst Jeanne d'Albret, die Mutter Heinrichs von Navarra, mit parfümierten Handschuhen und Kragen vergiftete und dann versuchte, das gleiche Verfahren noch einmal bei ihrem Sohn anzuwenden, indem sie ihm ein wundervolles Jagdbuch schenkte, dessen leicht zusammengeklebte Seiten, die mit einem tödlichen italienischen Gift getränkt waren, ihn verleiten sollten, sich beim Umblättern die Fingerspitzen mit der Zunge zu befeuchten.

Die Herstellung solcher mörderischer Mittel, fing einer wieder an, übernahmen oft Astrologen und Parfümiers, und ein anderer frischte die Geschichte von Saint-Barthélemy, dem Diener des berüchtigten Priors von Cluny, wieder auf, der den Kardinal von Lothringen vergiftete, indem er ihn mit giftbestrichenen Münzen bezahlte; während Heinrich von Lützelburg (o welch blasphemisches Ende) an einem Gift gestorben war, das sich in der geweihten Hostie verbarg, die ihm bei der Kommunion verabreicht wurde.

Stilone Priàso begann eifrig bald mit diesem, bald mit jenem zu tuscheln und räumte ein, dass über die Dichter und über diejenigen, die den Beruf des Schreibens ausübten, seit jeher viele fantasievolle Dinge gesagt werden, doch er sei nur ein Dichter und für die Dichtkunst geboren, Gott verzeihe ihm die Unbescheidenheit.

Dann wandten sie sich zu mir und fingen an, mich erneut mit Fragen über die Suppe zu bestürmen, die ich Signor de Mourai an jenem Morgen serviert hatte. Mehrmals musste ich wiederholen, dass sich absolut niemand außer mir diesem Teller genähert hatte. Nur mühsam ließen sie sich schließlich überzeugen und achteten nicht mehr auf meine Anwesenheit.

Auf einmal fiel mir auf, dass Abbé Melani als Einziger die Gesellschaft verlassen hatte. Es war schon spät, und ich beschloss, in die Küche hinunterzugehen, um noch aufzuräumen.

Im Flur stieß ich auf den jungen Engländer, Signor Bedfordi, der sehr aufgeregt wirkte, vielleicht, weil er gerade mit Sack und Pack in ein neues Zimmer umgezogen war und deshalb die Diagnose des Arztes nicht mitbekommen hatte. Er schleppte sich langsam voran und wirkte so bedrückt wie noch nie. Als ich mich vor ihn hinstellte, zuckte er zusammen.

»Ich bin's, Signor Bedfordi«, sagte ich beruhigend.

Stumm und verträumt blickte er in die Flamme der Lampe, die ich in der Hand hielt. Zum ersten Mal hatte er die gewohnte phlegmatische Pose abgelegt, die sein affektiertes, hochmütiges Wesen verriet und die Verachtung, die er (dafür lieferte er häufig Beweise) mir als einfachem Diener entgegenbrachte. Da seine Mutter Italienerin war, machte es Bedfordi keine Mühe, wenn er sich italienisch ausdrücken musste. Im Gegenteil, seine Beredsamkeit bei den Gesprächen, die das Abendessen begleiteten, hatte die anderen Herbergsgäste stets erheitert.

Umso mehr beeindruckte mich daher an jenem Abend sein Schweigen. Ich erklärte ihm, dass man sich nach Ansicht des

Arztes keine Sorgen zu machen brauchte, da es sich allerhöchstwahrscheinlich nicht um Pest handelte. Man argwöhnte jedoch, dass Mourai ein Gift geschluckt haben könnte.

Bedfordi starrte mich wortlos und verängstigt mit halb offenem Mund an. Er trat einige Schritte zurück, dann drehte er sich um und lief in sein Zimmer, wo er sich, wie ich hörte, einschloss.

Erste Nacht

Vom 11. auf den 12. September 1683

Lass ihn nur gehen, Junge.«

Diesmal war ich es, der zusammenzuckte. Vor mir stand Abbé Melani, der aus dem zweiten Stock kam.

»Ich habe Hunger, begleite mich in die Küche.«

»Da müsste ich erst Signor Pellegrino Bescheid sagen. Er hat mir verboten, außerhalb der regulären Essenszeiten mittags und abends etwas aus der Speisekammer zu holen.«

»Mach dir keine Sorgen, der Herr Padrone ist jetzt mit Madame Flasche beschäftigt.«

»Und die Anordnungen von Doktor Cristofano?«

»Das waren keine Anordnungen, sondern vorsorgliche Ratschläge. Die ich für überflüssig halte.«

Er ging mir voraus ins Erdgeschoss, wo sich die Speisesäle und die Küche befanden. Dort konnte ich tatsächlich ein wenig Brot und Käse und ein Glas Rotwein auftreiben, um die Gelüste des Abbé zu befriedigen. Wir setzten uns an den alten Arbeitstisch, an dem ich gewöhnlich mit meinem Padrone aß.

»Erzähl mir, woher du kommst«, forderte mich Melani auf, während er mit seinem Imbiss begann.

Von seiner Neugier geschmeichelt, schilderte ich ihm kurz die Geschichte meines elenden Lebens. Im Alter von wenigen Monaten war ich ausgesetzt und vor einem Kloster bei Perugia niedergelegt worden. Die Nonnen hatten mich dann einer frommen Frau anvertraut, die in der Nähe lebte. Als ich herangewachsen war, hatte man mich nach Rom gebracht und bei dem Bruder jener Frau in Obhut gegeben, der Pfarrer von

Santa Maria in Posterula war, der kleinen Kirche unweit der Locanda. Der Pfarrer hatte mich für einige geringe Dienste angestellt und mich dann kurz vor seiner Versetzung an einen Ort außerhalb Roms Signor Pellegrino empfohlen.

»Und so arbeitest du jetzt als Hausbursche«, sagte der Abbé.

»Ja, aber hoffentlich nicht für immer.«

»Du hättest gern deine eigene Locanda, nehme ich an.«

»Nein, Signor Abbé. Ich würde gern Gazettenschreiber werden.«

»Na so was«, bemerkte der Abbé überrascht mit einem kleinen Lächeln.

Daraufhin erklärte ich ihm, dass die fromme, umsichtige Frau, bei der ich aufgewachsen war, dafür gesorgt hatte, mich von einer alten Dienstmagd unterrichten zu lassen. Diese hatte früher das Ordenskleid getragen und hatte mich in den sieben freien Künsten, im Trivium und Quadrivium, ausgebildet, in den Wissenschaften *de vegetalibus, de animalibus et de mineralibus*, in den *humanae litterae*, in Philosophie und Theologie. Dann hatte sie mir viele Historiker, Grammatiker und italienische, spanische und französische Dichter zu lesen gegeben. Doch mehr noch als Arithmetik, Geometrie, Musik, Astronomie, Grammatik, Logik und Rhetorik hatten mich die Dinge der Welt begeistert, am allermeisten, erläuterte ich eifrig, die Geschichten über die Belange und nahen und fernen Erfolge von Fürsten und Herrschern, über Kriege und andere wunderbare Begebenheiten, die …

»Schon gut, schon gut«, unterbrach der Abbé mich, »du möchtest Gazettenschreiber werden oder Skribent, wie man es auch nennen will. Scharfsinnige Geister enden häufig so. Wie bist du auf diese Idee gekommen?«

»Ich wurde oft zum Einkaufen nach Perugia geschickt«, erwiderte ich. »In der Stadt konnte man, wenn es der richtige Tag war, den öffentlichen Lesungen der Gazetten beiwohnen und dann für zwei Soldi – aber das gab es auch in Rom – Flugblätter kaufen mit vielen anschaulichen Beschreibungen der jüngsten Geschehnisse, die sich in Europa ereignet …«

»Donnerwetter, Junge, so einer wie du ist mir noch nie untergekommen.«

»Danke, Signore.«

»Bist du nicht ein wenig zu gebildet für einen einfachen Küchenjungen? Deinesgleichen weiß gewöhnlich nicht einmal, wie man die Feder hält«, sagte er mit einer Grimasse.

Das kränkte mich.

»Du bist sehr gescheit«, fügte er besänftigend hinzu. »Und ich verstehe dich: Auch ich war in deinem Alter vom Beruf der Schmierfinken fasziniert. Aber ich hatte so viel zu tun. Meisterlich für die Gazetten zu schreiben ist eine hohe Kunst, und es ist immer noch besser als arbeiten. Und außerdem«, fügte er zwischen zwei Bissen hinzu, »ist es sehr aufregend, in Rom Gazettenschreiber zu sein. Du wirst alles berichten können über die Frage der Franchisen, über die gallikanische Kontroverse, über den Quietismus ...«

»Ja, ich glaube ... schon«, nickte ich und versuchte vergeblich, meine Unwissenheit zu verbergen.

»Bestimmte Dinge muss man einfach wissen, mein Junge. Worüber willst du sonst schreiben? Aber du bist eben noch zu jung. Und worüber könnte man jetzt auch schreiben, in dieser lahmen Stadt? Du hättest die frühere Pracht Roms sehen sollen, noch vor einigen Jahren. Musik, Theater, Akademien, der Einzug von Botschaftern, Prozessionen, Bälle: Alles erstrahlte in solchem Reichtum und Überfluss, wie du es dir gar nicht vorstellen kannst.«

»Und warum ist das heute nicht mehr so?«

»Weil die Größe und das Glück Roms mit dem Aufstieg dieses Papstes zu Ende gegangen sind und erst mit seinem Tod zurückkehren werden. Theateraufführungen sind verboten, der Karneval wurde abgeschafft. Siehst du es nicht mit eigenen Augen? Die Kirchen sind vernachlässigt, die Paläste baufällig, die Straßen holperig und die Aquädukte undicht. Die Meister, die Architekten und die Arbeiter haben keine Aufträge mehr und kehren in ihre Heimatländer zurück. Das Schreiben und Lesen von Bekanntmachungen und die Gazetten, für die du dich so begeisterst, sind verboten, obzwar das Verbot nicht immer beachtet wird; die Strafen sind noch schärfer als früher. Sogar für Christina von Schweden, die nach Rom gekommen ist, um der Religion Luthers zugunsten der unseren abzuschwören, werden keine Feste im Palazzo Barberini und keine Schauspiele im Theater Tor di Nona mehr gegeben. Seit Innozenz XI. an die Macht gekommen ist, hat auch Königin Christina sich in ihrem Palast verkriechen müssen.«

»Habt Ihr früher einmal hier in Rom gelebt?«

»Ja, eine Zeit lang«, erwiderte der Abbé und berichtigte sich sogleich, »sogar mehr als einmal. 1644 kam ich als kaum Sechzehnjähriger nach Rom und studierte bei den besten Maestri. Ich hatte die Ehre, Schüler des hervorragenden Luigi Rossi zu sein, des größten europäischen Komponisten aller Zeiten. Damals besaßen die Barberini im Palazzo an der Via Quattro Fontane ein Theater mit dreitausend Plätzen, und das Theater der Colonna im Palazzo al Borgo erregte den Neid aller Königshäuser. Die Bühnenbildner trugen berühmte Namen, selbst Gian Lorenzo Bernini gehörte dazu, und die Szenenbilder erstaunten, rührten und entzückten das Publikum mit Regenschauern, Sonnenuntergängen, Blitzen, Auftritten von echten lebendigen Tieren, Duellen mit echten Verletzungen und echtem Blut, Palästen, die echter aussahen als die Wirklichkeit, und Gärten mit Brunnen, in denen frisches, klares Wasser plätscherte.«

An dieser Stelle wurde mir klar, dass ich meinen Gesprächspartner noch nicht gefragt hatte, ob er nun Komponist oder Organist oder Kapellmeister gewesen sei. Zum Glück hielt ich mich zurück. Das beinahe bartlose Gesicht, die ungewöhnlich weichen und weiblichen Bewegungen und *maxime* die sehr helle Stimme – fast wie die eines unerwartet zur Reife gelangten Knaben – offenbarten mir, dass ich einen entmannten Sänger vor mir hatte.

Der Abbé musste an meinem Blick abgelesen haben, dass mich diese Erkenntnis durchzuckte, doch er fuhr fort, als sei nichts geschehen.

»Damals gab es nicht so viele Sänger wie heute. Vielen wurde der Weg geebnet und die Möglichkeit eröffnet, ferne und unerwartete Ziele zu erreichen. Was mich betrifft, so besaß ich nicht nur das Talent, das der Himmel mir gütig gewährt hat, sondern ich hatte auch sehr fleißig studiert. Deshalb schickte mich der Großherzog von Toskana, mein Herr, vor beinahe dreißig Jahren im Gefolge meines Maestro Luigi Rossi nach Paris.«

Daher kommt also sein komisches »r«, dachte ich, das er gar so selbstgefällig zu betonen scheint.

»Gingt Ihr nach Paris, um weiterzustudieren?«

»Glaubst du, einer, der einen Empfehlungsbrief an Kardinal Mazarin und an dic Königin persönlich in der Tasche hatte, bräuchte noch zu studieren?«

»Aber dann habt Ihr ja Gelegenheit gehabt, vor diesen Königlichen Hoheiten zu singen, Signor Abbé!«

»Die Königin Anna mochte meinen Gesang, könnte ich sagen, ganz ungewöhnlich gern. Ihr gefielen melancholische Arien im italienischen Stil, worin ich sie vollkommen zufrieden stellen konnte. Es vergingen keine zwei Abende, an denen ich nicht in den Palast ging, um ihr zu dienen, und jedes Mal konnte man in ihren Gemächern mindestens vier Stunden lang an nichts anderes denken als an Musik.«

Er unterbrach sich, hob die Augen und blickte versonnen aus dem Fenster.

»Du hast den Hof von Paris nie gesehen. Wie soll ich es dir erklären? All diese Adeligen und Kavaliere erwiesen mir zahllose Ehren, und wenn ich für die Königin sang, glaubte ich mich im Paradies, umgeben von tausend Engelsgesichtern. Die Königin bat den Großherzog zuletzt sogar, mich nicht nach Italien zurückzurufen, um noch weiter meine Dienste genießen zu können. Mein Herr, der von Mutterseite her ihr Cousin war, kam ihrer Bitte nach. Die Königin zeigte mir einige Wochen später persönlich den Brief meines Herrn, der mir erlaubte, noch ein wenig in Paris zu verweilen, und schenkte mir dabei die Gunst ihres sanftesten Lächelns. Als ich den Brief gelesen hatte, fühlte ich mich fast von Sinnen vor Jubel und Freude.«

Der Abbé war dann immer häufiger nach Paris gereist, auch im Gefolge seines Maestro Luigi Rossi, bei dessen Namen Attos Augen jedes Mal vor stiller Rührung leuchteten.

»Heute sagt sein Name nichts mehr. Seinerzeit dagegen behandelten ihn alle voll Ehrfurcht vor dem, was er war: ein Großer, oder vielmehr der Größte. Er gab mir die Hauptrolle in *Orfeo*, der herrlichsten Oper, die man je am französischen Hof gesehen. Es war ein denkwürdiger Erfolg. Ich war damals erst einundzwanzig. Und nachdem ich zwei Monate lang aufgetreten war, hatte ich kaum die Zeit, nach Florenz heimzureisen, da musste Mazarin den Großherzog von Toskana schon erneut bitten, mich wieder nach Frankreich zu entsenden, so sehr fehlte der Königin mein Gesang. So kam es, dass wir, als ich mit *seigneur* Luigi zurückkehrte, mitten in den Aufstand der Fronde gerieten und zusammen mit der Königin, dem Kardinal und dem kleinen König aus Paris fliehen mussten.«

»Ihr habt den Allerchristlichsten König als Kind gekannt!«

»Und zwar sehr gut. In jenen schrecklichen Monaten des Exils im Schloss von Saint Germain trennte er sich nie von seiner Mutter und lauschte immer mucksmäuschenstill meinem Gesang. In den kurzen Pausen versuchte ich oft, ihn zu zerstreuen, indem ich mir Spiele für ihn ausdachte; so fand Seine Majestät das Lächeln wieder.«

Ich fühlte mich zugleich erregt und wie betäubt von der doppelten Entdeckung. Nicht nur verbarg dieser bizarre Herbergsgast eine glorreiche Vergangenheit als Sänger; er hatte auch mit den Königlichen Hoheiten Frankreichs auf vertrautem Fuße gestanden! Und noch dazu war er eines jener einzigartigen Wunder der Natur, bei denen sich männliche Züge mit der Gabe des Gesangs und gänzlich weiblicher Wesensart paarten. Fast unmittelbar hatte ich das ungewöhnlich silberne Timbre seiner Stimme bemerkt. Doch ich hatte mich nicht lang mit anderen Einzelheiten aufgehalten, da ich glaubte, es könne sich um einen einfachen Sodomiten handeln.

Stattdessen war ich einem Kastraten begegnet. Ich wusste natürlich, dass sich die entmannten Sänger, um ihre außergewöhnlichen stimmlichen Mittel zu erlangen, einer schmerzhaften und nicht mehr rückgängig zu machenden Operation unterziehen mussten. Einmal abgesehen von der traurigen Begebenheit des frommen Origenes, der sich, um höchste geistige Tugend zu erlangen, freiwillig seiner Männlichkeit beraubte, hatte ich gehört, dass die christliche Lehre die Kastration von Anfang an verdammte. Doch der Zufall wollte, dass gerade in Rom die Dienste der Kastraten hoch geschätzt und gesucht waren. Jeder wusste, dass die Vatikanische Kapelle ständig Kastraten zu beschäftigen pflegte, und ich hatte auch schon gehört, wie ältere Leute im Viertel zu einer Wäscherin, die ein Liedchen trällerte, scherzhaft sagten: »Du singst wie Rosini«, oder: »Du bist besser als Folignato.« Sie spielten auf die Kastraten an, die Jahrzehnte zuvor die Ohren von Papst Klemens VIII. erfreuten. Noch häufiger hatte ich den Namen von Loreto Vittori nennen hören, dessen Stimme, so wusste ich, die Gabe besaß, alle zu verzaubern. So sehr, dass Papst Urban VIII. ihn, ohne sich im Geringsten um Loretos zweideutiges Wesen zu kümmern, zum Ritter Christi geschlagen hatte. Wenig zählte es, dass der Heilige Stuhl denjenigen, die die Entmannung praktizierten, bei mehreren Gelegenheiten die Exkommunikation angedroht hatte. Und noch weniger, dass die weibliche Anmut der Kastraten bei den Zuschauern Beunruhigung hervorrief. Den Gesprächen und Scherzen meiner Gleichaltrigen hatte ich entnommen, dass man von der Locanda aus nur wenige Dutzend Schritte zu gehen brauchte, um das Geschäft eines gefälligen Barbiers zu finden, der stets bereit war, die grässliche Verstümmelung vorzunehmen, wenn nur der Lohn entsprechend ausfiel und das Geheimnis gewahrt blieb.

»Warum sollte man sich darüber wundern?«, sagte Melani und riss mich damit aus meinen stummen Betrachtungen. »Es kann kaum erstaunen, dass eine Königin meine Stimme dem Gezwitscher irgendeiner, Gott möge mir verzeihen, beliebigen Sängerin vorzieht. In Paris trat häufig eine italienische Sängerin an meiner Seite auf, eine gewisse Leonora Baroni, die sich sehr wichtig machte. Heute erinnert sich niemand mehr an sie. Denk daran, Junge: Wenn den Frauen heutzutage nicht gestattet ist, in der Öffentlichkeit zu singen, wie es der heilige Paulus zu Recht verlangte, so ist das gewiss kein Zufall.«

Er hob sein Glas, als wollte er einen Trinkspruch ausbringen, und rezitierte feierlich:

Toi, qui sais mieux que aucun le succés que jadis
les pièces de musique eurent dédans Paris,
que dis-tu de l'ardeur dont la cour échauffée
frondoit en ce temps-là les grand concerts d'Orphée,
les passages d'Atto et de Leonora,
et le déchainement qu'on a pour l'Opéra?

Ich schwieg und warf dem Abbé nur einen fragenden Blick zu.

»Jean de La Fontaine«, sagte er mit Nachdruck. »Der größte Dichter Frankreichs.«

»Und wenn ich recht verstanden habe, hat er über Euch geschrieben!«

»Ja. Und ein anderer Dichter, ein toskanischer diesmal, schrieb, dass Atto Melanis Gesang auch als Gegengift bei Schlangenbissen wirken könne.«

»Ein anderer Dichter?«

»Francesco Redi, der größte Dichter und Naturforscher der Toskana. Dies waren die Musen, über deren Lippen mein Name kam, Junge.«

»Tretet Ihr immer noch vor der Königlichen Familie Frankreichs auf?«

»Ist die Jugend einmal verflogen, kann man sich von allen körperlichen Gaben auf die Stimme als Erstes nicht mehr verlassen. Als junger Mann habe ich jedoch an allen Höfen Europas gesungen und somit Gelegenheit gehabt, viele Fürsten kennen zu lernen. Heute fragen sie mich gern um Rat, wenn sie wichtige Entscheidungen treffen müssen.«

»Also seid Ihr ein ... Ratgeber, Signor Abbé?«

»Ja, nennen wir es so.«

»Da werdet Ihr oft bei Hofe sein, in Paris.«

»Der Hof ist nun in Versailles, mein Junge. Was mich betrifft, das ist eine lange Geschichte.«

Und stirnrunzelnd fügte er hinzu: »Hast du je von Signor de Fouquet gehört?«

Der Name sei mir gänzlich unbekannt, erwiderte ich.

Er goss sich noch ein halbes Glas Wein ein und verstummte. Sein Schweigen machte mich nicht verlegen. Ziemlich lange saßen wir so da, ohne ein Wort, getröstet von dem Funken gegenseitiger Sympathie.

Atto Melani war noch gekleidet wie am Morgen: mit der Perücke des Abbé, der Kapuze und der lila Soutane. Das Alter (das man ihm keineswegs ansah) hatte ihm einen Anflug von Rundlichkeit beschert, was seine leichte Hakennase und seine strengen Züge etwas abmilderte. Sein weiß geschminktes Gesicht mit den karminroten Flecken auf den vorstehenden Wangenknochen verriet einen ständigen Widerstreit der Gefühle: die breite, gerunzelte Stirn und die bogenförmig hochgezogenen Augenbrauen deuteten auf ein kaltes, hochmütiges Naturell hin. Doch das war nur eine Pose: Sie wurde Lügen gestraft von der trotzigen Kerbe des verkrampften kleinen Mundes und dem ein wenig fliehenden, aber fleischigen Kinn, in dessen Mitte ein freches Grübchen prangte.

Melani räusperte sich. Er trank einen letzten Schluck, behielt den Wein im Mund und rollte ihn geräuschvoll zwischen Zunge und Gaumen.

»Wir werden eine Übereinkunft treffen«, sagte er unvermittelt. »Du musst dir noch viel Wissen aneignen. Du bist nicht gereist, hast nichts erlebt, nichts gesehen. Du bist scharfsinnig, gewisse Qualitäten erkennt man sofort. Aber ohne den richtigen Anstoß kommt man nirgendwohin. Nun gut, in den zwanzig Klausurtagen, die uns bevorstehen, kann ich dir alles geben, was du brauchst. Du wirst mir nur zuhören müssen, und zwar aufmerksam. Im Gegenzug wirst du mir helfen.«

Ich staunte: »Wobei denn?«

»Zum Donnerwetter, herauszufinden, wer Signor de Mourai vergiftet hat!«, erwiderte der Abbé, als handele es sich um die selbstverständlichste Sache von der Welt, und deutete ein Lächeln an.

»Seid Ihr sicher, dass Gift im Spiel ist?«

»Absolut«, rief er, indem er sich erhob und sich umsah, ob es noch etwas zu verspeisen gäbe. »Der arme Alte muss etwas Tödliches eingenommen haben. Du hast doch gehört, was der Arzt gesagt hat, nicht wahr?«

»Und was geht Euch das an?«

»Wenn wir den Täter nicht rechtzeitig aufhalten, wird er hier drin bald weitere Morde begehen.«

Die Furcht ließ augenblicklich meinen Mund austrocknen, und das bisschen Hunger, das ich verspürte, verging mir endgültig.

»Apropos«, fragte mich Atto Melani, »bist du ganz sicher, dass alles stimmt, was du Cristofano über die Brühe erzählt hast, die du Mourai gekocht und serviert hast? Gibt es da nichts, was ich noch wissen muss?«

Ich wiederholte, dass ich den Blick nie von dem Kochtopf abgewendet und dem Verstorbenen die Brühe selbst Schluck für Schluck eingeflößt hatte. Somit war jeder äußere Eingriff auszuschließen.

»Weißt du, ob er vorher schon etwas zu sich genommen hat?«

»Ich würde sagen, nein. Als ich kam, war er eben erst aufgestanden, und Dulcibeni war schon ausgegangen.«

»Und hinterher?«

»Auch nicht, glaube ich. Nachdem ich ihn fertig gefüttert hatte, habe ich ihm den Zuber für sein Fußbad hergerichtet. Als ich ging, saß er da und döste.«

»Das bedeutet nur eins«, sagte Melani abschließend.

»Und zwar?«

»Dass du ihn umgebracht hast.«

Er lächelte mich an. Er hatte sich einen Scherz erlaubt.

»Ich werde Euch in allem dienen«, versprach ich überstürzt, mit schon feuerroten Wangen, hin und her gerissen zwischen der Aufregung über die Herausforderung und der Furcht vor der Gefahr.

»Sehr gut. Als Anfang könntest du mir alles sagen, was du über die anderen Herbergsgäste weißt und ob dir in den letzten Tagen etwas Ungewöhnliches aufgefallen ist. Hast du irgendwelche wunderlichen Reden gehört? War jemand länger abwesend? Sind Briefe überbracht oder aufgegeben worden?«

Ich antwortete, ich wisse recht wenig, außer dass Brenozzi, Bedfordi und Stilone Priàso schon zur Zeit der seligen Signora Luigia im Donzello abgestiegen wären. Dann berichtete ich ihm nicht ohne ein gewisses Zögern, dass es mir so vorgekommen sei, als habe sich Pater Robleda, der Jesuit, nachts in Cloridias Gemächer geschlichen. Der Abbé beschränkte sich auf ein mildes Lachen.

»Junge, ab jetzt wirst du die Augen offen halten. Vor allem, was die beiden Reisegefährten des alten Mourai betrifft: diesen französischen Musiker, Roberto Devizé, und Pompeo Dulcibeni, den Herrn aus den Marken.«

Er sah, dass ich die Augen gesenkt hielt, und fuhr fort: »Ich weiß, was du denkst: Ich wollte Gazettenschreiber werden, nicht Spitzel. Aber ich sage dir, die beiden Berufe sind gar nicht so verschieden.«

»Muss man denn alles kennen, was Ihr mir vorhin genannt habt? Die Quietisten, die gallikanischen Artikel ...«

»Das ist die falsche Frage. Einige Gazettenschreiber haben es weit gebracht, obwohl sie wenig wissen: nur die wirklich wichtigen Dinge.«

»Und die wären?«

»Die, über die sie niemals schreiben werden. Aber darüber unterhalten wir uns morgen weiter. Jetzt gehen wir schlafen.«

Während wir die Treppe hinaufstiegen, musterte ich im Schein der Lampe stumm und verstohlen das weiße Gesicht des Abbé: Ich hatte in ihm meinen neuen Lehrmeister gefunden und genoss die Aufregung darüber. Es war alles sehr schnell gegangen, doch dunkel spürte ich, dass es Melani ein ähnliches, geheimes Vergnügen bereitete, in mir seinen Schüler zu haben. Zumindest für die Dauer der Quarantäne.

Bevor wir uns trennten, wandte sich der Abbé zu mir um und lächelte mir zu. Dann verschwand er wortlos im Flur des zweiten Stocks.

Ich verbrachte einen guten Teil der Nacht damit, alte unbeschriebene Blätter zusammenzuheften, die ich auf dem Rechentisch meines Padrone zusammengeklaubt hatte, und dann die jüngsten Ereignisse darauf zu notieren, deren Zeuge ich geworden war. Ich war fest entschlossen: Nicht ein Wort sollte mir entgehen von dem, was Abbé Melani mich lehren würde. Ich würde alles aufschreiben und eifersüchtig bewahren.

Ohne die Hilfe dieser alten Notizen könnte ich heute, sechzehn Jahre nach jenen Tagen, nicht hier sitzen, um diese Memoiren zu verfassen.

Zweiter Tag

12. SEPTEMBER 1683

Der folgende Morgen sorgte beim Erwachen für Überraschungen. Ich fand Signor Pellegrino schlafend in seinem Bett in dem Zimmer unterm Dach, das wir miteinander teilten. Er hatte sich nicht darum gekümmert, irgendetwas für die Herbergsgäste vorzubereiten, wie es ja, trotz der Ausnahmesituation, von ihm verlangt wurde. Mein Padrone, noch in den Kleidern des Vorabends auf den Decken zusammengekauert, sah ganz so aus, als sei er in Schlaf gesunken, nachdem er sich einem schönen Rotwein hingegeben hatte. Als ich ihn mühsam wachgerüttelt hatte, ging ich in die Küche. Während ich die Stufen hinunterstieg, hörte ich eine ferne Klangwolke allmählich näher kommen, zuerst nur unklar, wenn auch angenehm. Doch dichter an der Tür zu dem Speisezimmer neben der Küche wurde die Musik immer deutlicher und erkennbarer. Es war Signor Devizé, der recht und schlecht auf einem hölzernen Schemel thronte und auf seinem Instrument übte.

Ein seltsamer Zauber erfasste alle bei Devizés Klängen. Es war nicht nur ein Genuss, ihm zuzuhören, sondern auch ihn anzusehen, während er spielte. Sein isabellfarbener Überrock aus feiner Bourretteseide und die schlichte Kleidung, die graugrün schillernden Augen, das spärliche, aschgraue Haar: Alles an ihm schien hinter den lebhaften Tönen zurücktreten zu wollen, die er mit überbordender Chromatik den sechs Saiten zu entlocken verstand. War die letzte Note verklungen, zerbrach der Zauber, und vor unseren Augen saß ein rotes, griesgrämiges, beinahe mürrisches Männchen mit winzigen Gesichtszügen und einer kleinen, stumpfen Nase über dem etwas wulstigen, empfindlichen Mund, mit dem gedrungenen Körperbau eines alten Germanen, martialischem Gang und schroffen Manieren.

Er beachtete mich kaum, als ich eintrat, und spielte nach einer kurzen Pause weiter. Sogleich entstand unter seinen Fingern nicht einfach nur Musik, sondern eine wunderbare Klangarchitektur, die ich noch heute beschreiben könnte, wenn der Himmel mir die Worte dafür schenkte und nicht nur die Erinnerung. Zuerst war es ein schlichtes, unschuldiges Motiv, das nach Art eines Tanzlieds arpeggierend vom Akkord der Tonart in den der Dominante wechselte (so würde der geschickte Virtuose es mir, dem damals in der Kunst der Töne noch gar nicht Bewanderten, später erklären), dann dieses Movimento wieder aufnahm und anschließend nach einem überraschenden vermiedenen Kadenzsprung das Ganze wiederholte. Doch war dies nur der Anfang einer reichen und erstaunlichen Sammlung von Ausschmückungen, die – wie mir Signor Devizé dann erklärte – Rondo genannt wurde und aus ebenjener mehrmals wiederholten ersten Strophe bestand, der jedoch jedes Mal ein neues kostbares Juwel folgte, das gänzlich neu war und im eigenen Licht erstrahlte.

Wie jedes andere Rondo wurde auch jenes, das ich noch viele weitere Male hören sollte, gekrönt von der letzten und abschließenden Wiederholung der ersten Strophe, so als gebe sie dem Ganzen Sinn, Vollständigkeit und Ruhe. Doch die zwar entzückende Unschuld und Schlichtheit jener ersten Strophe wäre nichts gewesen, hätte man sie des erhabenen Konzerts mit den anderen beraubt, die sich nacheinander, Refrain für Refrain, zu der wunderbaren Konstruktion aufschwangen, immer freier, überraschender, exquisiter und kühner. So dass die letzte von ihnen für Geist und Gehör eine süßeste und äußerste Herausforderung darstellte, wie wenn Ritter sich wegen Fragen der Ehre herausfordern. Nachdem sich das Schlussarpeggio vorsichtig und beinahe scheu den tiefen Tönen genähert hatte, schwang es sich plötzlich zu den hohen, dann zu den höchsten Tönen auf und verwandelte dabei seinen gewundenen, flüchtigen Lauf in einen durchsichtig klaren Fluss der Schönheit, in welchem sich seine Harmoniefülle mit einer erstaunlichen Sequenz nach unten auflöste. Wo es dann verweilte, versunken in sehr geheimnisvolle und überirdische Harmonien, die in meinen Ohren verboten und unmöglich klangen (vor allem für diese fehlen mir die Worte); und schließlich beruhigte es sich unwillig, um der letzten Wiederholung der Anfangsstrophe Platz zu machen.

Ich lauschte verzückt, ohne ein Wort, bis der französische Musiker das letzte Echo seines Instruments zum Verklingen gebracht hatte. Er blickte mich an.

»Ihr spielt wirklich gut auf Eurer Laute«, erkühnte ich mich schüchtern.

»Erstens ist es keine Laute«, erwiderte er, »sondern eine Gitarre. Und dann interessiert es dich gar nicht, wie ich spiele. Dir gefällt die Musik. Man sieht es daran, wie du zuhörst. Und du hast Recht: Ich bin ziemlich stolz auf dieses Rondo.«

Und nun erklärte er mir, wie ein Rondo aufgebaut ist und worin sich das, welches er soeben gespielt hatte, von den anderen unterschied.

»Was du gerade gehört hast, ist ein Rondo *brisé*, was man auf Italienisch, glaube ich, *spezzato* nennt. Das bedeutet, im Stil einer Laute: Die Akkorde werden nicht alle zusammen gespielt, sondern arpeggiert.«

»Aha«, kommentierte ich verwirrt.

Aus meinem Gesichtsausdruck musste Devizé schließen, wie unbefriedigend seine Erklärung für mich war, denn er fuhr fort und sagte, dieses Rondo finde so viel Gefallen, weil der Refrain nach den guten alten Regeln der Konsonanz komponiert sei, die alternierenden Strophen jedoch immer neue harmonische Kühnheiten enthielten, die alle auf unerwartete Weise endeten, fast als hätten sie nichts gemein mit der herkömmlichen Musiktheorie. Und nachdem das Rondo seinen Höhepunkt erreicht habe, setze abrupt der Schluss ein.

Ich fragte ihn, wie es komme, dass er so flüssig in meiner Sprache rede (wenn auch mit starkem französischen Akzent, aber das verschwieg ich).

»Ich bin viel gereist und habe viele Italiener kennen gelernt, die ich von der Begabung und Geschicklichkeit her für die besten Musiker der Welt halte. In Rom hat der Papst leider schon vor Jahren das Theater Tor di Nona schließen lassen, das ja nur wenige Schritte von der Locanda hier entfernt war; doch in der Kapelle San Petronio in Bologna und in Florenz kann man viele ausgezeichnete Musiker und viele wunderbare neue Werke hören. Sogar unser großartiger Maestro, Giovan Battista Lulli, der dem König von Versailles zum Ruhme gereicht, ist Florentiner. Ich kenne vor allem Venedig, das im Hinblick auf die Musik die blühendste aller italienischen Städte ist. Ich liebe die Theater von Venedig: das San Cassiano, das San Salvatore oder das berühmte Teatro del Cocomero, wo ich, bevor ich nach Neapel gereist bin, ein herrliches Konzert besucht habe.«

»Hattet Ihr die Absicht, lange hier in Rom zu bleiben?«

»Jetzt haben meine Pläne leider keine Bedeutung mehr. Wir wissen nicht einmal, ob wir lebend hier herauskommen werden«, sagte er und begann wieder zu spielen, diesmal, so sagte er mir, ein Stück, das einer Chaconne von Maestro Lulli entnommen war.

Als ich aus der Küche trat, wohin ich mich nach der Unterhaltung mit Devizé zurückgezogen hatte, um das Mittagessen herzurichten, traf ich auf Brenozzi, den venezianischen Glasbläser. Ich sagte ihm, falls er eine warme Mahlzeit wünsche, sei schon alles bereit. Doch er packte mich wortlos und zerrte mich die Stufen hinunter, die zum Keller führten. Als ich protestieren wollte, hielt er mir mit einer Hand den Mund zu. Auf halber Treppe blieben wir stehen, und sofort zischte er mich an: »Keine Angst, sei ganz ruhig und hör einfach zu, du sollst mir nur ein paar Sachen sagen.«

Er sprach mit erstickter Stimme und gab mir keine Gelegenheit, den Mund aufzumachen. Was denn die anderen Herbergsgäste zu Signor de Mourais Tod gesagt hatten, wollte er wissen, und ob man annehme, dass die Gefahr eines weiteren Todes durch Gift oder aus einem anderen Grund bestehe, ob irgendjemand diese Möglichkeit ganz besonders fürchte und ob andere dagegen gar nichts zu fürchten schienen, wie lange meines Wissens die Quarantäne dauern werde, ob länger als die zwanzig vom Magistrat angesetzten Tage, und ob ich den Verdacht hegte, dass einer oder mehrere Gäste Gift besaßen, oder sogar vermutete, dass wirklich von diesen Substanzen Gebrauch gemacht worden sei; und schließlich, ob einer der Anwesenden sich unerklärlich ruhig gezeigt habe trotz der Quarantäne, die gerade über die Locanda verhängt worden war.

»Signore, ehrlich gesagt, ich ...«

»Was ist mit den Türken? Haben sie über die Türken gesprochen? Und über die Pest in Wien?«

»Ich weiß überhaupt nichts, ich ...«

»Hör jetzt endlich auf zu quatschen und antworte mir«, drängte Brenozzi und zupfte ungeduldig an seinem Schwengel. »Margariten: Sagt dir das nichts?«

»Wie meinen, Signore?«

»Margariten.«

»Margeriten habe ich getrocknet im Keller für Kräutertee, Signore, wenn Ihr das meint. Ist Euch nicht wohl?«

Er schnaufte und verdrehte die Augen zum Himmel.

»Vergiss, was ich gesagt habe. Nur eins befehle ich dir: Wenn dich einer fragt, weißt du nichts von mir, abgemacht?«, und dabei drückte er mir beide Hände so fest, dass es schmerzte.

Verblüfft sah ich ihn eine Weile an.

»Abgemacht?«, wiederholte er ungeduldig. »Was ist, reicht es dir nicht?«

Der Sinn seiner letzten Frage entging mir, und ich begann zu fürchten, dass er den Verstand verloren habe. Ich entwand mich seinem Griff und schlüpfte die Treppe hinauf, während mein Entführer mich mit einem Ruck zurückzuhalten versuchte. Als ich aus dem Halbdunkel auftauchte, begann Devizé gerade, auf seiner Gitarre erneut das herrliche und verstörende Motiv zu spielen, das ich zuvor schon vernommen hatte. Anstatt stehen zu bleiben, eilte ich jedoch in den ersten Stock. Wegen der Anspannung, die der Überfall des Glasbläsers in mir ausgelöst hatte, hielt ich immer noch die Fäuste geballt und spürte deshalb erst jetzt etwas in meiner einen Hand. Ich öffnete sie und erblickte drei wunderbar schimmernde Perlen.

Ich steckte sie in die Tasche und ging auf das Zimmer zu, in dem Signor de Mourai gestorben war. Dort traf ich einige unserer Herbergsgäste bei einer überaus traurigen Beschäftigung an. Cristofano transportierte gerade mit Hilfe von Signor Pellegrino den Leichnam – anstelle eines Schweißtuchs in ein weißes Laken gehüllt, unter dem man die Totenstarre der Glieder erahnte –, und da keine jüngeren Freiwilligen zur Hand waren, fassten auch Dulcibeni und Atto Melani mit an. Der Abbé trug weder seine Perücke noch hatte er Bleiweiß aufgelegt. Es wunderte mich, ihn in weltlicher Kleidung – Culottes aus Popelin und Krawatte aus Musselin – zu sehen, die für den traurigen Anlass übertrieben elegant war. Einzig die feuerroten Seidenstrümpfe wiesen noch auf seinen Titel hin.

Der Leichnam wurde auf eine geflochtene, längliche Trage gelegt, die mit Lumpen und Decken verstärkt war. Obenauf kam das Bündel mit seinen wenigen, von Dulcibeni eingesammelten Habseligkeiten.

»Besaß er sonst nichts?«, fragte Abbé Melani, als er merkte, dass der Edelmann aus Fermo nur einige Kleidungsstücke des Verstorbenen zusammengepackt hatte.

Cristofano erwiderte, dass nur die Kleidung abgeliefert werden müsse, der Rest solle ruhig in Dulcibenis Hand bleiben, damit er ihn möglichen Verwandten übergeben könne. Dann ließen die drei den Leichnam an einem dicken Seil durchs Fenster auf die Straße hinunter, wo die *Societas Orationis et Mortis* die traurige Last erwartete.

»Was werden sie mit dem Toten machen, Signor Cristofano?«, fragte ich den Arzt. »Verbrennen, nicht wahr?«

»Das geht uns nichts mehr an. Beerdigen konnten wir ihn nicht«, antwortete er und atmete tief durch.

Wir hörten ein leises Klirren. Cristofano bückte sich. »Dir ist etwas heruntergefallen … aber was hast du denn da in der Hand?«, fragte er.

Aus meiner halb geöffneten Hand war eine Perle auf den Boden geglitten. Der Arzt hob sie auf und betrachtete sie prüfend.

»Wirklich herrlich. Wo hast du die her?«

»Oh, die hat mir ein Gast zur Aufbewahrung gegeben«, log ich und zeigte ihm auch die zwei anderen.

Mein Herr verließ unterdessen den Raum. Er wirkte erschöpft. Auch Atto ging und strebte seinem eigenen Zimmer zu.

»Schlecht. Man sollte sich nie von seinen Perlen trennen, *maxime* in unserer Lage.«

»Wieso?«

»Eine ihrer zahlreichen, geheimen Eigenschaften ist, dass sie vor Gift schützen.«

»Wie ist das möglich?«, fragte ich erbleichend.

»Weil sie *siccae et frigidae* zweiten Grades sind«, antwortete Cristofano, »und wenn sie gut in einem Gefäß verwahrt und nicht durchbohrt sind, *habent detergentem facultatem*, dann wirken sie purgierend bei Fieber und Fäulnis. Sie reinigen und klären das Blut – in der Tat verringern sie den Menstruationsfluss, und nach Avicenna helfen sie bei *cor crassatum*, Herzklopfen und Synkopen.«

Während Cristofano seine medizinische Gelehrsamkeit entfaltete, konnte ich mich kaum fassen: Welch dunkle Andeutung verbarg sich also hinter Brenozzis Gabe? Ich muss unbedingt mit Abbé Melani darüber sprechen, dachte ich und versuchte, mich rasch von dem Arzt zu verabschieden.

»Interessant«, fuhr Cristofano jedoch fort, während er weiter die Perlen studierte und sie aufmerksam zwischen den Fingerspitzen hin und her rollte, »die Form dieser Perlen deutet darauf hin, dass sie vor dem Vollmond gefischt wurden, und zwar in abendlichem Gewässer.«

»Und was heißt das?«

»Dass sie die Seele von falschen Vorstellungen und Grübeleien heilen. In Essig aufgelöst, erwecken sie Menschen aus *omni imbecillitate et animi deliquio*, und vor allem können sie Scheintote wieder zum Leben erwecken.«

Endlich gab mir Cristofano meine Perlen zurück, so dass ich mich entfernen konnte. Eilig lief ich die Treppe hinauf zu Abbé Melanis Zimmer.

Attos Schlafgemach lag im zweiten Stock, genau über dem, das der alte Mourai mit Dulcibeni geteilt hatte. Es waren dies die größten und hellsten Zimmer der ganzen Locanda: Beide besaßen gleich drei Fenster, zwei auf die Via dell'Orso und eines auf die Kreuzung zur Gasse. Zu Signora Luigias Zeiten hatten dort bedeutende Persönlichkeiten mit ihrem Gefolge logiert. Ein ebensolches Zimmer gab es auch im Dachgeschoss, dem dritten und obersten Stockwerk, wo früher Signora Luigia gewohnt hatte. Hier hausten, wenn auch nur vorläufig, trotz Cristofanos Verbot mein Padrone und ich weiterhin zusammen: Ein Privileg, das ich bei der Rückkehr von Signor Pellegrinos Gattin einbüßen würde, denn sie hatte darauf bestanden, das ganze Stockwerk für die Familie zu reservieren, und würde mich gewiss erneut zum Schlafen in die Küche verbannen.

Ich war beeindruckt von den vielen Büchern und Papieren aller Art, die der Abbé mitführte. Atto Melani war ein Liebhaber der antiken Bauwerke und Schönheiten Roms, jedenfalls nach den Titeln einiger der Bände zu urteilen, die ich ordentlich aufgereiht auf einem Regal erspähte und später noch auf ganz andere Weise kennen lernen sollte: *Der Glanz des antiken und modernen Roms, in welchem alle wichtigsten Tempel, Theater, Amphitheater, Stadtmauern, Naumachien, Triumphbögen, Obelisken, Paläste, Thermen, Kurien und Basiliken dargestellt sind* von Lauri, *Chemnicensis Roma* von Fabricius und Andrea Palladios *Antike Bauwerke der ehrwürdigen Stadt Rom, kurz erläutert von vielen antiken und modernen Autoren und versehen mit einer Rede über die Feuer der Antiken*. Dann stachen noch neun große Landkarten mit Stöcken von der Farbe spanischen Rohrs und mit vergoldetem Knauf ins Auge, dazu ein Packen handgeschriebener Papiere, den Melani auf dem Tisch liegen hatte und rasch wegräumte. Er ließ mich Platz nehmen.

»Ich wollte dich ohnehin sprechen. Hör mal: Hast du Bekannte in diesem Viertel? Freunde, Vertraute?«

»Ich glaube ... eher nein. Fast niemanden, Signor Abbé Melani.«

»Du darfst mich Signor Atto nennen. Ich hätte gern erfahren, womöglich vom Fenster aus, wie die Leute unsere Lage einschätzen, und du warst meine einzige Hoffnung«, sagte er.

Er trat ans Fenster und begann mit süßester, kaum gedämpfter Stimme zu singen:

Disperate speranze, addio, addio.
Ahi, mentite speranze, andate a volo … *

Die unvermutete Kostprobe seiner Virtuosität verblüffte mich und weckte meine Bewunderung: Trotz seines Alters hatte Melani sich das Timbre eines sehr anmutigen Soprans bewahrt. Ich beglückwünschte ihn und fragte, ob er der Autor der herrlichen Kantate sei, die er soeben ansatzweise zum Besten gegeben hatte.

»Nein, sie stammt von *seigneur* Luigi Rossi, meinem Maestro«, erwiderte er zerstreut. »Doch sag mir, sag mir doch, wie ist der Vormittag verlaufen? Hast du etwas Ungewöhnliches bemerkt?«

»Mir ist etwas sehr Merkwürdiges zugestoßen, Signor Atto. Ich hatte gerade ein kleines Gespräch mit Devizé geführt, als …«

»Ha, Devizé, genau über den wollte ich mit dir reden. Hat er gespielt?«

»Ja, aber …«

»Er spielt gut. Gefällt dem König sehr. Seine Majestät liebt Gitarrenmusik mindestens genauso, wie er es früher liebte, Opern zu hören und sich bei Hofballetten hervorzutun. Schöne Zeiten. Und was hat Devizé dir gesagt?«

Ich begriff, dass er mich nicht ausreden lassen würde, wenn ich nicht zuvor auf das Thema Musik einging. Also berichtete ich ihm von dem Rondo, das der französische Musiker seinen Saiten entlockt hatte, und dass er mir erzählt habe, er habe in vielen Theatern italienische Musik gehört, vor allem in Venedig, wo es das berühmte Teatro del Cocomero gebe.

»Das Teatro del Cocomero? Bist du sicher, dass du dich richtig erinnerst?«

»Eigentlich schon, der Name ist so … nun, der Name ist doch ungewöhnlich für ein Theater. Devizé hat mir berichtet, er sei unmittelbar vor seiner Reise nach Neapel dort gewesen. Warum fragt Ihr?«

---

* Verzweifelte Hoffnungen, ade, ade. / O weh, trügerische Hoffnungen, fliegt dahin …

»Oh, nichts weiter. Mir ist bloß aufgefallen, dass dein Gitarrist Ammenmärchen erzählt, ohne sie gut vorzubereiten.«

Mir blieb der Mund offen: »Wie könnt Ihr so etwas behaupten?«

»Das Cocomero ist ein wunderbares Theater, wo in der Tat viele herausragende Virtuosen auftreten. Um die ganze Wahrheit zu sagen, ich habe auch dort gesungen. Ich weiß noch, dass der Impresario mir einmal in *Alessandro vincitor di se stesso* die Rolle des Apelle verpassen wollte. Ich habe mich natürlich gesträubt, und dann haben sie mir die Hauptrolle gegeben, ha ha. Ein herrliches Theater, das Cocomero. Schade, dass es in Florenz steht und nicht in Venedig.«

»Aber ... Devizé hat doch gesagt, er sei vor seiner Abreise nach Neapel dort gewesen.«

»Eben. Vor kurzem also, da er doch aus Neapel direkt nach Rom gekommen ist. Aber er hat geschwindelt: Ein Theater mit diesem Namen bleibt einem im Gedächtnis haften, dir ist es ja auch so ergangen. Schwierig, es in der verkehrten Stadt anzusiedeln. Ich sage dir eins: Devizé hat nie einen Fuß ins Cocomero gesetzt. Und vielleicht nicht einmal nach Venedig.«

Ich war erschüttert angesichts der Enthüllung dieser kleinen, aber beunruhigenden Lüge des französischen Musikers.

»Sprich nur weiter«, fing der Abbé wieder an. »Wenn ich nicht irre, sagtest du vorher, dir sei etwas Merkwürdiges zugestoßen.«

Endlich konnte ich Atto von den Fragen berichten, die mir der Venezianer Brenozzi mit solcher Beharrlichkeit gestellt hatte, sowie von seinem sonderbaren Verlangen nach Margeriten und dem geheimnisvollen Geschenk dreier Perlen, und zwar von der Sorte – wie Cristofano erkannt hatte –, die benutzt wird, um Vergiftungen und Scheintod zu kurieren. Aus diesem Grund fürchtete ich, die kleinen Schmuckstücke hätten womöglich mit dem Tod von Signor de Mourai zu tun und Brenozzi wisse vielleicht etwas, habe aber Angst gehabt, deutlich zu sprechen. Ich zeigte Melani die Perlen. Der Abbé warf einen Blick darauf und lachte herzlich.

»Mein Junge, ich glaube wirklich nicht, dass der verstorbene Signor de Mourai ...«, begann er kopfschüttelnd, wurde aber von einem gellenden Schrei unterbrochen, der aus dem oberen Stockwerk zu kommen schien.

Wir stürzten auf den Flur und dann die Treppe hinauf. Auf halber Höhe der zweiten Rampe blieben wir abrupt stehen: Dort lag, auf die Stufen hingestreckt, wie entseelt, der Leib von Signor Pellegrino.

Hinter uns liefen auch die anderen Herbergsgäste herbei. Vom Haupt meines Herrn rann ein Blutbächlein mehrere Stufen hinunter. Der Schrei war zweifellos aus dem Munde Cloridias, der Kurtisane, gekommen, die zitternd, mit einem Tuch, das fast ihr ganzes Gesicht bedeckte, auf den scheinbar leblosen Körper blickte. Noch standen wir alle wie gebannt, als der Arzt Cristofano von hinten unseren Kreis durchbrach. Mit einem Läppchen strich er meinem Padrone die langen weißen Haare aus dem Gesicht, worauf dieser wieder zu sich zu kommen schien und in einem heftigen Schwall eine grünliche, äußerst übel riechende Masse erbrach. Danach sank Signor Pellegrino ohne weitere Lebenszeichen zu Boden.

»Helft mir, wir tragen ihn in sein Zimmer hinauf«, forderte Cristofano die Umstehenden auf, während er sich über meinen Herrn beugte.

Niemand rührte sich, nur ich versuchte mit geringem Erfolg, Pellegrinos Oberkörper anzuheben. Da sprang Abbé Melani für mich ein und schob mich beiseite.

»Halt du ihm den Kopf«, befahl er.

Der Arzt packte Pellegrino an den Beinen, und in allgemeinem Schweigen drängten wir uns durch die Umstehenden und schleppten den Wirt bis in das große Zimmer unterm Dach, wo wir ihn aufs Bett legten.

Das starre Gesicht meines Herrn war von unnatürlicher Blässe und die Haut von einem feinen Schweißfilm bedeckt. Es sah aus wie aus Wachs. Die Augen starrten an die Decke, darunter fahle Tränensäcke. Eine Verletzung auf Stirnhöhe, die der Arzt soeben gesäubert hatte, erwies sich als lange, klaffende Wunde, an deren Rändern der Schädelknochen durchschimmerte, vermutlich ebenfalls verletzt durch einen heftigen Aufprall. Dennoch war mein Herr nicht tot: Er röchelte leise.

»Er ist die Treppe hinuntergefallen und hat sich den Kopf angeschlagen. Doch ich fürchte, er war schon vorher bewusstlos.«

»Was soll das heißen?«, fragte Atto.

Cristofano zögerte, bevor er antwortete: »Dass er plötzlich von einer heimtückischen Krankheit befallen wurde, die ich noch nicht genau erkannt habe. Jedenfalls handelt es sich um eine Krise auf Leben und Tod.«

»Was soll das heißen?«, wiederholte Atto etwas schärfer. »Ist er etwa auch vergiftet worden?«

Bei diesen Worten lief es mir eiskalt über den Rücken, und ich erinnerte mich daran, was der Abbé in der Nacht zuvor gesagt hatte: Wenn wir ihn nicht rechtzeitig aufhielten, würde der Täter bald weitere Morde begehen. Und vielleicht hatte es nun, viel früher, als wir erwarteten, schon meinen Padrone getroffen.

Der Arzt schüttelte jedoch auf Melanis Frage hin den Kopf und befreite Pellegrinos Hals von dem Tuch, das dieser über dem Hemd zu tragen pflegte: Unter dem linken Ohr kamen zwei bläuliche Schwellungen zum Vorschein.

»Nach der allgemeinen Starre zu urteilen, könnte es sich um die gleiche Krankheit handeln wie bei dem alten Mourai. Aber diese«, fuhr er fort und deutete auf die beiden Beulen, »diese hier ... Und doch schien es mir nicht ...«

Wir begriffen, dass Cristofano an die Pest dachte. Unwillkürlich schraken wir zurück, jemand schickte ein Stoßgebet zum Himmel.

»Er war verschwitzt, vermutlich hatte er Fieber. Als wir den Leichnam des verstorbenen Signor de Mourai auf die Straße hinabgelassen haben, hat er sich zu sehr angestrengt.«

»Falls es Pest ist, wird er nicht lange leiden.«

»Dennoch ...«, fuhr er fort, während er sich erneut über die beiden dunklen Schwellungen am Hals meines Herrn beugte, »dennoch besteht die Möglichkeit, dass es sich um ein anderes, ähnliches, aber nicht ebenso hoffnungsloses Gebrechen handelt. Zum Beispiel Petechien.«

»P – was?«, fragten Pater Robleda und Stilone Priàso, der Dichter.

»Pfefferflecken. In Spanien, Pater, nennt ihr sie *Tabardillo*, während sie im Königreich Neapel *Pastici* und in Mailand *Li Segni* heißen«, erklärte Cristofano erst zum einen, dann zum anderen gewandt. »Diese Schwachheit entspringt aus einer Alteration und Fäule des verdorbenen Geblüts infolge einer verkehrten Disposition oder Angelegenheit des Magens. Pellegrino hat ja vorhin erbrochen. Die Pest beginnt mit einem großen Ungestüm und allerlei bösen Zufällen, die Petechien dagegen mit leichten Unpässlichkeiten wie *lassitudo* oder Mattigkeit oder Schwindel des Hauptes – wie ich sie tatsächlich heute Morgen bei ihm feststellte. Dann aber häufen sich solche Zufälle und nehmen die Fieber dermaßen zu, dass sie auch *contagio* oder Ansteckung im Blut erwecken, bis schließlich am ganzen Leib rote, dunkelrote oder auch solche schwarze kleine Bläterlein wie diese beiden durch die Haut heraustreiben. Für Petechien sind sie zu stark geschwollen, das ist wahr, doch für Pestbeulen sind sie wiederum zu klein.«

»Und dass Pellegrino so plötzlich in Ohnmacht gefallen ist«, warf Cloridia ein, »ist kein sicheres Zeichen für Pest?«

»Wir wissen nicht genau, ob er wegen der Krankheit das Bewusstsein verloren hat oder weil er mit dem Kopf aufgeschlagen ist«, seufzte der Arzt, »jedoch werden uns die zwei Flecken hier morgen die Wahrheit offenbaren. Leider sind sie, wie gesagt, recht schwarz und deuten darauf hin, dass es ein böseres Gebrechen mit größerer Malignität und Fäule ist.«

»Kurzum«, unterbrach ihn Pater Robleda, »ist es ansteckend oder nicht?«

»Petechien werden von sehr viel Hitze und Austrocknung verursacht, deshalb bekommen sie *facillime* cholerische Temperamente, wie eben Pellegrino. Ihr werdet daher verstehen, wie wichtig es zur Vermeidung der Ansteckung ist, sich nicht zu beunruhigen oder aufzuregen«, und hier sah er den Jesuiten bedeutungsvoll an. »Die Krankheit dörrt in kürzester Frist das *humidum radicale*, oder die Leibfeuchtigkeit, aus und kann schließlich in aller Eile umbringen. Wenn man aber den geschwächten Leib stärkt, vertilgt er die Unglückseligkeit, und die allerwenigsten Kranken werden sterben: Deswegen sind Petechien weniger gravierend als die Pest. Nichtsdestotrotz sind wir ihm in den letzten Stunden fast alle nahe gekommen. Daher sind wir allesamt in Gefahr. Am besten geht Ihr zurück in Eure Zimmer, ich werde Euch später nacheinander untersuchen. Versucht, Ruhe zu bewahren.«

Dann rief Cristofano mich zu sich, um ihm zu helfen.

»Ein Glück, dass Pellegrino sofort erbrochen hat: Das entleert den Magen von den Stoffen, die aufgrund der Säfte faulen und sich zersetzen können«, sagte er zu mir, sobald ich neben ihm stand. »Ab jetzt muss der Kranke mit kalten Speisen ernährt werden, die das cholerische Temperament abkühlen.«

»Werdet Ihr ihn zur Ader lassen?«, fragte ich, da ich gehört hatte, dieses Heilmittel sei universell bei jedem Leiden angeraten.

»Unter keinen Umständen: Der Aderlass wäre in Sonderheit sehr schädlich und zuwider, könnte die natürliche Hitze zu sehr erkälten, wodurch der Mensch gleichsam in aller Eile sterben würde.«

Mir schauderte.

»Zum Glück«, fuhr Cristofano fort, »habe ich Kräuter, Heilsalben, Wässer, Pulver und alles Übrige dabei, was ich im Fall von Seuchen brauche. Hilf mir, deinen Herrn völlig zu entkleiden, denn ich muss ihn mit einer Pomade gegen Morbilli einreiben, wie Galenus die Petechien nennt, die in die Haut einzieht und den Leib vor *Corruption* und Fäulnis bewahrt.«

Er ging hinaus und kehrte wenig später mit einer Sammlung kleiner Fläschchen zurück.

Nachdem ich in einer Ecke die graue Schürze und die Kleider von Signor Pellegrino sorgfältig zusammengelegt hatte, fragte ich: »Vielleicht ist der Tod von de Mourai also doch auf Pest oder Petechien zurückzuführen?«

»Ich habe an dem alten Franzosen nicht den Schatten eines Fleckchens entdeckt«, lautete die brüske Antwort, »außerdem ist es jetzt zu spät, um es festzustellen. Wir haben den Leichnam herausgegeben.«

Damit schloss er sich mit meinem Herrn in dessen Zimmer ein.

Die nachfolgenden Augenblicke waren, gelinde gesagt, ein Aufruhr. Fast alle reagierten auf das Unglück des Wirts mit Zeichen der Verzweiflung. Der Tod des alten französischen Gastes, vom Arzt auf Gift zurückgeführt, hatte die Gesellschaft längst nicht in solche Bestürzung versetzt. Nachdem ich die Treppe vom Unrat meines Herrn gesäubert hatte, eilten meine Gedanken zum Wohlergehen seiner Seele, die vielleicht bald vor dem Allmächtigen stehen würde. Dabei fiel mir ein, dass ein Edikt vorschrieb, jedes Zimmer der Herberge sei mit einem Bildnis oder Gemälde Unseres Herrn, der heiligen Jungfrau oder anderer Heiliger und mit einem Weihwasserbecken auszustatten.

Niedergeschlagen und von Herzen zum Himmel flehend, er möge mich nicht der Zuneigung meines Herrn berauben, stieg ich wieder unters Dach hinauf und begab mich in die drei seit der Abreise von Signor Pellegrinos Frau leer stehenden Zimmer, um nach dem Weihwasser und einem Heiligenbildchen zu fahnden, das ich über das Bett des Kranken hängen könnte.

Früher bewohnte Signora Luigia diese Zimmer. Da die Familie des neuen Wirts nur sehr kurz darin gehaust hatte, waren sie noch so gut wie unverändert.

Nach kurzer Suche stieß ich auf einem arg verstaubten Tisch im Schlafzimmer neben zwei Reliquiaren und einem Agnus Dei aus Zuckerbrot auf eine Terrakottafigur unter einem Glassturz: Johannes der Täufer, der ein Fläschchen voll Weihwasser in Händen hielt.

An den Wänden hingen schöne Heiligenbilder. Ich betrachtete sie gerührt und spürte einen Kloß im Hals, als ich an die traurigen Begebenheiten meines jungen Lebens zurückdachte. Es war von Übel, dachte ich, dass in den Speisesälen nur profane, wenn auch anmutige Gemälde hingen: ein Bild mit Früchten, zwei kleine Waldszenen mit Figürchen, zwei längliche Bilder auf Pergament mit verschiedenen Vögeln, zwei Dörfchen, zwei Amoretten, die einen Bogen überm Knie zerbrachen, und schließlich, als einziges Zugeständnis an die Bibel, eine schlüpfrige Darstellung von Susanna im Bade mit den beiden Alten.

In solcherlei Überlegungen vertieft, wählte ich ein Bildchen der schmerzensreichen Muttergottes, das dort in der Nähe hing, und kehrte damit in das Zimmer zurück, wo Cristofano sich immer noch an meinem armen Padrone zu schaffen machte.

Nachdem ich in aller Stille Bild und Weihwasser neben dem Bett des Kranken platziert hatte, fühlte ich, wie meine Kräfte schwanden. Ich sank in einem Winkel des Zimmers nieder und weinte.

»Nur Mut, mein Junge, nur Mut.«

Im Tonfall des Arztes erkannte ich den wohlwollenden und heiteren Cristofano wieder, der mir in den letzten Tagen so viel Vertrauen eingeflößt hatte. Väterlich nahm er meinen Kopf zwischen seine Hände, und ich konnte endlich mein Herz ausschütten. Nun lag der im Sterben, erklärte ich ihm, der mich bei sich aufgenommen und so vor dem drohenden Elend bewahrt hatte. Er war ein galliger, aber gutmütiger Mann, der Signor Pellegrino, und obgleich ich seit kaum sechs Monaten in seinen Diensten stand, war mir, als sei ich schon immer bei ihm gewesen. Was sollte jetzt aus mir werden? Auch wenn ich überlebte, würde ich am Ende der Quarantäne völlig mittellos dastehen, und den neuen Pfarrer von Santa Maria in Posterula kannte ich nicht einmal.

»Alle werden dich jetzt brauchen«, sagte Cristofano zu mir und zog mich vom Boden hoch. »Ich selbst wäre zu dir gekommen, denn wir müssen unsere Vorräte in Augenschein nehmen. Die Unterstützung, die uns der Gesundheitsmagistrat bewilligt, wird auf jeden Fall sehr spärlich sein, und es wird Not tun, unseren Proviant zu rationieren.«

Noch schniefend versicherte ich ihm, dass die Speisekammer durchaus wohl gefüllt sei, doch er wollte trotzdem hingeführt werden. Sie befand sich im Keller, zu dem außer Pellegrino bloß ich einen Schlüssel besaß. Ab jetzt, sagte Cristofano zu mir, sollte ich beide Schlüssel an einem Ort aufbewahren, den nur er und ich kannten, damit niemand hinterrücks etwas entwenden könne. Im schwachen Licht, das durch die Mauerschlitze fiel, betraten wir die Speisekammer, die sich auf zwei Ebenen erstreckte.

Zum Glück hatte mein Padrone als hervorragender Küchen- und Kellermeister, der er war, es nicht versäumt, die Regale mit einer großen Vielfalt von duftenden Schafskäsen, Pökelfleisch und geräuchertem Fisch, Hülsenfrüchten und getrockneten Tomaten zu bestücken, dazu reihenweise Krüge voll Wein und Öl, bei deren Anblick dem Arzt einen Augenblick lang die Augen übergingen und seine Gesichtszüge sich entspannten. Doch kommentarlos, nur mit einem kleinen Lächeln, fuhr er fort: »Bei jeglichem Problem wirst du dich an mich wenden und mir auch mitteilen, wenn du den Eindruck hast, dass jemand bei böser Gesundheit ist. Klar?«

»Wird denn das, was Signor Pellegrino zugestoßen ist, auch andere treffen?«, fragte ich, erneut den Tränen nah.

»Hoffentlich nicht. Wir müssen jedoch alles tun, damit es nicht so weit kommt«, sagte er, ohne mir in die Augen zu sehen. »Du kannst einstweilen weiter bei ihm im Zimmer schlafen, was du ja trotz meiner Anordnungen auch schon letzte Nacht getan hast: Es ist gut, dass dein Herr jemanden hat, der zur Nacht bei ihm Wache hält.«

Ich wunderte mich sehr, dass der Arzt nicht bedachte, dass ich mich auf diese Weise womöglich anstecken könnte, wagte aber nicht nachzufragen.

Ich begleitete ihn bis zu seinem Zimmer im ersten Stock. Als wir nach rechts einbogen, wo Cristofanos Zimmer lag, schraken wir beide zurück: An der Tür lehnte Atto.

»Was macht Ihr hier? Ich dachte, ich hätte für alle klare Anweisungen gegeben«, protestierte der Arzt.

»Ich weiß genau, was Ihr gesagt habt. Doch wenn hier jemand in Gesellschaft des anderen nichts zu verlieren hat, dann sind es wir drei. Haben wir etwa nicht den armen Pellegrino zusammen hinaufgetragen? Der hier anwesende Bursche hat bis heute früh Ellbogen an Ellbogen mit seinem Herrn gelebt. Falls wir uns anstecken sollten, ist es längst geschehen.«

Ein feiner Schweißfilm bedeckte Abbé Melanis hohe, zerfurchte Stirn, während er sprach, und trotz des sarkastischen Tonfalls verriet seine Stimme, wie trocken sein Mund war.

»Das ist kein guter Grund, um Unvorsichtigkeiten zu begehen«, erwiderte Cristofano und erstarrte.

»Stimmt«, sagte Melani. »Doch bevor wir uns in diese Art Klausur begeben, möchte ich begreifen, welche Möglichkeiten wir haben, lebend hier herauszukommen. Und ich wette …«

»Es ist mir gleich, was Ihr wettet. Die anderen sind schon auf ihren Zimmern.«

»… ich wette, dass niemand genau weiß, wie er sich für die nächsten Tage rüsten soll. Was passiert, wenn es noch mehr Tote gibt? Räumen wir sie aus dem Weg? Aber wie, falls etwa die Schwächeren überleben? Können wir sicher sein, dass man uns die Vorräte liefert? Und was geschieht außerhalb dieser Mauern? Hat sich die Seuche ausgebreitet oder nicht?«

»Das ist nicht …«

»Doch, all das *ist* wichtig, Cristofano. Ein Alleingang, wie Ihr ihn geplant habt, bringt niemanden weiter. Wir müssen darüber sprechen, auch wenn es nur dazu dienen sollte, unsere traurige Lage ein wenig erträglicher zu machen.«

An der schwachen Abwehr des Arztes hatte ich erkannt, dass Attos Argumente zu wirken begannen. Vollendet wurde das Werk des Abbé durch das Erscheinen von Stilone Priàso und Devizé, die beide aussahen, als hätten sie ebenfalls eine Menge banger Fragen an den Arzt zu richten.

»Einverstanden«, gab Cristofano seufzend nach, noch bevor die beiden den Mund aufmachten. »Was wollt Ihr wissen?«

»Gar nichts«, antwortete Atto schnippisch. »Wir müssen vor allem vernünftig miteinander reden: Wann werden wir erkranken?«

»Na ja, wenn und sobald die Ansteckung erfolgt«, erwiderte der Arzt.

»Oh, bitte!«, murrte Stilone. »Nehmen wir das Schlimmste an, nämlich, dass es sich um die Pest handelt, wann ist es dann so weit? Seid Ihr der Arzt oder nicht?«

Cristofano fühlte sich an seiner empfindlichsten Stelle getroffen. Achtung gebietend riss er seine runden schwarzen Eulenaugen auf, zog zum unmissverständlichen Zeichen, dass er zu längeren Ausführungen ansetzte, eine Augenbraue hoch und legte bedeutungsvoll zwei Finger auf den Spitzbart am Kinn.

Dann jedoch überlegte er es sich anders und verschob die

Explikation auf den Abend, da er, wie er sagte, die Absicht hegte, uns alle nach dem Essen zusammenzurufen und uns bei dieser Gelegenheit jegliche Erklärung zu liefern.

An diesem Punkt zog sich Abbé Melani in sein Zimmer zurück. Stilone Priàso und Devizé hielt Cristofano jedoch auf.

»Soeben, während ich sprach, war mir, als hörte ich, dass Ihr ein wenig unter Darmwinden leidet. Wenn Ihr es wünscht, hätte ich ein gutes Mittel parat, um Euch von diesem Übel zu befreien.«

Nicht ohne eine gewisse Verlegenheit willigten die beiden ein. Also beschlossen wir, alle vier ins Erdgeschoss hinunterzugehen, wo Cristofano mir befahl, ein wenig gute Brühe zu erhitzen, mit der die beiden vier Gran Sulfonöl pro Kopf schlucken sollten. In der Zwischenzeit würde der Arzt Rücken und Nierengegend von Stilone Priàso und Devizé mit seinem Heilbalsam einreiben.

Während er darauf wartete, dass Cristofano die nötigen Utensilien holte, die er in seinem Zimmer vergessen hatte, ging der Franzose in einen Winkel am anderen Ende des Raums und stimmte seine Gitarre. Ich hoffte, er würde erneut das betörende Motiv spielen, das mich an jenem Morgen so sehr verzaubert hatte, sah jedoch, wie er sich wenig später erhob, wieder zurückkehrte und, ohne sein Instrument noch einmal zur Hand zu nehmen, hinter dem Tisch stehen blieb, an dem der neapolitanische Dichter saß. Stilone Priàso hatte ein Notizbuch hervorgezogen und kritzelte etwas hinein.

»Fürchte nichts, Junge. Wir werden nicht an der Pest sterben«, sagte er zu mir, der ich in der Küche hantierte.

»Seht Ihr etwa die Zukunft voraus, Signore?«, fragte Devizé ironisch.

»Besser als die Ärzte allemal!«, scherzte Stilone Priàso.

»Euer Witz passt nicht in diese Locanda«, tadelte ihn der Arzt, der mit aufgerollten Ärmeln und dem Balsam in der Hand hinzugekommen war.

Der Neapolitaner entblößte als Erster seinen Rücken, während Cristofano wie gewöhnlich die zahlreichen Vorzüge seines Präparats aufzählte: »... und letztlich tut es auch bei

Schwellung der Röhre gut. Man muss es nur energisch einreiben, bis alles absorbiert ist. Die Erleichterung ist gewiss.«

Während ich die Küche aufräumte und wie verlangt die Brühe erhitzte, hörte ich, dass die drei immer eifriger miteinander tuschelten.

»Und doch wiederhole ich dir, er ist es«, hörte ich Devizé zischen, leicht erkennbar an seiner typisch gallischen Aussprache, die vor allem bei Wörtern wie *Karren*, *Krieg* oder *rennen* seine Rede unverwechselbar machte.

»Zweifellos, zweifellos«, echote Stilone Priàso aufgeregt.

»Wir erkennen ihn alle drei, und jeder auf verschiedenem Wege«, schloss Cristofano.

Ich lauschte diskret, ohne die Schwelle zu überschreiten, die die Küche von den Speisezimmern trennte. Bald fand ich heraus, dass sie über Abbé Melani sprachen, den die drei ganz offenbar schon dem Rufe nach kannten.

»Eines ist sicher: Es handelt sich um ein äußerst gefährliches Individuum«, stellte Stilone Priàso gehässig fest.

Wie immer, wenn er seinen Worten Nachdruck verleihen wollte, starrte er ernst auf einen unsichtbaren Punkt vor sich, kratzte sich dabei mit dem kleinen Finger am Nasenrücken und schüttelte dann nervös die ganze Hand, als wollte er sich von wer weiß welchem Staub reinigen.

»Man muss ihn unablässig beobachten«, schloss er.

Die drei unterhielten sich, ohne auf mich zu achten, wie übrigens alle Gäste, für die ein Hausbursche kaum mehr als ein Schatten war. So vernahm ich eine Reihe von Begebenheiten und Umständen, angesichts derer ich es ärgstens bereute, dass ich in der Nacht zuvor so lange mit Abbé Melani geplaudert, und vor allem, dass ich ihm meine Dienste gelobt hatte.

»Und jetzt steht er im Sold des Königs von Frankreich?«, fragte Stilone Priàso leise.

»Ich glaube schon. Auch wenn niemand es mit Sicherheit sagen kann«, erwiderte Devizé.

»Die Lieblingsbeschäftigung mancher Leute ist, es mit allen und niemandem zu halten«, fügte Cristofano hinzu, während er weitermassierte und Stilone Priàsos Rücken noch kräftiger mit den Fingern durchwalkte.

»Er hat so vielen Fürsten gedient, dass er sich selbst nicht mehr an alle erinnern kann«, zischte Stilone. »In Neapel würden sie ihn, glaube ich, gar nicht in die Stadt hineinlassen. Mehr rechts, bitte«, sagte er zu dem Arzt gewandt. »Danke.«

Auf diese Weise erfuhr ich mit unsagbarer Bestürzung von der dunklen, stürmisch bewegten Vergangenheit des Abbé Melani. Eine Vergangenheit, von der er mir in der Nacht davor kein Wort gesagt hatte.

Schon in seiner frühesten Jugend war Atto vom Großherzog von Toskana als entmannter Sänger engagiert worden (und das hatte der Abbé mir in der Tat erzählt). Doch war dies nicht die einzige Art, wie Atto seinem Herrn diente: In Wirklichkeit arbeitete er als Spitzel und Geheimkurier für ihn. Attos Gesang war nämlich an allen Höfen Europas berühmt und begehrt, was dem Kastraten großes Ansehen bei den gekrönten Häuptern und zudem eine außerordentliche Bewegungsfreiheit verschaffte.

»Mit der Ausrede, die Herrscher zu unterhalten, schlich er sich bei Hofe ein, um zu spionieren, Ränke zu schmieden und zu verderben«, erklärte Devizé.

»Um hinterher alles seinen Auftraggebern zu berichten«, echote Stilone Priàso giftig.

Dank alter Freundschaftsbeziehungen zwischen Florenz und Paris hatte, abgesehen von den Medici, bald auch Kardinal Mazarin die doppelten Dienste Attos in Anspruch genommen. Der Kardinal war sogar zu seinem Hauptbeschützer geworden und nahm ihn selbst zu den heikelsten diplomatischen Verhandlungen mit. Atto galt beinahe als Familienmitglied. Er avancierte zum Busenfreund von Mazarins Nichte, in die der König so vernarrt war, dass er sie sogar heiraten wollte. Und als das Mädchen Frankreich später verlassen musste, blieb Atto ihr Vertrauter.

»Doch dann starb Mazarin«, begann Devizé erneut, »und für Atto wurde es sehr schwierig. Seine Majestät war soeben volljährig geworden und misstraute allen Schützlingen des Kardinals«, erklärte Devizé. »Darüber hinaus wurde Melani durch den Skandal um Fouquet, den Oberintendanten der Finanzen, kompromittiert.«

Ich horchte auf. War Fouquet nicht genau der Name, den Abbé Melani in der Nacht zuvor flüchtig erwähnt hatte?

»Das war ein Fehltritt«, fuhr der französische Musiker fort, »den der Allerchristlichste König ihm erst nach langer Zeit verziehen hat.«

»Bloß einen Fehltritt nennst du das? Waren er und dieser Gauner von Fouquet nicht sogar Freunde?«, wandte Cristofano ein.

»Niemandem ist es je gelungen, die Sache ganz aufzuklären. Bei Fouquets Verhaftung fand man in seiner Korrespondenz ein Billett mit der Anweisung, Atto heimlich in seinem Haus aufzunehmen. Das Billett wurde Fouquet von den Richtern vorgelegt.«

»Und wie hat der Oberintendant es erklärt?«, fragte Stilone Priàso herausfordernd.

»Er hat erzählt, dass Atto einige Zeit vorher dringend eine sichere Zuflucht suchte. Dieser Naseweis hatte sich den mächtigen Herzog de La Meilleraye zum Feind gemacht, den Erben von Mazarins Vermögen. Der Herzog, ein wahrer Hitzkopf, hatte beim König durchgesetzt, dass Melani aus Paris verbannt wurde, und hatte schon Häscher losgeschickt, die ihn verprügeln sollten. Daher empfahlen einige Freunde Atto an Fouquet: In dessen Haus würde er sicher sein, da über einen Umgang zwischen den beiden nichts bekannt war.«

»Aber dann kannten Atto und Fouquet sich gar nicht!«, sagte Stilone Priàso.

»So einfach ist es nicht«, warnte Devizé mit einem schlauen Lächeln. »Seither sind über zwanzig Jahre vergangen, und ich war damals noch ein Kind. Später habe ich jedoch die Prozessakten gelesen, die in Paris verbreiteter waren als die Bibel. Und darin sagte Fouquet zu den Richtern: ›Über einen Umgang Attos mit mir war nichts bekannt‹.«

»So ein Schlaumeier!«, rief Stilone aus. »Die Antwort ist vollkommen: Niemand konnte bezeugen, sie je zuvor zusammen gesehen zu haben; was jedoch nicht ausschließt, dass sie insgeheim in Verbindung stehen mochten ... Meiner Ansicht nach kannten sich die beiden, und wie. Das Billett sagt es deutlich: Atto war einer der privaten Spitzel von Fouquet.«

»Schon möglich«, nickte Devizé. »Jedenfalls hat Fouquet mit dieser zweideutigen Antwort Melani vor dem Gefängnis bewahrt. Atto übernachtete im Hause Fouquets, reiste gleich darauf nach Rom ab und entkam so den Schlägen. In Rom erreichten ihn freilich weitere schlechte Nachrichten: Die Festnahme Fouquets, der Skandal, sein in den Schmutz gezogener Name, der Zorn des Königs ...«

»Und wie ist er damit fertig geworden?«, drängte Stilone Priàso.

»Ganz ausgezeichnet«, schaltete sich Cristofano ein. »In Rom begab er sich in den Dienst von Kardinal Rospigliosi, der aus Pistoia stammte wie er und später Papst wurde. Melani brüstet sich ja heute noch, dass *er* ihn zum Papst hat wählen lassen. Die Pistoieser geben immer mächtig an, glaubt mir.«

»Mag sein«, erwiderte Devizé vorsichtig. »Aber wenn es um die Papstwahl geht, muss man doch im Konklave Fäden ziehen. Und bei jenem Konklave hat tatsächlich Atto Melani Rospigliosi geholfen. Zudem war Rospigliosi auch als Papst Klemens IX. ein sehr guter Freund Frankreichs. Und man weiß, dass Melani seit jeher nicht nur mit den prominentesten Kardinälen, sondern auch mit den mächtigsten Ministern Frankreichs bestens befreundet ist.«

»Er ist ein intrigantes, unzuverlässiges Individuum, das man fürchten muss«, urteilte Stilone Priàso abschließend.

Ich kam aus dem Staunen nicht heraus. War das Individuum, von dem die drei Herbergsgäste sprachen, tatsächlich derselbe Mensch, mit dem ich mich, wenige Schritte von ihren Stühlen entfernt, noch in der vergangenen Nacht unterhalten hatte? Er hatte sich mir als Sänger vorgestellt, und nun dagegen wurde er mir als Geheimagent enthüllt, der in finstere Palastmachenschaften verwickelt gewesen und schließlich von Skandalen überrollt worden war. Es schien fast, als hätte ich zwei verschiedene Menschen kennen gelernt. Gewiss, wenn es stimmte, was der Abbé selbst mir berichtet hatte (nämlich, dass er noch bei zahlreichen Fürsten in der Gunst stand), dann musste er den Tiefpunkt überwunden haben. Doch wer wäre, nachdem er das Gespräch zwischen Stilone Priàso, Cristofano und

Devizé vernommen hatte, seinen Worten nicht mit Misstrauen begegnet?

»Bei jeder halbwegs bedeutenden politischen Frage kommt immer Abbé Melani zum Vorschein«, fing der französische Musiker wieder an, mit Betonung auf dem Wort »Abbé«. »Womöglich entdeckt man erst einige Zeit später, dass auch er in die Affäre verwickelt ist. Es gelingt ihm stets, sich überall einzumischen. Atto befand sich unter den Begleitern Mazarins bei den Verhandlungen mit den Spaniern auf der Fasaneninsel, als der Pyrenäenfrieden geschlossen wurde. Er wurde auch nach Deutschland entsandt, um den Kurfürsten von Bayern zu überreden, für den Kaiserthron zu kandidieren. Jetzt, seit das Alter es ihm nicht mehr gestattet, so viel zu reisen wie früher, versucht er, sich vor allem damit nützlich zu machen, dass er dem König Berichte und Memoranden über den Päpstlichen Hof schickt, an dem er sich gut auskennt und bis heute viele Freunde hat. Bei mehr als einer Staatsaffäre sind in Paris, so scheint es, Stimmen laut geworden, die ausdrücklich die Empfehlungen von Abbé Melani anmahnten.«

»Der Allerchristlichste König gewährt ihm Audienz?«, erkundigte sich Stilone Priàso neugierig.

»Das ist ein weiteres Mysterium. Ein Mensch von solch zweifelhaftem Ruf dürfte gar nicht bei Hofe zugelassen sein, und stattdessen unterhält Atto direkte Beziehungen zu den Ministern der Krone. Es gibt Leute, die schwören, sie hätten ihn zu den unvorstellbarsten Zeiten aus den Gemächern des Königs schleichen sehen. Als hätte Seine Majestät ihn mit größter Dringlichkeit und in aller Heimlichkeit zu einer Unterredung gebeten.«

Es stimmte also, dass Abbé Melani Audienz bei Seiner Majestät dem König von Frankreich erlangen konnte. Wenigstens in diesem Punkt hatte er mich nicht belogen, dachte ich.

»Und seine Brüder?«, fragte Cristofano, während ich mich mit einer Schüssel heißer Brühe näherte.

»Sie treten immer im Rudel auf, wie die Wölfe«, kommentierte Devizé mit einer missbilligenden Grimasse. »Kaum hatte Atto sich nach der Wahl von Rospigliosi in Rom etabliert, kamen zwei seiner Brüder nach, und einer wurde sogleich

Kapellmeister von Santa Maria Maggiore. In Pistoia, ihrer Stadt, haben sie Pfründen und Zölle an sich gerissen und werden zu Recht von vielen Pistoiesern gehasst.«

Es gab keine Zweifel mehr. Ich war nicht an einen Abbé geraten, sondern an einen treulosen Sodomiten, der sich geschickt ins Vertrauen ahnungsloser Herrscher einschmeichelte, und zwar auch dank der schurkischen Unterstützung seiner Brüder. Dass ich versprochen hatte, ihm zu helfen, war ein unverzeihlicher Fehler.

»Es ist Zeit, dass ich nach Signor Pellegrino sehe«, verkündete Cristofano, nachdem er seinen beiden Konversationsgefährten in etwas Brühe das Sulfonöl verabreicht hatte.

Da erst bemerkten wir, dass Dulcibeni heruntergekommen war, wer weiß, wie lange schon: Mucksmäuschenstill hatte er sich in einen Winkel des Speisezimmers nebenan gesetzt, um dem Fläschchen mit Aquavit zuzusprechen, das mein Padrone von Gläschen umgeben auf einen der Tische zu stellen pflegte. Gewiss, dachte ich, hatte er das Gespräch über Atto Melani mit angehört.

Ich schloss mich also dem Terzett an. Dulcibeni dagegen rührte sich nicht. Im ersten Stock angekommen, begegneten wir Pater Robleda.

Der Jesuit hatte all seinen Mut zusammengenommen, seine irre Angst vor Ansteckung gezügelt und einen Augenblick auf der Schwelle seines Zimmers innegehalten, um sich den Schweiß zu trocknen, der die kurzen grau melierten Löckchen auf seiner Stirn verklebte, während er sich um Haltung bemühte. Nun hatte er sich einen Schritt weiter vorgewagt und stand starr an der Wand im Flur, aber ohne sie zu berühren, aufrecht und komisch. So blickte er uns entgegen, in der bangen und schwachen Hoffnung, gute Neuigkeiten von dem Arzt zu vernehmen, das Gewicht seines Leibes ganz auf die Fußzehen verlagert und den Oberkörper übertrieben nach hinten gebogen, so dass seine schwarze Gestalt im Profil eine große krumme Linie bildete.

Nicht, dass er wirklich dick gewesen wäre, einmal abgesehen von der recht feisten Struktur des gebräunten Gesichts und des Halses. Er war groß, und der mäßig gewölbte Bauch stand ihm nicht schlecht, verlieh ihm vielmehr eine Aura von Weisheit und Reife. Doch die bizarre Körperhaltung zwang den Jesuiten, den Blick mit halb gesenkten Lidern nach unten zu richten, wenn er seinem Gesprächspartner ins Gesicht sehen wollte; dies gab ihm, im Verein mit den langen, weit auseinander stehenden Brauen und den tiefen Ringen um die Augen eine Miene hochfahrender Gleichgültigkeit. Doch es nützte ihm nichts, denn kaum wurde Cristofano seiner ansichtig, forderte er ihn nachdrücklich auf, sich uns anzuschließen, weil Pellegrino vielleicht recht bald einen Priester brauchen würde. Robleda hätte gern etwas entgegnet, aber da ihm nichts in den Sinn kam, fügte er sich und folgte uns.

Als wir unters Dach hinaufgestiegen waren, um einen Blick auf das Bett zu werfen, wo, so fürchteten wir, nunmehr der Leichnam meines Herrn liegen würde, merkten wir jedoch, dass er noch lebte. Und er röchelte unverändert, regelmäßig und leise. Die beiden Flecken allerdings waren weder zurückgegangen noch gewachsen: Die Diagnose blieb in der Schwebe zwischen Pest und Petechien. Cristofano trug Sorge, ihn am ganzen Leib zu säubern und mit feuchten Tüchern zu erfrischen, nachdem er ihm den Schweiß getrocknet hatte.

Daraufhin erinnerte ich den Jesuiten, der mit Bedacht vor der Türe stehen geblieben war, daran, dass man Pellegrino angesichts der Lage das Sakrament der Letzten Ölung verabreichen müsse. Denn in dem Edikt, welches das Anbringen von Heiligenbildern in den Herbergen vorsah, heiße es weiter – so stellte ich klar –, falls in einer Locanda oder Osteria jemand erkranke, müsse man ihm mindestens am dritten Tag des Leidens, wenn nicht schon eher, die heilige Beichte abnehmen und ihm auch die anderen Sakramente erteilen.

»A-a-allerdings, ja, so ist es«, sagte Robleda und betupfte sich nervös mit einem Tüchlein die verschwitzten Locken.

Hastig fügte er jedoch hinzu, dass gemäß der Kirchenregel nur der Pfarrer des Sprengels oder der von ihm bestellte Priester ermächtigt sei, dieses Sakrament zu spenden. Wollte irgendein anderer weltlicher oder ordinierter Priester es verabreichen, würde er eine Todsünde begehen und der schärfsten Form der Exkommunikation anheim fallen, die nur vom Papst zurückgenommen werden könne. In der Tat, fuhr er fort, gebiete das Edikt, welchem ich selbige gute und gerechte Vorschrift entnommen hatte, dass der Pfarrer der örtlichen Gemeinde den Kranken das geweihte Öl auf die Stirn streiche und an ihrem armen Ohr die Heiligen Litaneien flüstere und dass für Reisende, soweit er wisse, in erster Person die Barmherzigen Brüder der Gesellschaft der Standhaftigkeit aus der Kirche San Salvatore in Lauro, genannt »delle Coppelle«, zuständig seien, denen es obliege, sich leidender Fremder anzunehmen *etcetera, etcetera*. Schließlich benötige man auch eigens vom Bischof geweihtes Öl, und er habe keines dabei.

Er kenne sich gründlich aus in der Frage – sagte der Jesuit mit einer Hitzigkeit, die sein fettes Kinn zittern ließ –, im Heiligen Jahr 1675 habe sich nämlich ein Mitbruder in einer der unseren ganz ähnlichen Lage befunden, und in der Tat habe dann nicht er die Letzte Ölung verabreicht.

Während Robleda dem Rest der Gruppe noch seine Unschlüssigkeit auseinander setzte, hatte ich blitzschnell das Edikt wiedergefunden, das Pellegrino zusammen mit allen anderen amtlichen Anordnungen, denen Herbergsväter, Wirte und Schenken genügen mussten, in einer Schublade aufbewahrte. Ich überflog es rasch: Der Jesuit hatte Recht.

Der Arzt Cristofano ergriff das Wort und bemerkte leise, dass die gelehrten und weisen Ausführungen Pater Robledas gewiss wortwörtlich zu nehmen seien, da es sich um eine Kirchenregel und ein Edikt handle, wonach sogar die Exkommunikation drohe, und daher werde man unverzüglich den Pfarrer der nahen Kirche Santa Maria in Posterula verständigen müssen, dass ein neuer Fall verdächtiger Ansteckung aufgetreten sei. Sodann werde man die Barmherzigen Brüder der Gesellschaft der Standhaftigkeit aus der Kirche San Salvatore in Lauro, genannt »delle Coppelle«, benachrichtigen müssen: Dieser Fall dulde keinerlei Aufschub. Vielmehr sei es, fügte Cristofano mit einem Aufblitzen seiner großen, runden schwarzen Augen hinzu, angesichts der Lage klug, dass alle Herbergsgäste alsbald ihre Habseligkeiten und Koffer packten, denn nach Vollzug dieser Maßnahmen würden wir an einen sicheren Ort und dann in ein Lazarett verbracht werden.

Pater Robleda, der bis dahin ganz ruhig und gleichgültig mit halb gesenkten Lidern zugehört hatte, zuckte zusammen.

Alle Blicke wandten sich ihm zu.

Doch die schwarzen Äuglein des Jesuiten hoben sich nicht, sondern starrten zu Boden, wie aufgehängt an seiner spitzen Hakennase; so als fürchtete Pater Robleda, er könnte – wenn er den Blick auf die Gesichter der anderen richtete – die kostbaren verbleibenden inneren Kräfte verschwenden, die im Moment zornig darauf gerichtet waren, ihn insgeheim aus der Klemme zu ziehen. Er riss mir das Edikt aus der Hand.

»Aber ... aber genau, genau. Oh, ich wusste es«, sagte er, quetschte seinen Mund zwischen Daumen und Zeigefinger zusammen und streckte den schwarzen Bauch vor. »In diesem Edikt ist nicht die Rede von Notfällen, wie etwa Abwesenheit, Verhinderung oder Verspätung des Pfarrers, in welchem Fall jeder beliebige Priester die Letzte Ölung verabreichen kann!«

Cristofano wies ihn darauf hin, dass noch nichts von alledem eingetreten war.

»Es könnte aber geschehen«, gab der Jesuit zurück und breitete theatralisch die Arme aus. »Wenn wir die Brüder der Gesellschaft der Standhaftigkeit riefen, glaubt Ihr denn, sie würden etwas anderes tun, als uns ins Lazarett zu schicken, ohne sich dem Kranken überhaupt zu nähern aus Furcht vor *contagio*? Zudem ist die ausschließliche Zuständigkeit des Gemeindepfarrers in dem Kirchengebot festgeschrieben, aber ein Göttliches Gebot ist sie nie und nimmer gewesen! Daher ist es meine un-auf-schieb-bare Pflicht, diesem armen Bruder im Todeskampf das Geheiligte Chrisma zu erteilen, das ihn von allen Sünden reinwäscht und seine Seele stärkt, um das letzte Leiden zu ertragen, und ...«

»Ihr habt doch kein vom Bischof geweihtes Öl dabei«, unterbrach ich ihn.

»Die griechische Kirche zum Beispiel verzichtet darauf«, sagte er von oben herab.

Und ohne weitere Erklärungen befahl er mir, ihm Olivenöl

zu bringen, wie der heilige Jakob ausdrücklich angab, denn er müsse es für das Amt weihen; und auch ein kleines Stöckchen. Ein paar Minuten später stand Pater Robleda am Krankenbett von Signor Pellegrino, um ihm die Letzte Ölung zu erteilen.

Die Sache ging wahrhaftig sehr rasch: Er tauchte das Stöckchen ins Öl, und während er darauf achtete, sich so weit wie möglich von dem Kranken fern zu halten, salbte er ihm ein Ohr und brummte nur rasch die kurze Formel *Indulgeat tibi Deus quidquid peccasti per sensus*, recht verschieden von der, welche alle kannten.

»Die Universität von Loewen«, rechtfertigte er sich dann vor der verblüfften Zuhörerschaft, »hat im Jahre 1588 gebilligt, dass es dem Priester im Fall von Seuche gestattet ist, das Heilige Chrisma mit einem Stöckchen anstatt mit dem Daumen aufzutragen. Und anstatt Mund, Nasenlöcher, Augen, Ohren, Hände und Füße zu salben und dabei jedes Mal die kanonische Formel *Per istas sanctas unctiones, et suam piissimam misericordiam indulgeat tibi Deus quidquid per visum, auditum, odoratum, gustum, tactum deliquisti* zu sprechen, haben viele Theologen von dort das Sakrament mit einer einzigen Salbung für gültig erachtet, die geschwind an einem der Sinnesorgane ausgeführt wird, begleitet von der Universalformel, die Ihr zuvor vernommen habt.«

Hiernach entfernte sich der Jesuit in größter Hast.

Um kein Aufsehen zu erregen, wartete ich, bis sich das Grüppchen verlaufen hatte, und folgte dann Pater Robleda. Ich erreichte ihn just, als er die Schwelle zu seinem Zimmer überschritt.

Noch halb außer Atem sagte ich zu ihm, mir sei sehr bang um die Seele meines Padrone: Hatte das Öl wirklich Pellegrinos Gewissen von den Sünden reingewaschen, so dass er nicht mehr Gefahr lief, in der Hölle zu verderben? Oder tat es Not, dass er vor dem Sterben die Beichte ablegte? Und was würde geschehen, wenn er vor seinem Ableben das Bewusstsein nicht wiedererlangte?

»Oh, was das angeht«, erwiderte Robleda barsch, »da musst

du dich nicht sorgen: Es wird nicht deines Herrn Schuld sein, wenn er vor dem Sterben nicht mehr so weit zu sich kommt, dass er vor dem Herrgott die volle Beichte seiner Sündlein ablegen kann.«

»Ich weiß«, gab ich schlagfertig zurück, »doch außer den lässlichen Sünden gibt es auch noch die Todsünden …«

»Weißt du etwa von irgendeiner schweren Sünde, die dein Herr begangen hat?«, fragte der Jesuit beunruhigt.

»Meines Wissens ist er nie über ein bisschen Maßlosigkeit und ein paar Gläser zu viel hinausgegangen.«

»Wie auch immer, selbst wenn er getötet hätte«, sagte Robleda, indem er sich bekreuzigte, »würde das auch nicht viel heißen.«

Und er erläuterte mir, dass die Jesuitenpater, da sie eine besondere Vokation für das Sakrament der Beichte hatten, seit Sünlangem schon mit allergrößter Sorgfalt die Doktrin von Sünde und Vergebung studierten: »Es gibt Verbrechen, die den Tod der Seele nach sich ziehen, und die sind die Mehrheit. Doch es gibt auch teilweise erlaubte«, sagte er, schamhaft die Stimme senkend, »oder solche, die sogar, in Ausnahmefällen wohlverstanden, erlaubt sind. Es ist eine Frage der Umstände, und für den Beichtvater ist die Entscheidung immer schwierig, das versichere ich dir.«

Die Kasuistik war unabsehbar und mit größter Vorsicht abzuwägen. Soll man einem Sohn, der in Notwehr den Vater umbringt, die Absolution erteilen? Begeht einer, der, um nicht zu Unrecht hingerichtet zu werden, einen Zeugen tötet, eine Sünde? Und eine Frau, die ihren Mann tötet, weil sie weiß, dass er vorhat, ihr den gleichen Dienst zu erweisen? Darf ein Adeliger, um vor seinesgleichen seine Ehre zu verteidigen (die ja für ihn das Wichtigste ist, was es gibt), den ermorden, der ihn beleidigt hat? Begeht ein Soldat eine Sünde, wenn er auf Befehl eines Vorgesetzten einen Unschuldigen tötet? Oder auch: Darf eine Frau sich prostituieren, um ihre Kinder vor dem Verhungern zu retten?

»Und Stehlen ist immer Sünde, Pater?«, hakte ich nach, da mir einfiel, dass die reichlichen Köstlichkeiten im Keller meines Padrone vielleicht nicht alle aus erlaubten Quellen stammten.

»Keineswegs. Auch hier musst du die inneren und äußeren Umstände erwägen, unter denen die Tat begangen wird. Es ist gewiss ein Unterschied, ob der Reiche den Armen bestiehlt oder der Arme den Reichen, oder der Reiche den Reichen oder der Arme den Armen und so fort.«

»Kann man denn nicht in allen Fällen Vergebung erlangen, indem man das Diebesgut zurückgibt?«

»Du bist zu voreilig! Die Rückgabeverpflichtung ist wichtig, gewiss, und der Beichtiger ist gehalten, den Gläubigen, der sich ihm anvertraut, daran zu erinnern. Doch die Verpflichtung kann auch begrenzt sein oder wegfallen. Das Gestohlene braucht nicht zurückgegeben zu werden, wenn dies Verarmung bedeutet: Ein Adeliger kann nicht auf seine Dienerschaft verzichten, und ein vornehmer Bürger kann sich gewiss nicht herablassen zu arbeiten.«

»Wenn ich aber nicht gezwungen bin, das unrecht erworbene Gut zurückzugeben, wie Ihr behauptet, was muss ich dann tun, um Vergebung zu erlangen?«

»Das kommt darauf an. In manchen Fällen ist es gut, den Geschädigten zu Hause zu besuchen und sich bei ihm zu entschuldigen.«

»Und die Steuern? Was geschieht, wenn man nicht den gebührenden Betrag entrichtet?«

»Ohoho, das ist eine heikle Angelegenheit. Die Steuern gehören zu den *res odiosae*, in dem Sinne, dass niemand sie gerne bezahlt. Sagen wir, dass es gewiss Sünde ist, die gerechten Steuern nicht zu bezahlen, während man bei den ungerechten Steuern von Fall zu Fall entscheiden muss.«

Robleda klärte mich noch über viele andere Fälle auf, die ich in Unkenntnis der Lehre der Jesuiten bestimmt ganz anders beurteilt hätte: Wer zu Unrecht verurteilt ist, darf aus dem Gefängnis entweichen, und er darf die Wärter betrunken machen und seinen Zellenkumpanen helfen zu fliehen; man darf sich über den Tod eines Elternteils freuen, der einem ein großes Erbe vermacht, wenn man es nur ohne persönlichen Hass tut; man darf von der Kirche verbotene Bücher lesen, allerdings höchstens drei Tage lang und nicht mehr als sechs Seiten; man darf seine Eltern bestehlen, ohne zu sündigen, aber nicht um mehr als fünfzig Goldstücke; wer schließlich schwört, aber nur so tut, ohne die Absicht, wahrhaftig zu schwören, der braucht sein Wort nicht zu halten.

»Man darf also Meineide leisten!«, fasste ich verblüfft zusammen.

»Sei nicht so plump. Alles hängt von der Intention ab. Sünde ist die bewusste Abkehr vom Gesetz Gottes«, rezitierte Robleda feierlich. »Wenn man aber nur scheinbar sündigt, ohne es wirklich zu wollen, so ist man gerettet.«

Ich verließ Robledas Zimmer, geplagt von einer Mischung aus Erschöpfung und Beunruhigung. Dank der Gelehrsamkeit der Jesuiten, dachte ich, hatte Pellegrino gute Aussichten, seine Seele zu retten. Doch nach jenen Reden schien es fast so, als hieße weiß schwarz, als komme die Wahrheit der Lüge gleich, als seien Gut und Böse eins.

Vielleicht war Abbé Melani nicht der mustergültige Mann, der er zu sein vorgab. Doch vor Robleda, dachte ich, musste man noch viel mehr auf der Hut sein.

Die Stunde der Mittagsmahlzeit war längst verstrichen, und unsere Herbergsgäste, die seit dem vorigen Abend nichts gegessen hatten, strebten rasch der Küche zu. Nachdem sie sich hastig an meinem Süppchen mit Klößchen und Hopfen gütlich getan hatten, das niemanden sonderlich begeisterte, lenkte Cristofano unsere Aufmerksamkeit wieder auf das Kommende. Bald würden die Wachen uns aufrufen, zum Appell an den Fenstern anzutreten. Ein weiterer Kranker hätte die Gesundheitskongregation bestimmt überzeugt, die Gefahr der Pestansteckung auszurufen, und in diesem Fall würde die Quarantäne aufrechterhalten und verschärft. Vielleicht würde gar ein provisorisches Lazarett eingerichtet, in das man uns früher oder später überführte. Diese Aussicht ließ auch die Tapfersten erzittern.

»Also bleibt uns nur noch die Flucht«, stöhnte Brenozzi, der Glasbläser.

»Unmöglich«, bemerkte Cristofano. »Sie werden schon Sperren zum Abriegeln der Straße errichtet haben, und sollte es uns auch gelingen, sie zu überwinden, würden wir alsbald im gesamten päpstlichen Territorium gejagt. Wir könnten versuchen, quer durch die Wälder in Richtung Loreto zu entkommen, um uns dann an der Adria einzuschiffen und übers Meer zu flüchten. Doch auf dieser Strecke verfüge ich nicht über verlässliche Freunde, und ich glaube, niemand unter uns befindet sich in einer besseren Lage. Wir wären gezwungen, Fremde um Gastfreundschaft zu bitten, und würden so jedes Mal Gefahr laufen, von denen, die uns aufnehmen, verraten zu werden. Dann könnten wir noch probieren, im Königreich Neapel Zuflucht zu suchen, doch auch da müssten wir uns nachts fortbewegen und tagsüber schlafen. Ich bin gewiss nicht mehr in dem Alter, eine solche Anstrengung auf mich zu nehmen; und auch manch anderer unter Euch ist wohl nicht von der Natur begünstigt. Zudem bräuchten wir einen Führer, einen Hirten oder Bauern, die nicht immer leicht zu Derartigem zu überreden sind, welcher uns über die Hügel und Pässe führt und vor allem nicht ahnt, dass man hinter uns her ist: Sonst würde er uns bedenkenlos seinem Herrn ausliefern. Schließlich wären wir auch zu viele, um zu entweichen, und alle ohne Gesundheitspass: Bei der ersten Grenzkontrolle würden wir festgenommen. Kurz und gut, die Wahrscheinlichkeit eines Gelingens wäre sehr gering. Und all das, ohne Rücksicht darauf, dass wir, selbst wenn wir Erfolg hätten, dazu verdammt wären, nie mehr nach Rom zurückkehren zu dürfen.«

»Also?«, drängte Bedfordi verächtlich schnaubend und ließ seine Hände in einer Geste der Ungeduld lächerlich aus den Manschetten baumeln.

»Also wird Pellegrino zum Appell antreten«, antwortete Cristofano, ohne mit der Wimper zu zucken.

»Aber wenn er doch gar nicht stehen kann«, wandte ich ein.

»Er wird's schon können«, erwiderte der Arzt. »Er muss es können.«

Als er ausgeredet hatte, hielt er uns noch zurück und schlug uns etliche *remedia* zur Reinigung der Säfte des Leibes vor, damit wir besser gegen eine mögliche Ansteckungsgefahr gefeit wären. Einige davon, sagte er, seien schon fertig, andere würde er eigenhändig mit Kräutern und Essenzen, die er auf der Reise dabeihatte, zubereiten und hierfür auch auf Pellegrinos wohl bestückten Keller zurückgreifen.

»Ihr werdet weder den Geschmack noch den Geruch lieben, jedoch es sind hochvermögende Präparate«, und hier sah er streitlustig in Richtung Bedfordi, »wie das *elixir vitae*, die *Quinta essentia*, das zweite Wasser und die Balsammutter, das *oleum philosophorum*, der *liquor magnus*, das Caustikum, das Diaromaticum, die Engelslatwerge, das Vitriolöl, das Sulfonöl, die kaiserlichen Biesamküglein und verschiedene Arten von Räucherwerk und Pillulen und Duftkugeln, die auf der Brust zu tragen sind. Sie reinigen die Luft und lassen eine mögliche *contagio* nicht zu. Doch verwendet sie nicht im Übermaß: Außer destilliertem Essig enthalten sie nämlich auch Arsen und griechisches Pech. Darüber hinaus werde ich Euch jeden Morgen meine originale Quintessenz verabreichen, extrahiert und herausgezogen aus einem allerbesten, wohlzeitigen, in bergigen Lagen gewachsenen Weißwein, den ich in einem Balneum Mariae destilliert, dann in einen Kolben mit langem Hals getan, mit einem Pfropfen aus Bitterkraut verschlossen und verkehrt herum in gut warmem Pferdemist vergraben habe, wo er zwanzig Tage lang liegen muss. Nachdem ich dann den Kolben wieder herausgeholt habe – dies, so empfehle ich stets, muss mit größter Umsicht geschehen, um das Präparat nicht zu verunreinigen –, sondere ich das himmelfarbene Destillat von seiner Hefe ab: Das ist die Quintessenz. Ich verwahre sie in ganz fest verstopften Gläschen. Sie wird Euch vor Corruption und Fäule und jeder anderen Schwachheit bewahren und hat eine solche Tugend, dass sie Tote aufweckt.«

»Uns genügt, dass sie die Lebenden nicht umbringt«, kicherte Bedfordi.

Der Arzt fühlte sich gekränkt: »Ihr Prinzip wird von Raimundo Lulli, Philippo Ulstadio und vielen anderen alten und jetzigen Naturkundigen gerühmt. Doch ich will zum Schluss kommen: Ich habe hier für jeden von Euch ganz ausgezeichnete und bewährte Pillulen von je einem halben Quintlein, die in der Tasche zu tragen und zu schlucken sind, sobald Ihr Euch von der Pestilenz angegriffen fühlen solltet. Sie sind aus lauter besonders geeigneten *simplicia* oder Heilkräutern formiert, ohne Überspanntheiten: vier Quintlein Bolarmen, Siegelerde, Zittwann, Kampfer, Blutwurz, Ascherwurz und Aloepatic, mit einem Skropel Safran und Näglein und einem Skropel Diagridium und Wirsingsaft mit gesottenem Honig. Eine speziell entwickelte Arznei, schnurstracks gegen die Pest gerichtet, die der Corruption der natürlichen Hitze entspringt. Bolarmen und Siegelerde löschen in der Tat das große Feuer des Leibes und benehmen alle Alteration. Zittwann hat die Art, dass sie austrocknet und verteilt. Gleich wie der Kampfer trocknet und erfrischt. Ascherwurz widersteht dem Gift. Aloepatic bewahrt vor Fäule und eröffnet den Leib. Safran und Näglein stärken und erfreuen das Herz. Und Diagridium entledigt den Leib von allem Überfluss der Feuchtigkeit.«

Die Zuhörerschaft schwieg.

»Ihr könnt mir vertrauen«, beharrte Cristofano. »Ich selbst habe die Formeln vervollkommnet und mich dabei an berühmte Rezepte gehalten, die allergrößte Meister bei den wütendsten Pestilenzen erprobt haben. Zum Beispiel die Magentränke von Meister Giovanni da Volterra, die …«

In diesem Augenblick entstand ein wenig Unruhe unter den Anwesenden: Gänzlich unerwartet war Cloridia hinzugetreten.

Bis dahin war sie in ihrem Zimmer geblieben und hatte sich wie immer keinen Deut um die Essenszeiten gekümmert. Ihre Ankunft wurde auf unterschiedliche Weise begrüßt. Brenozzi marterte sein Stängelchen, Stilone Priàso und Devizé fuhren sich glättend übers Haar, Cristofano zog unauffällig den Bauch ein, Pater Robleda errötete, während Atto Melani nieste. Nur Bedfordi und Dulcibeni verzogen keine Miene.

Genau zwischen diese letzten beiden drängte sich unaufgefordert die Kurtisane.

Cloridia war wahrhaftig ungewöhnlich anzusehen: Unter dem schneeweißen Puder schimmerte trotz aller Bemühungen ihr sehr dunkler Teint hindurch und bildete einen seltsamen Gegensatz zu ihrem dichten, gelockten und künstlich blond gefärbten Haar, das ihre hohe Stirn und das regelmäßige Oval ihres Gesichts umrahmte. Die stumpfe, aber kleine und anmutige Nase, die großen schwarzen Samtaugen, die vollkommenen und lückenlosen Zähne in dem schön geschwungenen Mund waren nur eine Zugabe zu dem, was am meisten ins Auge stach: der sehr tiefe Ausschnitt, betont durch eine aus bunten Seidenbändern geflochtene Borte, die ganz rund um die Schultern lief und in einem großen Knoten zwischen den Brüsten endete.

Bedfordi machte ihr auf der Bank Platz, während Dulcibeni sich nicht rührte.

»Ich bin sicher, dass manche von Euch gern erfahren möchten, in wie viel Tagen sie uns hier herauslassen«, sagte Cloridia in liebenswürdig verführerischem Ton, während sie einen Stoß Tarotkarten auf den Tisch legte.

»*Libera nos a malo*«, zischte Robleda, indem er sich bekreuzigte und eiligst aufstand, ohne sich weiter zu verabschieden.

Niemand nahm Cloridias Einladung an, denn alle hielten sie für eine Vorbereitung auf weiterführende, tiefere Erkundungen, jedoch finanziell kostspielig.

»Dies ist wohl nicht der allerbeste Augenblick, Madame«, sagte Atto Melani höflich, um ihr aus der Verlegenheit zu helfen, »die Misslichkeit der gegenwärtigen Lage vergällt uns sogar Eure liebenswürdige Gesellschaft.«

Für alle überraschend ergriff Cloridia daraufhin Bedfordis Hand und zog sie zierlich zu sich heran, direkt vor ihren üppigen und nach der französischen Mode tief dekolletierten Busen.

»Vielleicht versuchen wir es einmal mit Handlesen«, schlug Cloridia vor, »aber selbstverständlich gratis und nur zu Eurem Vergnügen.«

Bedfordi verschlug es die Sprache, und bevor er eine Weigerung hervorbringen konnte, öffnete Cloridia schon zart seine Faust.

»Da haben wir's«, sagte sie und liebkoste mit der Fingerspitze die Handfläche des Engländers, »du wirst sehen, es wird dir durchaus gefallen.«

Alle Anwesenden (ich selbst eingeschlossen) reckten unmerklich die Hälse, um besser zu sehen und zu hören.

»Hat dir schon mal jemand aus der Hand gelesen?«, fragte Cloridia Bedfordi, indem sie ihm ganz sacht über die Fingerkuppen und dann übers Handgelenk strich.

»Ja. Das heißt, nein. Ich meine, nicht so.«

»Reg dich nicht auf, Cloridia erklärt dir jetzt alle Geheimnisse der Hand und des glücklichen Schicksals. Der dicke Finger heißt Daumen, *quia pollet*, weil er mehr Kraft besitzt als die anderen. Der zweite Zeigefinger, weil er zum Zeigen dient, der dritte heißt Mittel- oder Sudelfinger, weil er ein Zeichen für Spott und Schmähung ist. Den vierten nennt man Medicus oder Ringfinger, weil er den Ring trägt, den fünften den kleinen Finger oder Aurikular, weil er zum Säubern und Ohrenputzen dient. Die Finger der Hand sind ungleich, weil es schicklicher ist und ihren Gebrauch erleichtert.«

Indem sie die einzelnen Finger erläuterte, betonte Cloridia jeden Satz und reizte schlüpfrig Bedfordis Fingerkuppen, während dieser versuchte, seine Erregung hinter einem schüchternen Lächeln zu verbergen, und eine Art unwillkürliche Widerspenstigkeit gegenüber dem weiblichen Geschlecht an den Tag legte, die ich bisher nur bei den aus nördlichen Gefilden kommenden Reisenden kennen gelernt hatte. Dann ging Cloridia dazu über, die anderen Teile der Hand zu erläutern: »Hier, siehst du, die Linie, die in der Mitte über dem Handgelenk beginnt und zum Zeigefinger hinaufführt, genau hier, das ist die Lebenslinie, auch Herzlinie genannt. Diese, die in etwa von rechts nach links quer über die Hand verläuft, ist die natürliche oder Kopflinie. Gleich darunter liegt der kleine Marsberg, und diese kleine Schwellung hier heißt Venusring. Gefällt dir der Name?«, fragte Cloridia anzüglich.

»Mir schon, und wie«, platzte Brenozzi heraus.

»Halt dich zurück, du Dummkopf«, antwortete ihm Stilone und vereitelte Brenozzis Versuch, sich einen Platz näher bei Cloridia zu erobern.

»Ich weiß, ich weiß, ein schöner Name«, sagte Cloridia und

schenkte erst Brenozzi, dann Bedfordi ein feines, verschwörerisches Lächeln, »doch auch die anderen sind schön: Venusfinger, Venusberg, Sonnenfinger, Sonnenberg, Marsfinger, Marsberg, Jupiterberg, Saturnfinger, Saturnberg und Merkurberg.«

Während sie auf diese Weise Finger, Knöchel, Falten, Linien, Gelenke, Schwellungen und Vertiefungen benannte, fuhr Cloridia in einem Wechselspiel geschickter, sinnlicher Gesten mit dem Zeigefinger abwechselnd über Bedfordis Hand und ihre eigenen Wangen, über die Handfläche des Engländers und dann über ihre eigenen Lippen, erneut über Bedfordis Handgelenk und dann über den allerersten, noch unschuldigen Ansatz ihres schwellenden Busens. Bedfordi schluckte.

»Dann wäre da noch die Leberlinie, die Sonnenlinie, auch Sonnenstraße genannt, die Marslinie, die Saturnlinie, der Mondberg, und dann endet alles mit der Milchstraße ...«

»O ja, die Milchstraße«, rutschte es Brenozzi verzückt heraus.

Fast das gesamte Grüppchen drängte sich indessen so eng um Cloridia, wie nicht einmal Ochs und Esel um Unseren Herrn in der Nacht Seiner Geburt.

»Jedenfalls habt Ihr eine schöne Hand, und noch schöner muss Eure Seele sein«, sagte Cloridia beifällig, zog Bedfordis Hand zu sich heran und legte sie für einen kurzen Augenblick auf ihre braune Haut zwischen Brust und Hals.

»Über den Körper dagegen weiß ich nichts«, lachte sie dann, indem sie scherzhaft, als wollte sie ihn abwehren, Bedfordis Hand wegschob und die von Dulcibeni packte.

Aller Augen blickten gebannt auf den reifen Edelmann, der sich jedoch mit einer schroffen, unwirschen Geste dem Zugriff der Kurtisane entzog, von der Tafel aufsprang und zur Treppe eilte.

»Oh, was für ein Theater«, kommentierte Cloridia ironisch in dem Versuch, ihre Enttäuschung zu verbergen, und zupfte sich mit weiblichem Unmut eine Locke zurecht. »Und welch hässliches Temperament!«

Genau da kam es mir in den Sinn, dass Cloridia sich in den vergangenen Tagen immer häufiger Dulcibeni genähert, er sie freilich stets mit wachsender Unduldsamkeit abgewiesen hatte.

Ganz im Gegensatz zu Robleda, der sich nach außen hin weidlich über die Kurtisane empörte, ihr aber vermutlich in der einen oder anderen Nacht mit Freuden einen Besuch abgestattet hatte, schien Dulcibeni in Anwesenheit der jungen Frau einen echten und tiefen Abscheu zu empfinden. Kein anderer Gast der Locanda wagte es, Cloridia mit so viel Verachtung zu begegnen. Doch vielleicht gerade deswegen, oder auch wegen des Geldes, an dem es (jedenfalls allem Anschein nach) Dulcibeni gewisslich nicht mangelte, schien sich die Kurtisane darauf zu versteifen, den Edelmann aus Fermo anzusprechen. Da es ihr nicht gelang, ihm auch nur eine einzige Silbe zu entlocken, hatte mir Cloridia mehrmals Fragen über Dulcibeni gestellt, begierig, jede geringste Kleinigkeit zu erfahren, die ihn betraf.

Der Arzt nutzte die barsche Unterbrechung des Handlesens, um seine Ausführungen über die Arzneien gegen die Pestgefahr wieder aufzunehmen. Er verteilte verschiedene Pillulen, Duftkugeln und Sonstiges. Dann schlossen wir uns alle Cristofano an, um Pellegrinos Gesundheitszustand zu überprüfen.

Wir betraten das Zimmer meines Padrone, wo dieser auf dem Bett ruhte und nun ein bisschen weniger leblos aussah. Ein tröstlich anmutender Lichtschimmer fiel durchs Fenster herein, während der Arzt den Kranken begutachtete.

»Mmmmh«, brummte Pellegrino.

»Tot ist er nicht«, verkündete Cristofano. »Seine Augen sind halb offen, er fiebert noch, aber die Gesichtsfarbe hat sich verbessert. Und er hat in die Hose gepinkelt.«

Wir quittierten die Nachricht mit Erleichterung. Alsbald jedoch musste der toskanische Arzt feststellen, dass der Patient wie gelähmt war und nur sehr schwach auf äußere Reize reagierte.

»Pellegrino, sag, verstehst du meine Worte?«, flüsterte Cristofano ihm ins Ohr.

»Mmmh«, wiederholte mein Padrone.

»Er kann nicht«, urteilte der Arzt voller Überzeugung. »Er

vermag wohl die Stimmen zu unterscheiden, aber nicht zu antworten. Mir ist schon ein ähnlicher Fall begegnet: ein Bauer, den ein vom Wind gefällter Baum unter sich begraben hatte. Monatelang brachte er kein einziges Wort hervor, obwohl er durchaus in der Lage war zu verstehen, was seine Frau und Kinder zu ihm sagten.«

»Und was geschah dann?«, fragte ich.

»Nichts: Er ist gestorben.«

Ich wurde aufgefordert, sacht einige Sätze an den Kranken zu richten, um zu versuchen, ihn wiederzubeleben. Doch hatte ich keinen Erfolg – selbst als ich ihm zuflüsterte, die Locanda stehe in Flammen und all seine Weinvorräte seien in Gefahr, konnte ich ihn nicht aus der Starre aufrütteln, die ihn bezwang.

Dennoch zeigte Cristofano sich erleichtert. Die beiden Male am Hals meines Padrone waren schon etwas heller geworden und abgeschwollen; es handelte sich daher nicht um Pestbeulen. Ob Petechien oder einfache Blutergüsse, jetzt bildeten sie sich zurück. Anscheinend drohte doch keine Pestilenz. Also konnten wir uns entspannen. Trotzdem überließen wir den Patienten nicht seinem Schicksal. Wir prüften unverzüglich, ob Pellegrino in der Lage war, zu schlucken und, wenn auch langsam, sowohl zerkleinerte als auch flüssige Speisen zu sich zu nehmen. Ich erbot mich, ihn regelmäßig zu füttern. Cristofano würde ihn in regelmäßigen Abständen untersuchen. Trotzdem musste die Locanda vorerst ohne denjenigen auskommen, der sie am besten kannte und uns beistehen konnte. Solche Überlegungen gingen mir durch den Kopf, während die anderen, zufrieden mit dem Besuch am Krankenbett des Wirts, sich nach und nach verabschiedeten. Ich blieb allein mit dem Arzt zurück, als dieser noch verweilte und nachdenklich Pellegrinos ausgestreckten, regungslosen Leib musterte.

»Es sieht schon besser aus, würde ich sagen. Aber bei Pestgefahr soll man sich nie zu sicher fühlen«, kommentierte er.

Ein heftiges Klingeln in der Via dell'Orso, unter unseren Fenstern, schreckte uns auf. Ich sah hinaus: Unten standen drei Männer, die man geschickt hatte, um uns zum Appell zu rufen und zu kontrollieren, ob keiner von uns der Wache entwischt war.

Zuvor jedoch, verkündeten sie, müsse Cristofano über unseren Gesundheitszustand Auskunft geben. Ich lief eilig in die anderen Zimmer und trommelte die Herbergsgäste zusammen. Manche blickten bang auf meinen armen Padrone, der ganz und gar nicht in der Lage war, sich auf den Beinen zu halten.

Zum Glück wurde das Problem durch Cristofanos und Abbé Melanis Scharfsinn rasch gelöst. Wir versammelten uns im ersten Stock, im Zimmer von Pompeo Dulcibeni. Als Erster zeigte sich Cristofano am Fenstergitter und versicherte, dass nichts Bemerkenswertes vorgefallen sei, dass bei niemandem irgendwelche Krankheitsanzeichen aufgetreten seien und dass sich alle bester Gesundheit zu erfreuen schienen.

Daraufhin begannen wir, nacheinander am Fenster vorbeizumarschieren, um uns in Augenschein nehmen zu lassen. Doch der Arzt und Atto sorgten dafür, die drei Inspektoren gründlich durcheinander zu bringen. Cristofano führte nämlich erst Stilone Priàso, dann Robleda und schließlich Bedfordi ans Fenster, während die drei Männer unten die Namen ganz anderer Gäste aufriefen. Mehrmals entschuldigte sich Cristofano für die versehentliche Personenverwechslung. Als Pellegrino an die Reihe kam, gelang es Bedfordi, noch mehr Verwirrung zu stiften: Er fing an, auf Englisch herumzuschreien und verlangte (wie Atto erklärte), endlich freigelassen zu werden. Als Antwort verhöhnten und verlachten ihn die drei Inspektoren, doch in der Zwischenzeit trat rasch Pellegrino an, der in bester Verfassung zu sein schien: Sein Haar war frisch gekämmt, seine Wangen dank Cloridias Schminke lebhaft gerötet. Gleichzeitig begann auch Devizé, mit den Armen zu fuchteln und gegen unsere Einschließung zu protestieren, womit er die Aufmerksamkeit der Inspektoren endgültig von Pellegrino ablenkte. Daher beendeten sie ihren Besuch, ohne den äußerst kritischen Zustand meines Herrn wahrzunehmen.

Während ich noch über diese Kniffe sinnierte, winkte Abbé Melani mich über die Schwelle. Er wollte wissen, wo Pellegrino gewöhnlich die Wertsachen verwahrte, die ihm die Gäste bei der

Ankunft anvertrauten. Ich wich zurück und äußerte Befremden über seine Frage: Natürlich war das Versteck geheim. Selbst wenn dort keine Schätze gehütet wurden, war es doch gleichwohl der Ort, wo mein Padrone die Geldsummen in Sicherheit brachte, die ihm seine Kunden zur Aufbewahrung übergaben. Mir fiel wieder ein, welch äußerst schlechte Meinung Cristofano, Stilone Priàso und Devizé von Atto hatten.

»Ich nehme an, dass dein Herr den Schlüssel immer bei sich trägt«, schloss der Abbé.

Ich wollte gerade antworten, als mein Blick durch die Tür auf Pellegrino fiel, während er in sein Zimmer zurückgebracht wurde. Der von einem Eisenring zusammengehaltene Schlüsselbund, den der Padrone Tag und Nacht an seiner Hose befestigt trug, war nicht an seinem Platz.

Ich stürzte in den Keller, wo ich in einer Mauerlücke verborgen, von deren Vorhandensein nur ich allein wusste, die Reserveschlüssel aufbewahrte. Sie waren noch da. Wohl bedacht, nicht die Neugier der Herbergsgäste zu wecken (die soeben, noch aufgeregt über die gelungene Komödie, zum Abendessen ins Erdgeschoss herunterkamen), stieg ich wieder in den dritten Stock hinauf.

Nun muss ich erklären, dass zu jedem Stockwerk zwei Stiegenrampen hinaufführten. Am Ende jeder Rampe gab es einen Treppenabsatz. Nun gut, auf dem Treppenabsatz zwischen dem zweiten und dem dritten Stock befand sich das Türchen, das Zugang zu dem kleinen Raum gewährte, wo die Wertsachen verwahrt wurden.

Ich versicherte mich, dass niemand in der Nähe war, und ging hinein. Alsbald zog ich den in die Mauer eingepassten Stein heraus, hinter dem der kleine Tresor lag. Ich öffnete ihn. Nichts fehlte: weder das Geld noch die von den Kunden gegengezeichneten Einzahlungsscheine. Ich war beruhigt.

»Jetzt stellt sich die Frage: Wer hat Padron Pellegrino die Schlüssel entwendet?«

Es war Abbé Melanis Stimme. Er war mir gefolgt, trat ein und lehnte die Tür hinter sich an.

»Wie es scheint, könnten wir einen Dieb unter uns haben«, kommentierte er beinahe belustigt. Dann hielt er alarmiert inne: »Still, da kommt jemand«, wisperte er und wies mit dem Kopf in Richtung Treppenabsatz.

Er bedeutete mir hinauszuschauen, was ich tat, wenn auch ungern. Aus dem Erdgeschoss hörte ich schwach die Klänge von Devizés Laute heraufkommen. Sonst nichts.

Ich forderte den Abbé auf, die Kammer unverzüglich zu verlassen, denn ich wünschte, unsere Kontakte auf das Nötigste zu beschränken. Während er sich durch das enge Türchen zwängte, fiel mir auf, dass er mit sehr besorgtem Blick zu dem kleinen Tresor hinsah.

»Was gibt es noch, Signor Abbé?«, fragte ich, wobei ich versuchte, meine wachsende Angst zu verbergen und den schroffen Ton abzumildern, der unwillkürlich in mir aufstieg.

»Ich dachte nur: Es hat doch keinen Sinn, dass der, der den Schlüsselbund an sich genommen hat, gar nichts aus dem Tresor der Locanda gestohlen hat. Bist du ganz sicher, dass du genau nachgesehen hast?«

Ich kontrollierte alles noch einmal: Die Gelder waren da, die Einzahlungsscheine ebenso; was sollte sonst noch da sein? Dann fiel es mir plötzlich ein: die Perlen, die Brenozzi mir gegeben hatte.

Das sonderbare und faszinierende Geschenk des Venezianers, das ich sorgsam zwischen den anderen Wertgegenständen versteckt hatte, war verschwunden. Doch warum hatte der Dieb sonst nichts genommen? Schließlich lagen hier beträchtliche Geldsummen verwahrt, viel sichtbarer und auch leichter unter die Leute zu bringen als meine Perlen.

»Fasse dich. Jetzt gehen wir in mein Zimmer hier unten und besprechen die Lage«, sagte er.

Und als er sah, dass ich zögerte, fügte er hinzu: »Wenn du deine Perlen wiedersehen willst.«

Ich erklärte mich einverstanden, wenn auch mit größtem Widerstreben.

In seinem Zimmer angekommen, bot der Abbé mir fürsorglich einen Stuhl an. Er spürte meine Erregung.

»Wir haben zwei Möglichkeiten«, begann er. »Entweder hat der Dieb schon alles erreicht, was er wollte, nämlich dir deine Perlen stehlen, oder er hat seine Absichten noch nicht ganz zur

Ausführung bringen können. Ich neige zur zweiten Annahme.«

»Warum? Ich habe Euch doch gesagt, was Cristofano mir erklärt hat: Solche Perlen wirken gegen Gift und Scheintod. Und vielleicht weiß Brenozzi etwas.«

»Lassen wir diese Geschichte vorerst einmal beiseite, mein Junge«, sagte der Abbé leise lachend. »Gewiss nicht, weil deine kleinen Juwelen wenig wert sind, im Gegenteil, oder nicht die Kräfte besitzen, die unser Arzt ihnen zuschreibt. Doch ich vermute, dass der Dieb in der Kammer noch etwas anderes vorhatte. Man befindet sich dort auf halbem Weg zwischen dem zweiten und dem dritten Stock. Und seit Padron Pellegrinos Leib ganz in der Nähe bewusstlos aufgefunden wurde, hat es auf der Treppe ein ständiges Hin und Her gegeben, weshalb er keine Gelegenheit mehr gefunden hat zu handeln.«

»Ja und?«

»Und deshalb glaube ich, dass der Dieb noch öfter in dem Loch dort zu Gange sein wird, und zwar im Schutz der Nacht. Bisher weiß niemand, dass du den Schlüsseldiebstahl entdeckt hast. Wenn du die Herbergsgäste nicht einweihst, wird der Dieb glauben, dass er in aller Ruhe handeln kann.«

»Einverstanden«, sagte ich schließlich, wenn auch voller Misstrauen, »ich lasse die Nacht verstreichen, bevor ich die anderen warne, und bete zum Himmel, dass ihnen nichts Böses zustoßen möge.«

Ich sah den Abbé von der Seite an und beschloss, ihm die Frage zu stellen, die mich schon lange umtrieb: »Glaubt Ihr, dass der Dieb Signor de Mourai umgebracht und womöglich versucht hat, meinem Padrone das Gleiche anzutun?«

»Möglich ist alles«, antwortete Melani, blies kurios die Wangen auf und machte einen Kirschmund. »Kardinal Mazarin sagte immer zu mir: Schlecht zu denken ist eine Sünde, doch meist trifft man den Nagel auf den Kopf.«

Bestimmt war dem Abbé mein keimendes Misstrauen ihm gegenüber nicht entgangen, doch stellte er keine Fragen, sondern fuhr wie selbstverständlich fort: »Was Mourai angeht, wollte ich dir schon heute Morgen einen kleinen Erkundungsgang vorschlagen, aber dann kam die Sache mit deinem Padrone dazwischen.«

»Was wollt Ihr damit sagen?«

»Dass es wohl an der Zeit ist, die Zimmer der beiden Reisegefährten des armen Alten zu durchsuchen. Du hast ja für alle Räume einen Nachschlüssel.«

»Ihr wollt heimlich in Dulcibenis und Devizés Zimmer eindringen? Und Ihr wollt, dass ich Euch dabei helfe?«, fragte ich bestürzt.

»Nun, nun, schau mich nicht so an. Überlege doch: Wenn hier jemand verdächtig ist, mit dem Tod des alten Franzosen zu tun zu haben, dann sind es Dulcibeni und Devizé. Sie sind gemeinsam mit Mourai im Donzello angekommen, von Neapel aus, und wohnen seit über einem Monat hier. Mit der Geschichte vom Teatro del Cocomero hat Devizé gezeigt, dass er offenbar etwas zu verbergen hat. Pompeo Dulcibeni wiederum hat sogar mit dem Toten das Zimmer geteilt. Vielleicht sind sie unschuldig; aber über Signor de Mourai wissen sie mehr als jeder andere.«

»Was hofft Ihr denn in den Zimmern zu finden?«

»Das werde ich erst wissen, wenn ich dort gewesen bin«, erwiderte der Abbé brüsk.

Noch einmal klangen mir die schrecklichen Dinge im Ohr, die ich aus Devizés Mund über Melani vernommen hatte.

»Ich kann Euch die Nachschlüssel zu ihren Zimmern nicht geben«, sagte ich, nachdem ich eine Weile überlegt hatte.

Melani begriff, dass es zwecklos war, mich weiter zu bedrängen, und schwieg.

»Ansonsten stehe ich natürlich zu Eurer Verfügung«, fügte ich, in Gedanken an meine verschwundenen Perlen, in milderem Tonfall hinzu. »Zum Beispiel könnte ich Devizé und Dulcibeni ein paar Fragen stellen und versuchen, sie zum Reden zu bringen …«

»Um Himmels willen, du würdest nichts herausbekommen und sie nur misstrauisch machen. Gehen wir schrittweise vor: Zuerst versuchen wir festzustellen, wer die Schlüssel und die Perlen gestohlen hat.«

Daraufhin erläuterte Atto mir seinen Plan: Nach dem Essen würden wir von unseren Zimmern aus die Treppe überwachen, ich im dritten Stock und er im zweiten. Zwischen meinem und seinem Fenster würden wir eine Schnur herunterlassen (unsere Zimmer lagen genau übereinander) und uns beide das jeweilige Ende um den Fuß binden. Wenn einer von uns etwas bemerkte, würde er mehrmals heftig an der Schnur ziehen, damit der andere herbeieilte und dem Dieb den Weg abschnitt.

Während Melani noch sprach, erwog ich die Tatsachen. Zu wissen, dass Brenozzis Perlen ein Vermögen wert sein konnten, hatte mich überwältigt: Noch nie hatte mir jemand etwas so Kostbares geschenkt. Vielleicht lohnte es sich, dem Abbé ein wenig entgegenzukommen. Natürlich würde ich die Augen offen halten müssen: Die vernichtenden Urteile, die ich über ihn vernommen hatte, durfte ich nicht vergessen.

Ich versicherte ihm, dass ich seinen Anweisungen folgen würde, wie ich (so erinnerte ich ihn, um ihn zu beruhigen) ja schon in der vergangenen Nacht bei unserer langen und außergewöhnlichen Unterredung versprochen hatte. Vage deutete ich an, dass ich gehört hatte, wie drei Herbergsgäste über den Oberintendanten Fouquet diskutierten, dessen Namen der Abbé am vorigen Abend erwähnt hatte.

»Und was haben sie im Einzelnen über ihn gesagt?«

»Nichts, woran ich mich genau erinnere, denn ich räumte gerade die Küche auf. Mir fiel dabei nur ein, dass Ihr mir versprochen hattet, mir etwas über ihn zu erzählen.«

Ein Funken blitzte in Abbé Melanis scharfen Augen auf: Endlich hatte er die Quelle meines unterschwelligen Misstrauens ihm gegenüber erkannt.

»Du hast Recht«, sagte er, »ich stehe in deiner Schuld.«

Dann verlor sich sein Blick plötzlich in der Ferne, tauchte ein in die Erinnerung an die Vergangenheit. Halb laut sang er voll Melancholie:

Ai sospiri, al dolore,
ai tormenti, al penare,
torna o mio core … *

* Zu Seufzern, zu Schmerz, / zu Qualen, zum Leiden, / kehre zurück, mein Herz …

»So hätte sich *seigneur* Luigi Rossi, mein Maestro, über Fouquet geäußert«, fügte er dann hinzu, als er meinen fragenden Gesichtsausdruck bemerkte. »Nachdem es aber mir zufällt, dir von ihm zu erzählen, und wir die Stunde des Abendessens abwarten müssen, mach es dir bequem. Du fragst mich, wer Fouquet sei. Nun gut, zunächst war er ein Besiegter.«

Er schwieg, als müsste er nach Worten suchen, während das Grübchen in seinem Kinn zitterte.

»Der Neid, die Staatsräson, die Politik, aber vor allem die Geschichte hatten ihn besiegt. Denn denk daran, die Geschichte wird immer von den Siegern gemacht, ganz gleich, ob sie gut oder böse sind. Und Fouquet hat verloren. Wen immer du daher in Frankreich oder sonstwo auf der Welt fragen wirst, wer Nicolas Fouquet sei, man wird dir jetzt und für immer antworten, dass er der betrügerischste, korrupteste und parteiischste, der leichtsinnigste und verschwenderischste Minister unserer Zeit war.«

»Und was sagt Ihr, wer er war, bevor er ein Besiegter war?«

»Die Sonne«, antwortete Melani lächelnd. »So wurde Fouquet genannt, nachdem Le Brun ihn in dieser Gestalt in der *Apotheose des Herkules* an den Wänden des Schlosses von Vaux-le-Vicomte verewigt hatte. Und wirklich passt kein anderes Gestirn so gut zu einem Mann von solcher Pracht und Freigebigkeit.«

»Also hat sich der Sonnenkönig diesen Beinamen zugelegt, weil er Fouquet nachahmen wollte?«

Melani sah mich gedankenverloren an und antwortete nicht. Als er weitersprach, erklärte er mir, dass es sich mit den Künsten verhielt wie mit zarten Rosenstöcken: Sie benötigen jemanden, der sie zur rechten Zeit in den richtigen Topf setzt oder die Erde fruchtbar macht und auflockert und der sie dann Tag für Tag barmherzig mit Wasser besprengt, das ihren Durst löscht; der Gärtner wiederum, fügte Abbé Melani hinzu, muss die besten Geräte besitzen, um seine Geschöpfe zu pflegen, eine sanfte Hand haben, um die zarten Blättchen nicht zu beschädigen, ein erfahrenes Auge, um etwaige Krankheiten zu erkennen, und schließlich muss er sich darauf verstehen, seine Kunst weiterzugeben.

»Nicolas Fouquet besaß alles, was man zu diesem Zweck braucht«, seufzte Abbé Melani. »Er war der glänzendste, großartigste, toleranteste und freigebigste, der in der Kunst des Lebens und Politikmachens begabteste Mäzen überhaupt. Doch er verfing sich im Netz gieriger, neidischer, hochmütiger, intriganter und heuchlerischer Feinde.«

Fouquet entstammte einer reichen Familie aus Nantes, die sich schon im vorigen Jahrhundert um den Handel mit den Antillen verdient und dabei ein Vermögen gemacht hatte. Er wurde den Jesuitenpatres anvertraut, die seine überlegene Intelligenz und außerordentliche Ausstrahlungskraft erkannten: Die Nachfolger des großen Ignatius machten ihn zu einem edlen politischen Geist, fähig, jede Gelegenheit wahrzunehmen, jede Situation zu seinen Gunsten zu wenden und jeden Gesprächspartner zu überzeugen. Mit sechzehn Jahren war er schon Rat im Parlament von Metz, mit zwanzig saß er im angesehenen Ausschuss der *maîtres des requêtes*, der Beamten, die die Justiz, die Finanzen sowie die Militärkorps verwalteten.

Unterdessen war Kardinal Richelieu gestorben und Kardinal Mazarin aufgestiegen: Fouquet, Schüler des Ersten, wechselte ohne Schwierigkeit in den Dienst des Zweiten über. Auch weil Fouquet bei Ausbruch der Fronde, der berühmten Revolte des Adels gegen die Krone, den jungen König Ludwig gut verteidigt und seine Rückkehr nach Paris ermöglicht hatte, nachdem der Herrscher samt seiner Familie durch die Unruhen gezwungen gewesen war, die Stadt zu verlassen. Er hatte sich als hervorragender Diener seiner Exzellenz des Kardinals erwiesen, als überaus königstreu und als furchtloser Mann. Als sich die Tumulte endlich legten, war er schon fünfunddreißig und erwarb das Amt eines Generalprokurators des Parlaments von Paris, und 1653 wurde er schließlich Oberintendant der Finanzen.

»Doch all dies bildet nur den Rahmen für das, was er wirklich an Edlem, Gerechtem und Ewigem getan hat«, sagte der Abbé voller Eifer.

Mehr noch, als von einem Ende Frankreichs zum anderen zu hasten (wie zu der Zeit, als er *maître des requêtes* war), und mehr noch, als Schlaf und Gesundheit zu opfern, um die Finanzen der Krone bis auf den letzten Sou weise zu verwalten (wie zu der Zeit, als er Oberintendant der Finanzen in Paris war), mehr als alles andere lag es ihm am Herzen, dass Frankreich ganz Europa den strahlenden Triumph seiner Künste und Tugenden zeigen könnte.

Sein Haus stand Schriftstellern und Künstlern ebenso offen wie Geschäftsleuten; sowohl in Paris wie auf dem Land warteten alle auf die kostbaren Augenblicke, die er den Staatsgeschäften abtrotzte, um diejenigen zu beglücken, die in der Poesie, in der Musik und in den anderen Künsten Talent aufwiesen.

Es war kein Zufall, dass Fouquet den großen La Fontaine als Erster verstand und verehrte. Das glänzende Talent des Dichters war durchaus die üppige Leibrente wert, die der Oberintendant ihm vom Anbeginn ihrer Bekanntschaft an aussetzte. Und um sicherzugehen, die zarte Seele des Freundes nicht zu belasten, bot er dem Dichter an, ihm in Abständen einen Teil zurückzuzahlen, aber in Versen. Selbst Molière stand in der Schuld des Oberintendanten, obgleich ihm das niemals vorgeworfen worden wäre, denn die größte Schuld war die moralische. Auch der gute Corneille, schon alt und nicht mehr von den glühenden, launischen Lippen des Ruhmes geküsst, wurde genau im allerschwierigsten Moment seines Lebens konkret unterstützt und den Fängen der Melancholie entrissen.

Doch der edle Bund des Oberintendanten mit der Literatur und der Dichtung erschöpfte sich nicht in einer, freilich langen, Reihe von Sonderzuwendungen. Der Oberintendant beschränkte sich nicht darauf, materielle Hilfe zu gewähren. Er las die noch im Werden begriffenen Werke, gab Ratschläge, ermutigte, korrigierte, warnte und kritisierte, wenn nötig, lobte, wenn angebracht. Und er inspirierte: nicht nur mit Worten, sondern auch durch seine edle Präsenz. Die Gutmütigkeit, die aus dem Gesicht des Oberintendanten sprach, war herzerfrischend und vertrauenerweckend: die großen blauen Kinderaugen, die lange Nase, die kirschförmig endete, der große, fleischige Mund und die Grübchen in den Wangen, die sein offenes Lächeln hervorzauberte.

Sehr bald hatten auch die Architektur, die Malerei und die Bildhauerei bei der guten Seele Nicolas Fouquet angeklopft.

Hier jedoch, so warnte mich der Abbé, begann ein schmerzliches Kapitel.

In der Nähe von Melun, in Vaux-le-Vicomte, steht ein Schloss, ein Kleinod der Baukunst, ein Wunder der Wunder, das Fouquet mit unvergleichlichem Geschmack erbauen ließ und das von ihm entdeckte Künstler gestalteten: der Architekt Le Vau, der Gärtner Le Nôtre, der Maler Le Brun, den er aus Rom gerufen hatte, der Bildhauer Puget und viele andere, die der König bald darauf in seine Dienste nahm, wodurch er sie zu den erlesensten Namen der französischen Kunst machte.

»Vaux, Schloss der Illusionen«, klagte Atto, »allergrößte, steinerne Niederlage: Zierde eines Ruhms, der eine Sommernacht währte, die Nacht vom 17. August 1661. Um sechs Uhr nachmittags war Fouquet der wahre König Frankreichs, um zwei Uhr morgens war er nichts mehr.«

An jenem 17. August veranstaltete der Oberintendant in dem erst kurz zuvor eingeweihten Schloss ein Fest zu Ehren des Königs. Er wollte ihm gefallen und gefällig sein. Mit der ihm eigenen Freude und Großmut, doch – o weh! – ohne die verquere Wesensart des Herrschers begriffen zu haben. Die Vorbereitungen waren beeindruckend. Er ließ sich Brokatbetten mit Goldborten für die noch nicht fertig gestellten Salons nach Vaux schicken, Tapeten, seltene Möbel, Silberzeug, Kristallleuchter. Schätze von hundert Museen und tausend Antiquaren reisten durch die Straßen von Melun heran: persische und türkische Teppiche, Lederwaren aus Cordoba, Porzellan, das ihm die Jesuiten aus Japan schickten, Lackarbeiten, die über die Niederlande aus China eingeführt wurden dank des bevorzugten Wegs, den der Oberintendant für den Import von Raritäten aus dem Orient eingerichtet hatte. Und dann die Bilder, die von Poussin in Rom entdeckt und ihm durch seinen Bruder, den Abbé Fouquet, zugesandt wurden. Alle befreundeten Künstler und Dichter, darunter auch Molière und La Fontaine, wurden mobilisiert.

»In allen Salons, bei Madame de Sévigné bis hin zu Madame de la Fayette, wurde nur noch über das Schloss von Vaux gesprochen«, fuhr Melani fort, der nunmehr ganz in die Erinnerung an jene Tage versunken war. »Der Schlosseingang empfing den Besucher mit dem strengen Gitter und den acht Götterstatuen, die jeweils zu beiden Seiten schwebten. Dann folgte der riesige Ehrenhof, der durch Bronzesäulen mit den Nebengebäuden verbunden war. Und in den halbkreisförmigen Bögen der drei mächtigen Portale das springende Eichhörnchen, Fouquets Wappentier.«

»Ein Eichhörnchen?«

»Auf Bretonisch, dem heimatlichen Dialekt des Oberintendanten, bedeutet das Wort *fouquet* Eichhörnchen. Und mein Freund Nicolas war in Konstitution und Temperament dem Tierchen ähnlich: emsig, flink, fein, mit sehnigem Körper, heiterem, verführerischem Blick. Unter dem Wappen das Motto *Quo non ascendam?*, das heißt ›Wo werde ich nicht hinaufsteigen?‹, was sich auf die Leidenschaft des Eichhörnchens bezog, immer höhere Gipfel zu erklimmen. Der Freigebigkeit nämlich, wohlverstanden: Fouquet liebte die Macht wie ein Kind. Er besaß die Einfachheit dessen, der sich selbst nie zu ernst nimmt.«

Umgeben war das Schloss, fuhr der Abbé fort, von Le Nôtres herrlichen Gärten: »Samtige Rasenflächen und Blumenteppiche, deren Begonieneinfassungen das Gleichmaß der Hexameter hatten. Kegelförmig geschnittene Eiben, Buchsbaumsträucher, geformt wie Kohlenbecken, und dann der große Wasserfall und der Neptunteich, die zu den Grotten führten, und dahinter der Park mit den berühmten Brunnen, die Mazarin in Erstaunen versetzt hatten. Alles bereit, um den jungen Ludwig XIV. zu empfangen.«

Der junge König und die Königinmutter waren am Nachmittag aus der Residenz in Fontainebleau aufgebrochen. Um sechs Uhr waren sie mit ihrem Gefolge in Vaux eingetroffen. Nur die königliche Gemahlin Maria Theresia, die die erste Frucht der Liebe ihres Gatten unter dem Herzen trug, war nicht unter den Anwesenden. Mit demonstrativer Gleichgültigkeit defilierte der Zug zwischen den Spalier stehenden Wachen und Musketieren hindurch und dann zwischen Scharen von Pagen und Knappen, die eifrig goldene Platten voller kunstvoll verzierter Speisen herumtrugen, Tafelaufsätze mit exotischen Blüten schmückten, Weinkisten schleppten, Stühle rund um die damastgedeckten Tafeln aufstellten, wo herrlich, erstaunlich, unvergleichlich und aufreizend die Kerzenleuchter, das Geschirr und das Besteck aus Gold und Silber, die Füllhörner mit Früchten und Gemüse und die ebenfalls goldgefassten Gläser aus feinstem Kristall prunkten.

»Da begann das Pendel seines Schicksals zur anderen Seite hin auszuschlagen«, kommentierte Abbé Melani. »Und der Umschwung erfolgte so unvorhergesehen wie heftig.«

Dem jungen König Ludwig gefiel die beinahe unverschämte Pracht jenes Festes nicht. Die Hitze und die Fliegen, ebenso erpicht zu feiern wie die geladenen Gäste, trieben den König samt seinem Gefolge schier zur Verzweiflung auf dem von der Konvention vorgeschriebenen, qualvollen Rundgang durch die Gärten von Vaux. Die Höflinge mit ihren eng am Hals anliegenden steifen Spitzenkrägen und den am sechsten Knopf in den Überrock gesteckten Krawatten aus Leinenbatist hätten sich in der sengenden Sonne am liebsten die Hosen und Perücken heruntergerissen. Mit unendlicher Erleichterung begrüßten alle die Kühle des Abends, und man setzte sich endlich zu Tisch.

»Und wie war das Essen?«, fragte ich begierig, da ich ahnte, dass die Speisen dem Wohnsitz und den Zeremonien ebenbürtig sein würden.

»Der König mochte es nicht«, sagte der Abbé finster.

Vor allem aber mochte der junge König Ludwig die sechsunddreißig Dutzend Teller aus massivem Gold und die fünfhundert Dutzend Silberteller nicht, die auf den Tischen aufgereiht standen. Es gefiel ihm nicht, dass so viele Hundert Gäste geladen worden waren und dass die Reihe der Karossen samt Pagen und Kutscher, die vor der Villa warteten, so lang und fröhlich war, fast wie ein zweites Fest. Es gefiel ihm nicht, dass er durch das Geflüster eines seiner Höflinge erfahren musste – als handelte es sich um ein Gerücht, in das ihn einzuweihen man beschlossen hatte –, dass das Fest über zwanzigtausend *livres* gekostet hatte.

Dem König gefiel die Musik nicht, die das Mahl begleitete – Zimbeln und Trompeten zu den *entrées*, gefolgt von Geigenspiel –, und ebenso wenig die riesige massiv goldene

Zuckerdose, die vor ihn hingestellt wurde und seine Bewegungsfreiheit einschränkte.

Es gefiel ihm nicht, von jemandem empfangen zu werden, der – ohne Krone – bewies, dass er freigebiger und fantasievoller und geschickter darin war, seine Gäste zu erstaunen und gleichzeitig anzuziehen, da er Pracht mit Herzlichkeit verband, also glänzender. Mit einem Wort: königlicher.

Zu den Qualen des Abendessens kamen für Ludwig noch die des Schauspiels im Freien. Während sich das Bankett hinzog, verwünschte auch Molière, der nervös hinter dem Vorhang hin und her lief, den Oberintendanten: *Les Fâcheux*, das Stück, das er zu diesem Anlass einstudiert hatte, hätte schon vor zwei Stunden beginnen sollen. Nun dagegen ging das Tageslicht zur Neige. Schließlich begann die Aufführung unter dem blaugrünen Schild des letzten Sonnenuntergangs, während im Osten schon die ersten Sterne am Himmelsgewölbe blinkten. Auch hier geschah ein Wunder: Auf dem Proszenium erschien eine Muschel, öffnete sich, und ihr entstieg eine Tänzerin, eine entzückende Najade, und auf einmal war es, als spräche die ganze Natur und als scharten sich, von feinsten, göttlichen Kräften bewegt, die Bäume und die Statuen rund um die Nymphe, um gemeinsam mit ihr den allersüßesten Gesang anzustimmen, die Eloge auf den König, mit der das Stück begann:

Pour voir sur ces beaux lieux le plus grand roi du monde
Mortels, je viens à vous de ma grotte profonde …

Am Ende des erhabenen Schauspiels kam das Feuerwerk, gestaltet von jenem Italiener, Torelli, den man in Paris schon den Großen Zauberer nannte wegen der wundervollen Blitze und Farben, die nur er im schwarzen, leeren Himmelsrund zu entfesseln verstand.

Um zwei Uhr morgens, vielleicht sogar noch später, gab der König durch ein Zeichen zu verstehen, dass die Stunde des Abschieds gekommen sei. Fouquet bemerkte Ludwigs düstere Miene: Er war bestürzt, begriff vielleicht, erbleichte. Er trat zu ihm, kniete nieder und bot ihm mit einer ausladenden Handbewegung Vaux in aller Öffentlichkeit zum Geschenk an.

Der junge Ludwig erwiderte nichts. Er bestieg seine Kutsche und warf einen letzten Blick auf das Schloss, das in der Dunkelheit aufragte: In jenem Moment zog vielleicht vor seinem inneren Auge (so schwören manche) ein Bild der Fronde vorbei, ein wirrer Nachmittag seiner Kindheit, ein Bild, von dem er nicht mehr wusste, ob es den Erzählungen anderer oder der eigenen Erinnerung entsprang; eine unsichere Reminiszenz der Nacht, in der er sich mit der Königinmutter Anna und Kardinal Mazarin heimlich aus Paris davonschleichen musste, das Getöse der Explosionen und das Geschrei der Menge im Ohr, den herben Geruch des Blutes und den Gestank des Pöbels in der Nase, beschämt, der König zu sein, und voll Verzweiflung, ob er eines Tages in die Stadt würde zurückkehren können, in seine Stadt. Oder vielleicht (auch das schwören manche) fiel dem König, als er die Fontänen der Brunnen von Vaux betrachtete, die noch schön und stolz aufstiegen und deren Rauschen er vernahm, während die Kutsche sich entfernte, plötzlich ein, dass es in Versailles noch immer keinen Tropfen Wasser gab.

»Und was geschah dann?«, fragte ich, gerührt und verwirrt von der Erzählung des Abbé, mit kaum vernehmbarer Stimme.

Es vergingen wenige Wochen, und die Schlinge zog sich rasch um den Hals des Oberintendanten zusammen. Der König gab vor, er müsse sich nach Nantes begeben, um die Bretagne das Gewicht seiner Autorität fühlen zu lassen und einige Abgaben einzutreiben, da die Bretonen keine Eile gezeigt hatten, diese an die Reichskasse zu bezahlen. Der Oberintendant folgte ihm, ohne übermäßige Befürchtungen zu hegen, denn Nantes war seine Heimatstadt und viele seiner Freunde wohnten dort.

Vor der Abreise jedoch warnten ihn einige, er solle sich vorsehen: Eine Intrige sei gegen ihn im Gange, flüstern ihm die treuesten Freunde zu. Der Oberintendant sucht um Audienz beim König nach und schüttet ihm sein Herz aus: Er bittet ihn um Vergebung, dass die Kassen der Krone leiden, doch er, Fouquet, stand ja bis vor wenigen Monaten im Dienst Mazarins, und das weiß Ludwig sehr wohl. Der König zeigt vollstes Verständnis und behandelt ihn mit größter Hochachtung, indem er ihn bei der geringsten Kleinigkeit um Rat fragt und seine Hinweise befolgt, ohne mit der Wimper zu zucken.

Fouquet spürt jedoch, dass etwas nicht stimmt, und erkrankt: Er leidet wieder an den Fieberschüben, die ihn während der langen Aufenthalte in der feuchten Kälte überfallen hatten, als er die Bauarbeiten in Vaux überwachte. Immer häufiger flieht ihn der erquickende Schlaf. Jemand sieht ihn im Verborgenen weinen, hinter einer Tür.

Schließlich bricht er im Gefolge Ludwigs auf, und Ende August erreicht er Nantes. Sogleich jedoch wird er wieder vom Fieber ans Bett gefesselt. Der König, der sich in einem Schloss am anderen Ende der Stadt niedergelassen hat, wirkt sogar fürsorglich: Er lässt ihn untersuchen, um Näheres über seinen Gesundheitszustand zu erfahren. Fouquet erholt sich, wenn auch mühsam. Zuletzt, am 5. September, dem Geburtstag des Herrschers, wird er um sieben Uhr morgens gerufen. Bis elf Uhr arbeitet er mit dem König, und zum Schluss hält ihn der Souverän noch unerwartet auf, um einige Geschäfte zu besprechen. Als Fouquet das Schloss endlich verlässt, wird seine Kutsche von einer Schar Musketiere angehalten. Ein Leutnant der Musketiere, ein gewisser D'Artagnan, liest ihm den Haftbefehl vor. Ungläubig fragt ihn Fouquet: »Herr, seid Ihr sicher, dass ich derjenige bin, den Ihr verhaften sollt?« Ohne ihm weiter Zeit zu lassen, beschlagnahmt D'Artagnan alle Papiere, die der Oberintendant bei sich hat, selbst die, die er am Leib trägt. Die Soldaten versiegeln alles und setzen ihn in einen Konvoi königlicher Kutschen, der ihn zum Schloss von Angers bringt. Dort bleibt er drei Monate.

»Und dann?«

»Das war nur der erste Schritt auf seinem Leidensweg. Es wurde ein Prozess angestrengt, der drei Jahre dauerte.«

»Warum so lange?«

»Der Oberintendant verstand es, sich zu verteidigen wie kein anderer. Doch am Schluss musste er unterliegen. Der König ließ ihn auf Dauer in der Festung Pinerolo, jenseits der Alpen, einsperren.«

»Und dort ist er gestorben?«

»Dort kommt man nicht mehr heraus, außer auf Geheiß des Königs.«

»Also war des Königs Neid Fouquets Verderben, weil er seine Pracht nicht vertrug, und das Fest …«

»Ich kann dir nicht erlauben, so zu sprechen«, unterbrach mich Melani. »Der junge König begann damals, sein Augenmerk auf alle verschiedenen Teile des Staates zu richten, und zwar nicht gleichgültig, sondern mit Herrscherblick. Erst damals begriff er, dass *er* der König war und dass er geboren war, um es zu sein. Doch nun war es zu spät, um Genugtuung zu fordern von Mazarin, dem verstorbenen Paten und Padrone seiner frühen Jahre, der ihm alles verweigert hatte. Statt seiner war Fouquet übrig geblieben, die andere Sonne, und so war dessen Schicksal vorgezeichnet.«

»So hat sich der König gerächt. Und noch dazu hatte ihm das goldene Geschirr missfallen …«

»Niemand kann behaupten, dass sich der König rächen will, denn er ist der Mächtigste unter den Fürsten Europas, und noch unsinniger ist es zu behaupten, Seine Allerchristlichste Majestät sei neidisch auf den Oberintendanten der Königlichen Finanzen, die ja dem Herrscher selbst gehören und sonst keinem.«

Er schwieg erneut, begriff aber von selbst, dass seine Antwort meine Neugierde nicht ausreichend befriedigen konnte.

»Allerdings«, sagte er schließlich, das letzte Tageslicht betrachtend, das durchs Fenster hereinfiel, »würdest du die Wahrheit nicht kennen, wenn ich dir verschwiege, wie die Schlange das Eichhörnchen in ihren Windungen erdrückte.«

In der Tat, war der Oberintendant das Eichhörnchen, so gab es eine Schlange, die heimtückisch seine Schritte verfolgte. Denn auf Lateinisch heißt das glitschige Tier *colubra*, und bizarrerweise schmeichelte es Signor de Colbert, sich diesen Beinamen zuzulegen, da er überzeugt war, die Ähnlichkeit mit einem Reptil könnte (eine ebenso irrige wie bezeichnende Annahme) seinem Namen mehr Glanz und Herrlichkeit verleihen.

»Und wahrhaftig verstand er es, sich wie eine Schlange mit tausend Windungen zu verhalten«, sagte der Abbé. »Denn ebendie Schlange, der das Eichhörnchen gänzlich vertraut hatte, stürzte es alsbald in den Abgrund.«

Am Anfang war Jean Baptiste Colbert, Sohn eines reichen Stoffhändlers, Herr über rein gar nichts.

»Obwohl er«, kicherte Atto, »sich dann erlauchte Vorfahren zulegte, indem er einen falschen Grabstein anfertigen ließ, den er als den eines Ahnen aus dem 13. Jahrhundert ausgab und vor dem er sogar vor aller Augen niederkniete.«

Trotz seiner mangelhaften Bildung lächelte ihm das Glück bald in Gestalt eines Cousins seines Vaters zu, mit dessen Hilfe er einen Posten als Beamter im Kriegsministerium kaufen konnte. Dort gelang es ihm dank seiner schmeichlerischen Fähigkeiten, Richelieu kennen zu lernen und sich ihm zu verpflichten, und später, nach dem Tod des Kardinals, zum Sekretär von Michel Le Tellier, dem mächtigen Staatssekretär für Kriegsangelegenheiten, zu avancieren. Richelieus Nachfolge hatte inzwischen ein Colbert sehr viel weniger genehmer italienischer Kardinal angetreten, welcher der Königinmutter sehr nahe stand, Giulio Mazarino, in Frankreich Mazarin genannt. Mit ihm schien sich Colbert nicht sonderlich gut zu verstehen.

Unterdessen jedoch hatte er sich mit dem Erlös aus den Handelsgeschäften einen kleinen Adelstitel gekauft. »Und bei etwaigem weiteren Geldbedarf würde ihm die baldige Hochzeit mit Marie Charron und vor allem ihre Mitgift von hunderttausend *livres* aus der Verlegenheit helfen«, fügte Abbé Melani mit einem weiteren Anflug von Groll hinzu. »Doch als sein wahres Glück«, begann er wieder, »erwies sich das Unglück des Königs.«

1650 nämlich erreichte die Fronde, die zwei Jahre zuvor begonnen hatte, ihren Höhepunkt, und der Herrscher, die Königin und Kardinal Mazarin mussten aus Paris fliehen.

»Das größte Problem für den Staat war weiß Gott nicht die Abwesenheit des Königs, der noch ein zwölfjähriges Kind war, und auch nicht die der Königinmutter, die vor allem die Geliebte des Kardinals war, sondern die Abwesenheit Mazarins.«

Wem sollten nun die Staatsgeschäfte und politische Geheimnisse anvertraut werden, die der Kardinal so geschickt wie undurchsichtig lenkte und hütete? Er und Colbert hatten einander auf den ersten Blick gar nicht gemocht: Verglichen mit Richelieu erschien der Erste dem Zweiten zu weitschweifig und in sich gekehrt, manchmal zu gutmütig und häufig unentschlossen. Colbert wiederum, eisig und distanziert, wenn auch mit guten Manieren, konnte Mazarins Sympathie gewiss nicht ohne einige Anstrengung erobern. So führte er all seine Qualitäten als gewissenhafter Vollstrecker ins Feld: Er war bereits morgens um fünf in seinem Arbeitszimmer anzutreffen, hielt absolut Ordnung und unternahm nie etwas Wichtiges aus eigenem Antrieb. All dies, während Fouquet dagegen zu Hause arbeitete und vor Ideen sprühte, in einem absoluten Chaos von Papieren und Dokumenten.

Deshalb wählte der Kardinal, der sich langsam von Fouquets Unternehmungsgeist bedroht fühlte, 1651 ausgerechnet Colbert, um seine Geschäfte weiterzuführen. Auch weil Letzterer sich sehr vertraut mit chiffrierter Korrespondenz gezeigt hatte. Colbert diente Mazarin nicht nur, bis dieser mit Ludwig und Anna von Österreich am Ende der Fronde im Triumph nach Paris zurückkehrte, sondern bis zum Tod des Kardinals.

»Er vertraute ihm sogar die Verwaltung seiner Güter an«, sagte der Abbé mit einem Seufzer, der das ganze Bedauern darüber ausdrückte, dass er mit ansehen musste, wie so viel Vertrauen auf die falsche Person gesetzt wurde. »Er lehrte ihn die ganze Kunst, die Colbert, die Schlange, allein aus eigener Kraft niemals hätte erlernen können. Anstatt ihm dankbar zu sein, ließ die Schlange sich gut bezahlen. Und erwirkte Gunstbezeigungen für sich und die eigene Familie«, sagte der Abbé, während er als vulgären Hinweis auf das Geld Daumen und Zeigefinger aneinander rieb. »Es gelang ihm, fast jeden Tag von der Königin zur Audienz empfangen zu werden. Äußerlich war er das genaue Gegenteil von Nicolas: untersetzt, mit breitem, zerfurchtem Gesicht, gelblichem Teint, tiefschwarzen, schütteren langen Haaren unter der Kalotte, gierigem Blick, stets halb gesenkten Lidern, einem peitschenscharfen Schnurrbart über der schmalen und sehr wenig zum Lächeln aufgelegten Lippe. Sein eisiger, dorniger und finsterer Charakter hätten ihn zu einem Mann gemacht, den man fürchten musste, wäre da nicht seine Ignoranz gewesen, schlecht verborgen hinter falsch angebrachten lateinischen Zitaten, die er wie ein Papagei nachplapperte, nachdem er sie von eigens hierfür eingestellten jungen Mitarbeitern gelernt hatte. Er wurde zum Gegenstand des Gespötts und noch weniger geliebt: Madame de Sévigné nannte ihn ›den Norden‹, wie die kälteste und unangenehmste Himmelsrichtung.«

Ich vermied es, Melani zu fragen, warum aus seiner Erzählung so viel Abneigung gegen Colbert herauszuhören war und nicht vielmehr gegen Mazarin, der Colbert doch sehr nahe zu stehen schien. Ich kannte die Antwort schon: Hatte ich etwa nicht Devizé, Cristofano und Stilone Priàso sagen hören, dass der Kastrat Atto Melani von frühester Jugend an von dem Kardinal gefördert und beschützt worden war?

»Waren Colbert und der Oberintendant Fouquet befreundet?«, erkundigte ich mich stattdessen.

Der Abbé zögerte kurz, bevor er antwortete.

»Sie lernten sich zur Zeit der Fronde kennen und mochten sich anfangs durchaus. Während der Tumulte verhielt sich Fouquet wie der beste aller Untertanen, und Colbert schmeichelte ihm, indem er ihm seine Dienste anbot, als Fouquet Generalprokurator von Paris wurde, ein Amt, das er mit dem des Oberintendanten der Finanzen verband. Doch es währte nicht lange: Colbert konnte nicht ertragen, dass Fouquets Stern so hoch und hell leuchtete. Wie sollte er dem Eichhörnchen die Berühmtheit verzeihen, das Glück, die Ausstrahlung, die glänzende Arbeit und den regen Geist – während Colbert schwitzen musste, um auf gute Ideen zu kommen, und schließlich die prächtige Bibliothek, von der er, ungebildet wie er war, nicht einmal gewusst hätte, wie er sie nutzen sollte? Die Schlange gebärdete sich also als Spinne und begann ihre Netze zu spannen.«

Colberts Machenschaften trugen bald ihre Früchte. Zuerst träufelte er Mazarin das Gift des Misstrauens ein, dann dem König. Das Reich hatte damals gerade Jahrzehnte des Krieges und der Armut überwunden, und es war nicht schwierig, Papiere zu fälschen, um den Oberintendanten zu beschuldigen, er habe hinter dem Rücken des Herrschers Reichtümer angehäuft.

»War Fouquet sehr reich?«

»Überhaupt nicht, aber aus Gründen der Staatsräson musste es so aussehen: Nur auf diese Weise konnte er immer neue Kredite erhalten und damit Mazarins pressante Geldforderungen befriedigen. Der Kardinal war allerdings steinreich. Und dagegen hatte der König, als er kurz vor Mazarins Tod dessen Testament las, nichts einzuwenden.«

Doch war dies, erklärte Atto, für Colbert nicht die entscheidende Frage. Nachdem der Kardinal gestorben war, musste entschieden werden, wer seine Stelle einnehmen sollte. Fouquet hatte das Reich verschönert, hatte ihm zu Ruhm verholfen, hatte sich Tag und Nacht verausgabt, um die Ansprüche auf neue Einnahmen zu erfüllen: Man dachte zu Recht, das Amt stünde ihm zu.

»Als aber der junge König gefragt wurde, wer Mazarins Nachfolger sei, erwiderte er: ›*C'est moi.*‹ Neben dem König war kein Platz mehr für einen ersten Akteur, und Fouquet war aus zu erlesenem Holz geschnitzt, um die zweite Geige zu spielen. Colbert dagegen eignete sich perfekt für die Rolle des Speichelleckers: Er war machthungrig, dem König nur allzu ähnlich darin, sich selbst ernst zu nehmen, und machte eben deshalb keinen einzigen falschen Zug. Ludwig XIV. fiel voll und ganz darauf herein.«

»Dann ist Colberts Neid der Grund, warum Fouquet verfolgt wurde.«

»Das ist doch klar. Bei dem Prozess bedeckte sich die Schlange mit Schande: Colbert beeinflusste Richter, fälschte Dokumente, drohte und erpresste. Fouquet blieb nichts außer La Fontaines heldenhafter Verteidigung, Corneilles Rede vor Gericht, den mutigen Briefen, die seine Freunde an den König schrieben, der Solidarität und Freundschaft der adeligen Damen und, beim Volk, dem Ruhm als Held. Nur Molière schwieg feige.«

»Und Ihr?«

»Nun, ich weilte nicht in Paris und konnte recht wenig tun. Doch jetzt ist es besser, du verlässt mich. Ich höre, dass die anderen Herbergsgäste zum Abendessen herunterkommen, und ich möchte nicht die Aufmerksamkeit unseres Diebes erregen: Er soll glauben, dass niemand auf der Hut ist.«

Da es spät geworden war und die Gäste schon so lange warteten, brachte ich in der Küche nichts Besseres zustande, als die Reste des Mittagessens auszuteilen, dazu noch ein paar Eier und etwas Eskariol. Ich war ja nur ein junger Bursche ohne jede Erfahrung am Herd: Mit der Meisterschaft meines Herrn konnte ich nicht mithalten, und die Gäste begannen es zu bemerken.

Während der Mahlzeit fiel mir nichts Ungewöhnliches auf. Brenozzi mit seinem rosigen Kindergesichtchen zwickte und zwackte weiter seine Rapunzelrübe zwischen den Leisten, wobei der Arzt, eine Hand um den Spitzbart am Kinn geschlossen, ihn missbilligend beobachtete. Stilone Priàso mit seinem mürrischen Ausdruck eines finsteren Uhus frönte wie immer seinen vielen Ticks: sich den Nasenrücken reiben, sich die Fingerspitzen abputzen, mit dem Arm schlenkern, als wollte er einen aufgekrempelten Ärmel herunterschütteln, das Hemd am Hals lockern, sich mit den Handflächen über die Schläfen fahren. Devizé aß derweil geräuschvoll, wie es bei Tisch seine Gewohnheit war, und übertönte beinahe den unaufhaltsamen Redestrom, mit welchem sich Bedfordi vergeblich an den immer unzugänglicheren Dulcibeni und an Pater Robleda wandte, der dem Engländer mit abwesendem Blick zunickte. Abbé Melani verzehrte die Mahlzeit in völligem Schweigen und sah nur ab und zu kurz auf. Ein paarmal erhob er sich, geschüttelt von einem Niesanfall, um sich mit einem Spitzentüchlein die Nase zu betupfen.

Am Ende des Essens, als alle schon zum Aufbruch zurück in ihre Zimmer rüsteten, erinnerte Stilone Priàso den Arzt an sein Versprechen, uns aufzuklären, wie viel Hoffnung wir hatten, lebend aus der Quarantäne herauszukommen.

Cristofano ließ sich nicht zweimal bitten und begann vor der kleinen Zuhörerschaft eine überaus gelehrte, mit bei antiken und modernen Autoren entlehnten Exempeln gespickte Abhandlung darüber, auf welche Weise die Pestansteckung erfolgt: »Die erste und allerführnehmste Ursach der Pestilenz ist der gerechte Zorn Gottes, unseres himmlischen Vaters, und daher gibt es kein besseres Heilmittel als das Gebet. Die andere Ursach, müsst Ihr wissen, ist die *corruption*, Verderbung oder Zerstörung der Elemente, welche zugleich auch die Luft verderben, und durch die Luft dringt sie in Nase und Mund: Anders kann die Pest nämlich nicht in den Leib gelangen. Wie männiglich bewusst, so sind der Elemente vier an der Zahl als das Wasser, die Erde, die Luft und das Feuer. Wann aber das Feuer als das hitzigste Element die Herrschaft bekommt wie im Sommer, also in unserem Fall, so wird die äußerliche Luft auch hitzig und trocken, aus welcher unnatürlichen Hitz und Trockenheit als dann viel böse *effectus* oder Wirkungen erfolgen: Die dadurch causierte Krankheit ist begleitet von Fieber, Hauptwehe und allem, was ich Euch schon zuvor an Pellegrinos Bett erklärt habe. Der Tote wird dann in aller Eile schwarz und sehr heiß. Um hier das Ärgste zu verhüten, muss man die Beulen aufschneiden, sobald sie zur Reifung gelangen, und Heilpflaster auf die Wunden legen. Im Winter hingegen entspringt die Pest der Verderbung der Erde, und diese verursacht Beulen, ähnlich den Knollen, die während der kalten Jahreszeit im Bauch der Erde schlummern. Solche Abszesse wiederum müssen mit erwärmten Salben zur Zeitigung gebracht werden. Im Frühling und im Herbst aber, wenn es reichlicher Wasser gibt, wird bekanntermaßen auch das Wasser vielmal korrumpiert und verderbt und solches auch durch die himmlischen Planeten, und diese Pest und Fieber bringen auch Beulen an diesen und jenen Orten des Leibes, welche einer wässerigen Natur und Art sind und deshalb, wenn sie zu ihrer Öffnung gelangen, bald und leichtlich können geheilet werden. Die Behandlung besteht hier darin, mit Abführmitteln, Balsam und Sirup das giftige Wasser auszuleiten. Doch die böse Luft hat immer den größten Anteil an der Verbreitung der Seuche. Die Luft gelangt überallhin, denn *non datur vacuum in natura*. Deshalb ist es förderlich, Fackeln an den Straßenecken anzubringen. Die Flamme reinigt: Mit ihr verfeinert man das Gold, reinigt das Silber, läutert das Eisen, schmilzt die Metalle, kalziniert die lebendigen Steine, kocht die Speisen, erwärmt Kaltes und trocknet Nasses. Somit wird die Flamme auch die Luft von Verderbung und Schädlichkeit reinigen. Dieses Mittel ist sonderlich in Städten angebracht, die viel eher für Verderbung und *corruption* anfällig sind als die offenen Flecken und Dörfer.«

»Wir befinden uns also hier im Zentrum der römischen Viertel am allerschlimmsten Ort«, warf ich entsetzt ein.

»Ja, leider. Meiner bescheidenen Ansicht nach«, verkündete Cristofano mit wahrhaft geringer Bescheidenheit, »kommt die Ursach, warum in einigen Städten wie Rom vor allem eine böse Luft entsteht, nirgend anders woher, als dass sie öd und entvölkert sind. Rom, die heilige und allerälteste Stadt und Beherrscherin der ganzen Welt, als sie in ihrem Flor gestanden ist und etliche Male über ihre Feinde triumphieret, ist nirgends keine bessere und gesündere Luft gewesen als eben in dieser Stadt, welche alle Völker – sie seien von welcher Nation auch immer dahin gelangt – wohl bekommen hat. Jetzt aber hat sie die allerärgste und ungesundeste Luft, so irgend sein und gefunden werden kann, und dasselbige ebendarum, weil sie durch die vielfältigen Kriege an Einwohnern gewaltig geschwächt worden ist. Das Gleiche gilt für Terracina, für Romana Cervetro, Nettuno – die Strandstadt – ebenso wie für Baia im Königreich Neapel, Avernia, Dignano und die große Stadt Como, die alle einstmals so berühmt und mit Einwohnern dermaßen wohl besetzt waren, dass man sich höchlich darüber verwunderte: Heute aber ist dort so eine erbärmlich Einöde und die Luft so schädlich geworden, dass niemand daselbst wohnen kann. In Neapel und Trapani dagegen, wo man wegen der bösen Luft nicht leben konnte, ist die Luft nun, seit sie blühende und wohl gepflegte Städte sind, vollkommen. Dies auch, weil auf Brachland toxische Kräuter und giftige Tiere gedeihen, und beide vergiften die Menschen. Kurzum, auch hier in Rom war es vernünftig, Befürchtungen zu hegen. Obgleich die letzte Pestepidemie 1656 verzeichnet wurde, also vor gut siebenundzwanzig Jahren. Wenn es sich wirklich um *contagio* handelt, ist uns das böse Los zugefallen, ihr diesmal Tür und Tor zu öffnen.«

Wir schwiegen einen Augenblick, um die Worte zu bedenken, die der Arzt mit solchem Ernst an seine schmale Zuhörerschaft gerichtet hatte. Dann ergriff Atto das Wort: »Wie breitet sie sich aus?«

»Durch Gerüche, *facillime*. Aber auch durch haarige Gegenstände wie Decken oder Pelze, die deshalb verbrannt werden müssen. Nach einigen Autoren klammern sich die unreinen Atome darin fest, um sich später wieder fallen zu lassen«, antwortete Cristofano wie selbstverständlich.

»Also hätten wir uns an den Kleidern von Signor Pellegrino infizieren können«, sagte ich, bemüht, einen Anfall von Panik zu unterdrücken.

»Wenn ich deutlicher werden darf«, erwiderte der Arzt und schraubte den überheblichen Ton etwas herunter, »so bin ich nicht ganz sicher, dass die Dinge wahrhaftig so liegen. In Wirklichkeit weiß niemand genau, wie sich die Seuche ausbreitet. Ich habe in Palermo einen sehr alten Apotheker von siebenundachtzig Jahren kennen gelernt, Giannuccio Spatafora, ein Mann von größter Gelehrsamkeit und Erfahrung. Er sagte mir, für die Pestilenzen, die in der Stadt grassierten, gäbe es keine Erklärung: Die Luft in Palermo sei hervorragend, geschützt vor Ostwind und Schirokko, welche der Gesundheit und Fruchtbarkeit der Länder sehr schaden und die Menschen aufblähen und eine Art Dauerfieber bei ihnen hervorrufen, das sie scharenweise tötet. Dennoch wütete die Pest in Palermo auf so grausame Art, dass die Leute, kaum fühlten sie sich im Kopf leicht benommen, zu Boden stürzten und jählings starben. Und anschließend wurden die Toten schwarz und sehr heiß.«

»Kurz gesagt, niemand weiß wirklich, wie sich die Seuche ausbreitet«, hielt ihm Atto entgegen.

»Ich kann sagen, dass viele Epidemien sicherlich mit einem Kranken begonnen haben, der die Infektion aus einem betroffenen Gebiet mitbrachte«, antwortete Cristofano. »Hier in Rom zum Beispiel hieß es bei der letzten Epidemie, vor knapp dreißig Jahren, die Krankheit sei aus Neapel gekommen, eingeschleppt von einem ahnungslosen Fischhändler. Doch mein Vater, der bei der großen Pest von Prato 1630 Generalinspekteur der Gesundheitskongregation war und viele Pestkranke behandelte, vertraute mir Jahre später an, dass das Wesen des Gebrechens geheimnisvoll ist und es keinem der antiken Autoren gelungen war, es zu ergründen.«

»Da hatte er Recht.«

Überrascht vernahmen wir die raue, strenge Stimme von Mourais betagtem Reisebegleiter Pompeo Dulcibeni.

In gedämpftem Ton begann er: »Ein sehr gelehrter Mann der Kirche und der Wissenschaft hat den Weg aufgezeigt, der zu beschreiten ist. Leider fand er kein Gehör.«

»Ein Mann der Kirche und der Wissenschaft. Lasst mich raten: Pater Athanasius Kircher vielleicht?«, warf der Arzt ein.

Dulcibeni überging die Bemerkung, ließ aber erkennen, dass der Arzt richtig geraten hatte, und skandierte: »*Aerem, aquam, terram innumerabilibus insectis scatere, adeo certum est.*«

»Er sagt, dass Erde, Luft und Wasser von winzigen Lebewesen wimmeln, die mit bloßem Auge unsichtbar sind«, übersetzte Cristofano.

»Nun gut«, fuhr Dulcibeni fort, »diese winzigen Lebewesen kommen von Organismen in Verwesung, doch hat man das erst nach der Erfindung des Mikroskops beobachten können, und daher …«

»Dieser deutsche Jesuit ist allseits so bekannt«, unterbrach ihn Cristofano mit einer Spur von Hohn, »dass Signor Dulcibeni ihn offenbar sogar auswendig zitieren kann.«

Mir sagte der Name Kircher ehrlich gestanden überhaupt nichts. Doch dass er bekannt war, schien zu stimmen: Als der Name von Pater Athanasius Kircher fiel, hatte die gesamte Zuhörerschaft wissend genickt.

»Kirchers Ideen haben freilich«, fuhr Cristofano unterdessen fort, »keineswegs die der großen Autoren ersetzt, welche hingegen …«

»Vielleicht mögen Kirchers Doktrinen eine gewisse Grundlage haben, aber nur die Sinneswahrnehmung kann eine solide und verlässliche Basis für unser Wissen abgeben.«

Diesmal hatte sich Signor Bedfordi eingemischt. Der junge Engländer, der den Schrecken des Vorabends überwunden zu haben schien, hatte zu seinem gewohnten Dünkel zurückgefunden.

»Die gleiche Ursache« fuhr er fort, »kann ja in unterschiedlichen Fällen gegenteilige Wirkungen zeitigen. Wird nicht etwa im selben kochenden Wasser ein Ei hart und Fleisch weich?«

»Ich weiß genau«, zischte Cristofano aufgebracht, »wer diese Sophismen in die Welt setzt: Signor Locke und sein Kumpan Sidenamio, die durchaus alles über Sinne und Intellekt wissen mögen, in London jedoch Kranke behandeln wollen, ohne Ärzte zu sein!«

»Na und? Sie sind daran interessiert, die Leute zu heilen«, gab Bedfordi zurück, »und nicht, mit Geschwätz Patienten zu ködern, wie es gewisse Ärzte tun. Vor zwanzig Jahren, als die Pest in Neapel zwanzigtausend Tote pro Tag forderte, kamen neapolitanische Ärzte und Apotheker nach London, um ihre Geheimrezepte gegen die Seuche zu verkaufen. Schöne Bescherung: Zettel zum An-die-Brust-Heften, auf denen das Zeichen der Jesuiten, I.H.S., in ein Kreuz gemalt war; oder das berühmte Schild zum Um-den-Hals-Hängen mit der Aufschrift:

ABRAKADABRA
ABRAKADABR
ABRAKADAB
ABRAKADA
ABRAKAD
ABRAKA
ABRAK
ABRA
ABR
AB
A

An diesem Punkt fuhr sich der junge Engländer voll Eitelkeit durch seine rote Mähne, heftete seine blauen Schielaugen auf die Zuhörerschaft (nur mich beachtete er überhaupt nicht), erhob sich und lehnte sich an die Wand, um bequemer diskurrieren zu können.

Die Straßenecken und die Pfosten an den Häusern, erzählte er, waren mit Annoncen von Kurpfuschern gepflastert, die dazu aufforderten, »unfehlbare Pillulen«, »unvergleichliche Heiltränke«, »königliche Arzneien« und »universale Wässer« gegen die Pest zu kaufen.

»Und wenn sie die Leute nicht mit diesen Dummheiten betrogen«, fuhr Bedfordi fort, »verhökerten sie Medizin auf der Basis von Quecksilber, die das Blut vergiftete und tödlicher wirkte als die Pest.«

Diese letzte Bemerkung des Engländers schlug bei Cristofano wie ein Zünder ein und ließ den Disput zwischen den beiden heftig wieder aufflammen.

In diesem Augenblick mischte sich auch Pater Robleda in die Diskussion ein. Nachdem er halb laut einige unverständliche Kommentare gemurmelt hatte, ging er entschlossen zur Verteidigung von Pater Kircher, seinem Mitbruder, über. Doch die Reaktionen ließen nicht auf sich warten, und daraus erwuchs ein unwürdiger Streit, bei dem jeder versuchte, seinen Argumenten vielmehr kraft seiner Stimme als kraft seiner Logik Nachdruck zu verleihen.

Es war zum ersten Mal in meinem armen Leben als Hausbursche, dass ich einem so gelehrten Wortgefecht beiwohnte, doch die Streitsucht der Teilnehmer überraschte und enttäuschte mich sehr.

Gleichwohl erfuhr ich dabei ansatzweise von den Theorien jenes geheimnisvollen Kirchers, der notgedrungen Neugier wecken musste. Im Lauf eines halben Jahrhunderts unverdrossenen Studiums hatte der hochgelehrte Jesuit seine vielschichtige Doktrin in über dreißig prächtigen Werken über die unterschiedlichsten Themen dargelegt, darunter auch ein Traktat über die Pest mit dem Titel *Scrutinium phisico-medicum contagiosae luis quae pestis dicitur*, das er vor nunmehr fünfundzwanzig Jahren veröffentlicht hatte. Der Jesuit und Wissenschaftler behauptete, er habe mit seinem Mikroskop großartige Entdeckungen gemacht, auf die der Leser vielleicht ungläubig reagieren werde (wie es dann in der Tat geschehen ist), die jedoch die Existenz winziger, unsichtbarer Lebewesen bewiesen, die seinen Worten nach die Pestansteckung verursachten.

Nach Robleda stützte sich Pater Kirchers Wissenschaft auf Fähigkeiten, die eines Hellsehers würdig, oder jedenfalls von oben inspiriert waren. Und wenn dieser sonderbare Pater Kircher, dachte ich, tatsächlich gewusst hätte, wie man die Pest heilt? Doch angesichts des hitzigen Klimas wagte ich keine Fragen zu stellen.

Mindestens ebenso aufmerksam wie ich hatte Abbé Melani die ganze Zeit den Berichten über Pater Kircher gelauscht. Er war mehrfach gezwungen gewesen, sich die Nase zu reiben in dem vergeblichen Versuch, ein geräuschvolles Niesen zu unterdrücken, und hatte sich nicht mehr am Gespräch beteiligt, doch seine scharfen Äuglein sprangen flink zwischen den Mündern hin und her, die sich gegenseitig den Namen des deutschen Jesuiten zuwarfen.

Ich meinerseits war gleichzeitig entsetzt über die drohende Pestgefahr und fasziniert von jenen gelehrten Ansteckungstheorien, von denen ich damals zum ersten Mal hörte.

Darum machte mich die Tatsache, dass Dulcibeni die alte und vergessene Theorie von Kircher über die Pest so gut kannte, nicht misstrauisch (was sie hätte tun sollen). Und ich bemerkte auch nicht, wie Atto die Ohren spitzte, als Kirchers Name fiel.

Nach stundenlangem Disput hatten sich die Herbergsgäste – allmählich von Langeweile überwältigt – zum großen Teil still ins Bett verzogen und die Streitenden allein gelassen. Und wenig später gingen wir ohne die Erleichterung einer Versöhnung allesamt schlafen.

Zweite Nacht

Vom 12. auf den 13. September 1683

Sobald ich in meinem Zimmer anlangte, beugte ich mich aus dem Fenster und beförderte das Ende der Schnur, an der wir ziehen sollten, um Alarm zu schlagen, mit einem Rohrstock bis vor Attos Fenster. Bei angelehnter Tür streckte ich mich auf dem Bett aus und spitzte die Ohren, obwohl ich fürchtete, dem Schlaf nicht lange trotzen zu können. Dennoch machte ich mich zum Warten bereit, auch weil im Bett gegenüber halb bewusstlos mein armer Padrone lag und Cristofano mir aufgetragen hatte, ihn im Auge zu behalten. Ich schob ihm ein paar alte Lumpen in die Hose, damit eventuelle Ausscheidungen aufgesaugt würden, und begann meine Nachtwache.

Abbé Melanis Erzählung, dachte ich, hatte mich teilweise beruhigt. Die Freundschaft mit Fouquet hatte er unumwunden zugegeben. Und er hatte mir auch erklärt, warum der Oberintendant in Ungnade gefallen war: Weniger die Enttäuschung des Allerchristlichsten Königs als vielmehr Colberts Neid hatte ihn zur Strecke gebracht. Jeder kennt die böse Kraft des Neids: Konnten dem nicht auch die Klatschereien von Devizé, Stilone Priàso und Cristofano über den Abbé entspringen? Vielleicht hatte der Aufstieg des Sohns eines Glöckners, der es vom armen Kastraten, welcher er in seiner Jugend gewesen war, so weit gebracht hatte, dem Sonnenkönig Ratschläge zu erteilen, allzu viel Eifersucht und Missgunst hervorgerufen. Gewiss, die drei hatten bewiesen, dass sie Melani kannten, und ihre Reden waren sicherlich nicht ganz aus der Luft gegriffen. Gleichwohl konnte Cristofanos Feindseligkeit durchaus dem Neid auf einen Landsmann entspringen: *nemo propheta in patria*, heißt es in der Bibel. Und was war von Devizés sonderbarer Lüge zu halten? Er hatte erzählt, er habe in Venedig das Teatro del Cocomero besucht, dabei war dieses Theater in Florenz. Musste ich mich somit auch vor ihm in Acht nehmen?

Die Erzählung des Abbé jedenfalls war nicht nur glaubwürdig, sondern auch großartig und sehr anrührend. Ich fühlte in meiner Brust bittere Reue darüber aufsteigen, dass ich ihn für einen Schurken, einen zu Verrat und Lüge bereiten Heuchler gehalten hatte. In Wirklichkeit hatte ich das Freundschaftsgefühl verraten, das bei unserer ersten Unterredung in der Küche aufgekommen war und das ich als aufrichtig und wahrhaftig empfunden hatte.

Ich warf einen Blick auf meinen Herrn, der seit vielen Stunden einen schweren und unnatürlichen Schlaf zu schlafen schien. Zu viele Geheimnisse mussten ergründet werden: Was hatte meinen Padrone in diesen Zustand versetzt? Und wem oder was war vor ihm Signor de Mourai zum Opfer gefallen? Was schließlich hatte Brenozzi dazu gebracht, mir die kostbaren Perlen zu schenken, und warum waren sie mir dann entwendet worden?

Solch quälende Fragen spukten mir beim Erwachen noch immer im Kopf herum. Ohne es zu merken, war ich eingenickt. Ein Knarzen hatte mich geweckt: Mit einem Satz sprang ich auf, doch sogleich schleuderte mich eine dunkle, hinterlistige Kraft zu Boden, wo ich mich mit Müh und Not abfangen und einen gewaltsamen Aufprall vermeiden konnte. Ich fluchte: Ich hatte die Schnur vergessen, die mein rechtes Fußgelenk mit dem von Abbé Melani verband. Beim Aufstehen war ich darüber gestolpert und hatte im Sturz ein solches Gepolter verursacht, dass es beinahe meinen Padrone geweckt hätte, welcher in der Tat leise wimmerte. Wir befanden uns im Dunkeln: Meine Lampe war erloschen, vielleicht weil Öl fehlte.

Ich spitzte die Ohren: Im Flur war keinerlei Geräusch mehr zu hören. Kaum richtete ich mich jedoch auf und tastete nach der Bettkante, vernahm ich erneut ein Knarren, dann einen kurzen dumpfen Schlag, gefolgt von einem metallischen Klirren, und wieder ein Knarren. Mein Herz klopfte heftig: Das war der Dieb, ganz bestimmt. Ich streifte die Schlinge ab, die mich zu Fall gebracht hatte, und tastete blindlings nach der Lampe, die auf dem Tisch in der Mitte des Zimmers stand, aber vergeblich. Mühsam die Angst überwindend, beschloss ich darauf, das Zimmer zu verlassen, um den Dieb abzufangen oder wenigstens seine Identität zu erraten.

Ohne die geringste Vorstellung, wie ich mich verhalten sollte, tauchte ich ins Dunkel des Flurs ein. Unsicher stolperte ich die Stiegenrampe hinunter, die mich von der Kammer trennte. Hätte ich den mysteriösen Fremden angegriffen, wenn ich ihm auf einmal Aug in Auge gegenübergestanden wäre, oder hätte ich um Hilfe gerufen? Unwillkürlich duckte ich mich und versuchte, mich der Kammertür zu nähern, wobei ich die Hände vor mir ausstreckte zum Schutz meines Gesichts und zur Erforschung des Unbekannten.

Der Schlag war grausam und unvermutet. Jemand oder etwas hatte mich schmerzhaft an der Backe getroffen. Verwirrt und voll Entsetzen versuchte ich, mich einem zweiten Hieb zu entziehen, indem ich schreiend an die Mauer zurückwich. Meine Angst wuchs ins Unerträgliche, als ich feststellte, dass kein Laut aus meinem Mund kam: So sehr schnürte mir die Panik die Kehle und die Lunge zu. Gerade wollte ich mich, um nur ja dem unbekannten Feind zu entgehen, blökend wie ein Lamm vor dem Opfertod verzweifelt am Boden wälzen, als eine Hand mich entschieden am Arm packte und ich gleichzeitig hörte: »Was machst du da, Dummkopf?«

Ohne jeden Zweifel handelte es sich um die Stimme von Atto, der herbeigeeilt war, als er den Ruck an der Schnur gespürt hatte, nachdem ich, von dem verdächtigen Knarren alarmiert, plötzlich aufgesprungen war. Ich erklärte ihm, was geschehen war, und jammerte über den Schlag ins Gesicht, den ich erhalten hatte.

»Das war kein Schlag, das war ich: Als ich dir zu Hilfe eilte, während du wie ein Tölpel die Treppe heruntergestürzt kamst, bist du mit mir zusammengeprallt«, flüsterte er mit unterdrücktem Zorn. »Wo ist der Dieb?«

»Ehrlich gesagt habe ich außer Euch niemanden gesehen«, hauchte ich, noch immer zitternd.

»Ich schon. Als ich heraufkam, habe ich seine Schlüssel klirren hören. Er muss in die Kammer hineingegangen sein«, sagte Atto, während er eine Lampe anzündete, welche er umsichtigerweise mitgebracht hatte.

Von oben bemerkten wir einen schwachen Lichtschimmer unter der Tür von Stilone Priàso, auf der rechten Seite des Flurs im zweiten Stock. Der Abbé bedeutete mir, die Stimme zu senken, und wies auf den Zugang zu dem kleinen Raum, in den der Dieb vermutlich hineingeschlüpft war. Das Türchen war angelehnt. Innen war es dunkel.

Wir warfen uns einen Blick zu und hielten den Atem an. Unser Mann musste sich in der Kammer befinden, wohl wissend, dass er in der Falle saß. Der Abbé zögerte einen Augenblick, dann öffnete er entschlossen die Tür. Innen war niemand.

»Das kann doch nicht sein«, sagte Melani sichtlich enttäuscht. »Wenn er die Treppe hinunter entwischt wäre, hätte er mir begegnen müssen. Nach oben, selbst wenn er es geschafft hätte, an dir vorbeizukommen, gibt es keine weiteren Fluchtmöglichkeiten: Die Tür, die von Cloridias Türmchen aufs Dach führt, ist von außen versiegelt worden. Und wenn er die Tür zu einem der anderen Zimmer geöffnet hätte, dann hätten wir es bestimmt gehört.«

Unsere Verwirrung war vollkommen. Wir wollten schon den Rückzug antreten, als Atto mir ein Zeichen gab, auf meinem Platz zu bleiben, und selbst rasch die Stiegenrampe hinunterlief. Mit dem Blick folgte ich seiner Öllampe und sah, wie er am Fenster verweilte, das vom Flur im zweiten Stock auf den Innenhof hinausging. Er stellte die Lampe auf den Boden und lehnte sich weit über das Fensterbrett hinaus. So verharrte er eine Weile. Neugierig trat auch ich an das Gitter des Fensterchens, durch das tagsüber Licht in die Kammer fiel. Doch es war zu hoch oben für mich, ich sah nichts weiter als eine von schwachem Mondschein erhellte Nacht. In die Kammer zurückgekehrt, bückte sich der Abbé, maß Handbreit für Handbreit die Länge des Fußbodens ab und kroch dafür sogar bis unter das Werkzeugregal an der Rückwand. Nach kurzem Nachdenken wiederholte er die Aktion und rechnete diesmal auch die Mauerstärke mit ein. Dann maß er den Abstand zwischen dem Fensterchen und der rückwärtigen Mauer. Schließlich klopfte er sich den Staub von den Händen, packte mich ohne ein Wort am Kragen, hob mich auf einen Hocker und stellte mir die Laterne aufs Haupt, wo ich sie mit den Händen festhalten musste. Dann schob er mich vor das Gitter. »Rühr dich nicht!«, ermahnte er mich, den Finger auf meine Nase gerichtet.

Ich hörte, wie er sich wieder zum Fenster im zweiten Stock hinuntertastete. Als er schließlich zurückkehrte und mich ansah, brannte ich darauf, an seinen Überlegungen teilzuhaben.

»Pass genau auf. Die Abstellkammer ist wenig mehr als acht Spannen lang, also recht eng. Nimmt man die Mauern dazu, kommt man vielleicht auf zehn Spannen. Wie man vom Hof aus gut erkennen kann, wurde der kleine Flügel, in dem diese Kammer liegt, später an die Locanda angebaut. Er sieht ja von außen wie ein großer Pilaster aus, der von der Erde bis hier heraufreicht, gestützt an die Außenkante der Westmauer des Gebäudes. Doch irgendetwas stimmt da nicht: Der Pilaster ist mindestens doppelt so breit wie die Kammer. Dieses Fensterchen ist, wie du siehst, ganz nah bei dem Regal, nicht mehr als zwei Spannen vom Ende der Kammer entfernt. Somit müsste es sich auch von außen gesehen nah an der Außenkante des Flügels befinden. Als ich aber unten vom Flur im zweiten Stock aus nachgesehen habe, ist mir aufgefallen, dass das Fensterchen, beleuchtet durch die von dir gehaltene Lampe, nicht einmal auf der Hälfte der Wand liegt, in die es eingelassen ist.«

Der Abbé hielt inne, vielleicht in der Erwartung, dass ich die Schlussfolgerungen ziehen würde. Doch ich hatte rein gar nichts verstanden, da in meinem Kopf haufenweise geometrische Figuren gestapelt waren, die jetzt bei Attos stringenter Beweisführung wirr durcheinander purzelten. So fuhr er fort: »Warum dieser ganze vergeudete Raum? Warum hat niemand ein bisschen Raum abgezwackt zugunsten der Kammer, die so eng ist, dass wir zu zweit gar nicht hineinpassen, ohne uns zu berühren?«

Ich ging ebenfalls in den zweiten Stock hinunter, um aus dem Fenster zu sehen, vor allem aber glücklich, ein wenig frische Nachtluft zu schöpfen.

Ich riss die Augen auf. Es stimmte. Der Schimmer der Öllampe, den ich durch das Gitter der Kammer wahrnahm, war auffällig weit von der im Mondschein deutlich hervortretenden Außenkante entfernt. Ich hatte noch nie darauf geachtet, da ich tagsüber zu viel zu tun hatte und nachts zu müde war, um am Fensterbrett herumzutrödeln.

»Und weißt du, was des Rätsels Lösung ist, mein Junge?«, kam Abbé Melani mir zuvor, sobald ich zu ihm zurückkehrte.

Ohne meine Antwort abzuwarten, langte er mit den Armen in das Werkzeugregal an der Rückwand und begann, gierig die Mauer dahinter abzutasten. Schnaubend forderte er mich auf, ich solle ihm helfen, das Möbel zu verschieben.

Die Sache war nicht allzu schwierig. Der Abbé schien keineswegs überrascht zu sein von der Entdeckung, die sich unseren Blicken darbot: Halb verborgen unter dem Schmutz, den die Zeit ohne Rücksicht über die Wand gebreitet hatte, tauchten die Umrisse einer Türe auf.

»Da hast du es«, rief Atto befriedigt.

Und furchtlos versetzte er den alten Brettern einen Stoß. Sie knarrten.

Das Erste, was ich spürte, war ein feuchter kalter Lufthauch, der mir ins Gesicht wehte. Vor unseren Augen hatte sich eine schwarze Höhle aufgetan.

»Er ist hier hineingegangen«, folgerte ich messerscharf.

»Sieht ganz so aus«, erwiderte der Abbé und schob misstrauisch die Nase vor. »Diese verfluchte Kammer hat eine doppelte Rückwand. Möchtest du vorgehen?«

Mein Schweigen sprach für sich.

»Na gut«, knurrte Atto und griff zur Lampe, um den Weg auskundschaften zu können. »Immer muss ich alles lösen.«

Er hatte noch nicht zu Ende gesprochen, als ich sah, wie er sich verzweifelt an die alte Tür klammerte, deren Schwelle wir soeben überschritten hatten, hinabgerissen von einer unwiderstehlichen Kraft.

»Hilf mir, geschwind«, flehte er.

Ein Schacht: Melani war dabei abzustürzen, mit gewiss fatalen Folgen. Er hatte es gerade noch geschafft, sich am Türrahmen festzuhalten, während seine Beine in der gähnenden Finsternis baumelten, die sich unter uns auftat. Als er sich dank meiner, wenn auch schwachen, Unterstützung wieder aufgerappelt hatte, standen wir im Dunkeln: Die Lampe war dem Abbé aus der Hand geglitten und von dem schwarzen Loch verschluckt worden. Ich ging und holte eine andere aus meinem Zimmer, welches ich sorgsam hinter mir abschloss. Pellegrino schlief ruhig und glücklicherweise ahnungslos, dachte ich, was die beunruhigenden Vorkommnisse in seiner Locanda anging.

Als ich zurückkehrte, ließ Atto sich schon in die Höhle hinunter. Er erwies sich als äußerst gelenkig für sein Alter. Wie ich auch im weiteren Verlauf noch feststellen konnte, besaß er eine Art kontrollierte, aber fließende nervliche Kraft, die seinen Leib beständig speiste.

Es handelte sich nicht eigentlich um einen Schacht, zeigte er mir, die Lampe schwenkend, da in den Stein eine Reihe von Eisenstützen eingelassen war wie Treppenstufen, die einen vorsichtigen Abstieg ermöglichten. Langsam und nicht ohne Furcht kletterten wir in der senkrechten Öffnung abwärts. Es dauerte nicht lang: Schon bald standen wir auf einem groben Backsteinsockel. Wir sahen uns um, die Laterne hochhaltend, und entdeckten, dass der Weg nicht abbrach, sondern dass an der einen Schmalseite des Podests eine steinerne, quadratisch angelegte Treppe weiterführte. Wir beugten uns darüber und versuchten ihr Ende zu erkennen, aber vergeblich.

»Wir sind hier unter der Kammer, Junge.«

Als Kommentar brummte ich nur leise, da mir die Sache keineswegs zum Trost gereichte.

Schweigend gingen wir weiter. Diesmal schien der Abstieg endlos, auch weil alles von einem feinen Schlammfilm überzogen war, der das Vorankommen gefährlich erschwerte. An einem bestimmten Punkt veränderte sich die Treppe völlig: Sie war in den Tuffstein gehauen, wurde sehr eng und ziemlich holperig. Die Luft roch nun dumpf, ein untrügliches Zeichen, dass wir uns im Untergrund befanden.

Wir stiegen weiter hinab, bis wir einen dunklen, unheimlichen Tunnel erreichten, der in das feuchte Erdreich gegraben war. Unsere einzigen Gefährten: die dumpfe Luft und die Stille. Ich fürchtete mich.

»Hier ist unser Dieb also hingegangen«, flüsterte Abbé Melani.

»Warum sprecht Ihr so leise?«

»Er könnte in der Nähe sein. *Ich* möchte *ihn* überraschen und nicht umgekehrt.«

Doch der Dieb war weder wenige Schritte entfernt noch weiter weg. Wir machten uns in den Tunnel auf, wo der Abbé den Kopf einziehen musste, weil die Decke, falls man sie so nennen konnte, sehr niedrig und unregelmäßig war. Er beobachte mich, wie ich gewandt vor ihm herging: »Für einmal beneide ich dich, Junge.«

Sehr langsam wanderten wir auf einem schmalen Pfad, der nur hier und da mit eigenwillig verteilten Steinen und Ziegeln befestigt war. Während wir einige Dutzend Schritte zurücklegten, antwortete der Abbé von selbst auf meine stumme, aber vorhersehbare Neugier.

»Dieser Gang muss gebaut worden sein, damit man ungesehen an einer entlegenen Stelle der Stadt wieder auftauchen kann.«

»In Pestzeiten vielleicht?«

»Ich glaube, sehr viel früher. In einer Stadt wie dieser wird er seine Nützlichkeit nie eingebüßt haben. Vielleicht hat er einem römischen Fürsten dazu gedient, seine Schergen auf irgendwelche Rivalen zu hetzen. Die römischen Familien haben sich immer mit aller Kraft gehasst und bekämpft. Als die Landsknechte Rom plünderten, halfen ihnen einige Adelshäuser dabei, die Stadt auszurauben, wenn es nur ihre Rivalen traf. Möglicherweise diente unsere Herberge ursprünglich als Quartier für Trupps von Mördern und Halsabschneidern. Etwa im Sold der Orsini, die viele der umliegenden Häuser besitzen.«

»Wer aber hat den unterirdischen Gang gebaut?«

»Schau dir die Wände an« – der Abbé hielt die Lampe an die Mauer. »Die Steine sehen uralt aus.«

»So alt wie die Katakomben?«

»Vielleicht. Ich weiß, dass in den vergangenen Jahrzehnten ein gelehrter Priester die Höhlen erforscht hat, die man mancherorts in Rom findet, und dabei unzählige Wandgemälde, Gräber und Überreste von Heiligen und Märtyrern entdeckt und alles aufgezeichnet hat. Sicher ist jedenfalls, dass es unter den Häusern und Plätzen mancher Stadtviertel unterirdische Gänge und Tunnels gibt, die teils von den alten Römern gebaut, teils aber auch in uns weniger fernen Zeiten gegraben wurden.«

Während wir die engen Stollen durchschritten, schien der Abbé trotz unserer gefahrvollen Lage nicht auf seine Leidenschaft fürs Erzählen verzichten zu wollen. Und leise flüsternd fügte er hinzu, dass es in Italien seit uralter Zeit von in die Erde oder den Fels gegrabenen Geheimgängen wimmelt, die ursprünglich dafür gedacht waren, bei Belagerungen und bewaffneten Überfällen zu entkommen, wie die unterirdischen Gänge, die es erlauben, Festungen und Burgen ungesehen zu verlassen, aber auch dafür, geheime Zusammenkünfte oder gar Schäferstündchen zu ermöglichen, wie es, so erzählt man, Madonna Lucrezia Borgia und ihr Bruder Cesare mit ihren zahlreichen Geliebten zu machen pflegten. Doch musste man den Geheimgängen auch *maxime* misstrauen, da ihre Unverletzlichkeit nicht nur durch das Geheimnis geschützt wurde (für das der Erbauer zuweilen sein Leben lassen musste), sondern auch durch viele Hinterhalte: Um Eindringlinge zu täuschen und abzulenken, wurden häufig blinde Gänge eingebaut oder unsichtbare, mit Gegengewichten versehene Türen, die in die Mauern eingelassen und nur durch Betätigen eines verborgenen Mechanismus zu öffnen sind.

»Man hat mir von einem unterirdischen Labyrinth erzählt, das der große Kaiser Friedrich in Sizilien erbaut hat. In dessen Gängen sind Stangen versteckt, und wenn man darauf tritt, sausen Fallgitter herunter, die den Besucher ausweglos einsperren, oder unsichtbare Schlitze spucken scharfe Klingen aus, die die Vorübergehenden durchbohren und töten können. Durch andere Kunstgriffe tun sich plötzlich tiefste Gruben auf, in die jeder, der nichts von diesen Bedrohungen ahnt, unweigerlich hineinstürzt. Von einigen Katakomben sind ziemlich genaue Pläne erstellt worden. Es heißt, dass es auch unter dem Boden Neapels eine erstaunliche Anzahl von unterirdischen Höhlen und Gängen gebe, doch kenne ich diese nicht aus Erfahrung wie vielmehr die in Paris, die durchaus sehr weitläufig sind und denen ich einige Besuche abstatten konnte. Ich weiß auch, dass im letzten Jahrhundert im Piemont, bei einem Ort namens Rovasenda, Hunderte von Bauern von französischen Soldaten gehetzt und in etliche Höhlen getrieben wurden, die sich an einem Fluss befanden. Es wird erzählt, dass niemand mehr aus diesen Grotten herausgekommen sei: nicht die Angreifer und schon gar nicht die Verfolgten.«

»Signor Pellegrino hat mir nie von dem Vorhandensein dieses Geheimgangs erzählt«, flüsterte ich.

»Das glaube ich gern. So etwas gibt man nicht preis, wenn es nicht unvermeidlich ist. Und wahrscheinlich kennt nicht einmal er alle Geheimnisse, da er ja die Locanda erst vor kurzem übernommen hat.«

»Und wie hat dann der Schlüsseldieb die Sache herausgefunden?«

»Vielleicht ist dein guter Padrone bei einem Geldangebot schwach geworden. Oder beim Muskatellerwein«, kicherte der Abbé.

Während wir weiter vordrangen, spürte ich, wie mich langsam ein Druckgefühl auf der Brust und am Kopf überwältigte. Der finstere Gang, in den wir uns hineingewagt hatten, führte in eine unbekannte und wahrscheinlich Gefahren bergende Richtung. Die Dunkelheit, nur durchbrochen von der Öllampe, die Abbé Melani vor sich hertrug, war schrecklich und unheilverkündend. Die Wände des Stollens hinderten uns durch ihren ungeraden Verlauf daran zu erkennen, was vor uns war, und ließen bei jedem Schritt eine unangenehme Überraschung ahnen. Und wenn der Dieb von weitem unsere Laterne sähe und hinter einem Vorsprung auf uns wartete, um uns in eine Falle zu locken? Schaudernd dachte ich an die vielfältigen Gefahren in den unterirdischen Gängen, die Abbé Melani kannte. Niemand würde je unsere Leichen auffinden. Die Herbergsgäste hätten leichtes Spiel gehabt, sich selbst und die Bewacher davon zu überzeugen, dass Abbé Melani und ich aus der Locanda geflohen waren, indem wir womöglich zu nachtschlafender Zeit aus einem Fenster gesprungen waren.

Ich wüsste noch immer nicht zu sagen, wie lang unsere Erkundung dauerte. Zuletzt bemerkten wir, dass der unterirdische Weg, der uns anfänglich immer tiefer hinabgeführt hatte, allmählich wieder anstieg.

»Es ist so weit«, sagte Abbé Melani. »Vielleicht kommen wir bald irgendwo heraus.«

Meine Füße schmerzten, und die Feuchtigkeit begann mich zu peinigen. Längst unterhielten wir uns nicht mehr, sondern wollten nur noch das Ende dieser grausigen Höhle erreichen. Ich zuckte vor Schreck zusammen, als ich den Abbé mit einem Wehlaut stolpern und fast vornüber fallen sah, wobei ihm um ein Haar die Lampe entglitten wäre: Unsere einzige Lichtquelle einzubüßen hätte unseren Aufenthalt dort unten zu einem Alptraum werden lassen. Ich eilte hin, um ihn aufzufangen. Mit wegen der soeben überstandenen Unbill wütender und gleichzeitig erleichterter Miene beleuchtete der Abbé das Hindernis: Eine Rampe steinerner Stufen, sehr hoch und schmal, führte uns nach oben. Fast kriechend kletterten wir sie hinauf, da wir fürchteten, sonst nach hinten abzustürzen. Mehrmals war Atto an Biegungen gezwungen, sich qualvoll zu verrenken. Für einmal schnitt ich besser ab. Atto schaute mich an: »Ich beneide dich wirklich, Junge«, wiederholte er belustigt, ohne sich darum zu kümmern, dass mich seine Bemerkung nicht sonderlich erfreute.

Wir waren schlammverschmiert, und kalter Schweiß stand uns auf der Stirn. Plötzlich stieß der Abbé einen Schrei aus. Ein unförmiges Wesen sprang mich blitzschnell von hinten an und rutschte ungelenk mein rechtes Bein hinunter, bevor es wieder in die Dunkelheit eintauchte. Ich wand mich, hielt mir vor Grauen die Arme schützend über den Kopf, ebenso bereit, um Gnade zu flehen, wie, mich blindlings zu verteidigen.

Atto begriff, dass die Gefahr, falls es sie überhaupt gab, nur einen Lidschlag gedauert hatte. »Merkwürdig, dass wir bis jetzt noch keiner begegnet sind«, kommentierte er, sobald er sich wieder gefangen hatte. »Man sieht, dass wir uns wirklich weitab von den gewohnten Routen bewegen.«

Eine riesige Ratte, von unserer Ankunft aufgescheucht, hatte beschlossen, über uns wegzurennen, anstatt sich zurückdrängen zu lassen. Bei ihrem wahnsinnigen Sprung hatte sie sich erst in Abbé Melanis Arm gekrallt, als sich dieser an der Wand festhielt, und war dann mit ihrem ganzen Gewicht auf meinem Rücken gelandet. Ich war vor Schreck wie gelähmt. Wir blieben stehen, stumm und verängstigt, bis unser Atem wieder regelmäßig ging. Dann setzten wir unseren Aufstieg fort, und nach einer Weile begannen zwischen einer Stufe und der nächsten waagrechte, backsteingepflasterte Stücke, die jedes Mal länger wurden. Zum Glück hatten wir einen reichlichen Ölvorrat: Entgegen den häufigen Bekanntmachungen der Kämmerer hatte ich beschlossen, auch gutes Speiseöl zu verwenden.

Wir fühlten, dass wir den letzten Abschnitt erreicht hatten. Wir wanderten nun leicht bergauf, was uns die vordem erlittenen Mühen und Ängste vergessen ließ. Unvermutet kamen wir in einem viereckigen Raum heraus, der nicht gegraben, sondern gemauert war. Er sah ganz nach Lagerhalle oder Verlies eines Palasts aus.

»Wir sind unter die Menschen zurückgekehrt«, sagte der Abbé, die neue Umgebung begrüßend.

Von hier aus führte eine letzte, sehr steile, aber mit einem Handlauf – einem Seil, das mit einer Reihe von Ringen an der rechten Wand befestigt war – versehene Treppe nach oben. Wir kletterten sie hinauf.

»Verflucht«, zischte der Abbé.

Und ich begriff sofort, was er meinte. Am Ende der Treppe war, wie vorhersehbar, eine Tür. Recht massiv und verschlossen.

Dies bot uns Gelegenheit auszuruhen, wenn auch an einem so ungastlichen Ort, und über unsere Lage nachzudenken. Die hölzerne Tür war mit einem verrosteten Eisenriegel versperrt, den man an der Mauer nach außen aufschieben konnte. Wie leicht am Windesrauschen zu erraten, das bis zu uns drang, führte sie ins Freie.

»Jetzt werde ich nichts sagen. Erkläre du mir alles«, forderte der Abbé mich auf.

»Die Tür ist von innen versperrt. Deshalb«, zwang ich mich zu folgern, »hat der Dieb den Gang nicht verlassen. Da wir aber weder ihm noch irgendeiner Abzweigung begegnet sind, schließen wir daraus, dass er nicht unseren Weg genommen hat.«

»Gut. Und wo ist er dann hingegangen?«

»Vielleicht ist er gar nicht in den Schacht hinter der Kammer hinuntergeklettert«, versuchte ich es, ohne selbst daran zu glauben.

»Hmmm!«, brummte Atto. »Wo wäre er dann abgeblieben?«

Er ging die Treppe wieder hinunter und durchmaß rasch den Raum. Ein altes, halb verfaultes Holzboot in einer Ecke bestätigte den Verdacht, der mir gleich bei unserer Ankunft gekommen war: Wir befanden uns nahe am Tiberufer. Ich öffnete die Tür, indem ich nicht ohne Mühe den Riegel aufschob. Schwacher Mondschein erhellte den Anfang eines Pfads. Weiter unten rauschte der Fluss, und unwillkürlich trat ich vor dem Abgrund zurück. Kalter, feuchter Wind drang in den Kellerraum und ließ uns aufatmen. Gleich hinter der Tür schien ein anderer unsicherer Pfad nach rechts abzuzweigen und sich im schlammigen Erdreich des Ufers zu verlaufen.

Der Abbé kam meinen Gedanken zuvor: »Wenn wir jetzt fliehen, ergreifen sie uns sofort.«

»Also«, wimmerte ich untröstlich, »sind wir umsonst bis hierher vorgedrungen.«

»Ganz im Gegenteil«, gab Atto ungerührt zurück. »Diesen Fluchtweg kennen wir nun jedenfalls. Von dem Dieb haben wir keine Spur gefunden, demnach hat er nicht diesen Weg genommen. Wir haben einige andere Möglichkeiten außer Acht gelassen, weil wir sie übersehen haben oder aus Unfähigkeit. Jetzt gehen wir zurück, bevor jemand unsere Abwesenheit bemerkt.«

Der Rückweg zur Herberge war denkbar qualvoll und doppelt so anstrengend wie der Hinweg. Ohne den Jagdinstinkt, der uns vorher beflügelt hatte (jedenfalls galt dies für Abbé Melani), schleppten wir uns dahin und litten noch mehr als vorher unter dem beschwerlichen Gang, auch wenn mein Gefährte es nicht eingestehen wollte.

Als wir dann den Eingangsschacht wieder hinaufgestiegen waren und den teuflischen unterirdischen Stollen mit großer Erleichterung hinter uns gelassen hatten, standen wir erneut in der Kammer. Der Abbé, sichtlich verstimmt über die fehlgeschlagene Expedition, verabschiedete mich mit einigen hastigen Anweisungen für den folgenden Tag.

»Wenn du willst, kannst du morgen die anderen Herbergsgäste verständigen, dass der Ersatzschlüsselbund entwendet wurde oder jedenfalls verloren gegangen ist. Natürlich wirst du nichts von unserer Entdeckung verlauten lassen und auch nichts von unserem Versuch, den Dieb zu stellen. Sobald wir Gelegenheit finden, werden wir uns abseits von den anderen in der Küche oder an sonst einem sicheren Ort sprechen und die Neuigkeiten austauschen.«

Ich nickte träge, aus Müdigkeit, doch vor allem wegen der Zweifel, die ich insgeheim Abbé Melani gegenüber noch immer hegte. Auf dem Rückweg durch den unterirdischen Gang war mein Gefühl für ihn erneut umgeschlagen: Wie übertrieben und boshaft die Klatschereien über ihn auch sein mochten, hatte ich mir gesagt, manche Bereiche seiner Vergangenheit lagen doch noch arg im Dunkeln, und da nun die Jagd auf den Schlüsseldieb gescheitert war, beabsichtigte ich nicht, ihm weiter als Bursche und Informant zu dienen und damit zu riskieren, in undurchsichtige und vielleicht gefährliche Machenschaften verwickelt zu werden. Und mochte es auch wahr sein, dass der Oberintendant Fouquet, den Melani gut gekannt hatte, nichts weiter gewesen war als ein zu prächtiger Mäzen, Opfer der königlichen Eifersucht Ludwigs XIV. und des Neids von Colbert, so konnte man gleichwohl nicht bestreiten, hatte ich mir wiederholt, während wir durch die Dunkelheit hasteten, dass ich mich dennoch in Gesellschaft eines Menschen befand, der an die Spitzfindigkeiten, die Haarspaltereien, die tausend Ränke des Hofs von Paris gewöhnt war.

Ich wusste, wie heftig unser guter Papst Innozenz XI. mit dem französischen Hof im Zwist lag. Damals war ich nicht in der Lage zu erklären, warum zwischen Rom und Paris so viel Bitterkeit bestand. Dem Volksmund und den Reden solcher, die sich besser in politischen Dingen auskannten, hatte ich jedoch unmissverständlich entnommen, dass einer, wollte er unserem Pontifex treu ergeben sein, nicht Freund des französischen Hofes sein konnte und durfte.

Und war schließlich nicht selbst dieser ganze Eifer bei der Hatz des mutmaßlichen Schlüsseldiebs schon verdächtig? Warum sich in jene Verfolgung voller Unwägbarkeiten und Gefahren stürzen, anstatt einfach die Ereignisse abzuwarten und sofort die übrigen Herbergsgäste vom Verschwinden der Schlüssel zu benachrichtigen? Und wenn der Abbé viel mehr wusste, als er mir anvertraut hatte? Vielleicht hatte er schon eine genaue Vorstellung davon, wo die Schlüssel versteckt waren? Und wenn er selbst der Dieb wäre und bloß versucht hätte, meine Aufmerksamkeit abzulenken, um ruhiger zu handeln, womöglich noch in derselben Nacht? Sogar mein lieber Padrone hatte die Existenz des Tunnels vor mir geheim gehalten. Aus welchem Grund sollte mir dann ein Fremder wie Abbé Melani seine wahren Absichten enthüllen?

Einstweilen versprach ich dem Abbé ganz allgemein, dass ich seine Anweisungen befolgen würde, zog mich aber schnellstens zurück, nahm meine Lampe und verbarrikadierte mich sofort im Schlafzimmer, wo ich beabsichtigte, mein kleines Tagebuch mit den vielfältigen Geschehnissen jenes Tages zu füllen.

Signor Pellegrino schlief selig, sein Atem war kaum vernehmbar. Seit unserem Abstieg in den grässlichen unterirdischen Tunnel waren über zwei Stunden vergangen, wahrscheinlich fehlten nur noch ebenso viele bis zum Aufstehen, und ich war am Ende meiner Kräfte. Aus reinem Zufall streifte mein Blick die Hose meines Herrn, und ich gewahrte die verschwundenen Schlüssel, die gut sichtbar an seinem Gürtel hingen.

Dritter Tag

13. SEPTEMBER 1683

Durchs Fenster drangen wohltuende Sonnenstrahlen herein, die das ganze Zimmer hell durchfluteten und sogar über das verschwitzte und leidende Antlitz des armen Signor Pellegrino, der matt auf seinem Bett lag, ein reines, gesegnetes Licht breiteten. Die Tür öffnete sich, und Abbé Melanis lächelndes Gesicht schaute herein.

»Es ist Zeit zu gehen, Junge.«

»Wo sind die anderen Gäste?«

»Alle in der Küche, um Devizé zu lauschen, der Trompete spielt.«

Seltsam: Ich wusste gar nicht, dass der Gitarrist auch jenes laute Instrument virtuos handhabte, und *maxime* konnte ich mir nicht erklären, warum der silbrige und mächtige Ton des Blechs nicht bis in die oberen Stockwerke zu hören war.

»Wohin gehen wir?«

»Wir müssen in den Tunnel zurück, beim letzten Mal haben wir nicht gründlich genug gesucht.«

Erneut betraten wir die Kammer, wo ich die kleine Tür hinter dem Regal öffnete. Ich fühlte, wie die feuchte Luft mein Gesicht umwehte. Widerwillig beugte ich mich vor, um mit der Lampe in den Schacht hinabzuleuchten.

»Warum warten wir nicht, bis es Nacht wird? Die anderen könnten uns überraschen«, protestierte ich schwach.

Der Abbé antwortete nicht. Er zog einen Ring aus der Tasche, legte ihn mir auf die Handfläche und schloss meine Finger um das Schmuckstück, als wollte er die Wichtigkeit der Übergabe bekräftigen. Ich nickte und begann mit dem Abstieg.

Sobald wir den Backsteinsockel erreichten, zuckte ich zusammen. In der Finsternis hatte sich eine Hand auf meine rechte Schulter gelegt. Ich konnte vor Schreck weder schreien noch mich umdrehen. Undeutlich nahm ich wahr, dass der Abbé mich aufforderte, ruhig zu bleiben. Mühsam die Lähmung bezwingend, die mich niederhielt, wandte ich mich um, um das Gesicht des dritten Kundschafters zu erkennen.

»Denk daran, dass du die Toten ehren sollst.«

Es war Signor Pellegrino, der mich mit Leidensmiene so ernstlich ermahnte. Mir fehlten die Worte, um meine Verwirrung auszudrücken: Wer war dann der Schläfer, den ich in seinem Bett zurückgelassen hatte? Wie hatte Pellegrino sich so plötzlich aus unserem sonnigen Zimmer in den dunklen, feuchten Tunnel versetzen können? Während diese Fragen allmählich in meinem Geist Gestalt annahmen, sprach Pellegrino erneut.

»Ich will mehr Licht.«

Auf einmal spürte ich, wie ich nach hinten wegrutschte: Die Backsteine waren glatt und so schlüpfrig, dass ich mich nicht auf den Beinen halten konnte; vielleicht hatte ich das Gleichgewicht verloren, dachte ich, als ich mich zu Pellegrino umdrehte. Langsam, aber mit all meinem Gewicht, schlitterte ich auf den Treppenschacht zu, den Rücken der Erde, den Bauch dem Himmel zugewandt (den es dort unten niemals gegeben zu haben schien). Wie durch ein Wunder rutschte ich rücklings die Stufen hinunter, ohne den geringsten Widerstand zu spüren, obwohl mir schien, ich wäre schwerer als eine Statue aus Peperinmarmor. Als Letztes sah ich, wie Atto Melani und Pellegrino mit phlegmatischer Gleichgültigkeit mein Verschwinden beobachteten, als sei ihnen der Unterschied zwischen Leben und Tod ganz unbekannt. Ich fiel, von Staunen und Verzweiflung gleichermaßen überwältigt, wie eine verlorene Seele, die in den Abgrund stürzend zuletzt ihre Verdammnis erkennt.

Was mich rettete, war der Schrei, der aus einem unerkennbaren Winkel der Schöpfung zu kommen schien und der mich weckte: Er riss mich aus dem Alptraum.

Ich hatte geträumt und im Traum geschrien. Ich lag im Bett und drehte mich zu dem meines Padrone um, der natürlich noch dort lag, wo ich ihn am Abend gesehen hatte. Durchs Fenster drang kein schöner Sonnenschein herein wie in dem Traumbild, sondern der rosige und gleichzeitig bläuliche Schimmer, der den Tagesanbruch verkündet. Die stechende Luft des frühen Morgens ließ mich frösteln, und ich deckte mich besser zu, obgleich ich wusste, dass ich nicht so leicht wieder einschlafen würde. Im Treppenhaus vernahm ich ein fernes Geräusch von Schritten und spitzte die Ohren, um herauszuhören, ob sich jemand der Kammertür näherte. Es handelte sich, wie ich deutlich erkannte, um einige Herbergsgäste, die in die Küche oder in den ersten Stock hinuntergingen. Ich unterschied auch von weitem die Stimmen von Stilone Priàso und Pater Robleda, die Cristofano fragten, ob es Neuigkeiten über Pellegrinos Gesundheitszustand gebe. Ich erhob mich, da ich vorhersah, dass der Arzt in Kürze kommen würde, um meinen Padrone zu untersuchen. Doch der Erste, der an meine Türe klopfte, war Bedfordi.

Als ich öffnete, sah ich ein blasses Gesicht mit großen dunklen Halbmonden unter den Augen vor mir. Über den Schultern trug Bedfordi, der vollkommen angekleidet war, einen warmen Mantel, und dennoch schüttelten ihn vom Kopf bis zum Rücken Kälteschauer, die er unter Qualen, aber vergeblich zu unterdrücken suchte. Er bat mich sogleich, ihn einzulassen, gewiss, weil er nicht von den anderen Herbergsgästen gesehen werden wollte. Ich bot ihm etwas Wasser und die Pillulen an, die Cristofano uns gegeben hatte. Der Engländer lehnte ab, da es, sagte er besorgt, Pillulen gab, die zum Tod des Patienten führten. Diese Antwort traf mich unvorbereitet, doch war ich gezwungen zu insistieren.

»Ich werde dir auch sagen«, fuhr er mit plötzlich ermatteter Stimme fort, »dass sogar das Opium und die Purgativa der verschiedenen Säfte tödlich sein können, und erinnere dich stets daran, dass die Neger unter ihren Fingernägeln ein Gift verbergen, das mit einem einfachen Kratzer tötet, und dann sind da noch die Klapperschlangen, ja, und ich habe von einer Spinne gelesen, die ihrem Verfolger ein so mächtiges Gift ins Auge spritzte, dass er lange Zeit nichts mehr sehen konnte …«

Er schien zu fiebern.

»Cristofano wird nichts dergleichen tun«, wandte ich ein.

»... und diese Stoffe«, redete er weiter, als hätte er mich gar nicht gehört, »wirken dank geheimer Kraft, doch sind die geheimen Kräfte nichts anderes als der Spiegel unserer Unwissenheit.«

Ich bemerkte, dass seine Beine zitterten und er sich an den Türrahmen lehnen musste, um sich aufrecht zu halten. Auch seine Worte glichen doch sehr einem hellen Wahn. Bedfordi setzte sich aufs Bett und lächelte mich traurig an.

»Exkremente trocknen die Hornhaut aus«, deklamierte er und hob streng den Zeigefinger, wie ein Lehrer, der seine Schüler ermahnt, »das Kreuzkraut, um den Hals getragen, bringt Heilung bei Dreitagefieber. Aber bei Hysterie tun mehrfach wiederholte Salzwickel um die Füße Not. Und um die ärztliche Kunst zu erlernen, das sag Signor Cristofano, wenn du ihn rufst, soll er statt Galen oder Paracelsus lieber *Don Quijote* lesen.«

Damit legte er sich nieder, schloss die Augen, kreuzte die Arme über der Brust, um sich zu bedecken, und begann leicht zu zittern. Ich eilte ins Treppenhaus, um Hilfe zu holen.

Die große Beule unter der Leiste samt der kaum kleineren in der rechten Achselhöhle ließen Cristofano wenig Zweifel. Diesmal handelte es sich leider eindeutig um Pestilenz, was natürlich auch auf den Tod von Signor de Mourai und auf die sonderbare Starre, die meinen Herrn überkommen hatte, erneut schwarze Schatten warf. Ich verstand gar nichts mehr: Ging in der Locanda ein geschickter finsterer Mörder um oder vielmehr die wohl bekannte Pestseuche?

Die Nachricht von Bedfordis Erkrankung stürzte die ganze Gesellschaft in tiefste Trostlosigkeit. Uns blieb nur noch ein Tag, bis die Männer des Bargello zum nächsten Appell rufen würden. Ich bemerkte, dass viele mir auswichen, weil ich vielleicht als Erster mit Bedfordi in Berührung gekommen war, nachdem die Seuche ihn angegriffen hatte. Es herrschte wieder Misstrauen. Cristofano gab freilich zu bedenken, dass wir bis zum Tag davor alle mit dem Engländer gesprochen, gegessen und manche von uns sogar Karten mit ihm gespielt hatten. Demnach konnte sich niemand in Sicherheit wähnen. Wahrscheinlich dank einer guten Dosis jugendlichen Übermuts war ich der Einzige, der nicht sofort der Angst nachgab. Dagegen sah ich die Allerängstlichsten, das heißt Pater Robleda und Stilone Priàso, hastig einige Lebensmittel holen, die ich zur allgemeinen Verfügung in der Küche stehen gelassen hatte, und damit auf ihr Zimmer gehen. Ich hielt sie auf, da mir soeben die Notwendigkeit eingefallen war, auch Bedfordi das Sakrament der Letzten Ölung zu verabreichen. Diesmal jedoch wollte Pater Robleda davon nichts hören: »Er ist Engländer, und ich weiß, dass er der reformierten Kirche angehört; er ist ein Frevler, ein Ungetaufter«, erwiderte er erregt und setzte hinzu, das Öl für die Kranken sei getauften Erwachsenen vorbehalten, Kindern, Verrückten, erklärten Frevlern, nicht reuigen Sündern, lebenslänglichen Zuchthäuslern und Gebärenden dagegen sei es verwehrt; ebenso übrigens zur Schlacht gegen den Feind angetretenen Soldaten und allen, die in Seenot seien.

Auch Stilone Priàso fiel über mich her: »Weißt du nicht, dass das geweihte Öl den Tod beschleunigt, zu Haarausfall führt, unter größeren Schmerzen gebären lässt und dem Neugeborenen Ikterus bringt, die Bienen tötet, die ums Haus des Kranken fliegen, und dass die, die es empfangen haben, sterben werden, wenn sie im restlichen Jahr tanzen gehen, und dass es eine Sünde ist, im Zimmer des Kranken zu spinnen, weil er sterben kann, wenn man zu spinnen aufhört oder der Faden reißt, und dass man sich, nachdem man die Letzte Ölung erhalten hat, erst nach langer Zeit die Füße waschen darf und dass im Krankenzimmer immer eine Lampe oder eine Wachskerze brennen muss, solange die Schwachheit dauert, weil der Ärmste sonst stirbt?«

Damit ließen sie mich stehen, liefen davon und verbarrikadierten sich jeder in seinem Zimmer.

So betrat ich nach etwa einer halben Stunde wieder das Zimmerchen im ersten Stock, in dem Bedfordi lag, um nach ihm zu sehen. Ich glaubte, auch Cristofano sei dorthin zurückgekehrt, da der unglückliche Engländer redete und offenbar in Gesellschaft war. Jedoch merkte ich sogleich, dass ich mit dem Kranken allein war und er in Wirklichkeit im Fieberwahn sprach. Ich fand ihn schrecklich bleich, eine Haarsträhne klebte an seiner Stirn, da er reichlich schwitzte, und seine ungewöhnlich rissigen Lippen ließen auf einen ausgedörrten und schmerzenden Rachen schließen.

»Im Turm ... ist im Turm«, murmelte er schwerfällig und warf mir einen müden Blick zu. Er redete irre.

Ohne ersichtlichen Grund zählte er eine Reihe mir unbekannter Namen auf, die ich mir nur deshalb einprägen konnte, weil er sie noch und noch wiederholte, unterbrochen von unverständlichen Äußerungen in seinem heimatlichen Idiom. Ständig hauchte er den Namen eines gewissen Wilhelm, geboren in der Stadt Orange, den ich für einen Freund oder Bekannten von ihm hielt.

Ich wollte schon fast Cristofano rufen, da ich fürchtete, die Krankheit möchte sich unerwartet verschlimmern und einen tödlichen Ausgang nehmen, als der Arzt, vom Stöhnen des Kranken beunruhigt, hereinkam. Bei ihm waren Brenozzi und Devizé, die vorsichtig Abstand hielten.

Der arme Bedfordi, der seinen wahnsinnigen Monolog fortsetzte, erwähnte den Namen eines gewissen Karl, worauf Brenozzi uns aufklärte, gemeint sei Karl II., König von England; ferner ließ der Venezianer, der so eine nicht zu verachtende Kenntnis der englischen Sprache bewies, uns wissen, er vermute, dass Bedfordi kürzlich durch die Niederlande gereist sei.

»Und was wollte er dort?«, fragte ich.

»Das weiß ich nicht«, schnitt Brenozzi mir das Wort ab, um erneut den wirren Äußerungen des Kranken zu lauschen.

»Ihr kennt die englische Sprache wirklich gut«, bemerkte der Arzt.

»Ein entfernter Verwandter von mir, der in London geboren ist, schreibt mir häufig in Familienangelegenheiten. Ich wiederum besitze eine schnelle Auffassungsgabe und ein gutes

Erinnerungsvermögen, auch bin ich in verschiedenen Handelsgeschäften viel gereist. Seht nur, es wirkt, als fühlte er sich besser.«

Der Fieberwahn des Kranken schien sich gelegt zu haben, und Cristofano bedeutete uns mit einer Kopfbewegung, auf den Flur hinauszugehen. Dort fanden wir einen guten Teil der anderen Herbergsgäste vor, die bang auf Nachricht warteten.

Cristofano äußerte freiheraus seine Meinung. Das Fortschreiten der Krankheit, sagte er, war derart, dass es ihn an seiner Kunst zweifeln ließ. Zuerst der unaufgeklärte Tod von Signor de Mourai, dann der Unfall von Signor Pellegrino, der noch immer in erbarmungswürdigem Zustand war, schließlich der offensichtliche Fall von Pestilenz, der Bedfordi betroffen hatte: All dies hatte den toskanischen Arzt tief bekümmert, da er angesichts solcher Häufung von misslichem Schicksal und Unglückseligkeiten zugeben musste, dass er die Situation nicht mehr meistern konnte. Wir sahen uns gegenseitig an, blass und verängstigt, einige unendliche Augenblicke lang.

Manche brachen in verzweifelte Klagen aus, andere flüchteten sich in ihre Zimmer. Wieder andere belagerten den Arzt, um sich ihre Befürchtungen zerstreuen zu lassen, oder kauerten sich stumm auf den Boden, die Hände vors Gesicht geschlagen. Cristofano selbst eilte in sein Zimmer, wo er sich einschloss. Er müsse ein wenig in Frieden allein sein, bat er, um ein paar Bücher zu konsultieren und die Lage zu überdenken. Doch sein Rückzug wirkte vielmehr wie der Versuch, in Deckung zu gehen, anstatt eine Erlösung herbeizuführen. Unsere erzwungene Gefangenschaft hatte sich von einer Komödie in eine Tragödie verwandelt.

Leichenblass hatte auch Abbé Melani der Szene kollektiver Verzweiflung beigewohnt. Doch mehr als alle anderen wurde ich selbst von wahrer Hoffnungslosigkeit gepackt. Signor Pellegrino, dachte ich unter Tränen, hatte die Locanda zu seinem und meinem Grab gemacht, und auch zu dem unserer Gäste.

Und schon stellte ich mir die Schmerzausbrüche seiner Gattin vor, wenn sie nach ihrer Rückkehr mit eigenen Augen das grausame Werk des Todes in den Zimmern des Donzello entdeckte. Der Abbé trat zu mir, während ich im Flur vor Cristofanos Zimmer auf dem Boden saß, von Schluchzen geschüttelt, und mein tränenüberströmtes Gesicht verbarg. Meinen Kopf streichelnd, sang er flüsternd:

Piango, prego e sospiro,
e nulla alfin mi giova ... *

Er wartete, ob ich mich beruhigte, und versuchte mich sachte zu trösten; als er aber sah, dass seine Bemühungen nichts fruchteten, zog er mich am Kragen hoch, stellte mich auf die Beine und lehnte mich energisch mit dem Rücken an die Wand.

»Ich habe keine Lust, Euch anzuhören«, protestierte ich.

Ich wiederholte ihm die Worte des Arztes und fügte hinzu, dass wir gewiss alle im Lauf weniger Tage von grässlichen Leiden heimgesucht würden, oder sogar schon in ein paar Stunden, wie Bedfordi. Abbé Melani packte mich fest und schleppte mich die Treppe hinauf bis in sein Zimmer. Nichts jedoch konnte mich zur Vernunft bringen, so dass er mir zuletzt eine entschiedene Ohrfeige geben musste, mit der Wirkung, dass mein Schluchzen verebbte. Einen kurzen Moment lang kam ich zur Ruhe.

Atto legte mir brüderlich den Arm um die Schultern und versuchte mich mit geduldigen Worten zu überreden, nicht der Verzweiflung nachzugeben. Wichtig sei vor allem, die geschickte Inszenierung zu wiederholen, mit der wir Pellegrinos Krankheit vor den Männern des Bargello verborgen hatten. Denn zuzugeben, dass wir einen Pestkranken (diesmal einen echten) in der Locanda hatten, würde die Kontrollen noch strenger und häufiger machen; wir würden vielleicht in ein Notlazarett in einer weniger dicht bevölkerten Gegend verlegt, womöglich auf die Insel San Bartolomeo, wo bei der großen Pestilenz vor dreißig Jahren das Krankenspital eingerichtet wurde. Uns bei-

---

* Ich weine, bete und seufze, / und letztlich hilft mir nichts ...

den blieb immer noch der unterirdische Fluchtweg, den wir vergangene Nacht gemeinsam entdeckt hatten. Den Nachforschungen zu entkommen war in diesem Fall – das bestritt er nicht – alles andere als einfach, doch war es immer noch eine praktikable Lösung, falls die Ereignisse sich überstürzten. Während ich mich fast ganz beruhigt hatte, fasste der Abbé die Lage zusammen: Wenn Mourai vergiftet worden war und wenn Pellegrinos angebliche Beulen bloß Petechien oder gar einfache Blutergüsse waren, dann war der einzige tatsächlich Pestkranke bisher nur Bedfordi.

Wir hörten, wie an Attos Tür geklopft wurde: Cristofano rief alle auf, sich in den Räumen im Erdgeschoss einzufinden. Er habe, sagte er, uns dringende Mitteilungen zu machen. Als wir in der Eingangshalle eintrafen, fanden wir alle Herbergsgäste am Fuß der Treppe versammelt, wenn auch, nach den letzten Ereignissen, in vorsichtigem Abstand voneinander. In einem Winkel versüßte Devizé den schweren Augenblick mit den Klängen seines wundervollen und aufregenden Rondo.

»Hat der junge Engländer etwa das Zeitliche gesegnet?«, erkundigte sich Brenozzi, ohne damit aufzuhören, seinen Selleriestängel zu zwacken.

Der Arzt schüttelte den Kopf und forderte alle auf, Platz zu nehmen. Cristofanos finstere Miene ließ den letzten Ton unter den Fingern des französischen Musikers ersterben.

Ich begab mich in die Küche, wo ich zur Zubereitung des Mittagessens am Herd mit Tiegeln und Töpfen zu hantieren begann.

Als alle saßen, öffnete der Arzt seine Tasche, zog ein Läppchen heraus, trocknete sich akkurat den Schweiß (wie man es ihn stets vor einer Ansprache tun sah) und räusperte sich zuletzt.

»Sehr verehrte Herrschaften, ich bitte um Vergebung, dass ich vorhin Eure Gesellschaft verließ; es war jedoch notwendig, über unseren gegenwärtigen Zustand nachzudenken, und ich bin zu dem Schluss gelangt«, sagte er, während es still geworden war, »ich bin zu dem Schluss gelangt …«, wiederholte er und knüllte dabei das Läppchen in der Hand zusammen,

»wenn wir nicht sterben wollen, müssen wir uns lebendig begraben.«

Der Augenblick sei gekommen, erklärte er, ein für alle Mal darauf zu verzichten, sich frisch und frei im Donzello zu bewegen, als ob nichts geschehen sei. Wir würden uns nun nicht mehr in liebenswürdigem Gespräch miteinander unterhalten können, unter Missachtung der Empfehlungen, die er seit Tagen aussprach. Bisher sei das Schicksal nur zu glimpflich mit uns umgegangen: Es habe sich gezeigt, dass das Unglück des alten Signor de Mourai und Pellegrinos Schwachheit nichts mit der Seuche zu tun hatten. Jetzt aber hätten sich die Dinge zum Schlimmsten gewendet, und die vorher zu Unrecht beschworene Pest habe wirklich im Donzello Einzug gehalten. Vergebliche Liebesmüh sei es, die Minuten zu zählen, die seit diesem oder jenem Kontakt zu dem armen Bedfordi verstrichen waren: Das schüre nur Verdacht. Die einzige Hoffnung auf Rettung war, dass sich jeder freiwillig in seinem Zimmer absonderte, um zu vermeiden, die Ausdünstungen der anderen einzuatmen oder mit der Kleidung der anderen Herbergsgäste in Berührung zu kommen *etcetera, etcetera*. Außerdem müssten wir uns den Leib regelmäßig mit reinigenden Ölen und Heilsalben einreiben und massieren lassen, die er, der Arzt, zubereiten würde, und dürften uns nur zu den Appellen durch die Wachen versammeln, so wie am nächsten Morgen.

»Heiliger Herrgott«, vergaß sich Pater Robleda, »sollen wir in einer Ecke auf dem Fußboden neben unserem eigenen Unrat den Tod erwarten? Wenn es gestattet ist«, fügte der Jesuit in gemäßigterem Ton hinzu, »ich habe sagen hören, dass mein Mitbruder Diego Guzman von Zamorra bei der Pest von Perpignan im Königreich Katalonien an sich selbst und den anderen Missionsjesuiten ganz erstaunliche Ergebnisse erzielte mit einem dem Gaumen sehr angenehmen *remedium*: ausgezeichneter Weißwein nach Belieben, versetzt mit einem Quintlein Kuperose und einem halben Quintlein Ascherwurz. Er ließ alle mit Skorpionöl einreiben und besonders wohl darauf essen, und verrichtete mit diesen geringen Mitteln große Wunder: Niemand wurde je krank. Sollten wir es nicht auch damit versuchen, bevor wir uns lebendig einmauern?«

Abbé Melani begleitete Robledas Worte mit einem bekräftigenden Nicken, denn für seine Nachforschungen hätte eine eventuelle Absonderung ein ernstes Hindernis bedeutet: »Auch mir ist bekannt, dass Weißwein bester Qualität als ausgezeichnetes Mittel gegen die Pest und fauliges Fieber gilt«, stimmte Atto mit Nachdruck zu, »und noch besser sind Aquavit und Malvasier. In Pistoia ist das köstliche Wässerchen berühmt, das der vornehmste Meister Anselmo Rigucci mit großem Erfolg anwandte, um die Pistoieser vor *contagio* zu praeservieren. Mein Vater erzählte mir und meinen Geschwistern, dass die Bischöfe, die im Hirtenamt der Stadt aufeinander folgten, seit Jahrhunderten gern eifrigen Gebrauch davon machten, und nicht nur als Kur. Es handelte sich nämlich um fünf Pfund mit Heilkräutern aromatisierten Aquavit, der dann, luftdicht in einer Flasche verschlossen, vierundzwanzig Stunden im Dom ruhen musste. Zuletzt fügte man sechs Pfund besonders guten Malvasiers hinzu. Das ergab einen ausgezeichneten Likör, von dem Monsignore der Bischof von Pistoia jeden Morgen hinter dem Hauptaltar zwei Loth auf nüchternen Magen trank, gemischt mit einem Loth Honig.«

Der Jesuit schnalzte bedeutungsvoll mit der Zunge, während Cristofano skeptisch den Kopf schüttelte und sich vergeblich mühte, erneut das Wort zu ergreifen.

»Es scheint mir unbestreitbar, dass solche Heilmittel die Gemüter erfreuen«, kam ihm Dulcibeni zuvor, »doch bezweifle ich, ob sie noch andere und wichtigere Wirkungen zu entfalten vermögen als diese. Auch ich kenne zum Beispiel eine schmackhafte Latwerge, die Ludovico Giglio von Cremona während der Pest in der Lombardei formulierte. Sie bestand in einer ausgezeichneten Paste, von der vier Quintlein auf warmes Brot zu streichen waren, jeden Morgen auf nüchternen Magen: Rosenhonig und ein wenig essigsaurer Sirup, vermischt mit Lerchenschwamm, Scammoniumwinde, Turbit und Safran. Doch alle starben, und Giglio entging dem Tod durch Lynchen nur, weil die Überlebenden zu wenige und zu schwach waren«, schloss der alte Edelmann aus den Marken finster und ließ durchblicken, dass wir seiner Meinung nach sehr wenig Aussicht hatten, mit dem Leben davonzukommen.

»Tja«, begann Cristofano wieder, »genau wie der hoch gerühmte Herz- und Magentrank des Tiberius Gariottus von Faenza. Der Wahnsinn eines Zuckerbäckermeisters: Rosenzucker, Diamarinat, Zimmetrinde, Safran, Sandelholz und rote Korallen, verkneten mit vier Loth Zedernsaft und also vierzehn Stunden stehen lassen. Dann vermischte er das Ganze mit heißem gesottenem und abgeschäumtem Honig. Und fügte so viel Biesam hinzu, wie nötig war, damit es ein wenig duftete. Er wurde allerdings gelyncht. Hört auf mich, uns bleibt keine Wahl, als es so zu machen, wie ich Euch vorhin gesagt habe ...«

Doch Devizé ließ ihn nicht ausreden: »Monsieur Pompeo und unser Medicus haben ganz Recht, auch Jean Gutierus, Leibarzt Karls II. von Frankreich, war der Ansicht, was dem Gaumen wohl tut, kann nicht die Säfte reinigen. Gleichwohl hatte Gutierus eine Latwerge entwickelt, die auszuprobieren sich vielleicht lohnte. Denkt nur, dass ihm der König für die Tugend seines Präparats eine großzügigste Einnahme von etlichen Tausend Kronen im Herzogtum Lothringen machte. Für seine Latwerge vermischte jener Arzt nämlich Süßigkeiten wie gesottenen, abgeschäumten Honig, zwanzig Walnüsse und fünfzehn Feigen mit größeren Mengen von Raute, Absinchion, Siegelerde und Steinsalz. Davon ließ er die Leute abends und morgens je ein halbes Loth einnehmen und dazu ein Loth sehr starken weißen Essigs trinken, um den Ekel zu erhöhen.«

Darauf folgte eine hitzige Diskussion zwischen den Befürwortern der dem Gaumen angenehmen Heilmittel, angeführt von Robleda, und jenen, die im Ekel die beste Therapie sahen. Ich verfolgte die Debatte fast belustigt (trotz des ernsten Augenblicks) über die Promptheit, mit der jeder Gast seit jeher sein entscheidendes Rezept gegen die Pest in der Tasche zu haben schien.

Nur Cristofano schüttelte weiter den Kopf: »Probiert diese Mittel ruhig alle aus, wenn Ihr wollt, aber kommt dann beim nächsten Fall von Ansteckung nicht zu mir!«

»Könnten wir uns nicht auf eine teilweise Klausur einigen?«, schlug Brenozzi zaghaft vor. »Berühmt geworden ist ein analoger Fall in Venedig, während der grassierenden Pest von 1556: Man konnte nur dann unbeschadet durch die Gassen der Stadt gehen, wenn man die wohlriechenden Biesamkugeln in den Händen trug, die der hochgelehrte und hochverständige Philosoph und Poet Girolamo Ruscelli erdacht hatte. Im Gegensatz zum Magen nämlich sind für die Nase gute Düfte heilsam, während Gestank ihr schadet: Levantiner Biesam, Florax calamita, Nelken, Muskatnuss, Spicanardi und Öl von *Styrax liquidum* zum Verkneten. Der Philosoph formierte daraus Kugeln, so groß wie eine Walnuss mit Schale, die man immerzu in beiden Händen halten musste, Tag und Nacht, die ganzen Monate, die die Seuche dauerte. Sie wirkten unfehlbar, aber nur bei denjenigen, denen es gelang, die Kugeln keinen Augenblick lang loszulassen, und ich weiß nicht, wie viele das waren.«

Hier verlor Cristofano die Geduld, er erhob sich und verkündete laut und ernstlich, es interessiere ihn wenig, ob wir die Absonderung in unsere Zimmer guthießen oder nicht: Dieses Mittel war das letztmögliche, und wenn wir uns nicht damit einverstanden erklärten, so werde er sich in sein Zimmer einschließen, mich bitten, dass ich ihm zu essen bringe, und nicht mehr herauskommen, bis er erführe, dass alle anderen gestorben waren, was sehr bald geschehen werde.

Grabesstille folgte. Cristofano fuhr daraufhin fort mit der Ankündigung, dass – falls man sich doch noch entschließen sollte, seine Anweisungen zu beherzigen – nur er, der Arzt, sich frei in der Locanda bewegen dürfe, um den Kranken beizustehen und die übrigen Herbergsgäste regelmäßig zu untersuchen; zugleich werde er gewiss einen Helfer brauchen, der sich um die Ernährung und die Hygiene der Herbergsgäste kümmerte sowie die Öle und Heilsalben auftrug und dafür sorgte, dass sie vorschriftsmäßig einzogen. Allerdings wage er nicht, irgendjemanden zu bitten, so viel zu riskieren. Freilich könnten wir uns auch im Unglück glücklich schätzen, da es unter uns jemanden gebe – und er warf mir einen Blick zu, während ich aus der Küche zurückkehrte –, von dem er aufgrund seiner langen Erfahrung als Arzt wisse, dass er aus recht krankheitsunempfindlichem Stoff gemacht sei.

Aller Augen wandten sich mir zu: Cristofano hatte mich am Arm gefasst.

»Die besondere Konstitution dieses jungen Burschen«, fuhr

der Sieneser Medicus mit Nachdruck fort, »macht ihn und alle seinesgleichen so gut wie immun gegen die Seuche.«

Und während sich Staunen auf die Gesichter der Zuhörer malte, ging Cristofano dazu über, die Fälle absoluter Immunität aufzuzählen, die in Pestzeiten vorgekommen und von den berühmtesten Autoren berichtet worden waren. Die *mirabilia* folgten in einem Crescendo aufeinander und bewiesen, dass einer wie ich sogar Eiter aus einer Pestbeule trinken konnte (wie es anscheinend bei der schwarzen Pest von vor dreihundert Jahren tatsächlich vorgekommen war), ohne Schaden zu nehmen, der über ein wenig Sodbrennen hinausging.

»Fortunius Licetus vergleicht ihre erstaunlichen Eigenschaften mit denen der Monopodien, der Hundskopfaffen, der Satyrn, der Zyklopen, der Tritonen und der Sirenen. Glaubt man den Klassifikationen von Pater Kaspar Schott, so sind diese Subjekte umso mehr gegen Pestilenzansteckung immun, je wohlproportionierter ihre Glieder geformt sind«, schloss Cristofano. »Nun gut, wir sehen alle, dass dieser Junge hier auf seine Art recht wohlgestalt ist: kräftige Schultern, gerade Beine, regelmäßiges Gesicht, gesunde Zähne. Er gehört, zu seinem Glück, zu den *mediocres* seiner Rasse und nicht zu den schon plumperen *minores* oder, Gott bewahre, gar zu den unseligen *minimi*. Wir können daher beruhigt sein. Nach Nierembergius kommen solche wie er schon mit Zähnen, Haaren und ausgewachsenen Schamteilen auf die Welt. Mit sieben wächst ihnen der Bart, mit zehn sind sie stark wie Riesen und können Nachkommen zeugen. Johann Eusebius behauptet, er habe einen gesehen, der schon mit vier Jahren einen sehr eleganten Haarschopf und Bart aufwies. Ganz zu schweigen von dem legendären Popobawa, der die robusten männlichen Bewohner einer afrikanischen Insel im Schlaf überfällt und mit seinem riesigen Gemächt vergewaltigt, so dass diese bei ihrer vergeblichen Gegenwehr auch Prellungen und Knochenbrüche davontragen.«

Als Erster schlug sich Pater Robleda auf die Seite des Arztes, der sich bebend und erneut schweißgebadet wieder setzte. Der Mangel an weiteren, ebenso überzeugenden Lösungen und die Furcht, von Cristofano im Stich gelassen zu werden, brachte auch die anderen nacheinander dazu, sich betrübt in die Klausur zu fügen. Abbé Melani sagte kein einziges Wort.

Während sich alle erhoben, um in die oberen Stockwerke auszuschwärmen, sagte der Arzt, sie könnten in der Küche Halt machen, wo ich ihnen eine warme Mahlzeit und geröstetes Brot austeilen würde. Er ermahnte mich, den Wein erst zu servieren, nachdem ich ihn gehörig mit Wasser verdünnt hätte, da er dann für den Magen bekömmlicher sei.

Ich wusste, wie gut den Herbergsgästen Pellegrinos kulinarischer Beistand getaugt hätte. Stattdessen mussten sie damit vorlieb nehmen, dass ich die Locanda allein weiterführte, und ich bemühte mich zwar nach Kräften, bereitete jedoch inzwischen nur noch Gerichte aus eingeweichten Körnern und anderen Resten, die ich in dem alten hölzernen Speiseschrank in der Küche zusammenkratzte. Aus dem reich bestückten Keller holte ich fast gar nichts. Gewöhnlich vervollständigte ich die Mahlzeiten mit etwas Obst oder Gemüse und dem groben Brot, das uns zusammen mit den Wasserschläuchen geliefert wurde. Auf diese Weise, tröstete ich mich, blieben wenigstens die Vorräte meines Padrone verschont, die schon Cristofanos ständigen Plünderungen für seine Latwerge, Balsame, Öle, Salben, Elixire und Duftkugeln ausgesetzt waren.

An jenem Abend jedoch hatte ich mir zum Trost für die böse Stunde etwas einfallen lassen und im Balneum Mariae ein Eierblumensüppchen mit Platterbsen gekocht; dazu Klößchen aus eingeweichtem Brot, vermischt mit etlichen mit Kräutern und Rosinen gehackten Salzsprotten; und zum Abschluss in gesottenem Most und Essig gegarte Zichorienwurzel. Über alles hatte ich eine Prise Zimmet gestreut: Das kostbare Gewürz der Reichen würde den Gaumen überraschen und die Stimmung heben.

»Sie sind ganz heiß!«, verkündete ich in gespielt guter Stimmung, als Dulcibeni und Pater Robleda sich mit Grabesmiene näherten, um die Wurzeln zu beäugen.

Doch ich bekam kein lobendes Wort und entdeckte auch keine Aufheiterung in den verzerrten Gesichtern.

Bei der Aussicht, dass meine besondere Konstitution nach Urteil des Arztes zu einer Waffe gegen die Angriffe der Seuche werden könnte, empfand ich zum ersten Mal die Trunkenheit des Stolzes. Obgleich mich manche Einzelheiten befremdeten (mit sieben Jahren wuchs mir selbstverständlich noch kein Bart, und ebenso wenig war ich mit Zähnen oder riesigem Gemächt geboren worden), fühlte ich mich plötzlich auf einer höheren Stufe stehen als die anderen. O ja, sagte ich mir im Gedanken an Cristofanos Entscheidung, ich konnte es. Sie, die Herbergsgäste, waren von mir abhängig. Nun erklärte sich auch, warum der Arzt mich so leichtfertig mit meinem Padrone im selben Zimmer hatte schlafen lassen, als dieser nicht bei Bewusstsein war! So gewann ich ein bisschen gute Laune zurück, die ich respektvoll zügelte.

A chi vive ogn'or contento
ogni mese è primavera … *

hörte ich es an meiner Seite trällern. Es war Abbé Melani.

»Welch fröhliches Frätzchen«, neckte er mich. »Bewahr es bis morgen, wir werden es brauchen.«

Die Erinnerung an den Appell am folgenden Vormittag brachte mich mit den Füßen auf den Erdboden zurück.

»Möchtest du mich in meine traurige Klausur begleiten?«, fragte er mit einem feinen Lächeln, nachdem er fertig gegessen hatte.

»Ihr werdet allein in Euer Zimmer zurückkehren«, knurrte Cristofano ihn an, »ich brauche den Jungen, und zwar sofort.«

Nachdem er Atto Melani auf diese Weise schroff verabschiedet hatte, befahl mir der Arzt, Teller und Geschirr der Herbergsgäste abzuspülen. Von nun an, sagte er, müsse ich das mindestens einmal am Tag tun. Er hieß mich zwei große Schüsseln, saubere Tücher, Nussschalen, reines Wasser und Weißwein bringen und nahm mich mit zu Bedfordi. Dann ging er nebenan in sein eigenes Zimmer, um die Kassette mit seinem Arztbesteck und einige Quersäcke zu holen.

* Wer jede Stund' zufrieden lebt, / für den ist jeder Monat Frühling …

Als er zurückkehrte, half ich ihm, den jungen Engländer zu entkleiden, der wie ein Holzscheit im Kamin glühte und ab und zu wieder wirr daherredete.

»Die Beulen sind zu heiß«, bemerkte Cristofano sorgenvoll, »sie bräuchten eine Eingrabung.«

»Wie bitte?«

»Das ist ein wunderbarliches, großes Geheimnis, das der illustre Bologneser Arzt, Cavalier Marcus Leonardus Fioravanti, auf dem Totenbett preisgegeben hat, um gar leicht und rasch von der Pest zu genesen: Wenn einer schon Beulen und geschwollene Drüsen bekommen hat, mache er eine tiefe Grube in die Erde, lasse sich bis an den Hals darin vergraben und bleibe also zwölf bis vierzehn Stunden darinnen, dann mag er wieder herausgehen. Es ist ein solch *secretum*, das man an allen Orten der Welt gebrauchen kann, ohne Zinsen und ohne Kosten.«

»Und wie wirkt es?«

»Die Erde ist unser aller Mutter und pflegt alle Dinge zu reinigen: Sie nimmt alle Flecken aus den Kleidern und Tüchern hinweg, macht das harte Fleisch mürb, wenn man es vier bis sechs Stunden darin vergräbt, und nicht zu vergessen: die Fangobäder in Padua, die viele Krankheiten curieren. Ein weiteres *remedium* von großem Vermögen wäre, drei bis zwölf Stunden im salzigen Meerwasser zu liegen. Doch leider sind wir eingeschlossen und können nichts von alledem. Daher bleibt uns nichts weiter übrig, als den armen Bedfordi zur Ader zu lassen, damit die Beulen abkühlen. Zuerst allerdings müssen wir die alterierten Säfte beruhigen.«

Er zog eine hölzerne Büchse hervor.

»Das sind meine kaiserlichen Biesamküglein, sehr anziehend für den Magen.«

»Anziehend?«

»Sie ziehen alles an, was im Magen ist und würgen es heraus, wodurch sie im Kranken den bösen Widerstand schwächen, den er den Maßnahmen des Arztes entgegensetzen könnte.«

Damit nahm er eine Pillula zwischen zwei Finger: eins jener getrockneten Präparate, die die Apotheker in verschiedenen Formen herstellen. Diese hier sah aus wie ein kleiner Meereskrake. Nicht ohne Mühe gelang es uns, Bedfordi zum Schlucken des Mittels zu bewegen, worauf er wenig später verstummte und beinah zu ersticken schien: Er wurde von Zittern und Husten geschüttelt, dann trat ihm Schaum vor den Mund, und zuletzt erbrach er eine Menge übel riechendes Zeug in die Schüssel, die ich ihm geistesgegenwärtig unter die Nase hielt.

Cristofano begutachtete und beroch zufrieden die Ausscheidung.

»Erstaunlich, meine Biesamküglein, findest du nicht? Dabei sind sie der Inbegriff der Einfachheit: ein Loth kandierter Veilchenzucker, fünf Loth Violwurz und ebenso viel pulverisierte Eierschale, ein Quintlein Biesam, ein Quintlein Amber und mit Tragacant und Rosenwasser in die Sonne legen zum Trocknen: Durch welche sonderlich trockene und hitzige Natur wird der Magen erhalten und der *contagio* gewehret. Dieses ist ein gewaltiges Mittel, und nicht allein der Vernunft gemäß, sondern auch durch Erfahrung oft und viel probiert«, deklamierte Cristofano hochbefriedigt, während er anfing, dem Kranken die Spritzer abzutupfen.

»Bei Gesunden dagegen helfen sie bei Appetitlosigkeit, wenngleich sie weniger vermögen als das Diaromaticum«, setzte er hinzu. »Ach übrigens, erinnere mich daran, dass ich dir ein paar davon mitgebe, wenn du die Mahlzeiten austeilst, falls jemand das Essen verweigern sollte.«

Als der arme Engländer, der nun mit halb geschlossenen Augen schweigend dalag, gesäubert und frisch gebettet war, begann der Arzt ihn mit seinen Instrumenten zu stechen.

»Wie der vortreffliche und hochberühmte Meister Eusebio Scaglione aus Castello a Mare im Königreich Neapel richtig lehrt, muss das Blut aus den Adern abgezapft werden, die an den Orten ihren Ursprung haben, wo die Beulen aufgetreten sind. Die Hauptader entspricht den Beulen am Hals, die *vena communis* oder Median denen am Rücken, doch unser Fall liegt anders. Ihn schröpfen wir an der Pulsader, die kommt von der Achselhöhle, wo er die Beule hat. Und dann an der Fußader, die der dicken Beule im Heertrüsen, das heißt in der Leiste, entspricht. Reich mir die saubere Schüssel.«

Er befahl mir, in seinen Taschen nach den Fläschchen zu suchen, auf denen Ascherwurz und Blutwurz stand, ließ mich aus jedem zwei Prisen nehmen, vermischte diese mit drei Fingerhoch Weißwein und hielt mich an, Bedfordi den Trank zu verabreichen. Dann hieß er mich ein Kraut namens Krähenfuß im Mörser zerstoßen, damit musste ich zwei Nussschalen füllen, die der Arzt nach erfolgtem Aderlass brauchte, um die Löcher am Puls und am Fußgelenk des armen Pestkranken sogleich zu verschließen.

»Mach die Verbände um die Nussschalen recht fest. Wir werden sie zweimal am Tag erneuern, bis Blasen entstehen, die wir dann aufstechen, um das giftige Wasser herauszudrücken.«

Bedfordi begann zu zittern.

»Haben wir ihm auch nicht zu viel Blut abgezapft?«

»Ach was. Das ist die Pest, die das Blut in den Adern gefrieren lässt. Ich hatte es vorhergesehen: Ich habe eine Mischung aus Brennnessel, Malve, Odermenning, Cardui Benedikten, Wohlgemuth, Polei, Enzian, Lorbeer, *Styrax liquidum*, Benzoin und Kalmus für ein besonders heilsames Schwadenbad zubereitet.«

Damit zog er aus einer schwarzen Filzhülle einen gläsernen Kolben hervor. Wir gingen wieder in die Küche hinunter, wo Cristofano mich anwies, den Inhalt des Kolbens mit sehr viel Wasser im größten Kessel der Locanda zu erhitzen. Er selbst kochte derweil einen Brei aus gemahlenem Bockshornklee, Leinsamen und Eibischwurzel, und ich sah ihn noch Schweinefett hinzufügen, das er aus Signor Pellegrinos Vorratskammer geholt hatte.

Ins Zimmer des Kranken zurückgekehrt, wickelten wir Bedfordi in fünf Bettdecken und setzten ihn auf den dampfenden Kessel, den wir unter großer Beschwerlichkeit und Verbrennungsgefahr bis dort hinaufgeschleppt hatten.

»Er muss so viel schwitzen, wie er nur kann: Der Schweiß hat die Art, die Säfte subtil und dünn zu machen, die Schweißlöchlein zu eröffnen und das gefrorene Blut zu purifizieren, damit die *corruption* der Haut den Patienten nicht jählings dahinrafft.«

Der unglückliche Engländer schien jedoch nicht einverstanden zu sein. Er begann immer lauter zu wimmern, zu keuchen und zu husten, streckte krampfhaft die Hände aus und spreizte die Fußzehen vor Schmerz. Plötzlich beruhigte er sich. Als wäre er ohnmächtig geworden. Noch auf dem Kessel begann Cristofano ihm die Beulen an drei oder vier Stellen mit einer spitzen Lanzette aufzustechen und bestrich sie dann mit dem Schweinefettpräparat. Nach getaner Arbeit legten wir ihn wieder ins Bett. Er rührte sich nicht, aber er atmete. Welche Ironie des Schicksals, dachte ich, dass ausgerechnet Cristofanos allerärgster Widersacher nun dessen ärztlichen Praktiken ausgesetzt war.

»Lassen wir ihn jetzt ausruhen und vertrauen wir auf Gott«, sagte der Arzt feierlich.

Er geleitete mich in sein Zimmer, wo er mir einen Sack mit etlichen Salben, Sirupen, Schwadenmixturen und Rauchkugeln aushändigte, die schon für die Behandlung der übrigen Herbergsgäste bereit waren. Er erläuterte mir ihren Gebrauch und therapeutischen Zweck und schrieb mir auch ein paar Stichpunkte auf. Auf einige *remedia* sprachen bestimmte Konstitutionen besser an als andere. Pater Robleda, zum Beispiel, der immer ängstlich war, riskierte die tödlichste Pest, am Herzen oder am Hirn. Weniger schlimm dagegen war es, wenn die Leber betroffen war, die sich durch Beulen entlasten konnte. Ich musste so bald wie möglich beginnen, mahnte Cristofano.

Ich konnte nicht mehr. Beladen mit all den Fläschchen, die ich schon hasste, stieg ich die Treppe wieder hinauf zu meinem schmalen Bett im Dachgeschoss. Im zweiten Stock hielt mich jedoch Abbé Melani mit einem Flüstern auf. Er erwartete mich, misstrauisch um sich spähend, in der halb angelehnten Tür seines Zimmers am Ende des Ganges. Ich näherte mich. Ohne mir die Zeit zu geben, den Mund aufzumachen, zischte er mir ins Ohr, dass das sonderbare Verhalten einiger Herbergsgäste während der letzten Stunden ihn veranlasst habe, nicht wenig über unsere Situation nachzudenken.

»Fürchtet Ihr etwa um das Leben eines anderen unter uns?«, flüsterte ich sogleich beunruhigt.

»Mag sein, Junge, mag sein«, erwiderte Melani hastig, während er mich am Arm ins Zimmer zog.

Als er abgesperrt hatte, erklärte er mir, Bedfordis Fieberwahn – der Abbé hatte ihn nämlich an der Tür des Zimmers, in dem der Pestkranke lag, belauschen können – beweise ohne den geringsten Zweifel, dass der Engländer ein Flüchtling sei.

»Ein Flüchtling? Auf der Flucht wovor?«

»Ein Vertriebener, der auf bessere Zeiten wartet, um in die Heimat zurückkehren zu können«, urteilte der Abbé mit einem Anflug von Überheblichkeit und trommelte mit dem Zeigefinger auf das Grübchen in seinem Kinn.

So berichtete mir Atto von einer Reihe von Begebenheiten und Umständen, die in den kommenden Tagen große Bedeutung erlangen sollten. Der geheimnisvolle Wilhelm, dessen Namen Bedfordi erwähnt hatte, war der Prinz von Oranien, Anwärter auf den Thron von England.

Es zeichnete sich ab, dass unser Gespräch länger dauern würde: Ich fühlte, wie die Anspannung von vorher nachließ.

Das Problem, erklärte Atto unterdessen, war, dass der derzeitige König keine legitimen Nachkommen hatte. Deshalb hatte er seinen Bruder zum Nachfolger bestimmt, der jedoch war katholisch und würde so die Wahre Religion auf den englischen Thron zurückbringen.

»Und wo liegt dann das Problem?«, warf ich gähnend ein.

»Darin: Der englische Adel, der der reformierten Religion anhängt, will keinen katholischen König und konspiriert zugunsten von Wilhelm, der ein glühender Protestant ist. Streck dich ruhig auf meinem Bett aus, mein Junge«, erwiderte der Abbé mit sanft gewordener Stimme und wies auf sein Lager.

»Dann könnte England für immer abtrünnig werden!«, rief ich aus, stellte Cristofanos Sack ab und legte mich nieder, ohne mich bitten zu lassen, während Atto zum Spiegel ging.

»Tja. Daher gibt es derzeit zwei Fraktionen in England: eine protestantische, die es mit dem Oranier hält, und eine katholische. Unser Bedfordi muss, auch wenn er es vor uns nie zugeben würde, zur ersten gehören«, erklärte er, während der Spitzbogen seiner Augenbrauen, den ich im Spiegel sah, zeigte, wie wenig Befriedigung der Abbé aus der Prüfung seines Abbilds zog.

»Und woraus schließt Ihr das?«, fragte ich und warf ihm einen neugierigen Blick zu.

»Soweit ich verstehen konnte, hat sich Bedfordi eine Zeit lang in den Niederlanden aufgehalten, wo die Calvinisten dominieren.«

»In Holland gibt es aber auch Katholiken, das weiß ich von einigen Herbergsgästen, die lange dort waren und bestimmt der Römischen Kirche treu sind ...«

»Gewiss. Doch die Vereinigten Provinzen der Niederlande sind auch Wilhelms Land. Vor etwa zehn Jahren besiegte der Prinz von Oranien das Heer, das Ludwig XIV. hatte einmarschieren lassen. Und jetzt sind die Niederlande die Hochburg der konspirativen Oranienanhänger«, erwiderte Atto, während er mit einem ungeduldigen Schnaufen ein Pinselchen und ein Schächtelchen herauszog und sich die leicht vorstehenden Backenknochen rot anmalte.

»Kurzum, Ihr denkt, dass Bedfordi in die Niederlande gereist ist, um zugunsten des Prinzen von Oranien zu konspirieren«, kommentierte ich, wobei ich versuchte, ihn nicht zu sehr anzustarren.

»Aber nein, übertreib nicht«, antwortete er und drehte sich zu mir um, nachdem er einen letzten zufriedenen Blick in den Spiegel geworfen hatte. »Ich glaube, Bedfordi gehört einfach zu denen, die Wilhelm gern auf dem Thron sähen, auch weil – vergessen wir das nicht – die Häretiker in England zahlreich vertreten sind. Er wird einer der vielen Boten sein, die zwischen den beiden Ufern des Ärmelkanals pendeln, auf die Gefahr hin, früher oder später festgenommen und im Londoner Tower ins Gefängnis geworfen zu werden.«

»In der Tat hat Bedfordi im Fieberwahn von einem Turm gesprochen.«

»Siehst du, dann sind wir gar nicht so weit von der Wahrheit entfernt«, fuhr Atto fort, indem er einen Stuhl heranzog und sich anschickte, sich neben das Bett zu setzen.

»Unglaublich«, bemerkte ich, und meine Müdigkeit war wie weggeblasen.

Ich war verängstigt und erregt von Melanis erstaunlichen und eindrucksvollen Erzählungen. Weit entfernte und mächtige Konflikte zwischen den Herrschern Europas nahmen vor meinen Augen Gestalt an, in der Locanda, in der ich nur ein armer Hausbursche war.

»Wer ist denn dieser Prinz Wilhelm von Oranien, Signor Atto?«, fragte ich.

»Oh, ein großartiger, hoch verschuldeter Soldat, weiter nichts«, erwiderte der Abbé kurz angebunden. »Ansonsten ist sein Leben absolut platt und farblos, genau wie seine Person und sein Geist.«

»Ein Prinz ohne einen Heller?«, fragte ich ungläubig.

»Genau. Wenn es ihm nicht seit eh und je an Geld gemangelt hätte, hätte der Prinz von Oranien den englischen Thron vielleicht schon mit Gewalt eingenommen.«

Ich schwieg nachdenklich.

»Dass Bedfordi ein Flüchtling ist, hätte ich nie vermutet«, fing ich nach einer Weile wieder an.

»Nicht nur er. Da gibt es noch einen anderen, der von weit her kommt, auch aus einer Stadt am Meer«, fügte Melani mit einem Lächeln hinzu, während sein Gesicht immer näher kam und sich nun direkt über mir befand.

»Brenozzi, der Venezianer?«, rief ich und hob ruckartig den Kopf, wobei ich ungewollt mit der Nase des Abbé kollidierte, der einen Klagelaut ausstieß.

»Genau der, allerdings«, sagte er dann, indem er aufstand und seine Hakennase massierte.

»Wie könnt Ihr da so sicher sein?«

»Wenn du bei Brenozzis Worten besser aufgepasst hättest und wenn du vor allem besser Bescheid wüsstest über die Dinge der Welt, hättest du bestimmt eine gewisse Ungereimtheit bemerkt«, erwiderte der Abbé leicht gereizt.

»Nun, er hat gesagt, ein Verwandter …«

»Ein entfernter, in London geborener Verwandter hätte ihm einfach nur per Brief so gut Englisch beigebracht: Etwas merkwürdig als Erklärung, findest du nicht auch?«

Und er rief mir ins Gedächtnis zurück, wie mich der Glasbläser gewaltsam die Treppe hinuntergezerrt und fast wie von

Sinnen mit Fragen bestürmt hatte – über die türkische Belagerung und die Pestseuche, die Wien vielleicht in die Knie zwingen würde – und wie er dann von Margariten gesprochen hatte.

Doch handelte es sich dabei nicht um eine Blume, fuhr Atto fort, sondern um einen der kostbarsten Schätze der Serenissima, zu dessen Verteidigung der Republik Venedig jedes Mittel recht sei, weshalb unser Brenozzi nun in solchen Schwierigkeiten steckte. Auf den Inseln im Herzen der venezianischen Lagune werde nämlich ein verborgener Schatz gehütet, auf den die Dogen, die seit vielen Jahrhunderten die Serenissima Repubblica regieren, allergrößten Wert legten. Auf jenen Inseln befänden sich die Glasmanufakturen von Perlen, die nach dem Lateinischen *margaritae* auch Margariten genannt werden. Ihre Herstellung beruhe auf seit Generationen überlieferten Geheimnissen einer Kunst, auf die die Venezianer sehr stolz sind und die sie vor allem höchst eifersüchtig verteidigen.

»Dann sind also die Margariten, von denen er sprach, und die Perlen, die er mir dann in die Hand gedrückt hat, ein und dasselbe!«, rief ich verwirrt. »Was mögen sie wohl wert gewesen sein?«

»Das kannst du dir gar nicht vorstellen. Wenn du auch nur ein Zehntel von dem gereist wärst, was ich reisen durfte, so wüsstest du, dass wegen jenes schönen Geschmeides aus Murano das Blut vieler Venezianer geflossen ist und weiter fließen wird, wer weiß, wie lange noch«, sagte Melani und nahm an seinem Schreibtisch Platz.

Die Herbstmonate bescherten den Glasbläsermeistern und ihren Gesellen herkömmlicherweise eine Atempause. In dieser Zeit konnten sie die Arbeit in ihren Manufakturen ruhen lassen, ihre Brennöfen ausbessern, mit denen das Glas bearbeitet wurde, und sich zu Geschäften ins Ausland begeben. Häufig aber steckten nicht wenige der Meister in Schulden oder in Schwierigkeiten wegen der periodisch immer wieder stagnierenden Aufträge. Ihre Reisen ins Ausland verwandelten sich dann in wertvolle Gelegenheiten, um zu fliehen und ein besseres Los zu suchen. In Paris, London, Wien und Amsterdam, aber auch in Rom und Genua fanden die flüchtigen Glasbläser großzügigere Herren und einen Markt mit weniger Konkurrenten.

Den Ratsherren des Zehnerrats von Venedig jedoch war diese Flucht nicht genehm, da sie um keinen Preis die Kontrolle über die Kunst verlieren wollten, die den Kassen der Dogen so viel Geld einbrachte, daher hatten sie den Fall den staatlichen Inquisitoren vorgelegt, der besonderen Kontrollbehörde, die darüber zu wachen hatte, dass kein Geheimnis ausgeplaudert würde, wenn es der Serenissima Repubblica zum Schaden gereichen konnte.

Für diese Inquisitoren war es nur zu einfach festzustellen, ob irgendein Glasbläser das Weite suchen wollte. Man brauchte nur zu beobachten, ob sich unter den Handwerkern in der Lagune Unzufriedenheit breit machte und ob sich von fremden Mächten ausgesandte Werber in der Gegend herumtrieben, die den Glasbläsern bei der Flucht helfen sollten. Die Werber wurden Gasse für Gasse auf Schritt und Tritt verfolgt und brachten so die Inquisitoren direkt zur Tür derjenigen, die vorhatten zu fliehen. Doch war das Spiel auch für die unvorsichtigen ausländischen Emissäre riskant, die nicht selten mit durchgeschnittener Kehle aus einem der Kanäle gefischt wurden.

Vielen Venezianern gelang es schließlich, sich einzuschiffen, doch auch im Ausland kam man ihnen dank des Netzes von Botschaftern und Konsuln der Venezianischen Republik alsbald auf die Spur. An diesem Punkt versuchten dann Vermittler, von Venedig geschickt, sie zuerst diskret mit Versprechungen und guten Worten zur Rückkehr zu bewegen. Waren sie mit dem Gesetz in Konflikt geraten, wurde ihnen (sogar den Mördern) eine Amnestie versprochen. Waren sie wegen zu hoher Schulden geflohen, wurde ihnen ein Zahlungsaufschub in Aussicht gestellt.

»Und kehrten die Glasbläser zurück?«

»›Kehren sie zurück‹ müsstest du fragen, denn diese Tragödie wiederholt sich noch heute, jetzt gerade in dieser Locanda, glaube ich.«

Diejenigen, die die beharrlichen Angebote der Serenissima Repubblica ausschlugen, fuhr der Abbé fort, wurden plötzlich allein gelassen. Keine Besuche von Mittelsmännern mehr, keine Vorschläge: und zwar, um sie aus der Fassung zu bringen und unterschwellig zu beunruhigen. Nach einiger Zeit begannen dann die Drohungen, die Bespitzelungen, die Beschädigungen der neuen Werkstätten, die sie soeben unter großen Opfern in dem fremden Land eröffnet hatten.

Manche geben nach, manche flüchten erneut in ein anderes Land und nehmen die Berufsgeheimnisse mit, wieder andere leisten am Ort Widerstand und weigern sich, in die Heimat zurückzukehren. Gegen diese richtet sich der Zorn der Inquisitoren. Ihre Post wird systematisch abgefangen. Die in Venedig gebliebenen Angehörigen werden bedroht und dürfen nicht auswandern. Die Ehefrauen der Margarit- und Spiegelspezialisten werden überwacht und streng bestraft, wenn sie sich einer Mole nähern.

Die Unbeugsamen werden ohne jede Vorankündigung ausgestoßen; und wenn ihre Verzweiflung den Höhepunkt erreicht hat, wird ihnen die Rückkehr und die lebenslange Verbannung auf die Insel Murano angeboten.

An denen, die nicht einwilligen, verrichten die Meuchelmörder geschickt ihr geheimes Werk. Ist ein Rebell getroffen, so räsonieren die Inquisitoren, werden hundert andere bekehrt. Dem Eisen, das das gewaltsame Ende offenbart, wird häufig Gift vorgezogen.

»Deswegen ist unser Brenozzi so besorgt«, schloss Abbé Melani. »Ein Glasbläser, Margaritenkünstler oder Spiegelmacher, der aus Venedig flüchtet, durchlebt die Hölle. Überall sieht er Morde und Verrat, schläft mit nur einem Auge, schaut beim Gehen stets über die Schulter. Und auch Brenozzi hat gewiss die Gewalttaten und Drohungen der Inquisitoren kennen gelernt.«

»Und ich Ahnungsloser hab mich erschrecken lassen von dem, was Cristofano mir über die Kräfte meiner Perlen gesagt hat!«, rief ich etwas beschämt aus. »Erst jetzt begreife ich, warum Brenozzi mich so unwirsch gefragt hat, ob es genug sei: Mit den drei Perlen wollte er mein Schweigen über unser Gespräch erkaufen.«

»Bravo, du hast's erfasst.«

»Findet Ihr es nicht dennoch seltsam, dass gleich zwei Flüchtlinge hier in der Locanda sind?«, fragte ich, auf die gleichzeitige Anwesenheit von Bedfordi und Brenozzi anspielend.

»Nicht besonders. In diesen Jahren sind nicht wenige aus London geflohen und ebenso viele aus Venedig. Vermutlich gehört dein Herr nicht zu der Sorte Wirte, die vorschnell herumspionieren, und Signora Luigia Bonetti, die die Locanda vor ihm führte, wahrscheinlich auch nicht. Vielleicht gilt das Donzello als ›ruhige‹ Herberge, wo einer, der vor großem Unheil flüchtet, Unterschlupf finden kann. Und solche Orte empfehlen die Emigranten oft hinter vorgehaltener Hand weiter. Denk daran: Die Welt ist voller Leute, die ihrer Vergangenheit entfliehen wollen.«

Ich hatte mich indes von dem Lager erhoben, griff nach dem Doppelsack und goss für den Abbé einen Sirup in ein Schälchen, wie der Arzt es mir aufgetragen hatte. Ich erklärte Atto kurz, worum es sich handelte, und er trank, ohne großes Aufheben zu machen. Dann stand er auf und trällerte, während er einige Papiere auf dem Tisch zu ordnen begann:

*In questo duro esilio …**

Es war bemerkenswert, wie Atto Melani es verstand, in seinem Gesangsrepertoire für jede Lage die passende Arie zu finden. Er musste seinem römischen Maestro ein sehr lebhaftes und herzliches Andenken bewahren, dachte ich: dem *seigneur* Luigi, wie er ihn nannte.

»Der arme Brenozzi ist also sehr in Angst«, fing Abbé Melani wieder an. »Und vielleicht wird er dich früher oder später erneut um Hilfe bitten. Übrigens hast du da ein wenig Öl am Kopf, Junge.«

Er wischte mir den Tropfen mit der Fingerspitze von der Stirn, worauf er den Finger nonchalant zwischen die Lippen steckte und das Öl ableckte.

»Glaubt Ihr, das Gift, das Mourai getötet haben soll, könnte etwas mit Brenozzi zu tun haben?«, fragte ich.

»Das würde ich ausschließen«, erwiderte er lächelnd. »Ich glaube, dass nur unser armer Glasbläser diese Furcht hegt.«

---

* In diesem harten Exil …

»Warum hat er mich bloß nach der Belagerung von Wien gefragt?«

»Und du, sag mir: Wo liegt die Serenissima Repubblica?«

»Nah am Reich, besser gesagt, im Süden, und ...«

»Das genügt: Wenn Wien kapituliert, werden sich die Türken in wenigen Tagesmärschen vor allem nach Süden hin ausbreiten und in Venedig einziehen. Unser Brenozzi muss eine ganz schön lange Zeit in England verbracht haben, wo er recht gut Englisch gelernt hat, vor Ort und keineswegs aus Briefen. Jetzt würde er wahrscheinlich gern nach Venedig zurückkehren, hat aber gemerkt, dass der Augenblick nicht günstig ist.«

»Das heißt, er riskiert, den Türken in die Hände zu fallen.«

»Genau das. Er muss sich bis nach Rom vorgewagt haben, weil er wohl hoffte, hier eine Werkstatt zu eröffnen und sich in Sicherheit zu bringen. Doch ihm ist aufgegangen, dass auch hier die Furcht groß ist: Wenn die Türken in Wien siegen, werden sie nach Venedig das Herzogtum Ferrara erreichen. Sie werden durch das Gebiet der Romagna und der Herzogtümer von Urbino und Spoleto ziehen, werden jenseits der sanften umbrischen Hügel Viterbo rechts liegen lassen, um direkt auf ihr Ziel loszumarschieren ...«

»Auf uns«, schauderte ich und sah vielleicht zum ersten Mal deutlich die Gefahr, die uns überschattete.

»Ich brauche dir nicht zu erklären, was in einem solchen Fall geschehen würde«, sagte Atto. »Der Sacco di Roma vor hundertfünfzig Jahren war nichts dagegen. Die Türken werden den Kirchenstaat verwüsten und ihre angeborene Grausamkeit bis zum Äußersten ausleben. Basiliken und Kirchen werden dem Erdboden gleichgemacht werden, angefangen beim Petersdom. Priester, Bischöfe und Kardinäle werden aus ihren Wohnungen gezerrt und abgestochen werden, Kruzifixe und andere Glaubenssymbole werden herausgerissen und angezündet werden; das Volk wird ausgeraubt, die Frauen brutal vergewaltigt; Städte und Felder werden für immer zerstört werden. Und wenn sich dieser erste Zusammenbruch bewahrheitet, wird die ganze Christenheit Gefahr laufen, der Türkenflut zum Opfer zu fallen.«

Das Heer der Ungläubigen würde, durch die Wälder Latiums

wieder nordwärts ziehend, in der Folge das Großherzogtum Toskana verwüsten, dann das Herzogtum Parma und über die Republik Genua und das Herzogtum Savoyen in die französischen Gebiete überschwappen (erst hier vermeinte ich auf dem Gesicht des Abbé einen Schatten echten Grauens zu sehen) in Richtung Marseille und Lyon. Und an diesem Punkt könnte es, zumindest theoretisch, gen Versailles vorstoßen.

Da wurde ich erneut von Trostlosigkeit überwältigt, und nachdem ich mich unter einem Vorwand von Atto verabschiedet hatte, nahm ich den Doppelsack, lief davon, hastete die Treppe hinauf und blieb erst stehen, als ich die kurze Rampe erreichte, die zum Türmchen führte.

Hier ließ ich all meiner Sorge freien Lauf und erging mich in einem verzweifelten Selbstgespräch. Ich war gefangen in einer engen Locanda, wo man, nunmehr zu Recht, argwöhnte, dass die Pestilenz grassierte. Gerade war es mir gelungen, wieder Mut zu fassen dank der Worte des Arztes, der erklärt hatte, ich sei gegen Seuchen gefeit, und nun schwebte ich laut Melani in Gefahr, aus der Locanda del Donzello herauszukommen und Rom von den blutrünstigen Anhängern Mohammeds besetzt zu finden. Seit jeher wusste ich, dass ich auf nichts als die Herzensgüte weniger Menschen zählen konnte, darunter Pellegrino, der mich wohltätig aus den Gefahren und Härten des Lebens errettet hatte; diesmal hingegen konnte ich nur auf die Gesellschaft eines gewiss nicht uneigennützigen Abbés zählen, der ein Kastrat und ein Spion war und dessen Unterweisungen fast immer eine Quelle der Beunruhigung für mich darstellten. Und die anderen Herbergsgäste? Ein Jesuit mit galligem Temperament, ein argwöhnischer, verschlossener Edelmann aus den Marken, ein französischer Gitarrist mit schroffen Manieren, ein toskanischer Arzt mit wirren und vielleicht sogar gefährlichen Ansichten, ein venezianischer Glasbläser auf der Flucht aus seiner Heimat, ein angeblicher Dichter aus Neapel und zu guter Letzt mein Padrone und Bedfordi, die ohnmächtig in ihren Betten lagen. Nie zuvor hatte ich ein so tiefes Gefühl von Verlassenheit empfunden – da wurde mein Gestammel plötzlich von einer unsichtbaren Kraft unterbrochen, die mich rückwärts niederstreckte, bis ich am Boden lag und über mir den einzigen Gast erkannte, den ich bei meiner stummen Inventur ausgelassen hatte.

»Du hast mich erschreckt, du Dummerchen.«

Cloridia hatte die Anwesenheit eines Fremden vor ihrer Tür (an welcher ich in der Tat lehnte) wahrgenommen und ruckartig geöffnet, so dass ich in ihr Zimmer hineinkullerte. Ich stand vom Boden auf und trocknete mir rasch das Gesicht. Mich zu rechtfertigen versuchte ich erst gar nicht.

»Und außerdem gibt es schlimmeres Unglück als die Pest oder die Türken.«

»Habt Ihr meine Gedanken gehört?«, erwiderte ich verblüfft.

»Erstens hast du nicht gedacht, denn wer wirklich denkt, hat keine Zeit für Geflenne. Und ferner befinden wir uns wegen Pestverdacht in Quarantäne, und niemand in Rom schläft in diesen Wochen eine einzige Nacht, ohne von den Türken zu träumen, die durch die Porta del Popolo einmarschieren. Warum wohl mochtest du so greinen?«

Damit hielt sie mir einen Teller mit einem halb vollen Glas Aquavit und einem Aniskringel hin. Scheu wollte ich mich auf den Rand ihres hohen Bettes setzen.

»Nein, nicht dahin.«

Instinktiv sprang ich wieder auf und verschüttete dabei die Hälfte des Schnapses auf den Teppich. Den Kringel bekam ich wie durch ein Wunder noch zu fassen, übersäte aber das Bett mit Krümeln. Cloridia sagte nichts. Ich murmelte eine Entschuldigung und versuchte, das Missgeschick wieder gutzumachen, wobei ich mich fragte, warum sie mir keine bitteren Vorwürfe gemacht hatte, wie es Signor Pellegrino und ebenso auch jeglicher Herbergsgast zu tun pflegte (abgesehen, ehrlich gestanden, von Abbé Melani, der sich mir gegenüber einer großherzigeren Haltung befleißigte).

Die junge Frau, die vor mir stand, war die einzige Person, von der ich zugleich so wenig so genau wusste. Meine Kontakte zu ihr beschränkten sich auf die Mahlzeiten, die ich ihr auf Geheiß meines Herrn zubereitete und brachte, auf die versiegelten Briefchen, die sie mich manchmal diesem oder jenem auszuhändigen bat, auf den Umgang mit ihren kleinen Zofen, die häufig wechselten und die ich von Mal zu Mal im Gebrauch des Wassers und der Vorratskammer unterwies. Das war alles. Ansonsten wusste ich nichts darüber, wie sie in dem Türmchen lebte, wo sie ihre Gäste empfing durch das Türchen, das auf die Dächer hinausging, und ich brauchte auch nichts zu wissen.

Sie war keine einfache Dirne, sie war eine Kurtisane: zu reich, um eine Hure zu sein, zu habgierig, um keine zu sein. Und doch genügt das nicht, um wirklich zu begreifen, wer eine Kurtisane sei und in welch erlesenen Künsten ihre Meisterschaft bestehe.

Denn alle wussten, was in den Badehäusern geschah, jenen heißen Dampfbädern, die ein Deutscher nach Rom importiert hatte und die empfohlen wurden, um mit dem Schweiß die fauligen Säfte auszutreiben, und die zumeist von übel beleumundeten Weibern geführt wurden (kaum zwei Schritte vom Donzello entfernt gab es eines, das nach den Worten aller das berühmteste und älteste von ganz Rom war und eben *la stufa delle donne*, das Frauenbad, hieß); und alle, sogar ich, wussten, welchen Umgang man mit einigen Frauenzimmern bei Sant'Andrea delle Fratte oder in der Gegend um Via Giulia oder bei Santa Maria in Via pflegen konnte. Hinlänglich bekannt war auch, dass in Santa Maria in Monterone sogar in den Räumen der Pfarrei solcher Handel stattfand und dass schon in längst vergangenen Jahrhunderten die Päpste dem Klerus verbieten mussten, mit dieser Art Frauenzimmern in Gemeinschaft zu leben, wobei diese Verbote freilich häufig missachtet oder umgangen wurden. Letztlich war auch klipp und klar, wer sich hinter wohlklingenden lateinischen Namen wie Lucrezia, Cornelia, Medea, Penthesilea, Flora, Diana, Vittoria, Polissena, Prudentia oder Adriana verbarg; oder wer die Gräfin oder die Reverendissima waren, die es gewagt hatten, ihren illustren Beschützern den Titel zu stehlen; oder auch, welche Begierden Selvaggia, die Wilde, oder Smeralda zu entfesseln liebten und welches das wahre Wesen von Fior di Crema war oder warum Gravida, die Schwangere, diesen Namen trug oder, zu guter Letzt, welchen Beruf die Liederliche Lucrezia ausübte.

Wozu nachforschen? Es gab Leute, die schon vor hundert Jahren und mehr eine Bestandsaufnahme der Kategorien gemacht hatten: Dirnen, Huren, Kuriale, Lampennutten, Kerzennutten, Eifersüchtige, Kleidersüchtige, Frauen von Stand oder von geringem Los, während einige Scherzlieder auch die Sonntäglichen kannten, die Bigotten, die Osinianen, die Guelfinnen, die Ghibellininnen und tausend, tausend andere. Wie viele waren es? Genug, um Papst Leo X., als die Straße zur Piazza del Popolo repariert werden musste, auf den Gedanken zu bringen, den Huren, die zahlreich in jenem Viertel wohnten, eine Steuer aufzuerlegen. Unter Papst Klemens VII. gab es Leute, die schworen, dass auf zehn Römer je eine Dirne käme (dazu noch die Kuppler und Zuhälter), und vielleicht hatte auch der heilige Augustinus Recht, als er sagte, wenn die Prostituierten verschwänden, würde alles in Ausschweifung und Zügellosigkeit enden.

Doch mit den Kurtisanen war es etwas anderes. Denn mit ihnen wurde das Liebesspiel zur erhabenen Übung: Daran ließ sich nicht mehr der Appetit des Kaufmanns oder des Soldaten messen, sondern der Geist von Botschaftern, Fürsten und Kardinälen. Jawohl, der Geist: Denn die Kurtisane wetteifert mit den Männern siegreich im Verseschmieden, wie Gaspara Stampa, die Collatino von Collalto einen ganzen glühenden Canzoniere widmete, oder wie Veronica Franco, die im Bett und in Versen die Mächtigen der Familie Venier herausforderte; oder wie Imperia, die Königin der römischen Kurtisanen, die anmutige Madrigale und Sonette zu komponieren verstand und von hervorragenden und vielseitig begabten Männern wie Tommaso Inghirami, Camillo Porzio, Bernardino Capella, Angelo Colocci und dem steinreichen Agostino Chigi geliebt wurde, darüber hinaus für Raffael Modell saß und vielleicht selbst mit der Fornarina rivalisierte (zuletzt nahm sich Imperia das Leben, doch vor ihrem Tod erteilte Papst Julius II. ihr die Absolution für alle ihre Sünden, und Chigi ließ ihr ein Denkmal errichten). Die berühmte Meinemutterwillesnicht, so genannt wegen einer unbedachten jugendlichen Verweigerung, konnte den gesamten Petrarca und Boccaccio und Vergil und Horaz und hundert weitere Autoren auswendig.

Nun: Die Frau, die ich vor mir hatte, gehörte, wie Pietro Aretino sagt, zu jenem Stamm von schamlosen Weibern, deren Pomp Rom zugrunde richtet, während die Ehefrauen verhüllt durch die Straßen gehen und Vaterunser murmeln.

»Bist du auch gekommen, um zu fragen, was die Zukunft für dich bereithält?«, fragte Cloridia. »Willst du die frohe Botschaft? Gib Acht, die künftigen Dinge – und das sage ich allen, die hierher kommen – sind nicht immer, wie man sie sich wünscht.«

Ich schwieg verwirrt. Ich glaubte, ich hätte alles über diese Frau erfahren, und dabei wusste ich nicht, dass sie die Zukunft vorhersagen konnte.

»Von Magie verstehe ich nichts. Und auch wenn du die Geheimnisse der Sterne ergründen willst, musst du zu jemand anderem gehen. Wenn dir aber noch nie jemand die Hand gelesen hat, dann bist du bei Cloridia richtig. Oder vielleicht hast du einen Traum gehabt und möchtest seinen verborgenen Sinn ergründen. Sag nicht, du seist ohne jedes Begehr gekommen, denn ich werde dir nicht glauben. Niemand kommt zu Cloridia, ohne etwas zu wollen.«

Ich war neugierig, aufgeregt und zögerlich zugleich. Mir fiel ein, dass ich auch ihr Cristofanos Heilmittel verabreichen musste, doch schob ich es noch hinaus. Stattdessen nutzte ich umgehend die Gelegenheit und erzählte Cloridia von dem Alptraum, in dem ich mich in die dunkle, unterirdische Höhle unter dem Donzello stürzen sah.

»Nein, nein, das ist nicht klar«, kommentierte Cloridia am Ende kopfschüttelnd, »war der Ring aus Gold oder aus unedlem Metall?«

»Weiß ich nicht.«

»Dann ist die Deutung fraglich. Denn ein Ring aus Eisen heißt: Gutes, verbunden mit Schmerz. Goldring heißt: großer Gewinn. Ich finde den Schacht interessant, der auf verborgene oder gelüftete Geheimnisse hinweist. Vielleicht haftet Devizé ein Geheimnis an, das er kennt oder auch nicht. Weißt du etwas darüber?«

»Nein, ehrlich gesagt weiß ich nur, dass er ein hervorragender Gitarrenspieler ist«, erwiderte ich eingedenk der wunderbaren Musik, die ich ihn den Saiten seines Instruments hatte entlocken hören.

»Natürlich kannst du gar nichts anderes wissen, was wäre Devizés Geheimnis sonst für ein Geheimnis?«, lachte Cloridia. »Dann kommt in deinem Traum aber noch Pellegrino vor. Du hast ihn erst tot und dann wieder auferstanden gesehen, und Tote, die wieder auferstehen, bedeuten: Kummer und Sorgen. Also haben wir: Ring, Geheimnis, von den Toten Auferstandener. Die Bedeutung, ich sag's dir noch einmal, ist nicht klar, wegen dem Ring. Klar sind das Geheimnis und der Tote.«

»Dann weist der Traum auf Unheil hin.«

»Das ist nicht gesagt. Denn in Wirklichkeit ist dein Padrone ja nur krank, in böser Verfassung, aber nicht tot. Und Krankheit bedeutet einfach: Untätigkeit und wenig Einsatz. Vielleicht fürchtest du, seit Pellegrino kraftlos darniederliegt, deine Pflichten vernachlässigt zu haben. Aber hab keine Angst vor mir«, sagte Cloridia, während sie träge einen neuen Kringel aus einem Korb fischte, »ich werde es Pellegrino gewiss nicht erzählen, wenn du ein wenig nachlässig bist. Sag mir vielmehr, was spricht man da unten? Abgesehen von dem unglücklichen Bedfordi, scheint mir, erfreuen sich die anderen alle bester Gesundheit, nicht wahr?« Und wie nebenbei fuhr sie fort: »Was ist mit Pompeo Dulcibeni zum Beispiel? Ich frage dich nach ihm, weil er doch zu den Ältesten gehört ...«

Schon wieder fragte mich Cloridia also nach Dulcibeni. Finster rückte ich von ihr ab. Sie begriff sogleich: »Hab nur keine Angst, mir nahe zu kommen«, sagte sie, mich an sich ziehend, und verstrubbelte mir das Haar, »ich habe nicht die Pest, bis jetzt.«

Da erinnerte ich mich meiner Sanitäterpflicht und teilte ihr mit, dass Cristofano mir schon die vorbeugenden Arzneien mitgegeben hatte, die allen Gesunden verabreicht werden sollten. Errötend fügte ich hinzu, dass ich mit der Veilchenpomade von Meister Giacomo Bortolotto aus Parma beginnen müsse, mit der ich ihr Rücken und Hüften einreiben solle.

Sie schwieg. Ich lächelte schwach: »Ich habe auch das Räucherwerk von Orsolin Pignuolo aus Pontremoli dabei. Wenn es Euch lieber ist, können wir damit beginnen, da Ihr ja einen Kamin im Zimmer habt.«

»Ja, gut«, erwiderte sie. »Wenn es nur nicht zu lange dauert.«

Sie setzte sich an ihr Toilettentischchen. Ich sah, wie sie ihre Schultern entblößte und ihre Haarfülle unter einer weißen Musselinhaube verbarg, die von gekreuzten Bändern gehalten wurde. Derweil ich wartete, stocherte ich, um etwas Glut aus dem Kamin in ein Gefäß zu füllen, im Feuer und dachte dabei schaudernd an die Nacktheit, die es vermutlich in jenen doch noch lauen Mittseptembernächten gewärmt hatte.

Dann drehte ich mich wieder zu ihr um: Sie hatte sich ein doppeltes Leinentuch um den Kopf geschlungen und glich einer Heiligenerscheinung.

»Johannisbrot, Myrrhe, Weihrauch, Styrax calamita, Benzoin, Armoniacum, Antimonium, verknetet mit reinstem Rosenwasser«, rezitierte ich, da ich Cristofanos Notizen genau studiert hatte, während ich das Gefäß mit der Glut rasch vor Cloridia auf den Tisch stellte und das Räucherwerk hineinbrockte, »und denkt daran: Atmet mit weit geöffnetem Mund.«

Damit zog ich das Leinentuch herunter, bis es ihr Gesicht bedeckte. Bald war das Zimmer von einem stechenden Geruch erfüllt.

»Die Türken machen viel bessere Heilschwaden als diese«, brummte Cloridia nach einer Weile unter dem Tuch hervor.

»Wir sind aber keine Türken, bis jetzt«, antwortete ich plump.

»Und würdest du mir glauben, wenn ich dir sagte, dass ich es bin?«, hörte ich daraufhin.

»Ganz gewiss nicht, Donna Cloridia.«

»Warum denn nicht?«

»Weil Ihr in Holland geboren seid, in …«

»In Amsterdam, bravo. Aber woher weißt du das überhaupt?«

Ich wusste nichts zu erwidern, weil ich diesen Umstand erst wenige Tage zuvor vernommen hatte, als ich an Cloridias Tür das Gespräch zwischen ihr und einem unbekannten Besucher belauschte, bevor ich anklopfte, um einen Obstkorb abzugeben.

»Vermutlich wird es dir eines meiner Mädchen erzählt haben. Ja, ich bin vor beinahe neunzehn Jahren im Land der Häretiker zur Welt gekommen, aber Calvin und Luther konnten mich nie zu ihren Anhängern zählen. Meine Mutter habe ich nicht gekannt, mein Vater dagegen war ein schwerreicher, etwas launischer italienischer Kaufmann, der viel reiste.«

»Oh, Ihr Glückliche!«, rutschte es mir heraus, denn ich war ja nur ein einfaches Findelkind.

Sie schwieg, und aus der Bewegung ihres Oberkörpers schloss ich, dass sie tief die Räucherschwaden einatmete. Sie hustete.

»Falls du eines Tages je mit italienischen Kaufleuten zu tun haben solltest, so denke daran: Sie sind einzig darauf aus, die Schulden den anderen zu überlassen und den Gewinn für sich zu behalten.«

Ich konnte noch nicht ermessen, wie sehr sie aus Erfahrung sprach. In der Tat hatte es eine Zeit gegeben, zu der Lombarden, Toskaner und Venezianer sich so im Handel hervortaten, dass sie, um den Militärjargon zu benutzen, die reichsten Handelsplätze Hollands, Flanderns, Deutschlands, Russlands und Polens erobert hatten. Und es gab niemanden, der sie an Skrupellosigkeit übertraf.

Diese Leute, so deutete Cloridia an (und in den kommenden Jahren sollte ich noch Genaueres darüber hören), waren großenteils Nachfahren von Familien mit leuchtendem Ruf wie die Buonvisi, Arnolfini, Calandrini, Cenami, Balbani, Balbi, Burlamacchi, Parenzi und Samminiati, seit undenklichen Zeiten spezialisiert auf den Umschlag von Stoffen und Getreide in der Handelsstadt Antwerpen, die damals der größte Markt Europas war, und außerdem auch bekannt als Bankiers und Wechselmakler in Amsterdam, Besançon und Lyon. Und in Amsterdam hatte Cloridia den Ruhm der Tensini, der Verrazzano, der Balbi, der Quingetti und dann der Burlamacchi und Calandrini, die schon in Antwerpen präsent waren, selbst mit Händen greifen können: Genueser, Florentiner, Venezianer, alles Kaufleute, Bankiers und Wechselmakler, einige auch Gesandte von Fürstentümern und italienischen Republiken.

»Und alle verkauften Getreide?«, fragte ich, indem ich mich mit den Ellbogen auf das Tischchen stützte, um besser zu hören und gehört zu werden.

Allmählich betörte mich die Erzählung von jenen fernen Ländern, die für jemanden wie mich, der keine genaue Vorstellung von der Küste des Nordens hatte, noch keinen festen Platz auf der Erdkugel besaßen.

»Aber nein, ich habe es dir doch gesagt. Sie verliehen, sie verleihen immer noch Geld, sie machen vielerlei Geschäfte. Die Tensini zum Beispiel versichern und heuern Schiffe an, sie kaufen Kaviar, Talg und Pelze aus Russland und liefern dann dem Zar Medikamente. Jetzt sind sie fast alle sehr reich, aber manche sind wie viele andere bettelarm dort angekommen, einige haben als Bierbrauer angefangen, andere waren einfache Färber ...«

»Bierbrauer?«, fragte ich zurück, sofort skeptisch, ungläubig, dass man auf solche Weise ein Vermögen anhäufen könne. Ich hielt mein Gesicht nunmehr ganz nah an ihres: Sie konnte mich ja nicht sehen. Und dies gab mir große Sicherheit.

»Gewiss doch: die Bartolotti, die an der Heerengracht das schönste Haus der ganzen Stadt besitzen und die jetzt zu den mächtigsten Bankiers von Amsterdam zählen, Aktionäre und Finanziers der Vereinigten Ostindischen Kompanie sind.«

Sie erklärte mir, dass aus Holland – oder besser gesagt: aus den sieben Vereinigten Provinzen, wie der offizielle Name der Republik lautete – dreimal im Jahr Schiffe voller Nahrungsmittel, Waren und Gold, die auf dem Weg nach Indien eingetauscht wurden, in See stachen und nach vielen Monaten beladen mit Gewürzen, Zucker, Salpeter, Seide, Perlen, Muscheln zurückkehrten, oft nachdem sie chinesische Seide gegen japanisches Kupfer, Stoffe gegen Pfeffer, Elefanten gegen Zimmet eingehandelt hatten. Und das Geld, um die Mannschaft anzuheuern und die *fluit* (so hießen die schnellen Schiffe, die die Kompanie einsetzte) auszurüsten, wurde zu gleichen Teilen von den großen Herren und den Mächtigen der Stadt zur Verfügung gestellt, die bei der Rückkehr der Segler häufig (aber nicht immer) enormen Gewinn aus den angekommenen Waren zogen; und noch viel größere Gewinne konnten sie anschließend damit erzielen, denn nach der häretischen Religion jenes Volkes wird derjenige mit dem Himmelreich belohnt, der am härtesten arbeitet und am meisten verdient, auch wenn es dann nicht wohl angesehen ist, diesen Gewinn zu verschwenden, sondern es als wichtig gilt, genügsam, bescheiden und rechtschaffen zu sein.

»Sind denn die Bartolotti, die Bierbrauer, auch Häretiker?«

»An der Fassade ihres Hauses prangen die Worte ›Religione et Probitate‹, das allein genügt als Hinweis, dass sie Calvinisten sind, auch weil ...«

Mir fiel es allmählich schwer, ihr zuzuhören: Vielleicht waren mir die Schwaden des Räucherwerks zu Kopf gestiegen.

»Was bedeutet eigentlich Wechselmakler?«, fragte ich unvermittelt, als ich mich wieder gefangen hatte, da manche jener Kaufleute laut Cloridia ja zu dieser noch einträglicheren Tätigkeit übergegangen waren.

»Das sind diejenigen, die als Vermittler zwischen denen, die Geld verleihen, und denen, die es leihen, auftreten.«

»Und ist es ein guter Beruf?«

»Wenn du wissen willst, ob die Leute gut sind, die ihn ausüben, nun – das kommt darauf an. Dass es eine Arbeit ist, die reich macht, ist jedenfalls sicher. Reiche macht sie sogar steinreich.«

»Sind die Versicherer und Schiffsleiher noch reicher?«

Cloridia schnaufte: »Darf ich aufstehen?«

»Nein, Monna Cloridia, nicht, bevor das Räucherwerk heruntergebrannt ist!«, ermahnte ich sie.

Ich wollte unser Gespräch nicht so rasch beenden. Beinahe ohne es zu gewahren, hatte ich zudem begonnen, mit einem Finger über den Saum des Tuches zu streichen, das ihren Kopf bedeckte: Sie konnte es ja nicht merken.

Sie seufzte. Und hier bewirkte meine übermäßige Einfalt im Verein mit meiner geringen Kenntnis der Welt (und auch gewisser Umstände, was in solch schwieriger Lage nicht meine Schuld war), dass sich Cloridias Zunge löste. Plötzlich wetterte sie gegen die Kaufleute und deren Geld, vor allem aber gegen die Bankiers, deren Reichtum die Quelle aller Schändlichkeit sei (allerdings benutzte Cloridia in Wirklichkeit viel härtere Worte und ganz andere Tonlagen) und der Ursprung alles Bösen, besonders wenn das Geld von Wucherern und Maklern verliehen wurde, und *maxime*, wenn Könige und Päpste die Empfänger waren.

Nun, da mein Verstand nicht mehr so ungebildet ist wie damals als junger Hausbursche, weiß ich, wie Recht sie hatte. Ich weiß, dass Karl V. seine Wahl zum Kaiser mit dem Geld der Bankiersfamilie Fugger erkaufte und dass die unklugen spanischen Herrscher, weil sie zu oft die Kapitalien der Genueser Geldverleiher in Anspruch genommen hatten, einen beschämenden Bankrott erklären mussten, der viele ihrer eigenen Geldgeber in den Ruin trieb. Ganz zu schweigen von dem umstrittenen Orazio Pallavicino, der die Unkosten für Elisabeth von England bezahlte, oder von den Toskanern Frescobaldi und Ricciardi, die schon zur Zeit Heinrichs III. der Englischen Krone Geld liehen und gierig im Namen der Päpste den Zehnten eintrieben.

Cloridia hatte sich unterdessen aufgerichtet und das Leintuch vom Kopf gezogen, so dass ich, schamrot, einen Satz rückwärts machte. Sodann riss sie sich die Haube vom Kopf, und ihr langes, lockiges Haar fiel ihr in einem Strahlenkranz über die Schultern.

Damals erschien sie mir zum ersten Mal in einem neuen und überirdischen Licht, das alles auslöschte, was ich von ihr gesehen hatte – und vor allem das, was ich nicht gesehen hatte, was mir aber noch unauslöschlicher zu sein schien. Mit den Augen und ich glaube mit all meiner Seele sah ich ihren samtig schimmernden braunen Teint, der im Gegensatz zu den dichten, venezianisch-blonden Locken stand, und dass diese, wie ich wusste, ein *effectus* von Weißweinhefe und Olivenöl waren, kümmerte mich in jenem Augenblick wenig, da sie die schmalen schwarzen Augen und die dicht stehenden Perlen des Mundes umrahmten, die rundliche, stolz hochgetragene Nase, die schwellenden Lippen mit dem Hauch Rot, der genügte, um ihnen die vage Blässe zu nehmen, und die kleine, aber feine, harmonische Gestalt und den schönen Schnee der Brust, unberührt und von zwei Sonnen geküsst, über den Schultern, die einer Büste von Bernini würdig waren, so schien es mir zumindest *et satis erat*, und ihre Stimme erfüllte mich, obgleich alteriert und geradezu donnernd vor Zorn oder vielleicht gerade deshalb, mit unkeuschen Wünschlein und schmachtenden Seufzerlein, mit ländlichen Begierden, blühenden Träumen, duftendem pflanzlichem Rausch, und fast war mir, als könnte ich für fremde Augen unsichtbar werden durch den Nebel des Begehrens, der mich einhüllte und durch den mir Cloridia erhabener erschien als eine Madonna, verzückter als ein Sinnspruch der Theresa von Avila, wundersamer als ein Vers des Cavalier Marino, melodiöser als ein Madrigal von Monteverdi, lüsterner als ein Distichon von Ovid und heilbringender als ein ganzer Band von Fracastoro. Nein, sagte ich mir, niemals würde die Dichtkunst einer Imperia, einer Veronica, einer Meinemutterwillesnicht ebensolche Macht haben (so sehr es meine Seele auch belastete zu wissen, dass niedrige Weiber, wenige Schritte von der Locanda entfernt, dort im Frauenbad zu allem bereit waren, auch für mich, wenn man nur zwei Scudi hatte), und während ich ihr noch lauschte, überrannte mich, so geschwind wie die Pferde des Kardinal Chigi, der Gedanke an all die Male, die ich den Zuber mit heißestem Wasser für ihr Bad bis vor ihre Türe getragen hatte, und niemals mehr würde ich begreifen, wie sie mir hinter den wenigen Holzbrettern, während die Dienerin ihr mit Talkum und Lavendelwasser sanft den Nacken abrieb, ebenso gleichgültig gewesen sein konnte, wie sie mir nun den Geist und die Sinne und das gesamte Wesen entflammte.

Derart hingerissen, achtete ich gar nicht mehr darauf (doch kam mir dies erst später zum Bewusstsein), wie bizarr jenes Schimpfen auf die Kaufleute seitens einer Kaufmannstochter war, und vor allem wie unerwartet jener angedeutete Ekel vor Geld aus dem Mund einer Kurtisane klang.

Und ich war nicht nur blind für solche Ungereimtheiten, sondern um ein Haar auch taub für das rhythmische Klopfen von Cristofanos Knöcheln an der Tür. Cloridia hingegen antwortete prompt auf das höfliche Einlassbegehren und bat den Arzt herein. Er hatte mich überall gesucht. Er brauchte meine Hilfe bei der Zubereitung eines Absuds: Brenozzi klagte über einen starken Schmerz am Kiefer und hatte ihn um eine Arznei gebeten. Schweren Herzens musste ich mich daher losreißen von meinem ersten Zwiegespräch mit dem einzigen weiblichen Gast des Donzello.

Wir verabschiedeten uns umgehend. Mit den Augen der Hoffnung wollte ich auf ihrem Gesicht eine Spur Traurigkeit über die Trennung entdecken, doch hinderte mich dies gleichwohl – als sie die Türe schloss – nicht, eine gräuliche Narbe an ihrem Handgelenk wahrzunehmen, die sie beinah bis zum Handrücken entstellte.

Cristofano führte mich wieder in die Küche, wo ich beauftragt wurde, etliche Samen und Kräuter und eine frische Kerze herauszusuchen. Dann hieß er mich in einem Tiegel ein wenig Wasser aufsetzen, während er selbst die Zutaten zerstieß und durchsiebte, und als das Wasser entsprechend heiß war, gaben wir die fein pulverisierte Mischung dazu, die sogleich einen sehr angenehmen Duft verbreitete. Während ich noch dabei war, das Feuer für den Absud anzufachen, fragte ich den Arzt, ob es, wie ich gehört hatte, stimmte, dass ich Weißwein auch zum Putzen und Aufhellen meiner Zähne benutzen könne.

»Gewiss, und du würdest ein gutes und vollkommenes Werk vollbringen, aber nur, wenn du dir den Mund damit ausspülst. Mischst du ihn mit Kaolin, wirst du eine wunderbare Wirkung erzielen, die *maxime* den jungen Frauenzimmern gefällt. Du musst Zähne und Zahnfleisch damit einreiben, am besten mit einem Stück scharlachrotem Wollstoff wie dem, der auf Cloridias Bett lag, wo du gesessen bist.«

Ich tat so, als verstünde ich die zweifache Anspielung nicht, und beeilte mich, das Thema zu wechseln, indem ich Cristofano fragte, ob er je von toskanischen Mitbürgern wie den Calandrini, den Burlamacchi, den Parenzi und anderen gehört habe (in Wirklichkeit konnte ich mich kaum an zwei Namen erinnern, ohne sie zu verballhornen). Und Cristofano erwiderte, während er mir nunmehr befahl, die Mischung aus zerstoßenen Kräutern und Wachs in den Tiegel zu geben, ja, einige dieser Namen seien in der Toskana sehr bekannt (wenngleich manche dieser Häuser längst heruntergekommen waren), und er selbst kenne in einigen Fällen die Familien, da er ihre Sekretäre, Bedienstete und Angehörige behandelt hatte. Und insbesondere sei bekannt, dass die aus Lucca stammenden Burlamacchi und Calandrini nun schon vor Generationen Calvins Religion angenommen und ihre Kinder und Kindeskinder zuerst Genf und später Amsterdam als Heimat erwählt hätten, und ohne ganz so weit zu gehen, wären die Benzi und die Tensini doch so sehr an ihre Geschäfte mit Holland gebunden, wo sie Ländereien, Villen und Paläste erworben hätten, dass sie in der Toskana die *Verflamten* genannt würden. Was Cloridia berichtet hatte, stimmte: Häufig waren sie mittellos in Antwerpen und Amsterdam angekommen und hatten vor Ort die schwierige und gefahrvolle Kunst des Handels erlernt. Einige hatten ein Vermögen gemacht und in adelige Familien des Landes eingeheiratet; andere waren unter der Last der Schulden zusammengebrochen, und man hatte nichts mehr von ihnen gehört. Wieder andere waren auf irgendeinem Schiff ertrunken, das im arktischen Eis vor Archangelsk oder in den Gewässern Malabars gesunken war. Wieder andere schließlich waren reich geworden, hatten es im Alter aber vorgezogen, in die Heimat zurückzukehren, wo sie zu Recht zu Ehren kamen: wie Francesco Feroni, ein elender Färber aus Empoli, der damit begonnen hatte, alte Leintücher, violette Kutten aus Delft, Baumwollstoffe, kleine Margaritperlen aus Venedig, mengenweise Aquavit, Wein aus Spanien und starkes Bier nach Guinea zu verhökern. Er war mit seinen Geschäften so reich geworden, dass ihm im Großherzogtum Toskana schon vor seiner Rückkehr ein gewaltiger Ruf vorauseilte, auch weil er dem Großherzog Cosimo III. von Medici in den Vereinigten Provinzen als ausgezeichneter Botschafter gedient hatte. Als er schließlich beschloss, in die Toskana heimzukehren, hatte der Großherzog selbst ihn zu seinem Generaldepositär ernannt, was den Neid von ganz Florenz erweckte. Feroni hatte beträchtliche Reichtümer in die Toskana zurückgebracht, hatte sich eine herrliche Villa auf dem Land bei Bellavista gekauft und konnte sich trotz der Missgunst der Florentiner durchaus glücklich schätzen, in die Heimat zurückgekehrt und der Gefahr entronnen zu sein.

»Ihr meint, mit einem Schiff unterzugehen und zu ertrinken?«

»Nicht nur das, Junge! Manche Geschäfte bergen unendliche Gefahren in sich.«

Gern hätte ich ihn gefragt, was er damit sagen wollte, doch in diesem Augenblick war der Absud fertig, und Cristofano befahl mir, ihn Brenozzi in sein Zimmerchen im zweiten Stock hinaufzubringen. Den Anweisungen des Arztes folgend, empfahl ich dem Venezianer, mit weit geöffnetem Mund die noch heißen Dämpfe einzuatmen: Nach dieser Behandlung werde ihn der Kiefer gewiss weit weniger oder gar nicht mehr schmerzen. Wenn er fertig sei, solle Brenozzi den Tiegel vor seine Tür stellen, damit man ihn dort abholen könne. Dank des Zahnwehs blieb mir sein üblicher Wortschwall erspart. So konnte ich sofort in die Küche zurückkehren, um das Gespräch mit dem Arzt fortzusetzen, bevor er sich wieder in sein Zimmer verzog. Stattdessen fand ich jedoch leider Abbé Melani vor.

Nur mühsam verbarg ich meine Bestürzung. Die Momente, die ich mit Cloridia verbracht hatte und die mit dem beunruhigenden Anblick ihres misshandelten Handgelenks endeten, sowie ihre erstaunliche Tirade gegen die Kaufleute, weckten in mir das verzweifelte Bedürfnis, Cristofano noch weiter auszufragen. Der Arzt jedoch war, seinen eigenen Vorschriften gemäß, besonnen in sein Zimmer zurückgekehrt, ohne meine Rückkehr abzuwarten. Und nun hatte sich zu meinen Sorgen auch noch Atto Melani hinzugesellt, den ich dabei ertappte, wie er unbefangen im Speiseschrank herumstöberte. Ich wies ihn darauf hin, dass seine Übertretung der Vorschriften des Arztes uns alle in Gefahr bringe und ich eigentlich verpflichtet wäre, Cristofano zu unterrichten, dass es zudem noch nicht Abendessenszeit sei, ich mich aber gewiss in Kürze damit befassen würde, den Appetit der Herren Herbergsgäste zu befriedigen, wenn ich nur (und dabei warf ich einen vielsagenden Blick auf das Stück Brot, das Melani in der Hand hielt) frei über den Speiseschrank verfügen könnte.

Abbé Melani versuchte seine Verlegenheit zu überspielen

und erwiderte, dass er nach mir gesucht habe, um bestimmte Dinge mit mir zu besprechen, die ihn beunruhigten, ich aber ließ ihn nicht ausreden und sagte, ich sei es leid, ihm immer Recht geben zu müssen, während wir alle offensichtlich in ernster Gefahr schwebten und während ich noch gar nicht wisse, was er wirklich wollte und suchte, und dass ich nicht beabsichtigte, mich für Machenschaften herzugeben, deren Sinn und Zweck ich nicht verstand, und dass für ihn, Melani, der Augenblick gekommen sei, sich zu erklären und jeden Zweifel zu zerstreuen, da ich einige wenig löbliche Gerüchte über ihn vernommen hätte und, bevor ich ihm zu Diensten wäre, ausreichende Erklärungen von ihm verlangte.

Die Begegnung mit Cloridia musste mir neuen und frischeren Mut geschenkt haben, denn meine kühne Rede schien Abbé Melani zu überraschen. Er sagte, es erstaune ihn, dass jemand in der Locanda glaube, er könne seine Ehre beschmutzen, ohne dafür zu büßen, und forderte mich ohne allzu große Überzeugung auf, ihm den Namen des Frechlings zu nennen.

Dann schwor er, dass er auf keine Weise beabsichtige, meine Dienste zu missbrauchen, und heuchelte größtes Befremden: Erinnerte ich mich etwa nicht mehr, dass er und ich gemeinsam herauszufinden versuchten, wer wohl der unbekannte Dieb von Pellegrinos Schlüsseln und meinen Perlen sei? Und dass es vorher sogar noch dringend zu verstehen gelte, ob all das mit dem Mord an Signor de Mourai zu tun habe und wie es letztlich zusammenhing – falls es denn wirklich zusammenhing – mit dem Unglück, das meinem Padrone und dem jungen Bedfordi zugestoßen war? Fürchtete ich etwa nicht mehr, tadelte er mich, um unser aller Leben?

Trotz seines unaufhaltsamen Redeschwalls merkte ich genau, dass der Abbé verlegen war.

Ermutigt durch den Erfolg meines unvermuteten Ausfalls, unterbrach ich Melani ungeduldig und verlangte, in einem Winkel meines Herzens noch Cloridia zugewandt, sofortigen Bescheid über seine Ankunft in Rom und seine wahren Absichten.

Während ich mein Herz heftig in den Schläfen pochen fühlte und mir im Geist den Schweiß von der Stirn trocknete wegen der Kühnheit meiner Ansprüche, konnte ich mein Staunen über die Reaktion des Abbé kaum unterdrücken. Anstatt die arroganten Forderungen eines einfachen Hausburschen weit von sich zu weisen, veränderte sich Attos Gesichtsausdruck plötzlich, und er lud mich mit aller Schlichtheit und Höflichkeit ein, mich mit ihm in eine Ecke der Küche zu setzen, damit er meine berechtigten Einwände entkräften könne. Als wir Platz genommen hatten, begann der Abbé, mir eine Reihe von Umständen zu schildern, die ich, obzwar ziemlich märchenhaft, im Licht der nachfolgenden Tatsachen für wahr oder weitgehend wahrscheinlich halten muss und die ich daher hier mit größtmöglicher Treue wiedergeben will.

Einleitend sagte Abbé Melani, dass Colbert in den letzten Tagen des jüngst vergangenen August schwer erkrankt war und alsbald in Agonie darniederlag, so dass man befürchtete, der Tod werde im Verlauf weniger Tage eintreten. Wie es bei solchen Gelegenheiten geschieht – wenn also ein Staatsmann, der Träger vieler Geheimnisse ist, dem Ende seines Erdendaseins entgegengeht –, wurde Colberts Haus im Quartier Richelieu plötzlich zum Ziel der unterschiedlichsten Besucher, von denen einige ganz uneigennützig kamen, andere weniger. Zu Letzteren gehörte Atto selbst, da er sich dank der ausgezeichneten Referenzen, über die er bei Seiner Allerchristlichsten Majestät persönlich verfügte, ohne allzu große Schwierigkeiten in die häuslichen vier Wände des Ministers einschmuggeln konnte. Das rege Kommen und Gehen von Höflingen, die dem Sterbenden die Ehre erweisen (oder einfach nur Präsenz zeigen) wollten, erlaubte dem Abbé dortselbst, sich geschickt aus einem kleinen Salon zu entfernen, die ohnehin schon nachlässige Überwachung zu umgehen und sich in die Privatgemächer des Hausherren zu schleichen. Hier freilich wäre er gleich zweimal beinahe von der Dienerschaft überrascht worden, während er sich hinter einem Vorhang und dann unter einem Tisch versteckte.

Wie durch ein Wunder unentdeckt, war er schließlich in Colberts Arbeitszimmer vorgedrungen, wo er sich endlich in Sicherheit fühlte und hastig zwischen den Briefen und Papieren zu wühlen begann, die am leichtesten und geschwindesten zugänglich waren. Ein paarmal musste er, durch Schritte im angrenzenden Flur alarmiert, seine Inspektion unterbrechen. Alle Dokumente, auf die er einen raschen Blick hatte werfen können, schienen fast ohne jedes Interesse zu sein. Korrespondenz mit dem Kriegsminister, Marineangelegenheiten, Briefe bezüglich der Manufakturen Frankreichs, Notizen, Berechnungen, Konzepte. Nichts Ungewöhnliches. Noch einmal vernahm er von der Tür her das Nahen anderer Besucher. Er konnte nicht riskieren, dass sich das Gerücht verbreitete, Abbé Melani sei, die Krankheit Colberts ausnutzend, dabei überrascht worden, wie er heimlich in den Papieren des Ministers stöberte. Daher ergriff er aufs Geratewohl einige Packen Briefe und Notizen, welche in den Schreibtischschubladen und in den Schränken gestapelt lagen, deren Schlüssel er ohne viel Mühe gefunden hatte, und stopfte sie sich in den Hosenbund.

»Hattet Ihr denn die Erlaubnis dazu?«

»Um über die Sicherheit des Königs zu wachen, ist alles erlaubt«, erwiderte der Abbé schroff.

Er spähte schon in den halbdunklen Flur und wollte das Arbeitszimmer wieder verlassen (der Abbé hatte für seinen Besuch die Stunden des Spätnachmittags gewählt, um auf die schwindende Helligkeit zählen zu können), da ließ ihn sein Spürsinn aus dem Augenwinkel, in einer Ecke zwischen den Bahnen eines schweren Fenstervorhangs und die Seite eines wuchtigen Ebenholzschrankes eingezwängt, eine kleine Kommode erkennen.

Es war unter einem beträchtlichen Stoß weißer Blätter begraben, auf denen recht und schlecht ein imposantes Lesepult mit reich verziertem Fuß balancierte. Und auf dem Lesepult ein Aktenbündel, zusammengebunden mit einer funkelnagelneuen Schnur.

»Es sah aus, als wäre es noch völlig unberührt«, erklärte Atto.

Colberts Krankheit, ausgelöst durch eine heftige Nierenkolik, hatte nämlich erst wenige Wochen zuvor ihren Höhepunkt erreicht. Seit einigen Tagen hieß es, dass er keinerlei Tätigkeit mehr ausübte; das bedeutete, dass die Akten möglicherweise noch auf einen Leser warteten. Blitzschnell fällte der Abbé seine Entscheidung: Er legte alles zurück, was er schon eingesteckt hatte, und ergriff das Aktenbündel. Kaum hatte er die Kladde an sich genommen, fiel sein Blick jedoch erneut auf den Stoß weißer Blätter, der sich unter dem Gewicht des Lesepults krümmte.

»›Schöner Platz für Schreibpapier‹, brummte ich vor mich hin, indem ich eine derartige *bêtise* dem üblichen stupiden Diener in die Schuhe schob.«

Der Abbé klemmte das Lesepult unter den linken Arm, da er rasch die noch jungfräulichen Blätter danach durchsehen wollte, ob sich etwa ein interessantes Dokument zwischen ihnen verbarg. Nichts. Es war Papier aus bester Herstellung, sehr glatt und schwer. Er fand jedoch, dass einige Blätter ebenso sorgfältig wie merkwürdig zugeschnitten waren: Sie hatten alle die gleiche Form, wie ein Stern mit unregelmäßigen Zacken.

»Zuerst dachte ich an irgendeine Altersmanie des Colubra. Dann gewahrte ich, dass manche dieser Blätter Knitterspuren aufwiesen und am Rand eines der Zacken ganz feine Streifen wie von schwarzem Schmierfett. Ich war noch verblüfft«, fuhr Atto fort, »als ich spürte, wie mir unter dem schweren Gewicht des Lesepults der Arm erlahmte. Ich beschloss, es auf dem Schreibtisch abzustellen, und da merkte ich mit Entsetzen, dass sich ein Zipfel der hauchzarten Spitze meines Ärmels in einer groben Ritze des Lesepults verfangen hatte.«

Als es dem Abbé gelang, die Spitze zu befreien, zeigte sie Spuren von schwarzem Schmierfett.

»Aha, du eingebildete kleine Natter hast wohl geglaubt, du könntest mich überlisten«, dachte Melani, und eine Ahnung durchzuckte ihn.

Hastig griff er zu einem der noch neuen Papiersterne. Er betrachtete ihn aufmerksam, legte ihn auf einen der alten und drehte ihn rasch, bis er herausfand, welcher der richtige Zacken war. Dann schob er diesen in die Ritze. Doch es geschah nichts. Nervös versuchte er es noch einmal: nichts. Nun war der Stern schon verknittert, und er musste einen neuen nehmen. Diesmal schob er ihn mit äußerster Vorsicht in die Ritze und hielt sein Ohr an das Holz wie die Uhrmachermeister, wenn sie freudig auf das erste Ticken der Pendüle horchen, welche sie selbst wieder zum Leben erweckt haben. Und tatsächlich hörte der Abbé ein leichtes Schnappen, sobald die Spitze des Papierzackens den tiefsten Punkt des Spalts berührte: Eine Stütze am Fuß des Lesepults war aufgesprungen wie eine Schublade und zeigte einen kleinen Hohlraum. Darin lag ein Umschlag mit dem Abbild einer Schlange.

»Ah, du eingebildete Natter«, flüsterte der Abbé noch einmal, als er so unvermutet das Wahrzeichen des Colubra vor sich sah.

Indessen vernahm Atto im Flur das Scharren von Schritten, die eilig näher zu kommen schienen. Er nahm den Umschlag, zupfte an seiner Jacke, um die von seiner Beute verursachte Ausbuchtung so gut wie möglich zu kaschieren, und hielt, hinter einem Vorhang versteckt, den Atem an, während er hörte, wie der Mann vor der Tür des Arbeitszimmers stehen blieb. Jemand trat über die Schwelle und sagte, zu anderen gewandt: »Er wird schon hineingegangen sein.«

Da Colberts Diener Abbé Melani nicht ins Krankenzimmer hatten gehen hören, hatten sie begonnen, ihn zu suchen. Doch die Tür schloss sich wieder, der Diener entfernte sich. Abbé Melani schlich sehr leise hinaus und ging ohne Eile auf den Ausgang zu. Dort grüßte er einen Pagen mit einem frechen Lächeln: »Monsieur Colbert wird bald genesen«, sagte er und sah ihm direkt in die Augen, während er durch die Türe schritt.

An den folgenden Tagen war nichts vom Verschwinden der Akte bekannt geworden, und der Abbé hatte sie in aller Ruhe durchlesen können.

»Verzeihung, Signor Atto«, unterbrach ich ihn, »aber wie habt Ihr eigentlich gemerkt, welcher Papierzacken der Richtige war, also der, den man in die Ritze schieben musste?«

»Ganz einfach, alle Papiersterne wiesen genau an der gleichen Zackenspitze Schmierfettspuren auf. Ein grober Fehler der Schlange, sie da liegen zu lassen. Offenbar hatten seine Sinne in der letzten Zeit schon begonnen sich zu verdunkeln.«

»Und warum ist das Geheimfach nicht sofort aufgesprungen?«

»Törichterweise hatte ich an einen plumpen Mechanismus gedacht«, seufzte Atto, »der aufspringt, sobald man mit dem richtigen Schlüssel den tiefsten Punkt des Spalts berührt, also hier mit der Papierspitze, die im entsprechenden Winkel zugeschnitten ist. Doch ich hatte die französischen Meister der Tischlerkunst unterschätzt, die immer erstaunlichere Vorrichtungen erfinden. In Wirklichkeit – und deshalb war es von Bedeutung, ein so edles Material wie dieses Papier exquisiter Machart zu benutzen – handelte es sich nämlich um mehrere, hochempfindliche Mechanismen aus Metall, die nicht direkt ganz unten, sondern in Abständen auf dem letzten Stück des Spalts angebracht waren und die nur durch eine langsame Berührung beider Seiten in perfekter Folge ausgelöst werden konnten.«

Ich verstummte vor Bewunderung.

»Das hätte ich sofort erkennen müssen«, schloss Atto mit einer Grimasse. »Die gebrauchten Sterne waren nämlich nicht genau an der Spitze der Zacken schwarz, sondern an den Rändern entlang.«

Seine Intuition hatte ihn nicht getäuscht: Seinen Worten nach war ihm ein ganz außergewöhnlicher Fang in die Hände geraten. Der Umschlag mit dem Konterfei des Colubra (und er betonte den Namen) enthielt Korrespondenz in lateinischer Sprache, aus Rom von einem Unbekannten geschickt, den Melani, nach dem Stil und anderen Besonderheiten zu urteilen, gewiss als Kirchenmann einstufte. Das Papier war vergilbt und schien schon viele Jahre alt zu sein. In den Schreiben wurde auf vertrauliche Nachrichten Bezug genommen, die der Informant dem Adressaten zu einem früheren Zeitpunkt selbst mitgeteilt hatte. Letzterer war, wie man dem Umschlag entnehmen konnte, der Herr Generaloberintendant der Finanzen, Nicolas Fouquet.

»Und warum hatte sie Colbert?«

»Wie du dich erinnern wirst, habe ich dir schon erzählt, dass bei Fouquets Verhaftung und in den darauf folgenden Tagen alle Papiere sowie die Korrespondenz, die sich aus privaten oder Staatsgründen in seinem Besitz befanden, beschlagnahmt wurden.«

Die Sprache des mysteriösen Prälaten war so unergründlich, dass Melani nicht einmal imstande war herauszufinden, welcher Art das Geheimnis sei, auf das hier angespielt wurde. Er merkte unter anderem, dass eine der Episteln kurioserweise mit *mumiarum domino* begann, konnte aber keinerlei Erklärung dafür finden.

Doch der interessanteste Teil von Abbé Melanis Bericht stand noch bevor, und da bekam die Sache etwas Unglaubliches. Die Mappe, die Atto gut sichtbar auf dem Schreibtisch vorgefunden hatte, enthielt die jüngste Korrespondenz, die Colbert aufgrund seiner Krankheit noch nicht hatte erledigen können. Außer etlichen bedeutungslosen Schreiben enthielt sie zwei Briefe aus Rom vom vergangenen Juli, die höchstwahrscheinlich an Colbert persönlich gerichtet waren. Der Absender, mutmaßlich ein Vertrauensmann des Ministers, meldete ihm, das Eichhörnchen befinde sich in der Stadt auf dem *arbor caritatis*.

»Das heißt ...?«

»Ganz einfach. Das Eichhörnchen ist Fouquets Wappentier, der *arbor caritatis* kann nur die Stadt der Barmherzigkeit sein, das heißt Rom. In der Tat wurde der ehemalige Oberintendant Fouquet laut Informant gleich dreimal gesichtet und beschattet: an einem Ort namens Piazza Fiammetta, bei der Kirche Sant' Apollinare und auf der Piazza Navona. Wenn mich nicht alles täuscht, befinden sich diese drei Örtlichkeiten in der heiligen Stadt.«

»Aber das ist doch nicht möglich«, wandte ich ein. »Ist Fouquet denn nicht im Gefängnis gestorben, in ...«

»In Pinerolo, gewiss, vor gut drei Jahren, in den Armen seines Sohnes, dem man in der letzten Stunde barmherzig Zutritt gewährte. Dennoch sprachen die Briefe von Colberts Informant, obgleich chiffriert, für mich eine ganz klare Sprache: Fouquet war hier in Rom, vor kaum mehr als einem Monat.«

An diesem Punkt beschloss der Abbé, sofort nach Rom aufzubrechen, um das Rätsel zu lösen. Es gab zwei Möglichkeiten: Entweder die Nachricht von Fouquets Anwesenheit in Rom stimmte (und das überstieg jede Vorstellungskraft, da ja allgemein bekannt war, dass der alte Oberintendant an einer langen Krankheit verstorben war, nachdem man ihn fast zwanzig Jahre lang in einer Festung in Einzelhaft gefangen gehalten hatte); oder sie war falsch, und dann musste man herausfinden, ob jemand, etwa ein treubrüchiger Agent, falsche Gerüchte in Umlauf brachte mit dem Ziel, den König und den Hof zu beunruhigen und den Feinden Frankreichs zu helfen.

Noch einmal fiel mir auf, wie beim Erzählen dieser geheimen und überraschenden Begebenheiten ein Funken Schadenfreude in Abbé Melanis Augen aufleuchtete, eine einsame Genugtuung, ein stummer Genuss, dass er sie einem schildern konnte, der wie ich armer Hausbursche nicht die geringste Ahnung hatte von Intrigen, Komplotten und undurchsichtigen Staatsgeschäften.

»Ist Colbert gestorben?«

»Bestimmt, in Anbetracht seines Zustands. Allerdings nicht, bevor ich abgereist bin.«

Wie ich später erfuhr, starb Colbert tatsächlich am 6. September, genau eine Woche bevor Abbé Melani mir von seinem Eindringen in dessen Arbeitszimmer erzählte.

»Vor den Augen der Welt ist er als Sieger gestorben«, fügte Atto nach einer Pause hinzu, »steinreich und überaus mächtig. Er hat eine Menge Adelstitel und Ämter für seine Familie gekauft: Sein Bruder Charles ist Marquis de Croissy und Staatssekretär für Auswärtige Angelegenheiten geworden; ein anderer Bruder, Edouard-François, wurde Marquis de Maulévrier und Generalleutnant der Königlichen Armeen; sein Sohn ist jetzt Marquis de Seignelay sowie Staatssekretär für die Marine. Ohne die anderen Brüder und Söhne mitzurechnen, denen er brillante Militär- und Kirchenkarrieren eröffnet hat, und die reichen Heiraten, die er für seine drei Töchter arrangiert hat – sie alle sind Herzoginnen geworden.«

»Aber hatte Colbert nicht voll Entrüstung Fouquet beschuldigt, dass er zu reich sei und seine Männer überall untergebracht habe?«

»Tja, und anschließend hat er selbst die schamloseste Vetternwirtschaft praktiziert. Er hat das Königreich bis in die letzten Winkel mit einem Netz von Spitzeln überzogen wie niemand je zuvor und so alle aufrichtigen Freunde des Oberintendanten verjagt und ruiniert.«

Ich wusste, dass Melani sich hier auch auf seine eigene Verbannung aus Paris bezog.

»Nicht nur das: Colbert hat ein Vermögen von über zehn Millionen *livres* angehäuft, über deren Herkunft jedoch niemand je einen Verdacht geäußert hat. Mein armer Freund Nicolas dagegen hatte sich persönlich in Schulden gestürzt, um Mittel für Mazarin und den Krieg gegen Spanien aufzutreiben.«

»Ein schlauer Mann, dieser Signor de Colbert.«

»Und skrupellos dazu«, bekräftigte Melani. »Sein Leben lang wurde er gefeiert für die weitreichenden Staatsreformen, durch die er – leider! – in die Geschichte eingehen wird. Doch bei Hof wissen wir alle genau, dass er sie eine nach der anderen bei Fouquet geklaut hat: die Maßnahmen in Bezug auf Grundrenten und Grundbesitz, die Erleichterungen der Taille, die Steuerbefreiungen, die Förderung der großen Manufakturen, die Seefahrt- und Kolonialpolitik. Nicht zufällig sorgte er sehr bald dafür, alle Schriften des Oberintendanten verbrennen zu lassen.«

Fouquet, so erklärte mir der Abbé, war nämlich Frankreichs erster Reeder und Kolonisator gewesen, er hatte als Erster Richelieus alten Traum wieder aufgegriffen, die Atlantikküste und den Golf von Morbihan zum Zentrum der wirtschaftlichen und maritimen Erneuerung des Königreichs zu machen. Und er, der schon bei dem siegreichen Krieg gegen Spanien Regie führte, hatte auch die Weber in dem Dorf Maincy entdeckt und organisiert, wo Colbert dann die Gobelin-Manufakturen gründete.

»Übrigens wurde es vor den Augen der Welt bald offenbar, dass diese Reformen nicht auf seinem Mist gewachsen waren. Zweiundzwanzig Jahre lang war Colbert Generalkontrolleur, auf diesen bescheideneren Namen hatte er dem König zu Gefallen das offiziell abgeschaffte Amt des Oberintendanten umgetauft. Fouquet dagegen war nur acht Jahre an der Regierung gewesen. Und hier lag das Problem: Solange er konnte, wandelte Colbert, die Schlange, erfolgreich auf den Spuren seines

Vorgängers. Dann jedoch musste er die Reformen, deren Entwurf er Fouquet durch die Inhaftierung entrissen hatte, allein weiterführen. Und von da an gab es für Colbert einen Fehlschlag nach dem anderen: in der Industrie- und Handelspolitik, wo ihm weder der Adel noch die Bourgeoisie Vertrauen schenkte, wie auch in der Seepolitik, wo keine seiner gepriesenen Schifffahrtskompanien lange überlebte und es keiner je gelungen ist, den Engländern oder Holländern ihre Vormachtstellung streitig zu machen.«

»Und der Allerchristlichste König hat nichts gemerkt?«

»Der König behält seinen Sinneswandel sorgsam für sich; doch hat er, scheint es, sobald die Ärzte Colbert aufgegeben hatten, eine Konsultationsrunde angesetzt, um einen Nachfolger zu wählen, und dabei eine Reihe von Ministern genannt, die Colbert im Wesen und in ihrer Bildung sehr fern standen. Leuten, die ihn darauf aufmerksam gemacht haben, soll Seine Majestät geantwortet haben: ›Genau darum habe ich sie gewählt‹.«

»Dann ist Colbert in Ungnade gestorben?«

»Übertreiben wir nicht. Ich würde eher sagen, dass sein ganzes Ministerium von den ständigen Wutanfällen des Königs gebeutelt war. Colbert und Louvois, der Kriegsminister, die beiden gefürchtetsten Intendanten Frankreichs, bekamen jedes Mal Schweißausbrüche und zitterten, wenn der König sie zum Rat einberief. Sie genossen das Vertrauen des Herrschers, waren aber seine ersten beiden Sklaven. Colbert musste sehr bald merken, wie schwierig es war, Fouquets Platz einzunehmen und wie dieser jeden Tag den Forderungen des Königs nach Geld für Kriege und Ballette ausgesetzt zu sein.«

»Wie hat er's hingekriegt?«

»Auf die bequemste Art. Der Colubra begann, alle Reichtümer, die bis dahin auf wenige verteilt waren, in die Hände eines Einzigen, nämlich des Herrschers, zu lenken. Er schaffte zahllose Ämter und Pensionen ab, kurzum, er nahm Paris und dem Königreich jeden privaten Luxus, und alles landete in den Schatzkammern der Krone. Der Teil des Volkes, der vorher hungerte, verhungerte nun.«

»Wurde Colbert je so mächtig, wie Fouquet es gewesen war?«

»Viel mächtiger, Junge. Niemals verfügte mein Freund Nicolas über die Freiheiten, die sein Nachfolger genoss. Colbert hat sich überall eingemischt, auch in Bereiche, die völlig außerhalb der Reichweite Fouquets gelegen hatten, denn dieser musste ja auch mit der Schwierigkeit zurechtkommen, fast ausschließlich in Kriegszeiten zu handeln. Dennoch ist die Verschuldung, die der Colubra hinterlassen hat, höher als die, derentwegen Fouquet als Ruin des Staates angeprangert wurde, er, der sich für den Staat ruiniert hatte.«

»Wurde Colbert niemals beschuldigt?«

»Skandale gab es mehrere. Wie etwa den einzigen Fall von Falschmünzerei, der in Frankreich in den letzten Jahrhunderten vorgekommen ist und in den alle Männer des Colubra verwickelt waren, selbst sein Neffe. Oder auch der Raub und unerlaubte Verkauf von Holz aus der Bourgogne oder die strafbare Abholzung der Wälder in der Normandie, bei der sogar Colberts Vertrauensmann eine Rolle spielte, jener Berryer, der im Prozess gegen Fouquet eigenhändig die Papiere gefälscht hatte. Lauter Betrügereien, um Geld für seine Familie einzustreichen.«

»Ein glückhaftes Leben also.«

»Das würde ich nicht sagen. Er hat seine Existenz damit zugebracht, so zu tun, als sei er unbestechlich, und ein Vermögen angehäuft, das er nie genießen konnte. Er hat unter einem maßlosen und nie zur Ruhe gekommenen Neid gelitten. Er hat sich immer unsäglich anstrengen müssen, um auch nur die klitzekleinste Idee zu gebären, die nicht für den Papierkorb bestimmt war. Als Opfer seiner Machtbesessenheit hat er sich die Kontrolle über jeglichen Bereich des Landes aufgehalst und sein Leben am Schreibtisch zugebracht. Nie hat er sich auch nur eine Stunde amüsiert, und dennoch hat das Volk ihn gehasst. Jeden Tag war er den allerfinstersten Zornesausbrüchen des Königs ausgesetzt. Er wurde verlacht und verachtet wegen seiner Unwissenheit. Diese letzten beiden Dinge haben ihn schließlich umgebracht.«

»Wie meint Ihr das?«

Der Abbé lachte genüsslich: »Weißt du, was Colbert aufs Totenbett geworfen hat?«

»Eine Nierenkolik, habt Ihr gesagt.«

»Genau. Und weißt du, warum? Der König hatte ihn, furios über seine letzte Torheit, rufen lassen und ihn mit Beleidigungen und Schmähungen überhäuft.«

»Ein Fehler in der Verwaltung?«

»Viel schlimmer. Weil er Fouquets Sachverstand imitieren wollte, hatte Colbert sich beim Bau eines neuen Flügels des Versailler Schlosses eingemischt und den Architekten seine Vorstellungen aufgezwungen. Und diesen war es nicht gelungen, ihm die Gefahren seines unseligen Eingriffs begreiflich zu machen.«

»Wie? Fouquet war schon seit drei Jahren im Gefängnis verschwunden, und Colbert war noch immer von ihm besessen?«

»Solange der Oberintendant lebte, wenn auch in Pinerolo lebendig begraben, fürchtete Colbert unausgesetzt, dass der König ihn eines Tages auf seinen Posten zurückholen könnte. Nach Fouquets Hinscheiden lag dem Colubra die Erinnerung an seinen Vorgänger auf der Seele: Er war einfach zu brillant gewesen, genial, gebildet, beliebt und bewundert. Colbert hatte viele gesunde und kräftige Kinder; er machte sie alle reich, besaß unermessliche Macht, während die Familie seines Gegners fern der Hauptstadt in alle Winde zerstreut und dazu verdammt war, unentwegt mit den Gläubigern zu kämpfen. Dennoch konnte Colubra nie den Gedanken an jene einzige, ursprüngliche Niederlage verwinden, die Mutter Natur ihm beigebracht hatte, als sie ihm voll Verachtung ihre Gaben verweigerte, um dagegen seinen Rivalen Fouquet freigebigst damit zu beschenken.«

»Wie war das mit dem Bau in Versailles?«

»Der neue Flügel stürzte ein, und der ganze Hof lachte darüber. Der König tobte, und Colbert, von der Schmach überwältigt, erlitt eine entsetzliche Kolik. Tagelang schrie er vor Schmerz, bis die Krankheit ihn schließlich zur Agonie führte.«

Ich war sprachlos, ganz ergriffen von der Macht der göttlichen Rache.

»Ihr wart dem Oberintendanten Fouquet wirklich ein guter Freund«, war alles, was ich herausbrachte.

»Ich wäre ihm gern ein besserer Freund gewesen.«

Wir hörten, wie sich im ersten Stock eine Tür öffnete und schloss und jemand auf die Treppe zuging.

»Besser das Feld räumen, die Wissenschaft ist im Anzug«, sagte Atto, auf Cristofanos Herannahen gemünzt, »denk aber daran, dass wir später noch zu tun haben.«

Damit lief er hinaus und duckte sich an die Rampe, die zum Keller führt, um den Arzt vorbeizulassen und dann rasch die Stufen hinaufzuhuschen.

Cristofano war gekommen, um die Zubereitung des Abendessens anzumahnen, da sich die anderen Herbergsgäste beschwert hatten.

»Mir war, als hörte ich Schritte, während ich herunterkam. Ist etwa jemand hier gewesen?«

»Absolut nicht, mich werdet Ihr gehört haben: Ich war schon am Herd zugange«, antwortete ich und klapperte mit den Töpfen.

Ich hätte den Arzt gern noch aufgehalten, doch er, zufrieden mit meiner Antwort, kehrte sogleich in sein Zimmer zurück und bat mich, das Essen so bald wie möglich auszuteilen. Zum Glück, dachte ich, war entschieden worden, nur zwei Mahlzeiten pro Tag zu servieren.

Ich kochte eine Grießsuppe mit weißen Bohnen, Knoblauch, Zimmet und Zucker darauf, der ich noch Käse und ein paar Kräuter beimengen wollte, dazu etwas Zwieback und ein Viertel mit Wasser verdünnten Wein.

Während ich mich diesen Verrichtungen widmete, regten sich in meinem armen Kopf eines Hausburschen tausend trübe Gedanken. An erster Stelle kam das, was Abbé Melani mir erzählt hatte. Ich war gerührt: Da sieht man, dachte ich, die ganze gegenwärtige und vergangene Schwierigkeit des Abbés: ein Mann, der zu Lüge und Verstellung fähig ist (wer wäre das nicht, bis zu einem gewissen Grad?), aber nicht geneigt, seine Vergangenheit zu verleugnen. Seine alte Vertrautheit mit dem Oberintendanten Fouquet war der Makel, den nicht einmal die Flucht nach Rom in seiner Jugend und die nachfolgenden

Demütigungen hatten tilgen können und dessentwegen er sich vielleicht bis heute der Gunst des Königs nicht sicher war. Er aber verteidigte weiterhin das Andenken seines Wohltäters. Vielleicht sprach er so frei nur mit mir, da ich ja gewiss niemals Gelegenheit haben würde, es am französischen Hof auszuplaudern.

Dann wandte ich mich in meiner Erinnerung dem zu, was Melani bei Colberts Papieren entdeckt hatte. In aller Ruhe hatte er mir anvertraut, er habe aus dem Arbeitszimmer des Colubra einige geheime Dokumente entwendet, indem er den Mechanismus überlistete, der sie schützen sollte. Doch war dies keine Überraschung angesichts des Charakters dieses Mannes, wie ich längst aus den Erzählungen anderer als auch am eigenen Leib erfahren hatte. Was mich beeindruckte, war die Aufgabe, die er sich, seinen Worten zufolge, selbst gestellt hatte: in Rom seinen alten Freund und Beschützer, den Oberintendanten Fouquet, aufzuspüren. Solches konnte nicht leicht sein für Abbé Melani, und nicht nur deshalb, weil der Oberintendant bis dahin totgeglaubt war, sondern auch, weil es sich um ebenjenen Menschen handelte, der Atto Melani, wenngleich unfreiwillig, in den Skandal hineingezogen hatte: Und ich schien, nach Aussage des Abbé, der einzige Mitwisser dieser geheimen Mission zu sein, welche, dachte ich, nur durch die plötzliche Schließung der Locanda wegen Quarantäne zeitweilig unterbrochen worden war. Als ich mich in den unterirdischen Gang unter der Locanda vorgewagt hatte, war ich also in Gesellschaft eines Geheimagenten des Königs von Frankreich! Ich fühlte mich geehrt, dass er sich so leidenschaftlich einsetzte, um die seltsamen Vorfälle aufzuklären, die sich im Donzello abgespielt hatten, darunter auch der Diebstahl meiner Perlen. Und außerdem hatte er selbst mich ja nachdrücklich um meine Hilfe gebeten. Nun hätte ich keine Sekunde mehr gezögert, dem Abbé vertrauensvoll den Nachschlüssel zu den Zimmern von Dulcibeni und Devizé auszuhändigen, den ich ihm noch tags zuvor verweigert hatte. Doch jetzt war es zu spät: Aufgrund von Cristofanos Vorschriften würden die beiden, wie alle anderen Herbergsgäste, die ganze Zeit in ihren Zimmern bleiben und so jede Durchsuchung unmöglich machen. Und der Abbé hatte mir schon erklärt, dass es unangebracht sei, ihnen Fragen zu stellen, die ihren Verdacht erregen könnten.

Ich war stolz darauf, so viele Geheimnisse mit ihm zu teilen, doch all das war letztlich nichts im Vergleich zu dem Gefühlsaufruhr, den das Gespräch mit Cloridia in mir ausgelöst hatte.

Nachdem ich allen Gästen das Abendessen aufs Zimmer gebracht hatte, begab ich mich erst zu Bedfordi und dann zu Pellegrino, um die beiden Kranken zusammen mit Cristofano fürsorglich zu füttern. Der Engländer fantasierte unverständliches Zeug. Der Arzt wirkte besorgt. So sehr, dass er sich nebenan in Devizés Zimmer begab, ihm Bedfordis Zustand schilderte und bat, er möge deshalb wenigstens im Augenblick seine Gitarre ruhen lassen: Der Musiker übte nämlich gerade mehrmals lautstark eine schöne Chaconne, die zu seinen Lieblingsstücken gehörte.

»Ich werde etwas Besseres tun«, erwiderte Devizé lakonisch.

Und anstatt sein Spiel zu beenden, stimmte er sein Rondo an. Cristofano wollte erst protestieren, doch der geheimnisvolle Zauber jener Musik lullte ihn ein, seine Gesichtszüge hellten sich auf, und gutmütig nickend verließ der Arzt geräuschlos den Raum.

Wenig später, als ich von Pellegrinos Zimmer oben unter dem Dach wieder herunterkam, hielt mich im zweiten Stock ein Flüstern auf. Es war Pater Robleda, dessen Zimmer direkt neben der Treppe lag. Er steckte den Kopf durch die Tür, um sich nach den beiden Kranken zu erkundigen.

»Und dem Engländer geht es nicht besser?«

»Ich würde sagen, nein.«

»Und der Arzt hat uns nichts Neues zu sagen?«

»Ich würde sagen, nein.«

Derweil erreichte uns das letzte Echo von Devizés Rondo. Bei diesen Klängen ließ Robleda sich zu einem sehnsüchtigen Seufzer hinreißen.

»Die Musik ist die Stimme Gottes«, rechtfertigte er sich.

Da ich die Salben bei mir trug, nutzte ich die Gelegenheit, um den Pater zu fragen, ob er ein bisschen Zeit für die Verabreichung der *remedia* gegen die *contagio* erübrigen könne.

Darauf lud er mich mit einer Handbewegung ein, in sein Zimmerchen zu kommen.

Ich wollte meine Sachen auf einem Stuhl ablegen, der gleich hinter der Tür stand.

»Nein nein nein, warte, den brauche ich.«

Hastig stellte er ein Glaskästchen in einem schwarzen Rahmen aus Birnbaumholz mit kleinen zwiebelförmigen Silberfüßchen darauf, in dem ein Jesulein und Früchte und Blumen lagen.

»Ich habe es hier in Rom gekauft. Es ist kostbar, und auf dem Stuhl ist es sicherer.«

Robledas schwacher Protest zeigte mir, dass nach dem stundenlangen Alleinsein sein Wunsch nach Unterhaltung ebenso groß war wie seine Angst, mit jemandem in Berührung zu kommen, der jeden Tag Bedfordi anfassen musste. Deshalb erinnerte ich ihn, dass ich die Salben mit meinen Händen auftragen müsse, er aber keinen Grund zu Befürchtungen habe, da Cristofano selbst allen meine Immunität gegen die Seuche versichert habe.

»Ach ja, ach ja«, war alles, was er zum Zeichen seines zaghaften Vertrauens hervorbrachte.

Ich bat ihn, seinen Oberkörper zu entblößen, denn ich müsse ihn einreiben und ihm dann einen Umschlag in der Herzgegend machen und *maxime* rund um die linke Brustwarze.

»Und warum das?«, fragte der Jesuit beunruhigt.

Ich erklärte ihm, so habe Cristofano es angeordnet, da sonst Gefahr bestehe, dass des Paters ängstliches Wesen sein Herz schwächen könne.

Er beruhigte sich, und während ich die Tasche öffnete und die richtigen Tiegel heraussuchte, legte er sich bäuchlings aufs Bett. Darüber hing ein Porträt unseres Herrn Innozenz XI.

Robleda begann umgehend, sich über Cristofanos Unentschlossenheit zu beklagen und darüber, dass nach so langer Zeit noch keine sichere Erklärung für Mourais Tod vorliege, ebenso wenig wie für das Unwohlsein, das Pellegrino ereilt hatte, und dass sogar Ungewissheit herrsche über die Pest, der Bedfordi zum Opfer gefallen. All dies genüge, um ohne den allergeringsten Zweifel festzustellen, dass der toskanische Arzt seiner Aufgabe nicht gewachsen sei. Sodann beklagte er sich über die anderen Herbergsgäste und Signor Pellegrino, denen er die Schuld an der gegenwärtigen Lage zuschrieb. Er begann mit meinem Padrone, der seinen Worten zufolge nicht genügend auf die Hygiene in der Locanda geachtet hatte. Dann ging er zu Brenozzi und Bedfordi über, die angesichts ihrer langen Reisen gewisslich irgendeine obskure Krankheit in die Locanda eingeschleppt haben konnten. Aus dem gleichen Grund beschwerte er sich über Stilone Priàso (der aus Neapel kam, einer Stadt, wo die Luft bekanntermaßen ungesund war), über Devizé (der ebenfalls aus Neapel kam), über Atto Melani (dessen Anwesenheit in der Locanda und dessen äußerst schlechter Ruf nur durch Gebete zu ertragen waren), über das Weib in dem Türmchen (von deren habitueller Präsenz in der Locanda er gar nichts, so schwor er, gewusst habe, sonst hätte er nie im Leben das Donzello für seinen Aufenthalt gewählt), und schließlich verwünschte er Dulcibeni, dessen finsteres Gesicht eines Jansenisten, sagte Robleda, ihm noch nie gefallen habe.

»Jansenist?«, fragte ich, neugierig auf jenes Wort, das ich zum ersten Mal hörte.

Daraufhin erfuhr ich von Robleda in groben Zügen, dass die Jansenisten eine sehr gefährliche und schädliche Sekte waren. Sie hatten ihren Namen von Jansen, dem Gründer dieser Lehre (wenn man sie wirklich als solche bezeichnen wollte), und unter seinen Anhängern befand sich auch ein Verrückter, ein Pasqual oder Pascale, der mit Cognac getränkte Strümpfe trug, um sich die Füße zu wärmen, und der einige Briefe geschrieben hatte, die schwere Beleidigungen der Kirche, Unseres Herrn Jesus Christus und aller ehrlichen, mit gesundem Menschenverstand und Gottesfurcht begabten Menschen enthielten.

Doch hier unterbrach sich der Jesuit und rümpfte die Nase: »Welch unsäglichen Gestank dein Öl verbreitet. Sind wir sicher, dass es kein Gift ist?«

Ich beruhigte ihn über die Qualität dieses Heilmittels, das Meister Antonio Fiorentino zusammengestellt hatte, um die Menschen zur Zeit der Republik Florenz vor einer grassierenden Pest zu schützen. Die Zutaten waren, wie Cristofano mich gelehrt hatte, nichts anderes als mit Zitronensaft eingesottener levantinischer Theriak, Eberwurz, Kaiserwurz, Enzian, Safran, Ascherwurz und Sandarak. Sanft begleitet von der Massage, die ich inzwischen auf seinem Rücken begonnen hatte, schien sich Robleda beim Klang der Namen jener Heilkräuter zu wiegen, als würde der unangenehme Geruch dadurch wettgemacht. Wie ich schon bei Cloridia festgestellt hatte, stimmten die stechenden Dämpfe oder die verschiedenen Griffe, mit denen ich Cristofanos *remedia* auftrug, die Herbergsgäste bis auf den Grund ihrer Seele friedlich und lösten ihnen die Zunge.

»Kurz und gut, sie sind beinahe Häretiker, diese Jansenisten?«, fing ich wieder an.

»Nicht nur beinah«, antwortete Robleda erfreut.

Jansen hatte nämlich ein Buch geschrieben, dessen Thesen Papst Innozenz XI. schon viele Jahre zuvor streng verurteilt hatte.

»Aber wieso gehört Signor Dulcibeni Eurer Meinung nach der Sekte der Jansenisten an?«

Robleda erklärte mir, er habe Dulcibeni am Nachmittag vor dem Beginn der Quarantäne mit einigen Büchern unter dem Arm ins Donzello zurückkommen sehen, die er wahrscheinlich in einer Buchhandlung bei der Piazza Navona gekauft hatte, wo es viele solcher Läden gibt. Unter den Texten hatte Robleda den Titel eines verbotenen Buches erkennen können, das eben von solchen häretischen Doktrinen handelte. Und dies war nach Meinung des Jesuiten ein unmissverständliches Zeichen für Dulcibenis Zugehörigkeit zu den Jansenisten.

»Es ist schon merkwürdig, dass man ein solches Buch hier in Rom kaufen kann«, wandte ich ein, »da Papst Innozenz XI. die Jansenisten doch sicherlich ebenfalls verurteilt.«

Pater Robledas Gesichtsausdruck veränderte sich. Er betonte, dass im Gegensatz zu dem, was ich dachte, zahlreiche Akte huldvoller Aufmerksamkeit gegenüber den Jansenisten von Papst Odescalchi gekommen seien, so dass man in Frankreich, wo die Jansenisten dem Allerchristlichsten König höchst suspekt waren, den Papst schon seit längerem einer sträflichen Sympathie für die Anhänger jener Lehre beschuldigte.

»Wie kann es denn sein, dass Unser Herr Papst Innozenz XI. Sympathien für Häretiker hegt?«, fragte ich verblüfft.

Pater Robleda, der mit unter dem Kopf verschränkten Armen dalag, sah mich schräg von der Seite an und ließ seine Äuglein blitzen.

»Vielleicht weißt du ja, dass zwischen Ludwig XIV. und Unserem Herrn Papst Innozenz XI. schon lange große Spannungen herrschen.«

»Wollt Ihr damit sagen, der Papst unterstützt die Jansenisten nur, um dem König von Frankreich zu schaden?«

»Vergiss nicht«, antwortete der Jesuit listig, »dass ein Pontifex auch ein Fürst mit einer zeitlichen Macht ist und es folglich zu seinen Pflichten gehört, diese mit allen Mitteln zu verteidigen und zu fördern.«

»Aber Papst Odescalchi wird doch allseits hoch gelobt«, protestierte ich. »Er hat mit dem Nepotismus aufgeräumt, hat die Konten der Apostolischen Kammer saniert, hat alles getan, um den Krieg gegen die Türken zu unterstützen ...«

»Was du sagst, ist nicht falsch. In der Tat hat er es vermieden, seinem Neffen, Livio Odescalchi, bestimmte Ämter zu übertragen, und hat ihn nicht einmal zum Kardinal ernannt. Diese Ämter hat er nämlich alle für sich behalten.«

Die Antwort des Jesuiten klang boshaft in meinen Ohren, auch wenn sie meine Behauptungen nicht direkt bestritt.

»Wie alle im Handel bewanderten Menschen kennt er den Wert des Geldes genau. Man muss in der Tat anerkennen, dass er es verstanden hat, mit dem Unternehmen, das er von seinem Onkel aus Genua geerbt hat, guten Gewinn zu machen. Etwa ... fünfhunderttausend Scudi, heißt es. Ohne die Brosamen verschiedener anderer Erbschaften mitzuzählen, die er umsichtigerweise seinen Verwandten streitig gemacht hat«, sagte Robleda, hastig die Stimme senkend.

Und bevor ich meine Überraschung überwinden und fragen konnte, ob der Papst wahrhaftig eine so unglaubliche Summe Geldes geerbt hatte, fuhr der Pater fort.

»Er ist kein Löwenherz, unser guter Pontifex. Es heißt, doch gib Acht«, sagte er mit Nachdruck, »es handelt sich bloß um ein Gerücht, dass er sich als Jüngling aus Feigheit aus Como davongemacht habe, um bei einem Streit von Freunden ja nicht als Schlichter auftreten zu müssen.«

Er schwieg einen Augenblick und fuhr dann fort: »Jedoch besitzt er die heilige Gabe der Beständigkeit und der Ausdauer! Fast jeden Tag schreibt er seinem Bruder und den anderen Verwandten, um sich nach dem Familienbesitz zu erkundigen. Anscheinend hält er es keine zwei Tage hintereinander aus, ohne zu kontrollieren, Ratschläge zu erteilen, zu mahnen ... Übrigens sind die Einnahmequellen der Familie beträchtlich. Sie erhöhten sich nach der Pest von 1630 plötzlich so sprunghaft, dass es dort in ihrer Gegend, in Como, Leute gibt, die behaupten, die Odescalchi hätten das Massensterben während der Pest ausgenutzt und sich an gefällige Notare gewandt, um sich die Güter solcher Toten überschreiben zu lassen, die keine Erben hatten. Aber das ist alles üble Nachrede, um Gottes willen«, sagte Robleda, sich bekreuzigend, und setzte noch hinzu: »Jedenfalls besitzen sie so viel, dass sie meiner Meinung nach den Überblick verloren haben: Ländereien, Gebäude, die an religiöse Orden vermietet sind, Handelskontore, Monopole zum Eintreiben von Abgaben. Und darüber hinaus gewähren sie viele Kredite, ja, vor allem Darlehen, würde ich sagen, auch an einige Kardinäle«, deutete der Jesuit wie nebenbei an, während er Interesse für einen Riss an der Decke heuchelte.

»Die Familie des Papstes bereichert sich mit Krediten?«, fragte ich überrascht. »Dabei war es doch Papst Innozenz persönlich, der den Juden verboten hat, als Geldverleiher zu arbeiten!«

»Eben«, erwiderte der Jesuit mysteriös.

Dann verabschiedete er mich unversehens, unter dem Vorwand des Abendgebets, und wollte sich vom Bett erheben.

»Ehrlich gesagt, bin ich noch nicht fertig: Ich muss Euch jetzt noch das Heilpflaster machen«, protestierte ich.

Widerspruchslos legte er sich wieder hin. Er wirkte nachdenklich.

Nach einem verstohlenen Blick auf Cristofanos Notizen

nahm ich etwas kristallisiertes Arsen und wickelte es in ein Stück Zindel. Danach trat ich wieder zu dem Jesuiten und strich ihm das Präparat auf die Brust. Ich musste warten, bis es trocknete, um es noch zweimal mit Essig wieder zu verflüssigen.

»Aber um Himmels willen, gib ja nichts auf all die böswilligen Gerüchte, die schon seit den Zeiten von Donna Olimpia über Papst Innozenz in Umlauf sind«, fing Robleda wieder an, während ich meine Aufgabe erfüllte.

»Welche Gerüchte?«

»Oh, nichts, nichts: Alles nur Gift. Und zwar stärkeres als das, was angeblich unseren armen Mourai getötet hat.«

Dann schwieg er und machte ein geheimnisvolles und, wie mir schien, verdächtiges Gesicht.

Ich war beunruhigt. Warum hatte der Jesuit das Gift erwähnt, das vielleicht den alten Franzosen umgebracht hatte? Handelte es sich um einen rein zufälligen Vergleich, wie es den Anschein hatte? Oder verbarg sich hinter der dunklen Anspielung noch etwas anderes, was mit den ebenso dunklen unterirdischen Geheimgängen des Donzello zu tun hatte? Ich schalt mich selbst töricht, doch sogleich summte jenes Wort – Gift – mir wieder im Kopf herum.

»Verzeiht mir, Pater, was wolltet Ihr damit sagen?«

»Es ist besser für dich, wenn du bei deiner Unwissenheit bleibst«, sagte der Jesuit zerstreut und kurz angebunden.

»Wer ist Donna Olimpia?«, bohrte ich weiter.

»Sag bloß, du hast noch nie etwas von der Päpstin gehört?«, flüsterte er, indem er sich umwandte und mich verblüfft ansah.

»Päpstin?«

So kam es, dass mir Robleda, seitlich auf den Ellbogen aufgestützt und mit einer Miene, als machte er mir ein enormes Zugeständnis, mit fast unhörbarer Stimme zu erzählen begann, dass Papst Odescalchi vor beinahe vierzig Jahren von Papst Innozenz X. zum Kardinal ernannt wurde. Letzterer hatte mit großer Pracht und Herrlichkeit regiert und so dafür gesorgt, dass einige bedauernswerte Vorfälle in Vergessenheit gerieten, die sich während des vorherigen Pontifikats unter Urban VIII. aus der Familie Barberini ereignet hatten. Manche jedoch, und hier wurde der Jesuit noch leiser, hatten beobachtet, dass zwischen Papst Innozenz X. aus der Familie Pamphili und der Frau seines Bruders, Olimpia Maidalchini, eine große Sympathie bestand. Es hieß (lauter Verleumdungen, um Himmels willen), dass die Nähe zwischen den beiden übertrieben und auch verdächtig sei, obwohl es sich um zwei enge Verwandte handelte, zwischen denen Zuneigung und Wärme und viele andere Dinge, sagte er und sah mir dabei blitzschnell tief in die Augen, vollkommen normal sind. Das Vertrauen, das Papst Pamphili seiner Schwägerin entgegenbrachte, war jedenfalls so groß, dass sie beinahe zu jeder Tages- und Nachtzeit in seinen Gemächern ein und aus ging, bei seinen Geschäften mitredete und sich sogar in Staatsdinge einmischte: Sie vereinbarte die Audienzen, konzedierte Privilegien, bürdete sich die Verantwortung für Entscheidungen im Namen des Papstes auf. Donna Olimpia dominierte gewiss nicht dank ihrer Anmut, denn sie war eher mit besonderer Widerwärtigkeit begabt, sondern dank der unglaublichen Stärke ihres beinahe männlichen Temperaments. Die Botschafter der ausländischen Mächte sandten ihr ununterbrochen Geschenke, da sie erkannt hatten, welche Macht sie im Vatikan ausübte. Der Pontifex dagegen war schwach, fügsam, melancholischer Natur. Unaufhaltsam gingen in Rom Gerüchte um, und jemand verhöhnte den Papst gar damit, dass er ihm anonym eine Medaille mit dem Konterfei der Schwägerin im päpstlichen Habit mit Tiara und allem zusandte und auf der Rückseite Papst Innozenz X. in Frauenkleidern mit Nadel und Faden in der Hand.

Schließlich lehnten sich die Kardinäle gegen diese unschickliche Situation auf und erreichten, dass die Frau eine Zeit lang fortgeschickt wurde, am Ende jedoch gelang es ihr, sich wieder in den Sattel zu schwingen und den Papst bis zum Grab zu begleiten, und zwar auf ihre Weise: Gut zwei Tage lang verbarg sie das Hinscheiden des Papstes vor dem Volk, um genügend Zeit zu haben, alle Wertgegenstände aus den päpstlichen Gemächern fortschaffen zu lassen. Der arme entseelte Leib war unterdessen in einem Zimmer den Mäusen ausgeliefert, da sich niemand darum kümmerte, die Bestattung zu veranlassen. Zuletzt erfolgte das Begräbnis zwischen der Gleichgültigkeit der Kardinäle und den Schmähungen und Possen des niedrigen Volkes.

Nun denn, Donna Olimpia liebte das Kartenspiel, und es heißt, dass sie sich eines Abends bei einem fröhlichen Beisammensein von Damen und Kavalieren an ihrem Tisch in Gesellschaft eines jungen Geistlichen befand, der, nachdem sich alle anderen Konkurrenten zurückgezogen hatten, Donna Olimpias Herausforderung zum Spiel liebenswürdig annahm. Und es heißt weiter, dass sich viele Menschen um die beiden scharten, um dem ungewöhnlichen Wettstreit beizuwohnen. Über eine Stunde hätten die beiden gerungen, ohne auf Zeit oder Geld zu achten, und damit den Umstehenden Gelegenheit zu großer Heiterkeit geboten; und am Ende des Abends sei Donna Olimpia mit einer Summe nach Hause gegangen, deren genaue Höhe man nie erfahren habe, von der aber alle versicherten, sie sei immens gewesen. Ebenso kursiert das Gerücht, dass der junge Unbekannte, der in Wahrheit angeblich fast immer ein besseres Blatt hatte als seine Gegnerin, es freundlicherweise so einrichtete, dass er sich zerstreut von einem Diener Donna Olimpias in die Karten blicken ließ, wodurch er alle entscheidenden Spiele verlor, ohne es übrigens (wie es die Ritterlichkeit gebietet) irgendjemanden spüren zu lassen, am allerwenigsten natürlich die Gewinnerin, sondern indem er die schwere Niederlage mit vornehmer Gleichgültigkeit hinnahm. Nun gut, kurze Zeit darauf ernannte Papst Pamphili jenen Geistlichen, der den Namen Benedetto Odescalchi trug, zum Kardinal: Er erlangte das Purpurgewand im allerzartesten Alter von vierunddreißig Jahren.

Unterdessen hatte ich die Massage mit der Pomade beendet.

»Denk aber daran«, ermahnte mich Robleda hastig mit wieder normal gewordener Stimme, während er sich das Heilpflaster von der Brust wischte, »es sind lauter Gerüchte. Es gibt nämlich keinerlei handfesten Beweis für diese Episode.«

Kaum hatte ich Pater Robledas Zimmer verlassen, empfand ich ein Gefühl von Unmut, den ich mir selbst nicht erklären konnte, als ich an das Gespräch mit diesem schlaffen, puterroten Priester zurückdachte. Es war keine übernatürliche Geisteskraft vonnöten, um zu verstehen, was der Jesuit dachte: dass

Unser Herr Papst Innozenz XI. keineswegs ein redlicher, ehrbarer Heiliger Vater war, sondern nichts anderes als ein Freund und Förderer der Jansenisten, und zwar auch, um die Pläne des Königs von Frankreich zu durchkreuzen, mit dem er auf keinem guten Fuße stand. Darüber hinaus beseelten ihn laut Robleda ungesunde materielle Gelüste, Habgier und Geiz, und er hatte sogar Donna Olimpia bestochen, um die Kardinalswürde zu erlangen. Doch hätte ein solches Porträt der Wahrheit entsprochen, so überlegte ich, wie hätte Unser Herr Papst Innozenz XI. dann je derselbe Mensch sein können, der Sittenstrenge, Anstand und Genügsamkeit ins Herz unserer Heiligen Mutter Kirche zurückgebracht hatte? Wie konnte es derselbe Mensch sein, der seit Jahrzehnten den Armen aus aller Welt Almosen spendete? Wie konnte es derselbe sein, der die Fürsten von ganz Europa aufgerufen hatte, ihre Kräfte gegen die Türken zu vereinen? Es war eine Tatsache, dass die vorherigen Päpste ihre Neffen und Angehörigen mit Geschenken überhäuft hatten, während er mit dieser unschicklichen Tradition gebrochen hatte; es war eine Tatsache, dass er die Bilanz der Apostolischen Kammer wieder hatte gesunden lassen; und schließlich war es eine Tatsache, dass Wien dem Ansturm der osmanischen Flut dank der Bemühungen von Papst Innozenz trotzte.

Nein, was der feige, geschwätzige Jesuit mir erzählt hatte, konnte einfach nicht stimmen. Hatte ich im Übrigen nicht von Anfang an seinem In-Andeutungen-Sprechen und der haarspalterischen Doktrin der Jesuiten, die die Sünde legitimierte, misstraut? Auch war ich ja selbst mitschuldig, denn ich hatte mich hinreißen lassen, ihm zuzuhören, und ihn sogar ab einem bestimmten Punkt ermuntert weiterzusprechen, verführt von Robledas zufälliger und abwegiger Anspielung auf den Gifttod von Signor de Mourai. Schuld an allem war, dachte ich voller Gewissensbisse, nur Atto Melanis Hang zur Nachforschung und Spitzelei und mein Wunsch, mit ihm zu wetteifern. Törichte Leidenschaft, die mich nun dem Bösen ins Netz getrieben und meine Ohren geneigt gemacht hatte, solch verleumderischen Einflüsterungen zu lauschen.

Ich kehrte in die Küche zurück, wo ich auf dem Speiseschrank ein anonymes, aber eindeutig an mich gerichtetes Billett vorfand:

ICH KLOPFE DREIMAL AN DIE TÜR – HALT DICH BEREIT

Dritte Nacht

Vom 13. auf den 14. September 1683

Kaum mehr als eine Stunde später, nachdem Cristofano einen letzten Blick auf meinen Padrone geworfen hatte, klopfte Abbé Melani dreimal an meine Tür. Ich war mit meinem Tagebüchlein beschäftigt: Sorgfältig versteckte ich es unter der Matratze und öffnete.

»Ein Tropfen Öl«, sagte der Abbé rätselhaft, als er eingetreten war.

Da erinnerte ich mich plötzlich, dass er bei unserer letzten Begegnung ein Tröpfchen Öl auf meiner Stirn bemerkt und es mit dem Finger an seine Lippen geführt hatte.

»Sag mal: Was für Öl nimmst du für die Lampen?«

»Die Bekanntmachung der Kämmerer schreibt vor, einzig und allein mit Bodensatz gemischtes Öl zu verwenden, das …«

»Ich habe dich nicht gefragt, was man nehmen soll, sondern was du hier verwendest, während dein Herr«, er zeigte auf ihn, »friedlich dort in seinem Bett liegt.«

Verlegen gestand ich, dass ich tatsächlich auch gutes Öl verwendete, denn davon hatten wir im Überfluss, während von dem verunreinigten Lampenöl nur noch wenig da war.

Abbé Melani konnte ein kleines schlaues Lächeln nicht verbergen. »Jetzt lüg mich nicht an: Wie viele Lampen?«

»Am Anfang waren es drei, eine haben wir aber beim Abstieg in den Tunnel zerbrochen. Jetzt sind noch zwei da, und an einer muss ich etwas reparieren …«

»Gut, dann nimm die Lampe, die in Ordnung ist, und folge mir. Und die da nimm auch mit.«

Er deutete auf die senkrecht in der Zimmerecke lehnende Angelrute, mit der Signor Pellegrino gewöhnlich in seiner wenigen Freizeit ans Tiberufer zum Fischen ging, direkt hinter der kleinen Kirche Santa Maria in Posterula.

Wenige Augenblicke später waren wir bereits in dem Kämmerchen und schlüpften durch das Loch zur Treppe, die zu den unterirdischen Gängen führte. Mit Hilfe der in die Mauer eingelassenen Eisenstützen ließen wir uns hinunter, bis wir den Backsteinboden unter unseren Füßen spürten, und nahmen alsbald die quadratische Treppe. Dort, wo diese dann direkt aus dem Tuffstein herausgehauen war, bemerkten wir wieder eine Schlammschicht auf den Stufen, während die Luft modrig roch.

Schließlich erreichten wir den Tunnel, tief und dunkel wie in der Nacht, in der ich ihn kennen gelernt hatte.

Während ich Abbé Melani folgte, musste er meine Neugier im Nacken fühlen wie den Atem.

»Nun wirst du endlich erfahren, was dieser seltsame Abbé Melani im Sinn hat.«

Er blieb stehen.

»Reich mir die Angel.«

Er legte die Rute quer übers Knie und brach sie mit einem Knall entzwei. Ich wollte protestieren, doch Atto kam mir zuvor.

»Sorge dich nicht. Falls du es deinem Padrone je erzählen kannst, wird er verstehen, dass es sich um einen Notfall handelte. Jetzt tu, was ich dir sage.«

Er hieß mich vor sich hergehen und die abgebrochene Angelrute senkrecht hinter mir in die Höhe halten, so dass ihre Spitze an der Deckenwölbung des Ganges entlangglitt wie eine Feder auf Papier.

Auf diese Weise legten wir etliche Dutzend Schritte zurück. Inzwischen stellte mir der Abbé einige merkwürdige Fragen.

»Hat das mit Bodensatz gemischte Öl einen besonderen Geschmack?«

»Nicht, dass ich ihn beschreiben könnte«, antwortete ich, obwohl ich den Geschmack in Wahrheit gut kannte, da ich mehrmals heimlich eine aus der Speisekammer entwendete

Scheibe Brot damit beträufelt hatte, wenn Signor Pellegrino schlief und das Abendessen zu mager ausgefallen war.

»Kann man sagen, ranzig, bitter und säuerlich?«

»Vielleicht ... ja schon«, gab ich zu.

»Gut«, erwiderte der Abbé.

Nach ein paar weiteren Schritten befahl er mir plötzlich, stehen zu bleiben.

»Da sind wir!«

Ich schaute ihn ratlos an.

»Hast du immer noch nicht verstanden?«, sagte er zu mir, während sein Grinsen vom Lichtschein der Lampe wunderlich verzerrt wurde.

»Dann sehen wir mal, ob dir das hilft.«

Er nahm mir die Rute aus der Hand und stieß damit kräftig gegen das Tunnelgewölbe. Ich hörte so etwas wie das Quietschen einer Türangel, darauf ein gräuliches Dröhnen und zuletzt das Flüstern eines Regens von Steinchen und Abfällen.

Dann der Schrecken: Eine große, schwarze Schlange stürzte sich auf mich, als wollte sie mich packen, baumelte jedoch gleich darauf grotesk von der Decke wie ein Gehenkter.

Unwillkürlich zog ich mich schaudernd zurück, während der Abbé in Gelächter ausbrach.

»Komm her und halte das Licht hoch«, sagte er triumphierend zu mir.

In der Decke befand sich, fast so groß wie die gesamte Wölbung, ein Loch, aus dem ein dickes Seil herabhing. Dieses hatte, als die Luke aufging, heftig geschwankt, mich dabei gestreift und mir einen Heidenschrecken eingejagt.

»Du hast dich von einem Nichts erschrecken lassen, und dafür verdienst du eine kleine Strafe. Du wirst als Erster hinaufklettern und mir dann dabei helfen, dir nach oben zu folgen.«

Zum Glück gelang es mir ohne größere Schwierigkeiten, mich hochzuziehen. Als ich mich an dem Seil festgeklammert hatte, bewegte ich mich daran hinauf, bis ich den darüber liegenden Hohlraum erreichte. Ich half dem Abbé nachzukommen, und er bot all seine Kräfte auf, wobei er ein paarmal Gefahr lief, unsere einzige Laterne auf den Boden fallen zu lassen.

Wir befanden uns in der Mitte eines anderen Tunnels, der quer zu dem vorherigen zu verlaufen schien.

»Jetzt bist du an der Reihe zu entscheiden: rechts oder links?«

Ich protestierte (allerdings nur schwach – verängstigt, wie ich war): Hielt Abbé Melani es jetzt vielleicht nicht doch für angebracht, mir zu erklären, wie er zu all dem gekommen war?

»Du hast Recht, doch dann entscheide ich selbst: Wir gehen nach rechts.«

Wie ich dem Abbé ja bestätigt hatte, schmeckt das Lampenöl viel unangenehmer als jenes, das man zum Braten und für die gute Küche nimmt. Der Tropfen, den er am Tag nach unserer ersten Tunnelexpedition auf meiner Stirn entdeckt hatte (und der wie durch ein Wunder nicht mit den Bettdecken in Berührung gekommen war, als ich schlafen ging), konnte daher nach der Geschmacksprüfung nicht aus den Laternen der Locanda stammen, die ich doch selbst mit gutem Öl gefüllt hatte. Er stammte auch nicht von Cristofanos medizinischen Ölen, die alle verschiedene Farben hatten. Also musste er aus einer anderen Laterne kommen, die – wer weiß, wie – über meinem Kopf gehangen hatte. Daraus hatte der Abbé mit der gewohnten Schärfe geschlossen, dass eine Öffnung im Deckengewölbe des Tunnels des Rätsels Lösung sein könnte. Eine Luke, die wohl auch dem Dieb, der auf so unerklärliche Weise im Nichts verschwunden war, als einzig möglicher Fluchtweg gedient hatte.

»Das Öl, das auf deiner Stirn gelandet ist, muss aus der Laterne des Diebs durch eine Ritze in den Brettern, aus denen die Falltür der Luke besteht, heruntergetropft sein.«

»Und die Angelrute?«, fragte ich.

»Ich war sicher, dass die Luke, falls es sie denn gab, sehr gut versteckt sein musste. Doch eine Angelrute wie die deines Herrn ist sehr empfänglich für Vibrationen, daher, dachte ich, würden wir sie beim Übergang vom Stein des Tunnels zum Holz der Falltür bestimmt schnalzen hören. Und so war es.«

Insgeheim war ich dem Abbé dankbar, dass er in gewisser

Weise das Verdienst, die Luke entdeckt zu haben, uns beiden zuschrieb.

»Der Mechanismus ist sehr primitiv«, fuhr er fort, »aber er funktioniert. Das Seil, das dich so erschreckt hat, als es plötzlich von der Decke baumelte, wird einfach beim Zumachen oben auf die Falltür über der Luke gelegt. Wird die Tür von dem darunter liegenden Gang aus aufgestoßen, fällt das Seil nach unten. Wichtig, wenn man es zur Verfügung haben will, ist dabei, es auf dem Rückweg wieder in der gleichen Weise zu verstauen.«

»Also denkt Ihr, dass der Dieb in diesem Tunnel immer hin- und hergeht.«

»Ich weiß nicht, ich vermute es. Und ich vermute auch, falls du es wissen willst, dass dieser Gang irgendwo anders hinführt.«

»Habt Ihr auch vermutet, dass wir allein mit Hilfe der Angelrute die Luke finden würden?«

»Die Natur schenkt die Begabung, das Glück bringt sie zur Entfaltung«, beschied mich der Abbé.

Und im schwachen Licht der Laterne begannen wir die Erkundung.

Auch in diesem Gang, genau wie in dem darunter, den wir soeben verlassen hatten, war ein Mensch von normaler Statur gezwungen, wegen des niederen Gewölbes leicht gebückt voranzuschreiten. Und, so stellten wir alsbald fest, auch das Material, aus dem es gebaut war, nämlich kleine, rautenförmige Backsteine, schien das Gleiche zu sein wie in dem vorigen. Der erste Abschnitt bildete eine lange Gerade, die langsam an Tiefe zu gewinnen schien.

»Falls unser Dieb diesen Weg genommen hat, muss er gute Lungen haben«, bemerkte Abbé Melani, »an diesem Seil hinaufzuklettern ist nicht jedermanns Sache, und der Boden ist recht glatt.«

Plötzlich erschraken wir beide ganz entsetzlich.

Von einem unbestimmten Ort her näherten sich sacht, aber

deutlich vernehmbar, die Schritte eines Unbekannten. Atto hielt mich fest und drückte meine Schulter zum Zeichen allergrößter Vorsicht. Da ließ uns ein Dröhnen erzittern, ähnlich dem Geräusch, mit dem sich die Luke geöffnet hatte, durch die wir kurz zuvor gekommen waren.

Kaum konnten wir wieder atmen, sahen wir einander mit noch angsterfüllten Augen an.

»Kam das Geräusch deiner Meinung nach von oben oder von unten?«, flüsterte Abbé Melani.

»Eher von oben als von unten.«

»Würde ich auch sagen. Also wird es nicht die vorige Luke gewesen sein, sondern eine andere.«

»Wie viele gibt es denn?«

»Wer kann das wissen? Wir haben es leider versäumt, die Decke noch weiter mit der Angelrute zu sondieren: Womöglich hätten wir sonst noch mehr Löcher entdeckt. Wahrscheinlich hat uns jemand kommen gehört und eilig den Durchgang zwischen sich und uns versperrt. Das Getöse war zu laut, ich wüsste nicht zu sagen, ob es von hinten kam oder eher von dem Stück, das noch vor uns liegt.«

»Könnte es der Schlüsseldieb sein?«

»Du stellst mir Fragen, die unmöglich zu beantworten sind. Vielleicht ist er auf die Idee gekommen, heute Abend ebenfalls einen Spaziergang zu unternehmen, vielleicht auch nicht. Hast du zufällig die Kammertür im Auge behalten?«

Ich gab zu, dass ich mich nicht weiter darum gekümmert hatte.

»Ausgezeichnet«, kommentierte der Abbé bissig, »so sind wir hier heruntergekommen, ohne zu wissen, ob wir jemandem auf der Spur sind oder umgekehrt, umso mehr als ... Schau!«

Wir standen oben an einer breiten Treppe. Die Lampe bis auf unsere Füße senkend, bemerkten wir, dass die Stufen aus Stein und kunstvoll behauen waren. Nach kurzer Überlegung seufzte der Abbé: »Ich habe keine Ahnung, was uns da unten erwartet. Die Treppe führt gerade abwärts: Falls da unten jemand ist, weiß er schon, dass wir kommen. *Nicht wahr?*« Die letzten Worte rief er laut zum Ende der Treppe hinunter und löste ein solch grässliches Echo aus, dass ich zusammenzuckte. Sodann begannen wir, nur mit dem schwachen Licht bewaffnet, den Abstieg.

Als die Stufen aufhörten, gingen wir schließlich auf Pflaster weiter. Am Hallen unserer Schritte erkannten wir, dass wir uns in einer großen Höhle, vielleicht einer Grotte befanden. Abbé Melani schwenkte die Lampe nach oben. Die Umrisse von zwei großen Backsteinbögen kamen zum Vorschein, in eine hohe Mauer eingelassen, deren Ende nicht abzusehen war, und zwischen den Bögen ein Durchlass, auf den wir, ohne es zu wissen, bis zu diesem Augenblick zugegangen waren.

Sobald wir stehen blieben und wieder Stille herrschte, begann Atto einmal, zweimal und dann dreimal heftig zu niesen. Einen Augenblick lang flackerte die Flamme in der Laterne, als wollte sie verlöschen. Da vernahm ich ein flüchtiges Rascheln zu unserer Linken.

»Hast du gehört?«, flüsterte der Abbé beunruhigt.

Erneut vernahmen wir ein Rascheln, diesmal etwas weiter weg. Atto machte mir ein Zeichen, mich nicht zu rühren; und anstatt durch die Öffnung zu treten, die wir vor uns hatten, sprang er auf Zehenspitzen unter den rechten Bogen, hinter dem der Lichtschein ihn nicht mehr erreichte. Wie versteinert blieb ich mit der Laterne in der Hand stehen und wartete. Es wurde wieder still.

Erneutes Rascheln hinter meinem Rücken, diesmal näher. Ruckartig drehte ich mich um. Ein Schatten huschte nach links. Ich stürzte zu Abbé Melani, mehr um mich selbst zu schützen, als um ihn zu warnen.

»Neiiin«, zischte er, sobald ihn meine Laterne ausmachte, und mir wurde klar, dass ich ihn verraten hatte: Er hatte sich lautlos einige Schritte nach links bewegt und auf die Erde gekauert. Von irgendwo tauchte plötzlich erneut ein grauer Schatten auf, trat blitzschnell zwischen uns und versuchte, sich von den Bögen zu entfernen.

»Pack ihn!«, brüllte Abbé Melani und näherte sich seinerseits, und er hatte Recht, denn der Jemand oder das Etwas schien zu stolpern und beinahe zu fallen. Ich sprang blindlings los und betete zu Gott, der Abbé möge schneller sein als ich.

Doch in diesem Augenblick ging über mir und rund um mich ein tosender und gräulicher Regen nieder, aus Leichen, Totenköpfen und Menschenknochen, Kieferknochen, Kinnladen, Rippen, Oberarmknochen, vermischt mit unsäglichem Schmutz, der mich zu Boden warf, wo ich liegen blieb, und in Wirklichkeit erkannte ich erst da von nahem die widerwärtige Materie, die mich, selbst halb tot, fast unter sich begraben hatte. Ich versuchte, mich dem monströsen, knirschenden, tödlichen Unrat zu entwinden, in dessen infames Gluckern sich ein zweifaches teuflisches Geheul mischte – woher und von wem es stammte, vermochte ich nicht zu erraten. Etwas, was ich heute als einen Wirbel erkennen würde, versperrte mir die Sicht, und das, was einmal der Schädel eines Lebenden gewesen war, starrte mich drohend an, beinahe im Leeren schwebend. Ich wollte schreien, doch kein Laut kam aus meinem Mund. Ich fühlte, wie meine Kräfte schwanden, und während sich meine letzten Gedanken mühsam in einem Stoßgebet zur Errettung meiner Seele sammelten, hörte ich wie im Traum die feste Stimme des Abbé durch die Leere tönen.

»Jetzt ist Schluss, ich sehe dich. Bleib stehen, oder ich schieße.«

Mir war, als sei ziemlich viel Zeit vergangen (doch weiß ich nun, dass es sich nur um wenige Minuten handelte), bevor mich der hallende Klang einer fremden Stimme aus dem wirren Alptraum zurückholte, in den ich abgeglitten war.

Beunruhigt merkte ich, dass eine Hand meinen Kopf hochhielt, während jemand (ein drittes Wesen?) meine armen Glieder von der gräulichen Materie befreite, die mich kurz zuvor überwältigt hatte. Instinktiv zog ich mich vor jenen fremden Aufmerksamkeiten zurück, rutschte aber ungeschickt und fand mich mit dem Gesicht nach unten wieder, die Nase auf ein Glied gedrückt (unmöglich zu sagen, welches), das einen ekelerregenden Gestank verbreitete. Jäh drehte sich mir der Magen um, und ich erbrach in wenigen Sekunden das ganze Abendessen. Ich hörte den Fremden in einer Sprache fluchen, die der meinen ähnlich klang.

Während es mir noch nicht gelungen war, wieder durchzuatmen, spürte ich, wie Abbé Melanis barmherzige Hand sich unter meine Achsel schob.

»Nur Mut, mein Junge.«

Mühsam stand ich auf und sah im schwachen Schein der Lampe undeutlich ein Individuum, das in eine Art Kutte gehüllt murrend auf dem Boden kniete und fieberhaft versuchte, aus meinen Magenabsonderungen den nicht weniger abstoßenden Haufen menschlicher Überreste herauszusortieren.

»So hat jeder seine Schätze«, sagte Atto höhnisch.

Ich bemerkte, dass Abbé Melani ein kleines Ding in der Hand hielt: Soweit ich sehen konnte, endete es in einem Lauf aus poliertem Holz mit einem Rohr aus glänzendem Metall. Er hielt es drohend auf ein zweites Individuum gerichtet, das wie sein Kumpan gekleidet war und auf einem behauenen Stein saß.

Als die Laterne den Kerl einen Moment lang gebührend beleuchtete, war ich vom Anblick seines Gesichts erschüttert. Falls man es Gesicht nennen konnte, denn es war nichts anderes als eine Sinfonie von Falten, ein Konzert von Runzeln, ein Madrigal von Hautfetzen, die nur noch zusammenzuhalten schienen, weil sie zu alt und zu müde waren, um sich gegen das erzwungene Zusammenleben aufzulehnen. Die Krönung bildeten tiefrote Augen mit grauen, misstrauischen Pupillen, die das Ganze mit zum Allerschrecklichsten machten, was ich je vor mir gesehen hatte, und vervollständigt wurde das Bild von braunen, spitzen Zähnen, die einer Höllenvision von Melozzo da Forlí würdig waren.

»Heiligenfledderer«, murmelte der Abbé voll Abscheu und schüttelte den Kopf.

»Ihr hättet wenigstens ein bisschen aufpassen können«, fügte er von oben herab hinzu, »Ihr habt zwei Ehrenmänner erschreckt.«

Damit ließ er den kleinen Gegenstand, mit dem er bis jetzt

auf das erste mysteriöse Individuum gezielt hatte, sinken und steckte ihn zum Zeichen des Friedens in die Tasche.

Während ich mich schlecht und recht säuberte und versuchte, der Übelkeit Herr zu werden, die mich noch beutelte, hatte ich Muße, das Gesicht des zweiten Subjekts zu mustern, das sich soeben erhoben hatte. Oder besser gesagt zu erahnen, denn der Kerl trug einen verdreckten Mantel mit viel zu langen Ärmeln und einer Kapuze, die sein Gesicht fast gänzlich verdeckte und nur einen Spalt ließ, durch den man, wenn das Licht günstig stand, ab und zu undeutlich seine Züge erkennen konnte. Und das war auch gut so, denn nach längeren, geduldigen Beobachtungsversuchen musste ich feststellen, dass ein Auge weißlich und halb geschlossen war, das andere dagegen riesig und geschwollen hervorquoll, als würde es gleich herausfallen; weiter erspähte ich eine Nase, die einer missgestalteten, verwachsenen Gurke glich, und gelbliche, fettige Haut, das Vorhandensein eines Mundes dagegen hätte ich niemals bezeugen können, hätte dieser nicht ab und zu unartikulierte Laute ausgestoßen. Aus den Ärmeln schossen gelegentlich verkrümmte Hände mit krallenartigen Fingernägeln hervor, ebenso altersschwach wie raffgierig.

Der Abbé wandte sich um und begegnete meinem verängstigten Blick voll dringender Fragen. Mit einem Wink bedeutete er dem ersten der beiden, der ungeduldig seine Freiheit zurückgewinnen wollte, dass er sich zu seinem mit dem widerwärtigen Sortieren von Knochen und Mageninhalt beschäftigten Kumpan gesellen könne.

»Es ist doch komisch«, sagte Atto, während er sich akkurat Ärmel und Schultern abklopfte, »in der Locanda habe ich ständig Niesanfälle, hier dagegen, bei all dem Staub, der diesen beiden Unglücksraben anhaftet, keinen einzigen.«

Und er erklärte mir, dass die beiden sonderbaren Wesen, auf die wir gestoßen waren, zu der elenden und leider beträchtlichen Schar derer gehörten, die nachts in die zahllosen Höhlen des römischen Untergrunds einfielen, auf der Jagd nach Schätzen. Nicht nach Juwelen oder römischen Statuen suchten sie, sondern nach den Allerheiligsten Reliquien der Heiligen und Märtyrer der Heiligen Römischen Kirche, die in den über die ganze Stadt verstreuten Katakomben und Gräbern zahlreich vorhanden waren.

»Das verstehe ich nicht«, unterbrach ich ihn, »ist es wahrhaftig erlaubt, diese Geheiligten Reliquien aus den Gräbern herauszuholen?«

»Es ist nicht nur erlaubt, es ist notwendig, würde ich sagen«, erwiderte Abbé Melani mit einem Hauch Ironie. »Die Stätten der ersten Christen sind nämlich als fruchtbares Terrain für die geistige Entwicklung und manchmal sogar für die Jagd, *ut ita dicam*, erhabener Seelen zu betrachten.«

Schon Sankt Filippo Neri und Sankt Carlo Borromeo pflegten sich zum Gebet in die Katakomben zurückzuziehen, erzählte der Abbé. Und Ende des letzten Jahrhunderts hatte sich ein mutiger Jesuit namens Antonio Bosio in die verborgensten und allerdunkelsten Abgründe vorgewagt und die Höhlen von ganz Rom erforscht, wobei er viele wundersame Entdeckungen machte und in einem Buch publizierte, das entsprechend *Roma subterranea* heißt und für das er von allen Seiten großen Beifall erntete. Der gute Papst Gregor XV. hatte daraufhin etwa um 1620 beschlossen, dass die Überreste der Heiligen aus den Katakomben geborgen werden sollten, damit die kostbaren Spolien in den Kirchen der gesamten Christenheit ihren Platz erhielten, und er hatte Kardinal Crescenzi mit der Durchführung dieses frommen Werkes betraut.

Ich drehte mich zu den zwei bizarren Gestalten um, die sich mit jenen menschlichen Überresten plagten und eine Art obszönes Grunzen von sich gaben.

»Ich weiß, es kommt dir sonderbar vor, dass eine hochgeistige Mission zwei derartige Wesen mit einbezieht«, fing Atto wieder an. »Der Punkt ist, dass der Abstieg in die Katakomben und künstlichen Höhlen, die es überall in Rom gibt, nicht jedermanns Sache ist. Man muss gefährliche Strecken gewärtigen, Wasserläufe, Erdrutsche und Einstürze. Ferner darf man sich nicht scheuen, die Leichen anzufassen …«

»Es handelt sich doch nur um alte Knochen.«

»Das ist leicht gesagt: Wie hast du denn vor kurzem reagiert? Unsere beiden Freunde hatten gerade ihren Rundgang beendet, wie sie mir erklärt haben, während du dort halb tot auf der Erde lagst. In dieser Höhle haben sie ihr Lager eingerichtet: Die Katakomben sind weit weg, und es besteht keine Gefahr, dass sich einer ihrer Konkurrenten in diese Gegend verirrt. Daher erwarteten sie nicht, einer Menschenseele zu begegnen; als wir sie überrascht haben, sind sie vor lauter Schreck wie wild herumgerannt. Du bist in all dem Durcheinander dem Knochenstapel zu nahe gekommen, hast ihn gestreift, und er ist über dir zusammengestürzt. Und dann bist du in Ohnmacht gefallen.«

Ich blickte zu Boden und sah, dass die beiden seltsamen Gestalten unterdessen die Knochen vom Unrat geschieden und sie oberflächlich gereinigt hatten. Der jetzt überall auf dem Boden verstreute kleine Berg, der mich unter sich begraben hatte, musste um einiges höher gewesen sein als meine Person. In Wirklichkeit aber waren die kargen menschlichen Überreste (ein Totenschädel, einige lange Knochen, drei Wirbel) sehr wenige im Vergleich zu dem, was sonst übrig blieb: Erde, Scherben, Steine, Splitter, Moos und Wurzeln, Lumpen, Schmutz aller Art. Das, was mir, im Verein mit der Angst, wie eine Todesflut vorgekommen war, war nur der Inhalt des Sacks eines Bauern, der etwas zu tief in der Erde seines Felds geschürft hat.

»Um eine so schmutzige Arbeit zu verrichten«, fuhr der Abbé fort, »braucht man ein paar Subjekte wie die, die du vor dir hast. Sie heißen Heiligenfledderer, da sie ständig auf der Suche nach den heiligen Spolien sind. Wenn es schlecht läuft, verkaufen sie dem Tölpel, der darauf reinfällt, irgendeine Schweinerei. Hast du nie beobachtet, wie auf der Straße vor deiner Locanda das Schlüsselbein des heiligen Johannes verkauft wurde, oder auch der Kiefer der heiligen Katharina, Federn von Engelsflügeln, Splitter des echten und einzigen Kreuzes, das Unser Herr Jesus getragen hat? Nun, die Lieferanten sind unsere beiden Freunde hier oder ihresgleichen. Läuft es gut, finden sie das angebliche Grab eines angeblichen Märtyrers. Den Ruhm, wenn dann die Überführung der Spolien des Heiligen Soundso in irgendeine spanische Kirche verkündet wird, heimsen allerdings die Kardinäle ein oder der alte Prahlhans von Pater Fabretti, den Innozenz X., wenn ich mich nicht irre, zum *custos reliquiarum ac coemeteriorum* ernannt hat.«

»Wo sind wir, Signor Abbé?«, fragte ich, verwirrt von der düsteren und feindseligen Umgebung.

»Ich habe im Geist noch einmal den Weg zurückgelegt, den wir gegangen sind, und den beiden da einige Fragen gestellt. Sie nennen diesen Raum ihr Archiv, weil sie ihre Schweinereien hier hineinpferchen. Ich würde sagen, wir befinden uns in etwa in den Ruinen des antiken Stadions des Domitian, wo zu Zeiten des Römischen Reichs Schiffe zum kriegerischen Wettstreit antraten. Zu deiner Orientierung kann ich dir sagen, dass wir hier unter der Piazza Navona sind, an dem Ende, das dem Tiber am nächsten liegt. Hätten wir den gleichen Weg von der Locanda bis hierher oben auf der Straße zurückgelegt, hätten wir gemächlichen Schritts nicht mehr als drei Minuten gebraucht.«

»Dann sind das hier römische Ruinen.«

»Aber sicher. Siehst du diese Bögen? Das müssen die antiken Bauten des Stadions sein, wo Spiele und Schiffswettkämpfe stattfanden. Später sind darauf die Palazzi errichtet worden, die der Piazza Navona ihr Gepräge geben und der alten Form eines gestreckten Kreises folgen.

»Wie beim Circus Maximus?«

»Genau. Nur dass dort alles noch sichtbar ist. Hier wurde es leider unter der Last der Jahrhunderte verschüttet. Doch du wirst sehen, früher oder später werden auch hier Ausgrabungen vorgenommen. Es gibt Dinge, die können nicht begraben bleiben.«

Während Abbé Melani Dinge erzählte, die mir gänzlich neu waren, staunte ich, als ich in seinen Augen zum ersten Mal den Funken der Begeisterung für die Künste und die Antike aufblitzen sah, obgleich ihm derzeit offensichtlich ganz andere Dinge am Herzen lagen. Geahnt hatte ich diese Leidenschaft schon, als ich in seinem Zimmer all die Bücher über die antiken Bauwerke und Kunstschätze Roms liegen sah. Noch konnte ich es nicht wissen, doch sollte diese Neigung bei diesen und den folgenden Begebenheiten eine nicht geringe Rolle spielen.

»Nun gut, wir wären neugierig, eines Tages die Namen unserer nächtlichen Bekanntschaften nennen zu können«, sagte Melani zuletzt zu den beiden Reliquienfledderern.

»Ich bin Ugonio«, sagte der weniger kleine.

Atto Melani sah den anderen fragend an.

»Gfrrrlûlbh«, erklang es aus der Kapuze.

»Er heißt Ciacconio«, beeilte sich Ugonio zu übersetzen, das Knurren seines Kumpans teilweise übertönend.

»Kann er nicht sprechen?«, insistierte Abbé Melani.

»Gfrrrlûlbh«, antwortete Ciacconio.

»Ich verstehe«, sagte Atto mit gezügelter Ungeduld. »Es tut uns Leid, dass wir euch bei eurem Spaziergang gestört haben. Doch wenn wir schon dabei sind: Habt ihr zufällig jemanden hier vorbeikommen sehen, kurz vor uns?«

»Gfrrrlûlbh!«, platzte Ciacconio heraus.

»Hat jemand übergesichtet, er«, verkündete Ugonio.

»Sag ihm, wir wollen alles wissen«, mischte ich mich ein.

»Gfrrrlûlbh«, wiederholte Ciacconio.

Wir blickten Ugonio fragend an.

»Ciacconio explorierte Gang, wo Euer Hochherrschaft kommen, da illuminiert Mann handtragend Lampedume ihn, Ciacconio alsbald Rückschritt eingeläutert, Lampner verschwindiert wie verschluckiert, vermutlich von Luke, und Ciacconio Schützung gesucht hier, sehr verängstlicht.«

»Konnte er das nicht selbst erzählen?«, fragte Abbé Melani leicht verblüfft.

»Er selbigst hat es gerade deskriptiert und confessiert«, antwortete Ugonio.

»Gfrrrlûlbh«, nickte Ciacconio etwas pikiert.

Atto Melani und ich sahen einander ratlos an.

»Gfrrrlûlbh!«, fuhr Ciacconio lebhafter fort, und sein Rülpser hörte sich an wie der stolze Anspruch, dass auch ein armes Wesen der Finsternis wertvolle Dienste leisten kann.

Wie sein Kumpan zweckmäßig übersetzte, hatte Ciacconio nach der Begegnung mit dem Unbekannten einen zweiten Kontrollgang durch den Tunnel vorgenommen, denn mächtiger als die Angst war doch die Neugier.

»Muss sein Nasum in alles steckieren«, erklärte Ugonio im

Tonfall eines alten, wiederholten Vorwurfs, »bringt ihm nur Scherereien und Unglückereien.«

»Gfrrrlûlbh«, unterbrach ihn jedoch Ciacconio und durchwühlte suchend seinen Mantel.

Ugonio schien zu zögern.

»Was hat er gesagt?«, fragte ich.

»Garhaupt nichts, bloß dass ...«

Ciacconio zog triumphierend ein Stück zerknittertes Papier heraus. Ugonio packte ihn am Unterarm und riss es ihm blitzschnell aus der Hand.

»Gib her oder ich lass deinen Kopf explodieren«, sagte Abbé Melani seelenruhig und fasste mit der rechten Hand an die Tasche, wo das Ding verstaut war, mit dem er die beiden Reliquienfledderer zuvor bedroht hatte.

Langsam streckte Ugonio die Hand aus und reichte meinem Begleiter das zusammengeknüllte Papier. Dann begann er plötzlich, Ciacconio wie rasend mit Fußtritten und Faustschlägen zu traktieren, und nannte ihn Lederlump, Fellfetzen, Hampelmann, Bestie, Drecksack, Schwätzer, Pflaume, Buckelzwerg, Muffelkater, Schnappschlosser, Kleckserer, Qualsterspucker, Prellschurke, Skolopender, Simpel, Hundsdackel, Grottenolm, Mehlwürmling, Erzgauner, Froschlöffel, Gurgler, Stotterer, Zettelfresser, Trümmerschnüffler, Schlammwühler, Werwolfer, Krombier, Brutussius, Grattler, Querschläger, Rockzipfler, Galgenstrick, Schwachbläsler, Höhlenfurzer, Päderastus, Arrogantus, Rotzaff, Schlurfer, Geizkrägler, Krallfratz, Sausäckel, Protzlackel, Windei, Konkurrentius, Maulbeerfeigling und noch andere Namen, die ich noch nie zuvor gehört hatte, die aber trotzdem sehr gravierend und beleidigend klangen.

Abbé Melani würdigte das peinliche Theater keines Blickes, sondern breitete das Blatt auf dem Boden aus und versuchte, ihm seine ursprüngliche Gestalt zurückzugeben. Ich reckte den Hals und las mit ihm. An der linken und der rechten Seite war es leider arg zerrissen, und auch beinahe der ganze Titel war verloren gegangen. Den restlichen Teil der Seite konnte man zum Glück noch sehr gut lesen:

rade.

MALACHI

ut Primum.

VARICATUS est autem Moab in
:el, postquam mortuus est Achab. Ce-
itqueOchozias per cancellos cœnaculi
, quod habebat in Samaria , & ægro-
it : misitque nuncios , dicens ad eos :
, consulite Beelzebub deum Accaron
:rum vivere queam de infirmitate mea
:m Domini locutus est ad Eliam Thesbi-
: & ascende in occursum nunciorum Re-
:es ad eos : nunquid non est Deus in Israe
ulendum Beelzebub deum Accaron ? Qua
dicit Dominus : De lectulo super quem asc
escendes , sed morte morieris . Et abiit El
: sunt nuncii ad Ochoziam. Qui dixit eis : Qu
is ? At illi responderunt ei : Vir occurrit nob
os : Ite & revertimini ad Regem , qui misit
is ei : Hæc dicit Dominus : Nunquid,quia nor
in Israel , mittis ut consulatur Beelzebub deus
? Idcirco de lectulo super quem ascendisti, non d
, sed morte morieris. Qui dixit eis : Cujus figur
is est vir ille , qui occurrit vobis & locutus
æc ? At illi dixerunt ; Vir pilosus & zona pellic
ctus renibus . Qui ait : Elias Thesbites est. Misitqu
quinquagenarium principem , & quinquaginta
sub eo . Qui ascendit ad eum : sedentique in v
tis : ait : Homo Dei , rex præcepit ut descend
densque Eli... ...quinquagenario : Si h

»Das ist eine Seite aus der Bibel«, sagte ich bestimmt.

»Scheint mir auch so«, pflichtete Abbé Melani mir bei, während er das Blatt hin und her wendete. »Ich würde sagen, es handelt sich um ...«

»Malachias«, erriet ich ohne jedes Zögern, dank des kaum verstümmelten Namens auf dem Kopfteil des Blattes, der alle Ereignisse beinahe unversehrt überstanden hatte.

Die Rückseite war unbedruckt, wies aber – ich hatte ihn schon durchschimmern sehen – einen Fleck auf, der unmissverständlich ein Blutfleck war. Noch mehr Blut überdeckte einen Teil dessen, was wohl ein Titel oder eine Überschrift sein sollte.

»Ich glaube, ich verstehe«, sagte Abbé Melani, indem er sich umdrehte und Ugonio betrachtete, der Ciacconio gerade die letzten, lustlosen Fußtritte versetzte.

»Ihr versteht was?«

»Unsere zwei kleinen Ungeheuer glaubten, sie hätten einen guten Fang gemacht.«

Und er erklärte mir, dass für die Heiligenfledderer die kostbarste Beute nicht aus den einfachen Grabstätten der ersten Christen stammte, sondern aus den ruhmreichen Gräbern der Heiligen und Märtyrer. Doch war es nicht leicht, diese zu erkennen. Über das entscheidende Echtheitskriterium dieser Gräber war nämlich ein jahrelanger Streit entbrannt, der nicht wenige gelehrte Kirchenmänner auf den Plan gerufen hatte. Nach Bosio, dem kühnen Jesuiten, der das unterirdische Rom erforscht hatte, konnten auf die Gräber gemeißelte Symbole wie Palmen, Kränze, Gefäße voll Getreide oder Feuerflammen ein Erkennungszeichen für Märtyrer sein. Doch als sicherer Beweis galten *maxime* die in den Grabnischen aufgefundenen oder mit Mörtel an deren Außenrändern eingemauerten Ampullen aus Glas oder Terrakotta, gefüllt mit einer rötlichen Flüssigkeit, welche die meisten für das Heilige Blut der Märtyrer hielten. Die heikle Frage wurde ausgiebig debattiert, und eine Sonderkommission beseitigte schließlich jede Unklarheit, indem sie feststellte: *Palmam et vas illorum sanguine tinctum pro signis certissimis habendas esse.*

»Das heißt«, schloss Atto Melani, »dass die Zeichnungen

von Palmen, aber vor allem das Vorhandensein der kleinen Ampulle voll roter Flüssigkeit als sicherer Beweis galten, dass man die Überreste eines Helden des Glaubens vor sich hatte.«

»Dann müssen die Ampullen viel wert sein«, warf ich ein.

»Gewiss, und nicht alle werden den kirchlichen Behörden übergeben. Jeder Römer kann sich nämlich auf die Suche nach Reliquien machen: Er braucht nur die Genehmigung des Papstes einzuholen – das hat zum Beispiel Fürst Scipione Borghese gemacht, vielleicht auch weil der Papst sein Onkel war –, zu graben und sich dann von irgendeinem gefälligen Gelehrten die Echtheit der ans Licht gekommenen Überreste bescheinigen zu lassen. Danach verkauft er sie, falls er nicht von Frömmigkeit durchdrungen ist. Doch gibt es kein sicheres Kriterium, um das Echte vom Falschen zu unterscheiden. Jeder, der ein Überbleibsel von einer Leiche findet, wird immer behaupten, dass es sich um die Überreste eines Märtyrers handelt. Wenn es nur ein Geldproblem wäre, könnte man darüber hinwegsehen. Das Problem ist, dass diese Überbleibsel dann gesegnet werden, sie werden zum Gegenstand der Anbetung, zum Wallfahrtsziel und so weiter.«

»Und niemand hat je versucht, die Sache zu klären?«, fragte ich ungläubig.

»Die Gesellschaft Jesu hat immer besondere Vergünstigungen genossen, um in den Katakomben zu graben, und sie hat dafür gesorgt, verschiedene Leichname und Reliquien nach Spanien zu bringen, wo die geheiligten Überreste mit großer Feierlichkeit empfangen wurden und von wo aus sie dann ein bisschen in alle Welt verstreut wurden, Indien eingeschlossen. Zuletzt jedoch sind sich selbst die Anhänger des Heiligen Ignatius bewusst geworden – und haben es dem Papst gebeichtet –, dass keinerlei Garantie dafür bestand, dass diese geweihten Spolien von Heiligen und Märtyrern stammten. Es gab Fälle, etwa Skelette von Kindern, bei denen eine solche Behauptung sehr schwierig aufrechtzuerhalten war. So mussten die Jesuiten verlangen, dass der Grundsatz *adoramus quod scimus* eingeführt würde: nur die Reliquien zum Gegenstand der Anbetung zu machen, die unzweifelhaft oder zumindest begründeterweise glaubhaft von einem Heiligen oder Märtyrer stammten.«

Deshalb, klärte Atto Melani mich auf, wurde zuletzt beschlossen, dass nur die Ampullen mit dem Blut den entscheidenden Beweis liefern konnten.

»Und so«, schloss der Abbé, »sind nun auch die Ampullen dazu bestimmt, die Heiligenfledderer zu bereichern und in irgendeiner Wunderkammer oder in den Gemächern eines sehr reichen und sehr naiven Kaufmanns zu landen.«

»Wieso naiv?«

»Weil niemand beschwören kann, dass es wirklich Märtyrerblut ist, was in den Ampullen aufbewahrt wird, ja nicht einmal, dass es Blut ist. Ich persönlich hege da größte Zweifel. Ich habe eine untersucht, die für teures Geld bei einem widerlichen Kerl wie diesem hier erstanden wurde, diesem, wie heißt er gleich ... Ciacconio.«

»Und was habt Ihr daraus geschlossen?«

»Dass der rötliche Schlamm in der Ampulle, in Wasser aufgelöst, vor allem aus bräunlicher Erde und Fliegen bestand.«

Das Problem war, erklärte Abbé Melani, in die Gegenwart zurückkehrend, dass Ciacconio, nachdem er auf unseren famosen Dieb gestoßen war, dieses Blatt aus der Bibel gefunden hatte, das allem Anschein nach mit Blut verschmiert war.

»Und das *incipit* eines Kapitels aus der Bibel zu finden, an dem das Blut des heiligen Kallistus klebt, um nur irgendeinen Namen zu nennen, oder besser gesagt, es als solches auszugeben kann einen netten Batzen Geld bringen. Deswegen macht ihm sein Freund jetzt freundschaftliche Vorwürfe, dass er uns das Vorhandensein des Blattes verraten hat.«

»Aber wie ist es möglich«, protestierte ich, »dass sich das tausend Jahre alte Blut eines Märtyrers auf einem modernen gedruckten Buch befindet?«

»Und ich antworte dir mit dieser Geschichte, die ich letztes Jahr in Versailles gehört habe. Ein Kerl versuchte, auf dem Markt einen Totenschädel zu verkaufen, und versicherte, es handele sich um den Schädel des berühmten Cromwell. Einer der Umstehenden machte ihn darauf aufmerksam, dass der Schädel zu klein war, um von dem mächtigen Feldherrn zu stammen, der bekanntermaßen einen auffällig großen Kopf hatte.«

»Und der Verkäufer?«

»Er antwortete: Natürlich, dies ist ja auch der Schädel von Cromwell als Kind! Gleichwohl wurde der Schädel, hat man mir versichert, dennoch verkauft, und zwar teuer. Glaub bloß nicht, es würde Ugonio und Ciacconio nicht gelingen, ihre Bibelseite mit dem Blut des heiligen Kallistus zu verhökern.«

»Werden wir ihnen das Blatt nicht zurückgeben, Signor Atto?«

»Vorerst nicht: Wir behalten es«, sagte er, die Stimme hebend, zu den Heiligenfledderern gewandt, »und werden es erst zurückgeben, wenn sie uns ein paar Gefälligkeiten erweisen.«

Dann erklärte er ihnen, was wir benötigten.

»Gfrrrlûlbh«, nickte Ciacconio schließlich.

Als er den Heiligenfledderern seine Anweisungen erteilt hatte und die beiden in der Dunkelheit verschwanden, entschied Atto Melani, dass der Augenblick gekommen sei, ins Donzello zurückzukehren.

An diesem Punkt fragte ich ihn, ob ihm der Fund einer blutbefleckten Bibelseite in diesen unterirdischen Gängen nicht höchst ungewöhnlich vorkomme.

»Meiner Ansicht nach hat dein Perlendieb dieses Blatt verloren«, erwiderte er als einzige Antwort.

»Und wieso seid Ihr Euch da so sicher?«

»Ich habe nicht gesagt, dass ich mir sicher bin. Aber überleg doch: Das Blatt sieht ganz so aus, als wäre es neu. Der Blutfleck – falls es sich um Blut handelt, und ich glaube schon – wirkt auch nicht sehr alt: Er ist zu hell. Falls Ciacconio die Wahrheit gesagt, *pardon*, gerülpst hat, so hat er es gleich nach der Begegnung mit einem Unbekannten in dem Gang gefunden, in dem der Dieb verschwunden ist. Mir scheint, das genügt, oder? Und was fällt dir ein, wenn wir von Bibeln sprechen?«

»Pater Robleda.«

»Genau, Bibel ist gleich Priester.«

»Der Sinn einiger Einzelheiten entgeht mir freilich«, wandte ich ein.

»Und die wären?«

»›ut primum‹ ist das, was von ›Caput primum‹ übrig geblieben ist. ›Malachi‹ dagegen ist eindeutig der Rest von ›Malachias‹. Deshalb vermute ich, dass unter dem Fleck einmal das Wort ›prophetia‹ stand. Also haben wir das biblische Kapitel des Propheten Malachias vor uns«, bemerkte ich eingedenk der Dinge, die man mich in meiner beinahe klösterlichen Kindheit gelehrt hatte. »Nicht erklären kann ich mir allerdings das ›rade‹ in der ersten Zeile oben. Fällt Euch dazu etwas ein, Signor Atto? Mir nicht.«

Abbé Melani zuckte die Schultern: »Ich kann mich da gewiss nicht als Fachmann bezeichnen.«

Dieses Eingeständnis seiner Unwissenheit in Sachen Bibel aus dem Mund eines Abbé zu vernehmen fand ich erstaunlich. Und wenn ich es recht überlegte, klang auch seine Behauptung »Bibel ist gleich Priester« sonderbar grob. Was für ein Abbé war er denn überhaupt?

Derweil kehrten wir in den Tunnel zurück, und Melani spann seine Gedanken weiter: »Jeder kann eine Bibel besitzen, selbst die Locanda besitzt mindestens eine, ist es nicht so?«

»Natürlich, sogar zwei, um genau zu sein, aber die kenne ich in- und auswendig, daraus kann das Blatt, das Ihr in der Hand habt, nicht kommen, das weiß ich.«

»Einverstanden. Aber du wirst mir zustimmen, dass es aus der Bibel eines unserer Herbergsgäste stammen könnte, die alle durchaus ein Exemplar der Heiligen Schrift auf der Reise dabeihaben könnten. Schade, dass ausgerechnet der große Schmuckbuchstabe abgerissen ist, der bestimmt am Anfang des Malachias-Kapitels stand: Er hätte uns geholfen, den Ursprung unseres Fundstücks zu bestimmen.«

Ich war nicht mit ihm einverstanden: An jenem Blatt waren noch ganz andere Sachen merkwürdig, und darauf wies ich den Abbé hin: »Habt Ihr je eine Bibelseite gesehen, die wie diese hier nur einseitig bedruckt ist?«

»Es wird das Ende des Kapitels sein.«

»Aber wenn es doch gerade erst angefangen hat!«

»Vielleicht ist die Prophezeiung des Malachias sehr kurz. Das können wir nicht wissen: Auch die letzten Zeilen sind abgerissen. Oder es handelt sich womöglich um eine Druckergewohnheit. Oder um einen Fehler, wer weiß. Jedenfalls werden uns auch Ugonio und Ciacconio behilflich sein: Sie haben viel zu viel Angst, ihr dreckiges Stück Papier nicht wiederzukriegen.«

»Apropos Angst: Ich wusste gar nicht, dass Ihr eine Pistole habt«, sagte ich in Erinnerung an die Waffe, mit der er die beiden Heiligenfledderer bedroht hatte.

»Ich wusste es auch nicht«, antwortete der Abbé, sah mich mit einer belustigten Grimasse schräg von der Seite an und zog den Lauf aus poliertem Holz mit Metallrohr aus der Tasche, dessen Griff, so war es mir vorgekommen, unerklärlicherweise völlig in Melanis Hand verschwunden war, als er die Waffe gezückt hatte.

»Eine Pfeife!«, rief ich aus. »Aber wieso sind Ugonio und Ciacconio bloß darauf hereingefallen?«

»Das Licht war schlecht und mein Gesicht ziemlich drohend. Außerdem hatten die beiden Heiligenfledderer wahrscheinlich keine Lust zu überprüfen, was ich ihnen tatsächlich antun könnte.«

Ich war verblüfft von der Banalität des Tricks, von der Selbstverständlichkeit, mit der Atto ihn ins Werk gesetzt hatte, und letztlich auch von dem unerwarteten Erfolg, den er gezeitigt hatte.

»Vielleicht wird es dir eines Tages auch passieren, mein Junge, dass du dir so behelfen musst, wie ich es getan habe.«

»Und wenn meine Gegner vermuten, dass es gar keine Pistole ist?«

»Dann mach's wie ich, als ich nachts zwei Pariser Banditen die Stirn bieten musste. Ruf laut: ›*Ceci n'est pas une pipe!*‹«, antwortete Abbé Melani mir lachend.

Vierter Tag

14. September 1683

Am folgenden Morgen erwachte ich mit schmerzenden Knochen und – gelinde gesagt – wirrem Kopf, da ich offensichtlich, aufgrund der Abenteuer des vorigen Tages, nur wenig und unruhig geschlafen hatte. Der lange Abstieg in den Tunnel, die Anstrengungen, die nötig waren, um Luken und Treppen zu überwinden, sowie die grauenhafte Rauferei mit den Heiligenfledderern hatten mich körperlich und geistig erschöpft. Über eines jedoch war ich ebenso erstaunt wie froh: Kein Alptraum hatte mich in den wenigen mir gewährten Stunden Schlaf heimgesucht, trotz der schrecklichen Todesvisionen, die die Begegnung mit Ugonio und Ciacconio in mir ausgelöst hatte. Und nicht einmal die unangenehme (wenngleich notwendige) Suche nach demjenigen, der mir den einzigen je von mir besessenen Wertgegenstand entwendet hatte, konnte meine Nachtruhe stören.

Als ich die Augen öffnete, überfielen mich vielmehr süßeste Traumerinnerungen: Alle schienen sie mir etwas über Cloridia und ihre ach so zarte Gestalt zuflüstern zu wollen. Ich war nicht in der Lage, dieses selige Konzert gauklerischer und dennoch beinahe wahrer Sinneseindrücke zu einem Bild zusammenzusetzen: das schöne Gesicht meiner Cloridia (so nannte ich sie schon!), ihre rührende, himmlische Stimme, ihre weichen, sinnlichen Hände, ihre mühelose, frei schwebende Rede …

Zum Glück wurde ich von solchen melancholischen Fantastereien abgelenkt, bevor die Sehnsucht mich unwiderruflich übermannte und einsame Geschehnisse in Gang setzte, die mich meiner wenigen noch vorhandenen Kräfte hätten berauben können.

Ein Stöhnen zu meiner Rechten erregte nämlich meine Aufmerksamkeit. Ich wandte mich um und sah Signor Pellegrino auf dem Bett sitzen, den Oberkörper an die Wand gelehnt, während er sich mit den Händen den Kopf hielt. Maßlos erleichtert und glücklich, ihn in einem besseren Zustand zu sehen (denn seit Beginn der Krankheit hatte er noch nie den Kopf vom Kissen gehoben), stürzte ich zu ihm hin und überschüttete ihn mit Fragen.

Als einzige Antwort setzte er sich mühsam auf den Rand seines Lagers und warf mir einen abwesenden Blick zu, ohne einen Laut von sich zu geben.

Enttäuscht und auch besorgt über seine unerklärliche Stummheit, lief ich los, um Cristofano zu rufen.

Der Arzt eilte sogleich herbei und fing vor lauter Überraschung zitternd an, Pellegrino zu untersuchen. Doch gerade, als der Toskaner die Augen meines Padrone von nahem examinierte, gab Pellegrino einen schallenden *flatus ventris* von sich. Dann kam ein leichter Rülpser an die Reihe, dann noch ein Bauchwind. Cristofano genügten wenige Minuten, um sich gedankliche Klarheit zu verschaffen.

»Er ist schläfrig, geradezu abulisch, würde ich sagen, vielleicht muss er erst ganz aufwachen. Seine Gesichtsfarbe ist noch fahl. Er spricht zwar nicht, das stimmt, doch ich zweifle nicht daran, dass er sich binnen kurzem vollkommen erholt. Das Hämatom am Kopf scheint abgeschwollen zu sein und macht mir keine größeren Sorgen mehr.«

Bis jetzt zeigte Pellegrino nur eine heftige Benommenheit, und das Fieber war verschwunden; gleichwohl konnte man noch nicht gänzlich beruhigt sein.

»Warum kann man nicht beruhigt sein?«, fragte ich, da ich begriff, dass es dem Arzt widerstrebte, mir die bösen Nachrichten anzuvertrauen.

»Dein Herr leidet eindeutig an allzu viel Luft im Bauch. Er ist von galligem Temperament, und heute ist es ziemlich heiß: Da muss man Vorsicht walten lassen. Es wird gut sein, einen Einlauf zu machen, wie ich übrigens schon befürchtet hatte.«

Er fügte hinzu, angesichts der Behandlungen und Reinigungskuren, denen er Pellegrino werde unterziehen müssen, sei es von nun an notwendig, dass dieser allein im Zimmer sei. Deshalb beschlossen wir, dass ich mein Lager in das angrenzende Kämmerlein hinübertragen sollte, das wie die übrigen zwei seit dem Tod der alten Wirtin, Signora Luigia, fast unverändert geblieben war.

Während ich den kurzen Umzug erledigte, holte Cristofano aus einer Ledertasche eine Pumpe mit Faltenbalg, etwa so lang wie mein Unterarm. Vorn an der Pumpe befestigte er einen Schlauch, in dem perpendikular ein weiteres langes, dünnes Schläuchlein steckte, das mit einem Löchlein endete. Er probierte den Mechanismus ein paarmal aus, um sicherzugehen, dass der Faltenbalg bei sachgemäßer Bedienung die Luft in die Röhre und am Schluss durch das Löchlein hinausblies.

Mit stierem Blick wohnte Pellegrino der Vorbereitung bei. Ich beobachtete ihn mit einer Mischung aus Freude, weil ich ihn endlich die Augen öffnen sah, und Angst wegen seines prekären Gesundheitszustands.

»Das hätten wir«, sagte Cristofano zufrieden am Ende der Prüfung und befahl mir, Wasser, Öl und etwas Honig aufzutreiben.

Als ich mit den Ingredienzen zurückkam, fand ich den Arzt zu meiner Überraschung mit Pellegrinos halb entkleidetem Leib beschäftigt.

»Er arbeitet nicht mit, hilf mir, ihn festzuhalten.«

Also musste ich dem Arzt dabei helfen, die hinteren Rundungen meines Herrn zu entblößen, der diese Initiative ungnädig aufnahm. Bei dem Handgemenge, das darauf folgte (und das in Wirklichkeit mehr Pellegrinos fehlender Mitarbeit als echtem Widerstand entsprang), hatte ich endlich Gelegenheit, Cristofano nach dem Zweck unserer Bemühungen zu fragen.

»Ganz einfach«, antwortete er, »ich will ihn eine Menge nutzloser Luft loswerden lassen.«

Und er erklärte mir, dass das Modell, das er dabeihatte, dank der rechteckig verbundenen Röhren erlaubte, die Insufflation allein auszuführen und somit das eigene Schamgefühl zu retten. Pellegrino allerdings scheine nicht in der Lage zu sein, für sich selbst zu sorgen, und deshalb würden wir es tun müssen.

»Wird ihm das denn helfen, sich besser zu fühlen?«

Fast erstaunt über die Frage, erwiderte Cristofano, dass ein Klistier (so nämlich pflegten einige diese Behandlung zu bezeichnen) immer zum Nutzen und niemals zum Schaden gereiche: Wie Francesco Redi sagt, lässt es die Feuchtigkeiten des Leibes gleichsam in aller Ruhe entweichen, ohne die Gedärme zu schwächen oder altern zu lassen, wie es die oral eingenommenen Medikamente tun.

Während er das Präparat in den Faltenbalg füllte, lobte Cristofano die abführenden Einläufe, aber auch die alterierenden, die schmerzstillenden, die lithotropischen, die karminativen, die sarkotischen, die epulotischen, die purgierenden und sogar adstringierenden. Die wohltuenden Ingredienzen waren unendlich viele: Man konnte Aufgüsse von Blüten, Blättern, Früchten oder Kräutersamen verwenden, aber auch einen Absud von Hammelfüßen oder Hammelkopf sowie Brühe von alten, windelweich geprügelten Hähnen.

»Sehr interessant«, erwiderte ich Cristofano zuliebe und verhehlte meinen Ekel.

»Apropos«, fügte der Arzt am Ende seiner nützlichen Erläuterungen hinzu, »in den nächsten Tagen wird der Genesende eine Diät aus Fleischbrühen, Bratensaft und Kräutertees befolgen müssen, um sich von so viel Entkräftung zu erholen. Heute wirst du ihm daher ein halbes Kännchen Schokolade, etwas Hühnerbrühe und in Wein eingeweichtes Früchtebrot verabreichen. Morgen ein Kännchen Kaffee, eine Borretschsuppe und sechs Paar Hähnchenhoden.«

Nachdem er Pellegrino mit der Spritze einige Male kräftig eingeheizt hatte, ließ Cristofano meinen Herrn halb nackt zurück und beauftragte mich, über ihn zu wachen, bis er die wohltuende Wirkung des Klistiers mit körperlichem Erfolg gekrönt hätte. Tatsächlich stellte dieser sich beinahe sofort und mit solcher Heftigkeit ein, dass ich zur Gänze verstand, warum der Arzt mich meine Sachen in die Kammer nebenan hatte schaffen lassen.

Ich ging hinunter, um das Mittagessen zuzubereiten, das auf Cristofanos Wunsch leicht, aber nahrhaft ausfallen sollte. So kochte ich Dinkel in ambrosischer Mandelmilch mit Zucker und Zimmet und dann eine Suppe aus Stachelbeeren in Brühe aus getrocknetem Fisch mit Butterschmalz, Kräutern und verquirltem Ei, die ich mit gewürfelten Brotscheiben und Zimmet servierte. Ich teilte das Mahl an die Herbergsgäste aus und fragte Dulcibeni, Brenozzi, Devizé und Stilone Priàso, wann es ihnen genehm sei, sich der Behandlung mit den von Cristofano gegen die Seuche verschriebenen Mitteln zu unterziehen. Doch alle vier packten, nachdem sie daran geschnuppert hatten, verärgert ihr Essen und erwiderten grantig, im Augenblick wollten sie in Ruhe gelassen werden. Mir kam der Verdacht, dass so viel Unlust und Reizbarkeit mit meiner mangelnden Kochkunst zusammenhingen: Vielleicht adelte der süße Zimmetduft die Gerichte nicht genug. Deshalb nahm ich mir vor, in Zukunft die Dosis zu erhöhen.

Nach dem Essen bedeutete mir Cristofano, dass Pater Robleda nach mir verlangte, weil er ein wenig Trinkwasser brauchte. Ich versah mich mit einer vollen Karaffe und klopfte an die Tür des Jesuiten.

»Komm herein, mein Sohn«, empfing er mich mit unerwarteter Höflichkeit.

Und nachdem er seine Kehle reichlich erfrischt hatte, lud er mich ein, Platz zu nehmen. Durch dies Verhalten neugierig geworden, fragte ich ihn, ob er die vergangene Nacht angenehm geruht habe.

»Oh, nur mühsam, mein Sohn, nur mühsam«, antwortete er wortkarg, was mich noch hellhöriger machte.

»Verstehe«, sagte ich misstrauisch.

Robleda war ungewöhnlich blass, hatte schwere Lider und zwei dunkle Säcke unter den Augen. Man konnte fast argwöhnen, er habe die Nacht durchwacht.

»Gestern haben wir uns ein wenig unterhalten, du und ich«, sagte der Jesuit schließlich, »doch bitte ich dich, bestimmten Gedankengängen, die wir vielleicht allzu frei geäußert haben, nicht zu viel Gewicht beizumessen. Häufig führt der seelsorgerische Auftrag, die jungen Geister zu neuen und fruchtbareren Überlegungen anzuregen, zu unpassenden rhetorischen Figuren, zu übermäßigen begrifflichen Verkürzungen, zur Unordnung im Satzbau. Die jungen Leute sind andererseits nicht immer bereit, solch fruchtbringende Anstöße für Herz und Verstand anzunehmen. Auch die schwierige Situation, der wir in dieser Locanda allesamt ausgesetzt sind, kann sowohl dazu führen, die Gedanken der anderen falsch zu interpretieren, als auch die eigenen unglücklich zu formulieren. Nun, ich bitte dich einfach zu vergessen, was wir gesprochen haben, vor allem in Bezug auf Seine Seligkeit, unseren über alles geliebten Papst Innozenz XI. Und *maxime* läge mir am Herzen, dass du diese vorübergehenden und unwesentlichen Ausführungen den Herbergsgästen nicht weitererzählst. Die physische Getrenntheit voneinander könnte zu Missverständnissen führen, ich glaube, du verstehst, was ich meine …«

»Seid unbesorgt«, log ich, »ich würde mich ohnehin kaum an Einzelheiten dieses Gesprächs erinnern.«

»Ach ja?«, rief Robleda aus, einen Augenblick lang ungehalten. »Na, umso besser. Als ich überdachte, was zwischen uns gesagt worden war, habe ich mich fast erdrückt gefühlt von der Last so vieler schwerwiegender Äußerungen. So wie wenn man sich in die Katakomben hineinwagt und dann plötzlich unter der Erde spürt, dass einem die Luft wegbleibt.«

Während der Jesuit zur Tür schritt, um mich zu verabschieden, war ich wie vom Blitz getroffen von jenem Satz, den ich eindeutig für eine Enthüllung hielt. Robleda hatte sich verraten. Ich versuchte, mir in aller Eile ein Thema auszudenken, um ihn noch mehr aus der Reserve zu locken.

»Obwohl selbstverständlich mein Versprechen gilt, nicht mehr darüber zu reden, hatte ich, ehrlich gesagt, noch eine Frage über Seine Seligkeit Innozenz XI. oder vielmehr über die Päpste im Allgemeinen in petto«, sagte ich, als er gerade die Türe öffnen wollte.

»Nur zu.«

»Also, nun …«, stotterte ich in dem Versuch zu extemporieren, »ich fragte mich, ob es eine Möglichkeit gibt, um zu unterscheiden, welche der vergangenen Päpste gut waren, welche ausgezeichnet und welche heilig.«

»Kurios, dass du mich ausgerechnet danach fragst. Genau darüber habe ich mir vergangene Nacht Gedanken gemacht«, antwortete er, beinahe als spräche er zu sich selbst.

»Dann bin ich sicher, dass Ihr auch für mich eine Antwort habt«, warf ich ein, um das Gespräch zu verlängern.

So forderte mich der Jesuit erneut zum Hinsetzen auf und erklärte mir, dass im Lauf der Jahrhunderte zahllose Abhandlungen und Prophezeiungen aufeinander gefolgt waren, die alle die gegenwärtigen, vergangenen und zukünftigen Päpste zum Gegenstand hatten.

»Und zwar«, erklärte er, »weil besonders hier in dieser Stadt alle die Eigenschaften des lebenden Papstes kennen oder zu kennen glauben. Gleichzeitig trauern sie den vergangenen Päpsten nach und hoffen, dass der nächste besser oder dass er gar der Engelspapst sein wird.«

»Der Engelspapst?«

»Der, der die Kirche Roms zur Heiligkeit der Ursprünge zurückführt.«

»Das verstehe ich nicht«, warf ich mit gespielter Unschuld ein, »wenn immer den vergangenen Päpsten nachgetrauert wird und auch diese wiederum zu Lebzeiten Sehnsucht nach ihren Vorgängern weckten, so heißt das doch, dass die Päpste immer schlechter werden. Wie kann man also auf die zukünftige Ankunft eines besseren Papstes hoffen?«

»Das ist die Doppeldeutigkeit von Prophezeiungen. Seit jeher ist Rom Zielscheibe der Propaganda aller ketzerischen Feinde des Papsttums: seitdem, vor langer Zeit, der *Super Hieremiam* und das *Oraculum Cyrilli* den Fall der Stadt vorhersahen und Thomas von Pavia die Visionen verkündete, die den Einsturz des Lateranpalasts prophezeiten, und sowohl Robert d'Uzès als auch Jean de Roquetaillade warnten, dass dieselbe Stadt, in der Petrus den ersten Stein legte, nunmehr die Stadt der beiden Säulen sei, also der Sitz des Antichrist.«

Auf einmal empfand ich leichte Gewissensbisse, dass ich einzig zu dem Zweck, mehr Informationen über einen Diebstahl von Schlüsseln und wenigen Preziosen zu erhalten, solche Themen bemüht hatte. Robleda jedoch war erst am Anfang, denn, so behauptete er, man kam nicht umhin, die zweite, mysteriöse, unergründliche Prophezeiung von Karl dem Großen zu zitieren, der am Tag des Jüngsten Gerichts eine ruhmreiche Reise ins Heilige Land antreten und dortselbst vom genannten Engelspapst gekrönt werde, während die heiligen Visionen der hl. Brigitta die gerechte Zerstörung Roms durch das Geschlecht der Germanen als gesichert vorhersagten.

Doch solche Fantasien von der Zerstörung und Reinigung des von Habgier und Ausschweifung korrumpierten päpstlichen Sitzes verblassten als schwache Einbildung, verglichen mit der *Apocalypsis nova* des Seligen Amadeus von Portugal, in der endlich kundgetan wurde, dass der Herr einen Hirten für seine Herde erwählen würde, der die Kirche von allen ihren Sünden reinwaschen, alle Mysterien erklären und die Wünsche aller leiten würde, und aus aller Welt würden die Könige herbeieilen, um ihn anzubeten, und die Kirche des Orients und die des Okzidents würden eine einzige werden, und die Ungläubigen würden für den einzig wahren Glauben zurückgewonnen, und endlich hätte man *unum ovile et unus Pastor*.

»Und dieser *Pastor* wäre der Engelspapst«, sagte ich, während ich versuchte, meine Gedanken zu ordnen, da ich den Eindruck hatte, der Jesuit wollte auf etwas anderes hinaus.

»Genau«, antwortete er.

»Und glaubt Ihr daran?«

»Um Himmels willen, mein Sohn, solche Fragen gehören sich nicht. Nicht wenige dieser angeblichen Hellseher haben die Grenze zur Häresie überschritten.«

»Also glaubt Ihr nicht an den Engelspapst.«

»Natürlich nicht. Ich meine: Diejenigen, die das Warten auf einen Engelspapst anregen wollten, waren Ketzer oder Schlimmeres. Sie wollten die Vorstellung schüren, dass die Kirche zur Gänze zerstört werden muss und dass der Papst nicht würdig ist, seinen Platz einzunehmen.«

»Welcher Papst?«

»Nun, leider sind blasphemische Angriffe dieser Art gegen alle Päpste gerichtet worden.«

»Auch gegen Seine Heiligkeit, unseren Papst Innozenz XI.?«

Robleda machte ein ernstes Gesicht, und ich erkannte den Schatten eines Verdachts in seinen Augen.

»Sagen wir, dass unter den vielen Vorhersagen einige sind, die uns – wie schon gesagt – gern die Vergangenheit vom Anbeginn der Zeiten an und die Zukunft bis zum Ende der Welt lehren möchten. Deshalb umfassen sie alle Päpste und in der Tat auch Seine Heiligkeit Innozenz XI.«

»Und was sehen sie vorher?«

Ich bemerkte, dass Robleda mit einer bizarren Mischung aus Widerstreben und Wollust auf das Thema zurückkam. Ernst erklärte er mir, unter den vielen sei eine Prophezeiung, die vorgab, die Reihe aller Päpste vom Jahr 1100 bis zum Ende der Zeiten zu kennen. Und als beschäftigte er sich seit Jahren mit nichts anderem, rezitierte er eine rätselhafte Abfolge lateinischer Motti: »*Ex castro Tiberis, Inimicus expulsus, Ex magnitudine montis, Abbas suburranus, De rure albo, Ex tetro carcere, Via transtiberina, De Pannonia Tusciae, Ex ansere custode, Lux in ostio, Sus in cribro, Ensis Laurentii, Ex schola exiet, De rure bovensi, Comes signatus, Canonicus ex latere, Avis ostiensis, Leo Sabinus, Comes laurentius, Jerusalem Campaniae, Draco depressus, Anguineus vir, Concionator gallus, Bonus comes …*«

»Das sind doch nicht die Namen der Päpste«, unterbrach ich ihn.

»Aber ja doch. Ein Prophet hatte sie in der Zukunft gelesen, bevor sie auf die Welt kamen, und hatte sie mit den verschlüsselten Motti bezeichnet, die ich dir gerade gesagt habe. Das erste ist *Ex castro Tiberis*, was heißt: ›aus einem Kastell am Tiber‹. Nun gut, der mit diesem Motto bezeichnete Papst war Cölestin II., der in der Tat in Città di Castello, einer Stadt am Tiber, geboren wurde.«

»Also war die Vorhersage exakt.«

»Ganz genau. Doch auch das folgende, *Inimicus expulsus*, ist sicherlich auf Lucius II. aus der Familie Caccianemici gemünzt: Sein Nachname ist die wörtliche Übersetzung des lateinischen Mottos. Der Papst Nummer drei ist *Ex magnitudine montis*: Es handelt sich um Eugen III., geboren in der Burg Grammont, was auf Französisch die genaue Übersetzung des Mottos ist. Nummer vier …«

»Die müssen in uralten Zeiten Päpste gewesen sein«, unterbrach ich ihn. »Von denen habe ich noch nie gehört.«

»Stimmt. Aber auch die modernen Päpste sind mit größter Exaktheit vorhergesehen worden. *Jucunditas crucis*, Nummer 82 der Prophezeiung, ist Innozenz X. Der in der Tat am 14. September zum Papst ernannt wurde, dem Fest des Heiligen Kreuzes. *Montium custos*, der Wächter der Berge, Nummer 83, ist Alexander VII., der in der Tat die Monti di pietà, die Pfandhäuser, gründete. *Sydus olorum*, das heißt das Gestirn der Schwäne, Nummer 84, ist Klemens IX. Der tatsächlich im Vatikan das Schwanenzimmer bewohnte. Das Motto von Klemens X., Nummer 85, ist *De flumine magno*, das heißt ›vom großen Fluss‹. Und in der Tat wurde er in einem Haus am Tiber geboren, genau da, wo der Fluss über die Ufer trat.«

»So hat sich die Prophezeiung stets bewahrheitet?«

»Sagen wir, dass manche, ja sogar viele dies behaupten«, erwiderte Robleda augenzwinkernd.

Dann schwieg er, als erwartete er eine Frage. Er hatte nämlich in der Aufzählung der in der Prophezeiung vorhergesehenen Päpste bei Papst Klemens X. innegehalten, der Nummer 85. Ihm war klar, dass ich der Versuchung, mich nach dessen Nachfolger zu erkundigen, nicht widerstehen konnte: Es handelte sich um Seine Seligkeit Innozenz XI., unseren Papst.

»Und wie lautet das Motto der Nummer 86?«, fragte ich aufgeregt.

»Nun, weil du es bist …«, sagte der Jesuit seufzend, »sein Motto ist, ehrlich gestanden, recht kurios.«

»Und zwar?«

»*Belua insatiabilis*«, sagte Robleda mit farbloser Stimme, »›unersättliches Raubtier‹.«

Nur mühsam konnte ich meine Überraschung und Bestürzung verbergen. Während die Motti aller anderen Päpste harmlose Rätsel waren, lautete das Motto unseres geliebten Pontifex gräulich und bedrohlich.

»Aber vielleicht bezieht sich das Motto Unseres Herrn nicht auf seine moralischen Qualitäten!«, wandte ich empört ein, wie um mir selber Mut zu machen.

»Das ist ohne weiteres möglich«, stimmte mir Robleda friedfertig zu. »Jetzt, wo ich darüber nachdenke, fällt mir ein, dass im Familienwappen des Papstes ein gefleckter Löwe und ein

Adler zu sehen sind. Das heißt, zwei unersättliche Raubtiere. Vielleicht, nein, ganz gewiss ist dies die Erklärung«, schloss der Jesuit mit unbewegtem Gesichtsausdruck, der vielsagender war als jedes Lächeln.

»Jedenfalls darf dir das nicht den Schlaf rauben«, fügte er noch hinzu, »denn nach der Prophezeiung werden es insgesamt 111 Päpste sein, und heute sind wir erst bei Nummer 86.«

»Doch wer wird der letzte Papst sein?«, hakte ich nach.

Robleda wurde erneut finster und nachdenklich.

»Angefangen bei Cölestin II., zählt die Reihe 111 Päpste. Gegen Ende kommt der *Pastor angelicus*, also der Engelspapst, von dem ich vorhin sprach, doch wird er nicht der Letzte sein. Es folgen in der Tat noch weitere fünf Päpste und zuletzt, sagt die Prophezeiung, *in extrema persecutione Sacrae Romanae Ecclesiae sedebit Petrus romanus, qui pascet oves in multis tribulationibus; quibus transactis, civitas septicollis diruetur, et judex tremendus judicabit populum.*«

»Das heißt, Sankt Petrus wird zurückkehren, Rom wird zerstört, und es kommt das Jüngste Gericht.«

»Sehr gut, genau das.«

»Und wann wird das geschehen?«

»Ich sagte es schon: Nach der Prophezeiung wird es noch lange dauern. Doch jetzt ist es Zeit, dass du mich verlässt. Ich möchte nicht, dass du die anderen Herbergsgäste vernachlässigst, um dir diese unwichtigen Märchen anzuhören.«

Enttäuscht vom plötzlichen Ende der Unterredung und ohne dass ich Robleda ein weiteres nützliches Indiz hatte entlocken können, stand ich schon an der Schwelle, als ich spürte, dass ich noch eine letzte – und diesmal aufrichtige – Neugier befriedigen musste.

»Apropos, wer ist eigentlich der Autor der Prophezeiung der Päpste?«

»Oh, ein heiliger Mönch, der in Irland gelebt hat«, sagte Robleda hastig, während sich die Türe schloss. »Er hieß, so glaube ich mich zu erinnern, Malachias.«

Aufgeregt lief ich unverzüglich ans andere Ende des Stockwerks zu Atto Melanis Zimmer, um ihm die unerwarteten und brisanten Neuigkeiten mitzuteilen. Als er mir die Tür öffnete, fand ich sein Zimmer von einer Flut von Papieren, Büchern, alten Drucken und Stapeln von Briefen überschwemmt, die unordentlich auf dem Bett und auf dem Boden verstreut lagen.

»Ich arbeitete gerade«, begrüßte er mich.

»Er ist es«, sagte ich völlig außer Atem.

Und ich erzählte dem Abbé von meinem Gespräch mit Robleda, bei dem dieser zuerst ohne ersichtlichen Grund die Katakomben erwähnt hatte. Dann hatte sich der Jesuit, jedoch nur, weil planvoll von mir angestachelt, in einem langen Diskurs über die Weissagungen ausgelassen, die das Kommen des Engelspapstes ankündigen, und schließlich eine Prophezeiung über das Ende der Welt nach 111 Päpsten zitiert, in welcher von einem »unersättlichen Raubtier« die Rede ist, das angeblich Unser Herr Papst Innozenz XI. sein soll, und zuletzt hatte er zugegeben, dass diese Weissagung von dem irischen Propheten Malachias gemacht wurde ...

»Gemach, gemach«, unterbrach Atto mich. »Ich fürchte, du bringst da etwas durcheinander. Ich weiß, dass der heilige Malachias ein irischer Mönch war, der tausend Jahre nach Christus lebte, ganz anders also als der biblische Prophet Malachias.«

Ich versicherte ihm, das wüsste ich sehr wohl, doch brächte ich gar nichts durcheinander, und wiederholte ihm die Fakten noch einmal ausführlicher.

»Interessant«, bemerkte Atto am Schluss, »im Abstand von wenigen Stunden laufen uns zwei verschiedene Malachias über den Weg, beide Propheten. Zu viel, um reiner Zufall zu sein. Pater Robleda hat dir erklärt, dass er in der vergangenen Nacht über die Weissagung des heiligen Malachias nachdachte, während wir zur gleichen Zeit in den unterirdischen Gängen auf das biblische Kapitel des Propheten Malachias gestoßen sind. Er tut so, als erinnerte er sich nicht ganz sicher an den Namen des Heiligen, der doch weltberühmt ist. Und dann kommt er noch mit den Katakomben daher. Dass ein Jesuit die Schlüssel gestohlen haben soll, überrascht mich nicht sonderlich: Sie haben viel Schlimmeres auf dem Gewissen. Was ich jedoch gern wüsste, ist, warum er sich dann in die unterirdischen Gänge begeben hätte: Das wäre allerdings interessant.«

»Um sicherzugehen, dass es Robleda ist, müssten wir seine Bibel durchblättern«, bemerkte ich, »und nachsehen, ob die herausgerissene Seite daher stammt.«

»Richtig, und dafür haben wir nur eine Möglichkeit. Cristofano hat uns verständigt, dass binnen kurzem der Appell für die Quarantäne stattfindet: Du wirst den Moment nützen müssen, in dem Robleda sein Zimmer verlässt, um dich hineinzuschleichen und nach seiner Bibel zu suchen. Ich glaube, du weißt schon, wo im Alten Testament du das Buch Malachias findest.«

»Nach den Büchern der Könige, bei den zwölf kleinen Propheten«, erwiderte ich eifrig.

»Sehr gut. Ich werde nichts tun können, da Cristofano mich ständig im Auge behalten wird. Er muss etwas gerochen haben: Vorhin hat er mich gefragt, ob ich etwa nachts mein Zimmer verlassen hätte.«

Genau da hörte ich die Stimme des Arztes meinen Namen rufen. Beflissen eilte ich zu ihm in die Küche, wo er mir mitteilte, von der Straße sei schon der Ruf der Männer des Bargello heraufgedrungen, die den zweiten Appell durchführen wollten. Die Hoffnung, die wir alle insgeheim hegten, nämlich dass das Warten auf den Ausgang der Schlacht bei Wien unsere Aufseher ablenken würde, war verflogen.

Cristofano machte sich Sorgen. Würde Bedfordi die Prüfung nicht bestehen, würden wir so gut wie sicher an einen anderen Ort überführt und viel strengeren Maßnahmen unterzogen. Wer von uns wie auch immer geartete Güter bei sich hatte, würde sich davon trennen müssen, um sie durch Essigdämpfe von den schädlichen Miasmen reinigen zu lassen. Und wie der Arzt uns schon erklärt hatte, sieht einer, der sich in Pestzeiten aus dem einen oder anderen Grund von seinen Gütern trennt, am Ende schwerlich mehr als ein Viertel davon wieder.

Cristofanos Anweisungen folgend, drängte sich die gesamte Gruppe bang vor Pompeo Dulcibenis Zimmer zusammen. Ein zärtlicher Schauer überlief mich, als ich die süße Cloridia entdeckte, die mir zulächelte, auch sie traurig (oder zumindest bildete ich mir das ein) bewusst, dass bei solchem Anlass keinerlei verbale oder anders geartete Nähe möglich sein würde. Als Letzten sah ich den Arzt mit Devizé und Atto Melani herankommen. Entgegen meiner Hoffnung brachten sie Bedfordi nicht mit: Der Engländer (man konnte es an Cristofanos konsterniertem Gesicht ablesen) war noch nicht in der Lage, sich auf den Beinen zu halten, und noch viel weniger, zu einem Appell anzutreten. Während sie sich näherten, sah ich, dass Atto und der Gitarrenspieler heimlich miteinander tuschelten und einander zum Schluss verständnisinnig zunickten.

Cristofano ging uns voraus ins Zimmer und trat zuerst ans Fenster, vor dem die Schergen des Bargello schon die Hälse reckten in dem Versuch, uns zu beobachten. Der Arzt nannte seinen Namen und führte neben sich eine ganz offensichtlich gesunde Person vor: den jungen Devizé. Danach wurden Abbé Melani, Pompeo Dulcibeni und Pater Robleda aufgerufen und kurz examiniert. Dann entstand eine kleine Pause, in der die Gesundheitsprüfer sich geschwind untereinander berieten. Ich sah, dass Cristofano und Pater Robleda vor Angst beinahe schlotterten. Dulcibeni dagegen verzog keine Miene. Mir fiel auf, dass Devizé als Einziger aus der Gruppe den Raum verlassen hatte.

Die Prüfer (die übrigens auch mir Uneingeweihtem keine großartigen Leuchten der Medizin zu sein schienen) richteten noch einige allgemeine Fragen an Cristofano, der sich unterdessen beeilt hatte, auch mich ans Fenster zu führen, damit ich gebührend betrachtet würde. Dann kam Cloridia an die Reihe, was die Schergen sogleich zu ein paar groben Späßen und Anspielungen auf nicht genauer bezeichnete Krankheiten veranlasste, zu deren Verbreitung die Kurtisane hätte beitragen können.

Unsere Befürchtungen erreichten ihren Höhepunkt, als endlich Signor Pellegrino aufgerufen wurde. Cristofano führte ihn mit fester Hand, jedoch ohne erniedrigendes Zerren zum Fenster. Wir wussten alle, dass Cristofano zitterte: Die schiere Tatsache, meinen Padrone den Autoritäten vorzuführen, ohne den geringsten Vorbehalt anzumelden, bedeutete, dass der Arzt ihm als Erster gute Gesundheit attestierte.

Pellegrino lächelte schwach vor den drei Unbekannten. Zwei von ihnen tauschten einen fragenden Blick. Wenige Fuß trennten Cristofano und meinen Herrn von den Prüfern. Pellegrino schwankte.

»Ich hatte dich gewarnt!«, rief Cristofano wütend aus, während er ihm eine leere Flasche aus der Hose zog. Pellegrino rülpste.

»Er hat sich zu lang mit Herrn Bacchus unterhalten«, scherzte einer der drei vom Bargello in Anspielung auf die längst offenkundige Leidenschaft meines Herrn für den Wein. Es war Cristofano gelungen, die Krankheit zu vertuschen und Pellegrino stattdessen als betrunken hinzustellen.

In dem Moment (und das werde ich nie vergessen) sah ich wundersamerweise Bedfordi unter uns erscheinen.

Mit langen Schritten ging er zum Fenster, wo Cristofano ihn fürsorglich empfing, und bot sich den Blicken des furchteinflößenden Triumvirats dar. Ich war, wie alle, schreckensstarr und wie vor den Kopf geschlagen, fast als hätte ich einer Auferstehung beigewohnt. Man hätte glauben können, es handle sich um Bedfordis Geist, so gründlich schien er sich vom Leiden des Fleisches befreit zu haben. Die drei Männer vom Bargello waren nicht im gleichen Maße überrascht, da sie nichts von den traurigen Fortschritten der Krankheit wussten, die den Engländer in den vorausgegangenen Stunden befallen hatte.

Bedfordi stieß etwas in seiner Sprache hervor, derer die drei Schergen zu ihrem Leidwesen nicht mächtig waren.

»Er hat noch einmal gesagt, dass er abreisen will«, erklärte Cristofano.

Die drei, die sich an Bedfordis Protest beim letzten Appell erinnerten und sich einbildeten, dass sie nicht verstanden würden, verhöhnten ihn mit größtem und ordinärem Vergnügen.

Bedfordi, oder besser gesagt, sein wunderbares Trugbild, beantwortete die Spötteleien der drei Schergen pünktlich mit lauten Beschimpfungen seinerseits und wurde sogleich von Cristofano weggeführt. Auch unsere gesamte Gruppe verlief sich wieder, wobei einige einander angesichts der unerklärlichen Genesung des Engländers ungläubige Blicke zuwarfen.

Sobald ich im Gang stand, machte ich mich in der Hoffnung, eine Erklärung zu erhalten, auf die Suche nach Atto Melani. Ich erreichte ihn, als er gerade den Fuß auf die Treppe setzte und in den zweiten Stock hinaufwollte. Belustigt sah er mich an, da er sogleich ahnte, was ich zu wissen begehrte, und spottete trällernd:

Fan battaglia i miei pensieri,
e al cor dan fiero assalto.
Così al core, empi guerrieri,
fan battaglia, dan guerra i miei pensieri … *

»Hast du gesehen, wie gut sich unser Bedfordi erholt hat?«, fragte er sodann ironisch.

»Das ist doch nicht möglich«, sagte ich ungläubig.

Atto blieb auf der Hälfte der Rampe stehen.

»Hast du etwa gemeint, ein Geheimagent des Königs von Frankreich würde sich leimen lassen wie ein kleiner Junge?«, flüsterte er höhnisch. »Bedfordi ist jung, nicht sehr groß und hellhaarig; und in der Tat hast du einen gedrungenen, blonden jungen Mann vortreten sehen. Der Brite hat blaue Augen, und auch unser Bedfordi von heute Abend war blauäugig. Beim letzten Appell hatte Bedfordi protestiert, weil er abreisen wollte, und diesmal hat er es genauso gemacht. Bedfordi spricht eine Sprache, die die drei vom Bargello nicht verstehen, und in der Tat haben sie auch diesmal nichts verstanden. Wo ist das Geheimnis?«

»Aber er konnte es doch nicht sein …«

»Natürlich war es nicht Bedfordi. Er liegt weiterhin halb tot in seinem Bett, und beten wir zu Gott, dass er eines Tages wieder aufstehen möge. Doch wenn du ein gutes Gedächtnis hättest – und wenn du Gazettenschreiber werden willst, brauchst

---

* Meine Gedanken liegen im Streit, / und bestürmen grausam mein Herz. / So liegen sie, ruchlose Krieger, / im Streit mit dem Herzen, bedrängen es, meine Gedanken …

du das, würdest du dich erinnern, dass beim letzten Appell ein wenig Durcheinander herrschte: Als ich aufgerufen wurde, hat Cristofano Stilone Priàso ans Fenster geführt; als Dulcibeni an der Reihe war, hat Cristofano Robleda genommen und so weiter, als hätte er sich jedes Mal geirrt. Glaubst du, nach diesem Ringelreihen könnten die drei vom Bargello gewiss sein, alle Herbergsgäste wiederzuerkennen? Denk dran, dass der Bargello kein Bild von uns hat, denn keiner von uns ist Papst oder König von Frankreich.«

Mein Schweigen sprach für sich.

»Selbstverständlich konnten sie niemanden wiedererkennen«, bekräftigte der Abbé, »außer dem jungen Edelmann mit der blonden Mähne, der in einer fremden Sprache protestiert.«

»Und Bedfordi ...«

Ich unterbrach mich und hatte eine Erleuchtung, während ich Devizé in der Tür seines Zimmers verschwinden sah.

»... spielt Gitarre, spricht Französisch und tut manchmal so, als könne er auch Englisch«, sagte Atto, indem er Devizé ein verschwörerisches Lächeln zuwarf, »und heute hat er sich darauf beschränkt, sich so ähnlich anzuziehen wie der arme Bedfordi. Er hätte sich auch einfach etwas von ihm ausleihen können, doch dann hätte unser Freund Cristofano uns schnurstracks ins Lazarett geschickt: Niemals Decken und Kleidung von Pestkranken benutzen.«

»Dann ist also Signor Devizé ein zweites Mal ans Fenster getreten, nämlich anstelle von Bedfordi, und ich habe es nicht gemerkt!«

»Du hast es nicht gemerkt, weil es absurd war, und absurde Dinge zu sehen, auch wenn sie wahr sind, ist am schwierigsten.«

»Aber die Männer vom Bargello hatten uns schon einzeln aufgerufen«, wandte ich ein, »als die Locanda wegen Pestverdacht geschlossen worden ist.«

»Ja, doch war dieser erste Appell viel zu konfus und zu hastig, weil die Schergen ja auch noch die Straße sperren und die Locanda vernageln mussten. Und außerdem sind seither mehrere Tage vergangen. Die Sichtbehinderung, ich meine das Gitter am Fenster im ersten Stock, hat den Rest besorgt. Ich selbst wüsste hinter diesem Gitter in ein bis zwei Tagen keinen unserer Gefängniswärter mehr mit absoluter Gewissheit zu identifizieren. Apropos, was für Augen hat Bedfordi?«

Ich dachte kurz nach und musste lächeln: »Er ... er schielt.«

»Genau. Und wenn du es recht überlegst, ist das leider das Auffälligste an ihm. Als die drei Schergen zwei einwärts schauende blaue Augen auf sich gerichtet sahen – und hier hat unser Devizé ganze Arbeit geleistet, hatten sie keinen Zweifel: Das ist der Engländer.«

Ich schwieg, grübelnd und verblüfft.

»Und nun lauf zu Cristofano«, verabschiedete mich Atto, »der dich gewiss um sich haben will. Sprich nicht mit ihm über die kleinen Tricks, die ins Werk zu setzen er mir geholfen hat: Er schämt sich dafür, weil er fürchtet, die Prinzipien seiner Kunst zu verraten. Er irrt, doch ist es besser, ihn denken zu lassen, was er will.«

Sobald ich zu ihm kam, teilte Cristofano mir ermutigende Neuigkeiten mit: Er hatte mit den Männern vom Bargello konferiert und ihnen versichert, dass die ganze Gruppe in guter Verfassung sei. Dann hatte er angeboten, persönlich dafür zu garantieren, dass jegliche relevante Veränderung sogleich einem Emissär angezeigt werde, der sich jeden Morgen vor der Locanda einfinden solle, um mit Cristofano selbst die Lage zu besprechen. Dies befreite uns von der Verpflichtung, zum Appell anzutreten, wie wir es vorher (wunderbarerweise) getan hatten.

»Zu anderen Zeiten wäre so viel Leichtsinn nicht möglich gewesen«, sagte der Arzt.

»Was meint Ihr damit?«

»Ich weiß, wie in Rom bei der Pest von 1656 vorgegangen wurde. Kaum hatte man erfahren, dass es in Neapel Fälle von Seuchenverdacht gab, wurden alle Wege zwischen den beiden Städten gesperrt und Personenverkehr wie Warenverkehr mit den anderen angrenzenden Gebieten untersagt. In die vier Teile des Kirchenstaates wurden ebenso viele Kommissare entsandt, um die Anwendung der Gesundheitsmaßnahmen zu kontrollieren, die Küstenwachen wurden verstärkt, um das Landen von Schiffen einzudämmen oder zu verhindern, während in Rom einige Stadttore zeitweise verrammelt und in denen, die offen blieben, unüberschreitbare Gatter aufgestellt wurden, um das Hin und Her der Menschen auf das Allernötigste zu beschränken.«

»Und all das hat nicht genügt, um die Seuche aufzuhalten?«

Es war schon zu spät, erklärte der Arzt wehmütig. Ein neapolitanischer Fischhändler, ein gewisser Antonio Ciothi, war schon im vorherigen Monat März aus Neapel nach Rom gekommen, um einer Mordanklage zu entgehen. Er hatte in einer Locanda in Trastevere, in der Gegend von Montefiore, Unterkunft gefunden, wo er plötzlich erkrankte. Die Frau des Wirts (diese Details hatte Cristofano im Gespräch mit einigen betagten Zeugen jener Ereignisse erfahren) hatte den Fischverkäufer sogleich ins Spital von San Giovanni transportieren lassen, wo der junge Mann wenige Stunden nach seiner Einlieferung starb. Die Autopsie ergab keinen Grund zur Besorgnis. Einige Tage später jedoch starb die Frau des Wirts, und dann starben die Mutter und die Schwester der Frau. Auch bei diesen Fällen stellten die Ärzte zwar keine Anzeichen von *contagio* fest, aber angesichts der zu offensichtlichen Koinzidenz wurde dennoch beschlossen, den Wirt und alle seine Hausburschen ins Lazarett zu schicken. Trastevere wurde mit Gattern vom Rest der Stadt abgetrennt, und die Sonderkongregation für Gesundheitsangelegenheiten trat zusammen, um dem Notfall zu trotzen. Für jedes Viertel wurden Kommissionen aus Prälaten, Edelleuten, Ärzten und Notaren gebildet, die in der Stadt eine Volkszählung durchführten und auch Beruf, Bedarf und Gesundheitszustand der Einwohner vermerkten, um der Kongregation ein genaues Bild der Lage zu vermitteln und ihr zu erlauben, in den Häusern, die es nötig haben sollten, an wechselnden Tagen Besuche abzustatten oder zu helfen.

»Jetzt aber scheint die ganze Stadt nur an die Schlacht bei Wien zu denken«, bemerkte Cristofano, »und unsere drei Prüfer haben mir gesagt, dass der Papst jüngst gesehen wurde, wie er vor dem Kruzifix auf Knien lag und vor Bestürzung und

Angst um das Schicksal der gesamten Christenheit weinte; und wenn der Papst weint, denken die Römer, müssen wir alle zittern.«

Der Arzt fügte noch hinzu, dass die Verantwortung, die er übernommen hatte, außerordentlich schwerwiegend sei und auch auf meinen Schultern laste. Von nun an müssten wir mit allergrößter Aufmerksamkeit jede gesundheitliche Veränderung bei den Herbergsgästen beobachten. Und andererseits würde jegliche Verfehlung eines von uns beiden (denn gewisslich würde er von meinen eventuellen Nachlässigkeiten berichten) strengste Sanktionen nach sich ziehen. Insbesondere müssten wir aufpassen, dass bis zum Ende der Quarantäne niemand – und um keinen Preis – die Locanda verlassen könne. Um die nötige Kontrolle sicherzustellen, seien da allerdings immer noch die beiden Wachen, die abwechselnd ein Auge darauf hatten, dass niemand versuchte, die Bretter zu entfernen und sich aus dem Fenster herunterzulassen.

»Ich werde Euch in allem dienen«, sagte ich zu Cristofano, um ihn zu besänftigen, während ich schon der Rückkehr der Nacht entgegenfieberte.

Die durchaus willkommene Abschaffung des Appells vereitelte den mit Atto Melani abgesprochenen Plan, in Pater Robledas Bibel nachzuschlagen. Ich gab dem Abbé diskret entsprechenden Bescheid, indem ich ihm einen Zettel unter der Tür durchschob und dann wieder in die Küche ging, da ich befürchtete, Cristofano (der von Zimmer zu Zimmer wanderte, um die Patienten zu untersuchen) könnte mich beim Gespräch mit dem Abbé überraschen.

Doch Cristofano selbst rief mich dann aus Pompeo Dulcibenis Zimmer im ersten Stock herbei. Der Edelmann aus Fermo hatte einen Ischiasanfall erlitten. Ich fand ihn im Bett, auf der Seite liegend, vor Schmerz zusammengekrümmt, während er den Arzt anflehte, ihm so rasch wie möglich wieder auf die Beine zu helfen.

Cristofano hantierte gedankenvoll mit Dulcibenis Beinen. Er hob das eine an und befahl mir gleichzeitig, das andere zu beugen: Nach jeder so herbeigeführten Bewegung hielt der Arzt inne, um die Reaktion des Kranken abzuwarten. Schrie er auf, nickte der Arzt jedes Mal feierlich.

»Verstehe. Verstehe. Hier braucht es ein Meisterpflaster mit Cantharidae. Junge, während ich es vorbereite, reibe du ihm die ganze Seite mit diesem Balsam ein«, sagte der Medicus und hielt mir ein Döschen hin.

Anschließend informierte er Dulcibeni, dass er das Pflaster acht Tage lang tragen müsse.

»Acht Tage! Wollt Ihr damit sagen, dass ich eine so lange Zeit bettlägerig sein werde?«

»Gewiss nicht: Der Schmerz wird viel früher nachlassen«, erwiderte der Arzt. »Schnell laufen könnt Ihr natürlich nicht. Aber was macht das schon? Solange die Quarantäne dauert, könnt Ihr sowieso nichts anderes tun als Däumchen drehen.«

Äußerst verdrossen brummte Dulcibeni etwas vor sich hin.

»Tröstet Euch«, fügte Cristofano hinzu, »es gibt hier Leute mit ganz anderen Zipperlein, obwohl sie jünger sind als Ihr: Pater Robleda zeigt es nicht, aber seit einigen Tagen leidet er unter Rheumatismus. Er muss eine recht schwache Konstitution haben, da die Locanda mir gar nicht feucht vorkommt und das Wetter in diesen Tagen schön und trocken ist.«

Bei diesen Worten zuckte ich zusammen. Mein Verdacht gegenüber Robleda verhärtete sich. Derweil bemerkte ich schaudernd, dass der Arzt ein Fläschchen voller toter Käfer aus seiner Tasche geholt hatte. Er nahm zwei der goldgrünen Insekten heraus.

»Cantharidae oder spanische Mücken genannt«, sagte er und hielt sie mir unter die Nase, »aufgespießt und getrocknet. Als blasenziehendes Mittel mirakulös. Und auch als Aphrodisiakum.«

Damit machte er sich daran, die Käfer eifrig auf einem Stück getränkter Gaze zu zerstoßen.

»Aha, der Jesuit hat Rheumatismus«, rief Dulcibeni nach einer Weile. »Welch ein Glück: Dann hört er endlich auf, seine Nase in alles zu stecken.«

»Wie meint Ihr das?«, fragte Cristofano, mit einem Messerchen die Insekten bearbeitend.

»Wisst Ihr nicht, dass die Gesellschaft Jesu ein Sammelbecken für Spitzel ist?«

Das Herz klopfte mir bis zum Hals. Ich musste mehr darüber erfahren. Doch Cristofano fühlte sich von dem Thema offenbar nicht angesprochen, und Dulcibenis Bemerkung schien im Sande zu verlaufen.

»Das meint Ihr doch nicht im Ernst?«, mischte ich mich heftig ein.

»Und ob!«, fing Dulcibeni überzeugt wieder an.

Seinen Worten nach waren die Jesuiten nicht nur Meister in der Kunst der Spitzelei, sondern sie bestanden sogar darauf, diese als Privileg ihres Ordens anzusehen, und forderten, dass jeder, der ohne ihre ausdrückliche Erlaubnis spioniere, streng bestraft werden müsse. Bevor die Jesuiten sich in die Welt einschlichen, hatten auch die anderen Ordensgeistlichen einen gewissen Anteil an den Intrigen des Apostolischen Stuhls. Doch seit die Jünger des heiligen Ignatius sich der Ausübung der Spitzelei widmeten, hatten sie alle anderen übertroffen. Dies, weil es für die Päpste seit jeher absolut notwendig ist, auch die geheimsten Angelegenheiten der Fürsten zu ergründen. Und da sie wohl wussten, dass es im Amt der Spionage niemand je so weit gebracht hat wie die Jesuiten, machten sie sie zu Helden: Sie sandten sie in die wichtigsten Städte, sie bedachten sie mit Privilegien und Bullen und zogen sie allen anderen Orden vor.

»Verzeiht«, wandte Cristofano ein, »aber wie sollten die Jesuiten es anstellen, so gut zu spionieren? Sie dürfen keinen Umgang mit Frauen pflegen, die ja nie etwas für sich behalten können; sie dürfen sich nicht mit Verbrechern oder Personen niedrigen Standes blicken lassen, und darüber hinaus ...«

Die Erklärung sei ganz einfach, antwortete Dulcibeni: Die Päpste hatten den Jesuiten das Sakrament der Beichte gewährt, und zwar nicht nur in Rom, sondern in allen Städten Europas. Vermittels der Beichte konnten sich die Jesuiten ins Denken aller einschleichen, der Reichen wie der Armen, der Könige wie der Bauern. Insonderheit aber erforschten sie so die Neigung und Stimmung jedes Ratgebers oder Staatsministers: Mit genau einstudierter Rhetorik entlockten sie ihren Opfern alle

Entschlüsse und Überlegungen, die diese insgeheim im Grund ihres Herzens erwogen.

Um sich ganz der Beichte widmen und immer größeren Nutzen daraus ziehen zu können, hatten sie beim Heiligen Stuhl die Befreiung von den anderen Ämtern erwirkt. Die Opfer bissen durchaus an. Die Könige Spaniens zum Beispiel hatten sich stets der Jesuiten als Beichtväter bedient und verlangt, dass ihre Minister in allen Spanien unterworfenen Ländern es ihnen gleichtaten. Die anderen Fürsten, die bis zu diesem Augenblick in gutem Glauben gelebt hatten und die Arglist der Jesuiten nicht kannten, begannen daher zu vermuten, dass die Patres besonders zur Beichte berufen seien. Nach und nach folgten sie dem Beispiel der Könige von Spanien und wählten ebenfalls Jesuiten als Beichtväter.

»Irgendjemand wird sie aber doch durchschaut haben«, warf der Arzt ein, während die Cantharidae-Panzer weiter unter seinem Messerchen knisterten.

»Freilich. Doch als ihr Spiel schließlich aufgedeckt war, haben sie sich, je nach Gelegenheit, in den Dienst der einen oder der anderen Fürsten gestellt, stets zum Verrat bereit.«

Deshalb werden sie von allen geliebt und gehasst, sagte Dulcibeni: Sie werden gehasst, weil sie allen als Spitzel dienen; sie werden geliebt, weil niemand weiß, wo er besser für seine Zwecke geeignete Spione finden soll; sie werden geliebt, weil sie sich freiwillig als Spitzel anbieten; sie werden gehasst, weil sie auf diese Weise den größten Vorteil für ihren Orden herausschlagen und den größten Schaden für die ganze Welt.

»Und im Grunde genommen ist es wahr«, schloss der Edelmann aus den Marken, »dass die Jesuiten das Exklusivrecht auf Spionage verdienen: Die anderen scheitern gewöhnlich, noch bevor sie begonnen haben. Die Jesuiten dagegen, wenn sie beschließen, einen Unglücksraben zu bespitzeln, kleben an ihm wie Pech und Schwefel und lassen ihn nicht mehr los. Zur Zeit der Revolution in Neapel war es ein Genuss, ihnen zuzusehen, wie sie den Vizekönig von Spanien gegen Masaniello ausspielten und Masaniello gegen den Vizekönig, und zwar mit solchem Geschick, dass keiner von beiden etwas merkte; und sie aßen derweil das Fleisch und den Fisch …«

Cristofano legte Dulcibeni das mit den Splittern der spanischen Mücken bestreute Pflaster auf, wonach wir uns beide von dem Edelmann verabschiedeten. Eine Menge Gedanken bestürmten mich: Erst der Hinweis des Arztes auf Pater Robledas kuriosen Rheumatismus und dann die Enthüllung, dass man den spanischen Jesuiten im Seminar mehr im Aushorchen als im Beten unterwiesen hatte, bestätigten meinen Verdacht gegenüber Robleda immer mehr.

Endlich wollte ich mich gerade zurückziehen (ich brauchte wahrhaftig Erholung nach den Anstrengungen der vergangenen, schlaflos verbrachten Nacht), als ich gewahrte, dass der Jesuit in Begleitung von Cristofano sein Zimmer verlassen hatte, um die Grube neben der Küche aufzusuchen, wo man die Exkremente ausleeren konnte. Angesichts einer so günstigen Gelegenheit waren Denken und Tun eins: Leise schlich ich in den zweiten Stock, schob die Tür zum Zimmer des Jesuiten auf und schlüpfte hinein. Zu spät: Mir war, als hörte ich die Schritte von Pater Robleda, der die Treppe wieder heraufkam.

Ich huschte wieder hinaus und ging enttäuscht über den Misserfolg rasch auf meine Kammer zu.

Zuerst sah ich noch bei meinem Padrone vorbei, den ich halb ausgestreckt auf dem Bett fand. Ich musste ihm helfen, sein Gedärm zu erleichtern. Er stellte mir einige konfuse, matte Fragen über seinen Gesundheitszustand, denn, so brummte er, der Arzt aus Siena hatte ihn wie ein Kind behandelt und ihm die Wahrheit verschwiegen. Ich meinerseits versuchte ihn zu beruhigen, wonach ich ihm zu trinken gab, ihn so gut wie möglich in die Decken packte und ihm lange den Kopf streichelte, bis er einschlummerte.

Danach konnte ich mich in mein Kämmerchen einschließen. Ich zog mein Heft heraus und notierte todmüde – ein wenig durcheinander, ehrlich gesagt – die letzten Geschehnisse.

Als ich mich dann meinerseits auf dem Bett ausgestreckt hatte, kämpfte mein Ruhebedürfnis mit den sich ballenden Gedanken, die vergeblich versuchten, sich zu einem vernünftigen Ganzen zu ordnen. Die von Ugonio und Ciacconio aufgefundene Bibelseite gehörte vielleicht Robleda, der sie in den unterirdischen Gängen bei der Piazza Navona verloren hatte: Wahrscheinlich war demnach er der Schlüsseldieb, jedenfalls hatte er Zugang zu jenen Verliesen. Die Hilfe, die ich Abbé Melani geleistet hatte, hatte mir einen unsäglichen Schrecken eingetragen sowie den Nahkampf mit den beiden abscheulichen Heiligenfledderern. Gleichwohl war es der Abbé selbst gewesen, der die Situation gerettet hatte, indem er eine einfache Pfeife als Pistole ausgab. Ebenso erfolgreich hatte er dann den Schelmenstreich gegen die drei Abgesandten des Bargello geplant und ins Werk gesetzt, mit dem wir die Gefahr abgewendet hatten, dass der Pestnotstand ausgerufen würde – ja, die Kontrollen würden nun sogar merklich nachlassen. Ich fühlte, wie das Misstrauen, das ich dem Abbé entgegengebracht hatte, allmählich von Dankbarkeit und Bewunderung entschärft wurde, so dass ich beinahe mit ein wenig Bangen auf den Augenblick wartete, in dem wir die Suche nach dem Dieb – aller Wahrscheinlichkeit nach noch in derselben Nacht – wieder aufnehmen würden. Gereichte die Tatsache, dass der Abbé der Spionage und politischer Intrigen verdächtig war, etwa uns allen irgendwie zum Schaden? Eher wohl das Gegenteil, sagte ich mir: Dank seiner schlauen Tricks war die Gruppe der Herbergsgäste samt und sonders vor der schrecklichen Aussicht der Einweisung in ein Lazarett bewahrt worden. Darüber hinaus hatte er mich in seine Mission eingeweiht, und dies bezeugte sein Vertrauen zu mir. Er hatte zwar wie ein Dieb die Briefe im Hause Colberts entwendet; doch solche Obliegenheiten, behauptete er, waren eine direkte und unvermeidliche Folge seiner Ergebenheit und Liebe zu dem Herrscher Frankreichs, und es gab keine Beweise, um das Gegenteil zu behaupten. Schaudernd verscheuchte ich das unvermittelt in meinen angestrengten Gedanken auftauchende Bild der ekelerregenden Masse menschlicher Überreste, die sich aus Ciacconios Stapel über mich ergossen hatte, und empfand plötzlich eine überströmende Dankbarkeit für Abbé Melani. Früher oder später, überlegte ich und ließ nunmehr dem Schlummer schon fast freien Lauf, würde ich mich nicht enthalten können, den anderen Herbergsgästen zu offenbaren, mit welcher

List Atto die beiden Heiligenfledderer zur Räson gebracht und mit einem ausgewogenen Maß an Versprechungen und Drohungen in Schach gehalten hatte. So, stellte ich mir vor, musste ein Sonderagent des Königs von Frankreich vorgehen, und ich bedauerte einzig, dass ich noch nicht über genug Wissen und Erfahrung verfügte, um jene Wundertaten gebührend zu illustrieren. Ein Netz von Geheimgängen unter der Stadt; ein Agent des Königs von Frankreich auf selbstloser und waghalsiger Schurkenjagd; eine ganze Gruppe von Edelleuten, eingesperrt aufgrund eines geheimnisvollen Todesfalls und unter Pestverdacht. Zuletzt der Oberintendant Fouquet, tot geglaubt und doch von Colberts Spitzeln mehrmals in Rom gesichtet. Von der Müdigkeit überwältigt, betete ich zum Himmel, ich möchte eines Tages, als Gazettenschreiber, von ebenso wunderbaren Ereignissen berichten dürfen.

Die Tür (die ich ehrlich gesagt sorgfältiger hätte schließen müssen) öffnete sich quietschend. Ich drehte mich um, gerade noch rechtzeitig, um einen Schatten hurtig hinter die Mauer huschen zu sehen.

Ruckartig sprang ich auf, um den Eindringling zu erwischen, und beugte mich auf den Flur hinaus. Wenige Schritte von der Tür entfernt sah ich eine Gestalt. Es war Devizé, der seine Gitarre in der Hand hielt.

»Ich habe schon geschlafen«, protestierte ich, »und außerdem hat Cristofano es verboten, die Zimmer zu verlassen.«

»Schau«, sagte er und deutete auf den Fußboden, um mir den Grund seines Besuchs zu zeigen.

Plötzlich gewahrte ich, dass ich auf einem Teppich knirschender Steinchen lief, deren leises Rascheln meine Schritte begleitet hatte, seit ich aus dem Bett gestiegen war. Ich strich mit der Handfläche über den Boden.

»Sieht aus wie Salz«, sagte Devizé.

Ich leckte an einem der Splitter.

»Es ist Salz«, bestätigte ich alarmiert, »aber wer hat es auf die Erde gestreut?«

»Meiner Ansicht nach war es …«, sagte Devizé, doch während er den Namen aussprach, hielt er mir die Gitarre hin, und seine letzten Worte verklangen in der Stille der Nacht.

»Was habt Ihr gesagt?«

»Die ist für dich«, erwiderte er mit einem leisen ironischen Lachen und reichte mir das Instrument, »da es dir so gut gefällt, wie ich spiele.«

Ich fühlte mich leicht gerührt. Ich war nicht sicher, ob ich diesen zusammengedrehten Därmen nicht doch ein paar angenehme Töne zu entlocken verstand, oder vielleicht sogar eine ganze schmeichelnde Melodie. Warum es nicht gleich mit jener unaussprechlichen Melodie versuchen, die ich den französischen Musiker hatte spielen hören? Ich beschloss, es sogleich zu probieren, vor ihm, obwohl ich sicher war, mich seinem Spott auszusetzen. Schon erforschte ich mit der Linken das Griffbrett und prüfte mit der anderen Hand den sanften Widerstand der Saiten über dem Schallloch des vom Allerchristlichsten König geliebten Instruments, als ich durch eine ebenso vertraute wie unerwartete Berührung unterbrochen wurde.

»Er ist zu dir gekommen«, sagte Devizé.

Ein schöner getigerter Kater mit grünen Augen drängte sich an mich und strich mir, um ein bisschen Futter bettelnd, sacht, aber beharrlich mit dem Schwanz über die Wade. Ich war höchst beunruhigt von diesem unerwarteten Besuch. Wenn der Kater in die Locanda eingedrungen war, dachte ich, so gab es womöglich einen weiteren Zugang zur Außenwelt, den Abbé Melani und ich noch nicht entdeckt hatten. Ich hob den Blick, um meine Gedanken Devizé mitzuteilen. Er war verschwunden. Eine Hand rüttelte behutsam an meiner Schulter.

»Solltest du dich nicht einschließen?«

Ich öffnete die Augen. Ich lag in meinem Bett, und über mir stand Cristofano, der mich ersuchte, das Abendessen zu bereiten und auszuteilen. Widerstrebend und verschlafen ließ ich meine Traumbilder hinter mir.

Nachdem ich kurz die Küche aufgeräumt hatte, bereitete ich eine Suppe aus Artischockenherzen in Brühe aus getrocknetem Fisch mit gutem Öl, Zwiebeln, Erbsen und Rouladen aus Thunfischspeck, gefüllt mit Lattich. Dazu ein großzügiges Stück

Käse und ein Viertel verdünnter Rotwein. Über alles streute ich, wie ich mir vorgenommen hatte, reichlich Zimmet. Cristofano half mir eigenhändig, die Mahlzeiten zurechtzumachen, und kümmerte sich persönlich darum, Bedfordi zu füttern, während ich allen anderen ihr Essen brachte und vor allem meinen Padrone versorgte.

Als ich Pellegrino fertig gefüttert hatte, empfand ich das dringende Bedürfnis nach etwas frischer Luft in den Lungen. Die langen Tage des Eingeschlossenseins, zumeist bei verrammelter Tür und vergittertem Fenster in der Küche zwischen den Dämpfen verbracht, die beim Kochen ständig vom Kamin aufstiegen, hatten sich mir auf die Brust geschlagen. Ich beschloss daher, mich kurz in mein Kämmerchen zurückzuziehen. Vorsichtig öffnete ich das Fenster, das auf die Gasse hinausging, und spähte hinunter: Keine Menschenseele bevölkerte diesen sonnigen Spätsommermittag. Nur die Wache döste träge, an der Hausecke zusammengekauert, die zur Via dell'Orso zeigte. Ich stützte die Ellbogen auf das Fensterbrett und atmete tief ein.

»Früher oder später werden die Türken doch mit den mächtigsten Fürsten Europas aufeinander prallen.«

»Ach ja? Und mit wem denn?«

»Nun, zum Beispiel mit dem Allerchristlichsten König.«

»Und da werden sie sich endlich offen die Hand reichen, ohne sich weiter verstecken zu müssen.«

Die aufgeregten, sorgsam gedämpften Stimmen kamen aus dem zweiten Stock und gehörten unverkennbar Brenozzi und Stilone Priàso. Ihre nebeneinander liegenden Zimmer verfügten über recht nahe Fenster. Vorsichtig beugte ich mich vor: Wie Pyramus und Thisbe hatten die beiden eine sehr einfache Möglichkeit ersonnen, um sich, trotz Cristofanos strenger Überwachung, ungestört zu unterhalten. Da alle zwei ein unruhiges, neugieriges Temperament besaßen sowie Liebhaber allfälliger Plaudereien waren, machten sie auf diese Weise gemeinsam ihren unbezwingbaren Befürchtungen Luft.

Ich fragte mich, ob es nicht angebracht war, diese unverhoffte Gelegenheit zu nutzen: Ungesehen würde ich vielleicht ein paar Informationen mehr über diese beiden singulären Persönlichkeiten erlauschen, deren eine sich schon als Flüchtling entlarvt hatte. Und wer weiß, vielleicht waren auch Einzelheiten dabei, die sich für die komplizierten Ermittlungen nützlich erweisen konnten, bei denen ich Abbé Melani zur Hand ging.

»Ludwig XIV. ist der Feind der Christenheit. Von wegen Türken!«, dozierte derweil Brenozzi in bitterem, ungeduldigem Ton. »Ihr wisst genau, dass in Wien gekämpft wird, um die gesamte christliche Welt zu retten, und jeder Herrscher hätte der Stadt zu Hilfe eilen müssen. Leider hat der König von Frankreich seine Unterstützung nicht geben wollen. Doch das ist kein Zufall, o nein!, das ist kein Zufall.«

Wie schon einmal gesagt und wie ich in jenen Monaten in groben Zügen durch das Gerede im Volk und durch die Nachrichten erfuhr, die die Locandabesucher mitbrachten, hatte Unser Herr Innozenz XI. riesige Anstrengungen unternommen, um eine Heilige Liga gegen die Türken zu formieren. Diesem Aufruf war der König von Polen gefolgt, indem er vierzigtausend Männer schickte, welche zu den sechzigtausend hinzukamen, die der Kaiser in Wien zusammengezogen hatte, bevor er schändlich aus seiner Stadt floh. Dem gerechten Kreuzzug hatte sich auch der tapfere Herzog von Lothringen angeschlossen, und es hieß, unterdessen seien elftausend bayerische Soldaten nach Wien aufgebrochen. Die Türken freilich hatten die Unterstützung der Kuruzen, der furchterregenden ungarischen Abtrünnigen, die nun, nachdem sie die Waffenruhe mit dem Kaiser gebrochen hatten, die wehrlosen Dörfer in der Ebene zwischen Budapest und Wien verwüsteten. Ohne die fatale Hilfe mitzurechnen, die den Osmanen womöglich durch die Seuche zuteil würde: Ein Pestherd schien sich nämlich unter den schon von der roten Ruhr erschöpften Belagerten eingenistet zu haben.

Die entscheidende Unterstützung für die Christen hätte aus Paris kommen können. Doch der König von Frankreich, so erinnerte Brenozzi, hatte sich nicht angeschlossen.

»Das ist eine Schande«, stimmte Stilone Priàso zu. »Er ist doch der mächtigste Herrscher Europas und macht immer, was ihm passt. Jeden Tag erfindet er eine neue Invasion in Lothringen, im Elsass ...«

»Und wenn die Gewalt nicht ausreicht, verlegt er sich auf Korruption. Man weiß ja: Mit seinem Geld kauft sich der König von Frankreich auch die anderen Könige, wie diesen Weichling Karl von England.«

»Ekelhaft, einfach ekelhaft. Vielleicht habt Ihr Recht: Den christlichen Herrschern macht Frankreich mehr Angst als die Türken«, kommentierte Stilone Priàso.

»Aber gewiss! Lieber Mohammed als die Franzosen. Sie haben tausend Kanonaden auf Genua abgefeuert, bloß weil dieses an Land keinen Salut abgegeben hatte, als ihre Schiffe draußen vorbeizogen.«

Brenozzi hielt inne, vielleicht um den untröstlichen Ausdruck zu genießen, der sich, so malte ich mir aus, auf dem Gesicht des Neapolitaners ausbreitete. Doch Stilone zögerte nicht, das Gespräch mit weiteren brisanten Bemerkungen wieder anzuheizen.

Behutsam reckte ich von meinem unsichtbaren Ausguck über ihren Köpfen den Hals und beobachtete sie verstohlen: In der Hitze des Disputs erlangten die beiden wieder die Lebhaftigkeit, die sie im Dunkel der Einsamkeit eingebüßt hatten, und die politische Passion verscheuchte beinahe die Furcht vor der Pest. Ging es den anderen Herbergsgästen in der Locanda etwa nicht genauso, wenn mein Besuch oder der des Medicus – zuweilen begleitet von stechenden Dämpfen, Spezereiölen und sanften Druckmassagen – ihnen die Zunge löste und ihnen die intimsten Überlegungen entlockte?

»In ganz Europa«, fing Stilone Priàso wieder an, »ist es doch nur Prinz Wilhelm von Oranien gelungen, die Franzosen aufzuhalten und den Frieden von Nimwegen zu erzwingen, obwohl er ständig auf der Jagd nach Darlehen ist, während sie haufenweise Geld haben.«

Wieder kam in den Reden unserer Herbergsgäste der Holländer Wilhelm von Oranien vor, dessen Name zum ersten Mal in Bedfordis Fieberfantasien aufgetaucht und mir dann von Abbé Melani erläutert worden war. Er machte mich neugierig, dieser hochherzige, arme David, dessen militärischer Ruhm sich zusammen mit der Kunde von seinen Schulden verbreitete.

»Solange der Eroberungshunger des Allerchristlichsten Königs nicht gestillt ist«, beharrte Brenozzi, »wird es in Europa keinen Frieden geben. Und wisst Ihr, wann das sein wird? Wenn die Kaiserkrone auf dem Kopf des Königs von Frankreich funkelt.«

»Ihr sprecht vom Heiligen Römischen Reich, nehme ich an.«

»Aber klar! Kaiser werden: Das will er. Er will die Krone, die Karl von Habsburg seinem Vorfahren, Franz I., allein dank seiner Geldmachenschaften abgeluchst hat.«

»Ja, ja, indem er die Kurfürsten bestochen hat, meine ich …«

»Bravo, gutes Gedächtnis. Wenn Karl von Habsburg sie nicht gekauft hätte, wäre der Kaiser heute Franzose. Doch nun will er sie wiederhaben, diese Krone. Und sich an den Habsburgern rächen. Deshalb kommt die Türkeninvasion Frankreich so gelegen: Wenn die Türken Wien belagern, reibt sich das Reich im Osten auf, während Frankreich im Westen expandiert.«

»Das ist wahr! Ein richtiges Zangenmanöver.«

»Ganz genau.«

Deshalb, fuhr Brenozzi fort, hatte der Allerchristlichste König und Erstgeborene Sohn der Kirche, als Innozenz XI. die Mächte Europas gegen die Türken versammelte, es abgelehnt, Truppen zu entsenden, obwohl alle christlichen Häupter ihn darum gebeten hatten. Stattdessen hatte der König von Frankreich dem Kaiser ein hassenswertes Abkommen aufgezwungen: Er würde neutral bleiben, wenn ihm nur alle seine räuberischen Eroberungen anerkannt würden.

»Er war sogar so frech, seine Forderungen als ›moderat‹ zu bezeichnen. Der Kaiser aber hat sich dem nicht gebeugt, obwohl ihm das Wasser bis zum Hals steht. Jetzt enthält sich der Allerchristlichste König aller Feindseligkeiten: Und glaubt Ihr, er täte es aus Rücksicht? Nein! Aus Taktik tut er es. Er wartet, bis Wien völlig erschöpft ist. So hat er dann leichteres Spiel. Schon Ende August hieß es, die französischen Truppen stünden erneut bereit, um gegen die Niederlande zu marschieren.«

Wenn Brenozzi auf meinem Gesicht die besorgten Gedanken hätte lesen können, die ein solches Räsonnement in mir weckte! Bitterer Groll stieg in mir auf, während ich dort oben hockte und die Gespräche der beiden belauschte: Welchem entsetzlichen Herrscher hatte Atto Melani bloß seine Dienste geschworen? Den Abbé, es war zwecklos, das zu leugnen, hatte ich unwiderruflich lieb gewonnen; und trotz aller Höhen und Tiefen hatte ich noch nicht darauf verzichtet, ihn als meinen Herrn und Meister zu betrachten.

Und so geschah es mir, Opfer meines eigenen Forschertriebs und Wissensdranges, noch einmal, dass ich gegen meinen Willen Dinge erfuhr, von denen ich lieber niemals ein einziges Wort vernommen hätte.

»Ah, das ist noch gar nichts«, fügte Brenozzi wie eine Viper zischend hinzu. »Wisst Ihr das Neueste? Jetzt schützen die Türken die französischen Handelsschiffe vor den Seeräubern. So liegen die Geschäfte mit dem Orient in den Händen Frankreichs.«

»Und was werden die Türken im Austausch dafür kriegen?«, fragte Stilone.

»Oh, nichts«, grinste Brenozzi ironisch, »höchstens vielleicht ... den Sieg bei Wien.«

Sobald die Bewohner sich in der Stadt verschanzt hatten, erklärte Brenozzi nämlich, legten die Türken ein Netz von Gräben und Tunnels an, die bis unter die Stadtmauer reichten, und platzierten mächtige Minen, mit denen sie mehrmals die Befestigungsmauer durchbrachen. Nun gut, diese Technik war ebenjene, in der die französischen Ingenieure und Feuerwerker Meister waren.

»Kurzum, Ihr wollt sagen, dass die Franzosen mit den Türken unter einer Decke stecken«, schloss Priàso.

»Nicht ich behaupte das; das haben alle Militärexperten im christlichen Lager zu Wien gesagt. Die Armeen des Allerchristlichsten Königs hatten die Kunst, Gräben und Tunnels zu benutzen, während der Verteidigung von Heraklion von zwei Soldaten gelernt, die im Dienst Venedigs standen. Dann gelangte das Geheimnis an Vauban, einen Militäringenieur des Allerchristlichsten Königs. Vauban ließ es perfektionieren: senkrechte Gräben, in denen die Minen transportiert werden, und waagrechte Gräben, um die Truppen von einem Punkt des Felds zum anderen zu verschieben. Es ist eine mörderische Waffe: Sobald die richtige Bresche geschlagen ist, marschiert man in die belagerte Stadt ein. Jetzt plötzlich sind die Türken vor Wien Meister dieser selben Technik. Glaubt Ihr, das sei ein Zufall?«

»Sprecht leiser«, ermahnte ihn Stilone Priàso. »Vergesst nicht, dass Abbé Melani neben uns haust.«

»Ach ja. Der Spitzel im Dienst Frankreichs, der genauso ein Abbé ist wie Graf Dönhoff. Ihr habt Recht: Belassen wir es dabei«, sagte Brenozzi, und nach einem kurzen Gruß zogen sich beide zurück.

Schon wieder fielen neue Schatten über Atto. Was bedeutete diese Bemerkung, die eine mir unbekannte Persönlichkeit ins Spiel brachte? Während ich das Fenster schloss, fiel mir Melanis Unkenntnis in Sachen Bibel wieder ein. Sehr merkwürdig, dachte ich, für einen Abbé.

»Gitarre, Kater und Salz«, lachte Cloridia belustigt. »Schon besser.«

Beim Aufräumen der Küche hatte ich nur einen Gedanken gehabt: zu ihr zurückzukehren. Brenozzis harte Äußerungen erforderten gewiss eine weitere Klärung mit Abbé Melani: Doch dafür gab es noch die Nacht, wenn er selbst an meine Tür klopfen würde, um mich wieder in die unterirdischen Gänge mitzunehmen. Hastig hatte ich den anderen Eingeschlossenen ihr Essen gebracht und mich jenen entzogen, die (wie Robleda und Devizé) versuchten, mich unter verschiedenen Vorwänden aufzuhalten. Viel dringlicher war es nämlich, mich erneut mit der schönen Cloridia unterhalten zu können, was ich mit der Ausrede tat, ich wolle mir den zweiten merkwürdigen Traum deuten lassen, den ich geträumt hatte, seit die Männer des Bargello die Pforten der Locanda geschlossen hatten.

»Beginnen wir mit dem verstreuten Salz«, sagte Cloridia,

»und ich warne dich: Das ist kein gutes Zeichen. Es bedeutet: Mord oder Widerstand gegen unsere Pläne.«

Sie las die Enttäuschung auf meinem Gesicht.

»Man muss aber jeden Einzelfall genau abwägen«, fügte sie hinzu, »weil es nicht gesagt ist, dass diese Bedeutung zu dem Träumenden passt. In deinem Traum, zum Beispiel, könnte sie sich auf Devizé beziehen.«

»Und die Gitarre?«

»Sie bedeutet: große Melancholie oder Arbeit ohne Ansehen. Wie ein Bauer, der das ganze Jahr schuftet, ohne je eine Anerkennung zu kriegen. Oder ein ausgezeichneter Maler oder Architekt oder Musiker, dessen Werke niemand kennt und der für immer in Vergessenheit gerät. Du siehst, es ist beinahe ein Synonym für Melancholie.«

Ich war bestürzt. Im selben Traum zwei recht hässliche Symbole, zu denen, verkündete Cloridia, sich noch ein drittes gesellte.

»Die Katze ist ein ganz klares Zeichen: Ehebruch und Ausschweifung«, urteilte sie.

»Aber ich bin nicht verheiratet.«

»Zur Ausübung der Ausschweifung muss man nicht verheiratet sein«, erwiderte Cloridia, maliziös eine Haarlocke auf ihrer Wange zusammenrollend, »und was den Ehebruch betrifft, so denk daran: Jedes Zeichen muss aufmerksam gewertet und erwogen werden.«

»Wie denn? Wenn ich unverheiratet bin, bin ich eben Junggeselle und Schluss.«

»Aber du weißt ja wirklich gar nichts«, tadelte Cloridia mich liebenswürdig. »Träume können auch ihrem Anschein gänzlich entgegengesetzt gedeutet werden. Daher sind sie unfehlbar, weil man ihnen Pro und Contra gleichermaßen entnehmen kann.«

»Aber so kann man über einen Traum ja alles sagen und auch das Gegenteil von allem ...«, wandte ich ein.

»Meinst du?«, antwortete sie, indem sie sich das Haar im Nacken zurechtstrich und mit dieser weiten, kreisenden Bewegung der Arme die runden, festen Kuppeln ihrer Brüste hob.

Sie setzte sich auf einen Schemel und ließ mich weiter stehen.

»Bitte«, sagte sie, ein mit einer Gemme geschmücktes Samtband aufknotend, das sie um den Hals trug, »bind es mir wieder gut fest, denn vor dem Spiegel gelingt es mir nicht richtig. Leg es mir etwas tiefer an, aber nicht zu tief. Sei behutsam, meine Haut ist sehr zart.«

Als ob es nötig wäre, mir die Aufgabe zu erleichtern, hielt sie die Arme hinter dem Kopf übertrieben weit gespreizt und stellte so über die Maßen ihren tief dekolletierten Busen zur Schau, der blühender war als die Wiesen des Quirinals und tausendmal vollkommener als die Wölbung des Petersdoms.

Als sie mich wegen des unvermuteten Schauspiels erröten sah, nutzte Cloridia dies, um nicht auf meinen Einwand zu antworten. Sie fuhr fort, als ob nichts sei, während ich mir an ihrem Hals zu schaffen machte.

»Nach Meinung einiger beziehen sich die Träume vor Sonnenaufgang auf die Zukunft, die bei Sonnenaufgang beziehen sich auf die Gegenwart und die nach Sonnenaufgang schließlich beziehen sich auf die Vergangenheit. Die Träume sind im Sommer und im Winter sicherer als im Frühling und im Herbst; und bei Sonnenaufgang sicherer als zu jeder anderen Tageszeit. Andere wiederum behaupten, dass im Advent und zur Zeit der Verkündigung geträumte Träume solide und dauerhafte Dinge voraussagen; während die Träume, die zu beweglichen Festen – wie Ostern – kommen, veränderliche Dinge bezeichnen, auf die wir uns kaum verlassen können. Wieder andere ... Aua, nein, so geht's nicht, das ist zu eng. Warum zittern dir die Hände?«, fragte sie mit einem schlauen kleinen Lächeln.

»Ehrlich gestanden hab ich's fast geschafft, ich wollte nicht ...«

»Nur gemach, wir haben alle Zeit, die wir wollen«, sagte sie und zwinkerte mir zu, als sie sah, dass ich zum fünften Mal an dem Knoten gescheitert war. »Wieder andere«, dozierte Cloridia erneut, indem sie ihren Hals übertrieben entblößte und ihre Brüste noch mehr meinen Händen entgegenstreckte, »sagen, in Baktrien gibt es einen Stein, der Eumetris heißt, und wenn man diesen beim Schlafen unter den Kopf legt, verwandelt er Träume in verlässliche und sichere Vorhersagen. Manche benutzen nur schimärische Präparate: Parfüm aus Alraune und Myrrhe, Verbenenwasser oder pulverisierte Lorbeerblätter, aufs Hinterhaupt getupft. Doch gibt es auch solche, die in rotem Leder abgelagertes Katzenhirn mit Fledermauskot empfehlen oder die eine Feige mit Taubendreck und Korallenpulver füllen. Glaub mir, für die nächtlichen Visionen sind all diese Heilmittel sehr, sehr anregend ...«

Plötzlich nahm sie meine Hände zwischen die ihren und fixierte mich amüsiert: Noch immer war mir der Knoten nicht gelungen. Meine ungeschickt mit dem Samtband verschlungenen Finger waren eiskalt; ihre glühend heiß. Das Band fiel in ihren Ausschnitt und verschwand. Jemand hätte es wieder herausfischen müssen.

»Kurz und gut«, hub sie wieder an, während sie meine Hände drückte und ihren Blick in meinen versenkte, »es ist wichtig, klare, sichere, dauerhafte, aufrichtige Träume zu haben, und für jeden Zweck gibt es ein Mittel. Wenn du träumst, dass du nicht verheiratet bist, kann es sein, dass es das genaue Gegenteil bedeutet, nämlich, dass du es bald sein wirst. Oder aber es bedeutet, dass du Junggeselle bist und Schluss. Hast du verstanden?«

»Ist es denn in meinem Fall nicht möglich herauszufinden, ob der buchstäbliche Sinn des Traums oder sein Gegenteil gilt?«, fragte ich mit kaum hörbarer Stimme und flammend roten Backen.

»Doch, natürlich.«

»Warum sagt Ihr es mir dann nicht?«, flehte ich und senkte den Blick unwillkürlich auf den duftenden Abgrund, der das Samtband verschluckt hatte.

»Ganz einfach, mein Lieber: Weil du nicht gezahlt hast.«

Sie hörte zu lächeln auf, schob meine Hände schroff von ihrem Busen weg, holte das Band hervor und knotete es sich blitzschnell um den Hals, als hätte sie niemals Hilfe gebraucht.

In der betrübtesten Stimmung, zu der die menschliche Seele fähig ist, lief ich die Treppe hinunter und verfluchte die ganze Welt, die sich meinem Begehr nicht beugen wollte, wünschte auch mich selbst zur Hölle, da ich mich als so ungeschickter Hermeneut ebendieser Welt erwiesen hatte. Die Träume, die ich Elender Cloridia anvertraut, waren nackt und wehrlos einer Kurtisane in den Schoß gefallen: Wie hatte ich das vergessen können? Wie hatte ich armer Tor mich der Täuschung hingeben können, ihre Gunst zu erlangen, ohne den Königsweg der Bezahlung einzuschlagen? Und wie konnte ich hoffen, dumm und unerfahren, wie ich war, dass sie ihren Geist und noch viel mehr *liberaliter* ausgerechnet mir öffnen würde anstatt anderen, die tausendmal tüchtiger, verdienstvoller und bewundernswerter waren als ich? Und außerdem: Hätte ihre Aufforderung bei beiden Traumkonsilien, mich auf ihr Bett zu legen, während sie sich auf einen Stuhl am Kopfende hinter mir niederließ, mich nicht misstrauisch machen müssen? Diese unverständliche und verdächtige Forderung hätte mich an die – leider – käufliche Natur unserer kurzen Begegnungen erinnern müssen.

Angesichts solch trauriger Gedanken empfand ich es, als ich die Treppe herunterkam und auf meine Kammer zuging, als angenehmes Vorzeichen, vor meiner Türe den vom kurzen Warten schon leicht ungeduldig gewordenen Abbé Melani vorzufinden. Der bei meiner Ankunft trotz der Gefahr, dass Cristofano unsere Verabredung entdecken würde, ein dröhnendes Niesen nicht unterdrücken konnte.

Vierte Nacht

Vom 14. auf den 15. September 1683

Diesmal durchliefen wir die unterirdischen Gänge unter dem Donzello rascher und mit größerer Sicherheit. Ich hatte Pellegrinos zerbrochene Angelrute mitgenommen, doch Abbé Melani war dagegen, das Gewölbe der Tunnels zu inspizieren wie beim vorigen Mal, als wir die Luke entdeckt hatten, die zu der darüber liegenden Höhle führte. Wir wurden zu einer wichtigen Verabredung erwartet, erinnerte Melani mich, und eingedenk der Umstände der Begegnung war es nicht angebracht, sich zu verspäten. Dann bemerkte er mein finsteres Gesicht und erinnerte sich, dass er mich von Cloridias Türmchen hatte kommen sehen. Er lächelte amüsiert und sang leise flüsternd:

Speranza, al tuo pallore
so che non speri più.
E pur non lasci tu
di lusingarmi il core ... *

Ich war gar nicht in der Laune, verspottet zu werden, und beschloss, Atto zum Schweigen zu bringen, indem ich ihm die Frage stellte, die mir auf der Zunge brannte, seit ich Brenozzi belauscht hatte. Der Abbé blieb ruckartig stehen.

»Ob ich ein Abbé bin? Wie kommst du bloß auf so etwas?«

Ich entschuldigte mich und sagte, nichts läge mir ferner, als

* Hoffnung, bei deiner Blässe, / weiß ich, hoffst du nicht mehr. / Dennoch lässt du es nicht, / meinem Herzen zu schmeicheln ...

ihm unpassende Fragen zu stellen, doch Signor Angiolo Brenozzi habe sich lange am Fenster mit Stilone Priàso unterhalten und dabei verschiedene Überlegungen geäußert und Dinge erzählt, die viele Angelegenheiten berührt hätten, unter anderem das Verhalten des Allerchristlichsten Königs gegenüber der Hohen Pforte und dem Heiligen Stuhl, und im Laufe des angeregten Gesprächs habe der Venezianer unter anderem die Meinung geäußert, Melani sei genauso ein Abbé wie Graf Dönhoff.

»Graf Dönhoff ... ja bravo!«, zischte Atto Melani sardonisch und beeilte sich dann zu erklären: »Du hast natürlich nicht die geringste Ahnung, wer Dönhoff ist. Es genüge dir zu wissen, dass es sich um den diplomatischen Vertreter Polens in Rom handelt, der in diesen Monaten des Krieges mit den Türken sehr, sehr beschäftigt ist. Damit wir uns recht verstehen, das Geld, das Innozenz XI. für den Krieg gegen die Türken nach Polen schickt, geht auch durch seine Hände.«

»Und was hätte der mit Euch gemein?«

»Es handelt sich nur um eine niedrige und beleidigende Unterstellung. Graf Jan Kazimierz Dönhoff ist keineswegs Abbé: Er ist Komtur des Heilig-Geist-Ordens, Bischof von Cesena und Kardinal der Titelkirche von San Giovanni an der Porta Latina. Ich dagegen bin Abbé von Beaubec, bestallt von seiner Majestät Ludwig XIV. und vom königlichen Rat bestätigt. Brenozzi meint, kurz gesagt, dass ich nur dank des Willens Ludwigs XIV. und nicht des Papstes Abbé bin. Aber wie sind sie überhaupt auf dieses Thema gekommen?«, fragte er im Weitergehen.

Ich fasste das Gespräch der beiden kurz zusammen und berichtete Melani, wie Brenozzi die zunehmende Macht des Königs von Frankreich geschildert hatte und dass sich der Souverän mit der Hohen Pforte verbünden wolle, um den Kaiser in Schwierigkeiten zu bringen und freie Hand zu haben bei seinen Eroberungsplänen, und wie dieser Plan ihm den Papst zum Feind gemacht habe.

»Interessant«, kommentierte er, »unser Glasbläser hasst die Krone von Frankreich, und nach seiner feindseligen Einschätzung zu urteilen, scheint er auch für meine Wenigkeit keine große Sympathie zu hegen. Es wird gut sein, das nicht zu vergessen.«

Dann sah er mich eindeutig verärgert an, die Augen zu Schlitzen verengt. Er wusste, dass er mir eine Erklärung über seinen geistlichen Titel schuldete.

»Weißt du, was das Regalienrecht ist?«

»Nein, Signor Atto.«

»Es ist das Recht, Bischöfe und Äbte zu ernennen und über ihre Güter zu verfügen.«

»Demnach ist es ein Recht des Papstes.«

»Neinneinnein, Augenblick!«, bremste Atto mich. »Sperr gut die Ohren auf, denn das ist eines der Dinge, die du brauchen wirst, wenn du später einmal Gazettenschreiber bist. Die Frage ist heikel: Wer verfügt über die Güter der Kirche, wenn sie sich auf französischem Boden befinden? Der Papst oder der König? Wohlgemerkt: Es handelt sich nicht nur um das Recht, Bischöfe zu ernennen, kirchliche Benefizien und Pfründen zu gewähren, sondern auch um den materiellen Besitz von Klöstern, Abteien, Grundstücken.«

»In der Tat … schwer zu sagen.«

»Ich weiß. Über diese Frage zankten sich die Päpste und die Könige von Frankreich schon vor vierhundert Jahren, weil selbstverständlich kein König gern ein Stück von seinem Reich an den Papst abgibt.«

»Und ist das Problem gelöst worden?«

»Ja – doch war der Frieden vorbei, als dieser Papst kam, Innozenz XI. Im vorigen Jahrhundert nämlich waren die Juristen endlich zu dem Schluss gelangt, dass das Regalienrecht dem König von Frankreich zustehe. Und für lange Zeit wurde die Sache von niemandem mehr in Zweifel gezogen. Jetzt allerdings sind zwei französische Bischöfe auf den Plan getreten – zwei Jansenisten, welch ein Zufall! – und haben die Frage erneut angeschnitten. Innozenz XI. hat sie sofort unterstützt. So hat der Disput wieder angefangen.«

»Kurzum, wenn Unser Herr der Papst nicht wäre, hätte es um das Regalienrecht keinerlei Diskussion mehr gegeben.«

»Aber sicher! Nur ihm allein konnte es in den Sinn kommen, die Beziehungen zwischen dem Heiligen Stuhl und dem

Erstgeborenen Sohn der Kirche auf so ungeschickte Weise zu trüben.«

»Ich meine zu verstehen, dass Ihr vom König von Frankreich zum Abbé ernannt worden seid, Signor Atto, und nicht vom Papst«, schloss ich, meine Überraschung kaum verhehlend.

Melani antwortete mit einem zustimmenden Brummen und beschleunigte den Schritt.

Es war eindeutig, dass Atto Melani das Thema nicht weiter vertiefen wollte. Doch ich hatte mich endlich von einem Zweifel befreit, der in mir aufgekommen war, als ich in der Küche belauscht hatte, wie Cristofano, Stilone Priàso und Devizé einander von Attos dunkler Vergangenheit erzählten. Verstärkt hatte sich dieser Zweifel, als wir die von den beiden Heiligenfledderern aufgefundene Bibelseite geprüft hatten. Attos mangelnde Vertrautheit mit der Heiligen Schrift passte nun mit den Enthüllungen über das Regalienrecht zusammen, das dem König von Frankreich erlaubte, zum Abbé zu ernennen, wen er beliebte.

Ich hatte also keinen wirklichen Kirchenmann vor mir, sondern einen einfachen Kastraten, der von Ludwig XIV. einen Titel und eine Pension erhalten hatte.

»Vertrau den Venezianern nicht zu sehr«, fing Atto genau da wieder an. »Um ihr Wesen zu verstehen, braucht man nur zu sehen, wie sie sich den Türken gegenüber verhalten.«

»Was meint Ihr?«

»Die Wahrheit ist, dass die Venezianer mit ihren Galeeren voller Gewürze, Stoffe und Waren aller Art seit jeher intensiven Handel mit den Türken getrieben haben. Nun sind ihre Geschäfte im Niedergang begriffen, weil sie Konkurrenten bekommen haben, die besser sind als sie, darunter auch die Franzosen. Und ich kann mir gut vorstellen, was Brenozzi dir noch alles gesagt hat: dass der Allerchristlichste König hofft, Wien zu Fall zu bringen, um dann in die deutschen Kurfürstentümer und ins Reich einzufallen und zuletzt alles mit der Hohen Pforte zu teilen. Darum hat Brenozzi auch Dönhoff erwähnt: Er wollte unterstellen, dass ich selbst hier in Rom bin, um irgendein französisches Komplott zu schmieden. Aus dieser Stadt fließen nämlich, nach dem Willen des Papstes, die Gelder nach Wien, um die Belagerten zu unterstützen.«

»Dabei stimmt das gar nicht«, warf ich ein, als bräuchte ich eine Bestätigung.

»Ich bin nicht hier, um den Christen Fallen zu stellen, mein Junge. Und der Allerchristlichste König komplottiert nicht mit dem Diwan«, antwortete der Abbé ernst.

»Mit dem Diwan?«

»Das meint dasselbe wie Hohe Pforte, kurzum die Türken.« Dann fügte er feierlich hinzu: »Denk daran: Die Raben kommen in Scharen, der Adler fliegt allein.«

»Was bedeutet das?«

»Es bedeutet: Denk mit deinem eigenen Kopf. Wenn alle sagen, man müsse nach rechts gehen, dann geh du nach links.«

»Ist es denn Eurer Meinung nach legitim oder nicht, sich mit den Türken zu verbünden?«

Ein langer Moment verstrich, dann urteilte Melani, ohne je den Blick zu mir zu erheben: »Keinerlei Skrupel dürften heute Seine Majestät daran hindern, die Bündnisse zu erneuern, die so viele christliche Könige vor ihm mit der Pforte geschlossen haben.«

Dutzende von christlichen Königen und Fürstentümern, erklärte er dann, hatten schon mehr als einen Pakt mit dem Osmanischen Reich geschlossen. Florenz, um nur ein Beispiel zu nennen, hatte Mohammed II. gegen Ferdinand I., König von Neapel, zu Hilfe gerufen. Venedig hatte sich, um die Portugiesen aus der Levante zu vertreiben, wo sie seine Handelsgeschäfte störten, der Kräfte des Sultans von Ägypten bedient. Kaiser Ferdinand von Habsburg war nicht nur Verbündeter, sondern auch tributpflichtiger Vasall von Suleiman gewesen, den er mit würdeloser Unterwürfigkeit um die Einsetzung auf den Thron von Ungarn gebeten hatte. Als Philip II. zur Eroberung Portugals aufgebrochen war, hatte er dem nahen König von Marokko zur Besänftigung einen Besitz geschenkt und so christliche Ländereien in die Hände der Ungläubigen gegeben: und zwar nur, um einen katholischen König berauben zu können. Sogar die Päpste Paul III., Alexander VI. und Julius II. hatten, als es nötig war, die Hilfe des Türken in Anspruch genommen.

Gewiss, in der kasuistischen Theologie und in den katholischen Schulen war mehrmals das Problem diskutiert worden, ob jene christlichen Fürsten gesündigt hätten. Doch beinahe alle italienischen, deutschen und spanischen Autoren waren nicht dieser Ansicht und hatten schließlich zugestanden, dass ein christlicher Fürst einen Ungläubigen im Krieg gegen einen anderen christlichen Fürsten unterstützen darf.

»Ihre Meinung«, sagte der Abbé mit Nachdruck, »stützt sich auf die Autorität und auf das Recht. Die Autorität stammt aus der Bibel: Abraham hat für den Fürsten von Sodom gekämpft, und David gegen die Kinder Israels. Ganz zu schweigen von den Bündnissen Salomos mit König Hiram und der Makkabäer mit den Lazedämoniern und den Römern, die heidnische Völker waren.«

Wie gut sich Atto in der Bibel auskannte, dachte ich, wenn es darin um Politik ging …

»Das Recht hingegen«, fuhr der Abbé derweil mit überzeugter Miene fort, »gründet auf der Tatsache, dass Gott die Natur und die Religion geschaffen hat: Deshalb kann man nicht sagen, was von Natur aus richtig ist, sei aus Gründen der Religion nicht richtig, falls nicht ein göttliches Gebot uns zwingt, dies zu glauben. Nun, in unserem Fall gibt es keine göttlichen Gebote, die solche Bündnisse verdammen, insbesondere, wenn sie notwendig sind, und das Naturrecht heiligt alle vernünftigen Mittel, von denen unsere Erhaltung abhängt.«

Nachdem er seine Ansprache über die Doktrin also beendet hatte, sah Abbé Melani mich mit belehrend hochgezogenen Brauen an.

»Wollt Ihr damit sagen, dass sich der König von Frankreich aus Notwehr mit dem Diwan verbünden kann?«, fragte ich ein wenig zweifelnd.

»Gewiss: um seine Staaten und die Katholische Religion vor Kaiser Leopold I. zu schützen, dessen erbärmliche Pläne alle göttlichen und menschlichen Gesetze umstoßen. Leopold hat sich nämlich mit dem abtrünnigen Holland verbündet und so zuallererst den wahren Glauben verraten. Damals hat freilich niemand den Mund aufgemacht. Alle dagegen sind stets bereit, auf Frankreich zu schimpfen, dessen einzige Schuld ist, sich gegen die ständige Bedrohung durch die Habsburger und die anderen Fürsten Europas aufgelehnt zu haben. Ludwig XIV. kämpft seit Beginn seiner Regierungszeit wie ein Löwe, um nicht erdrückt zu werden.«

»Erdrückt von wem?«

»Von den Habsburgern vor allem, die ihn von Osten bis Westen umzingeln: auf der einen Seite das Reich und Wien, und auf der anderen Madrid, Flandern und die spanischen Herrschaftsgebiete in Italien. Während im Norden England und Holland drohen, die ketzerisch und Beherrscher der Meere sind. Und als genügte das alles nicht, ist ihm auch der Papst Feind.«

»Wenn aber so viele Staaten sagen, dass der Allerchristlichste König eine Gefahr für die Freiheit Europas darstelle, muss doch ein Körnchen Wahrheit daran sein. Auch Ihr selbst habt mir gesagt, dass er …«

»Was ich dir über den König gesagt habe, hat hier gar nichts zu suchen. Urteile niemals ein für alle Mal, und betrachte jede Angelegenheit, als begegnete sie dir zum ersten Mal in deinem Leben. Denk daran, dass es in den Beziehungen zwischen Staaten das absolute Böse nicht gibt. Vor allem, leite nie die Redlichkeit der einen Seite aus der Verurteilung der anderen ab: In den meisten Fällen sind beide schuldig. Und die Opfer werden, wenn sie erst den Platz der Henker einnehmen, die gleichen Grausamkeiten begehen. Erinnere dich daran, sonst wirst du Mammon Vorschub leisten.«

Der Abbé hielt inne, wie um zu überlegen, und seufzte melancholisch.

»Lauf nicht der trügerischen Sonne der Gerechtigkeit der Menschen nach«, hub er mit einem bitteren Lächeln wieder an, »denn wenn du sie erreichst, wirst du nur das finden, was du zu fliehen glaubtest. Nur Gott ist gerecht. Hüte dich, so gut es geht, vor solchen, die lauthals Redlichkeit und Barmherzigkeit predigen und dir ihre Gegner als Teufel darstellen. Wer so etwas tut, ist kein König, sondern ein Tyrann; kein Herrscher, sondern ein Despot; er glaubt nicht an das Evangelium Gottes, sondern an das des Hasses.«

»Das ist aber so schwer zu unterscheiden«, rief ich untröstlich aus.

»Weniger schwer, als du denkst. Ich habe es dir gesagt: Die Raben kommen in Scharen, der Adler fliegt allein.«

»Wird es mir helfen, all diese Dinge zu wissen, wenn ich Gazettenschreiber werde?«

»Nein. Es wird dich behindern.«

Wir gingen ein Stück weiter, ohne den Mund aufzumachen. Die Grundsätze des Abbés hatten mich verblüfft, und ich überdachte sie noch einmal im Stillen. Besonders hatte mich überrascht, mit welchem Eifer Melani den Allerchristlichsten König verteidigt hatte, denn als er mir die Affäre Fouquet schilderte, hatte er ein so düsteres und arrogantes Bild von ihm gezeichnet. Ich bewunderte Atto, auch wenn mein jugendliches Alter es mir noch nicht erlaubte, die kostbaren Unterweisungen, die er mir soeben erteilt hatte, in ihrer Gänze zu erfassen.

»Wisse schließlich«, fügte Abbé Melani hinzu, »dass der König von Frankreich es gar nicht nötig hat, gegen Wien zu komplottieren: Wenn das Reich fällt, dann wegen der Feigheit von Kaiser Leopold selbst. Als die Türken zu nah an Wien herangekommen waren, ist er in der Dämmerung geflohen wie ein Dieb, während das verzweifelte Volk wutentbrannt mit Fäusten auf seine Kutsche einhämmerte. Das müsste er wohl wissen, unser Brenozzi, da ja auch der venezianische Botschafter in Wien bei dieser peinvollen Szene zugegen war. Gib ruhig Brenozzi Recht, wenn du willst; doch vergiss nicht, dass sich, als Papst Innozenz XI. Europa gegen die Osmanen aufgerufen hat, außer Frankreich nur eine weitere Großmacht zurückgezogen hat: Venedig.«

So war ich doppelt zum Schweigen verurteilt. Atto Melani hatte nicht nur in überzeugender Weise Brenozzis Anklagen gegen Frankreich umgedreht und gegen Leopold I. und Venedig gewendet; er hatte auch sofort begriffen, welchen Verdacht der Glasbläser ihm gegenüber wecken wollte. Mir blieb jedoch keine Zeit, über diesen weiteren Beweis von Scharfsinn seitens meines Begleiters nachzudenken: Wir waren in der dunklen Höhle angelangt, wo uns Ugonio und Ciacconio vor etwa einem Tag in einen Hinterhalt gelockt hatten. Nach wenigen Minuten erschienen die beiden Heiligenfledderer, wie verabredet.

Wie ich auch im Folgenden noch mehrfach beobachten konnte, ließ sich nie genau feststellen, woher die beiden dunklen Gestalten auftauchten. Ihr Kommen kündigte sich gewöhnlich durch einen penetranten Geruch an, nach Ziege oder verschimmelten Speisen oder feuchtem Heu, oder einfach durch den typischen Gestank der Bettler, die sich durch die Straßen Roms schleppten. Danach zeichnete sich im Dunkeln allmählich ihr gebeugtes Profil ab, und wer sie zum ersten Mal sah, hätte sie für eine Erscheinung aus der Unterwelt halten können.

»Und das nennst du einen Plan?«, brach es zornig aus Abbé Melani heraus.

»Ihr seid zwei Bestien, jawohl, das seid ihr. Junge, nimm das hier und benutze es, um Pellegrino den Hintern abzuputzen.«

Wir hatten uns gerade erst alle vier um die Lampe gesetzt, um das in der vorigen Nacht vereinbarte Geschäft abzuwickeln, und schon kochte Abbé Melani vor Zorn. Er reichte mir das Stück Papier, das Ciacconio ihm gegeben hatte, und als ich es in Augenschein nahm, konnte auch ich eine Regung der Enttäuschung nicht unterdrücken.

Wir hatten mit den beiden Heiligenfledderern ein Abkommen geschlossen: Die zerrissene Bibelseite, die ihnen so am Herzen lag, würden wir ihnen nur zurückgeben, wenn sie uns einen akkuraten Plan der unterirdischen Gänge zeichneten, die sich ihres Wissens durch den Bauch der Stadt schlängelten, angefangen beim Untergrund unter der Locanda. Wir waren bereit, unser Versprechen zu halten (auch weil Atto meinte, dass die Heiligenfledderer uns noch bei anderen Gelegenheiten nützlich sein könnten), und hatten den blutbefleckten Zettel dabei. Doch im Austausch hatten wir bloß einen schmutzigen Fetzen erhalten, der vor langer, langer Zeit einmal ein Stück Papier gewesen sein musste. Darauf war nur ein unübersichtliches Gewirr von Hunderten von zittrigen und unentwirrbaren Linien zu erkennen, bei denen sich oft der Anfang, aber nicht das Ende finden ließ und die von den natürlichen Runzeln des Fetzens kaum zu unterscheiden waren. Auch würde es, genau besehen, nicht mehr lange dauern, bis er sich in tausend Stücke auflöste. Atto war außer sich und redete mit mir, als wären die beiden, die vor uns saßen, von seiner Verachtung überwältigt, gar nicht vorhanden.

»Das hätten wir uns denken können. Wer die ganze Zeit wie ein Tier in der Erde wühlt, ist eben zu nichts anderem fähig. Nun werden wir ihre Hilfe brauchen, um uns hier unten zu bewegen.«

»Gfrrrlûlbh!«, protestierte Ciacconio, eindeutig beleidigt.

»Schweig, du Tier! Jetzt hört mir gut zu: Ihr bekommt eure Bibelseite erst zurück, wenn ich es sage. Ich weiß eure Namen, ich bin befreundet mit Kardinal Cybo, dem Staatssekretär des Papstes. Ich kann erreichen, dass die Beglaubigung der Reliquien, die ihr findet, nicht bewilligt wird und dass niemand mehr den Dreck kauft, den ihr hier unten sammelt. Deshalb werden wir eure Dienste ohnehin kriegen, Malachias hin oder her. Und jetzt zeigt uns, wie man ins Freie kommt.«

Die Heiligenfledderer zuckten vor Bestürzung zusammen. Dann setzte sich Ciacconio an die Spitze unseres Quartetts und deutete auf einen unbestimmten Punkt in der Finsternis.

»Ich weiß nicht, wie sie das machen«, flüsterte Atto Melani, der meine Besorgnis bemerkte, »aber sie finden immer den

Weg im Dunkeln, wie Mäuse, ohne Laterne. Folgen wir ihnen, hab keine Angst.«

Der Ausgang aus der Höhle unter der Piazza Navona, den wir dank der Führung der Heiligenfledderer benutzten, befand sich ungefähr am entgegengesetzten Ende gegenüber der Treppe, die man hinunterging, wenn man vom Donzello kam. Um diesen Ausgang zu nehmen, musste man sich jedoch durch ein so erstickend enges Loch zwängen, dass sogar Ugonio und Ciacconio, die doch durch den Vorteil des Buckels schon gräulich rund und unförmig waren, sich übel auf dem Boden krümmen mussten, um hindurchzupassen. Atto fluchte vor Anstrengung und weil er sich soeben die Ärmel und die schönen roten Strümpfe mit der feuchten Erde beschmutzt hatte, auf die wir uns hatten pressen müssen.

Es machte einen kuriosen Eindruck, den Abbé zu betrachten, der die Tage in sein Zimmer eingeschlossen verbrachte und die Nächte im Untergrund, sich aber stets in die kostbarsten Stoffe kleidete: Atlas aus Genua, Serge, Ratiné aus Spanien, Bouretteseide, gestreifte Popeline, Kamelott aus Flandern, Rips, Tuch aus Irland. Und alles mit feinsten Stickereien verziert, Biesen, Petit point, Lamé, und mit Fransen, Klöppelspitze, Seidenbesatz, Schleifen und Tressen garniert. In Wirklichkeit hatte er keine gewöhnlichen Kleider in seinen Koffern und überantwortete so jene prächtigen Manufakte einem elenden und verfrühten Ende.

Hinter dem Loch fanden wir uns in einem Tunnel wieder, ganz ähnlich denen, die vom Donzello ausgingen. Als ich noch (leichter als die anderen) aus dem engen Durchlass herauskroch, begann mich eine Frage umzutreiben. Abbé Melani hatte bisher immer großspurig betont, er wolle den Dieb der Schlüssel und meiner Margariten erwischen, der vielleicht auch etwas mit dem Tod von Signor de Mourai zu tun hatte. Mir aber hatte er nach und nach anvertraut, er sei nach Rom gekommen, um das Geheimnis der behaupteten Anwesenheit Fouquets in der Stadt zu lüften. Ich fragte mich auf einmal, ob der erste Grund genügte, um seinen Eifer bei unseren nächtlichen Streifzügen zu rechtfertigen. Und es fehlte wenig, dass ich auch an dem zweiten zweifelte. Zu beglückt von der Möglichkeit, jenem Menschen nahe zu sein, der so außerordentlich war wie die Umstände, unter denen ich seine Bekanntschaft gemacht hatte, beschloss ich, dass der Augenblick, diese Fragen zu beantworten, noch nicht gekommen war. Währenddessen marschierten wir in der Dunkelheit los, kaum unterstützt vom schwachen Schein unserer beiden Lampen.

Als wir in dem neuen Gang ein paar Dutzend Schritte zurückgelegt hatten, trafen wir auf eine Abzweigung: Zu unserer Linken führte ein zweiter Gang von gleicher Größe vom Hauptgang weg. Nach wenigen Schritten wieder eine Gabelung: Eine Art Höhle öffnete sich rechts von uns, ohne zu enthüllen, was sich dahinter verbarg.

»Gfrrrlûlbh«, sagte Ciacconio in das Schweigen hinein, das sich seit unserem Aufbruch in der Gruppe ausgebreitet hatte.

»Erklär«, befahl Atto schroff, zu Ugonio gewandt.

»Ciacconio sagt, können auch diese Aberkürzung hinauswärts intraprendieren.«

»Gut. Und warum tun wir's dann nicht?«

»Ciacconio beliebt Unwissen, ob Freigewinnung über solche Aberkürzung genehm oder, um Skropel zu mindern statt Skrupel zu mehren, Hinausgang mit weniger Wagnis zur Nutzierung gewunschen.«

»Du meinst, ob wir lieber hier oder woanders ins Freie wollen. Woher soll ich das wissen? Machen wir's so: Werfen wir hier unten einen Blick hinein, und versuchen wir herauszufinden, was besser für uns ist. Es wird ja wohl nicht so aufwendig sein, sich eine Übersicht über diese verfluchten Gänge zu verschaffen.«

»Gfrrrlûlbh?«, fragte Ciacconio neugierig, zu seinem Gefährten gewandt.

»Ciacconio zweifeliert, ob er recte komprehensiert«, übersetzte Ugonio für Atto.

»Ich habe gesagt: Werfen wir rasch einen Blick auf die Gänge hier unten, da die Sache ja nicht zu kompliziert sein kann. Alle einverstanden?«

In diesem Augenblick brachen Ugonio und Ciacconio in ein dreckiges, bestialisches, ja gar dämonisches Gelächter aus und wälzten und wanden sich dazu unflätig und freudig in dem schmutzigen Schlamm, in dem wir wateten, grunzten kehlig und ließen lustig ihre Bauchwinde entweichen. Groteske und beinahe leidende Tränen vervollständigten das Bild der Heiligenfledderer, die zu keinerlei Selbstbeherrschung fähig waren.

»Sehr witzig«, knurrte Melani verbittert und war sich gewiss ebenso wie ich bewusst, dass diese tierische Fröhlichkeit die Rache dafür war, dass wir den Plan des unterirdischen Roms, den die beiden uns ausgehändigt, so ungnädig aufgenommen hatten.

Als das bestialische Wälzen ein Ende fand und die Reliquienjäger sich beruhigt hatten, erlangten wir ein wenig Klarheit.

In dem farbigen Idiom, das ihm eigen war, erklärte Ugonio, er und sein Gefährte hätten die Idee überraschend gefunden, *breviter et commoditer* die unterirdischen Gänge und Verliese der Gegend und womöglich der ganzen Stadt erforschen zu wollen, da die beiden Heiligenfledderer und unzählige andere ja seit vielen, vielen Jahren schon herauszufinden versuchten, ob die Wege der verschütteten Stadt einen Anfang hätten, ein Zentrum und ein Ende und ob ein menschlicher Geist sie nach einer rationalen Ordnung begreifen könne oder ob es, bescheidener gesagt, eine sichere Möglichkeit gäbe, die Rettung zu erlangen, falls man sich unglücklicherweise in ihren Tiefen verliere. Deshalb, fuhr Ugonio fort, hätte der Plan des unterirdischen Roms, den die zwei Heiligenfledderer für uns ausgearbeitet hatten, uns nützlich und willkommen sein müssen. Niemand hatte je zuvor die kühne Unternehmung gewagt, das gesamte unterirdische Rom darzustellen, und wenige außer Ugonio und Ciacconio konnten sich einer so profunden Kenntnis des Netzwerks von Gängen und Höhlen rühmen. Doch die kostbare Frucht dieser unterirdischen Kenntnisse (über die allerhöchstwahrscheinlich niemand sonst verfügte, betonte Ugonio noch einmal) sei leider nicht nach unserem Geschmack gewesen, und daher …

Atto und ich warfen einander einen Blick zu.

»Wo ist der Plan?«, fragten wir einstimmig.

»Gfrrrlûlbh«, sagte Ciacconio mit halb erstickter Stimme und breitete untröstlich die Arme aus.

»Ciacconio respektisiert choleristisches Weigernis Eurer

Zorn mögenden kosmischen Dezisionalität«, sagte Ugonio ungerührt, während sein Kumpan den Kopf senkte und mit einem grässlichen Würgen einen Brei auf seine rechte Handfläche erbrach, in dem leider einige Fetzen des Zettels mit der Zeichnung zu erkennen waren.

Niemand wagte einen Rettungsversuch.

»Wenn Ciacconio oder anderer nicht goutieren, er mehr Vater als Vatermörder, manchmal immer schnabulisieren«, erklärte Ugonio.

Wir waren fassungslos. Der Plan (dessen Bedeutung wir erst jetzt begriffen) war von Ciacconio verschluckt worden, welcher, nach den Worten seines Gefährten, die Angewohnheit hatte, alles zu verschlingen, was ihm oder seinen Bekannten nicht angenehm war. Die kostbare, nun schon beinahe verdaute Zeichnung war für immer dahin.

»Aber was isst er denn sonst?«, fragte ich entsetzt.

»Gfrrrlûlbh«, sagte Ciacconio achselzuckend und gab so zu verstehen, dass er nicht so genau darauf achtete, was in seinen Schlund Eingang fand.

Ciacconio klärte uns auf, dass die zweite Gabelung, jene, wo anfangs eine Art kleiner Grotte kam und es nach rechts abging, zwar auch an die Oberfläche führte, der Weg aber ziemlich lang sei. Atto beschloss, dass es sich lohnte, die erste Abzweigung zu erkunden, die nach links führte. Wir kehrten um und bogen in den Gang ein. Nach ein paar Dutzend Schritten stieß Ugonio Atto an:

»Ciacconio witteriert Präsentia im Tunnel.«

»Die beiden Monster glauben, dass jemand in der Nähe ist«, sagte Atto halb laut.

»Gfrrrlûlbh«, bestätigte Ciacconio und zeigte auf den Gang, aus dem wir gekommen waren.

»Vielleicht werden wir verfolgt. Ciacconio und ich bleiben hier stehen, im Dunkeln«, entschied Abbé Melani. »Ihr zwei geht langsam mit den beiden brennenden Lampen weiter. So können wir den Kerl vielleicht stellen, während er eurem Licht folgt.«

Willkommen war mir die Aussicht, mit Ugonio allein zu bleiben, nicht, doch gehorchten wir alle widerspruchslos. Melani und Ciacconio verbargen sich in der Dunkelheit. Plötzlich bekam ich heftiges Herzklopfen, und mein Atem ging rascher.

Ugonio und ich legten zwanzig bis dreißig Schritte zurück, dann blieben wir stehen und lauschten. Nichts.

»Ciacconio witteriert Präsentia und Blattung«, flüsterte Ugonio mir zu.

»Ein Blatt, willst du sagen?«

Ugonio nickte.

Schwach zeichnete sich eine Gestalt im Tunnel ab. Ich spannte alle Muskeln an zur Vorbereitung auf ich wusste selbst nicht, was: angreifen, einem Überfall die Stirn bieten, oder, wahrscheinlicher, davonlaufen.

Es war Atto. Er winkte uns zu sich.

»Der Unbekannte folgte uns nicht«, verkündete er, sobald wir bei ihm waren, »er geht auf eigene Faust weiter und ist in den Hauptkanal eingebogen, den, der nach dem engen Durchlass geradeaus führt. Wir werden ihm folgen. Aber wir müssen uns beeilen, sonst entwischt er uns.«

Wir erreichten Ciacconio, der regungslos wie ein Standbild auf uns wartete und die Spitze seiner großen Nase in die Dunkelheit hochhielt.

»Gfrrrlûlbh.«

»Maskulidum, jünglicht, gesundum, verängstlicht«, urteilte Ugonio.

»Männlich, jugendlichen Alters, bei guter Gesundheit und verängstigt«, übersetzte Atto halb laut. »Ich kann sie nicht ausstehen, diese beiden.«

Wir bogen erneut nach links in den Hauptgang ein und hatten nur eine Laterne auf kleinster Flamme angezündet. Nach ein paar Minuten sahen wir endlich vor uns einen fernen, schwachen Schein. Es war die Lampe unseres Opfers. Atto bedeutete mir, die Laterne zu löschen. Auf Zehenspitzen schlichen wir voran, höchlich bemüht, keinerlei Geräusch zu machen.

Ein gutes Stück lang folgten wir dem geheimnisvollen Wanderer, ohne ihn erkennen zu können, weil der Tunnel eine leichte Rechtskurve machte. Hätten wir uns zu weit vorgewagt, so hätte er uns seinerseits sehen können, und in dem Fall hätten wir riskiert, dass er uns entwischte.

Plötzlich ertönte ein leises Knacken unter meinem Fuß. Ich war auf ein trockenes Blatt getreten.

Mit angehaltenem Atem blieben wir stehen. Auch der Unbekannte war stehen geblieben. Im Tunnel herrschte absolute Stille. Dann vernahmen wir ein rhythmisches Rascheln, das sich langsam näherte. Ein Schatten huschte vom Licht des Verfolgten auf uns zu. Wir bereiteten uns auf den Zusammenstoß vor. Die beiden Heiligenfledderer standen regungslos da, tief in ihre Kapuzen gehüllt. Im Halbdunkel sah ich in Attos Hand etwas aufblitzen. Trotz aller Furcht musste ich lächeln: Es handelte sich gewiss um seine Pfeife. Dann, an einer Biegung des Ganges, die Entdeckung.

Wir waren einem Ungeheuer gefolgt. Auf der linken Seite der Höhle zeigte uns das Licht des Verfolgten den Schatten eines gräulichen gekrümmten Arms. Es folgte ein spitzer, länglicher Schädel, der mit eklig dichtem, kräftigem Flaum bedeckt war. Der Körper war unförmig und übergroß. Ein höllisches Wesen – und wir hatten geglaubt, wir könnten es überraschen! – schlich bedrohlich auf uns zu. Wir standen wie versteinert. Die Silhouette des Ungeheuers machte einen, zwei, drei Schritte. Gleich würde es um die Kurve kommen. Es hielt inne.

»Hau ab!«

Alle zuckten wir zusammen, und ich fühlte, wie mir fast die Kräfte schwanden. Jemand hatte geschrien. Der Schatten an der Wand wuchs ins Riesige, verzerrte sich über jede logische Vermutung hinaus. Dann schrumpfte er und nahm gewöhnliche Ausmaße an, genau als das Wesen in Fleisch und Blut vor unseren Augen auftauchte.

Es war eine Ratte von der Größe eines Hündchens, die plump und unsicher daherkam. Anstatt bei unserem Anblick hastig fortzulaufen (wie die Kanalratte, der wir bei unserem ersten Ausflug in den Untergrund begegnet waren), schleppte sich das fette Tier mühsam voran, ungerührt von unserer Gegenwart. Es schien recht übel zugerichtet. Die Laterne hatte den Schatten seines Profils vergrößert auf die Tunnelwand geworfen.

»Ekliges Miststück, du hast mich erschreckt«, sagte die Stimme dann. Das Licht begann sich wieder von uns zu entfernen. Bevor uns erneut Dunkelheit umhüllte, tauschte ich einen Blick mit Atto. Auch ihm war es wie mir nicht schwer gefallen, den Verfolgten an der Stimme zu erkennen: Stilone Priàso.

Nachdem wir die Ratte im Todeskampf hinter uns gelassen hatten, nahmen wir die Verfolgung geduldig wieder auf. Die überraschende Erkenntnis hatte einen Sturm von Hypothesen und Vermutungen in mir entfesselt. Über Stilone Priàso wusste ich sehr wenig, außer dem bisschen, das er selbst hatte durchsickern lassen. Er bezeichnete sich als Dichter, obwohl es offensichtlich war, dass er nicht von Versen allein lebte. Seine Kleidung war zwar nicht prunkvoll, wies aber doch auf Wohlstand und weit größere gesicherte Mittel hin, als sie einem beliebigen Gelegenheitspoeten je zur Verfügung standen. Von Anfang an hatte ich geargwöhnt, dass seine wahre Geldquelle ganz woanders fließen musste. Und nun heizte seine unerklärliche Anwesenheit in den unterirdischen Gängen all meine Zweifel wieder an.

Wir liefen ihm noch ein Stück nach, bis wir auf eine Treppe stießen, die nach oben führte und sich plötzlich beklemmend verengte. Wir gingen nun im Gänsemarsch im Dunkeln, angeführt von Ciacconio, der mühelos Stilone Priàsos Spuren folgte. Gleichzeitig erriet er die Veränderungen der Bodenbeschaffenheit und teilte sie mir, dem Zweiten in der Reihe, mit, indem er mir leicht und rasch auf die Schulter klopfte.

Plötzlich blieb Ciacconio stehen, dann nahm er den Marsch wieder auf. Die Stufen waren zu Ende. Ich fühlte, dass mir eine andere Luft ins Gesicht wehte. Am gedämpften Echo unserer Schritte merkte ich, dass wir uns in einem sehr weiten Raum befanden. Ciacconio zögerte. Atto hieß mich die Laterne anzünden.

Groß war mein Erstaunen, als wir uns, vom Licht halb geblendet, umblickten. Wir standen in einer riesigen künstlichen Höhle, deren Wände ganz mit Fresken bedeckt waren. In der Mitte prangte ein großer Marmorgegenstand, den ich noch nicht genau erkennen konnte. Ugonio und Ciacconio schien der unbekannte Ort ebenfalls zu verwirren.

»Gfrrrlûlbh«, beklagte sich Ciacconio.

»Geruchung übertönt Präsentia«, erklärte Ugonio.

Er bezog sich auf den Gestank nach abgestandenem Urin, der den Raum beherrschte. Atto betrachtete fasziniert die Gemälde über uns. Man erkannte Vögel, Frauengesichter, Athleten und überall reiche Blumenmuster und liebliche Friese.

»Wir haben keine Zeit«, riss er sich jedoch sogleich zusammen, »er darf nicht einfach so verschwinden.«

Bald fanden wir zwei Ausgänge. Ciacconio war wieder Herr der Lage und wies uns, der Nase nach, den richtigen. Mit rasenden Schritten führte er uns durch ein Gewirr von Sälen, von denen wir sowohl wegen der Eile als auch wegen des schwachen Lichts unserer Laterne wenig wahrnahmen. Dass es keine Fenster, keine frische Luft und keinerlei Anzeichen menschlicher Präsenz gab, bezeugte jedoch, dass wir uns noch unter der Erde befanden.

»Das sind römische Ruinen«, sage Atto mit einer Spur von Erregung, »wir könnten unter dem Kanzleipalast sein.«

»Woraus folgert Ihr das?«

»Wir befinden uns in einem großen Labyrinth, das mich auf ein Gebäude von beträchtlichen Ausmaßen schließen lässt. Bedenke, dass sie einen Teil des Kolosseums und den ganzen Arco di Giordano abgerissen haben, um genügend Material für den Bau der Kanzlei zu haben.«

»Habt Ihr sie je betreten?«

»Aber gewiss. Ich kannte den Vizekanzler Kardinal Barberini gut, der mich auch öfter um einen Gefallen gebeten hat. Der Palast ist großartig, und die Säle sind herrlich, auch die Travertinfassade ist nicht übel, wenngleich …«

Er konnte nicht weitersprechen, weil wir im Gefolge Ciacconios eine steile Treppe hinaufklettern mussten, die tückischerweise ohne Geländer in die finstere Leere einer weiteren dunklen Höhle führte. Wir hielten uns alle vier an den Händen. Die Treppe schien kein Ende zu nehmen.

»Gfrrrlûlbh!«, frohlockte Ciacconio zuletzt siegesgewiss, und stieß eine Tür auf, die zur Straße hinausging. So fanden wir uns, halb tot vor Angst und Anstrengung, schließlich im Freien wieder.

Unwillkürlich atmete ich tief durch, nach fünf Tagen Quarantäne im Donzello von der frischen, feinen Nachtluft erquickt.

An dieser Stelle nun konnte ich weiterhelfen. Ich erkannte nämlich unverzüglich, wo wir uns befanden, da ich schon öfter mit Pellegrino hergekommen war, der hier, am Arco degli Acetari, nicht weit von Campo di Fiore und Piazza Farnese, die Lebensmittel für das Donzello einkaufte. Ciacconio hielt wieder die Nase empor und schleppte uns sogleich Richtung Campo. Still ging ein leichter Regen auf uns nieder. Auf dem weiten Platz sahen wir nur zwei Bettler, die zwischen ihrer armseligen Habe auf der Erde kauerten, und einen Jungen, der einen Karren auf eine Gasse zuschob. Wir gelangten zum anderen Ende des Platzes, und auf einmal zeigte Ciacconio auf ein Haus. Wir standen in einer Straße, die mir vertraut war, wenngleich ich mich nicht an ihren Namen erinnerte.

Aus den Fenstern des Hauses drang kein Licht. Eine Tür zur Straße hin schien jedoch nur angelehnt. Die Straße war menschenleer, zur Sicherheit hielten Ugonio und Ciacconio aber rechts und links von uns Wache. Wir näherten uns: Gedämpft vernahm man von weitem eine Stimme. Mit größter Vorsicht schob ich die Türe auf. Eine schmale Stiege führte nach unten, wo man hinter einer weiteren halb offenen Tür einen erleuchteten Raum erahnte. Von dort kam die Stimme, nun im Konzert mit einer zweiten.

Auf der Stiege ging Atto mir voraus. Unten angekommen, fiel uns auf, dass wir auf einem veritablen Teppich aus verstreuten Blättern liefen. Atto hob ein paar davon auf, als die Stimmen plötzlich näher erklangen, direkt hinter der halbgeschlossenen Tür.

»... und das sind vierzig Scudi«, hörten wir eine von beiden sagen.

Wir rannten hastig die Stiege hinauf zum Ausgang, achteten jedoch darauf, die Tür zur Straße wieder anzulehnen, um keinen Verdacht zu erregen. Mit Ugonio und Ciacconio versteckten wir uns hinter der Hausecke.

Wir hatten richtig gesehen: Aus der Tür trat Stilone Priàso. Er warf einen Blick nach allen Seiten und ging rasch auf den Arco degli Acetari zu.

»Und jetzt?«

»Jetzt machen wir den Käfig auf«, erwiderte Atto. Er tuschelte mit Ugonio und Ciacconio, die niederträchtig und grausam lächelten. Im Trott eilten sie auf Stilone Priàsos Spuren davon.

»Und wir?«, fragte ich verwirrt.

»Wir gehen nach Hause. Aber nur gemach, Ugonio und Ciacconio erwarten uns nachher im Untergrund, sie haben erst noch eine Kleinigkeit zu erledigen.«

Wir machten einen Umweg und mieden den Campo di Fiore, um nicht von jemandem erkannt zu werden. Wir befanden uns in der Nähe der französischen Gesandtschaft, bemerkte Atto zu Recht, und riskierten, einem Nachtwächter in die Arme zu laufen. Dank seiner Beziehungen hätte er sogar um Asyl bitten können. Doch um diese Zeit würden die korsischen Wachen der Gesandtschaft, anstatt uns festzunehmen, uns womöglich lieber ausrauben und abstechen.

»Wie du vielleicht weißt, gibt es in Rom die Stadtviertelhoheit: Die päpstlichen Sbirren und die vom Bargello dürfen im Gesandtschaftsviertel niemanden verhaften. Doch dieses System macht Dieben und Mördern die Flucht allmählich zu bequem. Deshalb sind die korsischen Wachen auch nicht zu zimperlich. Leider hält sich mein Bruder Alessandro, der bei Kardinal Pamphili Kapellmeister ist, in diesen Tagen nicht in Rom auf. Sonst hätte er uns eine Eskorte stellen können.«

Wir kehrten in den Untergrund zurück. Gott sei Dank hatten die Laternen keinen Schaden genommen. Auf der Suche nach dem Freskensaal wanderten wir durch das unterirdische Labyrinth und glaubten schon, wir hätten uns verirrt, als aus einer unbekannten Grotte die Heiligenfledderer wieder an unserer Seite auftauchten.

»War das Gespräch angenehm?«, fragte Atto.

»Gfrrrlûlbh«, antwortete Ciacconio mit zufriedenem Grinsen.

»Was habt ihr ihm angetan?«, fragte ich angstvoll.

»Gfrrrlûlbh.« Sein Rülpser beruhigte mich. Ich hatte den bizarren Eindruck, die monotone Ausdrucksweise des Heiligenfledderers allmählich irgendwie auf dunkle Art zu verstehen.

»Ciacconio hat nur verschröckt«, beruhigte mich Ugonio.

»Stell dir vor, du hättest unsere beiden Freunde noch nie gesehen«, erklärte mir Atto, »und sie würden plötzlich in einem unterirdischen Gang im Dunkeln schreiend auf dich zuspringen. Wenn sie dich um einen Gefallen bitten und dich dafür in Ruhe lassen, wie reagierst du dann?«

»Ich tu ihnen den Gefallen natürlich!«

»Eben. Die beiden haben Stilone nur gefragt, was er heute Nacht da gemacht hat und warum.«

Ugonios Bericht lautete kurz gefasst folgendermaßen: Der arme Stilone Priàso hatte sich in die Werkstatt eines gewissen Komarek begeben, der gelegentlich in der Druckerei der Kongregation De Propaganda Fide arbeitete und nachts manchmal heimlich auf eigene Rechnung Aufträge ausführte, um sein Gehalt etwas aufzubessern. Komarek druckte Gazetten, anonyme Briefe, vielleicht auch auf den Index gesetzte Bücher: lauter verbotenes Zeug, das er sich sehr gut bezahlen ließ. Auf Geheiß eines Freundes aus Neapel hatte Stilone Priàso den Druck einiger Briefe mit politischen Vorhersagen bei ihm in Auftrag gegeben. Als Gegenleistung wollten sich die zwei den Gewinn teilen. Deshalb befand Stilone sich in Rom.

»Und was ist mit der Bibel?«, fragte Atto.

Nein, sagte Ugonio, von Bibeln wisse Stilone gar nichts. Und er hatte aus Komareks Werkstatt nichts mitgenommen, nicht ein einziges Blatt.

»Also hat nicht er die blutbefleckte Seite im unterirdischen Gang verloren. Seid ihr sicher, dass er die Wahrheit gesagt hat?«

»Gfrrrlûlbh«, kicherte Ciacconio.

»Verängstlichte Präsentia hat sich pinkeliert«, berichtete Ugonio heiter.

Um ihr Werk zu vollbringen, hatten die beiden Stilone Priàso durchsucht und ein winziges, abgegriffenes Heftchen bei ihm gefunden, das er wahrscheinlich immer unter seinen Kleidern verborgen bei sich trug. Atto hielt es ins Lampenlicht, während wir uns auf den Heimweg machten:

ASTROLOGISCHES

TRAKTAT

ÜBER DEN EINFLUSS DER GESTIRNE AM HIMMEL

zum Wohle und Schaden der niederen Dinge für das ganze Jahr 1683

BERECHNET AUF DEM LÄNGEN- UND BREITENGRAD

der durchlauchtigsten Stadt Florenz

VON BARTOLOMMEO ALBIZZINI FIORENTINO

und von selbigem zugeeignet

Dem verehrtesten Herrn und hochwohlgeborenen Padrone, Signor

GIO:CLAUDIO BUONVISI

Gesandter der hochverehrten und durchlauchtigsten Republik Lucca

Seiner Durchlaucht Cosimo III., Großherzog von Toskana

»Sieh an, eine astrologische Gazette«, rief Atto belustigt aus.

Son faci le Stelle
*che spirano ardore ...**

Sein melodiöses Trällern löste bei Ciacconio Grunzlaute der Bewunderung aus.

»Uuuhh, Cantus castratus!«, jubelte Ugonio unterwürfig.

»Gazettenschreiber, das hatte ich begriffen«, fuhr Atto fort, ohne die Heiligenfledderer zu beachten. »Aber dass Stilone Priàso ein Judizialastrologe wäre, so weit bin ich nicht gekommen.«

»Warum habt Ihr vermutet, dass Stilone Gazettenschreiber sei?«

* Es sind Fackeln die Sterne, / die Leidenschaft entfachen ...

»Guter Riecher. Dichter konnte er jedenfalls bestimmt nicht sein. Poeten sind melancholische Naturen, und wenn sie keinen Fürsten oder Kardinal haben, der sie beschützt, erkennst du sie sofort. Sie wollen dir unter allen Umständen ihr Geschreibsel vorlesen, sind schlecht angezogen, versuchen unfehlbar, eine Einladung an deine Tafel zu ergattern. Stilone dagegen kleidet sich, spricht und schaut wie einer, der ›einen vollen Bauch hat‹, wie man in seiner Gegend sagt. Zugleich ist er jedoch von zurückhaltendem Wesen, ähnlich wie Pompeo Dulcibeni, und redet nicht einfach drauflos, wie Robleda es gern tut.«

»Was bedeutet Judizialastrologie?«

»Du weißt natürlich, was Astrologen mehr oder weniger tun, nicht wahr?«

»Mehr oder weniger schon: Sie versuchen, aus den Sternen die Zukunft zu lesen.«

»Im Allgemeinen stimmt das. Aber es ist nicht alles. Merk dir gut, was ich dir sage, wenn du wirklich Gazettenschreiber werden willst. Die Astrologen teilen sich in zwei Kategorien: einfache Astrologen und Judizialastrologen. Beide stimmen darin überein, dass die Sterne und Planeten nicht nur Licht und Wärme ausstrahlen, sondern auch okkulte Fähigkeiten besitzen, mit denen sie einigen *effectus* auf die niederen Körper auslösen.«

Wir marschierten nun wieder durch den langen, gebogenen Tunnel, in dem uns der Schatten der Kanalratte so entsetzt hatte.

»Doch die Judizialastrologen gehen noch weiter, ein sehr gefährliches Spiel«, sagte Abbé Melani.

Sie begnügten sich nämlich nicht damit, den Einfluss der Sterne und Planeten auf die Dinge der Natur zuzugeben, sondern glaubten, er umfasse auch den Menschen. Daher versuchten sie, aufgrund der bloßen Kenntnis von Datum und Ort der Geburt einer Person vorherzusehen, welche Einwirkungen die Himmelskörper auf deren Leben hätten, wie etwa auf Charakter, Gesundheit, Glück und Unglück, Todestag und so weiter.

»Und was hat das mit den Gazettenschreibern zu tun?«

»Sehr viel sogar! Denn manche Astrologen sind auch Gazettanten und leiten aus dem Einfluss der Gestirne politische Vorhersagen ab. So wie Stilone Priàso, der unbedachterweise mit einem Horoskopheftchen in der Tasche herumläuft und nachts Prognosen drucken lässt.«

»Ist das verboten?«

»Freilich. Ich kenne eine Menge Fälle, in denen Judizialastrologen oder deren Freunden – auch Kirchenmännern – Strafen auferlegt wurden. Vor einigen Jahren hatte mich die Frage neugierig gemacht und ich hatte etwas darüber gelesen. Papst Alexander III. zum Beispiel suspendierte einen Priester, der auf die Astrologie zurückgegriffen hatte, für ein Jahr, obgleich dieser doch das sakrosankte Ziel verfolgte, die Beute eines in seiner Kirche begangenen Diebstahls wiederzufinden.«

Besorgt drehte und wendete ich das Stilone abgenommene Heftchen in meinen Händen und hielt es ins Licht der Laterne.

»Almanache wie diesen habe ich schon zu Dutzenden gesehen. Manche tragen Titel wie *Astrologische Scherze* oder *Astrologische Fantasien*, um den Verdacht abzulenken, es handle sich um ernstere Dinge wie etwa die Judizialastrologie, die durchaus politische Entscheidungen beeinflussen kann. Als solche sind es, wohl wahr, nur harmlose Handbücher mit Ratschlägen und Mutmaßungen für das laufende Jahr, aber unser Stilone ist anscheinend auch kein sehr helles Köpfchen«, kicherte der Abbé, »wenn er bei seinem gefährlichen Beruf mit solchem Zeug in der Tasche klandestine Druckereien aufsucht!«

Erschrocken hielt ich Atto sofort das schmale Büchlein hin.

»Aber nein, du kannst es ohne weiteres behalten«, beruhigte er mich.

Zur Vorsicht schob ich es dennoch unter dem Kittel in die Hose.

»Denkt Ihr, dass Astrologie wirklich helfen kann?«, fragte ich.

»Ich nicht. Jedoch weiß ich, dass viele Ärzte sie hoch schätzen. Ich weiß, dass Galenus ein ganzes Buch, *De diebus criticis*, geschrieben hat über Kuren, die je nach Stand der Planeten bei Kranken angewendet werden sollen. Ich bin kein

Astrologe, weiß aber, dass manche *per exemplum* argumentieren, um die Galle zu curieren sei es gut, der Mond stehe …«

»Im Krebs.«

Ugonios Einmischung überraschte uns alle beide.

»Steht der Mond im Krebs, mit Himmelszeichen, trigonal, oder Merkur«, fuhr der Heiligenfledderer geschwind murmelnd fort, »ist's günstig, die Galle zu purgieren; mit Sextil oder trigonal in der Sonne das Phlegma; mit Jupiteraspekt die Melancholie; im Zeichen des Drachen, Steinbock, Widder und Wiederkäuerzeichen, wird er Umwälzung causieren, je näher er der septentrionalen, australen Constitution kommt, so reichlich fließen die verderbten Säfte, und die Aquilonaren schaffen durch Impression und Compression stärkere Flüsse und Destillation, nicht geraten die Evacuation bei solchen, die heftig unter Flüssen leiden; zweckmäßig und vonnöten ist, die signifikanten Aspekte zu studieren, um kein Kurpfuscher zu sein und mehr Gutes als Böses zu wirken, und mehr Vater als Vatermörder, zur Beruhigung des Gewissens, denn wenn der Verpflichtung Genüge getan, dem Getauften Jubel erwächst, die Skropel zu mindern, statt Skrupel zu mehren, appliziere bei Kranken peritonale Evacuationes, und nutze beispielsweis das Große Magisterium der Jalapawurzel.«

Wir schwiegen verblüfft.

»Oho, wir haben einen wahren Fachmann der medizinischen Astrologie vor uns«, kommentierte Abbé Melani gleich darauf, »und woher hast du diese wertvollen Kenntnisse?«

»Gfrrrlûlbh«, warf Ciacconio ein.

»Multiplizierung von Gewissen durch Lektürung von Blätterei.«

»Blätterei?«, fragte Atto.

Ciacconio deutete auf das Büchlein, das ich in der Hand hielt.

»Ah, du meinst Bücher. Los, Junge, lass uns gehen: Ich fürchte, dass Cristofano sich in der Locanda umsehen könnte. Unsere Abwesenheit wäre schwerlich zu rechtfertigen.«

»Auch Stilone Priàso war abwesend.«

»Jetzt nicht mehr, glaube ich. Nach der Begegnung mit unseren kleinen Ungeheuern hier ist er bestimmt wie der Blitz in die Locanda zurückgerannt.«

Stilone Priàso, überlegte Atto weiter, war wegen seiner Arbeit als Judizialastrologe nach Rom gekommen, ein unsauberes Geschäft also. Daher brauchte er in den Nachtstunden Modum und Weise, die Locanda diskret zu verlassen. Den unterirdischen Weg musste er schon vorher gekannt haben, da er ja erzählt hatte, er sei schon öfter im Donzello abgestiegen.

»Meint Ihr, dass Stilone etwas mit dem Mord an Signor de Mourai und dem Diebstahl meiner Perlen zu tun hat?«

»Es ist zu früh, um das zu sagen. Wir müssen ein bisschen über ihn nachdenken. In den unterirdischen Gängen ist er bestimmt wer weiß wie oft gewesen. Gleiches gilt leider nicht für uns. Verflixt, wenn wir den Plan noch hätten, den Ugonio und Ciacconio gezeichnet hatten, so dreckig und unübersichtlich er auch war, jetzt würde er uns einen enormen Vorsprung verschaffen.«

Zum Glück hatten wir wenigstens einen Vorteil: Wir wussten, dass Stilone in den unterirdischen Gängen gewesen war, während er von uns nichts wusste.

»Einstweilen«, fügte der Abbé hinzu, »schau kurz nach ihm, bevor du dich hinlegst: Ich trau diesen zwei Kreaturen nicht so recht.« Damit wandte er sich um und zeigte auf die grinsenden Gesichter der beiden Heiligenfledderer in unserem Gefolge.

Wir gingen den ganzen unterirdischen Weg bis zum Loch in dem engen Durchlass zurück, der zu den Ruinen des Stadions von Domitian unter der Piazza Navona führte. Atto verabschiedete die beiden Heiligenfledderer, verabredete sich mit ihnen für die folgende Nacht, eine Stunde nach Sonnenuntergang, und versprach ihnen eine Belohnung.

»Gfrrrlûlbh«, protestierte Ciacconio.

Die beiden Reliquienjäger forderten die Rückgabe der Bibelseite. Atto freilich beschloss, sie zu behalten, da wir noch nicht herausgefunden hatten, woher sie stammte, und er reichte sie mir, damit ich sie sorgfältig aufbewahrte. Jedoch bot er den Heiligenfledderern zum Ausgleich etwas Geld an.

»Das ist nur recht und billig, schließlich habt ihr den Plan ja gemacht«, sagte er herzlich, während er die Münzen hervorkramte.

Plötzlich aber riss der Abbé die Augen auf. Er bückte sich, nahm eine Hand voll Erde und warf sie Ciacconio, der vor Schreck erstarrte, auf die Schulter. Dann nahm er die Bibelseite, faltete sie auseinander und drückte sie an der Stelle, die er soeben beschmutzt hatte, auf Ciacconios derben Mantel.

»Ihr Bestien, tierische Bastarde seid ihr!«, schimpfte er und blickte sie empört an. Wie versteinert blieben die beiden stehen und warteten demütig auf eine Strafe. Auf dem Blatt war der Abdruck einer Art dichten Labyrinths zu sehen, dessen Formen uns bekannt vorkamen.

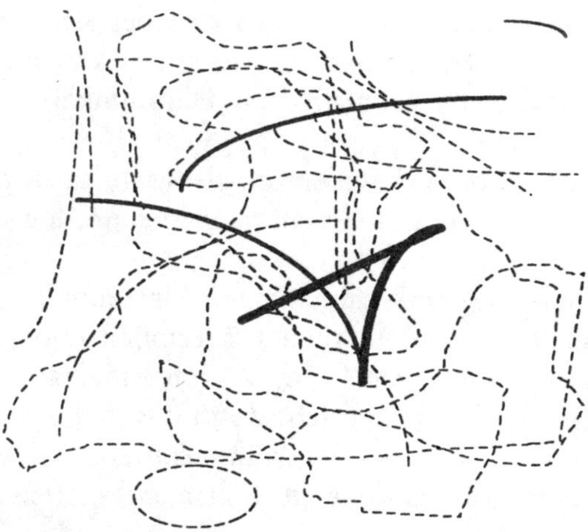

»Erlaubt euch so etwas ja nie wieder. Nie wieder.«

Dann schwieg er und steckte das Geld, das er für Ugonio und Ciacconio herausgezogen hatte, wieder in die Tasche.

»Verstehst du?«, sagte er später zu mir, nachdem die beiden gegangen waren. »Sie wollten uns hereinlegen wie zwei Tölpel. Sie haben den Zettel auf diese Art Ziegenfell gedrückt, das sie um den Leib tragen. Dann haben sie ein paar Kritzel hinzugefügt, und das war's, fertig ist der kostbare Plan der *Roma subterranea*. Aber mit mir nicht, o nein!, so lasse ich mich nicht an der Nase herumführen. Das Zeichen genau in der Mitte war seitenverkehrt identisch mit einer gestopften Stelle auf Ciacconios Schulter: Daran habe ich ihren Betrug erkannt!«

Wir sprachen nicht mehr und kehrten spätnachts völlig erschöpft ins Donzello zurück.

Als ich die Treppe hinaufging, nachdem ich mich von Atto getrennt hatte, sah ich einen schwachen Lichtschein aus Stilone Priàsos Zimmer kommen. Ich erinnerte mich, dass Abbé Melani mir aufgetragen hatte, kurz nach dem jungen Mann aus Neapel zu sehen. Ich legte mein Gesicht an die angelehnte Tür und versuchte, ins Innere zu spähen.

»Wer ist da?«, hörte ich ihn mit zitternder Stimme fragen.

Ich gab mich zu erkennen und trat ein. Er kauerte auf dem Bett, blass und erdverschmiert. Im Halbdunkel tat ich, als merkte ich es nicht.

»Warum bist du um diese Zeit noch wach, mein Junge?«

»Mein Herr musste ein Geschäft erledigen«, log ich, »und Ihr?«

»Ich ... ich hatte einen schrecklichen Alptraum. Zwei Monster haben mich in der Dunkelheit überfallen und mir meine Bücher geraubt samt allem Geld, das ich dabeihatte.«

»Auch das Geld?«, fragte ich, da mir einfiel, dass Ciacconio und Ugonio davon nichts erwähnt hatten.

»Ja, und dann fragten sie mich ... also, sie quälten mich und ließen mir keinen Frieden.«

»Wie schrecklich. Ihr solltet ausruhen.«

»Unmöglich, ich sehe sie noch vor mir«, sagte Stilone schaudernd und starrte auf einen unbestimmten Punkt im Dunkeln.

»Ich habe in letzter Zeit auch bizarre Träume gehabt«, sagte ich, um ihn zu ermuntern, »Träume, deren Bedeutung unmöglich zu verstehen war.«

»Bedeutung ...«, wiederholte Stilone Priàso gedankenvoll, »du kannst die Bedeutung der Träume nicht erfassen. Dazu braucht man einen Fachmann der Oneiromantie. Einen echten allerdings, nicht einen Scharlatan oder eine Hure, die dir nur Geld abknöpfen will.«

Bei diesen Worten errötete ich und versuchte das Thema zu wechseln.

»Wenn Ihr nicht müde seid, kann ich Euch eine Weile Gesellschaft leisten, denn ich habe heute Nacht auch keine Lust, wieder schlafen zu gehen«, erbot ich mich in der Hoffnung, ein Gespräch mit dem Neapolitaner anzufangen und ihm vielleicht ein paar für Abbé Melanis Nachforschungen nützliche Informationen aus der Nase zu ziehen.

»Ich hätte nichts dagegen. Zumal es mir sehr recht wäre, wenn du meine Kleider ausbürsten könntest, während ich mich wasche.«

Er stand auf, zog sich aus und trat an die Waschschüssel, wo er begann, seine schlammverschmierten Hände und seinen Kopf zu säubern. Auf dem Bett, wo er mir sein Gewand und eine Bürste hingelegt hatte, bemerkte ich einen Kalender, der mit seltsamen Zeichen bedeckt war. Daneben einige alte Bücher, auf deren Frontispiz ich las: *Myrotecium, Chemisches widerhallendes Protolumen* und schließlich *Physikalisches horoskopierendes Gegenlicht.*

»Ihr interessiert Euch für Alchimie und Horoskope?«, fragte ich, beeindruckt von solch geheimnisvollen Titeln.

»Aber nein«, rief Stilone aus und wandte sich ruckartig um. »Derlei Texte sind oft in Reimen geschrieben, und ich wollte sie nur zu Rate ziehen, um mich inspirieren zu lassen. Du weißt doch, dass ich Dichter bin, nicht wahr?«

»Ach ja«, erwiderte ich scheinheilig und begann zu bürsten. »Und außerdem ist Astrologie, wenn ich nicht irre, verboten.«

»Das stimmt nicht«, gab er verärgert zurück. »Verboten ist nur die Judizialastrologie.«

Um ihn nicht zu beunruhigen, tat ich, als hätte ich keine Ahnung, und so wiederholte Stilone Priàso, während er sich energisch den Kopf abrieb, mir mit gelehrtem Gehabe, was ich zuvor schon von Atto vernommen hatte.

»Vor etwa einem halben Jahrhundert«, schloss er, »hat Papst Urban VIII. dann mitten in seinem Pontifikat seinen ganzen Zorn an den Judizialastrologen ausgelassen, nachdem diese ungefähr dreißig Jahre lang immer größere Toleranz und sogar hohes Ansehen genossen, und zwar auch bei Kardinälen, Fürsten und Prälaten, die sich Vorhersagen für gutes Gelingen wünschten. Es war wie ein Erdbeben, so heftig, dass einer, der das Schicksal in den Sternen liest, sich noch heute ernstlich in Gefahr begibt.«

»Schade, für uns wäre es doch jetzt sehr nützlich zu wissen, welches Ende wir hier im Donzello nehmen werden: ob wir in einem Lazarett zugrunde gehen oder wohlbehalten und frei herauskommen«, provozierte ich ihn.

Stilone Priàso antwortete nicht.

»Mit Hilfe eines Astrologen könnten wir vielleicht auch herausfinden, ob Signor de Mourai an der Pest gestorben ist oder vergiftet wurde, wie Cristofano behauptet«, versuchte ich es noch einmal. »Dann könnten wir uns vor möglichen weiteren Bedrohungen durch den Mörder schützen.«

»Vergiss es. Gift bleibt dem wachsamen Auge der Gestirne mehr als jede andere tödliche Waffe verborgen. Es ist stärker als jeder Versuch der Divination und Vorhersage: Müsste ich jemanden umbringen, so würde ich auf jeden Fall Gift wählen, um ungeschoren davonzukommen.«

Ich erbleichte bei diesen Worten, und mir schien, als erhärteten sie meine Vermutungen.

Astrologen und Gift: Plötzlich fiel mir das Gespräch über Gifte wieder ein, das die Herbergsgäste, angeregt durch den Tod des armen Signor de Mourai, noch am Abend der Locandaschließung so lebhaft geführt hatten. War dabei nicht auf die Tatsache angespielt worden, dass gerade Astrologen und Parfümiers die besten Giftmischer seien? Und Stilone Priàso, dachte ich schaudernd, war Gazettenschreiber und Astrologe, wie Abbé Melani soeben herausgefunden hatte.

»Meint Ihr das ernst?«, erkundigte ich mich mit geheuchelt naivem Interesse. »Wisst Ihr etwa schon von Todesfällen, in denen ein Giftverdacht bestand und die in den Sternen nicht vorhergesehen werden konnten? ...«

»Nehmen wir nur einen für alle: Abt Morandi«, kündigte Stilone mir an. »Das war der spektakulärste Fall.«

»Wer war Abt Morandi?«, fragte ich beunruhigt.

»Ein Mönch sowie der größte Astrologe Roms«, antwortete Priàso lapidar.

»Wie ist das möglich, ein Mönch, der Astrologie betreibt?«, hielt ich mit gespielter Ungläubigkeit dagegen.

»Oh, nicht nur das: Am Ende des letzten Jahrhunderts war Bischof Luca Gaurico offizieller Astrologe am Hof von vier Päpsten. Goldene Zeiten! Doch jetzt, leider, für immer vorbei …«, seufzte er.

Ich sah, dass er auftaute.

»Nach der Sache mit Abt Morandi?«, spornte ich ihn an.

»Genau. Du musst wissen, dass Pater Orazio Morandi, Abt des Klosters von Santa Prassede, vor nunmehr bald sechzig Jahren die beste astrologische Bibliothek von ganz Rom besaß: ein Bezugspunkt für alle bedeutendsten Astrologen seiner Zeit. Er stand im Briefwechsel mit den berühmtesten Literaten von Rom, Mailand, Florenz, Neapel und anderen Städten, auch außerhalb Italiens. Zahlreich waren die Gelehrten und Wissenschaftler, die seinen Rat zu den Gestirnen einholten, sogar der unglückliche Galileo Galilei war sein Gast, als er sich in Rom aufhielt.«

Zu jener Zeit, fuhr Stilone fort, hatte Abt Morandi seit kurzem die fünfzig überschritten: Er war beredt, stets fröhlich, eher groß als klein, mit einem stolzen kastanienbraunen Bart, indes sein Haupthaar gerade erst zu ergrauen begann. Die Astrologie war damals durchaus wohlgelitten. Es gab zwar Gesetze dagegen, doch wurden sie praktisch ignoriert. Über Abt Morandi kursierten jedoch wenig ehrenhafte Gerüchte: Er wurde, und nicht zu Unrecht, verdächtigt, sich als Gazettenschreiber zu betätigen und dafür seine weitreichenden Beziehungen außerhalb der Stadt zu nutzen. Im Kirchenstaat zirkulierten in der Tat zahlreiche anonyme, in anderen Ortschaften gedruckte Broschüren voller vertraulicher Nachrichten über den Hofstaat in Rom. Man mutmaßte, dass diese Klatschgeschichten von Morandi gesammelt und verbreitet wurden, dessen Interesse an politischen Machenschaften und Palastintrigen im Vatikan bekannt war. Doch niemand hatte je beweisen können, dass er der Urheber war. Und solches nicht nur, weil es wahrhaftig schwierig war, den Autor der Gazetten aufzuspüren, sondern auch, weil die Tätigkeit als Gazettenschreiber und Publizist, wiewohl verboten, auf breiter Ebene toleriert wurde und die Autoren der Bekanntmachungen und Gazetten nur selten wirklich gejagt wurden. Außerdem war wegen des Tenors der Nachrichten, die diese Lästerschriften enthielten, klar, dass als Quelle für die von Pater Morandi verbreiteten Dinge nur überaus geschliffene Geister wie die der Sekretäre von Fürsten und Kardinälen persönlich in Frage kamen. Wenn nicht sogar, und das ist wahrscheinlicher, deren Herren.

Orazio Morandis Ruhm hatte seinen Höhepunkt erreicht, als (man schrieb das Jahr 1630) der Abt sich in den Kopf gesetzt hatte, aufgrund seiner astrologischen Berechnungen zu behaupten, dass Papst Urban VIII. Barberini vor Ablauf des Jahres sterben würde. Bevor der Abt diese Erkenntnis verbreitete, hatte er sich mit anderen bekannten Sterndeutern beraten. Diese hatten erneut Berechnungen angestellt und waren zum selben Ergebnis gelangt.

Anderer Auffassung war einzig Pater Raffaello Visconti, der in Rom Mathematik lehrte und die Einschätzung vertrat, dass der Papst, wenn er sich nur keinen Gefahren aussetzte, nicht vor Ablauf von dreizehn Jahren sterben würde, also 1643 oder 1644. Der Professor war jedoch von den Kollegen nicht genügend ernst genommen worden, die sich über Papst Barberinis bevorstehendes Hinscheiden alle einig waren. Die Vorhersage des Abts von Santa Prassede verbreitete sich wie ein Lauffeuer in Rom und den anderen Hauptstädten. Als Astrologe genoss er solch gewaltiges Ansehen, dass einige spanische Kardinäle eiligst nach Rom aufbrachen, um an dem Konklave teilzunehmen, das man nunmehr für sicher hielt. Das Gerücht sprach sich auch in Frankreich herum, so dass Kardinal Richelieu schließlich den päpstlichen Hof in Rom bitten musste, Maßnahmen zu ergreifen, um einer derart bedauerlichen Situation Einhalt zu gebieten.

So geschah es, dass das Gerede auch dem Pontifex selbst zu Ohren kam. Der gar nicht erfreut war zu erfahren – und noch dazu in dieser Form –, dass seine letzte Stunde herannahe. Am 13. Juli ordnete Papst Urban VIII. an, dass ein Prozess gegen Abt Morandi und seine Komplizen eröffnet werde. Zwei Tage später wurde Morandi im Gefängnis von Tor di Nona eingekerkert, seine Bibliothek und sein Gemach versiegelt und durchsucht.

»Und hier kommt die Überraschung: Man findet zwar verschiedene astrologische Traktate, aber keine Spur von astrologischen Gazetten oder Vorhersagen, die doch allein als Beweis für den Willen hätten dienen können, Straftaten oder gar schwarze Magie zu praktizieren. Abt Morandi und seine Fratres hatten vorgesorgt. Und wer den Schaden hat, braucht für den Spott nicht zu sorgen: Für den Papst zeichnete sich ab, dass er in ganz Europa eine jämmerliche Figur machen würde«, kicherte Stilone Priàso.

»Und dann?«, drängte ich, ungeduldig zu erfahren, wie es weiterging, und in der Hoffnung, endlich etwas Interessantes für meine unterirdischen Expeditionen herauszuhören.

»Und dann kam sein Advokat ins Spiel. Wem sonst kann es je gelingen, auch den umsichtigsten, gewitztesten und scharfsinnigsten aller Männer zu ruinieren? Seinem Advokaten. Denk daran, Junge: So ist es immer gewesen, und so wird es immer sein.«

»Der hochverehrte Advokat Teodoro Amayden«, fuhr Stilone Priàso nicht ohne Sarkasmus fort, »seit langer Zeit Rechtsberater des Klosters von Santa Prassede, schlug sich auf die Seite des Papstes. Wenige Tage nach Morandis Festnahme begab sich Amayden in die Bücherei La Luna an der Piazza Pasquino und ließ sich mit der unschuldigsten Miene vor mehreren Personen treuherzig darüber aus, dass bei der Durchsuchung nichts gefunden worden war, aber nur deshalb, weil die Fratres durch einen Geheimgang, zu dem man Zutritt erlangte, indem man einen bestimmten Verschlag – den der Advokat ganz genau beschrieb – aufnagelte, rechtzeitig in Morandis Arbeitszimmer eingedrungen waren, alle Schriften, die den Abt hätten anklagen können, mitgenommen und dann verbrannt und zum Teil versteckt hatten. Solches, fügte der Advokat hinzu, habe er von einem persönlichen Diener Morandis erfahren. Nachdem er seine Gesprächspartner mit diesen Enthüllungen und vor allem mit der kühnen Art, damit umzugehen, vor den Kopf gestoßen hatte, ging Amayden in aller Ruhe nach Hause.

Die Nachricht gelangte selbstverständlich sogleich auf den Tisch des Richters, der alle zwölf Mönche von Santa Prassede verhaften ließ und Amayden vorlud.

»Diese Schlange von einem Advokaten«, zischte Stilone angeekelt, »hatte den luziferischen Mut, bestätigend zu Protokoll zu geben, dass er in der Öffentlichkeit das Geheimnis des aufgenagelten Verschlags preisgegeben hatte: ›Zwei Tage nach der Festnahme von Abt Morandi kam Alessandro, Diener des genannten Abts, zu mir und sagte, dass die Patres einen Teil des Arbeitszimmers ausgeräumt und die entnommenen Schriften verbrannt hatten. Mit fröhlichem Gesicht sagte er zu mir, dass das Gericht gar nichts gegen den Abt finden würde, weil nichts mehr da war, denn alle Schriften waren verbrannt worden‹«, sagte Stilone mit näselnder Stimme, um den verräterischen Advokaten nachzuahmen.

Das war das Ende. Wenig später gestanden alle Fratres und auch Morandi selbst gab zu, am Horoskop des Papstes gearbeitet und sich als Gazettenschreiber betätigt zu haben. Von den Fragen des Richters in die Enge getrieben, nannte er auch die Namen von Kollegen und Freunden, die ihrerseits noch andere mit hineinzogen.

»Und so endete der Prozess«, sagte ich.

»Im Gegenteil«, erwiderte Stilone Priàso, »genau hier begannen die Komplikationen.«

Bald zeigte sich die Gefahr, dass bei der Nennung von Mittätern peinliche Namen auftauchten: vor allem Kardinäle samt deren Sekretären und Gefolge, die, nachdem sie die Vorhersage vom bevorstehenden Tod Urbans VIII. erfahren hatten, die Sterne über die Wahrscheinlichkeit befragt hatten, selbst die Tiara zu erlangen. Vom ersten Verhör an hatte Morandi seinen Anklägern ein paar hoch stehende Namen unter die Nase gerieben: Ein Büchlein mit Satiren, das er vom Sekretär des Konsistoriums erhalten hatte, wäre auch durch die Hände des Hofmeisters des Geheiligten Vatikanpalasts gegangen; und eine Rede in Briefform, mit den Geburtsdaten des Papstes, hatte er dem Bibliothekar des hochwohlgeborenen Kardinals de' Medici gegeben. Diese Rede hatte er von Pater Raffaello Visconti abgeschrieben, und auch der Sekretär des Kardinals und Papstneffen Antonio Barberini hatte sie gelesen …

Der Papst begriff sofort, was sich da am Horizont zusammenbraute: ein Skandal, der Schmach über das gesamte Konsistorium gebracht hätte, und an erster Stelle über seine eigene Familie. Urban VIII. schützte sich also, indem er eiligst befahl, die Namen von Päpsten, Kardinälen, Prälaten und sogar Laien aus den Protokollen zu tilgen und am Rande chiffriert zu vermerken oder einfach eine Leerstelle im Text zu lassen. Ihm persönlich sollte die Entscheidung zustehen, ob sie hineingeschrieben würden oder nicht.

Sobald die Verhöre zu brisant wurden, kamen die vom Papst gewollten *omissis* ins Spiel: ›Ich kenne viele, die sich auf Astrologie verstehen. Vincenzo Bottelli war mein Lehrer. Er sagte mir, dass viele im Palast sich mit Astrologie beschäftigten, wie die Kardinäle ***, *** und ***, und außerdem ***, ***, *** und auch *** und ***.‹

»Kurz, Kardinäle überall«, rief Stilone aus. »Der Richter, der zusammenzuckend all diese illustren Namen hörte, wusste genau, dass diese astrologischen Geschäfte auf Rechnung der Purpurträger selbst getätigt wurden. Die dabei riskierten, falls sich ihre Diener ein Wort zu viel entschlüpfen ließen, mit Schande überhäuft zu werden. Lasst alle Hoffnung fahren, hieß es dann, falls jemand solche gehegt hatte, eines Tages zum Papst gewählt zu werden.«

»Und wie ist die Geschichte ausgegangen?«, fragte ich, da ich endlich hören wollte, was das alles mit Gift zu tun hatte.

»Oh, die ... Vorsehung hat eingegriffen«, antwortete Stilone mit einer anzüglichen Grimasse. »Am 7. November 1630 wird Abt Morandi tot in seiner Zelle gefunden, auf die Pritsche gesunken in der bescheidenen Kutte und den Sandalen, die er sein ganzes Leben getragen hatte.«

»Ermordet!«

»Nun, den Tod festgestellt hat einer seiner Mönche, der keine Zweifel hegt: Er sieht ›kein Zeichen von Übel‹, und ›man erkennt, dass der Verblichene eines natürlichen Todes gestorben ist, nämlich an Fieber, und das weiß ich, weil ich ihn immer betreut habe, solange er eingekerkert war.‹ Und der Abt, sagt der Mönch, war in den vorhergehenden Tagen krank gewesen.«

Sechs Tage später schreibt der Gefängnisarzt von Tor di Nona seinen Befund: Morandi ist nach zwölftägiger Krankheit gestorben. Zuerst hatte er an einem Sechstagefieber gelitten, das sich dann bösartig und schließlich tödlich entwickelt hat. ›Ich habe keinen Giftverdacht noch sah ich Anzeichen dafür‹, bescheinigt der Arzt, bestätigt von zwei weiteren Kollegen. Alle verschweigen jedoch, dass zwei Tage vorher infolge eines gleichen Leidens ein weiterer Gefangener gestorben war, der zusammen mit Morandi in Haft saß und der gemeinsam mit diesem eine Torte unbekannter Provenienz verspeist hatte. Monatelang gingen beharrlich und unausrottbar Gerüchte und Vermutungen über eine Vergiftung um.

Doch welche Bedeutung hatte das noch? Pater Morandi war tot und hatte die schreckliche Last der Verderbtheit des gesamten päpstlichen Hofstaats allein mit ins Grab genommen. Zur großen Erleichterung aller wurde der unvorsichtigerweise kurz angehobene Schleier in aller Eile wieder gesenkt.

Urban VIII. befahl dem Richter mit einer kurzen Handschrift, den Prozess einzustellen, gewährte Kopisten, Astrologen und Mönchen Straffreiheit und ordnete an, dass man von weiteren gerichtlichen Schritten ihnen gegenüber absehen solle.

Stilone Priàso schwieg und sah mich an. Er hatte sich abgetrocknet, schlüpfte ins Bett und erwartete stumm meine Reaktion auf seine Geschichte.

So hatte sich also auch im Fall des Abtes Morandi genau wie bei Signor de Mourai, dachte ich bei mir, während ich die ausgebürsteten Kleider auf dem Stuhl zusammenlegte, das Gift in der erlogenen Gestalt einer Krankheit verborgen.

»Aber waren denn die anderen nicht auch allesamt schuldig?«, wandte ich derweil ein, von der traurigen Geschichte bewegt.

»Genau besehen, hatten die Kopisten abgeschrieben, die Mönche hatten die Beweise vernichtet, und die Astrologen hatten über den Tod des Papstes spekuliert. Und besonders die Kardinäle hatten allem Vorschub geleistet. Daher wäre es nicht ungerecht gewesen, sie zu bestrafen; doch zu diesem Zweck hätte ein Urteil ergehen müssen«, bemerkte Stilone Priàso, »das Staub aufgewirbelt hätte. Und das konnte der Papst am wenigsten brauchen.«

»Urban VIII. starb also nicht in jenem Jahr.«

»Nein, in der Tat. Morandi hatte sich in seiner Vorhersage gründlich geirrt.«

»Und wann ist er gestorben?«

»1644.«

»War das nicht genau das Datum, das Pater Visconti, der Mathematiker, errechnet hatte?«

»Gewiss«, antwortete Stilone Priàso. »Wenn der Abt von Santa Prassede nur besser auf seinen Freund, den Professor, gehört hätte, so hätte er tatsächlich den Tod von Urban VIII. vorausgesehen. Stattdessen sah er seinen eigenen voraus.«

»Und was geschah nach Morandis Tod mit den Astrologen?«, fragte ich betroffen nach Stilones schauriger Bemerkung.

»Das lässt sich rasch aufzählen: Galilei hat abgeschworen, Argoli wurde verbannt, Campanella flüchtete, Centini endete auf dem Scheiterhaufen. Alles im Verlauf weniger Jahre.«

Hier schwieg Stilone, als wollte er eine Gedenkminute einlegen.

»Und die Astrologie erstickte unter der Last der päpstlichen Breven«, schloss er.

»Hätte sich Morandi denn in Sicherheit bringen können, wenn er gewusst hätte, dass sein Ende bevorstand?«, fragte ich, nunmehr abgekommen von meinen Forschungsabsichten, derentwegen ich Stilone Priàso zum Erzählen aufgefordert hatte.

»Du fragst mich, ob man hemmend in das Wirken der Gestirne eingreifen kann. Schwierige Frage! Ein Dominikanermönch, Tommaso Campanella, ein Mann von großer Bildung und noch größerem Mut, schrieb das *De Fato Siderali vitando*, worin er eben die Kunst lehrt, dem Lauf zu entfliehen, den uns die Gestirne vorzeichnen. Andererseits jedoch scheint Campanella gerade in jenen Ausführungen nahe zu legen, dass es in extremen Fällen auch für die Astrologen selbst kein Entrinnen gibt.«

»Wie, nicht einmal für solche, die früher und besser als die anderen in den Sternen lesen? Dann kann man sich dem Willen der Gestirne gar nicht widersetzen!«, rief ich schaudernd aus.

»Vielleicht doch. Vielleicht auch nicht«, lächelte Stilone Priàso vieldeutig.

»Warum ist dann Unser Herr überhaupt in die Welt gekommen? Wenn die Macht der Himmelskörper alles beherrscht« – und ich zitterte, als ich mich selbst so reden hörte –, »so gibt es keine Erlösung.«

»Was würdest du sagen, wenn ich dir erzählte, dass sogar dem Allerheiligsten Erlöser das Horoskop gestellt wurde?«, lachte Stilone Priàso, kein bisschen beunruhigt.

Und er erklärte mir, dass sich zuerst Scharen von Gelehrten mit ruhmreichen Namen wie Albertus Magnus, Pierre d'Ailly oder Albumasar am Horoskop Unseres Herrn versucht hatten. Dann gaben sich nach und nach immer geringere Geister dem blasphemischen Zeitvertreib hin: darunter der durchaus hervorragende Girolamo Cardano, aber auch manch unbedeutender Landpfarrer.

»Und was liest man in Christi Horoskop?«

»Nicht wenig, glaub mir. Es gehört zum Wundersamsten, was es gibt. Nach Girolamo Cardano verheißt der Komet, der bei Christi Geburt erscheint, ewigen Ruhmesglanz; Jupiter bedeutet, dass er sich sanftmütig fügt, Gerechtigkeit und Milde walten lässt; die Ähre im Sternbild der Jungfrau schenkt Anmut, Beredtsamkeit und Voraussicht; der Aszendent schließlich, der die Schalen der Waage in der achten und neunten Sphäre verbindet, und der Punkt des Herbst-Äquinoktiums verleihen dem Gesamtbild göttliche Einzigartigkeit. Nach Campanella dagegen wäre das Bild der Gestirne des Messias gar nicht so herausragend, wie andere es darstellen. Noch außergewöhnlicher fand Campanella nämlich sein eigenes Horoskop.«

»Sein eigenes? Campanella stellte sich über Christus?«

»Mehr oder weniger. Die Inquisition beschuldigte ihn, er spiele sich als Messias auf, da er behauptete, er habe zum Zeitpunkt seiner Geburt die gleiche einzigartige Planetenkonstellation gehabt wie Christus.«

»Und war diese Anklage richtig?«

»Ja und nein. Sie war falsch, weil Campanella sich, soweit ich weiß, niemals als Prophet ausgegeben hat. Zum Teil aber stimmte sie, weil er den Fehler begangen hatte, sich auch noch im Gefängnis entschlüpfen zu lassen, dass das Vorhandensein von sieben Planeten im Aszendenten – viele Könige und Kaiser hatten nicht mehr als drei – etwas so Außergewöhnliches sei, dass er, wie ihm jüdische und deutsche Astrologen versichert hätten, bald zur Weltherrschaft aufsteigen werde. Eine etwas kühne Vorhersage, findest du nicht?«

»Wie ging es aus?«

»Ganz anders, als Campanella erwartet hatte. Er verbrachte aufgrund seiner Äußerungen lange Jahre im Gefängnis. Urban VIII. erleichterte ihm dann die Haft, um sich seiner astrologischen Künste zu bedienen. Inzwischen zirkulierte nämlich Abt Morandis Vorhersage über seinen bevorstehenden Tod, und der Papst hatte Angst.«

»Also glaubte auch Urban VIII. an die Astrologie, die er so bekämpfte!«

»Natürlich! Ich hatte dir ja gesagt, dass alle, aber wirklich alle und zu jeder Epoche Madame Astrologie gehuldigt haben«, kicherte Stilone Priàso erneut. »Sogar Galilei ließ sich, wenn er Geld brauchte, dazu herab, gelegentlich einen Aszendenten zu berechnen.«

Papst Barberini, nahm er dann die Erzählung wieder auf, überfiel schwärzestes Grauen, als die Vorhersage seines Todes von Mund zu Mund zu wandern begann. Während er sich öffentlich über die Prophezeiungen von Abt Morandi hoch erhaben zeigte, ließ er insgeheim Campanella zu sich kommen und bat ihn zitternd, die Bedrohung abzuwenden. Der Dominikaner tat, was er konnte: Er versprengte Aromen und Duftwässer gegen die unheilvollen Strömungen, er ließ den Pontifex strahlend weiße Gewänder anlegen, die ihn gegen die Auswirkungen der Eklipsen feien sollten, er zündete Fackeln an, die die sieben Planeten symbolisierten, und so weiter.

»Anfangs schien das Glück auf Campanellas Seite. Die Gefahr wurde gebannt, und nach dem Tod von Abt Morandi hätte der Dominikaner endlich in den Genuss der päpstlichen Dankbarkeit kommen können. Doch sein böser Stern machte noch einmal alles zunichte: Jemand verriet ihn, und zumindest darin glich er Jesus Christus. Hinter seinem Rücken wurde ein vertrauliches Manuskript von ihm nach Frankreich an seinen üblichen Drucker geschickt: das *De Fato Siderali vitando*. Die Verräter waren zwei Dominikaner, die voller Neid waren wegen der Gerüchte, dass ihr Mitbruder bis zum Amt des Konsultors des Heiligen Offiziums aufsteigen würde. Der französische Drucker ging in die Falle: Er glaubte, Campanella – der in den letzten Jahren mehr Zeit im Gefängnis als in Freiheit verbracht hatte – habe dem Traktätchen keinen Begleitbrief beilegen können. Das *De Fato Siderali vitando* wurde veröffentlicht.«

»Ist dieses *De Fato Siderali vitando* nicht das Buch, das lehrt, den verderblichen Einflüssen der Gestirne zu entgehen?«

»Genau, und für Campanella war das der soundsovielte Ruin. In dem Buch waren die apotropäischen Praktiken, die Campanella beim Papst angewandt hatte, minutiös beschrieben. Zeremonien, über die in Rom seit langem gemunkelt wurde und für die niemand Beweise besaß, hinter denen sich aber nach Meinung vieler dämonische Riten verbargen. Das *De Fato* schien eigens dafür gemacht, den Heiligen Stuhl zu sabotieren. Um den Skandal und den Zorn des Papstes zu beschwichtigen, musste Campanella in aller Eile ein weiteres Büchlein herausbringen, in dem er zu beweisen trachtete, dass diese Rituale weder abergläubisch noch Teufelswerk waren, sondern mit den Kriterien der Naturphilosophie und der sinnlichen Erfahrung erklärt werden konnten. Zuletzt jedoch musste der Dominikaner nach Frankreich fliehen, wo er Schutz vor der Verfolgung fand und an der Sorbonne unterrichten durfte. Die Königin bat ihn sogar, dem neugeborenen Dauphin das Horoskop zu stellen.«

»Das heißt, Ludwig XIV.?«

»Genau. Zum Glück irrte sich Campanella bei der letzten wichtigen Prophezeiung seines Lebens nicht. Er sagte voraus, dass der zukünftige König lange herrschen werde, voll Härte, aber dennoch mit Erfolg. Und so ist es geschehen. Doch jetzt will ich lieber aufhören. Gott sei Dank bin ich wieder ein wenig müde geworden.«

Der Tag graute schon. Mit stummer Erleichterung begrüßte ich das Ende jenes Gesprächs. Noch einmal warf ich mir vor, dass ich es selbst angeregt hatte. Denn ich hatte ja nicht nur rein gar nichts über Mourais Gifttod und den Diebstahl meiner Perlen erfahren, sondern am Ende der langen Unterhaltung waren meine Ideen noch schwankender als zuvor.

Ich fragte mich, ob mein Wunsch, der Zahl der Gazettenschreiber beizutreten, nicht zu viele Gefahren berge: Durch die übergroße Nähe zu Persönlichkeiten wie Abt Morandi, der seine Vorhersagen Gazetten und Bekanntmachungen anvertraute, geriet man in Gefahr, mit einem Astrologen oder womöglich mit einem Zauberer oder einem Häretiker verwechselt zu werden.

Gleichzeitig erfüllte berechtigter Zorn meine Brust: War es gerecht, wie der Abt von Santa Prassede für eine Sünde bestraft zu werden, der sowohl die Purpurträger als auch die Päpste selbst zu frönen schienen? Wenn die Astrologie nur ein harmloser Zeitvertreib war, ein delirantes Kind des Müßiggangs, warum dann eine solche Erbitterung gegen Morandi und Campanella? Wenn sie aber tatsächlich eine Sünde war und schwere Strafe verdiente, wie war es dann möglich, dass ein so großer Teil des Päpstlichen Hofs damit zu tun gehabt hatte?

Doch würde ich die Wissenschaft von den Planeten und deren Konstellationen wohl schwerlich an meiner eigenen Person erproben können. Für die Erstellung meines Horoskops bräuchte ich genau das, was mir, einem Findelkind, niemand je würde sagen können: Tag und Stunde meiner Geburt.

Fünfter Tag

15. September 1683

Nachdem ich Stilone Priàso verlassen hatte, war ich erschöpft in meine Kammer zurückgekehrt. Ich weiß nicht, woher ich noch die Kraft nahm, meinem Tagebuch die jüngsten Ereignisse anzuvertrauen, aber es war mir gelungen. Ich überflog kurz die letzten, schon beschriebenen Seiten. Untröstlich rekapitulierte ich die Ergebnisse der schüchternen Untersuchungen, die ich bei den Herbergsgästen des Donzello angestellt hatte: Was hatte ich entdeckt? Praktisch nichts. Jeder Anlass hatte sich als falscher Alarm erwiesen. Ich hatte Tatsachen und Umstände erfahren, die mit dem traurigen Ende von Signor de Mourai sehr wenig zu tun hatten und die mich noch dazu häufig in größte gedankliche Verwirrung stürzten.

Was wusste ich denn letztlich von Mourai?, fragte ich mich, während mir, noch am Schreibtisch, der Kopf auf den Arm sank. Vom Schlaf umfangen, rollten die Gedanken weit fort, gaben sich aber nicht geschlagen.

Mourai war Franzose, alt und krank, und sein Augenlicht nur noch sehr schwach. Er war etwa sechzig bis siebzig Jahre alt. Begleitet wurde er von dem jungen französischen Musiker Devizé und von Pompeo Dulcibeni. Er schien von hoher Geburt und mehr als wohlhabend zu sein. Was gar nicht zu seinem äußerst bösen Gesundheitszustand passte: Es war, als hätte er in der Vergangenheit lange Leiden ertragen müssen.

Und außerdem, warum nur war ein Edelmann seines Ranges im Donzello abgestiegen?

Ich wusste von Pellegrino, dass der Stadtteil Ponte, wo sich unsere Locanda befand, nun schon seit längerer Zeit nicht mehr das Viertel der großen Hotels war, die jetzt eher in der Gegend der Spanischen Treppe lagen. Im Donzello zu wohnen passte vielleicht besser zu jemandem, der über wenig Geld verfügte. Oder zu jemandem, der Nachbarn von adligem Geblüt meiden wollte: bloß, warum?

Mourai hatte das Donzello ohnehin nie verlassen außer in der Dämmerung und nur zu ganz kurzen Spaziergängen in der Nähe: gewiss nicht über die Piazza Navona oder die Piazza Fiammetta hinaus …

Piazza Navona, Piazza Fiammetta: An dieser Stelle begannen meine Schläfen schmerzhaft zu pochen, ich stand unter größter Anstrengung vom Stuhl auf und ließ mich wie eine Marionette auf mein Lager fallen.

In derselben Stellung erwachte ich am folgenden Morgen, als es schon heller Tag war. Jemand hatte an die Türe geklopft. Es war Cristofano, sehr erbost, weil ich um diese Zeit noch keinen Handstrich getan hatte.

Benommen setzte ich mich nach so wenigen Stunden Schlaf auf. In der Hose spürte ich die astrologische Gazette, die die Heiligenfledderer Stilone Priàso abgejagt hatten. Ich stand noch unter dem Eindruck der außerordentlichen Ereignisse der kaum vergangenen Nacht: der Weg voller Ungewissheiten und Überraschungen durch die unterirdischen Gänge, die Verfolgung Stilones und zuletzt die schrecklichen Geschichten von Abt Morandi und Campanella, die der Neapolitaner mir in den letzten Stunden vor Sonnenaufgang erzählt hatte. All diese üppigen Sinneswahrnehmungen und Geisteseindrücke waren trotz der Müdigkeit, die mich durchdrang, noch sehr lebendig in mir, als ich das Büchlein lustlos aufschlug. Vielleicht auch wegen eines argen Kopfwehs konnte ich der Versuchung nicht widerstehen, mich noch einmal hinzulegen; wenigstens ein paar Minuten, dachte ich. Und begann, die Broschüre zu überfliegen.

Zuerst kam eine lange, gelehrte Widmung an einen gewissen Gesandten Buonvisi, dann eine weitere, nicht weniger geschliffene Vorrede an den Leser.

Darauf folgte eine Tafel mit dem Titel *Berechnung des Eintritts der Sonne*, die ich ebenfalls ausließ. Zuletzt fand ich ein *Allgemeines Prognostikon über das Jahr 1683:*

Wie bei der heiligen Römisch-Katholischen Kirche Brauch, wird es am Freitag, dem ersten Tag des Januar, beginnen, und nach der uralten astronomischen Manier, wenn die Sonne den ganzen Kreis aller zwölf Tierkreiszeichen durchschritten hat und wieder in das Zeichen des Widders eintritt, dieweil Fundamentum principale in revolutionibus annorum mundi et introitus Solis in primum punctum Arietis. Daher wird vermittels des Tychonischen Systems …

Ungeduldig wandte ich mich von so viel Geprotze mit astronomischer Gelehrsamkeit ab. Weiter unten las ich, dass es im Laufe des Jahres vier Eklipsen geben werde (keine davon sei jedoch von Italien aus zu beobachten); und dann eine Tabelle mit einem Haufen mir gänzlich dunkler Zahlen mit dem Titel *Gerader Aufgang der Himmelsfigur des Winters.*

Ich fühlte mich entmutigt. Alles schien mir über die Maßen kompliziert. Ich war nur auf der Suche nach ein paar Vorhersagen für das laufende Jahr, und außerdem blieb mir nicht mehr viel Zeit. Schließlich stieß ich auf einen vielversprechenden Titel: *Mondaspekte und Kombinationen und andere Aspekte der Planeten für das ganze Jahr 1683.* Endlich war ich bei detaillierten, nach Jahreszeiten und Monaten eingeteilten Konjekturen gelandet, die das ganze Jahr abdeckten. Ich überflog die Seiten, bis ich endlich die vier Septemberwochen fand:

Saturn regiert das Achte Haus, der auch die Alten mit Lebensgefahr bedroht.

Ich war verstört. Diese Vorhersage bezog sich auf die erste Woche des Monats, doch gewiss war, dass der alte Mourai wenige Tage später eines Morgens auf mysteriöse Weise verstorben war. Hastig suchte ich die zweite Woche, da Mourai am 11. gestorben war, und bald fiel mein Blick auf Folgendes:

Was Schwachheiten angeht, regiert Jupiter das Sechste Haus, der versuchen wird, vielen Kranken Gesundung zu geben; Mars jedoch im Feuerzeichen in Opposition zum Mond zeigt an, viele durch bösartige Fieber und giftige Gebrechen peinigen *zu wollen, denn über diese Position wurde geschrieben Lunam opposito Martis morbos venenatos inducit, sicut in signis igneis, terminaturque cito, & raro ad vitam. Das Achte Haus regiert Saturn, der* das Greisenalter sehr bedroht.

Nicht nur hatte die Prophezeiung klar und deutlich erkannt, dass die alten Menschen erneut durch Saturn bedroht waren, und somit den Tod von Signor de Mourai voll getroffen, sondern auch vorhergesehen, welche Pein mein Padrone und Bedfordi wegen »bösartiger Fieber und giftiger Gebrechen« erleiden würden. Nicht mitgerechnet, dass der Hinweis auf Gift vielleicht mehr als alle den alten Franzosen betraf.

Ich ging ein paar Zeilen zurück und vertiefte mich, in der festen Absicht, auch dann nicht abzulassen, wenn Cristofano wieder klopfen kommen sollte, erneut in die Lektüre der ersten Woche.

Die Nöte, die sich aus dem Stand der Gestirne in dieser Woche ablesen lassen, werden uns von Jupiter, dem Regenten des Königshauses, gesandt, der, weil er mit Sonne und Merkur im Vierten Haus steht, mit schöner List versucht, einen verborgenen Schatz zu heben; *selbiger Merkur, von Jupiter im Erdzeichen begünstigt, bedeutet* Ausbrechen unterirdischer Feuer und Zittern und Zagen und Schrecken der Menschheit; *denn darum wurde geschrieben: Eo item in terrae cardine, & in signo terreo fortunatis ab eodem cadentibus dum Mercurius investigat eumdem, terraemotus nunciat, ignes de terra producit, terrores, & turbationes exauget, minerias & terrae sulphura corrumpit. Saturn im Dritten Haus, Beherrscher des Siebten, verspricht* großes Sterben durch Schlachten und Überfälle auf Städte, *und da im Quadrat zu Mars, zeigt er* Übergabe eines bedeutenden Ortes, *und so will es Alí und Leopold von Österreich.*

Wenn auch mit einigen Schwierigkeiten (darunter die gelehrten Hinweise auf die Meister der astrologischen Doktrin), gelang es mir zu verstehen. Und erneut schauderte mir. Denn in der Vorhersage der »Entdeckung eines verborgenen Schatzes und des Ausbrechens unterirdischer Feuer und Erdbeben mit Zittern und Zagen und Schrecken der Menschheit« erkannte ich unmissverständlich die jüngsten Ereignisse im Donzello.

Was war der »verborgene Schatz«, der in den ersten Tagen des Monats ans Licht kommen sollte, wenn nicht die rätselhaften, in Colberts Arbeitszimmer versteckten Briefe, die Atto so kurz vor des Ministers – am 6. September eingetretenen – Tod entwendet hatte? Alles schien so klar und schrecklich in seiner Unabwendbarkeit. Darüber hinaus stimmte das Datum vom Ableben Colberts, der ja gewiss nicht jung gestorben war, mit den »Lebensgefahren für die Alten« überein, von denen die Gazette sprach.

Auch die »Erdbeben und unterirdischen Feuer« waren mir vertraut. In der Tat musste ich unwillkürlich an das Getöse denken, das wir am Anfang des Monats aus dem Keller kommen hörten. Das schreckliche Dröhnen hatte uns ein Erdbeben befürchten lassen, während es zum Glück nur einen Mauerriss im Treppenhaus im ersten Stock nach sich zog. Aber es fehlte nicht viel, und Signor Pellegrino hätte der Schlag getroffen.

Und was sollte man sagen über das »große Sterben durch Schlachten und Überfälle auf Städte«, wie »Alí und Leopold von Österreich« vorhergesehen haben? Wer hätte hierin nicht die Schlacht gegen die Türken und die Belagerung Wiens erkannt? Die Namen der beiden großen Astrologen selbst erinnerten auf beunruhigende Weise an Kaiser Leopold von Österreich und die Anhänger Mohammeds. Auf einmal bekam ich Angst weiterzulesen und blätterte hastig zu den vorhergehenden Seiten zurück. Beim Monat Juli hielt ich inne, wo, wie erwartet, der Vormarsch der Osmanen und der Beginn der Belagerung vorausgesehen wurde:

Sonne im Zehnten Haus bedeutet … Unterwerfung von Völkern, Republiken und Nachbarn unter eine höhere Grenzmacht, und so will es Alí …

In dem Augenblick klopfte Cristofano an meine Tür.

Ich schob die astrologische Gazette unter die Matratze und lief in fliegender Hast hinaus. Der Ruf des Arztes kam beinah einer Befreiung gleich: Die Präzision, mit der die Ereignisse (und zwar *maxime* die traurigen und gewaltsamen) vom Autor der Gazette anscheinend erraten worden waren, hatte mich zutiefst erschüttert.

Während ich in der Küche das Mittagessen zubereitete und gleichzeitig Cristofano beim Herstellen einiger Arzneien für Bedfordi zur Hand ging, grübelte ich weiter. Ich hatte das dringende Bedürfnis zu verstehen: Irgendwie schien es mir, dass ich ein Gefangener der Planeten sei und dass unser aller Leben, hier im Donzello wie in Wien, vergeblich in einem fatalen Engpass strampelte, in einem unsichtbaren Trichter, der uns dorthin führen würde, wohin wir vielleicht nicht gehen wollten, während unsere betrübten und vertrauensvollen Gebete im Vergessen eines schwarzen, unbewohnten Himmels umherirrten.

»Was für Augenringe du hast, Junge! Leidest du etwa an Schlaflosigkeit in diesen Nächten?«, fragte Cristofano. »Es ist sehr schlecht, zu wenig zu schlafen: Wenn Verstand und Herz nicht zur Ruhe kommen, öffnen sich die Poren nicht und lassen die von den Mühen des Tages verdorbenen Säfte nicht ausdünsten.«

Ich gab zu, dass ich tatsächlich nicht genug schlief. Daraufhin ermahnte mich Cristofano, dass er nicht auf meine Dienste verzichten könne und insbesondere jetzt, da es ihm mit meiner Hilfe endlich gelang, die Herbergsgäste bei vollkommener Gesundheit zu halten. Und wahrhaftig, fügte er zu meiner Ermutigung hinzu, hätten sie mich allesamt für meinen Beistand gelobt.

Der Arzt wusste offenbar nicht, dass ich sowohl Pompeo Dulcibeni als auch dem jungen Devizé noch keinerlei Behandlung hatte angedeihen lassen, und auch Stilone Priàso nicht, mit dem ich mich doch beinahe eine ganze Nacht lang unterhalten hatte. Und dass somit zumindest die Gesundheit dieser drei Herbergsgäste nicht seinen Therapien, sondern Mutter Natur geschuldet war.

Doch Cristofano wollte noch mehr tun: Er schickte sich an, mir ein Schlafmittel zu mischen.

»Ganz Europa hat es tausendfach erprobt. Es fördert den Schlaf, hilft bei den meisten inneren Gebrechen des Leibes und heilt außerdem Wunden aller Art. Wollte ich dir hier all die Mirakel berichten, die ich damit gewirkt habe, würdest du mir nicht glauben«, versicherte mir der toskanische Arzt. »Es heißt *liquor magnus* und wird auch in Venedig hergestellt, in der Gewürzhandlung zum Bären am Campo di Santa Maria Formosa. Die Herstellung ist sehr langwierig, kann aber erst im Monat September abgeschlossen werden.«

Und mit einem Lächeln zog er aus einer seiner Taschen, deren Inhalt schon über den ganzen alten Küchentisch verstreut war, ein komisches Lehmkrüglein.

»Zweckmäßigerweise beginnt man mit der Herstellung des *liquor magnus* im Frühling, indem man zwanzig Maß gemeines Öl mit zwei Maß gereiftem Weißwein siedet …«

Während Cristofano wie gewöhnlich mit akribischer Genauigkeit Zusammensetzung und wunderbare Eigenschaften seines Präparats aufzählte, schweifte ich im Geist weiter ab.

»… und jetzt, im September, werden wir Balsamkraut und eine schöne Menge von Padron Pellegrinos allerfeinstem Aquavit hinzufügen.«

Brüsk schreckte ich aus meinen Gedanken auf, als ich von der neuerlichen Plünderung des Kellers meines Padrone zu Heilzwecken erfuhr. Cristofano bemerkte meine Zerstreutheit.

»Junge, wo steckst du dauernd mit Kopf und Herz?«, fragte er.

Ich erzählte ihm, dass ich an jenem Morgen mit einem traurigen Gedanken erwacht war: Wenn unser Leben, wie manche behaupten, von den Planeten und Gestirnen regiert wird, so ist alles vergeblich, einschließlich der Arzneien, die er, Cristofano, mit solcher Mühe bereitete. Doch entschuldigte ich mich sogleich, indem ich meine Fantastereien mit meiner Müdigkeit rechtfertigte.

Er sah mich ratlos und mit einem Hauch Besorgnis an: »Ich verstehe nicht, wie du plötzlich auf diese Fragen kommst, doch Fantastereien sind das nicht. Im Gegenteil: Ich selbst halte sehr viel von der Astrologie. Ich weiß, dass viele Ärzte diese Wissenschaft belächeln, und halte ihnen entgegen, was Galenus geschrieben hat, nämlich *medici Astrologiam ignorantes sunt peiores spiculatoribus et homicidis*: Die Ärzte, die nichts von Astrologie verstehen, sind schlimmer als Spekulanten und Mörder. Ganz davon zu schweigen, was Hippokrates, Scotus und zahllose andere unerhört sachverständige Autoren geschrieben haben, denen ich mich anschließe, indem ich meinerseits die skeptischen Kollegen verlache.«

So kam es, dass Cristofano, während er sich eifrig daranmachte, die Zubereitung des *liquor magnus* rezeptgetreu zu vollenden, mir berichtete, dass man sogar glaubte, die schwarze Pest sei auf eine am 24. März des Jahres 1345 aufgetretene Konjunktion von Saturn, Jupiter und Mars zurückzuführen, und auch die erste Epidemie der Franzosenkrankheit sei von der Konjunktion von Mars und Saturn ausgelöst worden.

»*Membrum ferro ne percutito, cum Luna signum tenuerit, quod membro illi dominatur*«, deklamierte er. »Möge, heißt das, jeder Wundarzt sich hüten, das Glied zu schneiden, welches dem Tierkreiszeichen entspricht, in dem sich der Mond am selbigen Tage befindet, besonders wenn von Saturn und Mars belastet, da diese Planeten für die Gesundheit verderblich sind. Beispiel: Wenn das Geburtshoroskop für eine bestimmte Krankheit des Betroffenen einen negativen Verlauf vorhersieht, kann der Arzt mit Recht versuchen, ihn zu retten, indem er ihn an den Tagen behandelt, die die Gestirne als besonders günstig ausweisen.«

»Jeder Konstellation des Tierkreises entspricht also ein Körperteil?«

»Ja, gewiss. Wenn der Mond im Widder steht, und Mars und Saturn gegen sich hat, muss man den Kopf, das Gesicht und die Augen von vorzunehmenden Operationen verschonen; im Stier den Hals, den Nacken und die Kehle; im Zwilling die Schultern, Arme und Hände; im Krebs die Brust, die Lunge und den Magen; im Löwen das Herz, den Rücken und die Leber; in der Jungfrau den Bauch; in der Waage die Schienbeine, Lenden und Eingeweide; im Skorpion die Blase, die Scham, das Kreuzbein, die Genitalien und den Hintern; im

Schützen die Schenkel; im Steinbock die Knie; im Wassermann die Beine; in Fische, wenn ich nicht irre, die Füße und Fersen.«

Dann fügte er noch an, die beste Zeit für eine gute Abführkur sei, wenn der Mond im Skorpion oder in Fische stehe. Dagegen müsse man es vermeiden, eine Arznei zu verabreichen, wenn der Mond in den Wiederkäuerzeichen und in Konjunktion zu bestimmten rückläufigen Planeten stehe, weil der Patient dann in Gefahr sei, die Medizin wieder auszuspucken und weitere schädliche Störungen zu erleiden.

»›Mond im Zeichen der Wiederkäuer, Unglück bei Kranken ungeheuer‹, wie der wissende Hermes lehrte. Und dies galt auch speziell für dieses Jahr, das im Frühling und im Winter vier rückläufige Planeten aufwies, drei davon in den Wiederkäuerzeichen«, schloss er.

»Aber dann reduziert sich unser Leben ja auf einen Kampf zwischen Planeten.«

»Nein, ganz und gar nicht, es zeigt, dass der Mensch mit den Gestirnen, wie auch mit allem Übrigen der Schöpfung, sein Glück oder seinen Ruin bewirken kann. Es ist an ihm, die Intuition, Klugheit und Weisheit, die Gott ihm geschenkt hat, gut anzuwenden.«

Er erklärte mir, nach seiner Erfahrung als Arzt zeigten die Einflüsse der Planeten eine Tendenz, eine Veranlagung, eine Neigung, jedoch niemals einen unvermeidlichen Weg auf.

Cristofanos Interpretation stellte den Einfluss der Gestirne nicht in Abrede, bekräftigte aber die Urteilsfähigkeit der Menschen und vor allem die Oberhoheit des Willen Gottes. Nach und nach fühlte ich mich erleichtert.

Mittlerweile hatte ich meine Pflichten erfüllt. Zum Mittagessen hatte ich eine Brotsuppe mit Reismehl, Stückchen vom geräucherten Stör und Zitronensaft gekocht und zuletzt großzügig Zimmet darüber gestreut. Doch fehlten noch mehrere Stunden bis zur Essenszeit, und so gab Cristofano mir frei. Allerdings nicht, bevor er mir ein Fläschchen seines *liquor magnus* ausgehändigt und mir verordnet hatte, dass ich nur einen Tropfen davon trinken und mir vor dem Schlafengehen die Brust damit einreiben solle, um dadurch die heilsamen Dämpfe einzuatmen und einen guten Schlaf zu genießen.

»Vergiss nicht, dass er sich auch hervorragend eignet, um Verletzungen und jeglichen Schmerz zu behandeln. Ausgenommen allerdings Wunden, die von der Franzosenkrankheit causiert, da solche, mit dem *liquor magnus* bestrichen, heftigste Krämpfe verursachen.«

Als ich die Treppe wieder hinaufstieg, vernahm ich auf der Höhe des ersten Stocks plötzlich den Nachklang der Noten, die Devizé auf der Gitarre zupfte: Er spielte erneut das Rondo, das mich so sehr anrührte und das auf so wunderbare Weise das Gemüt aller zu besänftigen schien.

Im zweiten Stock angelangt, hörte ich meinen Namen flüstern. Ich blickte den Flur entlang und sah in der halb offenen Tür ganz hinten Abbé Melanis rote Strümpfe aufblitzen.

»Ich brauche deinen Sirup. Das Mal zuvor hat er mir wirklich gut getan«, sagte er laut und vernehmlich, da er fürchtete, Cristofano sei in der Nähe, während er mir mit Gesten aufgeregt bedeutete, ich solle in sein Zimmer kommen, wo mich in Wirklichkeit anstelle der Verabreichung eines Sirups wichtige Neuigkeiten erwarteten.

Bevor ich die Türe hinter mir schloss, lauschte der Abbé ein letztes Mal entzückt mit gespitzten Ohren dem Echo des Rondos.

»Ach, die Macht der Musik«, seufzte er verzückt.

Dann trat er mit lebhafter Miene an seinen Sekretär: »Nun zu uns, Junge. Siehst du das hier? In diesen wenigen Papieren steckt mehr Arbeit, als du dir je vorstellen könntest.«

Gut sichtbar auf dem Tisch ausgebreitet, lag der Stoß handgeschriebener Blätter, den ich ihn bei meinem letzten Besuch mit einer gewissen Angst hatte zusammenschieben sehen.

Er erklärte mir, dass er seit einiger Zeit an einem Romführer für französische Besucher arbeitete, da er fand, dass die im Augenblick im Handel befindlichen weder den Bedürfnissen der Reisenden entsprächen noch der Bedeutung der antiken

Denkmäler und Kunstwerke gerecht würden, die man in der Stadt des Papstes bewundern konnte. Er zeigte mir die letzten Seiten, die er in Paris mit einer dichten, winzigen Handschrift bedeckt hatte. Es handelte sich um ein Kapitel, das der Kirche Sant'Attanasio dei Greci gewidmet war.

»Ja und?«, fragte ich verblüfft, während ich mich setzte.

»Ich hoffte, dass ich bei diesem Aufenthalt in Rom meine freien Stunden dazu nutzen könnte, um meinen Führer fertig zu schreiben. Heute früh wollte ich gerade Hand anlegen, da hatte ich eine Erleuchtung.«

Und er erzählte mir, dass er vier Jahre zuvor, 1679, in selbiger Kirche Sant'Attanasio eine bizarre, unerwartete Begegnung gehabt hatte. Nachdem er die edle, Martino Longhi zu verdankende Fassade gewürdigt hatte, war er ins Innere hineingegangen und bewunderte in einer Seitenkapelle gerade ein schönes Gemälde von Trabaldesi. Plötzlich nahm er mit einer Schreckensregung die Präsenz eines Fremden neben sich wahr.

Im Halbdunkel gewahrte er einen alten Priester, den man an seiner Kopfbedeckung als Jesuiten erkennen konnte. Der Fremde war stark gebeugt und zitterte unaufhörlich, wenn auch nur leicht, an Oberkörper und Armen. Er stützte sich auf einen Stock, wurde jedoch auch von zwei jungen Mägden begleitet, die ihn untergehakt hielten und ihm die Qual beim Gehen erleichterten. Sein weißer Bart war wohl gepflegt, und Falten hatten sich barmherzig in seine Stirn und seine Wangen eingegraben. Die blauen Augen, scharf wie zwei Dolche, ließen darauf schließen, dass es ihm Jahre zuvor gewiss nicht an Geistesgegenwart und Schlagfertigkeit gemangelt hatte.

Der Jesuit hatte Atto tief in die Augen geblickt und mit einem schwachen Lächeln geurteilt: »Euer Auge ... ja, Euer Auge ist magnetisch.«

Abbé Melani hatte den beiden Begleiterinnen des alten Priesters etwas beunruhigt einen fragenden Blick zugeworfen. Die jungen Frauen blieben jedoch stumm, als wagten sie nicht, ohne die Erlaubnis des Greises zu sprechen.

»Die Magnetische Kunst ist sehr wichtig auf dieser weiten Welt«, fuhr der Jesuit fort, »und wenn du auch Meisterschaft in der Gnomischen Katoptrik beziehungsweise der Neuen Spiegelbildlichen Uhrenkunde erwirbst, so wirst du dir jedes Koptische Prodrom sparen können.«

Die beiden Mägde schwiegen verschämt, als hätten sie die peinliche Situation schon öfter miterlebt.

»Falls du dann bereits den Ekstatischen Himmlischen Weg eingeschlagen hast«, fing der Alte mit heiserer Stimme wieder an, »so wirst du weder Malteser Observatorien noch physikalisch-medizinische Skrutinien brauchen, da die *ars magna* von Licht und Schatten, aufgelöst durch die Diatribe der Wundertätigen Kreuze und der Neuen Polygraphie, dir die gesamte Arithmologie, die Musurgie und die Phonurgie bescheren wird, die du benötigst.«

Abbé Melani hörte schweigend und reglos zu.

»Doch die magnetische Kunst kann nicht erlernt werden, da sie zur menschlichen Natur gehört«, argumentierte der alte Prälat weiter. »Der Magnet ist magnetisch. Ja, das ja. Doch die *vis magnetica* spricht auch aus den Gesichtern. Und aus der Musik, und das weißt du.«

»Ihr kennt mich also?«, fragte Atto Melani in der Annahme, der Alte wisse, dass er Sänger gewesen war.

»Die Magnetische Macht der Musik siehst du bei den Taranteln«, fuhr der Unbekannte jedoch fort, als hätte Atto gar nichts gesagt. »Sie kann den von der Tarantel Gestochenen heilen, und sie kann noch vieles andere heilen. Hast du verstanden?«

Und noch bevor Atto etwas erwidern konnte, brach der Alte in dumpfes Gelächter aus, das ihn von innen heraus immer ärger schüttelte. Ein mächtiges Zittern überlief ihn von Kopf bis Fuß, und seine jungen Begleiterinnen mussten ihn mit aller Kraft festhalten, damit er nicht das Gleichgewicht verlor. Der irre Heiterkeitsausbruch schien zeitweise an Schmerz zu grenzen und verzerrte monströs die Züge des Alten, während ihm reichlich die Tränen übers Gesicht liefen.

»Doch Vorsicht«, fuhr der Jesuit mühsam in seiner wahnhaften Rede fort, »der Magnet nistet auch im Eros, und von dort kann Sünde entspringen, und du hast magnetische Augen, aber der Herr will keine Sünde, nein, das will er nicht!« – damit hob der Alte seinen Stock in dem ungeschickten Versuch, Abbé Melani zu schlagen.

An dieser Stelle griffen die beiden Mägde ein, und eine von beiden beruhigte den Priester und geleitete ihn zur Kirchentür. Ein paar vom Gebet abgelenkte Gläubige verfolgten die Szene neugierig. Der Abbé hielt die andere Magd auf: »Warum ist er zu mir gekommen?«

Das junge Mädchen überwand die Scheu der einfachen Leute und erklärte, dass sich der Alte häufig Unbekannten näherte und sie mit seinen dunklen Andeutungen belästigte.

»Er ist Deutscher. Hat viele Bücher geschrieben, und jetzt, wo er nicht mehr recht bei Trost ist, wiederholt er ständig die Titel seiner Werke. Seine Mitbrüder schämen sich seiner, denn häufig verwechselt er die Lebenden mit den Toten, und sie lassen ihn nur selten ausgehen. Aber nicht immer ist er in diesem Zustand: Meine Schwester und ich begleiten ihn gewöhnlich auf seinen Spaziergängen, und manchmal finden wir ihn ganz so verständig wie früher. Er schreibt sogar Briefe, die er uns zum Abschicken aushändigt.«

Abbé Melani, den die Aggressivität des Alten anfangs irritiert hatte, war zuletzt gerührt über diese erbarmungswürdige Geschichte.

»Wie heißt er?«

»Hier in Rom kennen ihn viele. Es ist Pater Athanasius Kircher.«

Die Überraschung war so mächtig, dass es mich von Kopf bis Fuß durchzuckte.

»Kircher? War das nicht der jesuitische Gelehrte, der behauptete, er habe das Geheimnis der Pest ergründet?«, rief ich eifrig, da ich mich erinnerte, dass die Herbergsgäste zu Beginn unserer Gefangenschaft in der Locanda lebhaft über Kircher diskutiert hatten.

»Genau«, bestätigte Atto. »Doch vielleicht ist der Augenblick gekommen, dass du erfährst, wer Kircher wirklich war. Sonst würdest du den Rest der Geschichte nicht begreifen.«

Und so kam es, dass Atto Melani mir endlich zu verstehen half, wie hell Kirchers Stern einst geleuchtet hatte, wie einflussreich seine unerschöpfliche Lehre war und warum jedes seiner Worte jahrelang so hoch geschätzt wurde wie das weiseste Orakel.

Nach Rom war Pater Athanasius Kircher auf Einladung von Papst Urban VIII. aus der Familie Barberini gekommen, der aus den Universitäten von Würzburg, Wien und Avignon Wunderdinge über Kirchers Gelehrsamkeit vernommen hatte. Der Jesuit sprach vierundzwanzig Sprachen, viele davon lernte er infolge langer Aufenthalte im Orient, und nach Rom hatte er eine Fülle von arabischen und chaldäischen Handschriften mit einer ausführlichen Deutung von Hieroglyphen mitgebracht. Außerdem kannte er sich gründlich aus in Theologie, Metaphysik, Physik, Logik, Medizin, Mathematik, Ethik, Asketik, Jurisprudenz, Politik, Auslegung der Schrift, Streitrede, Moraltheologie, Rhetorik und Kombinatorik. Nichts ist schöner als die Kenntnis des Ganzen, pflegte er zu sagen, und in der Tat hatte er in aller Bescheidenheit und *ad maiorem Dei gloriam* die Geheimnisse der Gnomonik, der Polygraphie, des Magnetismus, der Arithmologie, der Musurgie und der Phonurgie enthüllt und dank der Geheimnisse des Symbols und der Analogie die dunklen Rätsel der Kabbala und des Hermetismus erhellt und sie auf das Universale Maß der Ursprünglichen Weisheit zurückgeführt.

Außerdem vollbrachte er ungewöhnliche Experimente mit Geräten und wunderbaren Maschinen, die er selbst erfunden und in dem von ihm gegründeten Museum im Kollegium Romanum gesammelt hatte, darunter: eine von einer pflanzlichen Wurzel angetriebene Uhr, die dem Lauf der Sonne folgt; eine Maschine, die das Licht einer Kerze in wunderliche Menschen- und Tiergestalten verwandelt; und schließlich zahllose katoptrische Instrumente, parastatische Zisten, mesoptische Schleier und schaterische Tafeln.

Der hochgelehrte Jesuit rühmte sich auch zu Recht, eine Universalsprache erfunden zu haben, in der man sich mit jedem Menschen in aller Welt verständigen kann, so klar und vollkommen, dass der Bischof von Vigevano ihm begeistert geschrieben und versichert hatte, er habe sie sich in kaum einer Stunde angeeignet.

Der verehrungswürdige Professor des Kollegium Romanum hatte auch die wahre Form der Arche Noah enthüllt und herausgefunden, wie viele und welche Tiere sie enthielt, in welcher Reihenfolge in ihrem Inneren Käfige, Ständer, Futterkrippen und Tröge angeordnet waren, ja sogar, wo sich die Türen und Fenster befunden hatten. Darüber hinaus hatte er *geometrice et mathematice* bewiesen, dass der Turm zu Babel, wäre er gebaut worden, so schwer gewesen wäre, dass sich die Erdkugel nach einer Seite geneigt hätte.

Vor allem aber war Kircher eine Koryphäe für alte und unbekannte Sprachen und hatte zu diesem Thema viele Werke veröffentlicht, worin er jahrhundertealte Geheimnisse aufklärte, unter anderem den Ursprung der antiken Religionen, und zum ersten Mal das Chinesische, das Japanische, das Koptische und das Ägyptische verständlich machte. Er hatte die Hieroglyphen des Alexandrinischen Obelisken entziffert, der jetzt den von Cavalier Bernini auf der Piazza Navona errichteten Brunnen zierte und den der Bildhauer eben nach Kirchers Anweisungen restauriert hatte. Die Geschichte von dem Obelisken war vielleicht die erstaunlichste, die man über ihn erzählte. Als das riesige steinerne Fundstück aus den Ruinen des Circus Maximus geborgen wurde, war der Jesuit umgehend an die Ausgrabungsstätte gerufen worden. Obgleich nur drei der vier Seiten des Obelisken sichtbar waren, hatte er vorausgesehen, welche Symbole auf der noch in der Erde liegenden Seite erscheinen würden. Und seine Vorhersage hatte sich bis in die absonderlichsten Details als richtig erwiesen.

»Aber als Ihr ihm begegnet seid, war er schon … wie soll ich sagen …«, wandte ich an diesem Punkt der Erzählung ein.

»Sprich es ruhig aus: Er war kindisch geworden«, nickte Atto.

Nun ja, in seinen letzten Tagen war das große Genie vergreist. Sein Geist, erklärte Atto, war verblichen, und sehr bald sollte sein Leib demselben Schicksal anheim fallen: Pater Kircher starb ein Jahr später.

»Der Wahnsinn ist für alle gleich, für den König wie für den Bauer«, urteilte Abbé Melani und setzte hinzu, er habe in den darauf folgenden Tagen ein paar Besuche bei gut eingeführten Bekannten abgestattet, welche ihm die peinvolle Lage bestätigten, trotzdem die Jesuiten versuchten, so wenig wie möglich davon durchsickern zu lassen.

»Doch jetzt komme ich zum Eigentlichen«, sagte der Abbé dann kurz angebunden. »Wenn du ein gutes Gedächtnis hast, wirst du dich erinnern, dass ich in Colberts Arbeitszimmer vor allem eine aus Rom stammende Korrespondenz fand, die ursprünglich an den Oberintendanten Fouquet gerichtet und in einem Stil abgefasst war, der auf einen Geistlichen schließen ließ, und worin von einer vertraulichen, leider nicht näher spezifizierten Nachricht die Rede war.«

»Ich erinnere mich, gewiss.«

»Nun gut, diese Briefe stammten von Kircher.«

»Wie könnt Ihr da so sicher sein?«

»Deine Zweifel sind berechtigt: Ich muss dir noch erklären, welche Erleuchtung ich heute hatte, ich bin noch ganz aufgeregt. Und die Aufregung ist eine Dienerin des Chaos, während wir doch Ordnung in die Fakten bringen müssen. Wie du vielleicht noch weißt, war mir bei der Durchsicht der Botschaften aufgefallen, dass eine davon kurioserweise mit den Worten *mumiarum domino* begann, was ich jedoch damals nicht gleich verstand.«

»Das stimmt.«

»*Mumiarum domino* bedeutet: ›an den Herrn der Mumien‹, und bezieht sich sicherlich auf Fouquet.«

»Was sind denn Mumien?«

»Es sind die Leichname der alten Ägypter, die in den Sarkophagen liegen und durch Bandagen und geheimnisvolle Behandlungen vor dem Verfall bewahrt werden.«

»Ich verstehe trotzdem nicht: Warum wäre Fouquet ›der Herr der Mumien‹?«

Der Abbé nahm ein Buch und hielt es mir hin. Es war eine Sammlung von Gedichten des Signor de La Fontaine, jenes Poeten, der in seinen Versen Atto Melanis Gesang gepriesen hatte. Er schlug es an einer Stelle auf, wo er ein Zeichen eingelegt und einige Zeilen unterstrichen hatte.

Je prendrai votre heure et la mienne.
Si je vois qu'on vous entretienne,
J'attendrai fort paisiblement
En ce superbe appartement
Où l'on a fait d'étrange terre
Depuis peu venir à grand-erre
(Non sans travail et quelques frais)
Des rois Céphrim et Kiopès
Le cercueil, la tombe ou la bière:
Pour les rois, ils sont en poussière.
…
Je quittai donc la galerie,
Fort content parmi mon chagrin,
De Kiopès et de Céphrim,
D'Orus et de tout son lignage
Et de maint autre personnage.

»Dieses Gedicht ist Fouquet gewidmet. Hast du es verstanden?«

»Nicht wirklich«, erwiderte ich, verärgert über das langatmige und unverständliche Poem.

»Dabei ist es doch ganz einfach. Céphrim und Kiopès sind zwei ägyptische Mumien, die der Oberintendant Fouquet erworben hatte. La Fontaine, der Fouquet sehr bewunderte, spricht darüber in diesen geistreichen Verslein. Nun frage ich dich: Wer interessierte sich hier in Rom für das alte Ägypten?«

»Das weiß ich: Kircher.«

»Richtig. In der Tat studierte Kircher persönlich Fouquets Mumien und fuhr dafür eigens nach Marseille, sobald sie dort mit dem Schiff eintrafen. Und dann fasste er die Ergebnisse seiner Untersuchungen in einem Traktat mit dem Titel *Œdipus Ægiptiacus* zusammen.«

»Also kannten sich Kircher und Fouquet.«

»Gewiss doch. Ich entsinne mich, dass ich in dem Traktat sogar eine schöne Zeichnung der beiden Sarkophage bewundert hatte, die Kircher sich von einem Mitbruder anfertigen ließ. Der Autor der Briefe und Kircher sind demnach ein und dieselbe Person. Aber erst heute habe ich alles in Zusammenhang gebracht und verstanden.«

»Allmählich dämmert es mir auch. In einem der Briefe wird Fouquet *dominus mumiarum* genannt, das heißt ›Herr der Mumien‹, weil er die beiden von Kircher zitierten Sarkophage erworben hat.«

»Bravo, du hast es erfasst.«

Die Lage war in der Tat schön kompliziert. Kurz gesagt hatte Abbé Melani begriffen, dass Kircher wegen der Mumien mit dem Oberintendanten Fouquet in Kontakt gestanden hatte, die Letzterer in Marseille gekauft und dann nach Paris mitgenommen hatte. Vielleicht bei einer persönlichen Begegnung oder vielleicht auch auf anderen Wegen hatte Kircher Fouquet ein Geheimnis anvertraut. Dazu gab es freilich in der Korrespondenz zwischen den beiden, die Atto Melani aus Colberts Wohnung entwendet hatte, keine Erklärung, sondern nur Andeutungen.

»Also seid Ihr nicht nur nach Rom gekommen, um über Fouquets Anwesenheit nachzuforschen, sondern auch, um das Geheimnis jener Briefe zu lüften.«

Ich sah, dass der Abbé nachdenklich wurde, als sei ihm gerade etwas Unangenehmes in den Sinn gekommen.

»Anfangs nicht. Doch nun kann ich nicht bestreiten, dass die Sache recht tückisch wird.«

»Und Ihr seid nicht ganz zufällig in die Locanda del Donzello geraten, stimmt's?«

»Bravo. Wie bist du darauf gekommen?«

»Ich hab ein bisschen darüber nachgedacht. Und dann ist mir eingefallen, dass der Oberintendant nach den Briefen, die Ihr gefunden habt, von Colberts Spitzeln auf der Piazza Fiammetta, bei der Kirche Sant'Apollinare und auf der Piazza Navona gesehen worden war. Immer nur zwei Schritte von uns entfernt.«

»Noch mal bravo. Ich habe doch gleich geahnt, dass du begabt bist.«

Da, von dem Kompliment ermutigt, wagte ich es. Als ich die Frage aussprach, zitterte meine Stimme ein wenig.

»Signor de Mourai war Fouquet, nicht wahr?«

Atto Melani schwieg, sein Gesicht war schon Antwort genug. Auf die wortlose Zustimmung folgten selbstverständlich meine Erklärungen. Wie war ich darauf gekommen? Ich wusste es selbst nicht zu sagen. Vielleicht hatte mich nur ein Zusammentreffen an sich unbedeutender Umstände auf die richtige Fährte gelenkt. Fouquet war Franzose, Mourai ebenso. Mourai war alt und krank, und seine Sehkraft war aufs äußerste geschwächt. Nach beinahe zwanzig Jahren Gefängnis war der Oberintendant gewiss in einer sehr ähnlichen Lage. Beide waren im gleichen Alter: etwa sechzig, vielleicht fast siebzig. Mourai hatte einen jungen Begleiter, Signor Devizé, der jedoch Italien nicht so gut kannte wie sein eigenes Land und sich darüber hinaus nur auf Musik verstand. Ein Flüchtling brauchte aber einen in den Wechselfällen des Lebens erfahreneren Führer: Und dies konnte wohl Pompeo Dulcibeni sein. In der Tat schien der alte Edelmann mit manchen seiner Bemerkungen (über die Tuchpreise in Rom, die Mahlsteuer, die Lebensmittellieferungen aus der römischen Campagna) größte Vertrautheit mit Handel und Wandel zu beweisen.

Und das war noch nicht alles. Falls Fouquet wahrhaftig in Rom versteckt oder auf der Durchreise war, hätte er sich höchstwahrscheinlich nicht weit von seiner Bleibe entfernt. Und falls er Gast unserer Locanda sein sollte, wo hätte er sich denn sonst in der Dämmerung die Beine vertreten, wenn nicht auf der Piazza Navona oder an der Kirche Sant'Apollinare vorbei auf der Piazza Fiammetta? Im Donzello abzusteigen passte darüber hinaus, wie ich, wenn auch nur dunkel, schon an jenem Morgen auf meinem Lager geahnt hatte, besser zu Leuten, die nicht über großen Reichtum verfügten; in der Tat war unser Viertel, wo einst die besten Herbergen zu finden waren, nun in unaufhaltsamem Verfall begriffen. Doch der alte Franzose machte keineswegs den Eindruck, an Geldmangel zu leiden, im Gegenteil. Also wollte er es wahrscheinlich vermeiden, Edelleuten seinesgleichen zu begegnen. Womöglich Franzosen, die auch nach langer Zeit ein so bekanntes Gesicht wie das des Oberintendanten noch hätten erkennen können.

»Aber warum habt Ihr mir nicht die Wahrheit gesagt?«, fragte ich am Ende meiner Überlegungen gereizt, während ich versuchte, meine Erregung zu verbergen.

»Weil es noch nicht unbedingt notwendig war. Wenn ich dir immer alles sagen würde, was ich weiß, bekämst du Kopfschmerzen«, antwortete der Abbé frech.

Dann jedoch sah ich, dass sich seine Stimmung wandelte und er gerührt war.

»Ich muss dir noch viel beibringen, außer Schlussfolgerungen zu ziehen«, sagte er betroffen.

Zum ersten Mal war ich sicher, dass Abbé Melani nicht schauspielerte, sondern seinen ganzen Kummer um das traurige Schicksal des Freundes zu erkennen gab. Zuweilen nur mit Mühe die Tränen zurückhaltend, sagte er mir nämlich, dass er nicht nur nach Rom gekommen war, um nachzuforschen, ob der Hinweis auf Fouquets Anwesenheit in der Stadt der Wahrheit entsprach, oder ob nach allen Regeln der Kunst falsche Gerüchte verbreitet worden waren, um den Allerchristlichsten König und ganz Frankreich zu beunruhigen. Abbé Melani hatte die lange Reise von Frankreich nach Italien auch deshalb angetreten, weil er insgeheim hoffte, er könnte den einstigen Freund wiedersehen, mit dem er unterdessen nur noch schmerzliche und ferne Erinnerungen verband. Falls sich Fouquet tatsächlich in Rom aufhielt, hatte Melani gedacht, schwebte er gewiss in Gefahr: der Informant selbst, der Colbert die Anwesenheit des Oberintendanten in der Ewigen Stadt gemeldet hatte, hätte gewiss früher oder später Weisungen aus Paris erhalten. Man hätte ihm vielleicht befohlen, Fouquet gefangen zu nehmen oder, sollte dies misslingen, ihn zu beseitigen.

Deshalb tobte in Melani, wie er mir selbst erklärte, ein entsetzlicher Widerstreit gegensätzlicher Gefühle, als er in Rom eintraf: die Hoffnung, den Freund, den er nach Jahren qualvollen Kerkers tot glaubte, recht lebendig wiederzusehen, der Wunsch, dem König treu zu dienen, und schließlich die Furcht, falls er Fouquet wahrhaftig finden sollte, in das verwickelt zu werden, was daraus folgen würde.

»Was meint Ihr damit?«

»In Paris wissen alle, dass der König niemanden je mehr gehasst hat als den Oberintendanten. Und falls er entdeckt hätte, dass Fouquet nicht in Pinerolo gestorben, sondern quicklebendig und auf freiem Fuße war, wäre sein Zorn gewiss erneut aufgeflammt.«

Atto erklärte mir dann, dass ein Mann seines Vertrauens ihm, wie schon andere Male, geholfen hatte, seine Abreise zu vertuschen.

»Er ist ein außerordentlich begabter Kopist, der meine Schrift perfekt nachzuahmen versteht. Ein braver Mann, er heißt Buvat. Jedes Mal, wenn ich Paris verlasse, erledigt er meine Korrespondenz. Man schreibt mir von allen Höfen Europas, um den neuesten Stand der Dinge zu erfahren, und Fürsten muss man umgehend antworten«, sagte er prahlerisch.

»Und woher weiß Euer Buvat, was er schreiben soll?«

»Einige absolut vorhersehbare politische Nachrichten habe ich ihm vor meiner Abreise dagelassen; die Neuigkeiten bei Hofe dagegen wird er sich besorgen, indem er ein paar Diener besticht, die das beste Informationssystem von ganz Frankreich sind.«

Ich wollte gerade nachfragen, wie es ihm denn gelungen sei, seine Abreise auch vor dem König geheim zu halten, aber Atto ließ sich nicht unterbrechen. In Rom eingetroffen, sagte er, hatte er Fouquet schließlich in unserer Locanda aufgespürt. Doch am selben Morgen, an dem er seinen Fuß ins Donzello gesetzt hatte, war der, den wir noch Signor de Mourai nannten, auf tragische Weise verstorben. So war Abbé Melani gerade rechtzeitig gekommen, um seinen alten Wohltäter, den er auf so einmalige Weise wiedergefunden hatte, in seinen Armen sterben zu sehen.

»Und hat er Euch erkannt?«

»Leider nicht. Als ich sein Zimmer betrat, rang er schon nach Luft, stieß sinnlose Dinge hervor. Mit all meinen Kräften versuchte ich ihn wiederzubeleben, ich schüttelte ihn an den Schultern, sprach zu ihm, aber zu spät. In deiner Locanda ist ein großer Mann gestorben.«

Abbé Melani wandte den Blick ab, vielleicht wollte er eine heimliche Träne verbergen. Ich hörte ihn mit zitternder Stimme eine zu Herzen gehende Melodie intonieren:

Ma, quale pena infinita,
sciolta hai ora la vita ... *

Ich hatte keine Worte mehr. Rührung übermannte mich, während Atto sich in einen Winkel des Zimmers verkroch, plötzlich verschlossen und unnahbar. Ich rief mir die Züge und Gesten des alten Mourai ins Gedächtnis zurück, wie ich ihn in jenen Tagen im Donzello kennen gelernt hatte. Ich versuchte, mich an Worte, Ausdrücke, einen Tonfall zu erinnern, die eine Verbindung zu der großartigen, unglücklichen Figur des Oberintendanten schaffen könnten, so wie ich sie mir nach den Erzählungen von Abbé Melani ausgemalt hatte. Ich entsann mich seiner blaugrünen erloschenen Augen, seines alten, blassen und zitternden Leibs, seiner nach Luft schnappenden, rissigen Lippen; doch nichts, nichts gemahnte mich an die sprichwörtliche Lebhaftigkeit des Eichhörnchens. Oder vielleicht doch: Nun sah ich Mourais kleine, zarte Gestalt vor mir, seine eingefallenen, aber trotz des Alters keineswegs ledrigen Wangen. Und dann sein gebeugtes Profil und die schmalen, nervösen Hände ... ja, das war es, Signor de Mourai glich einem alten Eichhörnchen. Keine Geste mehr, kein Satz, kein Blitzen der Augen: Das Eichhörnchen bereitete sich auf die ewige Ruhe vor. Als Letztes war es mit äußerster Anstrengung unverhofft auf den Baum der Freiheit geklettert: Das mochte genügen. Was zählte es schon, dachte ich unter Tränen, die mir still über die Wangen flossen, wie Fouquet gestorben war? Er war als freier Mann gestorben.

Der Abbé drehte sich zu mir um, das Gesicht vor Rührung verzerrt.

»Nun sitzt mein Freund zur Rechten des Allerhöchsten, unter den Gerechten und den Märtyrern«, rief er voll Pathos aus. »Du musst wissen, dass Fouquets Mutter mit Besorgnis dem Aufstieg ihres Sohnes zusah, der ihn in weltlichen Dingen mächtig machte, aber seine Seele schwächte. Und jeden Tag betete sie zu Gott, er möge das Schicksal des Oberintendanten wenden und ihn auf den Weg der Erlösung und Heiligkeit füh-

* Doch, welch unendliche Pein, / gelöst hast du nun das Leben ...

ren. Als der treue Diener La Forêt eintraf, um ihr die unheilvolle Nachricht von der Festnahme ihres Sohnes zu überbringen, kniete Fouquets Mutter voller Freude nieder und dankte dem Herrn mit dem Ausruf: »›O ja, jetzt wird er ein Heiliger!‹«

Atto unterbrach sich einen Moment, um den Knoten im Hals zu lockern, der ihm die Worte abschnürte.

»Die Vorhersage der guten Frau«, hub er wieder an, »bewahrheitete sich. Nach Aussage eines seiner Beichtväter hatte Fouquet in der letzten Zeit seiner Gefangenschaft seine Seele bewundernswert geläutert. Es scheint, dass er auch einige geistliche Meditationen geschrieben hat. Sicher ist, dass er in den Briefen an seine Gattin häufig betonte, wie dankbar er für jenes Gebet seiner Mutter sei und wie froh, dass es erhört wurde.« Der Abbé schluchzte: »Oh, Nicolas! Der Himmel hat den höchsten Preis von dir gefordert, doch er hat dir eine große Gnade gewährt: Er hat dich dem elenden Schicksal des irdischen Ruhms entzogen, der unweigerlich zu einem hohlen Kenotaphen führt.«

Nachdem ich dem Abbé und mir selbst noch einige Minuten gegönnt hatte, um uns wieder zu fassen, versuchte ich, das Gespräch in eine andere Richtung zu lenken: »Ich weiß, dass Ihr nicht einverstanden sein werdet, doch vielleicht ist der Augenblick gekommen, Pompeo Dulcibeni oder Devizé auszuhorchen.«

»Unter keinen Umständen«, gab Melani lebhaft zurück, in aller Eile jede Spur der vorherigen Verzweiflung hinter sich lassend. »Falls die beiden etwas zu verbergen haben, wird sie jede Frage misstrauisch machen.«

Er erhob sich, um sein Gesicht zu trocknen. Dann wühlte er in seinen Papieren und reichte mir schließlich ein Blatt.

»Im Augenblick haben wir andere Sorgen: Wir müssen den bisher gesammelten Indizien auf den Grund gehen. Wie du dich entsinnen wirst, war der Fußboden in der geheimen Druckerei von Komarek mit Blättern übersät, als wir dort waren. Nun gut, ich konnte rasch ein paar davon aufheben. Sag mir, ob dich das hier an etwas erinnert.«

Schriftart Paragone Kursiv

LIBER JOSVE.

HEBRAICE JEHOSHUA.

Caput Primum.

Et factum est post mortem Moysi servi Domini ut loqueretur Dominus ad Josue filium Nun, ministrum Moysi, & diceret ei; Moyses seruus meus mortuus est surge & transi Jordanem istum tu & omnis populus tecum, in terram, quam ego dabo filiis Israel. Omnem locum, quem calcaverit vestigium pedis vestri, vobis tradam, sicut locutus sum Moysi. A deserto & Libano usque ad fluvium magnum contra Solis occasum erit terminus vester. Nullus poterit vobis resistere cunctis diebus vitae tuae: sicut fui com Moyse, ita ero tecum: non dimittam, nec derelinquam te. Confortare & esto robustus: tu enim sorte divides populo huic terram …

»Es scheint der Beginn eines weiteren Abschnitts aus der Bibel zu sein.«

»Was noch?«

Ich wendete das Blatt hin und her: »Es ist ebenfalls nur auf einer Seite bedruckt!«

»Richtig. Die Frage lautet also: Ist etwa in Rom die Mode aufgekommen, bei Bibeln die Blätter nur einseitig zu bedrucken? Ich glaube kaum: Man bräuchte doppelt so viel Papier. Und die Bücher wären doppelt so schwer, und vielleicht auch doppelt so teuer.«

»Will heißen?«

»Will heißen, dass diese Seiten nicht Teil eines Buches sind.«

»Was sind sie dann?«

»Eine Probe seiner Geschicklichkeit, sozusagen.«

»Ein Probedruck, meint Ihr?«

»Nicht nur das: Es ist ein Beispiel dafür, was der Drucker dem Kunden zu bieten hat. Was hat Stilone Priàso den Heiligenfledderern denn erzählt? Dass Komarek Geld braucht und dass er neben seinem bescheidenen Posten als Geselle in der Druckerei der Kongregation de Propaganda Fide gelegentlich noch ein paar heimliche Aufträge ausführt. Doch gleichzeitig wird er versuchen, sozusagen reguläre Kunden zu werben. Womöglich hat er schon die Genehmigung beantragt, sich als Schriftsetzer selbständig zu machen. Er wird eine Mustersammlung angelegt haben, um seinen zukünftigen Auftraggebern die Qualität seiner Arbeit zu zeigen. Und für einen Satz Schriftmuster genügt eine Seite.«

»Ich glaube, Ihr habt Recht.«

»Das glaube ich auch. Und ich beweise es dir: Wie heißt die erste Zeile unserer neuen Seite? ›Schriftart Paragone Kursiv‹. Ich bin kein Fachmann, aber ich meine, dass ›Paragone‹ der Name der Drucktype ist, die für diesen Text verwendet wurde. Auf dem anderen Blatt lese ich an der gleichen Stelle ›rade‹. Wahrscheinlich war dort der Name einer ge*rade*n Schrift angegeben.«

»All das bedeutet, dass wir Stilone Priàso doch wieder verdächtigen müssen?«, fragte ich aufgeregt.

»Vielleicht ja, vielleicht nein. Gewiss ist, dass wir nach einem Auftraggeber Komareks suchen müssen, wenn wir unseren Dieb finden wollen. Und Stilone Priàso ist einer. Darüber hinaus kann dein Perlendieb nicht gerade im Geld schwimmen, genau wie unser Gazettenschreiber. Und zu guter Letzt stammt er aus Neapel, derselben Stadt, aus welcher der alte Fouquet zu seiner Reise ins Donzello aufbrach. Seltsam, nicht wahr? Aber ...«

»Aber?«

»Es ist alles zu durchsichtig. Der, der meinen armen Freund vergiftet hat, ist dagegen durchtrieben und erfahren und wird gewiss dafür gesorgt haben, unverdächtig zu wirken und nicht aufzufallen. Kannst du dir ein ewig unruhiges Wesen wie Stilone Priàso etwa in solch einer Rolle vorstellen? Kommt es dir nicht absurd vor, dass er, wenn er der Mörder wäre, mit einer astrologischen Gazette unter dem Arm herumläuft? Sich als Astrologe auszugeben ist bestimmt keine gute Tarnung für einen Meuchelmörder. Und wie ein Hühnerdieb deine Perlen zu entwenden noch viel weniger.«

Das stimmte. Und Astrologe schien Stilone ja tatsächlich zu

sein. Ich berichtete Atto, mit wie viel Düsterkeit und Schmerz der Neapolitaner mir die Geschichte von Abt Morandi erzählt hatte.

Bevor ich sein Zimmer verließ, beschloss ich, Melani die Frage zu stellen, die mich seit langem beschäftigte.

»Signor Atto, glaubt Ihr, dass zwischen dem mysteriösen Dieb und dem Tod des Oberintendanten Fouquet irgendein Zusammenhang besteht, oder nicht?«

»Ich weiß es nicht.«

Er log. Dessen war ich mir sicher. Während ich, schon im Bett, nachdem ich das Essen ausgeteilt hatte, meine Gedanken sammelte, fühlte ich einen kalten, schweren Vorhang zwischen mir und Abbé Melani herabfallen. Er verschwieg mir gewiss noch etwas, wie er ja auch Fouquets Anwesenheit in der Locanda unter falschem Namen und davor noch die Sache mit den in Colberts Arbeitszimmer entdeckten Briefen vor mir geheim gehalten hatte. Und mit welcher Schamlosigkeit er mir die Geschichte des Oberintendanten erzählt hatte! Er hatte von ihm gesprochen, als wäre er ihm seit Jahren nicht begegnet, dabei hatten er und Signor Pellegrino ihn sterben sehen (und ich erwog im Geiste, unter welch entsetzlichen Umständen) – nur wenige Stunden zuvor. Er hatte auch die Frechheit besessen, zu mutmaßen, dass Dulcibeni und Devizé etwas über Mourai *alias* Fouquet verbargen. Ausgerechnet er! Welch ein Priester der Lüge, welch ein Virtuose der Verstellung war Abbé Melani bloß? Ich verfluchte mich, dass ich die Dinge, die ich über ihn erfahren hatte, als ich das Gespräch zwischen Cristofano, Devizé und Stilone Priàso belauschte, nicht beherzigt hatte. Und ich verfluchte mich, dass ich mich geschmeichelt gefühlt hatte, als er meinen Scharfsinn lobte.

Ich war höchst verärgert und daher umso begieriger, mich mit dem Abbé zu messen, meine Fähigkeit, seine Schachzüge vorherzusehen, auf die Probe zu stellen, seine Versäumnisse aufzudecken, sein Schweigen zu entziffern und seine Beredsamkeit wirkungslos zu machen.

Fast wiegte ich mich in dem schleichenden, neiderfüllten Groll, den ich für Melani empfand, und schlummerte, von der durchwachten Nacht erschöpft, sachte darüber ein. Nur ungern verscheuchte ich, während ich schon in den Schlaf hinüberglitt, den Gedanken an Cloridia.

Zum zweiten Mal am selben Tag musste ich von Cristofano geweckt werden. Ich hatte vier Stunden durchgeschlafen. Ich fühlte mich ausgeruht, ich weiß nicht, ob wegen der langen Rast oder dank des *liquor magnus*, den ich pflichtschuldigst getrunken und mir auf die Brust geschmiert hatte, bevor ich einnickte. Nachdem er sicher war, dass ich mich erholt hatte, ging der Arzt getrost seiner Wege. Da fiel mir ein, dass ich meine Runde zur Verabreichung der Heilmittel gegen die *contagio* noch nicht beendet hatte. Ich kleidete mich an und nahm den Sack mit den Gläschen mit. Zuerst wollte ich Brenozzi einen Theriak für den Magen und eine zu Sirup eingekochte Dekoktion von gelbem Günsel verabreichen sowie Stilone Priàso einen Kopfdampf herrichten und dann in den ersten Stock zu Devizé und Dulcibeni hinuntergehen. Ich lief in die Küche, um etwas Wasser im Kessel zu erhitzen.

Bei dem Venezianer legte ich große Eile an den Tag: Ich konnte es nicht mehr ertragen, dass er mir mit der gewohnten, unangenehmen Zudringlichkeit Fragen stellte, auf die er gleich selbst blitzschnell die Antwort gab, ohne mir Zeit zu lassen, auch nur den Mund zu öffnen. Und ich konnte nun auch nicht mehr wegschauen, wenn er unausgesetzt und voll Unruhe so abstoßend an seinen unteren Teilen herumzupfte, wie man es bei Jünglingen beobachtet, die kurz zuvor ihre Unschuld verloren haben, aber noch lebensunerfahren sind und ihr Selleriestängelchen mit vergeblichen Fingerübungen bedrängen. Ich sah, dass er sein Essen nicht angerührt hatte, vermied es aber, Fragen zu stellen, da mir davor graute, wieder einen Strom von Wörtern auszulösen.

Dann klopfte ich bei dem Neapolitaner. Er ließ mich eintreten, doch während ich meine Sachen bereitlegte, sah ich, dass sein Essen ebenfalls unberührt dastand. Ich fragte ihn, ob er sich etwa unwohl fühle.

»Weißt du, woher ich komme?«, fragte er zurück.

»Ja, Signore«, antwortete ich verwirrt, »aus dem Königreich Neapel.«

»Bist du je dort gewesen?«

»Leider nein, ich habe zeit meines Lebens nie irgendeine Stadt besucht.«

»Nun gut, dann wisse, dass der Himmel keinen Ort je so freigebig zu jeder Jahreszeit mit seinen wohltuenden Gaben bedacht hat«, begann Stilone emphatisch, während ich seinen Kopfdampf vorbereitete. »Neapel, die freundliche, volksreiche Kapitale der zwölf Provinzen des Königreichs, liegt am Meer, geformt wie ein majestätisches Theater, im Rücken umschlossen von weichen Hügeln und lieblichen Ebenen. Von einer Sirene namens Parthenope erbaut, kommt die Stadt dank der nahe gelegenen Senke, Poggio Reale genannt, in den Genuss unzähliger Früchte und klarster Quellen und berühmter Fenchel und so vieler Gemüsesorten, dass sich zu Recht vor Staunen die Braue zum höchsten Bogen hebt. Und an ihrem fruchtbaren Strand von Chiaia, wie auch auf den Hügeln von Posillipo, werden Blumenkohl, Erbsen, Kardonen und Artischocken, Radieschen und Rettiche und die köstlichsten Salate und Früchte geerntet. Ich glaube kaum, dass man einen fruchtbareren und ergötzlicheren, vergnüglichst jede Art von Annehmlichkeiten bietenden Ort finden kann als die keck geschwungenen, nur von heiteren Zephirlüften gezausten Strände von Mergellina, die es wohl verdienten, die unsterbliche Asche des großen Vergilius Maro und des unvergleichlichen Sannazzaro aufzunehmen.«

Doch nicht ganz zu Unrecht, dachte ich, gab sich Stilone Priàso als Poet aus. Er fuhr derweil unter dem Leintuch, mit dem ich ihm das Haupt bedeckt hatte, in die balsamischen Dämpfe gehüllt, mit seiner Rede fort: »Ein wenig weiter weg befindet sich die antike Stadt Pozzuoli, wo verschwenderisch Spargel, Artischocken, Erbsen und Kürbisse außerhalb der Saison gedeihen und im März kleine Trauben reifen, zur Verwunderung der Leute. Und auf der Insel Procida gibt es Obst; und auf Ischia weiße und rote Azeroläpfel und ausgezeichnete Malvasiertrauben und Fasanen die Menge. Auf Capri wunderbare Färsen und hervorragende Wachteln. Schweinefleisch in Sorrent, Wild in Vico, mildeste Zwiebeln in Castell'a Mare, Meeräschen in Torre del Greco, Seebarben in Granatiello, Weinstöcke auf dem Monte di Somma, einst Vesuv genannt. Und Wassermelonen und Presskopf in Orta, Vernotico-Trauben in Nola, Nougat in Aversa, Melonen in Cardito, Aprikosen in Arienzo, Büffelkäse in Acerra, Kardonen in Giugliano, Neunaugen in Capua, Oliven in Gaeta, Hülsenfrüchte in Venafro. Und Forellen, Wein, Öl und Wildbret in Sora ...«

Schließlich begriff ich.

»Signore, wollt Ihr mir vielleicht sagen, dass Eurem Magen meine Küche wenig mundet?«

Er stand auf und sah mich ein wenig verlegen an.

»Also, ehrlich gesagt, bekommt man hier ja nichts anderes als Suppen. Doch das ist nicht der Punkt ...«, sagte er, mühsam nach Worten suchend. »Kurz und gut, deine gräuliche Angewohnheit, auf all dein Gebräu und Geschlabber, ob Eintöpfe oder Brühen, Zimmet zu streuen, wird schließlich noch das Vernichtungswerk vollenden, das wir uns von der Pest erwarteten!« – und unvermittelt lachte er laut heraus.

Ich war durcheinander und fühlte mich gedemütigt. Ich bat ihn, sich zu mäßigen, damit ihn die anderen Herbergsgäste nicht hörten. Doch zu spät. Im Nebenzimmer hatte Brenozzi schon Stilones Beschwerde aufgefangen und lachte unbändig. Das Echo drang durch bis zu Pater Robledas Zimmer, und zuletzt traten beide auf die Schwelle. Auch Stilone Priàso öffnete seine Tür, angesteckt von der einmütigen Heiterkeit: Ich beschwor die Herren, sich wieder einzuschließen, aber es half alles nichts. Sie überschütteten mich mit rasch hin und her fliegenden Spötteleien und lachten Tränen über die angebliche Abscheulichkeit meiner Gerichte, die, so schien es, überhaupt nur Devizés barmherzige musikalische Begleitung genießbar machen konnte. Selbst Pater Robleda unterdrückte nur mit Mühe ein höhnisches Grinsen.

Niemand von ihnen hatte mir bisher die Wahrheit gestanden, weil sie durch Cristofano von Pellegrinos Erwachen erfahren hatten und daher mit der Rückkehr meines Padrones rechneten, und ohnehin hatten sie ja in jenen Tagen ganz andere

Sorgen. Die jüngste Erhöhung der Zimmetdosis hatte die Lage jedoch unerträglich gemacht. Hier hielt Priàso inne, als er mein gedemütigtes und beleidigtes Gesicht gewahrte. Die anderen beiden kehrten endlich in ihre Zimmer zurück. Der Neapolitaner legte mir die Hand auf die Schulter.

»Wohlan, mein Junge, nimm's dir nicht so zu Herzen: Die Quarantäne untergräbt die guten Sitten.«

Ich bat um Verzeihung, dass ich ihn bisher mit meinem Zimmet gequält hatte, raffte meine Fläschchen zusammen und verabschiedete mich. Ich war wütend und unglücklich, beschloss aber, es vorerst nicht zu zeigen.

Ich ging in den ersten Stock hinunter, um bei Devizé anzuklopfen. Als ich jedoch vor seiner Tür stand, zögerte ich.

Durch das Holz drangen noch unsicher einzelne Töne. Er stimmte sein Instrument. Dann begann er mit einem Tanz, vielleicht einer Villanella, und darauf folgte ein Stück, das ich heute mühelos als eine Gavotte erkennen würde.

So beschloss ich, bei Pompeo Dulcibeni anzuklopfen, der direkt daneben logierte: Wenn der Edelmann aus Fermo sich zur Massage bereit erklärte, würde ich gleichzeitig das Echo von Devizés Gitarrenklängen genießen können.

Dulcibeni nahm mein Angebot an. Er empfing mich wie immer mit würdevoller, müder Pose, schwacher, aber fester Stimme und wachsamen blauen Augen.

»Komm herein, mein Lieber. Stell deinen Sack hier ab.«

Er nannte mich häufig so, wie bei einem Diener üblich. Er war der Gast im Donzello, der mir am meisten Scheu einflößte. Hinter seinem im Umgang mit Untergebenen sehr ruhigen, aber auch gänzlich jede Wärme vermissen lassenden Ton schien immer eine Ungeduld oder eine verächtliche Geste zu lauern, die sich zwar niemals offen zeigten, seine Mitmenschen jedoch nötigten, sich in seiner Gegenwart übertrieben zusammenzunehmen und schließlich ganz zu schweigen. Deshalb, glaubte ich, war er der Einsamste von allen. Nicht ein Mal hatte er mich beim Essen dabehalten. Er schien nicht unter dem Alleinsein zu leiden: im Gegenteil. Und doch bemerkte ich auf seiner niedrigen Stirn und den geröteten Wangen eine tiefe, bittere Falte und eine Qual, wie sie nur in demjenigen aufsteigt, der einsam eine Last zu tragen hat. Die einzige heitere Note an ihm war seine Schwäche für die gute Küche meines Padrone, die ihm manch seltenes, aber ehrliches Lächeln und manches Scherzwort entlockte.

Wer weiß, wie sehr auch er unter meiner Zimmetmanie gelitten hatte, dachte ich, schob aber die Vermutung gleich beiseite.

Nun begab es sich zum ersten Mal, dass ich eine ganze Stunde oder gar noch länger einzig und allein in seiner Gesellschaft zubringen musste, und ich empfand eine große Verlegenheit.

Ich hatte den Sack geöffnet und die Fläschchen herausgeholt, die ich benötigte. Dulcibeni fragte mich, welche Substanzen sie enthielten und wie diese anzuwenden seien, und heuchelte höfliches Interesse für meine Erklärungen. Dann bat ich ihn, Rücken und Hüften frei zu machen und sich rittlings auf den Stuhl zu setzen.

Als er sein schwarzes Gewand am Rücken geöffnet und die komische alte Halskrause abgelegt hatte, bemerkte ich, dass quer über seinen Hals eine lange Narbe verlief: Darum, dachte ich, nahm Dulcibeni also dieses altmodische Kollar nie ab. Sodann setzte er sich hin, wie ich es ihm empfohlen hatte, und ich begann, ihn mit den mir von Cristofano aufgetragenen Ölen einzureiben. Die ersten Minuten verstrichen mit leichtem Geplauder. Wir genossen beide den Klang von Devizés Musik: eine Allemande, danach vielleicht eine Gigue, eine Chaconne und ein Menuett *en rondeau*. Im Geist rekapitulierte ich, was Robleda mir über die jansenistischen Lehren gesagt hatte, denen Dulcibeni anzuhängen schien.

Plötzlich fragte er, ob er aufstehen dürfe. Er wirkte leidend.

»Ist Euch nicht wohl? Stört Euch vielleicht der Geruch des Öls?«

»Nein, nein, mein Lieber. Ich möchte nur ein wenig Tabak schnupfen.«

Er drehte den Schlüssel an der Kommode und nahm drei sehr schön gebundene kleine Bücher heraus, zinnoberrotes Leder mit goldenen Lettern, alle gleich. Dann holte er die wohlgeformte Tabaksdose aus eingelegtem Kirschholz hervor. Er öffnete sie, entnahm ihr eine Prise, hielt sich das Pulver an die Nase und schnupfte mehrmals kräftig. Einen Augenblick hielt er inne, dann tat er einen tiefen Atemzug. Er sah mich an und zeigte ein freundlicheres Gesicht. Er schien beruhigt. Mit aufrichtigem Interesse erkundigte er sich nach dem Befinden der anderen Herbergsgäste. Dann versiegte das Gespräch wieder. Ab und zu seufzte er, schloss die Augen und strich sich kurz über das schlohweiße Haar, das einmal blond gewesen sein musste.

Während ich ihn betrachtete, fragte ich mich, wie viel er wohl von der wahren Geschichte seines verstorbenen Zimmergenossens kannte. Die Enthüllungen über Mourai alias Fouquet, die ich kurz davor von Atto erfahren hatte, gingen mir nicht aus dem Kopf. Ich war versucht, Dulcibeni ein paar vage Fragen über den alten Franzosen zu stellen, den er (womöglich ohne dessen Identität zu kennen) von Neapel nach Rom begleitet hatte. Wer weiß, vielleicht hatten die beiden einander schon früher gekannt und länger Umgang miteinander gepflogen, im Gegensatz zu dem, was Dulcibeni vor dem Arzt und den Männern des Bargello behauptet hatte. Doch falls es so war, konnte ich kaum hoffen, aus seinem Mund die Bestätigung dafür zu erhalten. Daher, beschloss ich innerlich, war es wohl das Beste, ein beliebiges Gespräch anzufangen und ihn dazu zu bringen, so lange wie möglich zu reden, um ihm eventuell doch noch ein paar zweckdienliche Hinweise zu entlocken. Genau wie ich es – wenn auch mit spärlichen Ergebnissen – schon mit den anderen Herbergsgästen gemacht hatte.

Ich strengte mich also an, Dulcibeni um seine Meinung zu einem wichtigen Ereignis zu bitten, wie man es tut, wenn man sich mit Greisen unterhält, vor denen man Ehrfurcht empfindet. Ich fragte ihn, mich selbst in Betrachtungen ergehend, was er über die Belagerung Wiens dachte, wo ja das Schicksal der gesamten Christenheit auf dem Spiel stand, und ob er glaubte, dass der Kaiser die Türken am Ende besiegen würde.

»Kaiser Leopold von Österreich kann niemanden besiegen: Er ist davongelaufen«, erwiderte Dulcibeni kurz angebunden, und dann schwieg er und gab mir zu verstehen, dass das Gespräch zu Ende sei.

Gleichwohl hoffte ich, er werde noch weitere Ansichten hinzufügen, während ich innerlich verzweifelt nach einer Erwiderung suchte, um den Dialog aufrechtzuerhalten. Doch mir fiel nichts ein, und so breitete sich erneut ein lastendes Schweigen zwischen uns aus.

Daraufhin beendete ich in aller Eile meine Aufgabe und verabschiedete mich von ihm. Dulcibeni blieb stumm. Gerade wollte ich gehen, als mir in den Sinn kam, ihm eine letzte Frage zu stellen: Ich konnte dem Wunsch nicht widerstehen zu erfahren, ob auch er meine Gerichte gnadenlos verurteilte.

»Nein, mein Lieber, keineswegs«, antwortete er nun wieder mit schleppendem Tonfall. »Im Gegenteil, ich würde sagen, du hast sogar Talent.«

Ermutigt dankte ich ihm und wollte gerade die Türe hinter mir zuziehen, als ich ihn mit einem sonderbaren Zischen wie aus dem Bauch bei sich selbst murmeln hörte: »Wenn da nicht deine Mistbrühen und dieser verdammte Zimmet wären. Pumilio von einem Diener, du!«

Das genügte mir. Nie hatte ich mich so erniedrigt gefühlt. Es war doch wahr, überlegte ich, was Dulcibeni von mir dachte: Ich hätte mir Arme und Beine ausreißen können, und es hätte nicht das Geringste genützt, um mich in den Augen der anderen auch nur um eine Handbreit größer zu machen, nicht einmal bei Cloridia, leider. Wut und Stolz durchzuckten mich. Da strebte ich also ehrgeizig nach Höherem (eines Tages Gazettenschreiber zu werden) und war in der Zwischenzeit nicht einmal in der Lage, mich vom Küchenjungen zum Koch zu entwickeln?

Während ich so vor Dulcibenis Türe innerlich wehklagte, war mir, als vernähme ich ein Murmeln. Ich legte mein Ohr an das Holz, um besser zu verstehen, und wie groß war meine Überraschung, als ich hörte, dass Dulcibeni sich mit jemandem unterhielt.

»Ist Euch nicht wohl? Stört Euch vielleicht der Geruch des Öls?«, fragte die andere Stimme fürsorglich.

Ich stutzte: War das nicht die gleiche Frage, die ich Dulcibeni kurz zuvor gestellt hatte? Wer hatte sich bloß in dem Zimmer verstecken können, um uns zu belauschen? Und warum wiederholte er sie jetzt? Doch eins verstörte mich ganz besonders an dieser Geschichte: Es war eine weibliche Stimme. Und zwar nicht die von Cloridia.

Eine kurze Stille trat ein.

»Kaiser Leopold von Österreich kann niemanden besiegen: Er ist davongelaufen!«, rief Dulcibeni plötzlich aus.

Auch diesen Satz hatte er schon zu mir gesagt! Ich lauschte weiter, hin und her gerissen zwischen Staunen und der Angst, überrascht zu werden.

»Ihr seid ungerecht, Ihr dürftet nicht ...«, wandte die weibliche Stimme, die eigenartig weinerlich und heiser klang, schüchtern ein.

»Ruhe!«, unterbrach sie Dulcibeni. »Wenn Europa in die Luft fliegt, können wir uns nur darüber freuen.«

»Ich hoffe, Ihr meint es nicht ernst.«

»Hör zu«, begann Dulcibeni erneut in versöhnlicherem Ton. »Diese unsere Länder sind nunmehr, sozusagen, ein einziges großes Haus. Ein Haus, das eine einzige große Familie beherbergt. Doch was wird passieren, wenn die Brüder zu viele werden? Und was wird passieren, wenn auch ihre Gemahlinnen alle Schwestern sind und ihre Kinder demnach alle Cousins und Cousinen? Sie werden ständig streiten, sich gegenseitig hassen, einander Übles nachsagen. Manchmal werden sie Allianzen schließen, die doch immer zu brüchig sein werden. Ihre Kinder werden sich in einem schamlosen Reigen fleischlich vereinigen und ihrerseits wahnsinnige, schwache und verderbte Nachkommen zeugen. Was kann sich eine so unselige Familie noch erhoffen?«

»Ich weiß nicht, vielleicht, dass ... jemand kommt, der Frieden stiftet. Und vor allem, dass die Kinder nicht mehr untereinander heiraten«, antwortete die weibliche Stimme unsicher.

»Nun gut, wenn die Türken Wien einnehmen«, gab Dulcibeni daraufhin lachend und mit zusammengebissenen Zähnen zurück, »so werden wir vielleicht endlich ein bisschen frisches Blut auf den Thronen Europas haben. Natürlich, nachdem wir das alte in Strömen haben fließen sehen.«

»Verzeiht, doch ich verstehe nicht«, warf seine Gesprächspartnerin schüchtern ein.

»Ganz einfach: Die christlichen Könige sind mittlerweile alle miteinander verwandt.«

»Was soll das heißen, alle verwandt?«, fragte das Stimmchen.

»Ich hab schon verstanden, du brauchst ein paar Beispiele. Ludwig XIV., Allerchristlichster König von Frankreich, ist zweifacher Cousin seiner Gemahlin Maria Theresia, Infantin von Spanien. Ihre Eltern waren nämlich jeweils Geschwister. Die Mutter des Sonnenkönigs, Anna von Österreich, war die Schwester von Maria Theresias Vater, Philipp IV., König von Spanien; der Vater des Sonnenkönigs, Ludwig XIII., wiederum war ein Bruder von Maria Theresias Mutter, Elisabeth von Frankreich, der ersten Gemahlin von Philipp IV.«

Dulcibeni hielt kurz inne; aus der nahen Kommode nahm er seine Tabaksdose und mischte den Inhalt sorgfältig, während er weitersprach.

»Die jeweiligen Schwiegereltern des Königs und der Königin von Frankreich sind demnach auch ihre leiblichen Tanten und Onkel. Nun frage ich dich: Welchen Eindruck macht es wohl, die Nichte seiner Schwiegereltern oder, wenn es dir lieber ist, der Schwiegersohn seines Onkels und seiner Tante zu sein?«

Ich hielt es nicht mehr aus: Ich musste unbedingt herausfinden, wer die Frau war, mit der Dulcibeni sprach. Wie zum Teufel war sie trotz der Quarantäne in das Donzello gelangt? Und warum wandte sich Dulcibeni mit solchem Eifer an sie?

Ganz vorsichtig versuchte ich die Türe ein wenig aufzuschieben, die ich beim Hinausgehen nicht richtig zugemacht hatte. Mit angehaltenem Atem spähte ich durch den schmalen Spalt. Dulcibeni stand, die Ellbogen aufgestützt, vor der Kommode und hantierte mit der Tabaksdose. Wenn er sprach, wandte er sich nach rechts zur Wand, wo sich sein geheimnisvoller Besuch befinden musste. Leider reichte mein Blick nicht weit genug, um die Weibsperson zu erfassen. Doch wenn ich die Türe noch weiter aufgestoßen hätte, wäre ich Gefahr gelaufen, entdeckt zu werden.

Nachdem er mehrere kräftige Prisen aus seiner Tabaksdose geschnupft hatte, begann Dulcibeni unruhig zu werden und sich dann aufzublähen, als wollte er tief Luft holen, bevor er zum nächsten Schlag ausholte.

»Der König von England ist Karl II. aus der Familie der Stuart«, fuhr er fort. »Sein Vater hatte Henriette von Frankreich geehelicht, eine Schwester des Vaters von Ludwig XIV. Also ist der König von England ebenfalls von zwei Seiten her Cousin sowohl des Königs von Frankreich als auch seiner spanischen Gattin. Die, wie du gesehen hast, von Vater und Mutter her Cousin und Cousine sind. Und was soll man über Holland sagen? Henriette von Frankreich, die Mutter von König Karl II., ist nicht nur väterlicherseits die Tante des Sonnenkönigs, sondern auch die Großmutter mütterlicherseits des jungen holländischen Prinzen Wilhelm von Oranien. Eine Schwester von König Karl und Herzog Jakob, Maria, wurde nämlich in Holland mit Wilhelm II. von Oranien verheiratet, und dieser Ehe entsprang Prinz Wilhelm III., der vor sechs Jahren überraschend Jakobs Erstgeborene, seine leibliche Cousine, geehelicht hat. Demnach hat sich in vier Herrschergeschlechtern achtmal dasselbe Geblüt gemischt.«

Er schüttelte die Tabakdose und hielt sie sich unter die Nase. Gierig atmete er ein, als wäre er lange gezwungen gewesen, auf den Tabak zu verzichten. Dann fuhr er mit seinem Plädoyer fort, während sein Gesicht fahl wurde und seine Stimme heiser klang: »Eine andere Schwester Karls II. wurde mit ihrem Cousin, dem Bruder von Ludwig XIV., verheiratet. Auch hier mischte sich wieder dasselbe Geblüt.«

Dulcibeni unterbrach sich wegen eines Hustenanfalls, führte sein Taschentuch an den Mund, als müsste er erbrechen, und lehnte sich an die Kommode.

»Doch kommen wir zu Wien«, begann er wieder mit einem leichten Keuchen in der Stimme. »Die Bourbonen Frankreichs und die Habsburger Spaniens sind viermal und sechsmal verwandt mit den Habsburgern in Österreich. Die Mutter von Kaiser Leopold I. von Österreich ist eine Schwester von Ludwig XIV. Sie ist aber auch die Schwester des Vaters von Ludwigs Frau Maria Theresia, König Philipp IV. von Spanien, und außerdem die Tochter der Schwester des Vaters ihres Gatten, des verstorbenen Kaisers Ferdinand III. Die Schwester von Leopold I. ehelichte ihren Onkel mütterlicherseits, das heißt ebenjenen Philipp IV. von Spanien. Und Leopold I. heiratete seine Nichte Margarete Theresia, Tochter selbigen Philipps IV. und Schwester der Gemahlin von Ludwig XIV. Folglich ist der König von Spanien Onkel, Schwager und Schwiegervater des Kaisers von Österreich. Also haben drei Herrscherfamilien tausendmal dasselbe Geblüt gemischt!«

Dulcibenis Stimme war lauter geworden und sein Blick noch gespenstischer.

»Was hältst du davon?«, schrie er plötzlich. »Würde es dir gefallen, Tante und Schwägerin deines Schwiegersohns zu sein?«

Rasend vor Wut fegte er die wenigen Gegenstände (ein Buch und eine Kerze) von der Kommode herunter gegen die Wand und auf den Boden. Stille senkte sich über das Zimmer.

»War das denn schon immer so?«, stotterte die weibliche Stimme schließlich.

Dulcibeni fand zu seiner gewohnten strengen Pose zurück und schnitt eine sarkastische Grimasse: »Nein, meine Liebe«, hub er mit belehrendem Gestus wieder an. »In den weit zurückliegenden Ursprüngen sicherten sich die Herrschenden ihre Nachkommenschaft, indem sie ihre Sprösslinge mit dem besten Feudaladel verheirateten. Jeder neue König war die reinste Verbindung des edelsten Geblüts seines Landes: In Frankreich war der Souverän der französischste der Franzosen. In England war er der englischste aller Engländer.«

An dieser Stelle verlor ich vor lauter Neugier versehentlich das Gleichgewicht und drückte gegen die Tür. Wie durch ein Wunder gelang es mir, mich am Türstock festzuklammern und den Sturz nach vorne zu vermeiden. So hatte sich der Spalt nur ein wenig verbreitert. Der Edelmann aus den Marken hatte nichts gehört. Schwitzend und zitternd vor Furcht, blickte ich rechts an Dulcibeni vorbei, dorthin, wo die Frau sich befinden musste.

Minutenlang musste ich warten, bis ich mich von der Überraschung erholte: Da war keine menschliche Gestalt, sondern nur ein Spiegel an der Wand. Dulcibeni führte Selbstgespräche.

Danach hatte ich noch mehr Mühe, diesem heftigen Erguss über Könige, Fürsten und Kaiser zu folgen. Lauschte ich etwa einem Irren? Mit wem sprach Dulcibeni in seiner Einbildung?

Vielleicht, dachte ich dann, war er von der Erinnerung an einen geliebten Menschen (eine Schwester? eine Gattin?) besessen, der verstorben war. Es musste eine herzzerreißende Erinnerung sein, wenn sie ihn zu solch traurigem, beunruhigendem Schauspiel antrieb. Ich war verlegen und gerührt über den Einblick in das intime, einsame Leid, den ich wie ein Dieb im Verborgenen gewonnen hatte. Mir fiel auf, dass Dulcibeni sich, als ich ihn zu einem Gespräch über diese Themen verleiten wollte, zurückgehalten hatte. Vielleicht zog er den Lebenden die Gesellschaft eines Toten vor.

»Und dann?«, begann der Mann aus den Marken wieder, die unschuldige, verstörte Stimme eines jungen Mädchens mimend.

»Und dann, und dann ...«, trällerte Dulcibeni. »Dann hat die Machtgier obsiegt, die sie allesamt dazu gedrängt hat, sich mit den anderen Herrschern der Erde zu verschwägern. Nimm das Haus Österreich. Heute schändet sein stinkendes Blut die Grabmäler tapferer Ahnen: Albrecht der Weise, Rudolf der Stifter und dann Leopold der Tapfere und sein Sohn Ernst I. der Eiserne, bis hin zu Albrecht dem Geduldigen und Albrecht dem Edlen. Ein Geblüt, das schon vor dreihundert Jahren zu faulen begann, als es den unglücklichen Friedrich mit der leeren Tasche hervorbrachte und dann Friedrich mit der dicken Lippe samt seinem Sohn Maximilian I., die an einer elenden Melonenfresserei zugrunde gegangen sind. Und ausgerechnet diese beiden hecken den ungesunden Wunsch aus, all die unendlichen habsburgischen Besitzungen zu vereinen, die Leopold der Tapfere sich hingegen weise mit seinem Bruder geteilt hatte. Es waren Länder, die nicht zusammenpassten: Als wollte ein wahnsinniger Chirurg gewaltsam an einen Leib drei Köpfe, vier Beine und acht Arme annähen. Um seinen Landhunger zu stillen, heiratet Maximilian I. gleich dreimal: Seine Gemahlinnen bringen ihm als Mitgift die Niederlande und Franche-Comté ein, aber auch das monströse Kinn, das die

Gesichter seiner Abkommen entstellt. Sein Sohn Philipp der Schöne eignet sich in den achtundzwanzig Jahren seines kurzen Lebens Spanien an, indem er Johanna die Wahnsinnige ehelicht, Tochter und Erbin von Ferdinand von Aragon und Isabella von Kastilien sowie Mutter von Karl V. und Ferdinand I. Doch Karl V. krönt und vereitelt zugleich den Plan seines Großvaters Maximilian I.: Er dankt ab und teilt sein Reich, über dem die Sonne niemals untergeht, zwischen seinem Sohn Philipp II. und seinem Bruder Ferdinand I. Er teilt sein Reich, doch gelingt es ihm nicht, die Blutsbande zu zertrennen: Längst ist der Wahnsinn seiner Abkommen unaufhaltsam, der Bruder begehrt die Schwester, und beide wollen sich mit ihren eigenen Kindern vereinigen. Der Sohn Ferdinands I., Maximilian II., Kaiser von Österreich, ehelichte die Schwester seines Vaters und zeugte mit seiner Tante-Gemahlin eine Tochter, Anna Maria von Österreich, die Philipp II., König von Spanien, heiratete, ihren Onkel und Cousin, da Philipp ja Sohn Karls V. war; dieser unseligen Verbindung entsprang Philipp III., König von Spanien, der Margarete von Österreich zur Frau nahm, die Tochter des Bruders seines Großvaters Maximilian II., und diese gebar ihm König Philipp IV. und Maria Anna von Spanien, die Ferdinand III., Kaiser von Österreich, heiratete, ihren leiblichen Cousin, nämlich den Sohn des Bruders ihrer Mutter, und sie brachte den jetzigen Kaiser, Leopold I. von Österreich zur Welt und dessen Schwester Maria Anna …«

Plötzlich überkam mich Ekel. Diese Inzestorgie hatte mich schwindlig gemacht. Der widerliche Reigen von Ehen zwischen Onkeln, Tanten, Neffen, Nichten, Cousins und Cousinen, die alle verschwiegert und verschwägert waren, hatte etwas Monströses. Nach meiner Entdeckung, dass Dulcibeni zu einem Spiegel sprach, hatte ich nur noch zerstreut zugehört. Doch am Ende hatte mich seine finstere, schaurige Rede gleichzeitig angezogen und abgestoßen.

Dulcibeni, übererregt und puterrot, starrte unterdessen ins Leere, als hätte sein maßloser Zorn ihm die Stimme verschlagen.

»Denk daran«, gelang es ihm schließlich zu ächzen, erneut

an seine eingebildete Gefährtin gewandt: »Frankreich, Spanien, Österreich, England und Holland: Seit Jahrhunderten eifersüchtige Länder von Völkern gegnerischer Geschlechter, nun unter die Herrschaft eines einzigen Geschlechts ohne Land und ohne Eid gezwungen. Ein Geblüt, *autàdelphos*, zweimal sich selbst verwandt, wie die Kinder von Œdipus und Jokaste. Ein Geblüt, das der Geschichte eines jeglichen Volkes fremd ist, aber allen Völkern ihre Geschichte diktiert. Ein Geblüt ohne Land und ohne Eid. Ein Geblüt des Verrats.«

Mistbrühen: Zurück in der Küche, fiel mir ein, dass Pompeo Dulcibeni mit diesem Wort meine kulinarischen, mit kostbarem Zimmet gewürzten Bemühungen gebrandmarkt hatte.

Nachdem ich von dem Ekel genesen war, den die erhabenen, einsamen Betrachtungen des Edelmanns aus den Marken bei mir ausgelöst hatten, kam mir wieder in den Sinn, welche Übelkeit ich selbst, ohne es zu merken, bisher in den Mägen der Herbergsgäste verursacht hatte. Ich beschloss, es wieder gutzumachen.

Ich ging in den Keller. Bis zur unteren, schon tief unter der Erde liegenden Ebene drang ich vor und verbrachte dort, glaube ich, über eine Stunde, wobei ich mir fast einen Schnupfen holte wegen der empfindlichen Kühle, die dort immer herrschte. Den gesamten Raum mit der niedrigen Decke durchforschte ich, leuchtete mit der Laterne in die hintersten Winkel, bis zu denen ich noch nie vorgedrungen war, inspizierte die Regale bis zu den höchsten Fächern und die Kästen mit Schnee fast bis auf den Grund. Verborgen hinter Reihen von Tonkrügen mit Wein und Öl, Hülsenfrüchten und Körnern aller Art, kandierten Früchten, eingemachtem Gemüse und Säcken voll Makkaroni, Klößchen, Lasagne und Kringeln entdeckte ich in einer geräumigen Höhle unter großen Jutetüchern oder im kühlen Schnee verstaut eine beträchtliche Vielfalt von Fleisch, gepökelt, geräuchert, getrocknet und eingelegt. Hier hatte Signor Pellegrino wie ein eifersüchtiger Liebhaber Zunge in Pottasche und Spanferkel zur Aufbewahrung gelagert, und auch Teile verschiedener Tiere:

Gekröse vom Hirsch und vom Zicklein; Kalbskutteln; Haxen, Nieren und Hirn vom Stachelschwein; Kuheuter und Ziegeneuter; Rinderbacke und Wildschweinbacke; von der Gams Stücke aus der Keule; vom Bären Leber, Tatzen, Halsgrat und Schlachtschüssel; vom Reh Rücken und Filet.

Weiter entdeckte ich Hasenkeulen, Berggockel, indische Masthennen, Wildhühner, Küken, Tauben, Felsentäubchen, Fasanen und Fasänchen, Rebhühner und Rebhühnchen, Waldschnepfen, Pfauen, Pfauentauben und Kiebitze, Enten und Blässhühner, Junggänse, Gänse, Doppelschnepfen, Wachteln, Ringeltauben, Krammetsvögel, Halsbandfrankoline, Gartengrasmücken, Goldammern, Schwälbchen, Trappen, Spatzen, Bekassinen aus Zypern und Heraklion.

Klopfenden Herzens stellte ich mir vor, wie mein Padrone sie auf den Tisch gebracht hätte: gesotten, gebraten, als Suppe, als Sud, am Spieß, gebacken, als Pastete mit oder ohne Kruste, im Ganzen, in Bouillon, in Stückchen, im Mürbeteig, mit Saucen, mit Essig, mit Früchten und Verzierungen.

Vom starken Geruch nach Geräuchertem und getrockneten Algen angezogen, setzte ich meine Erkundung fort; und unter anderem gepressten Schnee und weiteren Jutetüchern, wie erwartet, in Fässchen in Salz eingelegt oder in kleinen Bündeln oder Netzen am Haken aufgehängt, fand ich: Ährenfische, Äschen, Bücklinge, Barsche, Dorsche, Drachenköpfe, Dianafische, Elsen, Flundern, Goldbrassen, Glattbutte, Hechte, Herzmuscheln, Jakobsmuscheln, Knurrhähne, Karpfen, Krebse, Krabben, Lippfisch, Lampreten, Meerpfaffe, Makrelen, Napfschnecken, Platteisen, Rochen, Schwertfischfilet, Thunfischfilet, Seezungen, Sardinen, Störe, Schildkröten, Tellinen, Tintenfische, Umberfische, Frösche, Weinbergschnecken und Zahnschnecken.

Von all diesen Gottesgaben kannte ich bisher nur die frischen Waren genau, die jedes Mal von den Händlern angeliefert wurden, wenn ich ihnen den Dienstboteneingang öffnete. Den größten Teil der Vorräte freilich hatte ich immer nur flüchtig gesehen, wenn mein Padrone mich (leider nur selten) beauftragte, Lebensmittel aus dem Keller zu holen, oder später, als ich Cristofano hatte hinunterbegleiten müssen.

Ein Zweifel überkam mich: Wann und wem beabsichtigte Pellegrino so viele und so geartete Speisen aufzutischen? Hoffte er vielleicht, eine jener prächtigen Bischofsdelegationen aus Armenien zu beherbergen, die zu Zeiten von Signora Luigia, Gott hab sie selig, den Ruhm des Donzello ausmachten? Ich argwöhnte, dass mein Padrone, bevor er nicht ganz ohne sein Zutun von seinem Posten als Hilfstruchsess verjagt wurde, sich geschickt an den Vorräten in der Speisekammer des Kardinals schadlos gehalten hatte.

Ich nahm ein Fässchen mit Kuheuter und kehrte in die Küche zurück. Dort klopfte ich das Salz von den Eutern ab, band die Zitzen zu und kochte sie alle zusammen. Danach schnitt ich einige in feine Streifen, wälzte sie in Mehl, briet sie in der Pfanne goldbraun und gab nach meinem Belieben Sauce darüber. Ein paar andere schmorte ich als Ragout mit duftenden Kräutern, Spezereien und ein wenig fetter Brühe, die ich mit Ei legierte. Wieder andere schob ich mit Weißwein, herben Weintrauben und Zitronensaft, etwas frischem Obst, Rosinen, Pinienkernen und Schinkenscheiben in den Backofen. Weitere hackte ich klein, füllte sie mit erhitztem Wein vermengt in Mürbeteig, mit Gewürzen, Schinken und Aufschnitt, und Knochenmark mit Tunke und Zucker. Die Übrigen umwickelte ich mit Scheibchen vom Schinkenspeck, spickte sie mit Nelken und steckte sie im Netz an den Spieß.

Zuletzt war ich völlig erschöpft. Cristofano, der am Ende meiner langen Arbeit in die Küche kam, fand mich halb ohnmächtig und schweißgebadet in einem Winkel am Kamin hockend. Er schnupperte prüfend an den Platten, die ich auf dem Tisch aufgereiht hatte, und warf mir einen väterlichen, zufriedenen Blick zu.

»Das Austeilen übernehme ich, mein Junge. Geh du dich ausruhen.«

Satt von den mehrfachen reichlichen Kostproben, die ich mir beim Kochen gegönnt hatte, stieg ich die Treppe bis unters Dach hinauf, ging aber nicht in meine Kammer. Ungesehen genoss ich auf den Stufen sitzend meinen verdienten Erfolg: Beim Verzehr der Abendmahlzeit hallten die Gänge des Donzello eine gute halbe Stunde lang wider von Klirren, Grunzen und zufriedenem Schnalzen. Ein Chor von Mägen, die geräuschvoll die angesammelte Luft heraushusteten, tat schließlich kund, dass das Geschirr wieder eingesammelt werden konnte. Dass meine Revanche so gut gelungen war, rührte mich fast zu Tränen.

Dann schickte ich mich zum Rundgang durch die Zimmer an: Darauf, die Komplimente der Herbergsgäste entgegenzunehmen, wollte ich nicht verzichten. Vor Abbé Melanis Tür angelangt, vernahm ich jedoch seinen wehmütigen Gesang. Der herzzerreißende Ton seiner Stimme beeindruckte mich so sehr, dass ich lauschend innehielt:

Ahi, dunqu'è pur vero;
dunque, dunqu'è pur vero … *

In süßester Weise wiederholte er die Strophe in immer neuen, überraschenden melodischen Variationen.

Ich war verstört von den Worten, die ich, so schien es mir, schon einmal vernommen hatte, doch wusste ich selbst nicht, wann und wo. Plötzlich durchzuckte es mich wie der Blitz: Hatte nicht Pellegrino, mein Padrone, mir erzählt, dass der alte Signor de Mourai *alias* Fouquet vor seinem Hinscheiden mit allerletzter Kraft einen Satz in italienischer Sprache gestammelt hatte? Nun erinnerte ich mich: Der Sterbende hatte genau die Worte der Arie hervorgestoßen, die Atto soeben intonierte: »Ahi, dunqu'è pur vero«.

Warum nur, fragte ich mich, hatte der alte Fouquet seine letzten Worte auf Italienisch gesprochen? Ich entsann mich auch, dass Pellegrino gesehen hatte, wie Atto sich über den Greis beugte und französisch mit ihm sprach. Warum hatte Fouquet dann diesen Satz auf Italienisch gemurmelt?

Melani fuhr derweil mit seinem Gesang fort:

* O weh, also ist es doch wahr; / also, also ist es doch wahr …

Dunque, dunqu'è pur vero,
anima del mio cor,
che per novello Amor
*tu cangiasti, cangiasti pensiero …**

Am Ende hörte ich ihn mühsam das Schluchzen unterdrücken. Hin und her gerissen zwischen Verlegenheit und Bedauern, getraute ich mich weder einzutreten noch zu sprechen. Ich empfand heftiges Mitleid mit diesem nicht mehr jungen Eunuchen: Die Verstümmelung, die durch die Gier des Vaters an seinem kindlichen Leib vorgenommen worden war, hatte ihm Ruhm geschenkt, ihn aber zugleich zu schändlicher Einsamkeit verdammt. Vielleicht hatte Fouquet mit all dem nichts zu tun, überlegte ich. Jener Satz, den der Oberintendant im Angesicht des Todes gesprochen hatte, konnte ja einfach ein Ausruf des Erstaunens vor dem Hinscheiden gewesen sein; ich hatte gehört, dass dies bei Sterbenden keine Seltenheit war.

Der Abbé hatte unterdessen eine andere Arie angestimmt, mit noch düstereren, angstvolleren Untertönen.

Lascia speranza, ohimé,
ch'io mi lamenti,
lascia ch'io mi quereli.
Non ti chiedo mercé,
*no, no, non ti chiedo mercé …***

Er betonte den letzten Satz und wiederholte ihn ohne Ende. Was mochte ihn so quälen, fragte ich mich, während er in seinem gedämpften, zurückhaltenden Gesang schmerzlich versicherte, er wolle nicht um Gnade bitten? Da kam hinter mir Cristofano des Weges. Er hatte seinen Visitenrundgang fast beendet.

»Der Ärmste«, flüsterte er mir auf Atto gemünzt zu. »Er

* Also, also ist es doch wahr, / Seele meines Herzens, / dass für neue junge Liebe / du geändert, geändert deinen Sinn …

** Lass Hoffnung, wehe mir, / dass ich mich beklage, / lass, dass ich mich verzehre. / Ich bitte dich nicht um Gnade, / nein, nein, ich bitte nicht um Gnade …

ist gerade der Verzweiflung nah. Wie wir alle übrigens, in dieser niederträchtigen Eingeschlossenheit.«

»Tja«, erwiderte ich und dachte an Dulcibenis einsames Selbstgespräch.

»Lassen wir ihn in Frieden, damit er sich abreagieren kann; um ihn zu untersuchen, werde ich später vorbeikommen und ihm einen Beruhigungstee verabreichen.«

Wir entfernten uns, während Atto unermüdlich weitersang.

Lascia ch'io mi disperi ... *

---

* Lass, dass ich verzweifle ...

Fünfte Nacht

Vom 15. auf den 16. September 1683

Ich war melancholischster Stimmung, als der Abbé mich abholte, um erneut in die unterirdischen Gänge hinabzusteigen. Die Herbergsgäste hatte die abendliche Eutermahlzeit fühlbar aufgemuntert. Mich jedoch leider gar nicht, da mich die rasche Folge von Enthüllungen und Entdeckungen über Mourai und Fouquet wie auch Dulcibenis düstere Erkenntnisse schwer bedrückten. Und dies meinem Tagebüchlein anzuvertrauen hatte die Lage gewiss nicht verbessert.

Der Abbé musste meine böse Seelenverfassung bemerkt haben, denn während wir voranschritten, versuchte er in keiner Weise, das Gespräch anzuregen. Auch er war übrigens nicht bester Laune, wenn auch sichtlich ruhiger als bei den klagenden Verzweiflungsarien, die ich ihn nach dem Abendessen hatte singen hören. Er schien unter der Last einer uneingestandenen Sorge zu leiden, die ihn seinerseits ungewöhnlich schweigsam machte. Für Belebung der Situation sorgten, wie zu vermuten stand, Ugonio und Ciacconio.

Die beiden Heiligenfledderer warteten schon eine ganze Weile auf uns, als wir unter der Piazza Navona zu ihnen stießen.

»Heute Nacht müssen wir uns etwas Klarheit über die unterirdische Stadt verschaffen«, verkündete Melani.

Er zog ein Blatt Papier heraus, auf das er schematisch eine Reihe von Linien gezeichnet hatte.

»Hier, etwas in der Art hätte ich mir von diesen beiden Unglücksraben gewünscht, stattdessen werden wir es selbst anfertigen müssen.«

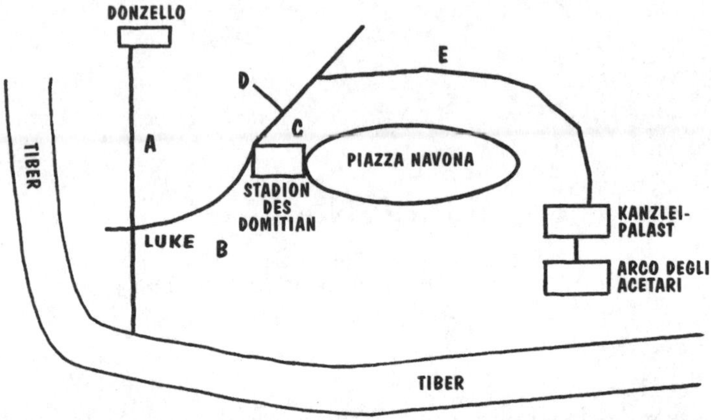

Es war ein summarischer Plan der unterirdischen Wege, die wir bisher zurückgelegt hatten. In der ersten Nacht waren wir aus der Locanda del Donzello durch einen Tunnel, den Atto mit dem Buchstaben A bezeichnet hatte, bis zu dessen Ausgang am Tiber gelangt. Im Gewölbe desselben Tunnels hatten wir später die Falltür entdeckt, durch die wir in den Gang gelangt waren, welcher zu den Ruinen des Stadions von Domitian unter der Piazza Navona führte und welchem der Buchstabe B entsprach. Von der Piazza Navona gelangte man durch das enge Loch, wo man sich bücken musste, in den Abschnitt C. Von hier zweigte die lang gestreckte Kurve ab (bezeichnet mit dem Buchstaben E), durch die wir Stilone Priàso gefolgt waren und die uns bis zu den mit Fresken ausgemalten unterirdischen Gemächern gebracht hatte, über welchen sich wahrscheinlich der Kanzleipalast erhob. Von dort waren wir am Arco degli Acetari ins Freie gelangt. Von C schließlich gelangte man linker Hand in den Abschnitt D.

»Von drei Gängen kennen wir den Anfang, aber nicht das Ende, nämlich von B, C und D. Es wäre klug, sie zu erforschen, bevor wir wieder eine Verfolgung aufnehmen. Der erste ist der linke Arm des Tunnels, in den man kommt, wenn man durch die Luke hinaufgeklettert ist. Er führt in etwa Richtung Tiber, aber mehr wissen wir nicht. Der zweite Gang ist der, der von der Piazza Navona abgeht und geradeaus führt. Der dritte ist die Abzweigung nach links, auf die man in diesem Tunnel stößt. Wir beginnen mit dem dritten, dem Gang D.«

Vorsichtigen Schrittes tasteten wir uns voran, bis wir ungefähr an die Stelle gelangten, wo Ugonio und ich in der vorigen Nacht gewartet hatten, während die anderen Stilone Priàso nachspionierten. Atto hieß uns anhalten, um anhand des Plans unsere Position abzuschätzen.

»Gfrrrlûlbh«, sagte Ciacconio, um unsere Aufmerksamkeit zu erregen.

Wenige Schritte von uns entfernt lag etwas auf dem Boden. Abbé Melani befahl uns allen, stehen zu bleiben, und näherte sich als Erster dem Fundstück, um es zu begutachten. Dann winkte er uns heran. Es war eine kleine, umgefallene Keramikampulle, aus der etwas Rotes geflossen (und nun schon angetrocknet), dann nur noch getropft war: Blut.

»Von wegen, ein Wunder«, ächzte Abbé Melani erschöpft.

Es hatte ihn nicht wenig Mühe gekostet, die Heiligenfledderer zu besänftigen, die sicher waren, dass es sich um eine der Reliquien handelte, nach denen sie unablässig fahndeten. Aufgeregt gurgelnd hatte Ciacconio mit trippelnden Schritten rundherum alles abgelaufen. Ugonio hatte versucht, die Ampulle an sich zu reißen, und Atto hatte ihn davon abhalten müssen, ohne mit ein paar Knüffen zu geizen. Zuletzt beruhigten sich die Heiligenfledderer, und wir konnten unsere Gedanken sammeln. Es handelte sich selbstverständlich nicht um ein Behältnis mit dem Blut eines Märtyrers: Der Gang D, wo wir die Ampulle gefunden hatten, war weder eine Katakombe noch ein Kolumbarium oder ein anderer heiliger Ort der Antike, erinnerte uns Abbé Melani und ermahnte die beiden Schatzsucher zur Gelassenheit. Vor allem aber war das Blut, das es enthalten hatte, erst vor kurzem getrocknet, es war sogar auf die Erde ausgelaufen: Daher stammte es von einem Lebenden oder einer vor wenigen Stunden verstorbenen Person und nicht von einem Märtyrer, der vor Jahrhunderten gelebt hatte. Atto wickelte das Fläschchen also in ein feines Tüchlein und schob es in seine Westentasche, wonach er mit dem Fuß die am Boden zurückgebliebenen Spuren schwärzlicher Flüssigkeit verwischte. Wir beschlossen, unsere Erkundung fortzusetzen: Vielleicht würden wir weiter vorne die Erklärung für das Geheimnis finden.

Melani schwieg, doch seine Gedanken waren nur zu leicht zu erraten. Wieder ein unerwarteter Fund, wieder ein Gegenstand, dessen Herkunft nicht leicht zu entziffern war. Wieder Blut.

Wie schon in der vorhergehenden Nacht schien es mir, als neigte sich der unterirdische Weg zunehmend nach links.

»Das ist auch sonderbar«, kommentierte Abbé Melani. »Das hätte ich am wenigsten erwartet.«

Endlich schien der Tunnel wieder nach oben zu führen. Anstelle einer Treppe fanden wir diesmal eine sachte Steigung. Plötzlich jedoch tauchte eine Wendeltreppe vor unseren Augen auf, deren Steinstufen geschickt im Erdreich verankert waren. Die Heiligenfledderer schienen wenig erbaut davon hinaufzusteigen. Ugonio und Ciacconio waren schlechtester Laune: Nachdem sie auf die Bibelseite verzichtet hatten, mussten sie nun auch noch zusehen, wie ihnen das Fläschchen vor der Nase weggeschnappt wurde.

»Einverstanden, ihr bleibt hier, bis wir zurückkommen«, räumte Melani schließlich widerwillig ein.

Als wir den Fuß auf die Treppe setzten, fragte ich den Abbé, warum er sich denn gewundert habe, dass Gang D, durch den wir soeben gekommen waren, eine Linkskurve bildete.

»Ganz einfach: Wenn du den Plan, den ich dir gezeigt habe, aufmerksam betrachtet hast, wirst du bemerkt haben, dass wir beinahe an unseren Ausgangspunkt zurückgekehrt sind, das heißt in die Nähe unserer Locanda.«

Langsam erklommen wir die Stufen, bis ich ein trockenes Geräusch und Abbé Melanis klagende Stimme hörte. Er hatte sich den Kopf an einer Luke gestoßen. Ich musste ihm helfen zu drücken, bis die Holzbretter, die lose darüber gelegt waren, nach oben klappten.

So gelangten wir in einen geschlossenen Raum, der beißend nach Urin roch und feucht war von tierischen Ausdünstungen. Wir befanden uns in einem Pferdestall.

Eine zweirädrige Karosse stand dort, die wir kurz inspizierten. Ihr mit Wachstuch geschütztes Lederdach war auf einen Metallrahmen aufgezogen, den glatte Eisenknäufe zierten. Von innen war das Dach mit einem schönen rosafarbenen Himmel bemalt, und die beiden Sitze waren mit bequemen Kissen versehen. Außerdem gab es noch eine gewöhnlichere, aber größere Kutsche mit vier Rädern, ebenfalls mit einem Dach aus Rindsleder, neben der still, aber von unserer Anwesenheit leicht nervös gemacht, zwei ältere, klapprige Pferde standen.

Den schwachen Schein der Lampe nutzend, blickte ich ins Wageninnere; dort erkannte ich, hinter dem Rücksitz aufgehängt, ein großes Kruzifix. Von dem hölzernen Kreuz hing eine Art kleiner Eisenkäfig herab, und darin lag eine Glaskugel, in der man ein wenig undefinierbare, bräunliche Masse erkennen konnte.

Auch Atto war näher getreten, um das Innere der Kutsche auszuleuchten.

»Das muss eine Reliquie sein«, sagte er, die Lampe hochhaltend. »Doch verlieren wir keine Zeit.«

Überall standen und lagen (und beinahe wäre ich lärmend darüber gestolpert) Putzeimer für die Kutschen, Kämme, Striegel und Bürsten herum.

Ohne uns länger als nötig aufzuhalten, erkannten wir eine Tür, die aller Wahrscheinlichkeit nach ins Innere eines Wohnhauses führte. Vorsichtig bewegte ich die Klinke. Es war abgeschlossen.

Enttäuscht drehte ich mich zu Abbé Melani um. Auch er schien zu zögern. Wir konnten einfach nicht das Risiko eingehen, das Schloss zu sprengen, dabei von den Bewohnern überrascht und womöglich gleich zweimal verurteilt zu werden: wegen Flucht aus der Quarantäne und wegen versuchten Diebstahls.

Es war schon ein Glück, dass wir zufällig im Stall niemandem begegnet waren, dachte ich, als ich plötzlich sah, wie sich eine monströse Hand mit langen Krallen auf Abbé Melanis Schulter legte. Wunderbarerweise unterdrückte ich einen Schrei, während Melani erstarrte und sich bereitmachte, sich gegen den Unbekannten zu wehren, der ihn hinterrücks angriff. Ich befahl mir selbst, irgendetwas zu packen – einen Stock, einen Eimer, irgendetwas –, um auf den Angreifer einzuschlagen. Zu spät: Das Individuum stand zwischen uns.

Es war Ugonio. Ich sah Atto vor Entsetzen erbleichen, worauf ihn ein heftiges Schwindelgefühl erfasste und er sich ein paar Minuten setzen musste.

»Idiot, du hast mich fast umgebracht vor Schreck. Ich hatte dir doch gesagt, dass du unten bleiben sollst.«

»Ciacconio witteriert Präsentia. Prätentioniert Eure Direktion.«

»Gut, gut, wir kommen gleich runter und ... was hast du da in der Hand?«

Ugonio streckte die Arme aus und betrachtete fragend seine beiden Hände, als wüsste er nicht, worauf Atto sich bezog. Mit der Rechten umklammerte er jedoch das Kruzifix mit Reliquie, das wir soeben im Inneren der Kutsche gesehen hatten.

»Tu es sofort zurück an seinen Platz«, befahl Abbé Melani ihm. »Niemand darf ahnen, dass wir hier eingedrungen sind.«

»Und dann geh runter zu Ciacconio und sag ihm, dass wir auch bald kommen, da hier oben offenbar nicht viel zu machen ist«, fügte er hinzu und wies auf die Tür.

Nachdem er das Kruzifix widerwillig zurückgelegt hatte, trat Ugonio an die verschlossene Tür, beugte sich zu dem Schloss herunter und betrachtete neugierig das Schlüsselloch.

»Wozu verlierst du deine Zeit, du Untier? Siehst du nicht, dass abgeschlossen ist und dass auf der anderen Seite kein Licht brennt?«, herrschte Atto ihn an.

»Eventualische Aufschlüsselung probierbar. Um mehr Gutes als Böses zu wirken, wohlverstehe«, antwortete Ugonio ungerührt und zog aus seinem verdreckten Mantel wie durch Zauberei einen riesigen Eisenring, an dem Dutzende, nein, Hunderte von Schlüsseln der verschiedensten Machart und Größe befestigt waren.

Atto und ich waren sprachlos. Sofort begann Ugonio mit katzenhafter Geschwindigkeit den klirrenden Bund abzutasten. Nach wenigen Sekunden hielten seine Klauen bei einem alten, halb verrosteten Schlüssel inne.

»Ugonio klaviert jetzt, und um mehr Heiler als Heuchler zu

sein, wenn der Verpflichtung Genüge getan, dem Getauften Jubel erwächst«, sagte er leise kichernd, während er den Schlüssel im Schloss drehte. Mit einem Klicken sprang der Mechanismus auf.

Später erklärten die beiden Heiligenfledderer uns auch diese soundsovielte Überraschung. Um sich Zugang zu den unterirdischen Gängen der Stadt zu verschaffen, mussten sie häufig durch Keller, Lagerhallen oder mit Riegeln und Schlössern versehene Türen in den Untergrund vordringen. Zur Lösung dieses Problems (»und um Skropel zu mindern, statt Skrupel zu mehren«, wie Ugonio betonte), hatten sich die beiden systematisch der Bestechung Dutzender von Dienern, Mägden und Lakaien gewidmet. Wohl wissend, dass die schlüsselgewaltigen Besitzer der Villen oder Häuser ihnen niemals ein Duplikat überlassen würden, hatten die Heiligenfledderer mit der Dienerschaft über die Nachschlüssel verhandelt. Im Gegenzug überließen sie den dienstbaren Geistern einige ihrer kostbaren Reliquien. Selbstverständlich hatten Ugonio und Ciacconio bei diesen Tauschgeschäften darauf geachtet, nicht ihre besten Stücke herzugeben. Aber zuweilen waren doch schmerzliche Opfer vonnöten; für den Schlüssel zu einem Garten, von dem aus man in eine Katakombe an der Via Appia gelangte, hatten sie zum Beispiel einen wertvollen Splitter des Schlüsselbeins des heiligen Petrus herausrücken müssen. Es war schwer zu begreifen, wie bei Ciacconios Gegurgel und Ugonios Verbalhieroglyphen ein solch komplizierter Handel zustande kommen konnte. Sicher war jedoch, dass die beiden die Schlüssel zu den Kellern und Fundamenten der Palazzi eines Großteils der Stadt besaßen. Und die Schlösser, von denen sie keine Schlüssel hatten, ließen sich oft mit einem der vielen anderen, mehr oder weniger ähnlichen Schlüssel öffnen.

Als folglich Ugonios Schlüssel die Stalltür aufgesperrt hatte, waren wir sicher, uns in einem Wohnhaus zu befinden. Man hörte, durch die Entfernung gedämpft, Stimmen und Geräusche aus den oberen Stockwerken. Bevor wir die einzige noch brennende Lampe löschten, blieben uns ein paar Sekunden, um uns kurz umzusehen. Wir standen in einer großen Küche: Stöße von Tellern, ein großer Kessel, drei weitere Kesselchen, Eisenpfannen, irdene Schüsseln, Kupfertiegel, Backformen mit Eisengriffen, ein Näpfchen, mehrere Reinen und Kannen, Bettwärmer und Krüge. Die ganze Ausrüstung hing an der Wand oder stand in einer offenen Anrichte aus hellem Holz und einer kleinen Kredenz, und alles war von bester Qualität, so wie ich es mir für die wenigen Geräte gewünscht hätte, über die ich in der Küche des Donzello verfügte. Wir durchquerten den Raum und achteten darauf, nicht lärmend zu stolpern, etwa über einen der auf dem Boden abgestellten Tiegel.

Auf der anderen Seite der Küche befand sich eine weitere Tür, und so drangen wir in den nächsten Raum vor. Wir waren gezwungen, für einen Moment die Lampe wieder anzuzünden, die ich vorsichtig mit der Hand abschirmte.

Wir gewahrten ein Baldachinbett, über das eine gelbrot gestreifte Atlasdecke gebreitet war. An den Seiten ein paar Holztischchen und in einer Ecke ein abgenutzter Ledersessel ohne Armlehnen. Nach diesen alten Möbeln und dem abgestandenen Geruch zu urteilen, handelte es sich wohl um ein Zimmer, das nicht benutzt wurde.

Wir bedeuteten Ugonio, er solle zurückgehen und im Stall auf uns warten: Im Fall eines überstürzten Rückzugs würden zwei Eindringlinge vielleicht noch verschwinden können, aber zu dritt wären wir sicherlich in die Klemme geraten.

Auch das soeben besichtigte Zimmer verfügte über einen zweiten Ausgang. Nachdem wir die Laterne wieder gelöscht hatten, horchten wir an jener Tür. Es schien, als seien die Stimmen der Bewohner weit genug entfernt, so dass wir es wagen konnten: Behutsam öffneten wir und betraten den nächsten Raum, den vierten. Jetzt standen wir im Vestibül. Die Haustür, das konnten wir trotz der uns umgebenden Finsternis ahnen, lag links von uns. Vor uns, am Ende eines kleinen Flurs, führte eine in die Mauer eingelassene Wendeltreppe ins obere Stockwerk hinauf. Von dort kam ein zages Licht, so dass wir uns notdürftig orientieren konnten.

Mit äußerster Vorsicht näherten wir uns der Treppe. Die Geräusche und Gespräche, die wir vorher von weitem gehört hatten, schienen jetzt fast gänzlich verstummt zu sein. So wahnsinnig und überaus kühn mir die Idee heute vorkommen mag: Atto begann die Stufen hinaufzusteigen, und ich hinterher.

Auf halber Treppe zwischen Erdgeschoss und erstem Stock stießen wir auf ein Kämmerlein. Es war von einem Kandelaber beleuchtet und mit mehreren schönen Gegenständen ausgestattet, die wir kurz in Augenschein nahmen. Ich staunte über den Reichtum der Einrichtung, dergleichen hatte ich noch nie gesehen: Wir mussten uns im Hause eines wohlhabenden Herrn befinden. Der Abbé trat an ein geschnitztes Nussbaumtischchen, über das ein grünes Tuch gebreitet war. Er hob den Blick und bemerkte einige Gemälde von guter Qualität: eine Verkündigung, eine Pietà, ein heiliger Franziskus mit Engeln in einem gold gestreiften Nussbaumrahmen, ein weiteres Gemälde, das Johannes den Täufer darstellte, ein Papierbildchen in einem Rahmen aus Schildpatt und Gold und schließlich ein achteckiges Basrelief aus Gips, das Maria Magdalena zeigte. Ich sah einen Waschtisch aus Birnenholz, wie mir schien, sehr kunstvoll und geschickt gedrechselt. Darüber hing ein kleiner Christus aus Kupfer und Gold an einem Kreuz aus Ebenholz. Vervollständigt wurde die Einrichtung des kleinen Salons durch ein Tischchen aus hellem Holz mit schönen Schublädchen und zwei Stühlen.

Nach wenigen weiteren Stufen erreichten wir den ersten Stock, der auf den ersten Blick wie ausgestorben im Dunkeln lag. Atto deutete auf die nächsten Stufen, die weiter hinaufführten und auf die ein stärkeres, stetigeres Licht fiel. Wir streckten den Kopf vor und sahen, dass in der Wand entlang der Treppe tatsächlich ein Leuchter mit vier dicken Kerzen steckte, und oberhalb davon gelangte man in einen zweiten Stock, wo sich höchstwahrscheinlich in jenem Augenblick die Bewohner aufhielten.

Regungslos blieben wir eine Weile stehen und spitzten die Ohren. Tiefe Stille: Wir schlichen weiter hinauf. Plötzlich jedoch ließ uns ein Krachen zusammenzucken. Im ersten Stock war eine Tür geöffnet und dann barsch wieder zugeschlagen worden, und undeutlich waren zwei Männerstimmen zu hören gewesen. Dann näherten sich Schritte von den Zimmern her allmählich der Treppe. Atto und ich blickten einander angstvoll an: Ruckartig sprangen wir noch vier oder fünf Stufen hinauf. Hier, oberhalb des Kerzenleuchters, befand sich ein zweites Kämmerlein, in das wir hineinschlüpften in der Hoffnung, dass die Schritte nicht die Treppe herauf und auf unser augenblickliches Versteck zukommen würden. Wir hatten Glück. Wir vernahmen, wie eine Tür geschlossen wurde, dann noch eine, bis schließlich keine Schritte mehr zu hören waren und noch viel weniger die beiden Männerstimmen.

Unbequem in dem Kämmerlein auf halber Treppe niedergeduckt, wechselten Atto und ich einen Blick spürbarer Erleichterung. Auch hier schenkte uns ein Leuchter genügend Licht. Nachdem wir den Schrecken überwunden und aufgeatmet hatten, sahen wir uns um. Die Wände dieses zweiten Zimmerchens bedeckte ein hohes, reich bestücktes Bücherregal. Abbé Melani nahm einen der wohl geordnet aufgereihten Bände heraus, schlug ihn auf und überflog das Frontispiz.

Es war ein *Leben der Seligen Margarete von Cortona* von einem unbekannten Autor. Atto klappte es sogleich wieder zu und stellte es an seinen Platz zurück. Dann gingen durch seine Hände: das erste Buch eines *Theatrum Vitae Humanae* in acht Bänden, ein *Leben des Heiligen Filippo Neri*, ein *Fundamentum Doctrinae motus gravium Vitali Iordani*, ein *Tractatus de Ordine Iudiciorum*, danach eine schöne Ausgabe der *Institutiones ac meditationes in Graecam linguam* und zuletzt eine französische Grammatik und ein Buch, in dem *Die Kunst, gut sterben zu lernen* erklärt wurde.

Nachdem er auch diesen letzten kuriosen Band mit moralischem Hintergrund rasch durchgeblättert hatte, schüttelte der Abbé unwillig den Kopf.

»Was sucht Ihr?«, fragte ich, so leise ich konnte.

»Das ist doch klar: den Besitzer. Heutzutage signiert jedermann seine Bücher, zumindest die wertvollen, mit seinem Namen.«

Daraufhin unterstützte ich Atto und durchforschte rasch das *De arte Gymnastica* von Gerolamo Mercuriale, ein *Vocabularium Ecclesiasticum* und eine *Pharetra divini Amoris*, während der Abbé mit einem Schnauben die *Werke* von Plato und ein *Theater des Menschen* von Gaspare da Villa Lobos überging, aber voll Überraschung ein Exemplar des *Bacchus in der Toskana* jenes Francesco Redi begrüßte, der ihm so teuer war.

»Das verstehe ich nicht«, flüsterte er am Ende der Inspektion ungeduldig, »hier gibt es alles Mögliche: Geschichte, Philosophie, christliche Doktrin, alte und neue Sprachen, fromme Bücher, verschiedene Kuriositäten und sogar ein bisschen Astrologie. Da, sieh her: *Die Geheimnisse der Gestirne* von einem gewissen Antonio Carnevale und die *Ephemerides Andreae Argoli.* Aber in keinem Buch steht der Name des Besitzers.«

Da uns das Glück bis jetzt hold gewesen und wir nur um ein Haar nicht vom Hausherrn überrascht worden waren, wollte ich Atto gerade vorschlagen zu gehen, als ich auf ein Medizinbuch stieß. Das erste.

Ich hatte nämlich in einem anderen Fach gestöbert und ein Buch von Vallesius in die Hand bekommen, dann die *Medicina Septentrionalis* und die *Angewandte Anatomie* von Bonetus, ein *Römisches Antidotarium*, ein *Liber observationum medicarum Ioannes Chenchi*, ein *De Mali Ipocondriaci* von Paolo Tacchia, ein *Commentarium Ioannis Casimiri in Hippocratis Aphorismos*, eine *Enciclopedia Chirurgica Rationalis* von Giovanni Doleo und viele weitere Schriften über Medizin, Chirurgie und Anatomie. Beeindruckend fand ich unter anderem vier Bände einer insgesamt siebenbändigen Ausgabe der Werke von Galenus, die alle sehr schön in zinnoberrotes Leder mit goldenen Lettern gebunden waren; die übrigen drei standen nicht an ihrem Platz. Ich nahm eines der Bücher heraus, genoss es, den kostbaren Einband zu berühren, und schlug es auf. Ein kleiner Schriftzug rechts unten auf dem Frontispiz vermerkte: *Ioannis Tiracordae*. Das Gleiche, überprüfte ich rasch, stand in den anderen Büchern über medizinische Themen.

»Ich hab's!«, flüsterte ich aufgeregt. »Ich weiß, wo wir sind.«

Gerade wollte ich Atto meine Entdeckung mitteilen, da überraschte uns erneut das Quietschen einer Tür, die sich im ersten Stock öffnete, und eine alte Stimme, die rief:

»Paradisa! Komm herunter, unser Freund möchte gehen.«

Eine andere, weibliche Stimme antwortete aus dem zweiten Stock, sie werde sogleich da sein.

Nun drohte uns also von zwei Seiten Gefahr: die Frau, die aus dem zweiten Stock herunterkam, und der Hausherr, der im ersten auf sie wartete. Das Kämmerlein hatte keine Tür und war außerdem zu klein, um sich unbemerkt darin zu verstecken. Wir würden entdeckt werden.

Hören, begreifen und tun waren eins. Wie Eidechsen, die von einem Raubvogel verfolgt werden, huschten wir mit heimlicher Verzweiflung die Treppe hinunter in der Hoffnung, das Erdgeschoss vor den beiden Männern zu erreichen. Anderenfalls wäre uns der Ausweg abgeschnitten gewesen.

Der Augenblick der Wahrheit kam in weniger als einer Sekunde: Nach kaum ein paar Stufen vernahmen wir die Stimme des Hausherrn.

»Und vergesst nicht, mir morgen Euren köstlichen Likör mitzubringen!«, sagte er halb laut, aber sehr jovial, offensichtlich zu seinem Gast gewandt, während die beiden sich dem Fuß der Treppe näherten. Es blieb keine Zeit mehr: Wir waren verloren.

Jedes Mal, wenn ich an jene Schreckensmomente zurückdenke, wiederhole ich mir, dass nur die Gnade Gottes die vielen Strafen von uns abwendete, die wir durchaus verdienten. Ich sage mir jedoch auch, dass die Dinge gewiss anders gelaufen wären, wenn Abbé Melani nicht eine seiner Listen gebraucht hätte.

In einer blitzartigen Eingebung blies Atto nämlich energisch die vier Kerzen aus, die diesen Abschnitt der Treppe beleuchteten, wonach wir uns wieder in das Kämmerlein flüchteten, tief Luft holten und, diesmal mit vereinten Kräften, auch den Kandelaber löschten. Als der Hausherr die Treppe erreichte, war es dort stockdunkel, und die Stimme der Frau bat ihn, die Kerzen wieder anzuzünden. So erzielten wir einen doppelten Effekt: dass wir nicht gesehen wurden und dass die beiden, nur mit einer Öllampe ausgestatteten Männer umkehrten, um eine Kerze zu holen. In diesem kurzen Zeitraum schlichen wir tastend die Treppe hinunter.

Kaum im Erdgeschoss angelangt, hasteten wir in das ungenutzte Schlafzimmer, von dort in die Küche, und erreichten schließlich den Stall mit den Kutschen. Hier stolperte ich in der Eile und fiel mit dem Gesicht nach unten auf den dünnen Teppich aus Heu, wodurch ich einen der beiden Gäule scheu machte. Rasch zog Atto hinter uns die Türe zu, die Ugonio sogleich mühelos mit seinem Schlüssel absperrte.

Reglos blieben wir keuchend im Dunkeln stehen und lauschten an der Tür. Uns war, als hörten wir zwei oder mehr Personen in den Hof hinuntergehen. Die Schritte bewegten sich über das Pflaster zu dem Tor, das auf die Straße hinausführte. Wir vernahmen, wie sich der schwere Torflügel öffnete und dann mit einem dumpfen Schlag wieder zufiel. Dann erneut Schritte, die zurückkehrten und sich schließlich im Treppenhaus verloren. Zwei oder drei Minuten herrschte Grabesstille. Die Gefahr schien gebannt.

Wir zündeten also unsere Laterne wieder an und schlüpften durch die Luke. Kaum hatte sich die schwere Falltüre aus Holzbrettern mit einem gedämpften Knall über uns geschlossen, konnte ich Abbé Melani endlich meine Entdeckung mitteilen. Das Haus, in das wir eingedrungen waren, gehörte Giovanni Tiracorda, dem alten Leibarzt des Papstes.

»Bist du sicher?«, fragte mich Abbé Melani, während wir von neuem in die unterirdischen Höhlen eintauchten.

»Gewiss doch«, antwortete ich.

»Tiracorda, was für ein Zufall«, murmelte Atto mit leisem Lachen.

»Kennt Ihr ihn?«

»Es ist eine ganz außergewöhnliche Fügung. Tiracorda war Arzt bei dem Konklave, in dem Klemens IX., also Rospigliosi, mein Landsmann, zum Papst gewählt wurde. Und ich war auch zugegen.«

Ich freilich hatte noch nie das Wort an den alten Oberarzt gerichtet. Da Tiracorda Leibarzt zweier Päpste gewesen war, wurde er im Viertel sehr verehrt und noch immer Leibarzt genannt, obwohl er jetzt in Wirklichkeit das Amt eines Stellvertreters innehatte. Er wohnte in einem kleinen Palazzo, der Herzog Salviati gehörte und sich in der Via dell'Orso befand, nur zwei Türen vom Donzello entfernt, an der Ecke zur Via della Stufa delle Donne, die nach dem Frauenbad benannt war. Der Plan der unterirdischen Gänge, den Atto angefertigt hatte, erwies sich als wahrheitsgetreu: Von Tunnel zu Tunnel waren wir in Tiracordas Pferdestall gelandet und so beinahe an den Ausgangspunkt zurückgekehrt. Wenig wusste ich über Tiracorda, sogar sehr wenig: dass er eine Gemahlin hatte (vielleicht jene Paradisa, deren Namen wir kurz zuvor hatten rufen hören), dass es in seinem großen, schönen Haus auch zwei oder drei Mägde gab, die den Haushalt besorgten, und dass er seine Kunst im Hauptspital von Santo Spirito in Sassia ausübte.

Er war mehr rund als hoch, hatte bucklige Schultern und fast keinen Hals und einen großen vorstehenden Bauch, über dem er häufig die Hände faltete, als verkörpere er die Tugenden von Geduld und Toleranz, was auch auf ein phlegmatisches und unkriegerisches Wesen schließen ließ. Manchmal hatte ich ihn vom Fenster aus in seinem bodenlangen Gewand die Via dell'-Orso entlangtrotten sehen und beobachtet, dass er sich gern mit dem einen oder anderen Krämer unterhielt, wobei er sich über den Oberlippen- und den Spitzbart am Kinn strich. Da er trotz seiner Kahlköpfigkeit kein Freund von Perücken war und den Hut beständig in der Hand trug, glänzte sein leicht verbeulter Schädel in der Sonne, über der niedrigen, zerfurchten Stirn und den spitzen Ohren. Als ich ihm einmal begegnet war, hatten mich seine leuchtenden Apfelbäckchen und sein gutmütiger Blick beeindruckt: die buschigen Brauen über den tief liegenden Augen, das müde Lid des Arztes, der gewohnheitsmäßig, aber niemals resigniert das Leid der anderen betrachtet.

Nachdem wir den schwierigsten Teil des Heimwegs überwunden hatten, fragte der Abbé Ugonio, ob er ihm den Schlüssel, den er zum Aufsperren der Stalltüre benutzt hatte, nachmachen lassen könne.

»Euerster Dezisionalität sei assicuriert, ich ignorisiere nicht

Prätention, vorher wie jeher. Auch wenn, mehr Vater als Vatermörder gesprochen, perfektiösere Ausführlichung hätte vergangentlich nächtens garantisiert.«

»Du meinst, es wäre besser gewesen, den Schlüssel gestern Nacht nachzumachen? Und wo, bitte?«

Ugonio schien die Frage zu überraschen.

»Allernatürlichst in der Chiavari-Wegerei, wo Komarek druckisiert.«

Atto runzelte die Stirn. Dann langte er in die Tasche und zog die Bibelseite heraus. Mehrmals strich er mit der Handfläche darüber und hielt das Blatt dann senkrecht an die Laterne, die ich trug. Ich sah zu, wie er aufmerksam die Schatten musterte, die die Knitterfalten im Lichtschein warfen.

»Verflixt, wie konnte mir das entgehen?«, schimpfte der Abbé.

Und er zeigte mir mit dem Finger eine Form, die ich erst jetzt in der Mitte des Blattes zu ahnen vermeinte: »Wenn du genau hinschaust«, begann er zu erklären, »kannst du trotz der bösen Verfassung des Papiers ungefähr in der Mitte die Umrisse eines großen Schlüssels erkennen, mit länglichem Bart, genau wie der für die Abstellkammer. Hier, gerade hier, wo das Papier am glattesten geblieben ist, während es an den beiden Seiten eingeknickt wurde.«

»Dann wäre dieses Blatt nichts weiter als das Einwickelpapier eines Schlüssels?«, schloss ich überrascht.

»Eben. Und in der Via dei Chiavari, wo alle Schlüssel- und Riegelmacher ihre Läden haben, sind wir auf die klandestine Werkstatt Komareks, des Druckers, gestoßen, bei dem Stilone Priàso Kunde ist.«

»Dann habe ich verstanden«, folgerte ich. »Stilone Priàso hat die Schlüssel gestohlen und ist dann in die Via dei Chiavari gegangen, um sich in der Nähe von Komarek einen Nachschlüssel machen zu lassen.«

»Nein, mein Lieber. Einige von den Herbergsgästen – das hast du mir selbst erzählt, weißt du noch? – sagten, sie hätten schon früher in der Locanda del Donzello logiert.«

»Das stimmt: Stilone Priàso, Bedfordi und Angiolo Brenozzi«, erinnerte ich mich, »zu Zeiten von Signora Luigia, Gott hab sie selig.«

»Gut. Das bedeutet, dass Stilone höchstwahrscheinlich den Schlüssel zu der Abstellkammer, durch die man aus der Locanda in den Untergrund gelangt, schon vorher besaß. Außerdem hatte er ja auch einen mehr als triftigen Grund, bei Komarek vorbeizugehen, nämlich den Druck einer klandestinen Gazette. Nein, wir müssen keinen Auftraggeber Komareks mehr suchen, sondern nur einen weiteren Gast aus unserer Locanda. Einen, der sich nach dem Schlüsselbund, den er Pellegrino vorübergehend entwendet hatte, einen Zweitschlüssel zur Abstellkammer machen lassen wollte.«

»Dann ist Pater Robleda der Dieb! Er hat auf Malachias angespielt, weil er meine Reaktion sehen wollte. Vielleicht wusste er, dass er das Blatt mit der Prophezeiung des Malachias in den unterirdischen Gängen verloren hatte, und hat sich, um mich zu entlarven, einen Trick ausgedacht, der wirklich eines Meisterspions würdig ist, genau wie Dulcibeni behauptet«, rief ich aus und fasste dann für Atto Dulcibenis Schmährede gegen die Berufung der Jesuiten zur Spitzelei zusammen.

»Tja. Nun, vielleicht ist der Dieb tatsächlich Pater Robleda, auch weil ...«

»Gfrrrlûlbh«, mischte sich Ciacconio höflich ein.

»Fehlerische Argomentiones errates«, übersetzte Ugonio.

»Wie bitte?«, unterbrach sich Abbé Melani mit ungläubiger Miene.

»Ciacconio assicuriert, das Papierlein ist nicht Prophezeiligung des Malachias, mit Verlaub Euerster Decisionalität und um Skropel zu mindern, statt Skrupel zu mehren, wohlverstanden.«

Gleichzeitig zog Ciacconio eine kleine Bibel unter seiner Kutte hervor, schmutzig und abgegriffen, aber noch lesbar.

»Trägst du die immer bei dir?«, fragte ich.

»Gfrrrlûlbh.«

»Ist sehr religiophil, quasi trigott«, erklärte Ugonio.

Wir suchten im Index nach dem Propheten Malachias. Es handelte sich um das letzte Buch der zwölf kleinen Propheten und bildete daher die abschließenden Seiten des Alten Testaments. Ich blätterte rasch, bis ich die Überschrift fand, und begann wegen der winzigen Buchstaben sehr mühsam zu lesen:

PROPHETHIA

MALACHIÆ

CAPUT I.

Onus verbi Domini ad Israel in manu Malachiae.

Dilexi vos, dicit Dominus, & dixistis: in quo dilexisti nos? Nonne frater erat Esau Iacob, dicit Dominus, & dilexi Iacob, Esau autem odio habui? & posui montes ejus in solitudinem, & hereditatem ejus in dracones deserti.

Quod si dixerit Idumaea: Destructi sumus, sed revertentes aedificabimus quae destructa sunt: Haec dicit Dominus exercituum: Isti aedificabunt, & ego destruam: & vocabuntur terminis impietatis, & populus cui iratus est Dominus usque in aeternum.

Et oculi vestri videbunt: & vos dicetis: Magnificetur Dominus super terminum Israel.

Filius honorat patrem, & servus dominum suum: si ergo Pater ergo sum, ubi est honor meus? & si Dominus ego sum, ubi est timor meus? dicit Dominus exercituum ad vos, & sacerdotes, qui despicitis nomen meum, & dixitis: In quo despeximus nomen tuum? …

Ich hielt inne: Abbé Melani hatte das Blatt aus der Tasche gezogen, das Ugonio und Ciacconio gefunden hatten. Wir verglichen es. Obwohl beschädigt, las man darauf die Namen Ochozias, Accaron und Beelzebub, die hier nicht auftauchten. Nicht ein Wort stimmte überein.

»Es ist … nun ja, es ist ein anderer Text von Malachias«, bemerkte ich zögernd.

»Gfrrrlûlbh«, wandte Ciacconio kopfschüttelnd ein.

»Papierlein, also suggeriert Ciacconio mit Appell an die Kapell Euerster Decisionalität, um mehr Auspizier als Haruspex zu wirken und mehr Heiler als Heuchler zu sein, ist zweiterer Teil des *liber regum.*«

Und er erklärte, dass »Malachi«, das verstümmelte Wort, das man auf der zerrissenen Bibelseite lesen konnte, nicht das Überbleibsel von »Malachias« war, sondern von »Malachim«, was auf Hebräisch »der Könige« hieß. Und zwar, so erläuterte Ugonio geduldig, weil in vielen Bibeln die Überschrift auch nach der jüdischen Fassung geschrieben wird, die nicht immer der christlichen entspricht: Die beiden Bücher der Makkabäer, zum Beispiel, nehmen die Juden nicht in die Heilige Schrift auf. Folglich lautete das vollständige Schema des durch den Riss und den Blutfleck beschädigten Titels nach Meinung der Heiligenfledderer ursprünglich:

Schriftart Gerade

LIBER REGUM.

SECUNDUS MALACHIM.

Caput Primum.

»Liber Regum« bedeutete »Buch der Könige«, während »Secundus Malachim« für »Zweites Buch der Könige« stand – nicht für »des Malachias«. Wir schlugen in der Bibel der Heiligenfledderer das Zweite Buch der Könige auf: Tatsächlich entsprachen Überschrift und Text genau sowohl dem zerrissenen Zettel als auch dem Schema von Ugonio und Ciacconio. Abbé Melani machte ein finsteres Gesicht.

»Nur eine Frage: Warum habt ihr uns das nicht früher gesagt?«, erkundigte er sich, während ich schon die einstimmige Antwort der Heiligenfledderer ahnte.

»Nicht uns Ehrung angediehen, befragt zu werden«, erwiderte Ugonio.

»Gfrrrlûlbh«, pflichtete ihm Ciacconio bei.

Also hatte Robleda weder die Schlüssel noch die Perlen gestohlen, er war nicht in den unterirdischen Gängen gewesen, er hatte nicht das Flugblatt mit dem Bibeltext verloren, er wusste nichts über die Via dei Chiavari und Komarek. Und noch viel weniger über Signor de Mourai alias Nicolas Fouquet. Oder besser gesagt, es gab keinen Grund, ihn mehr zu verdächtigen als jeglichen anderen Gast, denn seine lange Rede über die Prophezeiung des Malachias hatte er vollkommen zufällig gehalten. Kurzum, wir waren so klug als wie zuvor.

Zum Ausgleich hatten wir entdeckt, dass der Gang D in einem großen, geräumigen Wohnhaus endete, dessen Besitzer der päpstliche Leibarzt war. Doch ein weiteres Geheimnis war diese Nacht aufgetaucht. Außer der Bibelseite hatten wir nämlich noch die Ampulle mit Blut gefunden, die jemandem aus Versehen (oder etwa absichtlich?) in dem Tunnel, der zu Tiracorda führte, abhanden gekommen war.

»Meint Ihr, dass der Dieb die Ampulle verloren hat?«, fragte ich Abbé Melani.

In diesem Moment stolperte der Abbé über einen Stein, der aus der Erde hervorstand, und stürzte bös. Wir halfen ihm beim Aufstehen, obgleich er jede Hilfe zurückwies; hastig klopfte er sich den Staub ab, verärgert über das Vorgefallene, und verwünschte ausgiebig die Erbauer des Tunnels, die Pest, die Ärzte, die Quarantäne und zuletzt die beiden unschuldigen Heiligenfledderer, die bei solch unverdienter Schmähung einen gedemütigten Blick tauschten.

So konnte ich dank jenes auf den ersten Blick ganz harmlosen Zwischenfalls in aller Deutlichkeit die unerwartete Veränderung wahrnehmen, die seit einiger Zeit in dem Abbé vorging. Waren seine Augen in den ersten Tagen stechend, so blickten sie jetzt häufig nachdenklich. Sein stolzer Schritt war vorsichtig geworden, die vorher selbstgewisse Geste zögerlich. Seine scharfsichtigen, eindringlichen Überlegungen gaben nun manchmal Zweifeln und Zurückhaltung Raum. Sicherlich, wir waren mit Erfolg in das Haus von Tiracorda eingedrungen und hatten uns dabei großer Gefahr ausgesetzt. Sicherlich, wir wagten es, fast blindlings neue Gänge zu erforschen, mehr von Ciacconios Nase als von unseren Lampen geleitet. Doch bei alldem war mir, als sähe ich Abbé Melanis Hand ab und zu leise zittern und seine Augen sich halb schließen in einem stummen Stoßgebet.

Diese neue Gemütsverfassung, die im Augenblick nur zeitweise wie ein halb verschüttetes Relikt auftauchte, hatte sich erst seit kurzer, ja allerkürzester Zeit bei ihm gezeigt. Wie sie entstand, ließ sich schwer nachvollziehen; sie wurde nämlich nicht durch ein besonderes Ereignis ausgelöst, sondern durch alte und neue Geschehnisse, die sich nun mühsam zu einer einzigen Form verbanden. Einer noch kaum greifbaren Form allerdings. Die Substanz dagegen war schwarz und blutig, wie die Angst, die – davon war ich überzeugt – Abbé Melani in Gedanken umtrieb.

Aus dem Gang D waren wir in Tunnel C zurückgekehrt, der es zweifellos verdiente, demnächst gründlich erforscht zu werden. Jetzt jedoch würden wir die Abzweigung E, die zum Kanzleipalast führte, rechts liegen lassen und geradeaus weitergehen.

Der geistesabwesende Ausdruck und vor allem das Schweigen des Abbé entgingen mir nicht. Ich ahnte, dass er über unsere Entdeckungen nachgrübelte, und beschloss daher, ihn mit der Neugier anzuspornen, die er selbst mir wenige Stunden zuvor eingeflößt hatte.

»Ihr habt behauptet, dass Ludwig XIV. niemanden je mehr gehasst hat als den Oberintendanten Fouquet.«

»Allerdings.«

»Und dass sich, wenn er entdeckt hätte, dass Fouquet nicht in Pinerolo gestorben war, sondern sich frei und lebendig in Rom aufhielt, sein Zorn gewiss aufs Neue entladen hätte.«

»Ganz genau.«

»Aber warum so viel Erbitterung?«

»Das ist noch gar nichts gegenüber der Raserei, die den Souverän in den Tagen der Verhaftung und während des Prozesses umtrieb.«

»Genügte es dem König nicht, den Oberintendanten fortgejagt zu haben?«

»Du bist nicht der Einzige, der sich solche Fragen stellt. Und du brauchst dich nicht darüber zu wundern, denn niemand hat eine Antwort darauf gefunden. Nicht einmal ich. Zumindest bis jetzt.«

Der geheimnisvolle Hass Ludwigs XIV. auf Fouquet, erklärte mir Abbé Melani, lieferte in Paris unablässigen Gesprächsstoff.

»Es gibt da Dinge, die ich dir aus Zeitmangel noch nicht erzählen konnte.«

Ich tat so, als glaubte ich seiner Rechtfertigung. Doch wusste ich, dass Atto erst aufgrund seiner neuen Gemütsverfassung nun bereit war, mir bestimmte Dinge zu eröffnen, die er mir vorher verschwiegen hatte. So kam es, dass er mir die schrecklichen Tage schilderte, in denen sich die Schlinge der Verschwörung um den Hals des Oberintendanten zusammenzog.

Mit dem Tag des Todes von Kardinal Mazarin beginnt Colbert sein Netz zu spinnen. Er weiß, dass er stets unter dem Vorwand des Staatswohles und des Ruhms der Monarchie handeln muss. Er weiß auch, dass ihm nicht viel Zeit bleibt: Man muss rasch vorgehen, solange der König in Finanzdingen noch unerfahren ist. Ludwig ahnt nicht, was wirklich unter der Regierung von Mazarin geschehen ist, dessen geheime Ränke er nicht kennt. Der Einzige, der die Papiere des Kardinals handhabt, ist Colbert, der um tausend Geheimnisse weiß. Und während er schon die Dokumente antastet und die Beweise fälscht, verpasst der Colubra keine Gelegenheit, dem Souverän wie feines Gift das Misstrauen gegen den Oberintendanten einzuflößen. Derweil besänftigt er Letzteren mit vorgetäuschten Treuebeweisen. Seine Rechnung geht voll auf: Schon drei Monate vor dem Fest auf dem Schloss von Vaux grübelt der König darüber nach, wie er seinen Oberintendanten der Finanzen zu Fall bringen kann. Es besteht jedoch noch ein letztes Hindernis: Fouquet, der auch das Amt eines Generalprokurators bekleidet, genießt parlamentarische Immunität. Die Schlange, den dringenden Geldbedarf des Königs ins Felde führend, überredet das Eichhörnchen, sein Amt zu verkaufen.

Der arme Nicolas tappt voll in die Falle: Er bekommt eine Million und vierhunderttausend *livres* dafür, und kaum kriegt er eine Anzahlung von einer Million, schenkt er sie dem König.

»Und als der König das Geld erhalten hatte, sagte er: ›Er hat sich eigenhändig in Ketten gelegt‹«, erinnerte sich Atto bitter, während er ein wenig Erde von seinen Ärmeln schüttelte und dann missmutig den besudelten Besatz der Manschette musterte.

»Das ist ja schrecklich!«, rief ich unwillkürlich aus.

»Nicht so arg, wie du glaubst, mein Junge. Der König erprobte zum ersten Mal seine Macht. Das kann man nur, wenn man königliche Willkür übt, und manchmal Unrecht. Welcher Machtbeweis wäre es denn, die Besten zu fördern, die doch schon dank ihrer Eigenschaften für die höchsten Gipfel bestimmt sind? Mächtig ist vielmehr der, dem es gelingt, den Mittelmäßigen und den Bösen über die Weisen und Guten an die Spitze zu erheben und so durch eine bloße Laune den natürlichen Gang der Ereignisse zu untergraben.«

»Argwöhnte Fouquet denn nichts?«

»Das ist ein Geheimnis. Er wurde durchaus von mehreren Seiten gewarnt, dass sich etwas gegen ihn zusammenbraute. Doch er hatte ein reines Gewissen. Ich entsinne mich, dass er lächelnd mit den Worten eines seiner Vorgänger antwortete: ›Die Oberintendanten sind dazu da, gehasst zu werden.‹ Gehasst von den Königen, die immer mehr Geld für Kriege und Ballette fordern; und gehasst vom Volk, das Steuern zahlen muss.«

Fouquet, fuhr Atto fort, wusste sogar, dass in Nantes, wo man ihm ja am Ende wenig später die Handschellen anlegte, etwas Wichtiges passieren sollte, doch er wollte der Realität nicht ins Auge sehen: Er war überzeugt, der König werde Colbert festnehmen lassen und nicht ihn. Nach der Ankunft in Nantes überredeten ihn seine Freunde, in einem Haus zu logieren, das über einen unterirdischen Tunnel verfügte: ein altes Aquädukt, das am Strand herauskam, wo ständig ein vollkommen ausgerüstetes Boot ablegebereit auf ihn warten würde, um ihn in Sicherheit zu bringen. In den folgenden Tagen bemerkt Fouquet tatsächlich, dass die Straßen rund um das Haus sich mit Musketieren füllen. Er beginnt die Augen zu öffnen, bekräftigt aber seinen Getreuen gegenüber, dass er den Fluchtweg niemals nutzen wird: »Ich muss das Risiko eingehen. Ich kann nicht glauben, dass der König mich ruinieren will.«

»Ein fataler Irrtum!«, rief Atto aus. »Der Oberintendant kannte nur die Politik des Vertrauens. Und er hatte nicht erkannt, dass seine Zeiten weggefegt worden waren von der rüden Politik des Argwohns. Mazarin war tot, alles war anders.«

»Aber wie war Frankreich denn, bevor Mazarin starb?«

Abbé Melani seufzte: »Wie war es, wie war es ... es war das gute alte Frankreich Ludwigs XIII. Eine, wie soll ich sagen?, eine Welt, die offener war, in Bewegung, und wo, so schien es, für immer Redefreiheit, Urteilsfreiheit, fröhliche Originalität, Kühnheit der Ansichten und moralische Ausgewogenheit herrschen sollten. In den prächtigen Salons von Madame de Sévigné und ihrer Freundin, Madame de la Fayette, ebenso wie in den Motti des Messieur de la Rochefoucauld und in den Versen von Jean de La Fontaine. Niemand konnte die eisige und absolute Regierung des neuen Königs vorhersehen.«

Sechs Monate genügten der Schlange, um das Eichhörnchen zu ruinieren. Nach der Festnahme schmachtete Fouquet drei Monate im Gefängnis, bevor er einen Prozess erwirken konnte. Im Dezember 1661 wurde endlich die Justizkammer gebildet, die über ihn urteilen sollte. Ihr gehörten der Kanzler Pierre Séguier, der Präsident Lamoignon und sechsundzwanzig aus den regionalen Parlamenten und unter den Verwaltungsrichtern ausgewählte Mitglieder an.

Präsident Lamoignon eröffnete die erste Sitzung, indem er mit tragischer Emphase die qualvolle Misere des französischen Volkes schilderte, dem jedes Jahr neue Abgaben aufgebürdet wurden und das vor Hunger, Krankheiten und Verzweiflung nicht mehr aus noch ein wusste. Zu all dem kamen noch die schlechten Ernten der letzten Jahre, die die Lage weiter verschärft hatten. In vielen Provinzen wurde buchstäblich hungers gestorben, während die räuberische Hand der Steuereintreiber keine Gnade kannte und sich mit immer größerer Gier über die armen Dörfer ausstreckte.

»Was hatte das Elend des Volkes denn mit Fouquet zu tun?«, fragte ich.

»Einiges, einiges. Die Schilderung diente dazu, eine These zu formulieren und zu untermauern: Die Menschen auf dem

Land verhungerten, weil Fouquet sich auf skandalöse Weise an dem Geld des Staates bereichert hatte.«

»Und stimmte das nicht?«

»Selbstverständlich nicht. Erstens: Fouquet war nicht wirklich reich. Zweitens: Seit er in Pinerolo in Haft kam, ist das Elend in den französischen Dörfern nur noch bitterer. Doch höre, wie es weiterging.«

Als der Prozess begann, wurden die Bürger mittels einer Bekanntmachung, die in allen Kirchen des Reiches verlesen wurde, aufgefordert, Steuereinnehmer und Zöllner anzuzeigen, die sich finanzieller Vergehen schuldig gemacht hätten. Eine zweite Bekanntmachung verbot diesen Bösewichtern, ihre Stadt zu verlassen. Bei Zuwiderhandlung würden sie sofort der Amtsunterschlagung angeklagt, ein Delikt, das mit dem Tod bestraft wurde.

Die damit erzielte Wirkung war enorm. Alle Zöllner, Steuereinnehmer und -pächter waren vor dem Volk sogleich als Kriminelle hingestellt worden; der steinreiche Oberintendant der Finanzen Nicolas Fouquet wurde automatisch zum Oberhaupt einer Räuberbande, die die Bauern aushungerte.

»Nichts war verkehrter als das: Fouquet hatte die Krone stets, aber vergeblich auf die Gefahr hingewiesen, zu hohe Abgaben zu fordern. Als er als Intendant der Finanzen in die Dauphiné entsandt worden war mit dem Ziel, diesen unfolgsamen Leuten noch mehr Geld abzupressen, hatte er sich sogar von Mazarin fortjagen lassen. Aus eingehenden Untersuchungen hatte Fouquet nämlich den Schluss gezogen, dass die Steuern in jener Region unerträglich hoch waren, und es gewagt, einen offiziellen Antrag auf Steuererleichterungen nach Paris zu senden. Die Parlamentarier der Dauphiné erhoben sich *en masse*, um Fouquet zu verteidigen.«

Doch an diese Zeiten schien sich niemand mehr zu erinnern. Bei dem Prozess gegen den Oberintendanten wurden anfangs gleich sechsundneunzig Anklagepunkte verlesen, die der Oberrichter weise auf etwa zehn reduzierte: vor allem, dem König falsche Darlehen gewährt und dafür zu Unrecht Zinsen erhoben zu haben. Zweitens, auf gesetzwidrige Weise das Geld des Königs mit dem eigenen vermischt und es für private Zwecke genutzt zu haben. Drittens, von den Steuerpächtern über dreihunderttausend *livres* erhalten zu haben, damit er ihnen günstige Konditionen einräumte, und unter verschiedenen Decknamen persönlich die Summe einiger Abgaben kassiert zu haben. Viertens, dem Staat gegen bares Geld alte verfallene Wechsel untergeschoben zu haben.

Als die Verhandlung am Anfang steht, lodert der Volkshass auf Fouquet sehr heftig. Schon am Tag nach der Festnahme hatten die Wachen, die ihn eskortierten, darauf achten müssen, einige Dörfer zu meiden, wo die wild gewordene Menge bereit war, ihm bei lebendigem Leib die Haut abzuziehen.

Der Oberintendant, von allem und allen isoliert in seine winzige Zelle eingeschlossen, macht sich nicht im Entferntesten klar, wie tief der Abgrund ist, in den er gestürzt ist. Seine Gesundheit leidet zusehends, und er verlangt nach einem Beichtvater; er schickt dem König entlastende Verteidigungsschriften; er bittet ihn viermal vergeblich darum, empfangen zu werden; er bringt Briefe in Umlauf, in denen er seine Sache stolz vertritt; er wiegt sich in der Illusion, dass der Zwischenfall ehrbar abgeschlossen werden könne. Alle seine Anträge werden abgelehnt, und allmählich dämmert es ihm, dass die vom König und von Colbert errichtete Mauer von Feindseligkeit undurchdringlich ist.

Colbert zieht derweil die Fäden hinter den Kulissen: Er lädt die Mitglieder der Justizkammer in Gegenwart des Königs vor und setzt sie mit Empfehlungen und Drohungen unter Druck. Schlimmer macht er es mit den Zeugen, gegen die vielfach ebenfalls ermittelt wird.

Wir wurden von Ugonio unterbrochen. Er zeigte auf eine Luke, durch die er und Ciacconio sich einige Wochen zuvor heruntergelassen hatten, wodurch sie den Tunnel entdeckten, den wir gerade entlanggingen.

»Wohin führt die Luke?«

»Subpantheonium hintherum.«

»Merk's dir, Junge«, sagte Atto zu mir. »Durch diese Luke gelangt man, wenn ich recht verstanden habe, in einen unterirdischen Gang hinter dem Pantheon. Dann findet man sich im Hof irgendeines Privathauses wieder, und zuletzt benutzt man einen eurer Schlüssel, um das Tor zu öffnen und auf die Straße zu kommen, nicht wahr?«

Ugonio nickte mit einem plumpen, beifälligen Lächeln, stellte jedoch klar, dass keinerlei Schlüssel benötigt werde, da das Tor immer offen sei. Nachdem wir diese Neuigkeiten aufgenommen hatten, marschierten wir weiter, und Abbé Melani fuhr in seiner Erzählung fort.

Beim Prozess verteidigte Fouquet sich allein, ohne Advokat. Seine Ausdrucksweise war mitreißend, seine Geistesgegenwart unschlagbar, seine Beweisführung subtil und einschmeichelnd, sein Gedächtnis unfehlbar. Seine Papiere waren beschlagnahmt und wahrscheinlich von allem purgiert worden, was ihm zur Entlastung gereicht hätte. Aber der Oberintendant verteidigte sich, wie niemand sonst es je vermocht hätte. Auf jeden Einwand hielt er eine Antwort parat. Unmöglich, ihn in Widersprüche zu verwickeln.

»Wie ich dir schon angedeutet habe, wurde auch die Fälschung einiger Beweisdokumente durch Berryer, einen Mann Colberts, aufgedeckt. Und am Ende gestattete es die Gesamtlage der Akten (ein Berg von Papieren) nicht, Fouquet auch nur eines einzigen Anklagepunktes zu überführen. Vielmehr tauchten Verantwortlichkeiten und Verwicklungen Mazarins auf, dessen Andenken jedoch unbefleckt bleiben musste.«

Colbert und der König, die auf eine völlig geknechtete, rasche und gnadenlose Justiz hofften, hatten nicht damit gerechnet, dass viele Richter der Justizkammer, die Fouquet früher schätzten, sich weigern würden, aus dem Prozess eine reine Formsache zu machen.

Die Zeit verging rasch: Die Verhandlungen zogen sich über drei lange Jahre hin. Fouquets leidenschaftliche Plädoyers wurden zu einer Attraktion für ganz Paris. Das Volk, das ihn im Augenblick der Festnahme hatte lynchen wollen, trauerte ihm allmählich nach. Colbert war vor nichts zurückgeschreckt, um Steuern einzutreiben, die für neue Kriege und die Fertigstellung des Schlosses von Versailles dienen sollten. Die Bauern waren noch mehr geschunden, verfolgt und gehenkt worden. Der Colubra übte mit seinen Steuererhöhungen viel mehr

Druck aus, als Fouquet es je gewagt hätte. Zudem zeigt das Inventar der Güter, die Fouquet im Augenblick der Festnahme besaß, dass die Konten des Oberintendanten Passiva aufwiesen. All die Pracht, mit der er sich umgab, diente nur dazu, seinen Gläubigern Sand in die Augen zu streuen, denen gegenüber er persönlich haftete, da er nicht mehr wusste, wie er die Kriegsausgaben Frankreichs bestreiten sollte. So hatte er privat sechzehn Millionen *livres* Schulden gemacht, wohingegen sein Vermögen in Ländereien, Häusern und Ämtern insgesamt auf nicht mehr als fünfzehn Millionen *livres* geschätzt wurde.

»Nichts im Vergleich zu den dreiunddreißig Millionen, die Mazarin seinen Nichten als Erbe hinterlassen hat!«, ereiferte sich Atto.

»Also hätte Fouquet sich retten können«, bemerkte ich.

»Ja und nein«, erwiderte der Abbé, während wir stehen blieben, um in einer der beiden Laternen Öl nachzugießen. »Erstens konnte Colbert verhindern, dass die Richter das Inventar der Güter Fouquets einsahen. Vergeblich forderte der Oberintendant, es zu den Akten zu nehmen. Und dann war gleich nach seiner Festnahme noch eine Entdeckung gemacht worden, die schließlich seinen Untergang besiegelte.«

Dieser letzte Anklagepunkt hatte mit finanzieller Misswirtschaft oder anderen Geldfragen nichts zu tun. Es handelte sich um ein Dokument, das bei der Durchsuchung von Fouquets Haus in Saint-Mandé hinter einem Spiegel versteckt gefunden wurde: ein Brief von 1657, vier Jahre vor der Verhaftung, der an Freunde und Verwandte adressiert war. In dieser Botschaft äußerte der Oberintendant seine Besorgnis wegen des Misstrauens, das er in Mazarin wachsen fühlte, und wegen der Ränke, mit denen die Feinde ihn zu ruinieren suchten. Danach gab Fouquet Anweisungen, was zu tun sei, falls Mazarin ihn verhaften ließe. Es war kein Plan für eine Revolte, sondern für eine subtile politische Agitation, die den Kardinal beunruhigen und ihn dazu bringen sollte zu verhandeln, denn Fouquet wusste genau, dass Mazarin dazu neigte, seine Schritte noch einmal zu überdenken, um sich aus der Verlegenheit zu ziehen.

Obwohl in dem Dokument niemals von einer Revolte gegen die Krone die Rede war, präsentierte es die Anklage als den Plan eines Staatsstreichs. So ähnlich wie die Fronde, kurz gesagt, an die sich alle Franzosen nur zu gut erinnerten. Die Aufständischen sollten, behauptete die Anklage weiter, auf der Festungsinsel Belle-Île beherbergt werden, die Fouquet gehörte. Die Untersuchungsrichter schickten Emissäre an die bretonische Küste, wo Belle-Île liegt, die sich bemühten, die Befestigungsarbeiten, die Kanonen, die Pulverkammern und Munitionsdepots als Schuldbeweise darzustellen.

»Aber warum hatte Fouquet eine Festung auf der Insel bauen lassen?«

»Er war ein Genie der Seepolitik und der Marinestrategie und plante, Belle-Île als Stützpunkt gegen England zu nutzen. Er hatte sogar daran gedacht, eine Stadt zu errichten, deren natürlicher, besonders günstig gelegener Hafen den gesamten Handelsverkehr des Nordens von Amsterdam abziehen sollte, womit er dem König von Frankreich einen großen Dienst erwiesen hätte.

Verhaftet wegen Amtsunterschlagung, sah sich Fouquet somit plötzlich als Umstürzler angeprangert. Und das war noch nicht alles. In Saint-Mandé war auch eine mit einem Vorhängeschloss versehene hölzerne Kassette gefunden worden, die die Geheimkorrespondenz des Oberintendanten barg. Die Kommissare des Königs fanden darin die Namen der allerengsten Getreuen des Angeklagten, und viele begannen zu zittern. Der größte Teil der Briefe wurde dem König übergeben, und schließlich wurden sie samt und sonders Colbert anvertraut. Letzterer bewahrte eine Menge davon auf, da er genau wusste, für wie viele Erpressungen sie noch nützlich sein konnten. Nur wenige Papiere, die Colbert in aller Ruhe auswählen konnte, wurden am Ende verbrannt, um einige berühmte Namen nicht zu kompromittieren.«

»Meint Ihr denn«, unterbrach ich die Erzählung, »dass die Briefe von Kircher, die Ihr in Colberts Arbeitszimmer entdeckt habt, sich auch in dieser Kassette befanden?«

»Vielleicht.«

»Und wie ging der Prozess aus?«

Fouquet hatte den Ausschluss verschiedener Richter beantragt. Zum Beispiel von Pussort, einem Onkel Colberts, der seinen Neffen, den Colubra, hartnäckig als »meine Partei« bezeichnete. Pussort attackierte Fouquet mit solcher Vehemenz, die ihn hinderte zu antworten, dass die anderen Richter ganz nervös wurden.

Dem Gerichtshof gehörte auch der Kanzler Séguier an, der während der Fronde für die Aufständischen und gegen die Krone Partei ergriffen hatte. Fouquet gab zu bedenken: Wie konnte Séguier über ein Staatsverbrechen urteilen? Am folgenden Tag applaudierte ganz Paris dem brillanten Angriff des Angeklagten, doch dem Ausschlussantrag wurde nicht stattgegeben.

Das Publikum begann zu rumoren: Kein Tag verging, ohne dass eine neue Anklage gegen Fouquet vorgebracht wurde. Seine Ankläger hatten den Strang um Fouquets Hals so verstärkt, dass er nun beinahe zu dick war, um ihn zu erdrosseln.

So nahte die entscheidende Stunde. Einigen Richtern wurde vom König persönlich nahe gelegt, sich nicht mehr für den Prozess zu interessieren. Selbst Talon, der in seinen Plädoyers sehr viel Eifer, aber wenig Erfolg gezeigt hatte, musste einem anderen Generalprokurator Platz machen: Chamillart. Am 14. November 1664 trug dieser der Justizkammer seine Schlussfolgerungen vor. Chamillart forderte, Fouquet zum Tod am Galgen zu verurteilen, außerdem zur Rückgabe aller dem Staat widerrechtlich unterschlagenen Summen. Danach fiel es den Prozessberichterstattern zu, ihre Rede zu halten. Der Richter Olivier d'Ormesson, den Colbert vergeblich einzuschüchtern versucht hatte, sprach leidenschaftlich fünf Tage lang, wetterte gegen den Fälscher Berryer und dessen Auftraggeber und forderte zum Schluss die Verurteilung zum Exil: die bestmögliche Lösung für Fouquet.

Der zweite Berichterstatter, Sainte-Hélène, äußerte sich in leiseren, gemäßigteren Tönen, aber er forderte die Todesstrafe. Danach musste jeder Richter sein Votum abgeben.

Die Zeremonie war lange und herzzerreißend, für manche bedeutete sie den Ruin. Der Richter Massenau ließ sich trotz einer schweren Krankheit in den Gerichtssaal bringen und murmelte: »Besser, ich sterbe hier.« Er stimmte für das Exil. Der Richter Pontchartrain hatte Colberts Schmeicheleien und Drohungen widerstanden: Auch er stimmte für das Exil und ruinierte damit seine eigene Karriere und die seines Sohnes. Der Richter Roquesante beendete seine Laufbahn (er schon!) im Exil, weil er nicht für die Todesstrafe votierte.

Am Ende entschieden sich nur neun von sechsundzwanzig Richtern für die Todesstrafe. Fouquets Kopf war gerettet.

Sobald das Urteil bekannt gegeben wurde, das Fouquet das Leben rettete und ihm, wenn auch außerhalb von Frankreich, die Freiheit schenkte, herrschte in Paris große Erleichterung und Freude.

Doch hier betrat Ludwig XIV. die Szene. Zornbebend widersetzte er sich resolut dem Exil. Er annullierte die Sentenz der Justizkammer und machte so die drei langen Jahre des Prozesses zunichte. Mit einer in der Geschichte des französischen Königreichs beispiellosen Entscheidung wandte der Allerchristlichste König das königliche Recht, Urteile umzuwandeln, das bisher genutzt wurde, um Gnade zu gewähren, umgekehrt an: Er verurteilte Fouquet zu lebenslanger Haft, die dieser in vollkommener Isolation in der fernen Festung Pinerolo verbüßen sollte.

»Paris war bestürzt. Niemand hat je den Grund für diese Entscheidung begriffen. Es war, als nährte der König einen heimlichen, unbezwingbaren Hass gegen Fouquet«, sagte Abbé Melani.

Es genügte Ludwig XIV. nicht, den Oberintendanten abzusetzen, ihn zu demütigen, ihn aller seiner Güter zu berauben und ihn an den Grenzen des französischen Bodens einzukerkern. Der König selbst plünderte das Schloss von Vaux und die Residenz von Saint-Mandé und richtete sein eigenes Königsschloss mit den Möbeln, den Sammlungen, den Vorhängen, den Goldgegenständen und Gobelins von Fouquet ein; auch die dreizehntausend kostbaren Bände, die der Oberintendant in Jahren des Studiums und der Forschung liebevoll ausgewählt hatte, wurden der Königlichen Bibliothek einverleibt. Das Ganze war mindestens vierzigtausend *livres* wert.

Für Fouquets Gläubiger, die sich plötzlich von überall gemeldet hatten, blieben nur noch Krümel übrig. Einer von ihnen, ein Spengler namens Jolly, drang in Vaux und in die anderen Wohnsitze ein und entfernte voller Wut eigenhändig alle Polsterungen aus kostbarem Leder; dann grub er die hochmodernen Wasserleitungen aus und nahm die Bleirohre mit, ohne die der Wert der Parks und Gärten von Vaux gegen null sank. Stuckverzierungen, Ornamente und Lampen wurden hastig von anderen zornigen Händen herausgerissen. Am Ende der Plünderung glichen die ruhmreichen Residenzen von Nicolas Fouquet zwei leeren Muscheln: Der Beweis für die Wunder, die sie einst enthielten, schlummerte nur noch in den Inventarien der Durchsuchenden. Fouquets Besitzungen auf den Antillen dagegen wurden von den Bediensteten des Oberintendanten in Übersee zerfleischt.

»War das Schloss in Vaux so schön wie das Königsschloss in Versailles?«, fragte ich.

»Vaux nahm Versailles um gut fünf Jahre vorweg«, sagte Atto mit berechneter Emphase. »Und für vieles diente es als Inspiration. Wenn du nur wüsstest, welchen Stich ins Herz diejenigen empfinden, die mit Fouquet Umgang pflegten und heute, wenn sie durch das Schloss von Versailles gehen, die Gemälde, die Statuen und die anderen Wunderwerke wiedererkennen, die dem Oberintendanten gehörten, und darin immer noch seinen erlesenen, sicheren Geschmack spüren …«

Er schwieg, und ich meinte fast, er werde gleich in Tränen ausbrechen.

»Vor einigen Jahren unternahm Madame de Sévigné eine Wallfahrt nach Schloss Vaux«, fing Atto wieder an. »Und sie ist dabei gesehen worden, wie sie lange um den Ruin all jener Schätze und ihres großen Herrn weinte.«

Die Tortur wurde durch die Gefängnisordnung noch vervollkommnet. Der König befahl, dass es Fouquet in Pinerolo sogar verboten werden solle, zu schreiben oder mit anderen Menschen zu sprechen außer mit seinen Gefängniswärtern. Was der Gefangene im Kopf und auf der Zunge hatte, würde sein bleiben, nur sein. Der Einzige, der, eingenistet in den Ohren seiner Wächter, die Stimme des Häftlings vernehmen durfte, war der König. Und wenn Fouquet nicht mit seinem Peiniger sprechen wollte, so sollte er eben schweigen.

Viele in Paris begannen eine Erklärung zu ahnen. Hätte Ludwig XIV. den Gefangenen für alle Ewigkeit zum Schweigen bringen wollen, so hätte es nicht an Gelegenheiten gemangelt, ihm eine entsprechend gewürzte Suppe kredenzen zu lassen …

Aber die Zeit verging, und Fouquet lebte immer noch. Vielleicht war die Frage also doch komplizierter. Vielleicht begehrte der Souverän etwas, was der Häftling in dem eisigen Schweigen seiner Zelle weiter für sich behielt. Eines Tages, vermutete man, würden die Entbehrungen der Gefangenschaft ihn zum Reden bringen.

Ugonio forderte unsere Aufmerksamkeit. Durch unser Gespräch abgelenkt, hatten wir vergessen, dass Ciacconio eine fremde Präsenz gerochen hatte, als wir uns in Tiracordas Haus aufhielten. Nun hatte die Nase des Heiligenfledderers erneut etwas gerochen.

»Gfrrrlûlbh.«

»Verschwitzigte, veraltete, verschrockene Präsentia«, erklärte Ugonio.

»Kann er uns zufällig sagen, was der Unbekannte zu Mittag gegessen hat?«, fragte Atto Melani spöttisch.

Ich befürchtete, der Heiligenfledderer könnte es übel nehmen, da sein hochempfindlicher Geruchsinn uns sehr nützlich gewesen war und wahrscheinlich noch sein würde.

»Gfrrrlûlbh«, antwortete dagegen Ciacconio, nachdem er seinen verbogenen Riechkolben in die Luft gehalten hatte.

»Ciacconio wittiert Kuheuter«, übersetzte sein Gefährte, »probabilistisch mit Ei, Schinkon und Weißwein, möglichenweiser auch Brühe und Zuckar.«

Atto und ich tauschten einen verblüfften Blick. Genau das Gericht, das ich mit so viel Sorgfalt für die Herbergsgäste des Donzello zubereitet hatte. Davon konnte Ciacconio nichts wissen: Und doch war er fähig gewesen, in der Duftspur des Unbekannten nicht nur den Geruch von Kuheuter zu unterscheiden, sondern sogar das Aroma einiger Zutaten, die ich beigemengt hatte. Wenn die Nase des Heiligenfledderers ihn nicht täuschte, schlossen wir ungläubig, so verfolgten wir einen Herbergsgast des Donzello.

Die Erzählung von Fouquets Prozess hatte sich recht lang hingezogen, und unterdessen hatten wir Tunnel C ein ziemlich großes Stück erforscht. Schwer zu sagen, wie weit wir uns von den unterirdischen Räumen unter der Piazza Navona entfernt hatten und wo wir uns im Augenblick befanden. Doch abgesehen von einigen leichten Biegungen, hatte die Strecke keine möglichen Abzweigungen aufgewiesen: Wir waren also der einzig möglichen Richtung gefolgt. Kaum hatten wir diese Beobachtungen angestellt, änderte sich alles.

Der Boden wurde feucht und rutschig, die Luft noch dumpfer, während man in der finsteren Stille des Tunnels ein fernes Rauschen hörte. Vorsichtig schritten wir voran, während Ciacconio den Kopf baumeln ließ, als wollte er Unduldsamkeit bekunden. Man roch einen ekelerregenden Gestank, der mir vertraut vorkam, den ich aber noch nicht identifiziert hatte.

»Kloaken«, sagte Atto Melani.

»Gfrrrlûlbh«, pflichtete Ciacconio missmutig bei.

Ugonio erklärte, dass die Abwässer seinen Kollegen nicht wenig plagten und ihn daran hinderten, andere Gerüche deutlich wahrzunehmen.

Etwas weiter vorn traten wir auf einmal in richtigen Morast. Der anfangs noch schwache missliche Geruch war nun recht heftig. Endlich fanden wir den Grund für das alles. In der linken Wand öffnete sich eine große, tiefe Spalte, aus der übles, fauliges und schwarzes Wasser quoll. Das Rinnsal floss dann der Neigung des Tunnels nach, schwappte zum Teil an die Seiten und wurde zum Teil von der scheinbar endlosen Dunkelheit unseres Stollens geschluckt. Ich berührte die Wand gegenüber: Sie war feucht und hinterließ eine feine Schlammschicht auf den Fingern. Eine Besonderheit zog unsere Aufmerksamkeit auf sich. Gleichgültig gegenüber unserer Anwesenheit lag rücklings vor uns im Wasser eine fette Ratte.

»Mausertot«, urteilte Ugonio, indem er das Tier mit dem Fuß anstieß.

Mit zweien seiner Krallenfinger ergriff Ciacconio die Ratte

am Schwanz und ließ sie baumeln. Aus ihrem Maul tropfte ein feiner Blutfaden in das grauschwarze Wasser. Ciacconio neigte den Kopf und beobachtete verblüfft das unerwartete Phänomen.

»Gfrrrlûlbh«, kommentierte er nachdenklich.

»Todiert, blutiert, insaniert«, erklärte Ugonio.

»Woher weiß er, dass sie krank war?«, fragte ich.

»Ciacconio liebt diese Biester sehr, nicht wahr?«, warf Abbé Melani ein.

Ciacconio nickte zustimmend und bleckte mit einem naiven, animalischen Lächeln seine grässlichen gelben Zähne.

Wir setzten unseren Marsch fort und überwanden den Tunnelabschnitt, der durch die Abwasserleitung feucht geworden war. Alles deutete darauf hin, dass das Leck erst kürzlich aufgetreten war und dass wir unter gewöhnlichen Umständen keine Spur von Nässe vorgefunden hätten. Was die Ratte anging, blieb es nicht bei der einen Entdeckung. In der Tat stießen wir auf drei weitere Nager von mehr oder weniger gleicher Größe. Ciacconio hob sie prüfend auf: Allen lief reichlich Blut aus dem Maul, was nach Meinung der Heiligenfledderer einer unbestimmten Krankheit zuzuschreiben war. Es war für uns eine erneute Begegnung mit Blut: erst der Fleck auf der Bibelseite, dann die Ampulle, schließlich die Ratten.

Die Exploration wurde abrupt von einer neuen Unwägbarkeit beendet: Diesmal handelte es sich nicht um ein, wenn auch reichlich, durchgesickertes Rinnsal. Wir standen nämlich vor einem echten Wasserlauf, der ungestüm und ziemlich tief in einem zu dem unseren senkrecht verlaufenden Gang vorbeiströmte. Vermutlich war es ein unterirdischer Fluss, dem vielleicht einige, normalerweise von den Kloaken transportierte Fäkalien beigemischt waren. Es herrschte jedoch nicht der böse Geruch, der Ciacconio vorher so sehr geplagt hatte.

Wenn auch enttäuscht, mussten wir uns geschlagen geben. Es war unmöglich weiterzugehen, und es war viel Zeit vergangen, seit wir das Donzello verlassen hatten. Sich zu lange außerhalb der Locanda aufzuhalten und Gefahr zu laufen, dass man unsere Abwesenheit entdeckte, wäre nicht klug gewesen.

So kam es, dass wir uns, schon müde und erschöpft, zur Umkehr entschlossen.

Während wir wieder in die andere Richtung losmarschierten, schnupperte Ciacconio ein letztes Mal misstrauisch auf halber Höhe in der Luft.

Atto Melani nieste.

Sechster Tag

16. September 1683

Der Heimweg in die Locanda war langwierig, trostlos und mühsam gewesen. Mit erdverschmierten, vor Feuchtigkeit triefenden Händen, Gesichtern und Kleidern waren wir in unsere Zimmer zurückgekehrt. Ich hatte mich aufs Bett geworfen und war sofort in einen tiefen, bleiernen Schlaf gesunken.

Als ich am nächsten Morgen erwachte, merkte ich, dass ich mich noch in derselben Stellung befand, in der ich mich schlecht und recht niedergelegt hatte. Mir war, als wären meine Beine von Tausenden von Schwerthieben gepeinigt worden. Ich streckte den Arm aus, um mich aufzusetzen, und streifte dabei mit der Handfläche einen knisternden, rauen Gegenstand, mit dem ich offensichtlich das Bett geteilt hatte. Es war die astrologische Gazette von Stilone Priàso, deren Lektüre ich kaum vierundzwanzig Stunden zuvor überstürzt unterbrochen hatte, als ich von Cristofano zur Arbeit gerufen wurde.

Die vergangene Nacht hatte mich glücklicherweise die schrecklichen Geschehnisse vergessen lassen, die die Gazette auf unerklärliche Weise genauestens vorhergesehen hatte: Der Tod von Colbert, der von Mourai (will sagen, von Fouquet) und die Tatsache, dass Gift im Spiel war; die »bösartigen Fieber«, die »giftigen Gebrechen«, an denen mein Padrone und Bedfordi litten; der »verborgene Schatz«, der Anfang des Monats aufgetaucht war, das heißt die im Arbeitszimmer von Colbert versteckten Briefe, die Atto an sich genommen hatte; das »Ausbrechen unterirdischer Feuer«, die den Keller erschüttert hatten. Und schließlich die Vorhersage der Belagerung von

Wien, nach den Worten der astrologischen Gazette »Schlachten und Angriffe auf Städte, gewollt von Alí und Leopold von Österreich«.

Wollte ich erfahren, was in den folgenden Tagen geschehen würde? Nein, dachte ich mit einem dumpfen Gefühl in der Magengegend, im Augenblick wünschte ich es nicht. Stattdessen überflog ich die vorhergehenden Seiten, und mein Blick blieb bei der letzten Woche des Monats Juli hängen, vom 22. bis zum letzten Tag des Monats.

Die Depeschen der Welt wird man in dieser Woche von Jupiter empfangen, der als Regent und im dritten Haus stehend viele Boten aussendet, vielleicht wegen der Krankheit eines Herrschers, der am Ende ein Reich in Tränen zurücklässt.

Ende Juli hätte also ein Herrscher sterben sollen. Ich hatte nichts Derartiges gehört und war deshalb erfreut über Cristofanos Kommen, den ich fragen konnte.

Aber Cristofano wusste nichts. Wieder fragte er sich und mich, wieso ich so weit hergeholte Sorgen hatte, die gar nicht zu unseren gegenwärtigen Umständen passten: zuerst die Astrologie und dann das Schicksal gekrönter Häupter. Gott sei Dank hatte ich die astrologische Gazette rechtzeitig unter meinem Lager versteckt. Ich war froh darüber, in den ansonsten so genau zutreffenden Vorhersagen eine recht grobe Unrichtigkeit festgestellt zu haben. Eine Prophezeiung hatte sich nicht bewahrheitet: Das bedeutete, dass die Sterne nicht unfehlbar waren. Im Geheimen tat ich einen Seufzer der Erleichterung.

Unterdessen betrachtete Cristofano nachdenklich meine Augenringe. Er erklärte mir, die Jugend sei ein wahrhaft glückliches Lebensalter, in dem alle Kräfte der Seele und des Leibes erblühten. Dennoch dürfe man, fügte er mit Nachdruck hinzu, mit diesem plötzlichen und manchmal wirren Erwachen der Kraft nicht Schindluder treiben und die neuen, schwer kontrollierbaren Energien nicht verschwenden. Und während er beunruhigt meine Augenringe abtastete, erinnerte er mich daran, dass diese Vergeudung überdies ein sündiger Akt sei, ebenso wie der Umgang mit übel beleumundeten Frauen (dabei deutete er mit dem Kopf nach oben, wo Cloridia in ihrem Turm wohnte), durch den man sich überdies die Franzosenkrankheit zuziehen könnte. Das wisse er nur allzu gut, denn er habe schon viele mit seinen hochvermögenden Arzneien wie dem *unguentum magnum* und heiligem Holz traktieren müssen. Und dennoch sei dieser Umgang für die Gesundheit vielleicht doch besser als einsame Vergeudung.

»Entschuldigt«, sagte ich, um von dem peinlichen Thema abzulenken, »ich hätte noch eine Frage: Wisst Ihr zufällig, welche Krankheiten Nagetiere haben können?«

Cristofano antwortete belustigt: »Jetzt reicht's, ich kann mir schon alles vorstellen. Einer unserer Herbergsgäste hat dich gefragt, ob wir in der Locanda Mäuse haben, stimmt's?«

Ich beschränkte mich als Antwort auf ein unbestimmtes Lächeln, das weder bejahte noch verneinte.

»Also ich frage dich: Gibt es Mäuse in der Locanda?«

»Gütiger Himmel, nein, ich habe immer alles ganz sauber gehalten ...«

»Das weiß ich doch, ich weiß. Wenn es anders gewesen wäre, wenn ich irgendwo eine tote Maus gefunden hätte, hätte ich selbst euch alle gewarnt.«

»Und warum?«

»Ach mein armer Junge, die Nager werden als Erste von der Plage befallen. Hippokrates riet, sie nicht zu berühren, und darin sind ihm auch Aristoteles, Plinius und Avicenna gefolgt. Nach den Worten des Geographen Strabo wusste man in römischer Zeit genau, dass Unheil, nämlich eine Seuche, bevorstand, wenn auf der Straße kranke Mäuse auftauchten, und er berichtet, dass in Italien und Spanien Preise ausgesetzt wurden für diejenigen, die die meisten Tiere töteten. Nach dem Alten Testament bemerkten die Philister, als sie von einer schauerlichen Pestilenz heimgesucht wurden, die sie unten herum befiel und die verfaulten Eingeweide aus dem Anus treten ließ, dass überall auf den Feldern und in den Dörfern Mäuse waren. Da fragten sie die Wahrsager und Priester, und diese antworteten, die Mäuse hätten die Erde verwüstet, und die Philister müssten dem Gotte Israels zur Besänftigung seines Zorns ein Schuldopfer darbringen mit den Abbildern der Gesäße und der Mäuse. Auch Apollo, der Gott, der die Pest ausbrechen ließ, wenn er zürnte, und sie verschwinden ließ, wenn er versöhnt war, wurde in Griechenland Smintheus genannt, das heißt Mäusetöter: Und in der Ilias ist es Apollo Smintheus, der die Achäer bei der Belagerung Trojas mit der Pest schlägt. Auch Äskulap wurde bei Pestepidemien mit einer toten Maus zu seinen Füßen dargestellt.«

»Dann sind sie die Ursache für die Pest!«, rief ich aus und dachte voller Entsetzen an die toten Ratten, die ich in der letzten Nacht in den unterirdischen Gängen gesehen hatte.

»Halt, halt, Junge. Das habe ich nicht gesagt. Was ich dir gerade dargelegt habe, ist nur der Glaube der Alten. Jetzt befinden wir uns glücklicherweise im Jahre 1683, und die moderne Wissenschaft hat enorme Fortschritte gemacht. Der feige Nager ist nicht die Ursache der Pest, die vielmehr – wie ich dir schon bei anderer Gelegenheit gesagt habe – durch die Verderbnis der natürlichen Säfte und zuallererst durch den Zorn Gottes, unseres Herrn, hervorgebracht wird. Wahr ist dagegen, dass Mäuse und Ratten an der Pestilenz erkranken und daran sterben, genau wie die Menschen. Doch es genügt, wenn man sie nicht berührt, wovor schon Hippokrates warnte.«

»Aber wie erkennt man, dass ein Tier von der Seuche befallen ist?«, fragte ich angstvoll.

»Ich persönlich habe noch nie eines gesehen, aber mein Vater schon: Sie haben Krämpfe, rot geschwollene Augen, zittern und geben im Todeskampf jämmerliche Laute von sich.«

»Und woher weiß man, dass es nicht ein anderes Gebrechen ist?«

»Ganz einfach: Sie sterben ganz geschwind, spucken dabei Blut und drehen sich im Kreis. Wenn sie dann tot sind, blähen sich ihre Leiber auf und die Barthaare bleiben steif.«

Ich erbleichte. Allen Ratten, denen ich in den unterirdischen Gängen begegnet war, tropfte ein kleines rotes Rinnsal aus der spitzen Nase. Und Ciacconio hatte sogar eine am Schwanz gepackt!

Ich hatte nicht um mich Angst, denn ich war ja gegen die

Krankheit gefeit; doch wenn wir diese toten Tiere gefunden hatten, deutete das vielleicht darauf hin, dass sich die Pest bereits in der Stadt ausbreitete. Womöglich waren auch andere Häuser und andere Gasthäuser bereits versiegelt, in denen arme Unglückliche genauso in Angst lebten wie wir. Wegen der Quarantäne konnten wir nichts darüber in Erfahrung bringen. Deshalb fragte ich Cristofano, ob sich seiner Meinung nach die Seuche ausgebreitet hatte.

»Hab keine Angst. In den letzten Tagen habe ich öfter eine der Wachen gefragt, die vor der Locanda postiert sind: Sie haben mir versichert, dass es keine weiteren Verdachtsfälle in der Stadt gibt. Wir haben keinen Grund, ihrer Aussage zu misstrauen.«

Auf dem Weg in die Küche befahl mir der Medicus, am Nachmittag einige Stunden zu ruhen und vorher natürlich meine Brust mit seinem *liquor magnus* einzureiben.

Cristofano hatte mich in meinem Zimmer aufgesucht, um mir mitzuteilen, er werde sich selbst darum kümmern, etwas Einfaches und Reinigendes für das Mittagessen zuzubereiten. Jetzt aber benötigte er meine Hilfe: Er war sehr beunruhigt, weil einige der Gäste am Abend zuvor nach dem Verzehr des Kuheuters hart hatten aufstoßen müssen.

In der Küche sah ich sofort, dass über einem Öflein eine gläserne große Glocke mit einem Schnabel wie ein Alambic geformt stand, daraus Öl zu tropfen begann. Darunter brodelte etwas in einem kleinen Häferl und verbreitete einen schrecklichen Schwefelgestank. Dicht daneben stand ein Kolben, bauchig wie eine Laute, den der Medicus mit den Fingerspitzen vorsichtig anfasste, schüttelte und damit einen feinen Klang hervorrief.

»Hörst du? Vollkommen geläutert: Es soll mir im Ofen das Vitriolöl kalzinieren, mit dem ich die Beulen des armen Bedfordi curieren will. Hoffentlich werden sie diesmal reif sein und sich endlich öffnen. Das Vitriol, auf meine Manier verfertigt, hat große Kraft und Vermögen, denn es ist stark korrosiv, eines gar rauen und herben Geschmacks sowie eines schwarzen und feisten *liquor*, erfrischt und lindert, innerlich in den Leib gebracht, kühlt alle große Hitze gewaltig ab. Das römische Vitriolöl – glücklicherweise habe ich es schon vor der Quarantäne gekauft – ist das allerbeste, denn es wird von Eisen gelaugt und nicht von Kupfer wie das deutsche.«

Ich hatte nicht viel verstanden, außer dass es Bedfordi überhaupt nicht besser ging. Der Arzt fuhr fort: »Für die Verdauung unserer Gäste werde ich jetzt meine Engelische Latwerge zubereiten, die mit ihrem anziehenden, aber nicht modifizierenden Vermögen alle bösen Dispositionen des Magens behebt, ihn leert, schwärende Stellen purgiert, den Leib öffnet und alle in Wallung geratenen Säfte beruhigt. Auch bei Katarrh und Zahnweh wirkt sie segensreich.«

Daraufhin reichte er mir zwei dunkelbraune Filztaschen. Ich holte zwei Fläschchen aus geschliffenem Glas heraus.

»Die sind sehr schön«, bemerkte ich.

»Um Latwerge in gutem Zustand zu bewahren, muss man sie nach den Spezereihändlern kunstgerecht in feinstes Glas abfüllen, da sind die anderen Gefäße zu nichts zu gebrauchen«, erklärte der Medicus voller Stolz.

Das eine Fläschchen enthielt eine *Quinta essentia* vermischt mit Feuerrosen-Latwerge, erklärte Cristofano; das andere rote Korallen, schwarze Nieswurz, Zimmet, Oriola und pulverisierten *lapis philosophorum Leonardi.*

»*Misce*«, befahl er mir, »und gib jedem zwei Quintlein davon. Geh gleich, denn man darf nach der Einnahme mindestens vier Stunden lang nichts essen.«

Nachdem die fertige Engelische Latwerge in eine Flasche gefüllt war, machte ich die Runde der Zimmer. Zuletzt ging ich zu Devizé, dem ich als Einzigem auch noch die vorbeugenden Arzneien gegen die Pest verabreichen musste.

Als ich mich, den Sack mit Cristofanos Fläschchen über der Schulter, seiner Tür näherte, hörte ich eine anmutige Verflechtung von Konsonanten, die ich unschwer als die Melodie erkannte, die er schon öfter gespielt hatte und deren überirdische Süße mich jedes Mal betörte. Ich klopfte schüchtern, und er forderte mich mit wohlwollender Zufriedenheit zum Eintreten auf. Ich erklärte ihm den Grund meines Besuchs, und er nickte zustimmend, während er weiterspielte. Ohne ein Wort ließ ich mich auf dem Boden nieder. Devizé hatte die Gitarre jetzt weggelegt und zupfte an den Saiten eines Instruments, das aussah wie eine Gitarre, nur größer und länger, und einen breiten Steg mit vielen tiefen Saiten hatte, die leer zu spielen waren. Er hielt kurz inne und erklärte mir, es sei eine Theorbe, für die er viele Suiten komponiert habe, in denen sich Tänze wie Allemande, Gavotte, Courante, Sarabande, Menuett, Gigue, Passacaille und Chaconne in buntester Folge aneinander reihten.

»Habt Ihr auch das Stück selbst komponiert, das Ihr so häufig spielt? Wenn Ihr wüsstet, wie Ihr damit alle in der Locanda verzaubert!«

»Das habe ich nicht selbst geschrieben«, antwortete Devizé scheinbar zerstreut, »das hat mir die Königin geschenkt, damit ich es für sie spiele.«

»Ihr kennt also die französische Königin persönlich?«

»Ich kannte sie: Ihre Majestät Maria Theresia von Österreich ist tot.«

»Das tut mir Leid, ich ...«

»Ich habe oft für sie gespielt«, sagte er, ohne das Stimmen zu unterbrechen, »und auch für den König, dem ich sogar ein paar einfache Griffe auf der Gitarre beibringen durfte. Der König hat sie immer sehr geliebt.«

»Wen, die Königin?«

»Nein, die Gitarre«, antwortete Devizé mit einer Grimasse.

»Ja, der König wollte doch die Nichte Mazarins heiraten«, stellte ich fest, bereute diese Bemerkung aber sogleich wieder, denn damit verriet ich, dass ich sein Gespräch mit Stilone Priàso und Cristofano belauscht hatte.

»Ich sehe, du weißt so einiges«, äußerte Devizé etwas überrascht. »Wahrscheinlich war es Abbé Melani.«

Obwohl er mich überrumpelt hatte, gelang es mir, den Verdacht des Musikers zu zerstreuen: »Aber ich bitte Euch, Signore. Von diesem merkwürdigen Menschen, entschuldigt, wenn ich so von ihm spreche, versuche ich mich fern zu halten, seit«, an dieser Stelle tat ich verschämt, »seit, ja ...«

»Verstanden, ich hab schon verstanden, du brauchst nichts weiter zu sagen«, unterbrach mich Devizé mit einem Lächeln, »auch ich mag die Päderasten nicht.«

»Habt Ihr auch Ärger mit Melani gehabt?«, fragte ich und bat innerlich um Verzeihung für diese schändliche Verleumdung der Ehre des Abbé.

Devizé lachte. »Glücklicherweise nicht! Er ist mir nie … hm, zu nahe gekommen. In Paris haben wir sogar kein einziges Wort miteinander gewechselt. Es heißt, Melani sei ein ausgezeichneter Sopranist gewesen, zu Zeiten von Luigi Rossi und Cavalli … Er sang für die Königinmutter, die besonders melancholische Stimmen liebte. Jetzt singt er nicht mehr: Er benutzt seine Stimme jetzt leider nur noch, um zu lügen und Menschen zu verraten«, sagte Devizé in beißendem Ton.

Es war nur allzu klar: Devizé mochte Atto nicht und wusste von dessen Ruf als Intrigant. Aber mit Hilfe einiger unumgänglicher Verleumdungen zu Lasten des Abbé und dadurch, dass ich mich törichter stellte, als ich bin, schuf ich eine gewisse Vertrautheit mit dem Gitarristen. Vermittels einer guten Massage würde ich ihn noch gesprächiger machen, wie es mir auch schon bei den anderen Gästen gelungen war, und ihm vielleicht weitere Informationen über den alten Fouquet entlocken. Wichtig war vor allem, dachte ich, dass er mich weiterhin für einen naiven Jungen hielt, ohne Verstand und ohne Erinnerungsvermögen.

Aus meinem Sack wählte ich die duftendsten Essenzen: weißes Sandelholz, Näglein, Aloe und Benzoin. Diese gab ich nach den Vorschriften von Meister Nicolò dalla Grotaria aus Kalabrien zu weißem Sandel, *Styrax calamita*, Laudanum, Gallia moschata, Mastix, Spicanardi, Paradeisholz, eines so viel als des anderen, ließ alles rein pulverisieren und vermischte es mit *Styrax liquidum* und destilliertem Essig. Aus allen Zutaten formte ich einen Biesamapfel, um die Schultern und den Rücken unter leichtem Druck auf die Muskeln damit so lange zu bearbeiten, bis er sich aufgelöst hatte.

Nachdem Devizé den Oberkörper frei gemacht hatte, setzte er sich rittlings auf den Schemel mit dem Blick auf das vergitterte Fenster: Sich am Tageslicht zu laben sei die einzige Freude in diesen gramvollen Tagen, sagte er. Als ich mit der Massage begann, schwieg ich. Dann begann ich schlecht und recht das Motiv zu summen, das mich so fesselte: »Ihr habt gesagt, dass Königin Maria Theresia Euch das Stück geschenkt hat; hat sie es etwa selbst komponiert?«

»Aber nein doch, wo denkst du hin? Ihre Majestät hat nicht komponiert. Und dieses Rondo ist keine Spielerei für Anfänger; es stammt von meinem Lehrer Francesco Corbetta, der es auf einer seiner Reisen gehört hatte und es vor seinem Tod Maria Theresia schenkte.«

»Ah, Ihr hattet einen italienischen Lehrmeister«, bemerkte ich wie nebenbei. »Woher kam er? Ich weiß, dass Signor Mourai aus Neapel angereist ist, ein anderer unserer Herbergsgäste ebenfalls, Signor Stilone …«

»Sogar ein unbedarfter Bursche wie du«, unterbrach mich Devizé nachdenklich, »weiß über die Liebe zwischen dem Allerchristlichsten König und der Nichte Mazarins Bescheid. Es ist wirklich eine Schande. Über die Königin dagegen weiß niemand etwas, außer dass Ludwig sie betrogen hat. Das schlimmste Unrecht, das man einer Frau und vor allem Maria Theresia antun kann, ist, sie nur nach den Äußerlichkeiten zu beurteilen.«

Ich war zutiefst getroffen von diesen Worten, die der junge Musiker mit ehrlicher Verbitterung gesprochen zu haben schien und mit denen er zum Ausdruck brachte, dass man sich beim weiblichen Geschlecht nie mit dem zufrieden geben dürfe, was auf den ersten Blick zu sehen sei. Obwohl die Wunde, die unser letztes Zusammentreffen hinterlassen hatte, noch allzu sehr brannte, wanderten meine Gedanken instinktiv zu Cloridia, wie sie mir ohne jede Scham vorgeworfen hatte, dass ich ihr den Lohn schuldig geblieben war, den sie von mir erwartete. Konnten nicht trotzdem vielleicht auch auf sie die Überlegungen Devizés zutreffen? Ich schämte mich ein bisschen über den kühnen Vergleich zwischen der Königin und der Kurtisane. Mehr als alles andere aber nagten plötzlich Sehnsucht, Einsamkeit und die grausame Trennung von meiner Cloridia an mir. Da ich im Augenblick keinem dieser Gefühle begegnen konnte, war ich umso begieriger, mehr über die Gattin des

Allerchristlichsten Königs zu erfahren, deren Schicksal nach den Andeutungen Devizés traurig und verworren sein musste. Seine Erzählung würde mich, so hoffte ich verschwommen, mit dem Gegenstand meines Sehnens wieder versöhnen.

»In der Tat habe ich von Ihrer Majestät Maria Theresia gehört«, log ich, um ihn mit dieser lässlichen Sünde zu ködern, »aber nur von Durchreisenden in der Locanda. Vielleicht ...«

»Nicht vielleicht: Ganz sicher solltest du besser unterrichtet sein«, unterbrach mich Devizé brüsk, »und besser vergisst du das Geschwätz nach Art der Höflinge, wenn du wirklich verstehen willst, wer Maria Theresia war und was sie für Frankreich und ganz Europa bedeutet hat.«

Er hatte angebissen und begann zu erzählen.

Die Ankunft des Hochzeitszuges mit der blutjungen spanischen Infantin Maria Theresia in Paris war, so erfuhr ich von Devizé, während ich den Biesamapfel auf seinen Schultern zerrieb, eines der wunderbarsten Ereignisse der ganzen Geschichte Frankreichs. An einem lauen Septembertag des Jahres 1660 kamen Ludwig und Maria Theresia aus Vincennes in die Hauptstadt. Die junge Königin saß in einem Triumphwagen, der schöner war als der des Apoll; ihre dichten Locken glänzten heller als Sonnenstrahlen und triumphierten über das mit Gold und Silber bestickte und mit Edelsteinen von unschätzbarem Wert übersäte schwarze Kleid; die silberne Helligkeit ihrer Haarpracht und ihre weiße Haut, die so vollkommen zu den großen blauen Augen passten, verliehen ihr einen Glanz, wie er weder vorher noch nachher je zu bewundern war. Die Franzosen waren von ihrem Anblick entzückt, und aus Freude und der hingebungsvollen Liebe, wie sie nur treue Untertanen empfinden können, überschütteten sie die junge Braut mit tausend Segenswünschen. Ludwig XIV. seinerseits, der König von Frankreich und Navarra, sah ganz so aus, wie Dichter vergöttlichte Sterbliche schildern; sein Gewand war von Gold und Silber durchwirkt und wurde nur von der Würde seines Trägers überstrahlt. Er ritt auf einem prachtvollen Zelter, gefolgt von einer großen Zahl von Fürsten. Der Friede zwischen Frankreich und Spanien, den der König seinem Land durch diese

Glück verheißende Eheschließung geschenkt hatte, erneuerte im Herzen des Volkes Begeisterung und Treue; und alle, denen an diesem Tag die Gnade zuteil wurde, ihn zu sehen, schätzten sich glücklich, ihn zum Herrn und Herrscher zu haben. Die Königinmutter Anna von Österreich sah dem Einzug des Königs und der Königin von einem Balkon in der Rue Saint-Antoine aus zu, und von ihrem Gesicht konnte man ablesen, welch unermessliche Freude sie empfand. Die Vermählung der beiden Königskinder sollte die Größe der beiden Reiche, die endlich miteinander Frieden geschlossen hatten, unterstreichen.

Aber auch Kardinal Mazarin triumphierte: Sein geschicktes diplomatisches Wirken, das mit dem Pyrenäenfrieden Frankreich wieder Ruhe und Wohlstand gebracht hatte, fand so seine sublimste Krönung. Es folgten monatelange Festlichkeiten, Ballette und Musikdarbietungen, und am Hofe herrschte eine Heiterkeit, Galanterie und Pracht, wie sie später nie mehr erreicht wurde.

»Und dann?«, fragte ich gespannt.

»Und dann und dann und dann«, stöhnte Devizé.

Dann dauerte es nur wenige Monate, fuhr er mit seiner Erzählung fort, bis Maria Theresia verstand, wie ihr Schicksal und wie die Treue ihres Ehegatten wirklich aussehen würden.

Anfangs genügten die Hofdamen aus dem Gefolge von Maria Theresia, um den Appetit des jungen Königs zu stillen. Und auch wenn seine Gemahlin immer noch nicht begriffen hatte, aus welchem Holz ihr Mann geschnitzt war, wurde sie durch die gar nicht sonderlich geheimen erotischen Zusammenkünfte des Königs mit Madame de La Vallière, der Hofdame seiner Schwägerin Henriette Stuart, darüber belehrt. Dann war Madame de Montespan an der Reihe, die Ludwig sieben Kinder schenkte. Diese intensiven ehebrecherischen Beziehungen des Königs vollzogen sich so sehr in aller Öffentlichkeit, dass das Volk Maria Theresia, Madame de La Vallière und Madame de Montespan nur noch die »drei Königinnen« nannte.

Der König kannte keine Grenzen: Der arme Ehemann der Montespan, Louis de Gondrin, der es gewagt hatte, zu protestieren, indem er Trauer trug und die Ecken seiner Kutsche mit großen Hörnern schmückte, war vom Hofe verbannt und mehrmals mit Gefängnis bedroht worden. Für seine Geliebte dagegen hatte Ludwig zwei großartige Paläste mit weitläufigen Gärten und zahlreichen Brunnen erbauen lassen. 1674 gab es für die Montespan fast keine Nebenbuhlerinnen mehr, da sich Louise de La Vallière in ein Kloster zurückgezogen hatte. Die neue Favoritin reiste mit zwei sechsspännigen Karossen, immer gefolgt von einem Proviantwagen und Dutzenden von Dienern. Racine, Boileau und La Fontaine feierten sie in ihren Werken, und jedermann bei Hofe empfand es als eine große Ehre, in ihren Privatgemächern empfangen zu werden, während man der Königin nur so viel Respekt erwies, wie es die Etikette unbedingt erforderte.

Der Stern der Montespan sank, sobald der König ein Auge auf Marie Angélique de Fontanges geworfen hatte, die schön wie ein Engel und töricht wie eine Henne war. Marie Angélique gab sich nicht damit zufrieden, die Rivalinnen aus dem Felde geschlagen zu haben, und tat sich schwer, die Grenzen ihrer Stellung zu begreifen: Sie wollte in der Öffentlichkeit an der Seite des Königs auftreten und niemanden grüßen müssen, nicht einmal die Königin, obwohl sie zu deren Gefolge gehört hatte.

Schließlich ließ sich der Herrscher von Madame de Maintenon bezirzen, der er sowohl seine legitimen Nachkommen als auch seine zahlreichen Bastarde aus den Verbindungen mit seinen Geliebten anvertraute. Aber damit waren die Kränkungen für Maria Theresia noch nicht zu Ende. Der Allerchristlichste König zog nämlich seine illegitimen Nachkommen dem Dauphin, dem Erstgeborenen der Königin, vor. Ihn hatte Ludwig mit der recht hässlichen und ungelenken Maria Anna Viktoria, der Tochter des bayerischen Kurfürsten, verheiratet. Die schönen Frauen, die waren natürlich allesamt seiner Majestät vorbehalten!

Hier hielt Devizé inne.

»Und die Königin?«, fragte ich, ungläubig angesichts des verwirrenden Frauenreigens und begierig zu erfahren, wie Maria Theresia reagiert hatte.

»Sie ertrug alles wortlos«, antwortete der Musiker finster. »Doch was wirklich in ihrem Herzen vorging, wird nie jemand erfahren.«

Die Ehebrüche, die Erniedrigungen, das mitleidige Lächeln der Höflinge und des Volkes: Mit der Zeit hatte Maria Theresia gelernt, alles mit einem Lächeln auf den Lippen hinzunehmen. Der König war ihr untreu? Sie war umso wohltätiger und genügsamer. Der König führte allen seine Eroberungen vor? Sie vervielfachte ihre Gebete und ihre Demut. Der König machte Mademoiselle de Théobon oder Mademoiselle de La Mothe den Hof, die zum Gefolge der Königin gehörten? Maria Theresia schenkte allen ein Lächeln, einen sanften Blick und einen weisen Rat.

Während die Königinmutter Anna von Österreich noch am Leben war, hatte Maria Theresia es sogar gewagt, Ludwig einige Tage lang eine abweisende Miene zu zeigen. Selbst wenn das im Vergleich zu den erlittenen Demütigungen wenig war, dauerte es doch Wochen und Wochen, bis Ludwig sie wieder auch nur eines Blickes würdigte, und zwar nur dank der unermüdlichen Vermittlungsbemühungen der Königinmutter. Schon damals hatte Maria Theresia verstanden, dass sie alles ertragen musste, was diese Ehe für sie bereithielt: alles, vor allem aber das Schlechte. Ohne sich etwas zu erwarten außer dem wenigen, das ihr der Gemahl zugestand.

Auch in der Liebe hatte Ludwig gesiegt. Und da er die Kunst des Siegens kannte und verehrte, rang er sich schließlich zu dem seiner Meinung nach besten und angemessensten Verhalten durch. Er behandelte seine Frau, die Königin von Frankreich, nun mit allen ihr zustehenden Ehren: Er aß mit ihr, er schlief bei ihr, kam seinen Familienpflichten nach und machte mit ihr Konversation, als hätte es seine Geliebten nie gegeben.

Maria Theresia erlaubte sich neben den religiösen Übungen nur wenige harmlose Zerstreuungen. Sie versammelte ein halbes Dutzend Hofnarren um sich, die sie Jüngelchen, Herzchen und Kindchen nannte, und hielt sich eine Schar von Schoßhunden, die sie mit unablässigen übertriebenen Zärtlichkeiten bedachte. Für ihre Ausflüge stand dieser absurden Begleitung eine eigene Kutsche zur Verfügung. Oft aßen Zwerge und Hunde mit der Königin an einem Tisch, und um sie immer um sich haben zu können, gab Maria Theresia Unsummen aus.

»Aber habt Ihr nicht gesagt, dass sie eine genügsame und wohltätige Frau war?«, fragte ich erstaunt.

»Gewiss, doch das war der Preis für die Einsamkeit.«

Von acht bis zehn Uhr abends, fuhr Devizé fort, widmete sich Maria Theresia dem Spiel, bis der König sie zum Abendessen abholte. Wenn die Königin Karten spielte, nahmen Fürstinnen und Herzoginnen im Halbkreis um sie herum Platz, während der niedere Adel hinter ihr stehen musste, schwitzend und nach Luft ringend. Am liebsten spielte die Königin *L'hombre*, aber sie war zu naiv und verlor immer. Manchmal opferte sich Fürstin d'Elbeuf und ließ sich absichtlich von ihrer Herrin schlagen: ein trauriges und peinliches Schauspiel. Bis zuletzt fühlte sich die Königin von Tag zu Tag einsamer, wie sie selbst ihren wenigen Freunden anvertraute. Kurz vor ihrem Tod fasste sie ihre Qual in den Satz: »Der König erweist mir erst jetzt, da ich bald scheiden werde, ein wenig Zuneigung.«

Die Erzählung, die zunächst so sehr mein Mitleid erregt hatte, machte mich jetzt ungeduldig. Ich hatte ganz andere Neuigkeiten aus dem Mund des Musikers erhofft. Während ich weiter Devizés Rücken massierte, fiel mein Blick auf den Tisch, der ein paar Schritte von uns entfernt stand. Aus Versehen hatte ich einige meiner Medizinfläschchen auf die Blätter mit Tabulaturen gestellt. Ich bat Devizé um Verzeihung, der erregt aufstand, um zu prüfen, ob die Blätter Fettflecken abbekommen hatten. Er fand tatsächlich eine kleine ölige Stelle und war ziemlich ungehalten.

»Du bist kein Diener, sondern ein Tier! Du hast das Rondo meines Lehrers ruiniert.«

Ich erschrak, denn ich hatte ausgerechnet das wunderbare Rondo, das ich so sehr liebte, verunstaltet. Ich erbot mich, das Blatt mit einem feinen trockenen Puder zu bestreuen, um das Öl aufzusaugen, während Devizé fluchte und mich mit Schmähungen überschüttete. Mit Eifer und zitternden Händen machte ich mich daran, das Notenblatt, auf dem die Melodie aufgezeichnet war, die mich so erfreut hatte, wieder wie neu zu machen. Dabei bemerkte ich am oberen Rand die Worte: »*à Mademoiselle*«.

»Ist das die Widmung für eine Geliebte?«, fragte ich stotternd und tat so, als schämte ich mich noch wegen des Versehens.

»Ach, wer sollte Mademoiselle schon lieben ... die einzige Frau auf der Welt, die noch einsamer und trauriger war als die Königin!«

»Wer ist Mademoiselle?«

»Ach, ein armes Geschöpf, eine Cousine des Königs. Sie hatte für die Frondisten Partei ergriffen, und Ludwig ließ es sie teuer bezahlen: Stell dir vor, Mademoiselle hatte die Kanonen der Bastille auf die königlichen Truppen abfeuern lassen.«

»Wurde sie zum Schafott verurteilt?«

»Schlimmer: Sie durfte nicht heiraten«, erwiderte Devizé mit einem traurigen Lächeln, »der König verdammte sie dazu, eine alte Jungfer zu werden. Mazarin pflegte zu sagen: ›Diese Kanonen haben ihren Ehemann umgebracht.‹«

»Der König hat also nicht einmal mit seinen Verwandten Mitleid«, bemerkte ich.

»Tja. Als Maria Theresia im letzten Juli starb, weißt du, was Seine Majestät da gesagt hat? ›Zum ersten Mal tut sie etwas, was mir missfällt.‹ Mehr nicht. Sogar der Tod Colberts, der ihm doch zwanzig Jahre treu gedient hatte, war ihm völlig gleichgültig.«

Devizé schweifte weiter ab, aber ich hörte schon nicht mehr zu. Ein einziges Wort hämmerte in meinem Kopf: Juli.

»Habt Ihr gesagt, dass die Königin im Juli gestorben ist?«, unterbrach ich ihn grob.

»Was meinst du? Ja, am 30. Juli, als Folge einer Erkrankung.«

Ich fragte nicht weiter. Mit der Säuberung des Notenblatts war ich fertig und reinigte nun Devizé den Rücken von dem überschüssigen Balsam, um ihm dann sein Hemd zu reichen. Als ich mich verabschiedete und das Zimmer verließ, war ich vor Aufregung ganz außer Atem und lehnte mich, nachdem ich die Tür geschlossen hatte, an die Wand, um nachzudenken.

Eine Herrscherin, die Königin von Frankreich, war in der letzten Juliwoche an den Folgen einer Krankheit gestorben, genau wie es die astrologische Gazette prophezeit hatte.

Es war, als hätte ich aus dem Munde Devizés eine Warnung erhalten: eine Nachricht, die bereits Monate alt war (und nur mir unwissendem Hausburschen nicht zu Ohren gekommen war), bestätigte erneut die Unfehlbarkeit der astrologischen Gazette und die Unausweichlichkeit des Astraefatums.

Cristofano hatte mir versichert, dass die Astrologie nicht unbedingt im Widerstreit zum Glauben stehen müsse, sondern im Gegenteil für die ärztliche Kunst sehr hilfreich sein könne. In jenem Augenblick kamen mir aber vor allem die unergründlichen Erwägungen von Stilone Priàso in den Sinn, die düstere Geschichte Campanellas und das tragische Schicksal von Pater Morandi. Ich flehte den Himmel um ein Zeichen an, das mich von der Angst befreien und mir den richtigen Weg weisen würde.

Da hörte ich erneut von den tief gestimmten Saiten der Theorbe die Töne des wunderbaren Rondo aufsteigen: Devizé hatte sein Spiel wieder aufgenommen. Ich faltete die Hände zum Gebet und blieb regungslos stehen, mit geschlossenen Augen, zwischen Hoffnung und Angst hin und her gerissen, bis die Musik zu Ende war.

Mühsam schleppte ich mich in meine Kammer und ließ mich aufs Bett fallen, aller Kraft und jedes Willens beraubt, bedrängt von Ereignissen, deren Sinn und Zusammenhang ich nicht zu erkennen vermochte. Beim Eindämmern summte ich die eben gehörte süße Melodie vor mich hin, als wäre sie in der Lage, mir den geheimen Schlüssel für den Weg durch das Labyrinth meiner Leiden zu gewähren.

Von Geräuschen aus der Via dell'Orso wurde ich geweckt. Ich war nur für wenige Minuten eingenickt; mein erster Gedanke galt wiederum der Gazette, aber er war eingewoben in einen bittersüßen Zusammenklang aus Sehnsucht und Entbehrung, dessen eigentlicher Grund nicht schwer zu erraten war. Um

Ruhe und Erleichterung zu finden, das wusste ich, musste ich an eine bestimmte Tür pochen.

Seit einigen Tagen hatte ich die Mahlzeiten vor Cloridias Tür abgestellt und nur geklopft, um sie darauf aufmerksam zu machen. Seitdem hatte allein Cristofano Zugang zu ihrer Kammer. Das Gespräch mit Devizé hatte jedoch die Wunde der Trennung von Cloridia von neuem aufgerissen.

Welche Rolle spielte es denn schon, dass sie mich mit ihrer Geldforderung beleidigt hatte? An der Seuche, die unter uns umging, konnte sie innerhalb weniger Tage sterben, und dieser Gedanke gab mir einen Stich ins Herz. In kritischen Momenten ist Stolz der schlechteste Ratgeber. Ein Vorwand, sie wieder aufzusuchen, war nicht schwer zu finden: Ich hatte ihr viel zu erzählen und sie ebenso viel zu fragen.

»Aber ich verstehe doch überhaupt nichts von Astrologie, das habe ich dir bereits gesagt«, verteidigte sich Cloridia, als ich ihr die astrologische Gazette gezeigt und ihr erklärt hatte, wie genau sich diese Prophezeiungen bewahrheitet hatten. »Ich kann Träume deuten, Zahlen und die Linien der Hand. Was die Sterne angeht, musst du dich an jemand anderen wenden.«

Ziemlich verwirrt kehrte ich in meine Kammer zurück. Es war aber nichts Schlimmes: Was zählte, war nur, dass mich die blinde Gottheit mit den kleinen Flügeln erneut ins Herz getroffen hatte. Es war mir vollkommen gleichgültig, dass ich mir bei Cloridia überhaupt keine Hoffnungen machen konnte. Und es war mir auch gleichgültig, wenn sie meine Leidenschaft bemerken und darüber lachen würde. Ich war trotzdem vom Glück gesegnet: Ich konnte sie sehen und mich sogar mit ihr unterhalten, wann und sooft ich wollte, jedenfalls solange die Quarantäne andauerte. Eine einzigartige Chance für einen armen Hausburschen wie mich; unschätzbare Augenblicke, die ich gewiss für den Rest meiner grauen Tage in Erinnerung behalten und denen ich nachtrauern würde. Ich nahm mir vor, sie so bald wie möglich wieder aufzusuchen.

In meiner Kammer fand ich eine kleine Erfrischung vor, die Cristofano mir hingestellt hatte. Von meiner Verliebtheit berauscht, trank ich den Wein, als wäre es Eros' reinster Nektar, und aß das Brot und den Käse, als wäre es köstlichste Ambrosia aus den Händen der sanften Göttin Aphrodite.

Als ich gestärkt und die süße Beschwingtheit meines Besuchs bei Cloridia leider verflogen war, kehrten meine Gedanken wieder zu meiner Unterhaltung mit Devizé zurück: Ich hatte aus ihm kein Wort über den Tod des Oberintendanten der Finanzen, Nicolas Fouquet, herausgebracht. Abbé Melani hatte Recht: Devizé und Dulcibeni würden nicht so leicht über diese merkwürdige Begebenheit sprechen. Immerhin war es mir gelungen, bei dem jungen Musiker keinen Verdacht zu erregen. Im Gegenteil: Mit meinen unschuldigen Fragen und dem Fleck auf seinem Notenblatt hatte ich mich ihm unauslöschlich als der plumpe, dumme Knecht eingeprägt.

Ich begab mich zu meinem Herrn, dessen Zustand sich leicht gebessert hatte. Cristofano war bei ihm, er hatte ihn gerade gefüttert. Pellegrino konnte allmählich wieder recht flüssig sprechen und schien auch wieder einigermaßen zu verstehen, was man zu ihm sagte. Ganz hergestellt war er gewiss noch nicht, denn er schlief weiterhin fast den ganzen Tag, nach Cristofanos Meinung jedoch war die Hoffnung nicht übertrieben, ihn in einigen Tagen wie gewohnt auf den Beinen zu sehen.

Nachdem ich mich eine Weile bei Pellegrino und dem Arzt aufgehalten hatte, kehrte ich in meine Kammer zurück und gönnte mir endlich ein wenig echten Schlaf. Ich schlummerte lang, und als ich in die Küche hinunterging, war es bereits Zeit für die Abendmahlzeit. Geschwind bereitete ich etwas für die Herbergsgäste zu; zur Magenstärkung gab es Pomeranzenschnitz mit Zucker bestreut. Als Hauptgericht kochte ich eine Champbouillon auf Mailänder Art, für die Eigelb und Muskatelleröl mit im Mörser zerstoßenen Pinienkernen, mit Zucker und Zimmet nach Belieben (den ich wegließ) und etwas Butter vermischt, dann durch einen Seiher gestrichen und schließlich in einem Kupfertiegel mit kochendem Wasser gestockt werden. Als Nachspeise gab es für jeden einige Bergamottebirnen.

Nachdem ich meine Runde gemacht hatte, kehrte ich in die Küche zurück und braute eine halbe Kanne Kaffee aus frisch gerösteten Bohnen. Auf Zehenspitzen schlich ich damit, um nicht von Cristofano erwischt zu werden, zum Turm hinauf.

»Danke!«, rief Cloridia strahlend, kaum dass sie die Tür geöffnet hatte.

»Den habe ich nur für Euch zubereitet«, traute ich mich zu sagen und wurde dabei flammend rot.

»Ich liebe Kaffee!«, sagte Cloridia, schloss die Augen und sog genüsslich den Duft ein, der sich aus der Kaffeekanne im ganzen Raum verbreitete.

»Trinkt man viel Kaffee in Holland, wo Ihr herkommt?«

»Nein. Aber wie du ihn zubereitest, dünn und reichlich, mag ich ihn besonders gern. Er erinnert mich an meine Mutter.«

»Das freut mich. Ich glaubte jedoch verstanden zu haben, dass Ihr sie gar nicht gekannt habt.«

»Im Grunde ist es auch so«, antwortete sie rasch. »Ich meine: Nicht einmal an ihr Gesicht erinnere ich mich, nur an den Duft des Kaffees, den sie, wie ich später erfuhr, wunderbar machen konnte.«

»War auch sie Italienerin wie Euer Vater?«

»Nein. Aber bist du gekommen, um mich mit Fragen zu drangsalieren?«

Cloridias Miene verdüsterte sich; ich hatte alles verdorben. Doch schnell gewahrte ich, wie sie mit den Augen die meinen suchte und mir ein wunderbares Lächeln schenkte.

Sie forderte mich freundlich auf, mich zu setzen, und wies auf einen Stuhl.

Aus einer Kredenz holte sie zwei Schalen und trockenes Anisgebäck und schenkte mir ein. Dann setzte sie sich mir gegenüber auf den Bettrand und schlürfte gierig ihren Kaffee.

Mir fiel nichts mehr ein, um das Schweigen zu brechen, und ich scheute mich, weitere Fragen zu stellen. Cloridia schien indes angenehm damit beschäftigt, ein Stück Gebäck in das heiße Getränk zu tauchen und voller Anmut und Wildheit zugleich davon abzubeißen. Bei diesem Anblick wurde ich von Zärtlichkeit übermannt und spürte, wie mir die Augen feucht wurden, während ich mir vorstellte, mein Gesicht in ihre Haare zu versenken und mit den Lippen ihre Stirn zu berühren.

Cloridia hob den Blick: »Seit Tagen spreche ich allein mit dir und weiß doch nichts über dein Leben.«

»Es gibt so wenig, das Euch interessieren könnte, Monna Cloridia.«

»Das ist nicht wahr: zum Beispiel, wo du herstammst, wie alt du bist und wie und wann es dich hierher verschlagen hat.«

Ich erzählte ihr mit knappen Worten mein Schicksal als Findelkind, was ich dank der alten Klosterschwester gelernt hatte und wie mildtätig Signor Pellegrino zu mir gewesen war.

»So hast du doch eine Ausbildung bekommen. Das habe ich bei deinen Fragen schon vermutet. Du hast großes Glück gehabt. Ich dagegen musste nach dem Verlust meines Vaters seit dem zwölften Lebensjahr mit dem wenigen zurechtkommen, das er mir hatte beibringen können«, sagte Cloridia, ohne ihr Lächeln zu verlieren.

»Also habt Ihr nur von Eurem Vater Italienisch gelernt. Dabei sprecht Ihr es ausgezeichnet.«

»Nein, ich habe nicht nur von ihm Italienisch gelernt. Wir lebten in Rom, als ich ihn verlor. Danach haben mich andere italienische Kaufleute wieder nach Holland mitgenommen.«

»Das muss traurig gewesen sein.«

»Deshalb bin ich jetzt hier. Ich habe in Amsterdam jahrelang nur geweint und mich daran erinnert, wie glücklich ich hier in Rom war. Aber ich las und lernte immer weiter in der wenigen Zeit, die mir blieb, wenn ich nicht ...«

Sie brauchte den Satz nicht zu Ende zu führen. Ohne Zweifel bezog sie sich auf die Leiden, die das Leben den Waisen auferlegt und die sie schließlich auf den Weg zu dem verabscheuungswürdigen Beruf der Dirne geführt hatten.

»Aber so konnte ich mich frei machen«, fuhr sie fort, als hätte sie meine Gedanken erraten, »und endlich den Lebenspfad beschreiten, der in meinen Zahlen vorgezeichnet ist ...«

»Eure Zahlen?«

»Ach ja, du kennst die Numerologie nicht«, sagte sie betont freundlich und brachte mich damit ein wenig durcheinander. »Also«, fuhr sie fort, »du musst wissen, dass die Zahlen unseres Geburtsdatums, aber auch die anderer wichtiger Stationen unseres Lebens in sich unsere ganze Existenz enthalten. Der griechische Philosoph Pythagoras lehrte, dass man mit Zahlen alles erklären kann.«

»Und die Zahlen Eurer Geburt haben Euch hierher nach Rom geführt?«, fragte ich etwas ungläubig.

»Nicht nur das: Ich und Rom, wir sind ein und dasselbige. Unsere Schicksale sind unauflöslich miteinander verbunden.«

»Aber wie ist das möglich?«, wollte ich fasziniert wissen.

»Die Zahlen sprechen eine klare Sprache. Ich bin am 1. April 1664 geboren. Während der Geburtstag Roms …«

»Wie: Kann denn auch eine Stadt einen Geburtstag feiern?«

»Aber gewiss. Kennst du die Geschichte von Romulus und Remus nicht, von der Wölfin und dem Vogelflug und wie die Stadt gegründet worden ist?«

»Natürlich kenne ich sie.«

»Also, Rom wurde an einem ganz bestimmten Tag gegründet, nämlich am 21. April des Jahres 753 vor Christus. Das Geburtsdatum von Rom und das meine ergeben beide das gleiche Resultat. Man muss die Zahlen freilich richtig schreiben, wie es die Zahlenmystik verlangt, das heißt, der erste Monat ist der März, der Monat des Frühlings und des neuen Lebens, wie bei den alten Römern üblich und auch heute noch im astrologischen Kalender Brauch, der darum mit dem Sternzeichen Widder beginnt.«

Ich begriff, dass wir ein schlüpfriges Terrain betraten, wo die Grenze zur Häresie und zur Hexerei schmal wird.

»April ist demnach der zweite Monat des Jahres«, fuhr Cloridia fort und griff zu Papier und Tinte, »daher werden die beiden Daten so geschrieben: 1.2.1664 und 21.2.753. Wenn du die beiden Zahlengruppen addierst, bekommst du zuerst 1 + 2 + 1 + 6 + 6 +4 = 20. Und dann 2 + 1 + 2 + 7 + 5 + 3 = 20. Verstehst du? Dieselbe Zahl.«

Ich starrte auf die hastig auf das Blatt gekritzelten Ziffern und schwieg. Die Übereinstimmung war in der Tat verblüffend.

»Mehr noch«, führte Cloridia weiter aus und tauchte die Feder erneut ins Tintenfass. »Wenn man Tag, Monat und Jahr zusammenzählt, statt Ziffer für Ziffer, dann hat man 21 + 2 + 753 = 776. Wenn ich dann die Ziffern der Summe addiere, erhalte ich

7 + 7 + 6, das ist wieder 20. Aber auch 1 + 2 + 1664 ergibt 1667, dessen einzelne Ziffern ebenfalls 20 ergeben. Und weißt du, was die Zahl 20 sagen will? Sie bezeichnet das Gericht, das große Arkanum des Tarot mit der Zahl 20 bedeutet Wiedergutmachung erlittenen Unrechts und gerechtes Urteil der Nachwelt.«

Meine Cloridia war wirklich großartig, so großartig, dass ich nur wenig von ihren weissagenden Berechnungen verstanden hatte und schon gar nicht, warum sie sich mit solchem Eifer darein vertiefte. Allmählich jedoch überwand sie mein Misstrauen durch ihre Virtuosität. Ich war hingerissen: In ihr wetteiferte die Anmut der Venus mit dem Verstand der Minerva.

»Dann seid Ihr also in Rom, um die Wiedergutmachung eines erlittenen Unrechts zu erlangen?«, fragte ich.

»Unterbrich mich nicht«, erwiderte sie brüsk. »Die Zahlenwissenschaft sagt, dass die Wiedergutmachung des Unrechts die Nachwelt eines Tages dazu bringen wird, ihr Urteil zu revidieren. Aber frag mich nicht, was das genau bedeutet, denn noch weiß ich es selbst nicht.«

»Stand in den Zahlen denn auch, dass Ihr in der Locanda del Donzello absteigen würdet?«, wollte ich wissen, weil mich die Vorstellung fesselte, mein Zusammentreffen mit Cloridia sei vom Schicksal vorherbestimmt.

»Nein, nicht in den Zahlen. Nach meiner Ankunft in Rom bin ich der *virga ardens* gefolgt, der brennenden Rute, die man auch die zitternde oder vorstehende Rute nennt. Weißt du, was ich meine?«, fragte sie, erhob sich und hielt die Hand in Bauchhöhe vor sich, als hielte sie einen Stock.

Es wirkte ganz wie eine obszöne Anspielung. Ich war peinlich berührt und schwieg.

»Aber darüber reden wir ein anderes Mal, falls du Lust hast«, beendete Cloridia das Gespräch mit einem Lächeln, das mir zweideutig erschien.

Ich verabschiedete mich, um traurig meine Runde zu machen und die Schüsseln einzusammeln, in denen ich das Abendessen serviert hatte. Was wollte Cloridia mit dieser obszönen Geste bloß zum Ausdruck bringen? War es vielleicht eine anzügliche Aufforderung oder, schlimmer noch, die typische

Geste einer Dirne? So einfältig war ich auch wieder nicht: Ich wusste sehr wohl, dass es in meiner niedrigen Stellung lächerlich war, zu hoffen, sie könnte in mir etwas anderes sehen als einen armseligen Hausburschen. Aber hatte sie vielleicht nicht begriffen, dass ich keinen Soldo besaß? Hoffte sie vielleicht, dass ich für sie meinem Padrone Geld entwenden würde? Erschreckt verscheuchte ich derartige Gedanken. Cloridia hatte ein erlittenes Unrecht erwähnt, das mit ihrer Rückkehr nach Rom in Zusammenhang stand. Nein, sie konnte in einem für sie so schwerwiegenden Augenblick nicht an ihren Dirnenberuf gedacht haben. Es musste ein Missverständnis sein.

Ich freute mich darüber, dass den Herbergsgästen mein Abendessen offensichtlich geschmeckt hatte. Als ich an seine Türe klopfte, aß Pompeo Dulcibeni noch die inzwischen kalte Brühe auf und schmatzte bei jedem Löffel genussvoll mit der Zunge.

»Setz dich nur, mein Lieber. Entschuldige, aber heute hatte ich erst spät Appetit.«

Ich gehorchte schweigend und wartete darauf, dass er mit dem Essen fertig würde. Als ich meinen Blick über die auf einer Kommode neben dem Stuhl verstreuten Gegenstände schweifen ließ, fielen mir drei zinnoberrot eingebundene, mit goldenen Ornamenten verzierte Bändchen auf. Sie sind sehr schön, dachte ich; aber wo hatte ich sie schon einmal gesehen?

Dulcibeni starrte mich derweilen neugierig an; er war mit der Suppe fertig und hielt mir die Schüssel hin. Ich sammelte alles mit dem unschuldigsten Lächeln ein und verließ gesenkten Blickes den Raum.

Statt in die Küche hinunterzugehen, stürzte ich sogleich in den zweiten Stock und hatte die Arme noch voller Geschirr, als ich aufgeregt an die Tür von Atto Melani klopfte.

»Pompeo Dulcibeni?«, rief der Abbé ungläubig, als ich mit meinem Bericht fertig war.

Am Vortag war ich zu Dulcibeni gegangen, um ihn zu massieren, und während der Behandlung hatte er den Wunsch geäußert, etwas Tabak zu schnupfen. Auf der Suche nach seiner Tabakdose aus eingelegtem Kirschholz öffnete er die Schublade und zog, um ein bisschen Ordnung zu schaffen, einige wunderschön rotledern eingebundene Bändchen mit goldener Verzierung heraus. Nun gut, in der Bibliothek von Tiracorda hatte ich genau die gleichen Bändchen entdeckt: Eine Ausgabe der Werke Galens in sieben Bänden, von denen drei fehlten. Und genau drei hatte ich bei Dulcibeni gesehen. Auf dem Rücken stand *Galeni opera*, und es handelte sich zweifelsohne um die *opera omnia* Galens in sieben Bänden, von denen sich vier bei Tiracorda befanden.

»Sicher«, begann der Abbé zu überlegen, »es könnte sein, dass sich Dulcibeni und Tiracorda zum letzten Mal vor der Quarantäne getroffen haben. Da hat Tiracorda Dulcibeni vielleicht die Bücher geliehen.«

Dennoch, widersprach er sich selbst, waren wir beide Zeugen der Tatsache, dass der Leibarzt mitten in der Nacht einen Gast empfangen hatte: eine merkwürdige Zeit für Besuch! Und nicht nur das: Die beiden hatten sich für den nächsten Tag um die gleiche Uhrzeit verabredet. Der geheimnisvolle Gast Tiracordas hielt sich also um die gleiche Zeit draußen in der Stadt auf, zu der wir ungesehen die Locanda verlassen konnten. Der Gast musste demnach tatsächlich Dulcibeni sein.

»Wieso kennen sich Tiracorda und Dulcibeni?«

»Diese Frage kannst du nur stellen«, antwortete Atto, »weil dir etwas nicht bekannt ist. Tiracorda stammt aus den Marken.«

»Wie Dulcibeni!«

»Ja, ich kann dir sogar noch mehr mitteilen: Dulcibeni kommt aus der Mark Fermo, und ich glaube mich zu erinnern, dass auch Tiracorda in Fermo geboren ist.«

»Dann ist es ihrer beider Heimatstadt.«

»Genau. In Rom lebten immer viele berühmte *medici* aus dieser altehrwürdigen Stadt: Romolo Spezioli zum Beispiel, der Leibarzt von Christine von Schweden, der *protomedicus generalis* Giovan Battista Benci und auch Cesare Macchiati, wenn ich mich recht entsinne, der wie Tiracorda Arzt des Konklave war. Die Leute aus Fermo wohnen fast alle in der Nähe von

San Salvatore in Lauro, wo sich auch ihre Erzbruderschaft versammelt.«

»Tiracorda aber wohnt ja nur wenige Schritte von der Locanda entfernt«, entgegnete ich, »und weiß deshalb sicher, dass wir in Quarantäne sind. Fürchtet er nicht, von Dulcibeni angesteckt zu werden?«

»Offensichtlich nicht. Vielleicht hat Dulcibeni ihm gesagt, Cristofano glaube nicht daran, dass es sich um die Pest handelt, und hat das Leiden von Bedfordi und den merkwürdigen Unglücksfall deines Padrone verschwiegen.«

»Dann hat also Pompeo Dulcibeni meinem Padrone die Schlüssel gestohlen. Ausgerechnet er, der so streng tut!«

»Lass dich niemals vom äußeren Eindruck täuschen. Wahrscheinlich hat ihm Pellegrino die unterirdischen Gänge gezeigt.«

»Und ich habe nie etwas bemerkt. Es ist wirklich unglaublich ...«

Noi siam tre donzellette
semplicette semplicette,
oh, oh, senza fallo ... *

Melani nahm trällernd eine komische Pose ein, um mich damit zu hänseln. »Wach auf, Junge. Denk daran: Geheimnisse sind dazu da, in klingende Münze verwandelt zu werden. Zuerst hat Dulcibeni Pellegrino wahrscheinlich dafür Geld gegeben, dass er ihm die unterirdischen Gänge zeigte. Dann aber war dein Padrone seit Beginn der Quarantäne außer Gefecht gesetzt. Dulcibeni musste deshalb den Schlüsselbund entwenden, um sich von einem Handwerker in der Via dei Chiavari einen Nachschlüssel von der Kammer machen zu lassen: In der Straße, wo, wie Ugonio sagt, Komarek druckisiert.«

»Und was hat Komarek damit zu tun?«

»Gar nichts, das habe ich dir schon einmal erklärt, erinnerst du dich nicht? Ein bloßer Zufall, der uns auf die falsche Fährte geführt hat.«

* Wir sind drei Mägdelein, / schlicht und fein, / ohne Fehl ...

»Ach ja«, antwortete ich verwirrt, weil ich das Gestrüpp aus Entdeckungen, Widerlegungen, Intuitionen und falschen Fährten in den letzten Tagen nicht mehr zu durchdringen vermochte. »Warum hat Pellegrino Dulcibeni nicht einfach einen Zweitschlüssel ausgehändigt?«

»Vielleicht weil sich dein Padrone jedes Mal dafür bezahlen lässt, wenn einer seiner Kunden die unterirdischen Gänge benutzen will. Deshalb gibt er den Schlüssel nicht aus der Hand.«

»Warum aber hat Stilone Priàso einen Schlüssel?«

»Vergiss nicht, dass er sich letztmals zu Zeiten von Signora Luigia hier aufhielt: Die wird er darum gebeten haben, oder er hat ihn ihr gestohlen, der armen Seele.«

»Ungeklärt bleibt jedoch, warum Dulcibeni meine Perlen entwendet haben sollte, da er doch alles andere als arm zu sein scheint«, bemerkte ich.

»Und ich habe eine noch viel schwierigere Frage: Wenn er der Dieb ist, dem wir mit so viel Mühe gefolgt sind, wie konnte er dann jedes Mal ungleich schneller sein als wir und seine Spuren verwischen?«

»Vielleicht kennt er die Gänge besser als wir. Doch wenn ich recht überlege, kann er gar nicht so schnell gehen: Erst vor zwei Tagen hatte er einen Ischias-Anfall. Und laut Cristofano würde er das einige Tage lang spüren.«

»Dadurch wird alles noch rätselhafter. Außerdem ist Dulcibeni nicht mehr der Jüngste, ziemlich beleibt und, wenn er etwas länger redet, wird er kurzatmig: Wie zum Teufel schafft er es, sich jede Nacht an dem Seil bis zu der Luke hochzuziehen?«, schloss Atto mit einem Anflug von Bitterkeit, denn er selbst schwitzte und schnaufte jedes Mal, wenn wir in den unterirdischen Gängen das Seil benutzen mussten.

Daraufhin erzählte ich Atto, was ich kürzlich über Pompeo Dulcibeni erfahren hatte: Dass der nicht mehr ganz junge Mann aus den Marken, nach Ansicht von Pater Robleda der Sekte der Jansenisten angehöre. Ich berichtete davon, wie hart Dulcibeni die Spionagetätigkeit der Jesuiten verurteilt und wie sehr er gegen die Ehe unter Blutsverwandten gewettert hatte, die seit Jahrhunderten zwischen den Herrscherfamilien Europas geschlossen wurde. Der edle Herr aus Fermo war darüber so erbost, betonte ich, und hatte sich – in seinem fiktiven Gespräch mit einer Frau vor dem Spiegel – so in Rage geredet, dass er mit lauter Stimme den Sieg der Türken vor Wien herbeisehnte: Auf diese Weise, so hatte er sich gewünscht, würden die Throne Europas durch etwas unverdorbenes Blut aufgefrischt.

»Eine Rede, *pardon*, ein Selbstgespräch, wie es zu einem echten Jansenisten passt. Jedenfalls teilweise«, meinte der Abbé nachdenklich und runzelte die Stirn. »Tja, denn den Einfall der Türken in Europa zu wünschen, nur um den Bourbonen und Habsburgern zu schaden, scheint mir auch für den fanatischsten Anhänger Jansens ein bisschen viel.«

Wie auch immer, schloss Atto, meine Entdeckung machte es notwendig, dass wir noch einmal zu Tiracorda gingen. Wie wir in der vergangenen Nacht gehört hatten, würde Dulcibeni ebenfalls wieder dort anzutreffen sein.

Sechste Nacht

Vom 16. auf den 17. September 1683

Wie gewohnt warteten wir so lange, bis alle Herbergsgäste einschließlich Cristofano sich endgültig in ihre Zimmer zurückgezogen zu haben schienen, und ließen uns dann in den Schacht hinunter, der zu dem Gewirr unterirdischer Gänge unter der Locanda führte.

Ohne Zwischenfälle erreichten wir die Stelle unterhalb der Piazza Navona, wo wir Ugonio und Ciacconio treffen sollten. Doch als wir bei den Heiligenfledderern angekommen waren, wurde Atto Melani von ihnen mit Forderungen bestürmt und in eine heftige Diskussion verwickelt.

Die beiden merkwürdigen Wesen beklagten sich darüber, dass ihnen nicht mehr genügend Zeit für ihre eigentliche Tätigkeit bliebe, weil wir sie in unsere Abenteuer hineinzögen. Ich selbst hatte nach ihrer Aussage einige wertvolle Knochen, die sie sorgfältig aufgeschichtet hatten, beschädigt, als der Haufen bei unserem ersten Zusammentreffen über mir zusammengestürzt war. Der Sachverhalt war wenig glaubhaft, aber Ciacconio hatte begonnen, mit einem riesigen, abscheulich stinkenden Knochen, an dem noch etwas Fleisch hing und von dem der Heiligenfledderer behauptete, er sei bei dem Zwischenfall in Mitleidenschaft gezogen worden, unter der Nase des Abbé herumzufuchteln. Um den ekelhaften, übel riechenden Fetisch endlich verschwinden zu sehen, gab Atto lieber nach.

»Einverstanden. Aber von euren Problemen will ich nichts mehr hören.«

Er zog eine Hand voll Münzen aus der Tasche und hielt sie

Ciacconio hin. Der Heiligenfledderer griff mit seinen krummen Fingern blitzschnell nach dem Geld, als wollte er Atto die Hand abreißen.

»Ich kann die beiden nicht ausstehen«, murmelte der Abbé in sich hinein, während er angewidert seine Handfläche massierte.

»Gfrrrlûlbh, gfrrrlûlbh, gfrrrlûlbh ...«, begann Ciacconio leise zu raunzen und ließ die Münzen von der einen in die andere Hand gleiten.

»Totalisiert Wert der Münzung«, flüsterte mir Ugonio mit einem schiefen, anzüglichen Grinsen ins Ohr. »Ist Geizonom.«

»Gfrrrlûlbh«, grunzte Ciacconio schließlich zufrieden und ließ die Geldstücke in einen vor Dreck starrenden Beutel fallen, wo sie – nach dem Klimpern zu schließen – auf einem ziemlich umfangreichen Haufen landeten.

»Alles in allem sind uns die beiden Ungeheuer doch sehr nützlich«, sagte Abbé Melani später, als Ugonio und Ciacconio in der Dunkelheit verschwunden waren. »Dieses ekelerregende Ding, das mir Ciacconio unter die Nase gehalten hat, war in Wirklichkeit Abfall von einem Metzger, von wegen Reliquie. Manchmal freilich ist es besser, nicht allzu hartnäckig zu sein und lieber zu zahlen, andernfalls würden wir sie uns nur zu Feinden machen. Denk daran: In Rom muss man siegen, aber man darf den Bogen nicht überspannen. Diese heilige Stadt liegt den Mächtigen zu Füßen, doch sie weidet sich an deren Ruin.«

Als sie die Entschädigung erhalten hatten, händigten die Heiligenfledderer uns aus, was wir brauchten: einen Zweitschlüssel für die Türe zwischen Tiracordas Pferdestall und der Küche. Sobald wir durch die Luke in den kleinen Stall des Arztes gelangt waren, war es uns ein Leichtes, ins Haus einzudringen. Angesichts der späten Stunde konnte man wohl davon ausgehen, dass niemand mehr auf den Beinen war außer dem Leibarzt, der auf seinen Gast wartete.

Durch die Küche traten wir in das Zimmer mit dem alten Baldachinbett und dann ins Vestibül. Von dort aus tasteten wir uns im Dunkeln vorwärts, geleitet nur von der Erinnerung und einem schwachen Mondschimmer. Wir kletterten die Wendeltreppe hinauf, dankbar für die weiter oben brennenden großen Kerzen, die Atto tags zuvor hatte ausblasen müssen, um unseren Rückzug zu sichern. Auf halber Treppe kamen wir an dem Kämmerlein mit den herrlichen Gegenständen vorbei, die wir bei unserer ersten Inspektion bewundert hatten. Schließlich erreichten wir den ersten Stock, der wie in der letzten Nacht ganz dunkel schien. Diesmal allerdings stand die Tür zu diesem Stockwerk offen. Vollkommene Stille erfüllte alles um uns herum. Wir verständigten uns durch einen Blick: Jetzt galt es, die entscheidende Schwelle zu überschreiten, und ich fühlte in mir einen ebenso ungewohnten wie törichten Mut. In der letzten Nacht war alles gut gegangen, dachte ich, und deshalb konnten wir es auch diesmal schaffen.

Plötzlich klang dreimal hintereinander ein lautes Poltern vom Vestibül im Erdgeschoss herauf und ließ uns das Herz bis zum Halse schlagen. Jemand hatte an die Eingangstür geklopft. Fast instinktiv flüchteten wir auf die Stufen zwischen dem ersten und zweiten Stock, in die Nähe der kleinen Kammer mit der Bibliothek.

Von oben hörten wir ein Rascheln sich nähern und dann von unten schlurfende ferne Schritte. Erneut befanden wir uns zwischen zwei Feuern. Atto wollte gerade wieder die Kerzen ausblasen (was diesmal bei den Hausbesitzern Verdacht hätte erregen können), als wir klar und deutlich Tiracordas Stimme vernahmen.

»Ich gehe hin, Paradisa, ich gehe schon.«

Wir hörten, wie er die Treppe hinunterstieg, das Vestibül durchquerte, die Tür öffnete und den Besucher mit einem Ausruf angenehmer Überraschung empfing.

Der Besucher trat schweigend ein.

»Herein ohne ein Wort«, sagte Tiracorda in jovialem Ton, während er die Tür zumachte, »Rote wohnen hier nie.«

»Entschuldigt, Giovanni, aber heute bin ich nicht in Laune. Jemand muss mir gefolgt sein, und deshalb habe ich diesmal einen anderen Weg vorgezogen.«

»Kommt, kommt, mein Lieber, mein allerbester Freund.«

Atto und ich drückten uns flach wie Flundern an die Wand

des Treppenhauses und hielten die Luft an. Trotz der wenigen Worte hatten wir die Stimme des Besuchers zweifelsfrei als die von Pompeo Dulcibeni erkennen können.

Tiracorda führte seinen Gast in den ersten Stock. Wir hörten, wie die beiden sich entfernten und dann eine Tür zuzogen. Kaum waren wir allein, stiegen wir aus unserem Versteck herunter und betraten ebenfalls den großen Vorraum im ersten Stock. Ich hätte Abbé Melani tausend Dinge fragen und sie mit ihm besprechen mögen, aber nur absolutes Schweigen konnte uns retten.

Wir betraten ein großes Zimmer, in dem ich im Halbdunkel zwei Kastenbetten und ein paar andere Möbel zu unterscheiden vermochte. Abgeschwächt war aus der Ferne die Unterhaltung zwischen Tiracorda und Dulcibeni zu hören. Wie durch ein Wunder stolperte ich nicht über eine Truhe. Sobald sich meine Augen jedoch an die Dunkelheit gewöhnt hatten, bemerkte ich plötzlich mit Schrecken, dass uns zwei eiskalte und verrunzelte Gesichter im Dunkel des Zimmers reglos auflauerten.

Starr vor Angst brauchte ich einige Sekunden, um zu begreifen, dass es sich um zwei Büsten handelte, die eine aus Bronze, die andere aus Stein, die in meiner Augenhöhe auf zwei Podesten standen. Neben ihnen waren ein Herkules und ein Gladiator aus Gips zu erkennen.

Wir wandten uns nach links und durchquerten ein Vorzimmer, an dessen Wänden viele Stühle aufgereiht waren, und von dort aus kamen wir in ein weiteres Vorzimmer, das ganz im Dunkel lag. Aus einem Raum daneben drangen die Stimmen von Tiracorda und seinem Landsmann. Ganz vorsichtig näherten wir uns dem Spalt an der Tür, die nur angelehnt war. Im Lichtschein, der uns wie eine blendende Klinge zwischen Tür und Rahmen traf, wohnten wir einem merkwürdigen Gespräch bei.

»Herein ohne ein Wort, Rote wohnen hier nie«, sagte Tiracorda betont, genauso wie er seinen Gast am Eingang empfangen hatte.

»Rote wohnen hier nie, Rote ...«, wiederholte Dulcibeni.

»So ist es. Überlegt ruhig: Seid Ihr nicht vielleicht deshalb gekommen?«

Der Arzt erhob sich und trat trippelnd nach links aus unserem Gesichtsfeld. Dulcibeni blieb mit dem Rücken zu uns sitzen.

Der Raum wurde von zwei großen goldverzierten Wachskerzen beleuchtet, die auf dem Tisch standen, an welchem die beiden sich niedergelassen hatten. Wiederum war ich überrascht und überwältigt von der Pracht der Einrichtung, wie ich sie nie zuvor gesehen hatte. Neben den Kerzen prangte ein wunderschönes, versilbertes Körbchen voller Früchte aus Wachs. Zwei weitere große Kandelaber erhellten den Raum, einer auf einem Tischchen aus Grenadilleholz und ein anderer auf einem Schreibtisch aus Ebenholz mit schwarzen Leisten und Beschlägen aus vergoldetem Kupfer. Die Wände waren mit rotem Damast ausgeschlagen; überall hingen schöne Gemälde mit verschiedenen, wunderbaren Motiven: Ich erkannte Landschaften, Tiere und Blumen und auch Menschen – eine Muttergottes mit Kind, eine Pietà, eine Verkündigung, ein heiliger Sebastian und vielleicht ein Ecce homo.

Beherrscht aber wurde der Raum von einem eindrucksvollen Porträt unseres Herrn Papstes Innozenz XI., das in einem vergoldeten, mit Blättern und Girlanden aus geschnittenem Kristall geschmückten Rahmen in der Mitte der längsten Wand uns genau gegenüberhing. Darunter stand auf einem Gestell ein achteckiges Reliquiar aus versilbertem und vergoldetem Kupfer, das ich mir voller heiliger Reliquien vorstellte. Weiter links entdeckte ich ein Bett und einen mit rotem Brokat bezogenen Schemel. Dieses letzte Detail schien mir entlarvend: Wir befanden uns vermutlich im Sprechzimmer Tiracordas, wo er seine Patienten empfing.

Wir hörten, wie der Arzt wieder in die Mitte des Raumes trat, nachdem er eine Tür geöffnet und geschlossen hatte.

»Wie dumm, ich hatte es an den anderen Platz getan.«

Er drehte sich nach rechts zu der Wand, an der das riesige und beherrschende Bildnis Seiner Heiligkeit hing. Zu unserer Überraschung öffnete er dort, uns gegenüber, eine weitere Tür, deren Flügel man nicht sah, weil sie mit demselben roten Stoff wie die Wände bezogen waren. Hinter der Geheimtür verbarg sich ein Verschlag, in dem die ärztlichen Instrumente aufbewahrt waren. Ich konnte Zangen, Scheren und Schneidemesser erkennen, Gefäße für medizinische Kräuter, einige Bücher und Papierstapel, die vielleicht die Ergebnisse der ärztlichen Untersuchungen enthielten.

»Sind sie immer noch da drinnen?«, fragte Dulcibeni.

»Ja, ja, sie sind hier, und es geht ihnen gut«, sagte Tiracorda, während er in der Kammer herumhantierte, »aber ich suche nur ein paar hübsche Kleinigkeiten, die ich mir für uns beide notiert habe. Ah, da sind sie.«

Tiracorda trat heraus, hielt triumphierend einen Fetzen halb zerknittertes Papier in die Höhe, schloss die Geheimtüre und setzte sich hin, um es vorzulesen.

»Hört Euch das an: Wenn ein Vater sieben Töchter hat …«

In diesem Augenblick führte Atto zu meinem großen Erstaunen die Hand blitzschnell zum Mund. Er schloss die Augen, stellte sich auf die Zehenspitzen und blies die Backen auf. Dann krümmte er sich verzweifelt zusammen, verbarg das Gesicht zwischen Arm und Achselhöhle und hielt sich mit beiden Händen den Mund zu. Ich bekam panische Angst, denn ich begriff nicht, ob er von Schmerzen, Heiterkeit oder Wut gepackt war.

Der angstvolle, ohnmächtige Ausdruck seiner Augen gab mir schließlich zu verstehen, dass Atto niesen musste.

Ich habe ja schon davon gesprochen, dass Abbé Melani in jenen Tagen unter kurzen, aber unbezähmbaren Niesanfällen litt. Dies war meiner Erinnerung nach eine der wenigen Gelegenheiten, bei denen es ihm gelang, einen prustenden Ausbruch zurückzuhalten. Einen Moment lang fürchtete ich, er würde das Gleichgewicht verlieren und gegen die halb offene Tür fallen. Wie durch ein Wunder fand er jedoch Halt an der Wand, so dass diese Gefahr gebannt war.

Durch diesen Zwischenfall war unsere Aufmerksamkeit jedoch für einige Augenblicke von der Unterhaltung zwischen Tiracorda und Dulcibeni abgelenkt. Der erste Gesprächsfetzen, den ich erhaschen konnte, sobald ich sah, dass Atto wieder Herr seiner selbst war, blieb ebenso unverständlich wie die vorausgegangenen.

»Vierzehn?«, fragte Dulcibeni gerade in gelangweiltem Tonfall.

»Acht! Und wisst Ihr, warum? Ein Bruder ist Bruder von allen Mädchen. Har, har, har, har! Har, har, haaaaaar!«

Tiracorda brach ächzend in unbändiges Gelächter aus, doch sein Gast ließ sich davon nicht anstecken. Sobald sich der Arzt wieder beruhigt hatte, versuchte Dulcibeni das Thema zu wechseln.

»Also: Wie habt Ihr ihn heute vorgefunden?«

»So lala. Wenn er nicht aufhört, sich zu quälen, wird es keine Besserung geben, und das weiß er. Vielleicht muss man die Blutegel absetzen und anders vorgehen«, sagte Tiracorda schniefend, während er sich mit dem Taschentuch noch die Lachtränen aus den Augen rieb.

»Wirklich? Ich dachte ...«

»Auch ich hätte weiter die üblichen Mittel angewandt«, erwiderte der Arzt und deutete auf die Geheimtür in seinem Rücken, »aber jetzt bin ich mir nicht mehr so sicher.«

»Erlaubt mir zu sagen, Giovanni«, unterbrach Dulcibeni, »obwohl ich nicht zu Eurer Zunft gehöre: Man sollte jedem Mittel genügend Zeit geben, um seine Wirkung zu entfalten.«

»Ich weiß, ich weiß, wir werden sehen, wie es weitergeht ...«, antwortete der andere abwesend, »leider geht es Monsignore Santucci gar nicht gut, und er kann sich nicht um den Patienten kümmern wie in früheren Zeiten. Man hat mir vorgeschlagen, ihn zu vertreten, aber dazu bin ich zu alt. Glücklicherweise wird es eines Tages jemanden geben, der an unsere Stelle tritt. Wie der junge Lancisi, dem ich in jeder Hinsicht geholfen habe und auch künftig helfen werde.«

»Auch er kommt aus den Marken, nicht wahr?«

»Nein, er ist in Rom geboren. Aber ich habe ihn sozusagen adoptiert. Zuerst war er Schüler im Kolleg der Marken, dann habe ich ihn im Hauptspital von Santo Spirito in Sassia zu meinem Assistenten gemacht.«

»Also werdet Ihr die Behandlung ändern?«

»Wir werden sehen, wir werden sehen, vielleicht genügt ein bisschen gute Landluft zur Besserung. Apropos«, fuhr er fort und nahm die Lektüre des zerknitterten Blattes wieder auf, »in einem Bauernhof ...«

»Giovanni, hört mir gut zu«, unterbrach ihn Dulcibeni hitzig, »Ihr wisst, wie sehr ich unsere Zusammenkünfte schätze, aber ...«

»Habt Ihr wieder von Eurer Tochter geträumt?«, fragte der andere beunruhigt. »Es ist nicht Eure Schuld, das habe ich Euch schon tausendmal gesagt.«

»Aber nein, das ist es nicht. Es ist ...«

»Ich verstehe: Ihr seid wieder wegen der Quarantäne besorgt. Auch das habe ich Euch schon gesagt: Es ist eine Klei-nig-keit. Wenn die Sache so abgelaufen ist, wie Ihr es mir beschrieben habt, dann besteht weder Ansteckungsgefahr noch müsst Ihr fürchten, in ein Lazarett eingeliefert zu werden. Er hat vollkommen Recht, Euer, wie heißt er ... Cristogeno.«

»Cristofano, er heißt Cristofano. Aber es geht um etwas anderes: Ich glaube, mir ist jemand gefolgt auf meinem Weg hierher durch die unterirdischen Gänge.«

»Na ja, das ist so gut wie sicher, mein Freund! Irgendeine schöne fette Flussratte wird Euch verfolgt haben, haaar, har, har! Apropos, vor ein paar Tagen habe ich hier im Stall eine gefunden. Sie war so groß«, sagte Tiracorda und breitete seine kurzen, runden Arme dabei übertrieben weit aus.

Dulcibeni schwieg, und obwohl wir sein Gesicht nicht sehen konnten, hatte ich das Gefühl, dass er allmählich die Geduld verlor.

»Ich weiß, ich weiß«, fuhr Tiracorda fort, »Ihr macht Euch immer noch Sorgen wegen dieser Geschichte. Ich verstehe nicht, warum Ihr Euch nach all den Jahren noch so sehr damit quält. Ist es vielleicht Eure Schuld? Nein; und dennoch glaubt Ihr es und denkt: Ach, hätte ich doch einem anderen Herrn gedient! Ach, wäre ich doch Maler gewesen, Küchenmeister, Dichter, Schmied oder Stallknecht! Alles, nur nicht Kaufmann.«

»Ja, es ist wahr, manchmal denke ich so«, bestätigte Dulcibeni.

»Und wisst Ihr, was ich Euch sage? Wenn es so gewesen wäre, hättet Ihr die Mutter Eurer Tochter Maria gar nicht kennen gelernt.«

»Das ist auch wahr. Es hätte schon gereicht, wenn mir Francesco Feroni nicht über den Weg gelaufen wäre.«

»Fangt Ihr schon wieder damit an? Seid Ihr Euch so sicher, dass er es war?«

»Er hat die schmutzigen Pläne dieses Schweins, dieses Huygens, unterstützt.«

»Ihr hättet die Vorfälle wenigstens zur Anzeige bringen, eine Untersuchung verlangen können …«

»Eine Untersuchung? Aber ich habe es Euch doch erklärt: Wer hätte sich denn auf die Suche gemacht nach der unehelichen Tochter einer türkischen Sklavin? Nein, nein, in solch schwierigen Fällen kann man Hilfe nicht von den Häschern des Gerichts erwarten, sondern nur von Gaunern und Halunken.«

»Und die Gauner haben Euch gesagt, dass nichts zu machen ist.«

»Genau, nichts zu machen: Feroni und Huygens haben sie dorthin verschleppt, wo dieser Schurke herkam. Ich bin hingefahren, um sie zu suchen, aber ohne Ergebnis. Seht Ihr diesen alten schwarzen Gehrock, den ich trage? Den habe ich seit dieser Zeit, ich habe ihn in einem Laden am Hafen gekauft, als ich am Ende meiner Kraft und Hoffnung war; ich werde ihn nie mehr ausziehen … Ich habe weiter und weiter gesucht, habe Informanten und Spitzel in der halben Welt bezahlt; zwei von den allerbesten haben mir schließlich gesagt, dass es von Maria keine Spur mehr gibt: Sie ist verkauft oder, wie ich fürchte, tot.«

Die beiden schwiegen eine Weile. Atto und ich schauten einander an, und ich las in seinen Augen die gleiche Überraschung und dieselben Fragen.

»Ich habe es Euch gesagt, es ist eine Geschichte ohne Lösung und ohne Trost«, griff Dulcibeni den Gesprächsfaden wehmütig wieder auf. »Ein Schluck vom Üblichen?«, fragte er dann, zog ein Fläschchen heraus und stellte es auf den Tisch.

»Was für eine Frage!«, erwiderte Tiracorda erfreut.

Er erhob sich, öffnete wieder die Geheimtür und trat in den Verschlag. Ächzend stellte er sich auf die Zehenspitzen, streckte sich bis zu einem Fach unter der Decke und holte mit seinen dicken Fingern zwei schöne Gläschen aus grünlichem Glas hervor.

»Wirklich ein Wunder. Paradisa hat mein neues Versteck noch nicht gefunden«, erklärte er, während er die Tür zu der Kammer schloss. »Wenn sie meine Gläserchen fände, würde sie ein Drama daraus machen. Ihr wisst, wie streng sie ist mit dem Wein, mit der Sünde der Völlerei, dem Teufel ... Aber kehren wir zu Euch zurück: Was ist aus Marias Mutter geworden?«, fragte Tiracorda.

»Ich habe es Euch schon einmal erzählt: Sie ist verkauft worden, kurz nach Marias Entführung. Und auch von ihr ward nie mehr gehört.«

»Habt Ihr nichts gegen den Verkauf tun können?«

»Sie gehörte den Odescalchi, nicht mir, genau wie meine Tochter, leider.«

»Ach ja, Ihr hättet sie heiraten müssen ...«

»Sicher. Aber in meiner Stellung ... eine Sklavin ... also wirklich«, stotterte Dulcibeni.

»Auf diese Weise hättet Ihr jedoch die väterliche Gewalt über Eure Tochter bekommen.«

»Das stimmt, aber Ihr müsst verstehen ...«

Das Klirren von zersplitterndem Glas schreckte uns auf. Dulcibeni fluchte leise.

»Es tut mir Leid, es tut mir ja so Leid«, beteuerte Tiracorda. »Hoffentlich hat Paradisa nichts gehört, gütiger Himmel, was habe ich da angerichtet ...«

Beim Verschieben einer der beiden Kerzen, die den Tisch beleuchteten, hatte der Arzt Dulcibenis Fläschchen umgestoßen, das auf dem Boden in tausend Stücke zersprang.

»Macht nichts, ich müsste in der Locanda noch ein bisschen davon haben«, sagte Dulcibeni versöhnlich und begann, die größeren Scherben vom Boden aufzusammeln.

»Passt auf, Ihr verletzt Euch. Ich hole einen Lappen«, entgegnete Tiracorda, »strengt Euch nicht zu sehr an, so wie damals bei Odescalchi, har, har, haaaar!«

In sich hineinlachend, steuerte er auf die halb offene Tür zu, hinter der wir versteckt waren.

Uns blieben nur wenige Sekunden Zeit und keine Wahl. Während Tiracorda die Tür aufstieß, drückten wir uns rechts und links flach gegen die Wand. Der Arzt ging zwischen uns durch wie zwischen zwei Wachen, die wir aufrecht und starr vor Angst dastanden. Er durchquerte das ganze Vorzimmer und verließ es durch die Türe auf der anderen Seite.

In diesem Augenblick kam uns der Scharfsinn des Abbé Melani zu Hilfe, oder vielleicht seine ungesunde Neigung, anderen aufzulauern und ihnen Fallen zu stellen. Auf sein Zeichen hin schlichen wir geräuschlos und rasch wie zwei Mäuse auf die andere Seite des Raumes und drückten uns wieder rechts und links des Ausgangs gegen die Wand, wobei wir diesmal den Vorteil hatten, uns hinter den offenen Türflügeln verbergen zu können.

»Hier ist er schon«, hörten wir Tiracorda verkünden, der offensichtlich einen Lappen gefunden hatte.

Der Leibarzt ging wieder zwischen mir und Atto durch, als er das Vorzimmer in die andere Richtung durchquerte. Erst da begriff ich, dass er uns gegenüber aufgetaucht wäre, wenn wir auf der anderen Seite geblieben wären, und dann hätte es kein Entkommen gegeben.

Tiracorda betrat wieder den Raum, in dem ihn sein Gast erwartete, und schloss dabei die Tür hinter sich. Bevor sie zufiel, sah ich im letzten Lichtschein gerade noch, wie Dulcibeni sich im Sitzen nach hinten zur Türe umdrehte. Mit zweifelndem Stirnrunzeln starrte er ins Dunkel des Vorzimmers, und ohne es zu wissen, fiel sein Blick auf mein verängstigtes Gesicht.

Wir blieben einige Minuten regungslos stehen, während denen ich nicht einmal wagte, mir den Schweiß von der Stirn zu wischen. Dulcibeni erklärte gerade, er sei ungewöhnlich müde und wolle sich verabschieden, um ins Donzello zurückzukehren. Es war, als hätte sein Besuch plötzlich seinen Sinn verloren, da er nun nicht mehr mit dem Arzt anstoßen konnte. Wir hörten, wie die beiden sich erhoben. Uns fiel nichts Besseres ein, als in den ersten Raum, der ins Treppenhaus führte, zu eilen und uns hinter den Gipsfiguren zu verstecken. Tiracorda und Dulcibeni gingen, ohne uns zu bemerken, dicht an uns vorüber. Dulcibeni trug eine Laterne in der Hand, die er für seine Rückkehr in die Locanda brauchte, während der Arzt sich wieder und wieder dafür entschuldigte, dass er die Flasche zerbrochen und so den schönen Verlauf des Abends ruiniert hatte.

Sie gingen die Treppe ins Vestibül hinunter. Allerdings hörten wir nicht, dass die Haustür geöffnet wurde: Natürlich musste Dulcibeni durch die unterirdischen Gänge in die Locanda zurückkehren, flüsterte Atto mir zu, das war die einzige Möglichkeit, wegen der Wachen, die die Locanda Tag und Nacht kontrollierten.

Kurz darauf kam Tiracorda die Treppe wieder herauf und begab sich in den zweiten Stock. Um uns herum war es jetzt stockdunkel, und überaus vorsichtig kehrten wir in die Küche und dann in den Stall zurück, um Dulcibeni zu folgen.

»Keine Angst, er entkommt uns ebenso wenig wie Stilone Priàso«, flüsterte Atto.

Leider kam es jedoch ganz anders. Bald sahen wir im Abschnitt D von weitem den Schein von Dulcibenis Laterne. Der beleibte, kräftige Edelmann aus den Marken bewegte sich langsamen Schrittes vorwärts. Die Überraschung kam beim Anschluss an den Gang C, wo Dulcibeni statt nach rechts, in Richtung Donzello, nach links einbog.

»Aber das ist unmöglich«, gab mir der Abbé mit Gesten zu verstehen.

Wir gingen noch ein gutes Stück weiter, bis wir nahe bei der Stelle waren, wo der Tunnel an einem Wasserlauf endete. Vor uns herrschte Finsternis, als ob Dulcibeni seine Öllampe gelöscht hätte. Wir hatten also keinerlei Orientierungshilfe und tasteten uns blind vorwärts.

Wir verlangsamten unsere Schritte aus Furcht, mit unserer Beute zusammenzustoßen, und horchten gespannt in die Dunkelheit. Doch nur das Rauschen des unterirdischen Flüsschens war zu hören, also beschlossen wir weiterzugehen.

Abbé Melani stolperte und fiel hin, glücklicherweise ohne Folgen.

»Zum Teufel, gib mir die vermaledeite Laterne«, fluchte er. Er zündete selbst unser Licht an, und wir waren beide bestürzt: Der Tunnel endete wenige Schritte vor uns an dem quer vorbeiströmenden Wasserlauf. Dulcibeni war verschwunden.

»Wo wollen wir anfangen?«, fragte Abbé Melani verärgert, während wir uns auf den Rückweg machten und versuchten, die jüngsten Geschehnisse in eine logische Ordnung zu bringen. Ich wiederholte kurz, was wir erfahren hatten.

Pompeo Dulcibeni hatte mehrmals den Leibarzt des Papstes, Giovanni Tiracorda, besucht, der wie er selbst aus Fermo stammte, um mit ihm über geheimnisvolle Themen zu sprechen, deren Sinn wir nicht verstanden. Tiracorda hatte Brüder, Schwestern, Landgüter, rote Menschen und andere mysteriöse, in ihren Zusammenhängen völlig unklare Dinge erwähnt.

Tiracorda behandelte außerdem einen Patienten, der ihm Sorgen zu machen schien, den er aber bald heilen zu können hoffte.

Große Neuigkeiten hatten wir über Pompeo Dulcibeni erfahren: Er hatte eine Tochter namens Maria (die seiner Meinung nach tot war). Ihre Mutter war eine Sklavin, die Dulcibeni bald aus den Augen verloren hatte: Sie war verkauft worden.

Pompeo Dulcibenis Tochter war ihm zufolge von einem gewissen Huygens entführt worden, der rechten Hand eines Herrn Feroni (ein Name, der mir irgendwie bekannt vorkam), der ihm dabei geholfen zu haben schien. Dulcibeni hatte die Entführung nicht verhindern können und glaubte, das Mädchen sei längst tot.

»Aller Wahrscheinlichkeit nach war also seine verlorene Tochter die Frau«, stellte ich voller Mitleid fest, »an die sich der Arme in seinem Selbstgespräch wandte.«

Aber der Abbé hörte mir gar nicht mehr zu.

»Francesco Feroni«, murmelte er, »den Namen kenne ich: Er ist durch den Sklavenhandel mit den spanischen Kolonien in der

Neuen Welt ein reicher Mann geworden und dann nach Florenz in den Dienst des Großherzogs Cosimo zurückgekehrt.«

»Ein Negerhändler also.«

»Tja. Er hat anscheinend wenig Skrupel: In Florenz genießt er einen ganz schlechten Ruf. Und jetzt fällt mir ein, dass über ihn und diesen Huygens eine ziemlich lächerliche Geschichte die Runde machte«, sagte Atto grinsend. »Feroni wollte unbedingt, dass seine Tochter in eine florentinische Adelsfamilie einheiratete, aber sie war im wahrsten Sinne des Wortes krank vor Liebe ausgerechnet zu diesem Huygens. Die Schwierigkeit bestand darin, dass Huygens als Feronis Vertrauter alle wichtigen und heiklen Geschäfte für ihn abwickelte.«

»Und was geschah? Jagte Feroni ihn fort?«

»Ganz im Gegenteil: Der alte Kaufmann wollte und konnte ihn nicht entbehren. Deshalb blieb Huygens im Geschäft der Familie, während Feroni alles daransetzte und seine ganze Macht spielen ließ, um die Wünsche des jungen Mannes zu erfüllen: Um ihn von seiner Tochter fern zu halten, verschaffte er ihm alle Frauen, die Huygens begehrte, selbst die kostspieligsten.«

»Und wie ging es aus?«

»Ich weiß es nicht, es geht uns nichts an. Aber ich glaube, dass Dulcibenis armes Töchterchen wohl in die Fänge von Huygens und Feroni geraten sein wird«, seufzte Atto.

Dann kam ich zur überraschendsten Entdeckung: dass Dulcibeni in der Vergangenheit als Kaufmann im Dienste der Odescalchi, der Familie des Papstes, gestanden hatte.

»Und jetzt die Fragen«, warf Melani ein, der wohl ahnte, dass mir eine Vielzahl davon auf der Zunge lagen.

»Vor allem«, sagte ich, als wir gerade mit einem kleinen Stolpern am Tunnel D angelangt waren, »welche Dienste wird Dulcibeni der Familie des Papstes wohl geleistet haben?«

»Da gibt es verschiedene Möglichkeiten«, antwortete Atto. »Dulcibeni hat sich ›Kaufmann‹ genannt. Aber diese Bezeichnung trifft vielleicht nicht ganz zu. Ein Kaufmann arbeitet auf eigene Rechnung, während er in Wirklichkeit einen Padrone hatte. Für die Odescalchi könnte er beispielsweise als Sekretär, als Buchhalter, Schatzmeister oder Handlungsbevollmächtigter gearbeitet haben. Vielleicht hat er in ihrem Auftrag Reisen unternommen, denn die Familie hat jahrzehntelang in ganz Europa Getreide und Stoffe gekauft und verkauft.«

»Pater Robleda hat mir gesagt, sie verleihen Geld gegen Zinsen.«

»Hast du auch darüber mit Robleda gesprochen? Bravo, mein Junge. Es stimmt, später hat sich die Familie aus dem Handelsgeschäft weitgehend zurückgezogen und sich nur noch auf Darlehen beschränkt. Soviel ich weiß, haben sie dann fast alles investiert, um Ämter und Anleihen zu kaufen.«

»Signor Atto, wer ist wohl der Patient, von dem Tiracorda gesprochen hat?«

»Diese Frage ist am leichtesten zu beantworten. Überleg doch: Es handelt sich um einen Patienten, dessen Krankheit geheim gehalten werden muss, und Tiracorda ist der Leibarzt des Papstes.«

»Gütiger Himmel, dann muss es …«, wagte ich zu vermuten und verschluckte mich fast, »unser Herr Innozenz XI. sein.«

»Genau das glaube ich. Trotzdem hat es mich überrascht: Wenn der Pontifex erkrankt, verbreitet sich diese Nachricht in Windeseile. Tiracorda dagegen will sie geheim halten. Offensichtlich glaubt man im Vatikan, der Zeitpunkt sei ungünstig: Man weiß noch nicht, wer vor Wien siegen wird. Wenn der Papst geschwächt ist, besteht die Gefahr, dass es in Rom zu Unruhen und Aufständen kommt, während im Ausland die Moral der Türken gestärkt und die der christlichen Verbündeten geschwächt wird. Das Schlimme ist wohl, wie Tiracorda gesagt hat, dass der Papst nicht auf die Beine kommt und man vermutlich bald die Behandlung ändern muss. Deshalb soll nichts durchsickern.«

»Seinem Freund hat sich Tiracorda jedoch anvertraut«, bemerkte ich.

»Offenbar glaubt er, dass Dulcibeni das Geheimnis zu wahren weiß. Und Dulcibeni ist genau wie wir wegen der Quarantäne in der Locanda eingesperrt: Er hat sicher kaum Gelegenheit, etwas auszuplaudern. Aber das Interessanteste ist etwas ganz anderes.«

»Und das wäre?«

»Dulcibeni war mit Fouquet unterwegs. Jetzt besucht er den Leibarzt des Papstes, um mit ihm über geheimnisvolle Dinge wie Landgüter, Brüder und Rote zu sprechen ... Ich gäbe etwas darum zu verstehen, worüber sie geredet haben.«

Auf dem Rückweg in die Locanda trafen wir die Heiligenfledderer in ihrem Archiv bei den Ruinen unter der Piazza Navona.

Ich bemerkte, dass die beiden ihren gräulichen Knochenberg wieder aufgeschichtet hatten und dass er jetzt noch höher und breiter wirkte. Die Heiligenfledderer nahmen unsere Ankunft überhaupt nicht wahr, denn sie waren in einen heftigen Disput vertieft, der sich um den Besitz eines Gegenstandes zu drehen schien. Ciacconio gewann schließlich die Oberhand, indem er mit einem kräftigen Ruck Ugonio etwas aus der Hand riss und es mit allzu unterwürfigem Lächeln Atto Melani hinhielt. Es waren Teile trockener Blätter.

»Und was soll das sein?«, sagte Atto. »Ich kann euch nicht für jeden Unsinn, den ihr mir unterjubeln wollt, Geld geben.«

»Fremdwürdiges Blattwerk«, sagte Ugonio. »Um mehr Heiler als Heuchler zu sein, hat Ciacconio es von den totgegangenen, blutlachigen Mausratten abgekratzt.«

»Eine merkwürdige Pflanze bei den toten Ratten ... sehr ungewöhnlich«, stellte Atto fest.

»Ciacconio sagt, dünstet in unverständiger Manier aus«, fuhr Ugonio fort, »ist aufriechende, neugierende, fremdelnde Pflanze ... Insonderheit: Um mehr Gutes als Böses zu wirken, heftet er sie Euch an, wenn der Verpflichtung Genüge getan, dem Getauften Jubel erwächst.«

Atto Melani nahm eines der Blätter in die Hand; während er es prüfend in den Schein der Laterne hielt, erinnerte ich mich plötzlich an etwas.

»Jetzt fällt mir ein, Signor Atto, ich glaube, dass auch ich in den Gängen trockene Blätter gesehen habe.«

»Das ist ja wunderbar«, meinte er belustigt, »hier unten ist alles voller Blätter. Wie kann das sein? Unter der Erde wachsen doch keine Bäume.«

Ich berichtete, wie ich, als wir Stilone Priàso gefolgt waren, auf Blätter getreten war und sogar Angst gehabt hatte, dass mich Stilone deshalb hören könnte.

»Du bist doch ein Dummkopf, das hättest du mir sagen sollen. In einer Situation wie der unseren müssen wir auf alles achten.«

Ich ergriff einige der zerbröselnden Pflanzenteile und nahm mir vor, künftig besser aufzupassen. Wenn ich schon nicht in der Lage war, Atto bei der Entschlüsselung der unverständlichen Unterhaltung zwischen Tiracorda und Dulcibeni über Landgüter, Brüder und Rote zu helfen, so wollte ich wenigstens herauszubringen versuchen, von welcher Pflanze diese Blätter stammten: Vielleicht würde man von daher erschließen können, wer sie in den unterirdischen Gängen ausgestreut hatte.

Wir verließen die Heiligenfledderer, die eifrig mit ihren Knochen beschäftigt waren. Auf dem Weg zur Locanda kam mir in den Sinn, dass ich Abbé Melani noch nicht von meinem Gespräch mit Devizé berichtet hatte. In der Aufregung über unsere neuesten Entdeckungen hatte ich es vollkommen vergessen, zumal ich von dem Musiker nichts Wichtiges hatte in Erfahrung bringen können. So erzählte ich dem Abbé erst jetzt davon, wobei ich natürlich überging, dass ich ihn hatte verleumden müssen, um das Vertrauen des Gitarristen zu gewinnen.

»Nichts Wichtiges, sagst du?«, rief Melani aus, ohne mich ausreden zu lassen. »Du erzählst mir, dass Königin Maria Theresia Beziehungen zu dem berühmten Francesco Corbetta unterhielt und zu Devizé, und das nennst du unwichtig?«

Ich war überrascht von der Reaktion des Abbé, denn er schien fast in Panik zu geraten. Während ich ihm das Gespräch schilderte, blieb er immer wieder stehen: Er hielt an, riss die Augen auf und bat mich, das Gesagte zu wiederholen, dann ging er schweigend weiter, blieb erneut stehen und dachte angestrengt und sorgenvoll nach. Schließlich ließ er mich alles noch einmal von Anfang an erzählen.

Ich wiederholte also, dass ich schon vor der Tür zu Devizé,

den ich massieren wollte, das Rondo gehört hatte, das er so oft spielte und das vor der Quarantäne auch die anderen Gäste des Donzello so begeistert hatte. Auf die Frage, ob es sein Werk sei, hatte er geantwortet, sein Lehrer, ein gewisser Corbetta, habe die Melodie auf einer seiner zahlreichen Reisen gehört. Er habe sie weitgehend umgestaltet und der Königin gewidmet, die ihrerseits die Tabulatur Devizé übergeben habe, der sie seinerseits bearbeitete. Man wusste also nicht genau, von wem das Stück eigentlich stammte, aber zumindest, durch welche Hände es gegangen war.

»Weißt du denn überhaupt, wer Corbetta war?«, fragte mich der Abbé mit zusammengekniffenen Augen und betonte dabei jede Silbe.

Der Italiener Francesco Corbetta war, so belehrte er mich, der beste Gitarrist seiner Zeit. Mazarin hatte ihn als Musiklehrer für den jungen Ludwig XIV., der den Klang der Gitarre über alles liebte, an den französischen Hof geholt. Der Virtuose wurde schnell berühmt, und König Karl II. von England, der sich ebenfalls für dieses Instrument begeisterte, hatte ihn mit sich nach London genommen, ihm eine gute Heirat ermöglicht und ihm die Peerswürde verliehen. Corbetta war jedoch nicht nur ein begnadeter Musiker, sondern auch, was kaum jemand wusste, ein hervorragender Chiffreur.

»Er schrieb verschlüsselte Briefe?«

»Besser noch: Er komponierte verschlüsselte Musik, in der versteckte Botschaften enthalten waren.«

Corbetta war eine außergewöhnliche Persönlichkeit: faszinierend intrigant und eine Spielernatur. Er war viel gereist, hatte in Mantua, Venedig, Bologna, Brüssel, Spanien und Holland gelebt und war in etliche Skandale verwickelt. Vor nicht einmal zwei Jahren war er im Alter von sechzig Jahren gestorben.

»Vielleicht verachtete auch er den Beruf des … Ratgebers neben dem des Musikers nicht?«

»Nun, ich würde sogar sagen, dass er eine wichtige Rolle in den politischen Angelegenheiten der genannten Länder spielte«, sagte Atto Melani und räumte damit ein, dass Corbetta sich für Spionagetätigkeit hergegeben hatte.

»Dazu bediente er sich der Gitarrentabulaturen?«

»Schon, aber das war keineswegs seine Erfindung. In England hatte bereits der berühmte John Dowland, der Lautenspieler von Königin Elisabeth, seine Kompositionen so geschrieben, dass seine Auftraggeber auf diesem Wege vertrauliche Informationen übermitteln konnten.«

Ich ließ mich nur schwer von Atto Melani überzeugen, dass die musikalische Notierung der Tonkunst völlig fremde Bedeutungen enthalten könnte. Und doch war es so: Alle Herrscher, sogar die des Kirchenstaates, griffen seit Jahrhunderten zum Mittel der musikalischen Kryptographie. Und dieses Thema war allen in der Musik Bewanderten vertraut: Als ein allgemein bekanntes Exempel nannte Melani mir Della Portas Traktat *De furtivis litterarum notis*, in dem dieser eine ganze Reihe von Systemen erläuterte, mit denen man geheime Botschaften jeder Art und Länge in der musikalischen Notierung unterbringen konnte. Die Niederschrift auf dem Notenpapier ermöglichte demjenigen, der den Chiffrierschlüssel kannte, die Entzifferung ganzer Wörter und Sätze.

»Allerdings entsteht dadurch das Problem der *saltus indecentes*, das heißt der unschönen Dissonanzen und der Enharmonik, die schon *ictu oculi* Verdacht erregen, wenn man die Musik liest. Deshalb hat man raffiniertere Systeme erfunden.«

»Und wer?«

»Unser Kircher beispielsweise in seiner *Musurgia universalis*. Statt jeder Note einen Buchstaben zuzuordnen, verteilt er das Alphabet auf die vier Stimmen eines Madrigals oder eines Orchesters, um das musikalische Material besser handhaben und die Komposition weniger grob und unangenehm gestalten zu können: Denn falls die Nachricht abgefangen würde, müsste das natürlich sofort Verdacht erregen. So gibt es unendliche Möglichkeiten, den gesungenen Text und die Noten zu verändern. Wenn zum Beispiel die Noten ›f‹, ›a‹ oder ›d‹ mit dem Text übereinstimmen, dann werden nur diese Buchstaben berücksichtigt. Oder man kann es auch umgekehrt machen und nur den Rest des gesungenen Textes bewahren, der dann eine geheime Botschaft enthält. Corbetta wird diese Erfindung Kirchers sicher gekannt haben.«

»Glaubt Ihr, dass Devizé außer der Gitarre auch diese …

Kunst der geheimen Verständigung von Corbetta erlernt hat?«

»Am französischen Hof behauptete man das hinter vorgehaltener Hand. Und dies umso mehr, als Devizé nicht nur Corbettas Lieblingsschüler, sondern vor allem auch sein guter Freund war.«

Dieser Dowland, Melani, Corbetta und vielleicht auch sein Schüler Devizé: Ich argwöhnte allmählich, dass die Musik unweigerlich etwas mit Spitzelei zu tun haben musste.

»Hinzu kommt«, fuhr Abbé Melani fort, »dass Corbetta Fouquet gut gekannt hat, denn er war bis 1660 Hofmusiker unter Mazarin: Erst danach emigrierte er nach London, obwohl er auch dann sehr oft nach Paris fuhr, wohin er etwa zehn Jahre später endgültig zurückkehrte.«

»Dann könnte also«, folgerte ich und wollte meinen eigenen Worten nicht glauben, »auch in diesem Rondo eine geheime Botschaft versteckt sein.«

»Gemach, gemach, mein Junge, erst die Fortsetzung: Du hast mir gesagt, dass Corbetta das Rondo Königin Maria Theresia geschenkt hatte, die es ihrerseits Devizé gab. Dem entnehme ich eine weitere wertvolle Information: Ich hatte nämlich keine Ahnung, dass die Königin Beziehungen zu den beiden Gitarristen unterhielt. Das passt so wenig ins Bild, dass ich es kaum glauben kann.«

»Ich verstehe«, unterbrach ich ihn. »Maria Theresia führte ja ein fast klösterliches Leben …«

Und ich berichtete dem Abbé von dem langen Monolog Devizés über die Demütigungen, die der Allerchristlichste König seiner armen Gattin zugemutet hatte.

»Klösterlich? Diesen Begriff würde ich hier nicht verwenden«, erwiderte Atto hintergründig.

Und er erklärte mir, dass Devizé vermutlich ein etwas geschöntes Bild der verstorbenen Königin von Frankreich gezeichnet hatte. In Versailles konnte man auch jetzt noch einer jungen Mulattin begegnen, die auf erstaunliche Weise dem Dauphin ähnelte. Die Erklärung für dieses Wunder gehe auf die Zeit zurück, als sich vor zwanzig Jahren eine afrikanische Gesandtschaft am französischen Hofe aufgehalten hatte. Um der Gemahlin Ludwigs XIV. ihre Verehrung zu bezeugen, hatten die Botschafter der Königin einen schwarzen Pagen namens Nabo geschenkt.

Nach etwa einem Jahr hatte Maria Theresia 1664 einem blühenden, lebhaften Mädchen von schwarzer Hautfarbe das Leben geschenkt. Zunächst schwor der königliche Chirurg Félix dem König, das Wunder der dunklen Hautfarbe der Neugeborenen sei nur auf den Blutandrang während der Geburt zurückzuführen und werde bald vergehen. Die Haut des Mädchens wollte aber auch nach mehreren Tagen nicht heller werden. Der königliche Chirurg erklärte daraufhin, dass vielleicht der allzu intensive Blick irgendeines schwarzen Höflings der Schwangerschaft der Königin geschadet haben könnten.

»Ein Blick?«, gab der König zurück. »Der muss dann wohl wirklich penetrant gewesen sein!«

Wenige Tage später ließ Ludwig XIV. den schwarzen Pagen Nabo ohne jedes Aufsehen umbringen.

»Und Maria Theresia?«

»Sie sagte nichts. Man sah sie weder weinen noch lachen. Das heißt, man sah sie überhaupt nicht. Aus der Königin war ohnedies nie etwas herauszubringen, außer Worte der Güte und der Vergebung. Sie hat immer deutlich gemacht, dass sie auch die kleinste Kleinigkeit dem König berichten werde, zum Zeichen ihrer Treue, obwohl er die Dreistigkeit besaß, ihr seine Geliebten als Hofdamen zuzuweisen. Es war, als verstünde sich die Königin nur darauf, sich blass, konturlos und ohne eigenen Willen zu zeigen. Sie war zu brav. Allzu brav.«

Mir kam Devizés Satz wieder in den Sinn, es sei falsch, Maria Theresia nur nach dem äußeren Schein zu beurteilen.

»Glaubt Ihr, sie hat nur so getan?«, fragte ich deshalb.

»Sie war eine Habsburgerin; und sie war Spanierin. Zwei äußerst stolze, hartnäckige und ihrem Gemahl äußerst feindlich gesinnte Rassen. Was glaubst du, wie sich Maria Theresia von Österreich gefühlt haben mag, als sie auf französischem Boden derart gedemütigt wurde? Ihr Vater liebte sie sehr und hat nur eingewilligt, sie zu verlieren, um den Pyrenäenfrieden zu schließen. Ich war damals, noch ganz jung, auf der Fasaneninsel dabei, als der Vertrag zwischen Frankreich und Spanien geschlossen sowie die Hochzeit zwischen Ludwig und Maria Theresia vereinbart wurden. Als König Philipp von Spanien sich in dem Wissen, er werde sie nie wiedersehen, von seiner Tochter trennen musste und sie umarmte, weinte er wie ein kleines Kind. Es war fast peinlich, einen König sich so benehmen zu sehen. Bei dem anschließenden Bankett, einem der prachtvollsten, die ich je in meinem Leben erblickt habe, rührte er kaum einen Bissen an. Und bevor er sich in seine Gemächer zurückzog, hörte man ihn unter Tränen seufzen: ›Ich bin ein toter Mann‹, und ähnlichen Unsinn.«

Die Worte Melanis verblüfften mich: Nie hätte ich gedacht, dass mächtige Herrscher, die über das Schicksal Europas entschieden, so bitteren Schmerz über die Trennung von einem geliebten Menschen empfinden könnten.

»Und Maria Theresia?«

»Zunächst tat sie wie gewöhnlich, als sei nichts. Sie hatte gleich zu verstehen gegeben, dass ihr künftiger Bräutigam ihr gefiel: Sie lächelte, unterhielt sich angeregt und schien sich auf die Abreise zu freuen. Aber in jener Nacht hörten alle, wie sie in ihrem Zimmer herzzerreißend schrie: ›*Ay, mi padre, mi padre!*‹«

»Dann ist es sicher: Sie tat nur so, als sei nichts.«

»Genau. Sie tat, als empfinde sie weder Hass noch Liebe, sondern nur Mitgefühl und Treue. Deshalb braucht man sich auch nicht zu wundern, dass niemand Bescheid wusste über den galanten Austausch von Tabulaturen zwischen Maria Theresia, Corbetta und Devizé. Vielleicht fand er sogar unter den Augen des Königs statt!«

»Und denkt Ihr, dass Königin Maria Theresia sich der Gitarristen bediente, um in deren Musik geheime Botschaften zu verstecken?«

»Das ist nicht auszuschließen. Ich erinnere mich, etwas Derartiges vor Jahren in einer holländischen Zeitung gelesen zu haben. Es war dummes Zeug von gekauften Schreiberlingen, in Amsterdam veröffentlicht, aber auf Französisch, um den Allerchristlichsten König zu verleumden. Es war die Rede von einem jungen Höfling namens Belloc, wenn ich mich richtig erinnere, der Gesangsstücke schrieb, die auf die Ballettvorführungen folgten. Die Verse enthielten chiffrierte Vorwürfe gegen den König und Klagen der Königin wegen seiner Ehebrüche. Auftraggeberin war Maria Theresia selbst.«

»Signor Atto«, fragte ich dann, »wer ist Mademoiselle?«

»Wo hast du denn diesen Namen gehört?«

»Ich habe ihn oben auf dem Rand von Devizés Tabulatur gelesen. Da stand ›*à Mademoiselle*‹.«

Obwohl das Licht der Laterne ziemlich schwach war, sah ich doch, wie Melani blass wurde. Und plötzlich erkannte ich in seinen Augen wieder jene Angst, die seit einigen Tagen ihn lautlos zu verzehren begonnen hatte.

Deshalb erzählte ich ihm nun den weiteren Verlauf meines Besuchs bei Devizé, wie ich unabsichtlich die Tabulatur des Rondos beschmutzt und bei dem Versuch, den Fehler zu beseitigen, die Widmung *»à Mademoiselle«* gelesen hatte. Ich berichtete auch das wenige, das ich von Devizé über Mademoiselle erfahren hatte, nämlich, dass sie eine Cousine des Königs war, die wegen ihrer rebellischen Vergangenheit dazu verurteilt wurde, unverheiratet zu bleiben.

»Wer ist Mademoiselle, Signor Atto?«, fragte ich erneut.

»Es ist nicht wichtig, wer sie ist, sondern wen sie geheiratet hat.«

»Geheiratet? Musste sie denn nicht zur Strafe eine alte Jungfer bleiben?«

Atto erklärte mir, dass die Dinge etwas komplizierter lagen, als sie Devizé beschrieben hatte. Mademoiselle, die in Wirklichkeit Anne Marie Louise, Herzogin von Montpensier, hieß, war die reichste Frau Frankreichs. Aber Geld allein genügte ihr nicht: Sie wollte unbedingt einen König heiraten, und Ludwig XIV. machte sich ein Vergnügen daraus, ihr durch sein Heiratsverbot das Leben zu ruinieren. Schließlich änderte Mademoiselle ihre Meinung und sagte, sie wolle nicht mehr Königin werden und womöglich wie Maria Theresia in einem fremden Land der Willkür eines unbarmherzigen Königs unterworfen sein. Mit gut vierundvierzig Jahren verliebte sie sich dann in irgendeinen unbekannten kleinen Adeligen aus der Provinz: ein armseliger Gascogner Kadett ohne Namen und Besitz, der viele Jahre zuvor einmal das Glück gehabt hatte, dem König aufzufallen, ihn bei seinen Vergnügungen begleiten zu dürfen und zuletzt zum Grafen von Lauzun erhoben zu werden.

Lauzun sei ein billiger Verführer, sagte Atto voller Verachtung, und hatte sich wegen ihres Geldes an Mademoiselle herangemacht. Doch am Ende hatte der Allerchristlichste König der Heirat zugestimmt. Der Aufschneider Lauzun wollte ein Fest, wie es Königen ansteht. »Wie zwischen Krone und Krone«, versicherte er seinen Freunden stets mit stolzgeschwellter Brust. Ludwig XIV. hatte in der Zwischenzeit jedoch seine Meinung geändert. Die beiden Verlobten baten ihn, flehten ihn an und drohten, konnten ihn aber nicht umstimmen und mussten heimlich heiraten. Der König kam dahinter, und das war der Anfang vom Ende für Lauzun, der in einer Festung weit von Paris entfernt gefangen gesetzt wurde.

»Eine Festung …«, wiederholte ich, allmählich begreifend.

»In Pinerolo«, vervollständigte der Abbé.

»Zusammen mit …«

»Genau, zusammen mit Fouquet.«

Bis zu jenem Moment, erklärte Melani, war Fouquet der einzige Gefangene in der riesigen Festung. Aber er kannte Lauzun, der damals zur Begleitung des Königs gehört hatte, bereits seit seiner Verhaftung in Nantes. Als Lauzun nach Pinerolo gebracht wurde, schmachtete der ehemalige Oberintendant bereits seit neun Jahren in seiner Zelle.

»Und wie lange blieb Lauzun dort?«

»Zehn Jahre.«

»Das ist ja unendlich lang!«

»Es hätte noch schlimmer für ihn kommen können. Der König hatte die Dauer der Strafe nicht festgesetzt, und deshalb konnte er ihn so lange gefangen halten, wie er wollte.«

»Warum hat er ihn dann nach zehn Jahren freigelassen?«

Das sei ein Rätsel, erklärte Atto Melani. Fest stehe lediglich so viel, dass Lauzun wenige Monate nach Fouquets Verschwinden freigekommen war.

»Signor Atto, ich verstehe überhaupt nichts mehr«, sagte ich und konnte nicht verhindern, dass ich am ganzen Leib zu zittern begann. Wir waren fast an der Locanda angekommen, schmutzstarrend und halb erfroren.

»Armer Junge«, bemitleidete mich der Abbé, »ich habe dich gezwungen, in wenigen Nächten die halbe Geschichte Frankreichs und Europas zu lernen. Aber alles ist von Nutzen! Wenn du jetzt schon ein Gazettenschreiber wärest, hättest du genügend Material für die nächsten drei Jahre.«

»Aber vor lauter Rätseln kennt nicht einmal Ihr Euch mehr in unserer Geschichte aus«, wagte ich zu erwidern, untröstlich und keuchend vor Erschöpfung. »Je mehr wir uns anstrengen zu verstehen, desto verwickelter wird die Sache. So viel weiß ich: Ihr seid einzig und allein daran interessiert zu begreifen, warum der Allerchristlichste König vor zwanzig Jahren Euren Freund Fouquet hat verurteilen lassen. Meine Perlen dagegen sind für immer verloren.«

»Heute wollen alle die Rätsel der Vergangenheit lösen«, unterbrach mich Abbé Melani streng, »weil diejenigen der Gegenwart uns viel zu viel Angst einflößen. Wir beide dagegen werden die einen wie die anderen aufklären. Das verspreche ich dir.«

Leichter gesagt als getan, dachte ich und versuchte, für den Abbé zusammenzufassen, was wir in den sechs Tagen erzwungenen Zusammenlebens in der Locanda bisher entdeckt hatten. Vor einigen Wochen war der ehemalige Oberintendant Fouquet in Begleitung zweier Edelleute in unserer Locanda abgestiegen. Der eine, Pompeo Dulcibeni, kannte das System unterirdischer Gänge und benutzte es, um den Arzt Tiracorda aufzusuchen, der wie er aus den Marken stammte und gerade den Papst behandelte. Außerdem hatte Dulcibeni von einer Sklavin eine Tochter, die von einem gewissen Huygens unter Beihilfe eines gewissen Feroni entführt worden war, als Dulcibeni im Dienste der Odescalchi, der Familie des Papstes, gestanden hatte.

Der zweite Begleiter Fouquets, Roberto Devizé, war ein Gitarrist, der in nicht ganz geklärten Beziehungen zur französischen Königin Maria Theresia stand und ein Schüler von Francesco Corbetta war, einem Intriganten, der das Rondo, das wir Devizé immer spielen hörten, geschrieben und vor seinem Tod Maria Theresia geschenkt hatte. Die Tabulatur des Rondos trug jedoch die Widmung *»à Mademoiselle«*, also für die Cousine des Allerchristlichsten Königs und Gemahlin des Grafen von Lauzun. Letzterer saß zehn Jahre lang mit Fouquet in der Festung von Pinerolo, bis der Oberintendant starb …

»Du meinst wohl, ›aus dem Gefängnis verschwand‹«, korrigierte mich Atto, »da er doch hier im Donzello starb.«

»Richtig. Und dann …«

»Und dann wohnen hier noch ein Jesuit, ein flüchtiger Venezianer, eine Dirne, ein trunksüchtiger Wirt, ein neapolitanischer Astrologe, ein englischer Flüchtling und ein Arzt aus Siena, der wie alle Vertreter seines Fachs arme, wehrlose Kranke malträtiert.«

»Und die beiden Heiligenfledderer«, fügte ich hinzu.

»Ach ja, die beiden Ungeheuer. Und außerdem sind da noch wir zwei, die wir uns den Kopf zermartern, während in der Locanda jemand die Pest hat und man in den unterirdischen Gängen blutbefleckte Seiten der Bibel findet, Ampullen voller Blut, Ratten, die Blut spucken … zu viel Blut, wenn man es genau bedenkt.«

»Was soll das heißen, Signor Atto?«

»Gute Frage. Wie oft soll ich es dir noch sagen? Denk immer an die Raben und den Adler. Und verhalte dich wie der Adler.«

Unterdessen kletterten wir bereits die Treppe hinauf, die zu der geheimen Kammer in der Locanda führte, kurz danach trennten wir uns und verabredeten uns für den folgenden Tag.

Siebter Tag

17. September 1683

Trotz der vielen Aufregungen kam mir auch in jenen Tagen manchmal ein erbaulicher Imperativ in den Sinn, die die alte Frau, die mich liebevoll aufgezogen und unterrichtet hatte, als Singsang zu wiederholen pflegte, wie man es mit Kindern tut: Nie ein Buch halb gelesen weglegen.

Diesen weisen Rat beherzigend, entschloss ich mich am nächsten Morgen, die Lektüre der astrologischen Gazette abzuschließen. Meine sorgfältige Erzieherin hatte Recht: Besser gar kein Buch lesen als eines nur unvollständig, so dass man nur bruchstückhafte Erinnerungen und ein falsches Urteil bewahrt. Vielleicht würde die Lektüre der folgenden Seiten mir dabei helfen, so hoffte ich, nicht mehr so fest von den finsteren Kräften überzeugt zu sein, die ich bis dahin den Prophezeiungen des geheimnisvollen Büchleins zugemessen hatte.

Beim Aufwachen fühlte ich mich überdies nicht ganz so zerschlagen wie an den vorausgegangenen Tagen. Ich hatte genügend geschlafen trotz des anstrengenden Wechsels von Verfolgung und Verfolgtwerden, der uns vom Hause Tiracordas hinter Dulcibeni her wieder in den Tunnel C bis zu dem unterirdischen Wasserlauf geführt hatte. Und vor allem trotz der überraschenden Schlussfolgerungen über Devizé (und sein geheimnisvolles Rondo), zu denen der Abbé und ich auf dem Rückweg in die Locanda gelangt waren.

Mein Geist weigerte sich noch, diese komplizierte Geschichte wieder aufzurollen. Jetzt hatte ich dagegen Gelegenheit, die astrologische Gazette zu Ende zu lesen, die die Heiligenfledderer Stilone Priàso entwendet hatten und die noch unter meiner Matratze lag.

Die in dem Bändchen enthaltenen Prophezeiungen schienen die Ereignisse der letzten Monate genauestens vorhergesagt zu haben. Jetzt aber wollte ich wissen, was die Zukunft für uns bereithielt.

Deshalb las ich die Weissagungen für die dritte Woche des Monats September: Die Tage, die vor uns lagen.

> *Die Prophezeiungen, die sich aus den Sternen ableiten lassen, werden in dieser Woche vor allem von Merkur kommen als Empfänger der beiden Gestirne an ihrem Ort, der in seinem dritten Haus in Konjunktion mit der Sonne* Reisen von Fürsten, die Durchreise zahlreicher Boten und verschiedene königliche Gesandtschaften verspricht.
>
> *Jupiter und Venus vereint wollen außer dem Trigon des Feuers* eine Versammlung von fähigen Männern zustande bringen, um ein Bündnis zu schmieden oder einen Frieden von großer Bedeutung.

Meine Aufmerksamkeit richtete sich sofort auf die »Reisen von Fürsten«, die »Durchreise zahlreicher Boten« und die »königlichen Gesandtschaften«, denn da gab es keinen Zweifel für mich: Es musste sich um Depeschen handeln, die über den Ausgang der Belagerung Wiens berichteten, die gerade ihren entscheidenden Wendepunkt erreicht hatte.

Bald würden also Scharen von berittenen Boten, vielleicht sogar geführt von den Königen und Fürsten, die an dem Ringen teilgenommen hatten, das von diesem Kampf gefällte Urteil bis in die letzten Winkel Europas tragen: in drei Tagen bis Warschau, in fünf bis Venedig, in acht oder neun bis Rom und Paris und noch später bis London und Madrid.

Wieder hatte der Verfasser der astrologischen Gazette ins Schwarze getroffen: Denn nicht nur die große Schlacht hatte er vorhergesehen, sondern auch, dass sich die Nachrichten nach der alles entscheidenden Auseinandersetzung wie ein Lauffeuer verbreiten würden.

Und die »Versammlung von fähigen Männern, um ein Bündnis zu schmieden oder einen Frieden von großer Bedeutung«, von der die astrologische Gazette sprach, war doch sicher nichts anderes als der Friedensvertrag zwischen Siegern und Besiegten.

Ich fuhr mit der Lektüre der vierten und letzten Septemberwoche fort:

> Gar schlechte Neuigkeiten von den Kranken *könnte man in dieser vierten Woche vernehmen, da über das sechste Haus die Sonne gebietet, die es Saturn anvertraut hat, und deshalb werden* Quartanfieber, Blutandrang, Hydrops, Geschwulste, Ischiasschmerzen, Gicht und Gallensteinbeschwerden *herrschen. Über das achte Haus aber gebietet Jupiter,* der bald vielen Patienten die Gesundheit wiedergeben wird.

Demnach drohten weitere Gefahren für die Gesundheit: Fieber, Stau der Säfte, Wasseransammlung im Magen, Schmerzen in Knochen, Beinen und Bauch.

Alles schwerwiegende Bedrohungen, jedoch nach Aussage der Gazette nicht unüberwindlich. Das Schlimmste würde noch kommen:

> Sehr gewaltsam *könnten die ersten Botschaften dieser Woche sich zeigen, da sie von Mars, dem Herrscher des Aszendenten, geschickt werden, der sich im achten Haus befindet und* den Tod von Menschen durch Gift, durch Eisen und Feuer, das heißt durch Feuerwaffen, *verursacht. Saturn im sechsten Haus, der über das zwölfte gebietet, verspricht* den Tod einiger gefangener edler Herren.

Bei den letzten Worten stockte mir der Atem. Ich warf die astrologische Gazette weit von mir und schickte, die Hände zu Fäusten geballt, ein Stoßgebet zum Himmel. Vielleicht hat mich nie in meinem Leben je eine Lektüre so tief getroffen wie diese wenigen, unverständlichen Zeilen. »Gewaltsame« Ereignisse wie der »Tod von Menschen durch Gift, durch Eisen und Feuer, das heißt durch Feuerwaffen« kündigten sich an. Todgeweiht waren »gefangene edle Herren«: Einige der Herbergsgäste waren eindeutig »edle Herren«, und »gefangen« waren wir allesamt wegen der Quarantäne!

Wenn ich noch eines Beweises bedurft hätte, dass die Gazette (dieses Teufelswerk!) die Wahrheit vorhersagte, so hatte ich ihn jetzt: Sie sprach von uns, die wir wegen der Pest in der Locanda eingesperrt waren, und vom Tod einiger edler Herren unter uns.

Gewaltsamer Tod, auch durch Gift: War der Oberintendant Fouquet etwa nicht vergiftet worden?

Ich wusste wohl, dass ein guter Christ sich nicht der Verzweiflung hingeben darf, nicht einmal im schlimmsten Unglück. Ich würde allerdings lügen, wenn ich behaupten wollte, diese unerhörten Enthüllungen mit männlicher Würde aufgenommen zu haben. Obwohl ich als Waise aufgewachsen war, hatte ich mich noch nie so einsam und verlassen gefühlt, den Gestirnen ausgeliefert, die seit wer weiß wie vielen Jahrhunderten, vielleicht seit dem Anfang ihres Laufs, mein Schicksal bestimmt hatten.

Von Schrecken und Verzweiflung überwältigt, griff ich zu dem alten Rosenkranz, dem Geschenk der frommen Frau, die mich aufgezogen hatte, küsste ihn inbrünstig und steckte ihn in die Tasche. Ich sprach drei Vaterunser und merkte, dass ich aus Angst vor den Sternen an der göttlichen Vorsehung gezweifelt hatte, die jeder gute Christ als einzige Herrin über sich anerkennen sollte. Ich empfand das brennende Bedürfnis, meine Seele zu reinigen und die Tröstung des Glaubens entgegenzunehmen: Es war Zeit, vor Gottes Angesicht zu beichten. Und in der Locanda war Gott sei Dank jemand, der mir beistehen konnte.

»Tritt nur ein, mein Sohn, du tust gut daran, in diesen schwierigen Zeiten deine Seele zu läutern.«

Sobald er den Grund meines Besuchs erfahren hatte, empfing mich Pater Robleda in seinem Zimmerchen mit großem Wohlwollen. Das Geheimnis der Beichte löste mir Herz und Zunge, und ich nahm das Sakrament mit tief empfundener Hingabe auf.

Nachdem ich die Absolution erhalten hatte, fragte der Pater nach dem Grund all meiner schuldbeladenen Glaubenszweifel.

Ohne die astrologische Gazette zu erwähnen, erinnerte ich Robleda daran, dass er mir vor einiger Zeit von Weissagungen über das Erscheinen eines »Engelspapstes« gesprochen hatte, und sagte, ich hätte aufgrund dieses Gesprächs lange über Schicksal und Prädestination nachgedacht. Dabei sei mir in den Sinn gekommen, dass manche Menschen behaupteten, die irdischen Dinge würden von den Sternen beeinflusst und seien deshalb genau vorhersehbar. Ich wisse, dass die Kirche diese Vorstellung ablehne, ja sie als Irrlehre streng verurteile; der Arzt Cristofano aber versichere, die Astrologie spiele in der Kunst der *medici* eine wichtige Rolle und sei deshalb gut und nützlich. Angesichts dieser widersprechenden Urteile sei mir in den Sinn gekommen, Pater Robleda um Erleuchtung und Rat zu ersuchen.

»Sehr gut, mein Junge, man muss sich immer an die heilige Mutter Kirche wenden, um gegen die vielfältigen Anfechtungen des Lebens gewappnet zu sein. Ich kann mir recht gut vorstellen, dass du in dieser Locanda von den vielen Reisenden einiges an Irrlehren aufgeschnappt hast, die Hellseher, Astrologen und Schwarzkünstler aller Schattierungen unter einfältigen Geistern verbreiten. Solchem Geschwätz darfst du keinen Glauben schenken. Es existieren zwei Arten von Astrologie: eine falsche und eine richtige. Erstere versucht, aufgrund des Geburtsdatums der Menschen ihre Lebensumstände und ihr künftiges Verhalten vorherzusagen. Diese lügnerische und häretische Lehre ist, wie du weißt, schon lange verboten. Daneben aber gibt es die richtige und gute Astrologie, die die Macht der Sterne durch Beobachtung der Natur zum Zwecke der Erkenntnis untersucht, nicht zum Zwecke der Prophezeiung. Und dass die Sterne die Dinge auf dieser Erde beeinflussen, steht ganz außer Zweifel.«

Robleda, der froh war, reden und seine Gelehrsamkeit ausbreiten zu können, nannte als Erstes Ebbe und Flut, die allen bekannt seien und von der geheimen Kraft des Mondes ausgelöst würden. Das Gleiche gelte für die Metalle im tiefsten Inneren, wo weder Licht noch Sonnenwärme hingelange und die deshalb durch den Einfluss der Sterne hervorgebracht würden. Viele andere Erscheinungen (die er *ad abundantiam* aufzählen könne) seien schwer zu erklären, wenn man den Einfluss der Gestirne leugnen wolle. Sogar die bescheidene Pflanze *Mentha pulegium*, die Poleiminze, blühe, wie Cicero in seinem *De divinatione* beschreibe, nur am Tag der Wintersonnenwende, dem kürzesten Tag des Jahres. Andere Beweise für die Macht der Körper des Himmels auf die der Erde stammten aus dem Bereich der Meteorologie: Beim Auf- und Untergehen der sieben Sterne, die das Haupt des Sternbilds Stier bilden, das bei den Griechen Hiadi hieß, falle gewöhnlich viel Regen. Selbst die Tiere stünden bekanntlich unter dem Einfluss der Gestirne. Bei ab- und zunehmendem Mond würden beispielsweise Austern, Krebse und ähnliche Tiere an Lebenskraft und Stärke verlieren. Auch was Cristofano gesagt habe, sei wahr: Schon Hippokrates und andere erfahrene Ärzte wussten, dass sich während der Äquinoktien und Solstitien dramatische Wandlungen bei Krankheiten vollziehen. In all diesen Fragen, sagte der Jesuit, befänden sich der *doctor angelicus* Thomas von Aquin, Aristoteles in seinen *Meteorologica* und andere Autoren wie Domenico Soto, Chrysostomus Iavellus, Domenico Bañez, Johannes Capreolus in vollkommener Übereinstimmung. Noch viel mehr hätte ich darüber lernen können, wenn ich nur das kluge und wahrhaftige Buch seines Mitbruders Giovanni Battista Grassetti, *Die wahre und die falsche Astrologie*, gelesen hätte, das erst vor wenigen Monaten von der Druckerpresse aus der Taufe gehoben worden sei.

»Aber wenn die gute Astrologie, wie Ihr sagt, nicht mit den Lehren der christlichen Religion im Widerspruch steht«, warf ich ein, »dann müsste es doch eine christliche Astrologie geben.«

»Die gibt es in der Tat«, antwortete Robleda, der sich an seiner eigenen Gelehrsamkeit begeisterte, »und es ist schade, dass ich hier nicht den *Zodiacus Christianus locupletatus, seu Signa XII Divinae Praedestinationis* bei der Hand habe, ein vor beinahe vierzig Jahren in dieser heiligen Stadt erschienenes Buch reinster Lehre, das wir dem Genie meines Mitbruders Jeremias Drexler verdanken.«

In diesem Werk, so erklärte Robleda, werden die von der traditionellen Astrologie überlieferten zwölf Sternzeichen endlich durch entsprechende Symbole der wahren und einzigen Religion ersetzt: eine brennende Kerze, ein Schädel, eine goldene Eucharistie-Pyxis, ein leerer, unverhüllter Altar, ein Rosenstrauch, ein Feigenbaum, eine Tabakpflanze, eine Zypresse, zwei mit einem Kranz aus Ölbaumzweigen verbundene Stangen, eine Geißelung mit Ruten, ein Anker und eine Zither.

»Das sollen die christlichen Sternzeichen sein?«, fragte ich betont erstaunt.

»Mehr noch: Jedes dieser Zeichen symbolisiert auch ewige Glaubenswerte. Die brennende Kerze stellt das innere Licht der unsterblichen Seele dar, wie es in der Schrift heißt: *Lucerna pedibus meis verbum tuum et lumen semitis meis*. Der Schädel steht für die Meditation über den Tod, die goldene Pyxis erinnert an die Beichte und die Kommunion, der Altar ... pass auf, dir ist etwas heruntergefallen.«

Beim Herausziehen des Rosenkranzes waren mir einige der von Ugonio und Ciacconio gefundenen Blätter, die ich auch in der Tasche trug, auf den Boden gefallen.

»Ach nichts«, versuchte ich zu lügen. »Das ist ... ein komisches Gewürz, das ich auf der Piazza Navona geschenkt bekommen habe, vor einigen Wochen.«

»Gib her«, sagte Robleda und riss mir die Blätter schier aus der Hand. Verwundert drehte er sie mehrmals zwischen den Fingern.

»Merkwürdig«, meinte er schließlich, »wer weiß, wie die hierher gekommen sind.«

»Warum?«

»Diese Blätter stammen von einer Pflanze, die nicht in Europa wächst. Sie kommt von weit her, aus Westindien, aus Peru.«

»Und wie heißt sie?«

»Mamacòca.«

Pater Robleda erzählte mir daraufhin die erstaunliche Geschichte der ungewöhnlichen Pflanze Mamacòca, die für die Ereignisse der folgenden Tage noch eine wichtige Rolle spielen sollte.

Die Missionare der Jesuiten, unterrichtete er mich, die nach der Eroberung Westindiens und dem Sieg über die einheimischen Wilden (Götzenanbeter und Gotteslästerer) das Werk der Bekehrung begonnen hatten, beschäftigten sich von Anfang an auch mit dem Studium der zahllosen Pflanzenarten der Neuen Welt. Ein unendliches Universum: Während die altehrwürdige *Materia medica* des Dioskurides insgesamt dreihundert Pflanzen aufzählte, kam der Arzt Francisco Hernández in den siebzehn Bänden seiner *Historia natural de las Indias* auf über dreitausend Pflanzenarten.

Inmitten der wundersamsten Entdeckungen lauerten jedoch auch große Gefahren. Den Kolonisatoren war es nämlich unmöglich, zwischen Pflanzen und Drogen, zwischen gesunden und giftigen Kräutern und bei den Einheimischen zwischen Ärzten und Zauberern zu unterscheiden. In den Dörfern gab es unzählige Hexenmeister, die versicherten, durch die Kraft von Kräutern und Wurzeln den Teufel beschwören und die Zukunft vorhersagen zu können.

»Wie die Astrologen!«, rief ich in der Hoffnung, irgendeine Verbindung mit den Geschehnissen herzustellen, die sich in der Locanda zugetragen hatten. »Aber nicht doch, damit hat die Astrologie gar nichts zu tun«, antwortete Robleda zu meiner Enttäuschung. »Ich spreche von sehr viel ernsteren Dingen.«

Nach Ansicht der Hexenmeister hatte eine Pflanze nämlich entweder das Vermögen, eine Krankheit zu heilen oder des Teufels ansichtig zu werden. In Westindien schien es vor allem Pflanzen der zweiten Art zu geben.

Der Donanacal (so, meine ich, hat Pater Robleda den exotischen Namen ausgesprochen) hieß bei den Einheimischen »Zauberpilz« und stand im Ruf, eine Verbindung mit dem Teufel herzustellen. Das Gleiche vermutete man von den Oliuchensamen und von einem anderen Pilz namens Peyote. Eine Pflanze mit Namen Pate wurde von den Hexern dazu benutzt, um die trügerischen Orakel der Hölle zu vernehmen.

Die Inquisition beschloss, die Felder mit den verbotenen Pflanzen zu verbrennen und ab und zu auch einen der Zauberer. Aber die Felder waren zu groß und die Hexenmeister zu zahlreich.

»Man begann, sich um den Bestand des christlichen Glaubens ernsthafte Sorgen zu machen!«, stieß Robleda mit betrübter Stimme hervor und hielt mir das Mamacòcablatt unter die Nase, als wollte er mich vor der bösen Macht warnen.

Wegen der vermaledeiten Pflanzen, fuhr Robleda mit seiner Erzählung fort, lästerten auch die bekehrten und getauften Wilden den heiligen Namen der Kirchenlehrer. Einige von ihnen behaupteten, der heilige Bartholomäus sei nur nach Amerika gekommen, um die Pflanzen mit den magischen Kräften zu entdecken, und der heilige Thomas habe auch in Brasilien gepredigt und dort Bäume mit giftigen Blättern gefunden, die er aber über Feuer getrocknet und in ein Wunder wirkendes Heilmittel verwandelt habe. Die zu unserem Glauben bekehrten Einheimischen benutzten außerdem einige besonders starke Drogen während des Gebets: Das war natürlich von der kirchlichen Lehre verboten. Es verbreiteten sich also neue, bis dahin unbekannte und äußerst gefährliche Ketzereien.

»Einige lehrten sogar neue Evangelien«, sagte der Pater mit zitternder Stimme und gab mir das Blatt angeekelt zurück, als wäre es von der Pestilenz befallen. »In diesen blasphemischen Evangelien«, fuhr er fort und bekreuzigte sich dabei, »hieß es, Christus habe, kaum erwachsen geworden, fliehen müssen, weil die Teufel ihn angriffen, um ihm seine Seele zu rauben. Als Maria nach Hause kam und ihren Sohn nicht fand, habe sie einen Esel bestiegen und sich auf die Suche gemacht. Bald aber habe sie sich verirrt und sei in einem Wald vor Hunger und Verzweiflung ihrem Ende nahe gewesen. Jesus habe sie in diesem Zustand gesehen und ihr geholfen, indem er einen Mamacòcastrauch in der Nähe segnete. Der Esel sei von dem Strauch angezogen worden: Er wollte nicht mehr davon weichen, so dass Maria diesen Strauch als für sie gesegnet erkannte. Sie habe einige Blätter davon gekaut und wie durch ein Wunder weder Hunger noch Müdigkeit gespürt, vielmehr ihren Weg fortsetzen und ein Dorf erreichen können, wo ihr einige Frauen Speise darboten. Maria habe geantwortet, sie sei nicht hungrig, habe den gesegneten Zweig des Mamacòcastrauchs gezeigt und mit folgenden Worten den Frauen ein Blatt davon gegeben: ›Säet es aus, es wird Wurzeln treiben und einen

Strauch wachsen lassen!‹ Die Frauen hätten getan, wie ihnen Maria befohlen, und nach vier Tagen sei ein Baum voller Früchte gewachsen. Die Früchte enthielten die Samen für die Mamacòca, deren Anbau sich die Frauen seitdem widmen.«

»Aber das ist ja ungeheuerlich«, bemerkte ich dazu, »die Heilige Muttergottes und unseren Herrn Jesus Christus auf diese Weise zu lästern und zu behaupten, sie hätten von den Blättern der Zauberer gegessen ...«

»Du hast ganz Recht, es ist ungeheuerlich«, sagte Robleda und wischte sich den Schweiß von den Wangenknochen und der Stirn, »aber das ist noch nicht alles.«

Es gab so viele verbotene Pflanzen, dass die Kolonisatoren (und sogar die Jesuiten, sagte Robleda resigniert) bald den Überblick verloren. Wer konnte genau zwischen Oliuchen und Donanacal, Peyote und Cocoba, Pate und Cola, Iopo und Mate, Guaranà und Mamacòca unterscheiden?

»Auch Mamacòca wurde beim Gebet benutzt?«

»Nein, nein«, antwortete der Pater etwas gereizt, »für etwas anderes.«

Die Blätter dieses unschuldig aussehenden Strauches hatten, sagte der Jesuit, das erstaunliche Vermögen, Erschöpfung und Hunger zu unterdrücken und Begeisterung und Kraft zu wecken. Die Mamacòca linderte darüber hinaus, wie die Jesuiten selbst hatten feststellen können, Schmerzen, gab ermüdeten Knochen Stärke, wärmte die Glieder und heilte alte Wunden, die zu schwären begannen. Schließlich konnten Arbeiter, Tagelöhner und Sklaven (und das war laut Robleda vielleicht das Wichtigste) dank der Mamacòca stundenlang arbeiten, ohne zu ermüden.

Einige der Eroberer dachten deshalb daran, das gefährliche Kraut zu nutzen, statt es auszurotten. Durch die Wirkung der Mamacòca waren die Einheimischen in der Lage, unsägliche Strapazen zu ertragen, und die Missionsstationen brauchten, wie Robleda bemerkte, ständig Arbeitskräfte.

Deshalb wurde der Verzehr der Pflanze erlaubt. Die einheimischen Arbeiter wurden mit den Blättern der Pflanze bezahlt, die für sie mehr Wert hatten als Geld, Silber und sogar Gold. Die Geistlichkeit erhielt das Recht, einen Zehnten auf den

Anbau zu erheben, und so beruhte ein Großteil der Einkünfte von Priestern und Bischöfen auf dem Verkauf von Mamacòca.

»Aber war sie denn nicht ein Werkzeug des Teufels?«, fragte ich erstaunt.

»Ohoho ...«, zögerte Robleda, »die Situation war sehr verwickelt, und man musste eine Wahl treffen. Den Einheimischen größere Freiheit beim Verzehr der Mamacòca zu geben erlaubte, neue Missionsstationen einzurichten, die Zivilisation besser zu verbreiten und damit mehr Seelen für die Sache Christi zu gewinnen.«

Ich drehte das Blatt in der Hand herum, zerrieb es und führte es an die Nase, um daran zu riechen. Es schien ein Blatt wie jedes andere.

»Und wie könnte dieses hier nach Rom gelangt sein?«, fragte ich.

»Vielleicht hat irgendein spanisches Schiff eine Ladung nach Portugal gebracht. Von dort aus könnte es über Genua oder Flandern eingeführt worden sein. Etwas anderes kommt mir nicht in den Sinn: Ich habe das Blatt erkannt, weil einer meiner Mitbrüder mir einige davon gezeigt hat, und später habe ich sie mehrmals in den Briefen der Missionare aus Westindien abgebildet gesehen. Vielleicht weiß derjenige, der sie dir geschenkt hat, mehr darüber.«

Ich wollte mich schon verabschieden, als mir eine weitere Frage einfiel.

»Nur eine Frage noch, Pater. Wie verzehrt man die Mamacòca?«

»Um Gottes willen, mein Junge, du willst sie doch hoffentlich nicht verwenden?«

»Nein, Pater, es war reine Neugierde.«

»Die Einheimischen kauen die Blätter gewöhnlich, nachdem sie sie mit Spucke und etwas Asche vermischt haben. Ich kann aber nicht ausschließen, dass man sie auch anders zu sich nehmen kann.«

Ich ging in die Küche hinunter, um das Mittagessen zuzubereiten, nicht ohne vorher Abbé Melani kurz berichtet zu haben, was ich von Robleda erfahren hatte.

»Interessant, sehr interessant«, bemerkte Atto mit abwesendem Blick, »auch wenn ich bis jetzt nicht begreife, wohin uns das führen kann. Wir müssen darüber nachdenken.«

In der Küche traf ich auf Cristofano, der wie immer zwischen den Herdfeuern und dem Keller hin- und hereilte. Er war mit der Herstellung der verschiedensten, ganz und gar ungewöhnlichen Heilmittel gegen die Pest beschäftigt, um Bedfordi zu kurieren. Ich hatte festgestellt, dass der Arzt aus Siena in den letzten Tagen immer emsiger neue Mittel zusammenbraute und einfach alles ausprobierte. Er hatte sich sogar an die Wildvorräte Pellegrinos gewagt und behauptet, sie würden sonst schlecht, und den Gestank mit starken Gewürzen zu überdecken, wie mein Padrone es zu tun pflegte, sei äußerst schädlich für die Gesundheit. Er hatte Rebhühner, Täubchen, Schnepfen, Haselhühner und Lerchen genommen, nur um sie mit in Rosenwasser eingelegten Damaszenerpflaumen oder Amarenakirschen zu füllen, sie dann in ein Säckchen aus weißem Leinen zu stecken und das zarte Fleisch vorsichtig auszupressen. Daraus erhielt er ein Elixier, von dem er hoffte, es könnte dem armen Engländer wieder auf die Beine helfen. Bisher waren jedoch alle Versuche Cristofanos, ein wirksames *remedium* zu finden, erfolglos geblieben. Doch immerhin, der junge Bedfordi war noch am Leben.

Cristofano sagte, er habe die anderen Herbergsgäste in guter Verfassung angetroffen, außer Domenico Stilone Priàso und Pompeo Dulcibeni: Der Neapolitaner sei mit den ersten Anzeichen der *Formica* genannten Bläschen auf den Lippen erwacht, während der nicht mehr ganz junge Mann aus Fermo unter güldenen Adern, das heißt Hämorrhoiden, leide, gewiss eine Folge des Kuheuters, das es zum Abendessen gegeben hatte. In beiden Fällen werde er das gleiche Mittel einsetzen: Wir mussten ein *Caustikum* oder *Corrosiv* fertigen.

»Es tötet eiternde und wuchernde Geschwulste wie eben auch die formikularen Bläschen und die güldenen Adern«, dozierte Cristofano und befahl mir dann: »*Recipe* den allerschärfsten Essig.«

Er vermischte den Essig mit kristallinem Arsen, Ammoniaksalz und sublimiertem Quecksilber, zerstieß alles und brachte es dann in einem Tiegel zum Kochen.

»Gut. Jetzt müssen wir warten, bis der Essig zur Hälfte verdampft ist. Dann werde ich zu Stilone Priàso hinaufgehen und ihm die Bläschen mit dem *Caustikum* austrocknen. Du kannst inzwischen das Essen zubereiten: Ich habe dir schon einige Indianhühner aus dem Keller geholt, die für den Zustand unserer Herbergsgäste geeignet sind. Koche sie mit Wurzeln von Petersilgen, bis sie schön löwengelb sind, und gib dazu eine Brühe mit Brotkrumen.«

Ich machte mich ans Werk. Als das *Caustikum* fertig war, gab mir Cristofano letzte Anweisungen, bevor er zu Stilone Priàso hinaufging: »Für Dulcibeni brauche ich dich. Ich werde dir deshalb beim Austeilen der Mahlzeit helfen, dann geht es schneller, da die Gäste dieser Locanda sich anscheinend gern ein Weilchen länger mit dir unterhalten«, schloss er mit einem unmissverständlichen Unterton.

Nach dem Essen gingen wir zu Bedfordi, um ihn zu füttern. Dann mussten wir uns ziemlich ausführlich mit meinem Padrone beschäftigen. Pellegrino schien der Geruch der purgierenden Speise nicht zu behagen, die der Medicus für ihn persönlich zubereitet hatte und die in Wahrheit wie ein merkwürdiges graues Mus aussah. Wenigstens wirkte mein Padrone etwas munterer. Die langsame, aber kontinuierliche Besserung seines Zustandes in den letzten Stunden gaben meiner Hoffnung, er werde ganz gesunden, neue Nahrung. Er roch an dem Brei, dann schaute er um sich, machte mit der Rechten eine Faust, reckte sie hoch und bewegte sie mit gestrecktem Daumen rhythmisch in Richtung Mund und zurück. Das war die unverwechselbare Geste, mit der Pellegrino seinen Wunsch nach einem guten Schluck Wein anzudeuten pflegte.

Ich wollte ihn auffordern, sich noch ein paar Tage lang zu gedulden, aber Cristofano hielt mich mit der Hand zurück.

»Bemerkst du nicht seine wiedererwachte geistige *praesentia*? Geist ruft nach Geist: Wir können ihm ohne weiteres ein halbes Glas Rotwein zugestehen.«

»Aber er hat doch so viel getrunken, wie er wollte, bis zu dem Tag, an dem er krank geworden ist!«

»Eben. Wein muss in Maßen getrunken werden: Er nährt, fördert die Verdauung, bildet Blut, tröstet, besänftigt, ermuntert, hellt auf und belebt. Geh nur in den Keller, um etwas leichten Rotwein zu holen, Junge«, sagte Cristofano mit einer Spur von Ungeduld in der Stimme, »ein Gläschen wird Pellegrino sehr gut tun.«

Während ich die Treppe hinunterging, rief mir der Arzt hinterher: »Er muss aber kühl sein! Seit man in Messina Schnee zum Kühlen von Wein und Speisen verwendet, haben die verderblichen Fieber durch die Obstipation der ersten Venen aufgehört, seither sterben jährlich tausend Menschen weniger!«

Ich beruhigte Cristofano: Wir bekamen regelmäßig nicht nur Brot und Wasserschläuche, sondern auch gepressten Schnee geliefert.

Mit einer kleinen Karaffe guten Rotweins und einem Glas kam ich aus dem Keller zurück. Kaum hatte ich eingeschenkt, als der Arzt erklärte, mein Padrone habe sich des maßlosen Weingenusses schuldig gemacht, wodurch der Mensch unvernünftig, dumm, wollüstig, schwatzsüchtig und blutrünstig werde. Augustus und Caesar hätten in der Tat mäßig getrunken, Claudius, Tiberius, Nero und Alexander – der bis zu zwei Tage brauchte, um seinen Rausch auszuschlafen – seien dagegen maßlose Säufer gewesen.

Dann griff er nach dem Glas und trank mit einem Schluck mehr als die Hälfte aus: »Der ist nicht schlecht: robust und doch sanft«, sagte er und hob das Glas über die Nase, um die schöne rubinrote Farbe der wenigen verbliebenen Tropfen zu begutachten. »Und wie ich schon sagte, verwandelt die richtige Menge Wein Charakterfehler in ihr Gegenteil, so dass der Gottlose fromm, der Geizige freigebig, der Hochmütige demütig, der Faule fleißig, der Ängstliche kühn wird: Aus Schweigsamkeit und geistiger Trägheit macht der Wein Aufmerksamkeit und Beredtheit.«

Cristofano leerte das Glas, schenkte sich erneut ein und schüttete den Inhalt rasch hinunter.

»Aber wehe, wenn man nach der Entleerung des Leibes und

nach dem Geschlechtsakt trinkt!«, mahnte er, während er sich die Lippen mit dem Handrücken trocknete und sich zugleich ein drittes Glas einschenkte. »Gut ist es hingegen zu trinken, wenn man bittere Mandeln oder Kohl oder nach dem Essen Quitten, Quittenmus, Schlehenbeeren oder andere adstringierende Sachen gegessen hat.«

Zu guter Letzt gönnte Cristofano auch dem armen Pellegrino ein paar Schluck.

Wir begaben uns dann zu Dulcibeni, der etwas verärgert schien, als er sah, dass ich Cristofano begleitete. Nur zu bald begriff ich den Grund: Der Arzt hatte ihn nämlich gebeten, seine Schamteile zu entblößen. Der alte Mann warf einen Blick auf mich und brummte etwas vor sich hin. Ich verstand, dass ihm meine Anwesenheit peinlich war, und drehte mich weg. Cristofano versicherte ihm, er müsse sich nicht meinen Blicken aussetzen und vor ihm, der er ja Arzt sei, brauche er sich nicht zu schämen. Er bat ihn, sich auf allen vieren auf dem Bett niederzulassen und sich auf die Ellbogen zu stützen, damit er leichter an die Hämorrhoiden herankam. Dulcibeni tat widerwillig, wie ihm geheißen, nicht ohne sich vorher mit seiner Schnupftabaksdose zu versehen. Ich musste mich vor Dulcibeni hinknien und ihn an den Schultern halten. Der Arzt wollte die güldenen Adern mit seinem *Caustikum* behandeln, und durch eine etwaige heftige Bewegung des Patienten hätte die Flüssigkeit auf dessen Sack oder Johannes tropfen und sie gar leicht beschädigen können. Bei diesem Hinweis hielt Dulcibeni nur mit Mühe an sich und nahm nervös eine Prise seines Pülverchens, von dem er sich nie trennte.

Cristofano machte sich ans Werk. Anfangs krümmte sich Dulcibeni, wie erwartet, weil das Mittel brannte, und stieß kurze, halb erstickte Klagelaute aus. Um ihn abzulenken, versuchte der Arzt eine Unterhaltung zu beginnen, fragte ihn, aus welcher Stadt er komme, wie es ihn von Neapel hier ins Donzello verschlagen habe und so weiter, alles Fragen, die ich aus Vorsicht noch nicht zu stellen gewagt hatte. Dulcibeni antwortete (genau wie es Abbé Melani vorhergesagt hatte) äußerst einsilbig und ließ das Gespräch über jedes Thema ersterben, ohne auch nur einen einzigen Hinweis zu geben, der mir nützlich hätte sein können. Der Arzt wandte sich schließlich dem Hauptgesprächsstoff jener Tage, nämlich der Belagerung Wiens, zu und fragte, was man in Neapel dazu sage.

»Ich habe keine Ahnung«, antwortete Dulcibeni wortkarg, wie ich es erwartet hatte.

»Aber man spricht seit Monaten über nichts anderes, in ganz Europa. Wer wird Eurer Meinung nach gewinnen: die Gläubigen oder die Ungläubigen?«

»Beide, und keiner von beiden«, antwortete der Patient mit sichtlichem Widerwillen.

Ich fragte mich, ob Dulcibeni auch diesmal, sobald der Arzt und ich ihn verlassen hätten, ein hitziges Selbstgespräch zu demselben Thema beginnen würde, das ihn jetzt angeblich so langweilte.

»Was meint Ihr damit?«, setzte Cristofano nach, während seine Behandlung Dulcibeni einen kehligen Laut entriss. »Wenn man einen Krieg nicht durch einen Vertrag beendet, gibt es immer einen Sieger und einen Besiegten.«

Der Patient fuhr hoch, und ich konnte ihn nur festhalten, indem ich ihn am Genick packte. Ich begriff nicht, ob es der Schmerz war, der ihn so aufbrachte: Diesmal jedenfalls zog er einen wirklichen Gesprächspartner seinem Spiegelbild vor.

»Ach, was wisst denn Ihr! Man redet so viel von Christen und Osmanen, von Katholiken und Protestanten, Gläubigen und Ungläubigen, als ob es wirklich Gläubige und Ungläubige gäbe. Dagegen verbreiten alle gleichermaßen die Saat des Hasses unter den Gliedern der Kirche: Hier die Römisch-Katholischen, dort die Gallikaner und so fort. Aber die Machtgier und die Herrschsucht glauben an nichts anderes als an sich selbst.«

»Aber ich bitte Euch!«, griff Cristofano ein. »Zu behaupten, dass Christen und Türken ein und dasselbe sind ... wenn Euch Pater Robleda hören könnte!«

Doch Dulcibeni hörte ihm nicht zu. Während er gierig durch die Nase hochzog, was er aus der Schnupftabaksdose holte, und dabei einen Teil auf den Boden fallen ließ, erhob sich seine Stimme immer wieder wütend, als würde er auf das schmerzhafte Brennen reagieren, das Cristofano an seinen güldenen Adern verursachte. Während ich ihn festhielt, vermied ich es tunlichst, ihn anzuschauen, was gar nicht leicht war in der mir aufgezwungenen Stellung.

Nach einer Weile begann der strenge Patient erneut gegen die Bourbonen und Habsburger zu wettern, aber auch gegen die Stuarts und Oranien, wie ich es schon bei seiner einsamen und bitteren Invektive gegen die inzestuösen Heiraten vernommen hatte. Den Medicus, der als guter Toskaner für die Bourbonen eintrat (die mit seinem Landesherrn, dem Großherzog von Toskana, verwandt waren), wies er durch eine besonders heftige Attacke gegen Frankreich in die Schranken.

»Was ist aus den stolzen Rittern von einst geworden, der Auszeichnung und der Glorie dieser Nation? Die Adeligen, die sich heute am Hof von Versailles drängen, sind doch nichts anderes als die Bastarde des Königs, oder was glaubt ihr? Condé, Conti, Beaufort, der Herzog von Maine, der Herzog von Vendôme, der Herzog von Toulouse ... Herzöge von Geblüt nennen sie sich. Aber was für ein Geblüt? Das der Huren im Bett des Sonnenkönigs oder in dem seines Großvaters, Heinrich von Navarra.«

Der Letztere, fuhr Dulcibeni fort, habe Chartres nur wegen Gabrielle d'Estreis angegriffen, die seinem Werben erst nachgeben wollte, wenn ihr Vater Gouverneur der Stadt und ihr Bruder Bischof geworden war. Die d'Estreis ließ sich ihre Gunst nämlich in Gold aufwiegen, obwohl sie zuvor schon das Bett mit Heinrich III. (womit der alte d'Estreis sechstausend Taler verdient hatte), mit dem Bankier Zamet, dem Herzog von Guise, dem Herzog von Longueville und dem von Bellegarde geteilt hatte. Und all dies trotz des zweifelhaften Rufes ihrer Großmutter, der Geliebten von Franz I., Papst Klemens VI. und Karl von Valois.

»Was soll man sich da wundern«, sagte Dulcibeni dramatisch, »wenn die großen Feudalherren Frankreichs das Königreich von diesem Schmutz reinigen wollten und Heinrich von Navarra erstachen? Aber es war zu spät! Die blinde Gewalt der Herrscher sollte sie von da an ohne jedes Mitleid ausplündern und zunichte machen.«

»Mir scheint, Ihr übertreibt«, erwiderte Cristofano, hob den Blick von seiner schwierigen Tätigkeit und betrachtete beunruhigt den erhitzten Patienten.

Auch ich hatte den Eindruck, Dulcibeni übertreibe. Gewiss,

er war gereizt von den brennenden Schmerzen durch das *Caustikum*. Die ruhigen und fast zerstreuten Antworten des Arztes jedoch verdienten keineswegs derart zornentbrannte Reaktionen. Das beinahe fiebrige Zittern seiner Glieder ließ vielmehr erkennen, dass Dulcibeni von außergewöhnlicher nervöser Erregung gepackt war. Auch der wiederholte Griff zur Tabaksdose trug nicht zu seiner Beruhigung bei. Ich nahm mir vor, all dies möglichst bald dem Abbé zu berichten.

»Wenn man Euch so reden hört«, fügte Cristofano hinzu, »könnte man meinen, am Hof von Versailles und an jedem anderen sei alles nur verdorben.«

»Ihr sprecht mir von Versailles, ausgerechnet Versailles, wo tagtäglich das edle Blut der Väter beleidigt wird! Wo sind die Ritter von einst geblieben? Schaut sie nur alle an, wie sie von dem Allerchristlichsten König und seinem Wucherer Colbert in einem einzigen Palast zusammengedrängt wurden und nichts anderes zu tun haben, als ihre Apanage mit Bällen und Jagdausflügen zu vergeuden, statt den Besitz ihrer ruhmreichen Ahnen zu verteidigen.«

»Damit hat Ludwig XIV. aber den Verschwörungen ein Ende gesetzt«, protestierte Cristofano. »Sein Großvater ist erstochen worden, sein Vater vergiftet, er selbst wurde in seiner Jugend von den rebellierenden Frondisten bedroht.«

»Das ist wahr. So aber hat er sich ihrer Reichtümer bemächtigt. Und er hat nicht verstanden, dass die einst über ganz Frankreich verstreut lebenden Adeligen den Herrscher zwar bedrohten, aber auch sein bester Schutz waren.«

»Was wollt Ihr damit sagen?«

»Jeder Herrscher kann sein Reich nur wirklich kontrollieren, wenn er in jeder Provinz einen Vasallen hat. Der Allerchristlichste König hat das Gegenteil getan: Er hat die ganze Aristokratie zu einem einzigen Leib vereinigt. Und ein Leib hat nur eine Kehle: Wenn der Tag kommt, an dem das Volk sie durchschneiden will, genügt ein einziger Streich.«

»Aber bitte! So etwas kann gewiss nicht geschehen«, sagte Cristofano entschieden, »das Volk von Paris wird den Adeligen niemals den Kopf abschneiden. Und der König ...«

Dulcibeni fuhr fort, ohne den Arzt ausreden zu lassen.

»Die Geschichte«, stieß er fast schreiend hervor, so dass ich zusammenzuckte, »wird kein Mitleid mit diesen gekrönten Schakalen haben, die sich stets von Menschenblut und Kindermord genährt haben; sie sind nichts als bösartige Unterdrücker eines Sklavenvolks, das sie immer einfach zur Schlachtbank geführt haben, wenn irgendeine niedrige inzestuöse Leidenschaft ihr mörderisches Rasen anstachelte.«

Jede einzelne Silbe hatte er mit heißer Wut hervorgestoßen, die Lippen blau und zusammengepresst, die Nase ganz bestäubt vom häufigen Schnupfen.

Cristofano verzichtete auf eine Erwiderung: Man hatte den Eindruck, dem Anfall eines verdunkelten Geistes beizuwohnen. Der Arzt hatte zudem sein schmerzhaftes Amt beendet und brachte schweigend einige Lappen aus feinem Leinen zwischen den Hinterbacken des Patienten an, der sich mit einem tiefen Seufzer erschöpft auf die Seite fallen ließ. So blieb er liegen, *sans culottes*, ohne Kniehosen, bis wir hinausgegangen waren.

Nachdem ich Atto von der langen Tirade Dulcibenis berichtet hatte, war er sich ganz sicher: »Pater Robleda hat ganz Recht gehabt: Wenn der nicht Jansenist ist, dann ist es niemand.«

»Und warum seid Ihr Euch da so sicher?«

»Aus zwei Gründen. Erstens: Die Jansenisten hassen die Jesuiten. Und mir scheint dein Bericht über die Invektive gegen die *Societas Jesu*, von der du mir vor einigen Tagen berichtet hast, ziemlich eindeutig. Die Jesuiten sind Spitzel, Verräter, Günstlinge der Päpste und so weiter: die übliche Propaganda gegen den Orden des heiligen Ignatius von Loyola.«

»Meint Ihr damit, dass es nicht stimmt?«

»Im Gegenteil: Es ist wohl wahr, aber nur die Jansenisten haben den Mut, es überall herumzuposaunen. Unser Dulcibeni hat keine Angst, umso weniger, als der einzige Jesuit in der Nähe dieser Feigling von Robleda ist.«

»Und die Jansenisten?«

»Die Jansenisten sagen, die Kirche sei in ihren Anfängen viel reiner als heutzutage gewesen, so wie ein Wasserlauf nahe der

Quelle. Um zu der ursprünglichen Kirche zurückzukehren, muss man sich strengsten Prüfungen unterziehen: Bußübungen, Demutsübungen und Verzicht; und während man all dies auf sich nimmt, muss man für immer der Welt entsagen und sich allein der göttlichen Liebe anvertrauen.«

»Pater Robleda hat mir gesagt, dass die Jansenisten gern in der Einsamkeit leben …«

»Genau. Sie haben einen Hang zur Askese, zur Sittenstrenge und zur Kasteiung. Du wirst bemerkt haben, wie Dulcibeni jedes Mal vor Empörung kocht, wenn Cloridia sich nähert …«, lachte der Abbé. »Natürlich hassen die Jansenisten die Jesuiten am allermeisten, die sich dagegen jede Gewissens- und Handlungsfreiheit gestatten. Ich weiß, dass es in Neapel einen großen Kreis von Anhängern des Cornelius Jansen gibt.«

»Also hat sich Dulcibeni deshalb dort niedergelassen.«

»Das könnte sein. Leider wurden die Jansenisten von Anfang an wegen einiger theologischer Fragen, die ich dir jetzt so schnell nicht erklären kann, der Häresie bezichtigt.«

»Ja, ich weiß. Dulcibeni könnte ein Häretiker sein.«

»Ach was: Nicht das ist das Wichtige. Wenden wir uns dem zweiten Punkt zu.«

»Und das heißt?«

»All diesem Hass gegen Fürsten und Herrscher. Es ist eine, wie soll ich sagen, übertrieben jansenistische Haltung. Die fixe Idee, dass die Könige Inzest begehen, Dirnen heiraten, Bastarde zeugen, dass die Adeligen ihre hohe geschichtliche Aufgabe verraten und verweichlichen. Das sind Argumente, die zur Rebellion, zum Umsturz und zu Unruhen anstacheln.«

»Und weiter?«

»Nichts. Es kommt mir merkwürdig vor: Woher stammen, und vor allem: Wohin führen solche Reden? Wir wissen viel über ihn und gleichzeitig viel zu wenig.«

»Vielleicht haben diese Ideen etwas mit den Roten, mit den Brüdern und dem Landgut zu tun.«

»Meinst du die obskuren Formeln, die wir im Gespräch mit Tiracorda von ihm gehört haben? Das könnte sein: Wir werden es heute Nacht herausfinden.«

Siebte Nacht

Vom 17. auf den 18. September 1683

Aus dem Arbeitszimmer von Tiracorda drang das flackernde Licht der Kerzen, als Dulcibeni Platz nahm und eine Flasche voller grünlicher Flüssigkeit auf den Tisch stellte. Der Arzt setzte die Gläschen auf den Holztisch, die beim letzten Mal wegen der zerbrochenen Flasche leer geblieben waren.

Wie in der vorhergehenden Nacht versteckten Atto und ich uns in der Dunkelheit des angrenzenden Zimmers. In Tiracordas Haus einzudringen war diesmal schwieriger als vermutet: Bis spät hatte sich nämlich eine der Mägde, die mit Tiracorda im Haus lebten, in der Küche zu schaffen gemacht und uns daran gehindert, den Stall zu verlassen. Als die Frau endlich in den ersten Stock hinaufgestiegen war, warteten wir eine ganze Weile, um sicher zu sein, dass niemand mehr in den Zimmern herumlief. Während wir noch unten standen, hatte Dulcibeni endlich an die Haustür geklopft: Der Hausherr hatte ihn empfangen und ihn in das Arbeitszimmer geführt, an dem wir jetzt lauschten.

Den Beginn der Unterhaltung hatten wir verpasst, und die beiden tauschten gerade erneut unverständliche Sätze aus. Tiracorda nippte ruhig an dem grünlichen Getränk.

»Ich wiederhole also«, sagte der Arzt gerade, »ein weißes Feld, eine schwarze Saat, fünf, die säen, und zwei, die führen. Es ist voll-kom-men klar.«

»Nichts zu machen, nichts zu machen«, wehrte Dulcibeni ab.

In diesem Augenblick fuhr Atto Melani an meiner Seite etwas zusammen; dann sah ich ihn in sich hineinfluchen.

»Dann sage ich es Euch«, erwiderte Tiracorda, »die Schrift.«

»Die Schrift?«

»Aber ja! Das weiße Feld ist das Papier, der Samen ist die Tinte, die fünf, die arbeiten, sind die Finger der Hand und die zwei, die führen, sind die Augen. Nicht schlecht, oder? Hahaha, hahaha! Har, haaarrr!«

Der alte Arzt verlor sich wieder ganz in seinem hintergründigen Lachen.

»Beachtlich, ja«, bemerkte Dulcibeni lediglich.

Da begriff auch ich es: Rätsel. Tiracorda und Dulcibeni vertrieben sich die Zeit mit Ratespielen. Auch die geheimnisvollen Sätze, die wir in der letzten Nacht vernommen hatten, gehörten sicher zu diesem unschuldigen Spaß. Ich schaute Atto an und las in seinem Gesicht, dass er ebenso enttäuscht war wie ich: Wieder einmal hatten wir uns wegen nichts und wieder nichts den Kopf zerbrochen. Dulcibeni jedoch schien diese Zerstreuung weit weniger zu genießen als sein Gastgeber und versuchte wie bei seinem Besuch am Tag zuvor schnell das Thema zu wechseln.

»Bravo, Giovanni, bravo«, sagte er und füllte dabei die Gläser ein zweites Mal. »Jetzt aber sagt mir: Wie geht es ihm heute?«

»Ach, nichts Neues. Und Ihr, habt Ihr gut geschlafen?«

»Soweit es ging«, erwiderte Dulcibeni ernst.

»Verstehe, verstehe«, äußerte Tiracorda, trank sein Glas aus und schenkte sich gleich wieder ein. »Ihr seid sehr unruhig«, fuhr der Arzt dann fort. »Aber Ihr habt mir ein paar Dinge noch nicht erzählt. Entschuldigt, wenn ich immer wieder die Vergangenheit aufwühle, aber warum habt Ihr wegen Eurer Tochter nicht die Familie Odescalchi um Hilfe gebeten?«

»Das habe ich getan, natürlich«, antwortete Dulcibeni, »ich hab's euch schon gesagt. Aber sie behaupteten, nichts tun zu können. Und dann ...«

»Ach ja, dann kam diese hässliche Geschichte, die Prügel, der Sturz ...«, erinnerte Tiracorda.

»Es war kein Sturz, Giovanni: Sie haben mir einen Schlag ins Genick versetzt und mich dann aus dem zweiten Stock hinuntergeworfen. Nur durch ein Wunder habe ich überlebt«, sagte Dulcibeni etwas ungeduldig, während er dem Freund erneut einschenkte.

»Ja, ja, entschuldigt, Eure Halsberge hätte mich daran erinnern sollen; es ist nur die Müdigkeit ...« Tiracorda sprach mit belegter Zunge.

»Ihr braucht Euch nicht zu entschuldigen, Giovanni, hört mir lieber zu. Jetzt seid Ihr dran. Ich habe sogar drei.«

Dulcibeni zog ein Büchlein heraus und begann mit warmer, voller Stimme zu lesen:

> Von A bis Z will ich Euch alles sagen
> und Punkt für Punkt benennen auch,
> will meine Stimm für alles wagen,
> und bin doch nichts als Schall und Rauch.
> Doch wichtig ist's, dass ich den Jungen diene,
> denn sie sind's ja, für die ich mich verbrauch,
> und Ihr, die Meister, die Ihr Gunst gewährt,
> wisst allzu gut, dass Mönche mich genährt.

Der Gast las, unterbrochen von kurzen Pausen, weitere zwei, drei, vier bizarre Verschen vor.

»Was sagt Ihr dazu, Giovanni?«, fragte Dulcibeni, als er am Ende einer ganzen Reihe von Rätseln angelangt war.

Als Antwort war nur ein knurriges, rhythmisches Raunzen zu vernehmen. Tiracorda schlief.

Da geschah etwas Unerwartetes. Statt seinen Freund zu wecken, der offensichtlich einige Gläschen zu viel getrunken hatte, steckte Dulcibeni das Büchlein wieder ein, schlich auf Zehenspitzen zu der Geheimtür hinter Tiracorda, aus der wir diesen in der letzten Nacht die zwei Gläser hatten holen sehen. Dulcibeni öffnete die Flügel und machte sich an den Behältern und Gefäßen der Heilmittel zu schaffen. Sodann zog er ein Keramikgefäß heraus, auf dem ein kleiner See, einige Wasserpflanzen und merkwürdige Tierchen abgebildet waren, die ich nicht zu identifizieren vermochte. Das Gefäß hatte außen an einigen Stellen Löcher, als sollte Luft ins Innere gelangen. Dulcibeni hielt es ins Kerzenlicht, hob den Deckel, schaute hinein, stellte es dann wieder zurück und kramte weiter.

»Giovanni!«

Eine schrille, unangenehme weibliche Stimme war von der Treppe her zu hören und schien sich zu nähern. Ohne jeden Zweifel war Paradisa im Anmarsch, die furchterregende Ehefrau Tiracordas. Dulcibeni blieb einige Augenblicke wie versteinert stehen. Tiracorda, der fest eingeschlafen schien, schreckte hoch. Dulcibeni konnte das geheime Kabuff offensichtlich schließen, bevor der Arzt erwachte und ihn dabei ertappte, wie er in seinen Sachen wühlte. Atto und ich vermochten allerdings diese Szene nicht zu beobachten: Erneut befanden wir uns zwischen zwei Feuern und blickten uns verzweifelt um.

»Giovaniii!«, wiederholte Paradisa, immer näher kommend. Auch in Tiracordas Arbeitszimmer musste höchste Alarmstufe herrschen, denn wir hörten einen leisen, aber hektischen Rummel, Tische, Türen, Flaschen und Gläser wurden gerückt: Der Arzt versteckte die Beweise des verbotenen Alkoholgenusses.

»Giovanni!«, rief Paradisa schließlich mit einer dunklen, wolkenverhangenen Stimme, während sie im Vorzimmer Einzug hielt. In diesem Augenblick lagen Abbé Melani und ich mit dem Gesicht auf dem Boden zwischen den Beinen der an der Wand aufgereihten Stühlen.

»Oh, Sünder, Unglückliche, verlorene Seelen«, hub Paradisa eine Litanei an und näherte sich wie eine Hohepriesterin feierlich der Tür zu Tiracordas Arbeitszimmer.

»Aber meine Liebe, hier ist nur unser Freund Pompeo ...«

»Sei still, Satansbraten!«, schrie Paradisa. »Meine Nase täuscht mich nicht.«

Wie wir in unserer ungemütlichen Lage hören konnten, begann die Frau im Arbeitszimmer alles zu durchsuchen, Tische und Stühle zu verrücken, mit lautem Knall Türen, Türflügel und Schubladen zu öffnen und wieder zu schließen und Schmuckgegenstände und Zierrat auf den Möbeln zu verschieben, um Beweise für die Missetat zu finden. Tiracorda und Dulcibeni versuchten vergeblich, sie mit der Versicherung zu beruhigen, es käme ihnen nie und nimmer in den Sinn, etwas anderes als Wasser zu trinken.

»Der Mund, lass mich an deinem Mund riechen!«, kreischte Paradisa. Die Weigerung ihres Ehemanns zog weiteres Geschrei und Getöse nach sich.

Da entschieden wir uns, unter den Stühlen, unter denen wir uns versteckt hielten, hervorzukriechen und uns leise, aber schleunigst davonzumachen.

»Die Weiber, die Weiber, verdammt. Und wir, schlimmer als sie.«

Kaum zwei oder drei Minuten später waren wir schon in den unterirdischen Gängen und besprachen das eben Geschehene. Atto war wütend.

»Jetzt sage ich dir, was hinter den Geheimnissen von Tiracorda und Dulcibeni steckt. Das erste, das von gestern Abend, erinnerst du dich, da war zu erraten, was ›Herein ohne ein Wort‹ mit ›Rote wohnen hier nie‹ zu tun hat. Die Lösung: Es ist ein Anagramm.«

»Ein Anagramm?«

»Sicher. Dieselben Buchstaben in einer anderen Reihenfolge angeordnet ergeben einen anderen Satz. Das zweite war eine Rätselfrage: Ein Vater hat sieben Töchter, wenn jede von ihnen einen Bruder hat, wie viele Kinder hat dann der Vater?«

»Zweimal sieben macht vierzehn.«

»Vollkommen verkehrt. Er hat acht Kinder: Wie Tiracorda gesagt hat, ist der Bruder der einen auch der Bruder aller anderen. Das sind alles Kinderspiele: Der Vers, den Dulcibeni heute aufgesagt hat mit der Anfangszeile ›Von A bis Z will ich Euch alles sagen‹, ist ganz einfach zu lösen: Es ist das Wörterbuch.«

»Und die anderen?«, fragte ich voller Bewunderung für Attos scharfen Verstand.

»Das ist doch ganz gleich«, schnaubte er. »Ich bin doch kein Hellseher. Für uns geht es darum zu verstehen, warum Dulcibeni Tiracorda betrunken gemacht hat, um dann in seinem Geheimschrank herumzuwühlen. Und wir wüssten es jetzt, wenn nicht diese verrückte Paradisa dazwischengekommen wäre.«

Da fiel mir ein, dass man über Signora Paradisa nicht viel

wusste in der Via dell'Orso. Nach dem, was wir im Hause Tiracorda gesehen und erlebt hatten, war es vielleicht kein Zufall, dass diese Frau fast nie das Haus verließ.

»Und was tun wir jetzt?«, fragte ich, da ich bemerkte, dass Atto mit raschem Schritt auf die Locanda zustrebte.

»Das einzig Mögliche ist, um etwas Licht in das Dunkel zu bringen: Wir werfen einen Blick in das Zimmer von Pompeo Dulcibeni.«

Die einzige Gefahr dieses Unternehmens lag darin, dass Dulcibeni unverhofft zurückkommen könnte. Wir vertrauten jedoch auf die Schnelligkeit unserer Schritte und überdies auf die Langsamkeit des bejahrten Edelmanns, zumal er erst Zeit und Gelegenheit finden musste, sich im Hause Tiracorda zu verabschieden.

»Verzeiht, Signor Atto«, sprach ich den Abbé nach einigen Minuten atemloser Hetze an, »aber was glaubt Ihr, im Zimmer von Pompeo Dulcibeni zu finden?«

»Was für dumme Fragen du mir manchmal stellst. Wir stehen vor einem der allergrößten Rätsel der französischen Geschichte, und du fragst mich, was wir finden sollten? Was weiß denn ich? Auf jeden Fall etwas mehr über das Durcheinander, vor dem wir jetzt stehen: Dulcibeni ist der Freund von Tiracorda, Tiracorda ist Leibarzt des Papstes, der der Feind von Ludwig XIV. ist; Devizé ist der Schüler von Corbetta, der mit Maria Theresia und Mademoiselle befreundet war; Ludwig XIV. ist der Feind von Fouquet, Kircher der Freund von Fouquet, der seinerseits der Freund von Dulcibeni ist; Fouquet reist mit Devizé und ist mit dem Abbé befreundet, den du vor dir hast ... reicht dir das nicht?«

Atto musste einiges loswerden, und dazu musste er reden.

»Außerdem ist das Zimmer von Dulcibeni auch das des Oberintendanten gewesen. Oder hast du das vergessen?«, fuhr er fort und gab mir keine Zeit zu antworten, bevor er hinzufügte: »Armer Nicolas, sein Schicksal ist es, auch nach dem Tod noch verfolgt zu werden.«

»Was meint Ihr damit?«

»Ludwig XIV. ließ dauernd und auf jede denkbare Weise die

Zelle des Oberintendanten durchsuchen, die ganzen zwanzig Jahre seiner Gefangenschaft in Pinerolo hindurch.«

»Was suchte er nur?«, fragte ich vollkommen verblüfft.

Melani blieb stehen und stimmte eine tieftraurige Arie von Luigi Rossi an:

Infelice pensier,
chi ne conforta?
Ohimé!
*Chi ne consiglia? …**

Seufzend rückte er seine Weste zurecht, wischte sich den Schweiß von der Stirn und strich seine roten Strümpfe glatt.

»Wenn ich nur wüsste, was der König gesucht hat!«, antwortete er bekümmert. »Aber ich will es dir erklären, es gibt noch ein paar Dinge, die du wissen musst«, fügte er hinzu, nachdem er wieder zur Ruhe gekommen war.

Um meine Wissenslücken zu füllen, erzählte Atto Melani mir das letzte Kapitel der Geschichte von Nicolas Fouquet.

Nach dem Prozess, in dem Fouquet zu lebenslanger Haft verurteilt wurde, waren die Straßen, als er Paris am 27. Dezember 1664 für immer verließ, von einer großen Menschenmenge gesäumt, die ihm weinend applaudierte. Der Musketier D'Artagnan begleitete ihn zu der Festung Pinerolo, die an der Grenze des Reiches in Piemont liegt. Viele fragten sich, warum man diese weit entfernte Festung, die so gefährlich nahe am Gebiet des Herzogs von Savoyen lag, gewählt hatte. Aber mehr als eine etwaige Flucht fürchtete der König offensichtlich die zahlreichen Freunde Fouquets, und Pinerolo bot die einzige Möglichkeit, ihn für immer ihrer Hilfe zu entziehen.

Als Kerkermeister wurde ein Musketier der Leibgarde ausgesucht, der Fouquet während des Prozesses von einem Kerker zum anderen begleitet hatte: Benigne d'Auvergne, Monsieur de Saint-Mars, den D'Artagnan dem König persönlich empfohlen hatte. Saint-Mars erhielt achtzig Soldaten zugeteilt,

* Unglücklicher Gedanke, / wer spendet Trost? / Wehe! / Wer weiß Rat? …

um über einen einzigen Gefangenen zu wachen: Fouquet. Er unterstand direkt dem Kriegsminister François-Michel Le Tellier, Marquis de Louvois.

Die Haftbedingungen Fouquets sind äußerst hart: Er darf keinerlei Verbindung mit der Außenwelt aufnehmen, weder schriftlich noch mündlich. Besuche jeglicher Art und aus jedwedem Grund sind verboten. Er darf nicht einmal innerhalb der Festungsmauern Luft schnappen. Lesen ist ihm erlaubt, aber nur Werke, die ihm der König gestattet, und jeweils nur ein Buch. Vor allem aber darf er nicht schreiben: Jedes von dem Gefangenen gelesene Buch muss, wenn er es zurückgibt, von dem treuen Saint-Mars Seite für Seite durchgeblättert werden, um festzustellen, ob Fouquet etwas an den Rand geschrieben oder ein Wort unterstrichen hat. Es ist darauf zu achten, dass nichts in die Zelle gelangt, das zum Schreiben benutzt werden könnte. Seine Majestät sorgt für die Kleidung des Gefangenen, die ihm jeweils zum Jahreszeitenwechsel nach Pinerolo geschickt wird.

In jener gottverlassenen Zitadelle ist das Klima hart. Fouquet hat keine Bewegung; der Gesundheitszustand des Oberintendanten verschlechtert sich durch die erzwungene Ruhe zusehends. Dennoch wird ihm eine Behandlung durch seinen Vertrauensarzt Pecquet verweigert. Fouquet bekommt aber Heilkräuter, um sich selbst zu behandeln, auch zwei seiner Pagen werden ihm zugestanden, die aus Treue bereit waren, das Los ihres Herrn zu teilen.

Ludwig XIV. weiß, welche Faszination Fouquets Wesen auf andere Menschen ausübt. Er kann ihm zwar geistlichen Beistand nicht verwehren, lässt aber den Beichtvater häufig wechseln, um zu vermeiden, dass Fouquet diesen auf seine Seite zieht und dadurch eine Verbindung zur Außenwelt herstellt.

Im Juni 1665 wird die Festung von einem Blitz getroffen, der ein Pulverdepot zur Explosion bringt. Eine Katastrophe. Fouquet und seine Pagen springen aus einem Fenster. Die Überlebenschancen bei diesem Sprung ins Leere sind gering, doch alle drei bleiben unverletzt. Kaum gelangt diese Nachricht nach Paris, zirkulieren dort Gedichte, in denen das Geschehen als Wunder gefeiert wird: Gott hat den Oberintendanten retten und dem König ein Zeichen seines Willens geben wollen. Freiheit für Fouquet!, fordern viele. Aber der König gibt nicht nach und verfolgt stattdessen diejenigen, die sich zu sehr hervortun.

Die Festung muss wieder aufgebaut werden, und in der Zwischenzeit verbringt Fouquet ein Jahr im Haus des Kriegskommissars von Pinerolo und in einem anderen Gefängnis.

Während der Aufräumarbeiten entdeckt Saint-Mars in den verkohlten Überresten der Einrichtung Fouquets, wozu der Geist des Oberintendanten fähig ist. In der Zelle des Eichhörnchens wurden kleine Schätze seiner Erfindungsgabe und seines Einfallsreichtums gefunden und sofort an Louvois und den König geschickt: beschriebene Zettelchen, für die Fouquet den Knochen eines Kapauns als Feder benutzt hatte und als Tinte ein wenig Rotwein gemischt mit Ruß. Der Gefangene hatte sogar unsichtbare Tinte und ein Versteck für seine Schriftstücke in einer Stuhllehne hergestellt.

»Aber was wollte er denn schreiben?«, fragte ich erstaunt und bewegt über diese kläglichen Hilfsmittel.

»Das hat man nie erfahren«, antwortete Atto. »Alles, was man fand, wurde unter strengster Geheimhaltung an den König geschickt.«

Von diesem Zeitpunkt an, fuhr Melani fort, befiehlt der König, die Zelle täglich genau zu durchsuchen. So bleibt Fouquet nur noch die Lektüre. Er darf die Bibel lesen, eine Geschichte Frankreichs, einige italienische Bücher, ein Handbuch französischer Reimwörter und die Werke des heiligen Bonaventura (aber man verweigert ihm die des heiligen Hieronymus und des Augustinus). Er beginnt, einem seiner Pagen Latein und die Anfangsgründe der Arzneikunde beizubringen.

Doch Fouquet ist durch und durch wie ein Eichhörnchen: Seine Schlauheit und seine Hartnäckigkeit arbeiten ungebrochen weiter. Angestachelt von Louvois, der den Oberintendanten genau kennt und nicht daran glaubt, dass er aufgibt, kontrolliert Saint-Mars sogar Fouquets Unterwäsche aufs genaueste. Darin findet er Besatzbänder, die in winziger Schrift voll gekritzelt sind, und auch die Futterinnenseite in seinem Wams ist vollständig beschrieben. Der König ordnet daraufhin an, dass Fouquet nur noch schwarze Kleidung und Wäsche ausgehändigt werden soll. Tischtücher und Servietten werden nummeriert, damit er sie sich nicht aneignen kann.

Saint-Mars ärgert sich über die Pagen, die ihn mit ihren Forderungen bestürmen und immer Vergünstigungen für ihren Herrn herausschlagen wollen, dem sie mit Leib und Seele ergeben sind.

Unterdessen vergehen die Jahre, aber die fast besessene Angst des Königs, dass Fouquet ihm entwischt, lässt nicht nach. Und zwar aus guten Gründen: Ende 1669 wird ein Versuch zu seiner Befreiung vereitelt. Wer ihn organisiert hat, weiß man nicht; vielleicht die Familie, aber es gibt auch Gerüchte, dass Madame de Sévigné und Mademoiselle de Scudéry etwas mit der Sache zu tun haben. Einer seiner alten Diener opfert sich, ein bewegendes Beispiel wahrer Treue. Er hieß La Forêt und hatte als sein Begleiter die Verhaftung des Oberintendanten in Nantes miterlebt. Danach war er durch einen stundenlangen Fußmarsch den Musketieren entkommen, die ganz Nantes kontrollierten, hatte die nächste Poststation erreicht und war von dort aus im gestreckten Galopp bis Paris geritten. All dies nur, um als Erster der frommen Mutter Fouquets die traurige Nachricht von dessen Verhaftung zu überbringen. Dann hatte La Forêt sogar an der Straße auf die Karosse gewartet, die seinen Herrn nach Pinerolo brachte, um ihn ein letztes Mal grüßen zu können. Selbst D'Artagnan ließ sich von dieser Geste rühren, stoppte den Zug und erlaubte, dass die beiden ein paar Worte wechselten.

La Forêt gibt als Einziger die Hoffnung nicht auf. Unter falschem Namen kommt er nach Pinerolo, schafft es, einen Informanten innerhalb der Kerkermauern zu gewinnen und sich mit seinem geliebten Herrn am Fenster durch Gesten zu verständigen. Am Ende wird sein Plan aufgedeckt und der Ärmste ohne viel Federlesens gehängt. Das Leben für Fouquet wird noch härter: Seine Fenster werden vergittert. Er kann den Himmel nicht mehr sehen.

Sein Gesundheitszustand verschlechterte sich. Im Jahr 1670 begibt sich Louvois auf Geheiß des Königs persönlich nach Pinerolo. Nachdem er es sechs Jahre lang abgelehnt und verboten hatte, zieht Ludwig endlich Pecquet, den alten Leibarzt des Oberintendanten, zu Rate.

»Wie sonderbar, wollte der König nicht Fouquets Tod?«

»Sicher ist nur, dass Ludwig seitdem um die Gesundheit des armen Eichhörnchens besorgt scheint. Die Freunde des Oberintendanten, die nicht in Ungnade gefallen waren, wie Pomponne – gerade zum Staatssekretär ernannt –, Turenne, Chéqui, Bellefonds und Charost, nehmen ihre Bemühungen wieder auf und schicken Petitionen an den Allerchristlichsten König. Doch die entscheidende Wendung steht noch bevor.«

Seit 1671 beherbergt Pinerolo zwei Häftlinge unter Sonderbewachung. In der Festung kommt plötzlich ein weiterer bekannter Häftling an: der Graf von Lauzun.

»Weil er heimlich Mademoiselle, die Cousine des Königs, geheiratet hatte«, warf ich dazwischen, denn ich erinnerte mich daran, dass Abbé Melani mir bereits davon erzählt hatte.

»Bravo, ich sehe, du hast ein gutes Gedächtnis. Und jetzt wird die Geschichte wirklich interessant.«

Nachdem man Fouquet jahrelang vollkommen isoliert hatte, ist die Entscheidung, ihm den Umgang mit einem Mitgefangenen zu erlauben, unerklärlich. Noch sonderbarer ist es, dass Lauzun in der riesigen Festung die Zelle zugewiesen bekommt, die unmittelbar an diejenige von Fouquet angrenzt.

Von Lauzun konnte man alles behaupten, außer dass er ein gewöhnlicher Mensch war. Ursprünglich war er ein namen- und mittelloser Gascogner Kadett, ein Draufgänger und Angeber, der aber das Glück hatte, in dessen jungen Jahren die Zuneigung des Königs zu gewinnen und ihn bei seinen Vergnügungen begleiten zu dürfen. Obwohl er ein billiger Verführer war, hatte er Mademoiselle umgarnt, die steinreiche und überaus hässliche vierundvierzigjährige Cousine des Monarchen. Er ist ein schwieriger Gefangener und legt Wert darauf, das auch von vornherein spüren zu lassen. Sein Verhalten ist aufbrausend, großspurig und schmähsüchtig; kaum angekommen, legt er Feuer an seine Zelle und beschädigt auch einen Balken in Fouquets Raum. Danach simuliert er auf jämmerliche Weise Krankheiten oder Wahnsinn, ganz offensichtlich als Vorbereitung auf einen Fluchtversuch. Saint-Mars, dessen Erfahrung als Kerkermeister sich auf den Oberintendanten beschränkt, kann Lauzun nicht bändigen und nennt Fouquet angesichts solcher Raserei nur noch »das Lämmchen«.

Bald (was aber erst viel später entdeckt wird) gelingt es Lauzun, durch ein Loch in der Mauer mit Fouquet in Verbindung zu treten.

»Aber wie ist es möglich, dass niemand etwas gemerkt hat«, protestierte ich ungläubig, »bei der strengen Überwachung, die Fouquet täglich über sich ergehen lassen musste?«

»Auch ich habe mir diese Frage oft gestellt«, pflichtete mir Abbé Melani bei.

Ein weiteres Jahr vergeht. Im Oktober 1672 gestattet Seine Majestät den Briefwechsel zwischen Fouquet und seiner Frau. Die Briefe der beiden müssen jedoch zuvor dem König vorgelegt werden, der sich die Entscheidung darüber vorbehält, ob sie weiterzuleiten oder zu vernichten sind. Das ist aber noch nicht alles. Ohne jeden vernünftigen Grund lässt der König zwölf Monate später Fouquet einige Bücher über die jüngste politische Entwicklung in Frankreich zukommen. Und wenig später schickt Louvois an Saint-Mars einen Brief für den Oberintendanten mit der Bemerkung, dass dem Gefangenen, falls er antworten wolle, Papier auszuhändigen sei. Und so geschieht es: Der Oberintendant schreibt und schickt zwei Berichte an Louvois.

»Was stand darin?«

»Niemand hat es je erfahren, auch wenn sich in Paris sofort das Gerücht verbreitete, die beiden Schriftstücke seien in die Hauptstadt gelangt. Unmittelbar danach aber erfuhr man, dass Louvois sie wieder an Fouquet zurückgeschickt hatte, weil sie, so teilte er mit, für den König ohne jedes Interesse seien.«

Ein unerklärliches Verhalten, bemerkte Melani. Erstens, weil man ein Schreiben, das zu nichts gut ist, einfach wegwirft; zweitens, weil es geradezu unmöglich ist, dass Fouquet nicht gelungen sein sollte, dem König irgendeinen guten Rat zu geben.

»Vielleicht hat man ihn ein weiteres Mal demütigen wollen«, stellte ich mir vor.

»Oder vielleicht wollte der König etwas, das Fouquet ihm nicht gegeben hat.«

Dennoch wurden ihm weitere Zugeständnisse gemacht.

1674 erhält das Ehepaar Fouquet die Erlaubnis, einander zweimal im Jahr zu schreiben, auch wenn die Briefe nach wie vor zuerst durch die Hände des Königs gehen müssen. Der Gesundheitszustand des Oberintendanten verschlechtert sich weiter, so dass es der König mit der Angst zu tun bekommt: Er erlaubt ihm zwar nicht, seine Zelle zu verlassen, aber er lässt ihn von einem aus Paris angereisten Arzt untersuchen.

Seit November 1677 darf Fouquet endlich täglich eine Stunde an die Luft. Und in wessen Gesellschaft? Natürlich in Gesellschaft von Lauzun, und die beiden dürfen sich sogar unterhalten! Unter der Bedingung allerdings, dass Saint-Mars alles mithört und dem König getreulich berichtet.

Der König gewährt immer weiter gnädige Zugeständnisse. Inzwischen bekommt Fouquet sogar Ausgaben des *Mercure galant* und anderer Zeitungen. Es scheint fast, als wollte Ludwig ihn über alle wichtigen Ereignisse in Frankreich und Europa auf dem Laufenden halten. Louvois empfiehlt Saint-Mars, den Häftling vor allem über die militärischen Erfolge des Allerchristlichsten Königs zu informieren.

Im Dezember 1678 unterrichtet Louvois Saint-Mars darüber, dass er mit Fouquet einen Briefwechsel aufnehmen werde, der keiner Kontrolle unterliege: Die Briefe müssten unter allen Umständen geschlossen und der Inhalt geheim bleiben, so dass sich Saint-Mars nur um die Übermittlung an den Adressaten zu kümmern habe.

Kaum einen Monat später erhält der Kerkermeister zu seinem Erstaunen ein eigenhändiges Schreiben des Königs über die Haftbedingungen für Fouquet und Lauzun. Demnach sollen die beiden sich nach Belieben treffen und miteinander unterhalten, ja sogar spazieren gehen, und zwar nicht nur innerhalb der eigentlichen Festung, sondern auch im ganzen Bereich der Zitadelle. Die Häftlinge dürfen lesen, was ihnen beliebt, und die Offiziere der Garnison sind gehalten, ihnen auf Wunsch Gesellschaft zu leisten. Darüber hinaus ist ihnen gestattet, jede Art von Brettspiel zu verlangen.

Nach ein paar Monaten gibt es weitere Erleichterungen: Fouquet darf nach Belieben mit seiner ganzen Familie korrespondieren.

»In Paris waren wir aufs höchste erregt«, sagte Atto Melani, »und fast sicher, dass der Oberintendant früher oder später freigelassen werden würde.«

Im Mai 1679, also wieder ein paar Monate später, eine weitere ersehnte Ankündigung: Bald soll die Familie Fouquets ihn besuchen dürfen. Seine Freunde sind im siebten Himmel. Die Monate verfliegen, ein ganzes Jahr vergeht. Voller Spannung erwarten alle die Freilassung des Eichhörnchens, doch sie trifft nicht ein. Man vermutet schon, dass jemand seine Hände im Spiel hat; vielleicht wie gewöhnlich Colbert.

Die Begnadigung bleibt schließlich aus, und stattdessen trifft uns wie ein Blitz, der unsere Herzen zu Asche werden lässt, die Nachricht, Nicolas Fouquet sei in seiner Zelle der Festung Pinerolo in den Armen seines Sohnes plötzlich verstorben. Man schreibt den 23. März 1680.

»Und Lauzun?«, fragte ich, während wir in dem senkrechten Schacht zur Locanda hinaufkletterten.

»Tja, Lauzun. Er blieb noch ein paar Monate im Kerker. Dann wurde er freigelassen.«

»Ich verstehe nicht, es ist, als ob Lauzun nur im Gefängnis gewesen wäre, um Fouquet nahe zu sein.«

»Erraten. Aber ich frage mich, wozu?«

»Na ja, mir fällt nichts ein, außer ... um ihn zum Reden zu bringen. Um Fouquet dazu zu bringen, etwas zu sagen, was der König wissen wollte, etwas, das ...«

»Das reicht. Jetzt hast du verstanden, was wir im Zimmer von Pompeo Dulcibeni suchen.«

Die Durchsuchung war viel leichter als gedacht. Ich behielt den Korridor im Auge, während Atto nur mit einer Kerze versehen das Zimmer des Mannes aus den Marken betrat. Ich hörte, wie er lange herumwühlte, dazwischen war es immer wieder ganz still. Nach einigen Minuten trat ich ebenfalls ein, getrieben sowohl von der Angst vor Entdeckung als auch von meiner Neugierde.

Atto hatte bereits einen großen Teil der persönlichen Gegenstände von Pompeo Dulcibeni einer genauen Prüfung unterzogen: Kleider, Bücher (darunter die drei Bände aus der Bibliothek von Tiracorda), einige Essensreste, einen Passierschein vom Königreich Neapel in den Kirchenstaat und einige Gazetten. Eine trug den Titel: *Bericht darüber, was sich zwischen den kaiserlichen und den osmanischen Heeren am 10. Juli 1683 zugetragen hat.*

»Es geht um die Belagerung Wiens«, murmelte Abbé Melani.

Auch in den anderen Blättern, mehr als einem Dutzend, ging es um das gleiche Thema. Wir beendeten die Durchsuchung des Raumes in größter Hast; kein anderer Gegenstand schien in unseren Augen von Bedeutung. Ich wollte Abbé Melani gerade dazu auffordern, die Suche abzubrechen, als ich sah, wie er mitten im Zimmer stehen blieb und sich nachdenklich am Kinn kratzte.

Plötzlich stürzte er auf den Schrank zu, und nachdem er die Ecke mit der schmutzigen Wäsche gefunden hatte, verschwand er im wahrsten Sinne des Wortes darin, um die Leibwäsche mit der Hand Stück für Stück abzutasten. Schließlich packte er ein Paar lange Unterhosen aus Musselin und befühlte sie an verschiedenen Stellen, bis sich seine Hände auf eine der Schlaufen konzentrierten, durch die man das Band zieht, mit dem die Hose gehalten wird.

»Da haben wir's. Sie stinken ganz schön, aber es hat sich gelohnt«, sagte Abbé Melani befriedigt, während er aus Dulcibenis Unterhose ein kleines flaches Päckchen herauszog, das wie eine Schlange aussah. Es waren einige ganz klein zusammengefaltete Blätter. Der Abbé faltete sie auseinander, hielt sie ins Licht der Laterne und begann zu lesen.

Ich müsste den Leser dieser Seiten anlügen, wollte ich verhehlen, dass ich mich an das, was in den folgenden Minuten geschah, zwar lebhaft, aber doch nur sehr verworren erinnere.

Wir begannen fast gleichzeitig, die wenigen Blätter gierig zu überfliegen. Es war ein langer lateinischer Brief in den unsicheren Schriftzügen eines alten Menschen.

»*Optimo amico Nicolao Fouquet ... mumiarum domino ...*

tributum extremum ... secretum pestis ... secretum morbi ... ut lues debelletur ... unglaublich, wirklich unglaublich«, murmelte Abbé Melani in sich hinein.

Einige dieser Wörter kamen mir seltsam bekannt vor. Doch Atto verlangte sofort, dass ich den Korridor im Auge behalte, damit wir nicht von der Rückkehr Dulcibenis überrascht würden. Ich postierte mich also vor der Tür und beobachtete die Treppe. Während Atto die Lektüre beendete, hörte ich immer wieder von neuem seine leisen Ausrufe der Überraschung und des Erstaunens.

Dann geschah leider das, was ich nun schon zu fürchten gewohnt war. Abbé Melani hielt sich Mund und Nase zu, stürzte mit weit aufgerissenen, hervorquellenden Augen aus dem Zimmer und drückte mir den Brief in die Hand. Er wand sich verzweifelt, um ein gefährliches Niesen zu unterdrücken.

Ich widmete mich gleich dem letzten Teil des Briefes, den er wahrscheinlich noch nicht hatte lesen können. Aber ich verstand so gut wie nichts vor lauter Aufregung und wegen der tausend bizarren Verrenkungen, mit denen Atto Melani dem erlösenden Ausbruch zu widerstehen trachtete. Meine Augen wanderten sogleich ans Ende des Briefes, und da verstand ich, warum mir die Worte *mumiarum domino* bekannt vorgekommen waren, denn fast ungläubig entzifferte ich die Unterschrift: *Athanasius Kircher I. H. S.*

Am Ende seiner Widerstandskraft angelangt, deutete Atto auf die Unterhose Dulcibenis, in die ich den Brief eilends zurücksteckte. Wir durften ihn auf keinen Fall entwenden: Dulcibeni hätte es sicher bemerkt, und das konnte unabsehbare Folgen haben. Wenige Augenblicke nachdem wir das Zimmer verlassen und die Tür geschlossen hatten, brach Atto Melani in ein schallendes, befreiendes, triumphales Niesen aus. Cristofanos Tür öffnete sich.

Ich nahm die Treppe und stürzte hinunter bis in den Keller. Hinter mir hörte ich, wie der Arzt Melani vorwurfsvoll fragte: »Was habt Ihr außerhalb Eures Zimmers zu suchen?«

Abbé Melani musste seine ganze Geistesgegenwart bemühen, um eine Ausrede zusammenzustoppeln: Er sei eben gerade auf dem Wege zu Cristofano, sagte er, weil er fast ersticke an diesen plötzlichen Niesanfällen.

»Na ja, aber warum habt Ihr dann so dreckige Schuhe?«, fragte Cristofano in irritiertem Tonfall.

»Ja, mmh ... sie sind wirklich ein wenig schmutzig geworden auf der Reise von Paris ... und ich habe sie nicht mehr putzen lassen, bei all dem, was sich inzwischen ereignet hat«, stammelte Atto. »Aber, bitte, reden wir doch nicht hier miteinander. Wir wecken sonst noch Bedfordi auf.« Das Zimmer des Engländers lag tatsächlich nur wenige Schritte entfernt.

Der Arzt brummte etwas, und ich vernahm, wie sich eine Tür schloss. Cristofano musste den Abbé in sein Zimmer geführt haben. Nach ein paar Minuten hörte ich sie wieder herauskommen.

»Diese Geschichte gefällt mir überhaupt nicht. Jetzt wollen wir einmal sehen, wer sich hier sonst noch mitten in der Nacht herumtreibt«, zischte Cristofano und klopfte an eine Tür.

Von drinnen war Devizés schlaftrunkene Stimme zu hören.

»Es ist nichts, Verzeihung, nur eine kleine Kontrolle«, entschuldigte sich der Arzt.

Kalter Schweiß lief mir den Rücken herunter; jetzt würde er an Dulcibenis Tür klopfen.

Cristofano klopfte.

Die Tür öffnete sich: »Ja?«

Pompeo Dulcibeni war zurück.

Kaum war wieder Ruhe eingekehrt, ging ich hinauf, um in meiner Kammer auf Atto Melani zu warten. Es war leider gerade das eingetreten, was wir befürchtet hatten. Nicht nur Cristofano hatte Atto erwischt, als er sich nachts in der Locanda herumtrieb; das Schlimmste war, dass auch Dulcibeni dieses Hin und Her bemerkt hatte. Er war offenbar genau in jenen Minuten in sein Zimmer zurückgekommen, in denen Atto sich bei Cristofano aufhielt. Und ich war weiter unten auf der Treppe gewesen und hatte die Rückkehr Dulcibenis nicht gehört. Der Edelmann aus den Marken musste die Stufen zwischen der

Kammer und seinem Zimmer im ersten Stock wirklich lautlos hinuntergeschlichen sein, obwohl er sich im Dunkeln bewegte. Es war ein höchst seltsames, wenn auch nicht unmögliches Zusammentreffen von Zufällen.

Fast unglaublich dagegen erschien mir die Tatsache, dass Dulcibeni nach dem langen Weg durch die unterirdischen Gänge, dem Aufenthalt im Hause Tiracorda und dem ebenso langen Heimweg rechtzeitig zurückgekommen war; musste er sich doch aus eigener Kraft in dem Schacht zu der Falltür hochziehen, ganz allein im Dunkeln seinen Weg finden und steile Treppen hochsteigen. Dulcibeni hatte erstaunlich viel Kraft und eine gute Lunge. Zu gut, dachte ich, für einen Mann seines Alters.

Ich musste nicht lange warten, bis Abbé Melani in meine Kammer kam. Er war nicht wenig verärgert darüber, dass wir uns von Cristofano auf so dumme und lächerliche Weise hatten überraschen lassen und außerdem Dulcibenis Argwohn erregt hatten.

»Und wenn Dulcibeni flieht?«

»Ich glaube nicht, dass er das tun wird. Er muss fürchten, dass Cristofano Alarm schlägt und dass auch wir aus Angst vor der Strafe des Bargello die unterirdischen Gänge und die Falltür, die direkt in das Haus seines Freundes Tiracorda führt, verraten würden. Das könnte seine überaus rätselhaften Pläne gänzlich zunichte machen. Ich glaube vielmehr, dass Dulcibeni, was auch immer er im Sinn hat, jetzt sein Vorgehen beschleunigen wird. Wir müssen auf der Hut sein.«

»Aber der Brief in der Unterhose, auf den wir gestoßen sind, ist eine große Entdeckung«, fügte ich hinzu und fand meine gute Laune wieder. »Apropos, wie habt Ihr es geschafft, das Versteck so schnell auszumachen?«

»Ich sehe schon, Nachdenken ist nicht deine Sache. In wessen Begleitung ist Dulcibeni hier in der Locanda angekommen?«

»Mit Devizé. Und mit Fouquet.«

»Richtig. Und wo hat Fouquet seine Zettelchen versteckt, als er in Pinerolo eingekerkert war?«

Ich dachte an das, was Abbé Melani mir kurz zuvor erzählt hatte: »In Stühlen, im Kleiderfutter und in der Wäsche!«

»Genau.«

»Das heißt aber, dass Dulcibeni über Fouquet genauestens Bescheid weiß.«

Der Abbé nickte wie selbstverständlich.

»Also stimmt es nicht, was Dulcibeni den Männern des Bargello an dem Morgen, als wir hier eingeschlossen wurden, erzählt hat, nämlich dass er den alten Franzosen noch nicht lange kannte«, wunderte ich mich.

»Richtig. Um so mit ihm vertraut zu sein, muss Dulcibeni den Oberintendanten in Wirklichkeit schon lange gekannt haben. Vergiss nicht, dass Fouquet nach zwanzig Jahren Haft ziemlich zermürbt war: Ich glaube nicht, dass er lange herumgereist ist, bevor er sich in Neapel niedergelassen hat. Und es ist sehr gut möglich, dass er bei den Jansenisten, den heftigsten Gegnern Ludwigs XIV., die in Neapel gut verwurzelt sind, anonym Zuflucht gesucht hat.«

»Und dort könnte er Dulcibeni kennen gelernt haben, dem er dann seine wahre Identität enthüllt hätte«, schloss ich.

»Genau. Sie sind also schon drei Jahre und nicht erst zwei Monate befreundet, wie Dulcibeni glauben machen wollte. Und jetzt werden wir, so Gott will, diese Geschichte ganz aufklären.«

An dieser Stelle musste ich Abbé Melani gestehen, dass ich nicht ganz sicher war, ob ich den Inhalt des Briefes, den wir heimlich im Zimmer von Dulcibeni gelesen hatten, wirklich verstanden hatte.

»Armer Junge, du brauchst immer jemand, der dir sagt, was du denken sollst. Aber das macht nichts. Das wird sich auch nicht ändern, wenn du Gazettenschreiber bist.«

Wie er mir schon in den letzten Tagen erzählt hatte, war Atto Kircher vier Jahre zuvor begegnet, als dieser schon senil war. Der Brief, den wir in Dulcibenis Zimmer gerade gelesen hatten, schien in diesem bedauernswerten Geisteszustand des großen Wissenschaftlers entstanden: Er war an den Oberintendanten der Finanzen Nicolas Fouquet gerichtet, als sei dem armen Fouquet nie etwas zugestoßen.

»Er hat jedes Gefühl für die Zeit verloren«, sagte Atto, »wie jene Greise, die wieder Kinder zu sein glauben und nach der Mama fragen.«

Der Inhalt des Briefes aber war ganz unmissverständlich. Kircher spürte, dass er das irdische Leben bald hinter sich lassen werde, und wandte sich an Fouquet als seinen Freund, um ihm ein letztes Mal zu danken. Der Jesuit erinnerte daran, dass Fouquet der einzige der Mächtigen gewesen sei, dem er seine Theorie eröffnet habe. Der Oberintendant hatte sich sogar voller Bewunderung Kircher zu Füßen geworfen, nachdem dieser ihm die große Entdeckung seines Lebens dargelegt hatte: das *secretum pestis*.

»Vielleicht habe ich doch verstanden«, beeilte ich mich zu schlussfolgern, »in dem Traktat spricht Kircher von der Pest. Davon erzählte Dulcibeni selbst am Anfang der Quarantäne: Kircher hat geschrieben, dass die Pest nicht von Miasmen und ungesunden Säften, sondern von kleinen Lebewesen, von *vermiculi animati* oder etwas Ähnlichem herrührt. Vielleicht besteht das Geheimnis der Pest darin: in diesen unsichtbaren *vermiculi*.«

»Da täuschst du dich gewaltig«, erwiderte Atto. »Die Theorie der *vermiculi* war nie ein Geheimnis: Kircher hat sie vor fast dreißig Jahren in seinem *Scrutinium phisico-medicum contagiosae luis quae pestis dicitur* veröffentlicht. In dem Brief, den Dulcibeni besitzt, geht es um weit mehr: Kircher kündigt an, zu wissen, wie es möglich ist, *pestem praevenire*, *regere*, *debellare*.«

»Also der Pest vorzubeugen, sie einzudämmen und zu besiegen.«

»Bravo. Das ist das *secretum pestis*. Um nicht zu vergessen, was ich in der Hast lesen konnte, habe ich jedoch, bevor ich hier zu dir kam, in meinem Zimmer die wichtigsten Sätze notiert.«

Er zeigte mir einige Wörter und lateinische Satzfetzen, die er eilig auf ein kleines Blatt gekritzelt hatte:

secretum morbi
morbus crescit sicut mortales
augescit patrimonium
senescit ex abrupto
per vices pestis petit et regreditur

ad infinitum renovatur
secretum vitae arcanae obices celant

»Nach Kircher«, erklärte Atto, »wächst, altert und stirbt die Pestilenz in gleicher Weise wie die Menschen. Sie ernährt sich allerdings auf deren Kosten: Solange sie jung und stark ist, versucht sie, ihre Herrschaft möglichst zu vergrößern wie ein grausamer Fürst, der seine Untertanen ausbeutet, und durch die Ansteckung fallen ihr in einer verheerenden Seuche ungezählte Menschen zum Opfer. Dann wird sie plötzlich schwach und verfällt wie ein bedauernswerter Greis, der am Ende seiner Kräfte ist; schließlich stirbt sie. Die Seuche verläuft zyklisch: Sie greift die Völker an, dann ruht sie, nach Jahren greift sie wieder an, und so *ad infinitum.*«

»Dann ist es eine Art ... jedenfalls etwas, was sich immer im Kreis dreht.«

»Genau. Eine geschlossene Kette.«

»In diesem Fall aber kann die Pest nie besiegt werden, wie es Kircher doch versprochen hat.«

»Falsch. Die Bewegung des Kreises kann verändert werden, wenn man das *secretum pestis* kennt.«

»Und wie geht das vonstatten?«

»Ich habe gelesen, dass es aus zwei Teilen besteht: Dem *secretum morbi* der Ausbreitung und dem *secretum vitae* der Heilung.«

»Also Pest verbreitendes *maleficium* und ein Antidot.«

»Genau so.«

»Und wie soll das gehen?«

»Das habe ich nicht verstanden. Oder genauer gesagt, Kircher hat es nicht erklärt. Er beharrte, so weit ich es lesen konnte, vor allem auf einem Punkt: Der Pestzyklus hat in seiner Endphase etwas Unerwartetes, Geheimnisvolles, der medizinischen Lehre Fremdes: *Senescit ex abrupto*, das heißt, sie lässt plötzlich nach, wenn die Seuche ihren Höhepunkt erreicht hat.«

»Ich verstehe das nicht, es ist alles so merkwürdig«, stellte ich fest. »Warum hat Kircher seine Entdeckungen nicht veröffentlicht?«

»Vielleicht fürchtete er, dass jemand Missbrauch damit treiben könnte. Wie leicht kann einem eine solch wertvolle Sache gestohlen werden, sobald das Manuskript einmal beim Drucker ist. Und du kannst dir vorstellen, welche Katastrophe es für die ganze Welt bedeutet hätte, wenn diese Geheimnisse in die falschen Hände gelangt wären.«

»Dann muss er Fouquet sehr geschätzt haben, wenn er seine Entdeckung nur ihm anvertraut hat!«

»Ich kann dir versichern, dass man nur ein einziges Mal mit dem Eichhörnchen sprechen musste, um von ihm eingenommen zu sein. Kircher fügt aber hinzu, das *secretum vitae* sei durch *arcanae obices* versteckt.«

»*Arcanae obices*? Das heißt ›rätselhafte Hindernisse‹. Aber worauf bezieht sich das?«

»Ich habe nicht die geringste Ahnung. Vielleicht gehört dieser Ausdruck zur Fachsprache der Alchimisten, Spagiriker oder Schwarzkünstler. Kircher kannte Religionen, Riten, Aberglauben und Teufelskünste von überall auf der Welt. Oder vielleicht ist *arcanae obices* auch ein kodierter Ausdruck, den Fouquet zu entschlüsseln imstande war, nachdem er den Brief gelesen hatte.«

»Aber Fouquet konnte den Brief doch gar nicht bekommen«, entgegnete ich, »solange er in Pinerolo eingekerkert war.«

»Sehr richtig bemerkt. Und doch muss irgendjemand ihm das Schreiben zugespielt haben, denn wir haben es unter Dulcibenis Sachen gefunden. Die Entscheidung, dass er den Brief erhalten sollte, muss deshalb von demjenigen getroffen worden sein, der persönlich seine gesamte Korrespondenz überwachte.«

Ich schwieg, da ich nicht wagte, die Schlussfolgerung zu ziehen.

»… das heißt, Seine Majestät der König von Frankreich«, sagte Atto und schluckte, als würden ihm seine eigenen Worte Angst einflößen.

»Aber dann«, brachte ich zögernd hervor, »war das *secretum pestis* …«

»Das, was der König von Fouquet wollte.«

Das hatte uns gerade noch gefehlt, dachte ich. Kaum hatte Atto den Namen ausgesprochen, war es, als ob der Allerchristlichste König, erstgeborener und liebster Sohn der Kirche, wie ein wütender eiskalter Windstoß durch eine Dachluke der Locanda hereingefahren wäre, um alles zu beseitigen, was von dem armen Fouquet in den Mauern des Donzello noch vorhanden war.

»*Arcanae obices, arcanae obices*«, summte Melani abwesend vor sich hin und trommelte dabei mit den Fingern auf seine Knie.

»Signor Atto,« unterbrach ich ihn, »glaubt Ihr, dass Fouquet dem König schließlich das *secretum pestis* enthüllt hat?«

»*Arcanae* ... was hast du gesagt? Ich weiß es nicht, ich weiß es wirklich nicht.«

»Vielleicht kam Fouquet frei, weil er das Geheimnis preisgegeben hat«, schlug ich vor.

»Tja, tatsächlich, wenn er ausgebrochen wäre, hätte sich die Nachricht in Windeseile verbreitet. Stattdessen müssen sich die Dinge so abgespielt haben: Bei seiner Verhaftung wurden bei ihm die rätselhaften Briefe eines Geistlichen über das Geheimnis der Pest gefunden. Die Briefe sind wohl von Colbert aufbewahrt worden. Wenn ich damals, als ich in das Arbeitszimmer des Colubra eingedrungen war, mehr Zeit gehabt hätte, wären mir vermutlich auch diese in die Hände gefallen.«

»Und dann?«

»Dann begann der Prozess gegen Fouquet. Und jetzt wissen wir auch, warum der König und Colbert alles darangesetzt haben, um zu verhindern, dass Fouquet mit dem Exil davonkam: Sie wollten ihn im Gefängnis, um ihm das *secretum pestis* zu entreißen. Da sie nicht wussten, wer der mysteriöse Geistliche war, konnten sie sich nur an den Oberintendanten halten. Wenn sie gewusst hätten, dass es Kircher war ...«

»Und was hätte ihnen das *secretum pestis* genutzt?«

Das sei mehr als offensichtlich, sagte Atto und geriet immer mehr in Fahrt: Durch die Kontrolle über die Pest hätte Ludwig XIV. seine Feinde endgültig in der Hand gehabt. Der Traum, die Pest für militärische Zwecke zu benutzen, existierte seit Jahrhunderten, fügte der Abbé hinzu. Bereits Thukydides erzählt, die Athener hegten, als die Bewohner ihrer Stadt von der Seuche dahingerafft wurden, den Verdacht, ihre peloponnesischen Feinde hätten die Ansteckung durch die Vergiftung der Brunnen hervorgerufen. In jüngerer Zeit hatten die Türken (ziemlich erfolglos) versucht, die Seuche bei der Belagerung von Städten zu verbreiten, indem sie infizierte Leichen über die Mauern katapultierten.

Fouquet verfügte über die Geheimwaffe, die der Allerchristlichste König mit grenzenloser Freude hätte einsetzen können, um Spanien und das Kaiserreich in seine Schranken zu weisen und die Niederlande des Prinzen Wilhelm von Oranien endlich zu unterwerfen.

Die Haftbedingungen für Fouquet waren demnach nur deshalb so hart, um ihn zum Sprechen zu bringen und um sicher zu sein, dass er das Geheimnis nicht an einen seiner zahlreichen Freunde weitergab. Deshalb war es ihm verboten zu schreiben. Aber Fouquet gab nicht nach.

»Warum hätte er es auch tun sollen?«, fragte Abbé Melani rhetorisch. »Das Geheimnis für sich zu behalten war die einzige Gewähr dafür, am Leben zu bleiben!«

Vielleicht hatte der Oberintendant sogar jahrelang geleugnet, wirklich zu wissen, wie man die Pest verbreiten könne; oder aber er hatte nur immer die halbe Wahrheit gesagt, um Zeit zu gewinnen und weniger grausame Haftbedingungen zu erlangen.

»Aber warum ist er dann freigelassen worden?«, fragte ich.

»Der Brief des alten, bereits unzurechnungsfähigen Kircher hatte unterdessen Paris erreicht, und Fouquet konnte nicht mehr leugnen, wenn er nicht sein Leben und das seiner Familie gefährden wollte. Vielleicht hat der Oberintendant am Ende nachgegeben und dem König das *secretum pestis* im Tausch gegen die Freilassung versprochen. Danach aber hat er die Vereinbarung vermutlich nicht eingehalten. Deshalb, ja … deshalb haben ihn dann die Spione Colberts verfolgt.«

»Könnte nicht auch das Gegenteil der Fall sein?«, wagte ich zu spekulieren.

»Was willst du damit sagen?«

»Vielleicht hat der König die Vereinbarung nicht eingehalten …«

»Genug! Ich kann dir nicht erlauben, anzunehmen, dass Seine Majestät …«

Atto beendete den Satz nicht, denn er versank in einem plötzlichen Wirbel von wer weiß welchen Gedanken. Ich verstand, dass sein Stolz es nicht zuließ, meine Schlussfolgerung anzuhören, nämlich dass der König dem Oberintendanten im Tausch für das Geheimnis die Befreiung versprochen hatte, in Wirklichkeit aber beabsichtigte, ihn unmittelbar danach aus dem Weg zu schaffen. Der Plan war jedoch fehlgeschlagen, weil Fouquet, wie ich mir lebhaft auszumalen begann, diese Finte vorhergesehen hatte und auf abenteuerliche Weise und mit irgendjemandes Hilfe dem Anschlag entgehen konnte. Vielleicht aber ging auch nur meine Fantasie mit mir durch. Ich versuchte, im Gesicht des Abbé zu lesen: Vor sich hin starrend, verfolgte er denselben Gedankengang wie ich, dessen war ich gewiss.

»… eines freilich ist sicher«, sagte er plötzlich.

»Und das wäre?«

»In die Flucht Fouquets und das *secretum pestis* sind auch andere verwickelt. Und zwar viele. Zuallererst Lauzun, der ohne jeden Zweifel nach Pinerolo geschickt worden ist, um aus Fouquet etwas herauszuholen, wobei man ihm vielleicht versprochen hat, dass er bald zu Mademoiselle, seiner reichen kleinen Frau, zurückkehren dürfe. Dann spielt auch Devizé eine Rolle, der Fouquet hierher in die Locanda begleitet hat. Auch Corbetta, der Lehrer von Devizé, könnte beteiligt sein, der wie sein Schüler der armen Königin Maria Theresia treu ergeben war und sich in Chiffrierungen auskannte. Du darfst nicht vergessen, dass das *secretum vitae* auf irgendeine Weise in *arcanae obices* verborgen ist. Und außerdem hat Devizé von Anfang an gelogen: Erinnerst du dich an seine Lügen über die Theater in Venedig? Und schließlich ist da noch Dulcibeni, der Vertraute Fouquets, der in seiner Unterwäsche den Brief über das *secretum pestis* versteckt und nur ein Kaufmann ist, doch wenn er von der Pest spricht, Paracelsus zu sein scheint.«

Melani hielt inne, um Atem zu holen. Sein Mund war wie ausgedörrt.

»Denkt Ihr, dass Dulcibeni das *secretum pestis* kennt?«

»Möglicherweise. Aber jetzt haben wir keine Zeit mehr, um weiterzudiskutieren.«

»Diese ganze Geschichte erscheint mir vollkommen absurd«, sagte ich in dem Versuch, den Abbé zu beruhigen, »fürchtet Ihr nicht, dass wir zu viele Vermutungen anstellen?«

»Ich habe es dir schon einmal gesagt. Um die Politik zu verstehen, musst du die Dinge anders als gewohnt betrachten. Es kommt nicht darauf an, was du denkst, sondern wie. Niemand weiß alles, nicht einmal die Könige. Und wenn du etwas nicht weißt, musst du Vermutungen anstellen, auch solche, die auf den ersten Blick vollkommen absurd erscheinen: Du wirst dann ohne Zweifel feststellen, dass alles auf dramatische Weise wahr ist.«

Fahl im Gesicht verließ er das Zimmer und sicherte sich im Flur nach links und rechts ab, als wollte ihm jemand einen Hinterhalt stellen. Aber Atto Melanis Angst, die jetzt endlich ganz offen zutage trat, war mir schon kein Rätsel mehr. Ich beneidete ihn nicht mehr um seine geheime Mission, um seine Stellung bei Hofe und sein Wissen als Mann der Tat und der Intrige.

Er war im Dienste des Königs von Frankreich nach Rom gekommen, um einen mysteriösen Fall aufzuklären. Jetzt wusste er, dass er, um ihn aufzuklären, Ermittlungen über den König selbst anstellen musste.

Achter Tag

18. September 1683

Am nächsten Tag erfasste mich beim Aufwachen eine unbestimmte fieberhafte Unruhe. Trotz der langen Überlegungen, die Atto und ich in der letzten Nacht angestellt hatten, und trotz der wenigen Stunden Schlaf, die ich mir gegönnt hatte, war ich vollkommen wach und voller Tatendrang. Was ich allerdings hätte tun können, war mir in Wirklichkeit nicht recht klar: Die Locanda war von zu vielen Rätseln erfüllt, was augenblicklich jeglichen Entschluss unmöglich machte. Drohende oder unerreichbare Gestalten (wie Ludwig XIV., Colbert, Königin Maria Theresia und auch Kircher) überschatteten die Locanda und unser aller Existenz. Die Geißel der Pest hatte nicht aufgehört, uns zu quälen und zu ängstigen; und darüber hinaus hatten sich in den letzten Tagen einige unserer Herbergsgäste als mysteriöse Persönlichkeiten mit verdächtigem Benehmen entpuppt. Als ob das alles nicht genug sei, sagte die astrologische Gazette, die ich Stilone Priàso entwendet hatte, für die kommenden Tage entsetzliche, todbringende Geschehnisse voraus.

Während ich die Treppe in die Küche hinunterstieg, vernahm ich wieder leise, aber herzzerreißend das Lied Abbé Melanis:

Infelice pensier, chi ne conforta?
*Ohimé! chi ne consiglia? …**

* Unglücklicher Gedanke, wer spendet Trost? / Wehe! Wer weiß Rat …

Auch Atto musste sich verloren und niedergeschlagen fühlen. Und gewiss mehr als ich! Ich eilte weiter, um mich gar nicht länger bei solchen entmutigenden Gedanken aufzuhalten. Wie gewöhnlich half ich Cristofano eifrig in der Küche und bei der Essensverteilung. Ich hatte gesottene und in Öl frittierte Schnecken mit gepresstem Knoblauch, Minze, Petersilgen, allerlei Gewürz und einem Zitronenschnitz zubereitet. Und sie fanden großen Anklang.

Ich arbeitete fleißig, geradeso, als beflügelte mich ein Überschuss an vitaler Energie. Dieser angenehme leibliche und geistige Grundtenor fand seine Krönung in einem ebenso glücklichen wie unerwarteten Ereignis.

»Cloridia hat nach dir gefragt«, kündigte Cristofano nach dem Mittagessen an, »du sollst sofort zu ihr kommen.«

Der Grund, warum Cloridia mich hatte rufen lassen (und Cristofano wusste es), war ganz nichtig. Ich traf sie mit halb aufgeknöpftem Mieder und über die Waschschüssel gebeugt, während sie sich die Haare wusch. Der Raum war vom Duft süßer Essenzen erfüllt. Benommen hörte ich, wie sie mich bat, den Essig aus einem Fläschchen, das auf dem Toilettentisch stand, über ihr Haupt zu gießen: Sie benutzte ihn, so erfuhr ich später, um ihr Haar glänzender zu machen.

Während ich tat, wie mir geheißen, dachte ich an die Zweifel, die mir über Cloridias Worte am Ende unserer letzten Begegnung gekommen waren. Als sie über die außergewöhnlichen numerischen Übereinstimmungen zwischen dem Datum ihrer Geburt und dem der Stadt Rom gesprochen hatte, erwähnte sie ein Unrecht, das ihr zugestoßen war und das mit ihrer Rückkehr nach Rom zusammenhing. Danach hatte sie mir erklärt, sie sei in die Locanda gekommen, indem sie einer gewissen *virga ardens* gefolgt sei, einer brennenden Rute, die man auch die zitternde oder vorstehende Rute nennt. Auch wegen der zweideutigen Geste, mit der sie diese Worte begleitete, hatte ich sie als eine unanständige Anspielung aufgefasst. Ich hatte mir aber doch vorgenommen zu hinterfragen, was sie in Wirklichkeit damit meinte. Nun gab mir Cloridia selbst, indem sie mich plötzlich rufen ließ, Gelegenheit dazu.

»Gib mir das Handtuch. Nein, nicht das: Das andere kleinere aus grobem Leinen«, befahl sie mir, während sie sich die Haare auswrang.

Ich gehorchte. Sie wickelte das Handtuch um den Kopf, nachdem sie zuerst die Schultern getrocknet hatte.

»Würdest du mir jetzt die Haare kämmen?«, bat sie in zuckersüßem Ton. »Sie sind jetzt so lockig, dass ich sie allein kaum entwirren kann, ohne sie zu zerreißen.«

Nur allzu gern erwies ich ihr diesen angenehmen Dienst. Sie setzte sich mit dem Rücken, der noch unter dem Mieder halb frei lag, zu mir und erklärte, dass ich von den Spitzen her anfangen und dann bis zum Haaransatz fortfahren sollte. Das schien mir der richtige Zeitpunkt für die Bitte, mir zu erzählen, wie sie ins Donzello gekommen war, und deshalb erinnerte ich sie an das, was sie mir schon beim letzten Mal angedeutet hatte. Cloridia war einverstanden.

»Was ist denn nun die brennende oder zitternde Rute, Monna Cloridia?«, fragte ich.

»Dein Stock und dein Stab geben mir Zuversicht«, rezitierte sie. »Psalm 22.«

Ich atmete auf.

»Weißt du nicht, was die Rute ist? Sie ist ein einfacher Zwieselast von einer Haselstaude, vielleicht anderthalb Schuh lang und einen Finger dick und, so es möglich, nur ein Jahr alt. Dieser *virgula divinatoria* hat man gar unterschiedliche Namen gegeben, man hat sie genannt *Caduceum* oder Heroldsstab, Rute der Pallas oder der Circe, Aaronsrute, Jakobsstab. Und weiter eine erleuchtende oder Feuerrute, eine springende oder Springrute, eine brennende oder Brandrute, eine übersteigende Schlagrute, eine zitternde Bebe- oder Stangrute oder eine unterfallende Rute: All diese Namen haben ihr die italienischen Arbeiter in den Quecksilberminen von Trient und Tirol beigelegt. Sie wird mit dem Stab in Beziehung gesetzt, den bei den alten Römern die Auguren an Stelle eines Zepters hielten; mit dem Stab, den Moses gebraucht, um Wasser aus dem Felsen zu schlagen; mit dem Zepter Ahasvers, des Königs der Perser und Meder, von dem Esther alles erlangt, was sie gebeten, sobald sie dessen Spitze geküsst.«

Und Cloridia stürzte sich in eine Erklärung von außerordentlicher, erleuchteter Gelehrsamkeit. Denn sie war, das wusste ich sehr wohl, nicht eine einfache Dirne, sie war eine Kurtisane: Und es gab nicht viele Frauen, die die Kunst der Liebe mit jener der Gelehrtheit zu vereinen wussten.

»Die Rute ist seit mehr als zweihundert Jahren in Gebrauch, um Metalle, und seit einem Jahrhundert, um Wasseradern aufzuspüren. Aber das weiß jedermann. Seit undenklicher Zeit dagegen wird sie verwendet, um Verbrecher und Mörder in weit entfernten Ländern zu entdecken: in Idumea, Sarmatien, Getulien, Gotien, Rätien, Raffien, Hibernien, Silesta, Cyrene Minor, Marmarica, Manzianien, Confluenza, Prufuik, Alexandria Maior, Argenton, Friesland, Gaietta, Kuspien, Livonien, Kasperien, Serica, Brixen, Trapezunt, Suria, Silicien, Mutina, Arabia Felix, Malignes in Brabant, Liburnien, Slowenien, Hosianna, Pamphylien, Garamantien und auch in Lydien, das *olim* Maeonia hieß, wo die viel besungenen Flüsse Hermes und Pattolos fließen. In Gedrotien ist ein Mörder sogar mehr als fünfhundertvierzig Meilen zu Land und über dreißig Meilen zur See verfolgt worden, bevor er schließlich gefasst wurde. Mit der Rute hatte man das Bett ausfindig gemacht, in dem er geschlafen, den Tisch, an dem er gegessen, das Geschirr und die Krüge, die er benutzt hatte.«

So wurde ich von Cloridia darüber belehrt, dass diese geheimnisvolle Rute durch die Schweißlöcher in den Leibern wirkt, die ständig kleinste, hauchdünne *particula* absondern. Neben den sichtbaren und den unbegreiflichen und mit dem Verstand unfassbaren Wesenheiten gibt es eine Zwischenform von flüchtigen, äußerst zarten und aktiven Formen, die Teilchen, Partikel der Materie, Atome oder Feinstoff genannt werden. Diese Teilchen sind sehr geheimnisvoll, aber auch sehr nützlich. Sie können eine Absonderung der Substanz sein, von der sie stammen; oder aber sie sind eine dritte Substanz, die die Eigenschaften der strahlenden Materie auf die absorbierende Materie überträgt. Als Exempel: Der Geist der Lebewesen besitzt eine dritte Substanz, die das Gehirn (als aufnehmendes Organ) in den Nerven verteilt und von dort in die Muskeln, um die verschiedenen Bewegungen hervorzubringen.

In anderen Fällen dagegen sind die Teilchen in der Luft nahe der strahlenden Materie, die diese Luft als Vehikel benutzt, um ihre Eigenschaften bis zur aufnehmenden Materie zu befördern.

»So wirken zum Beispiel die Glocken und der Klöppel, welcher der ihn umgebenden Luft einen Impuls erteilt. Diese Luft bewegt ihrerseits weitere Luft und so weiter bis zu unserem Ohr, das daraus den Eindruck eines Klanges erhält«, erläuterte Cloridia.

Diese Teilchen also waren für Sympathie und Antipathie, und auch für die Liebe verantwortlich.

»Die Suche nach dem Mörder stützt sich nämlich auf die Antipathie. Auf dem Markt von Amsterdam beobachtete ich einmal, wie eine Schweineherde wütend einen Metzger angrunzte, sobald er in ihre Nähe kam, und versuchte, sich auf ihn zu stürzen, soweit der Strick, mit dem die Tiere am Hals festgebunden waren, es erlaubte. Die Schweine verhielten sich so, weil sie die *particula* anderer Schweine wahrnahmen, die der Metzger gerade geschlachtet hatte: *particula*, die die Kleider des Mannes getränkt, die Luft um ihn durcheinander gewirbelt und die lebendige Meute in Erregung versetzt hatten.«

Aus demselben Grund, so erfuhr ich voller Staunen, setzt sich das Blut eines Ermordeten oder Verwundeten (oder einer Frau, der man Gewalt angetan hat) in Bewegung und fließt aus der Wunde in die Richtung des Täters. Die Geister und die Teilchen, die aus dem Blut des Opfers austreten, hüllen den Verbrecher ein und strömen über die Maßen heftig aufgrund des Schreckens, den ein solch grausamer und blutrünstiger Mensch auslöst, und machen es damit der Rute leicht, ihn zu verfolgen und zu finden.

Aber auch wenn das Verbrechen indirekt oder aus der Entfernung geschieht, beispielsweise im Auftrag oder durch Handlungen oder Entscheidungen, die die Tötung oder die Gewalttat an einem oder vielen Menschen heraufbeschwören, kann die Rute sie ausfindig machen, wenn sie vom Ort des Verbrechens ausgeht. Der Geist der Schuldigen wird vom Erschrecken über ein solch schweres Verbrechen in tödliche Unruhe versetzt und von der ständigen Angst vor ewiger Verdammnis erfüllt, die, wie die Heilige Schrift sagt, an der Pforte der ruchlosen Seele immer Wache hält.

»*Fugit impius nemine persequente*: Der Frevler flieht, auch wenn niemand ihn verfolgt«, zitierte Cloridia mit erstaunlicher Gelehrsamkeit, wobei sie das Haupt erhob und ihre Augen Blitze versenden ließ.

Auf dieselbige Weise hindert ein in einem Stall aufgehängter Wolfsschwanz durch die Antipathie die Ochsen am Fressen; aus diesem Grunde vertragen sich Weinrebe und Kohl nicht, und der Schierling hält sich von der Raute fern, und wiewohl der Saft des Schierlings ein tödliches Gift ist, schadet er nicht, wenn man, nachdem man ihn getrunken hat, den Saft der Raute zu sich nimmt. Auch zwischen Skorpion und Krokodil besteht eine unversöhnliche Antipathie, zwischen Elefant und Schwein, Löwe und Hahn, Rabe und Eule, Wolf und Schaf, Kröte und Wiesel.

»Aber die Teilchen bewirken wie gesagt auch Sympathie und Liebe«, fuhr Cloridia fort und deklamierte dann:

Geheime Bindungen, geheime Sympathien
das süße Spiel schafft in den Seelen Harmonien,
dass sie einander lieben, sich umgarnen lassen
von dem, ich weiß nicht, was, man kriegt es nicht zu fassen.

»Also das, was wir nicht erklären können, mein Lieber, sind in Wirklichkeit die Teilchen. Nach Giobatta Porta beispielsweise herrscht große Sympathie zwischen der männlichen und weiblichen Palme, zwischen der Rebe und dem Olivenbaum, zwischen dem Feigenbaum und der Myrte. Aus Sympathie beruhigt sich ein wütender Stier, wenn er an einen Feigenbaum gebunden wird; oder ein Elefant wird ganz zahm beim Anblick eines Widders. Und du musst wissen«, sagte Cloridia mit schmelzender Stimme, »dass nach Cardano die Eidechse für den Menschen Sympathie empfindet, und sie betrachtet ihn gern und sucht seine Spucke, die sie gierig trinkt.«

Inzwischen hatte sie den Arm hinter sich ausgestreckt und die Hand, mit der ich sie kämmte, erfasst, um mich an ihre Seite zu ziehen.

»Auf ebendiese Art und Weise«, fuhr sie ganz unbeirrt fort, »ist die Zuneigung oder die geheime Anziehung, die wir gebieterisch für gewisse Menschen von dem Augenblick an empfinden, in dem wir ihnen zum ersten Mal begegnen, durch die Transpiration von Geistern oder Teilchen dieser Person bewirkt, die sich den Augen oder den Nerven sanft einprägen, bis sie ins Gehirn gelangen und ein Gefühl von Wohlbehagen auslösen.«

Zitternd machte ich mir mit dem Kamm an ihren Schläfen zu schaffen.

»Und weißt du was?«, fügte sie überzeugend hinzu. »Diese Anziehung hat die wunderbare Macht, den Gegenstand unserer Sehnsucht in unseren Augen als vollkommen und unendlich wertvoll erscheinen zu lassen.«

Mich, nein, mich könnte niemand je als vollkommen ansehen, gewiss nicht, wiederholte ich mir im Geiste, um meiner heftigen Gefühle Herr zu werden, und ich war unfähig, auch nur ein einziges Wort herauszubringen.

Cloridia lehnte ihr Haupt sanft an meine Brust und seufzte.

»Jetzt musst du mir die Haare im Nacken entwirren, aber ohne mir wehzutun: Da sind die Locken besonders arg verfilzt, aber auch besonders dünn und empfindlich.«

Nach diesen Worten ließ sie mich vor sich auf ihrem hohen Bett Platz nehmen, legte mir den Kopf mit dem Gesicht nach unten in den Schoß und bot mir ihren Hals dar. Noch mehr benommen und verwirrt spürte ich die Wärme ihres Atems in der Leiste. Ich begann wieder, sie zu kämmen. In meinem Kopf herrschte vollkommene Leere.

»Ich habe dir noch nicht dargelegt, wie man die Rute erfolgreich verwendet«, fuhr sie langsam fort, während ich fühlte, wie sie sich bequemer zurechtrückte.

»Du musst vor allem wissen, dass die Natur nur eine einzige Wirkungsart in allen ihren Handlungen kennt, und nur so lässt sich ihr Vermögen erklären. Vor allem muss man die Spitze der Rute in eine möglichst feuchte und warme Materie tauchen (wie Blut und andere Säfte), die mit dem zu tun hat, was man sucht. Das ist notwendig, weil die Berührung manchmal entdeckt, was die Augen nicht sehen können. Dann nimmt man die Rute zwischen zwei Finger und hält sie in Bauchhöhe. Man kann sie auch auf dem Handrücken balancieren, aber meiner Meinung nach hat dies keine Wirkung. Dann muss man langsam in die Richtung gehen, in der man das Gesuchte zu finden glaubt. Man muss vor- und zurückgehen, hinauf und hinunter, immer wieder, bis die Rute sich aufrichtet; dann weiß man, dass man auf dem rechten Wege ist. Die Neigung der Rute entspricht nämlich der Richtung der Nadel im Kompass: Sie reagiert auf eine magnetische Anziehung. Wichtig ist es bei der Rute, nie abrupt zu reagieren, denn sonst wird die Fülle der Ausdünstungen von dem gesuchten Ort unterbrochen, die die Rute in sich aufnimmt und durch die sie sich in der richtigen Richtung aufrichtet. Ab und zu soll man die beiden Hörner an der Basis der Rute in die Hand nehmen, aber nicht zu fest und so, dass die Handoberfläche nach unten zeigt, wobei darauf zu achten ist, dass die Spitze der Rute, immer in Richtung auf das Ziel, hoch erhoben bleibt. Sie bewegt sich auch nicht in jeder Hand, auch das musst du wissen. Es bedarf einer besonderen Gabe und großer Kunstfertigkeit. Sie bewegt sich beispielsweise nicht in der Hand desjenigen, der eine allzu starke Transpiration von grober Materie hat, da diese Teilchen das Aufsteigen der Dämpfe, Ausdünstungen und Schwaden zerstört. Manchmal aber rührt sich die Rute auch nicht in der Hand dessen, der sie schon mit Erfolg benutzt hat. Mir ist es, Gott sei Dank, noch nie passiert. Aber es kann vorkommen, dass sich die Konstitution dessen ändert, der die Rute bewegen muss und sein Blut in heftigere Wallungen versetzt. Etwas im Essen oder in der Luft kann scharfe, beißende Salze hervorbringen. Oder zu beschwerliche Arbeit, nächtliches Wachen und Studium können scharfe und grobe Transpiration bewirken, die von den Händen in die Zwischenräume der Rute übergeht und die Richtung des Aufsteigens der Dämpfe verändert und sie an der Bewegung hindert. Das geschieht, weil die Rute die unsichtbaren Teilchen anzieht wie ein Mikroskop. Ich wünschte, du könntest das Schauspiel erleben, wenn die Rute endlich ihr Ziel …«

Cloridia hatte zu sprechen aufgehört. Cristofano klopfte.

»Ich meinte einen Schrei gehört zu haben. Ist da drinnen

alles in Ordnung?«, fragte der Arzt ganz außer Atem, denn er war die Treppe heraufgehastet.

»Kein Grund zur Beunruhigung. Unser armer Junge hat sich wehgetan, während er mir behilflich war, aber es ist nur eine Kleinigkeit. Auf Wiedersehen und vielen Dank«, antwortete Cloridia mit belustigtem Unterton.

Ich hatte aufgeschrien und lag nun erschöpft von Lust und Scham ausgestreckt auf Cloridias Bett.

Ich weiß nicht, wann und wie ich mich verabschiedete. Ich erinnere mich nur an Cloridias Lächeln und an die zärtliche Kopfnuss, die sie mir gab, bevor sie die Türe schloss.

Von widersprechenden Gefühlen hin und her gerissen, schlich ich geschwind in meine Kammer, um die Hosen zu wechseln: Ich konnte schließlich nicht riskieren, dass Cristofano mich so obszön verschmutzt antraf. Es war ein schöner, warmer Nachmittag, und unversehens schlief ich halb angezogen auf meinem Lager ein.

Nach etwa einer Stunde erwachte ich und ging zu Abbé Melani, um zu fragen, ob er etwas brauchte: In Wirklichkeit tat er mir Leid, weil ich mich an den herzzerreißenden Gesang des Vormittags erinnerte, und ich wollte, dass er sich nicht allein fühlte. Doch ich traf ihn gut gelaunt an:

A petto ch'adora
è solo un bel guardo.
*È solo un bel guardo! …**

Statt einer Begrüßung tirilierte er fröhlich. Ich sah ihn verständnislos an.

»Mir war, als hätte ich heute Morgen aus deinem Munde einen, ähem, Schmerzensschrei vernommen. Weißt du, dass du Cristofano Angst gemacht hast? Er stand mit mir auf der

* Für das anbetende Herz / ist ein bezaubernder Blick allein genug …

Schwelle, als wir dich da droben in Cloridias Türmchen gehört haben …«

»Ach, Ihr glaubt doch nicht, Signor Atto«, wehrte ich ab und wurde rot, »Monna Cloridia hat nicht …«

»Aber gewiss doch«, sagte der Abbé mit plötzlichem Ernst, »die blonde Cloridia hat nichts getan: *A petto ch'adora*, dem anbetenden Herz genügt ein bezaubernder Blick, wie schon mein Lehrer, *seigneur* Luigi, wusste.«

Von wilder Scham gepackt, machte ich mich davon und hasste Melani mit aller Kraft.

In der Küche traf ich auf einen bleichen und vollkommen verängstigten Cristofano.

»Dem Engländer geht es bös', sehr bös'«, stieß er hervor, als er meiner ansichtig wurde.

»Aber all die Mittel, die Ihr ihm verabreicht habt …«

»Nichts. Ein Rätsel. Meine wunderbarlichen *remedia*: Ohne jede Wirkung. Weißt du, was das heißt? Bedfordi stirbt, und wir werden hier nicht mehr entkommen. Wir sind alle verloren. Allesamt«, sagte er stockend, mit unnatürlicher Stimme.

In seinem Gesicht bemerkte ich voller Sorge erschreckende Augenringe und einen leeren, verlorenen Blick; er schien nach Worten ringen zu müssen und brachte die Sätze nur stoßweise hervor.

Der Gesundheitszustand des Engländers hatte sich tatsächlich nicht gebessert, ja der Patient hatte nicht ein einziges Mal das Bewusstsein wiedergewonnen. Ich schaute mich um: In der Küche herrschte ein heilloses Durcheinander. Krüge, Destillierkolben, brennende Öflein, Alambice und Schalen jeder Art standen auf allen Möbelstücken, auf Tisch und Stühlen, in jeder Ecke, Nische und Schwelle, ja sogar auf dem Boden. Im Kamin brodelte es in zwei Kesseln und mehreren Tiegeln: Mit Schrecken sah ich, dass über dem Feuer der allergrößte Teil unserer Vorräte an Schmalz, Fleisch, Fisch und getrockneten Früchten aus dem Keller verkocht wurde, zusammengemischt zu unbekannten, stinkenden alchimistischen Wundermitteln. Auf dem Küchentisch, dem Abtropfständer, der Kredenz und in den Regalen des geöffneten Speiseschranks waren eine Unzahl von

Schüsselchen mit öligen Flüssigkeiten und kleine Haufen von Pülverchen verschiedenster Farbe verteilt. Neben jedem Schüsselchen und jedem Häufchen lag ein Zettel: Zittwann, Galgant, langer Pfeffer, runder Pfeffer, Wacholderbeer, Schale von Pomeranzen und Citronen, Salbei, Basilienkraut, Majoran, Lorbeer, Polei, Enzian, Bergwurz, Holderblätter, rote Rose, weiße Rose, Spicanardi, Cubeben, Rosmarin, Minze, Zimmet, Kalmus, Gamanderlin, Stöchas, Meleghetta maris, weißer Weihrauch, Aloepatic, Beifußsamen, Paradeisholz, Kardamom, Balsam oder Beyment, Galban, Mastix, Weihrauch, Näglein, gemeiner Beinwell, Muskatnuss, Ingwer, Ascherwurz, Benzoin, neues gelbes Wachs, schönes helles und klares Terpentin und Feueraschen.

Ich drehte mich nach dem Arzt um und wollte eine Erklärung verlangen, hielt mich dann aber zurück: Bleich und mit leerem Blick irrte Cristofano von einer Ecke des Raumes in die andere, mit tausend Verrichtungen beschäftigt, ohne auch nur eine einzige zu Ende zu bringen.

»Du musst mir helfen. Wir setzen alles auf eine Karte. Bedfordis vermaledeite Beulen sind nicht aufgegangen. Diese schrecklichen Dinger sind nicht einmal reif. Und deshalb werden wir sie, zack!, einfach wegschneiden.«

»Oh, nein!«, rief ich aus, denn ich wusste sehr wohl, dass das Aufschneiden unreifer Beulen für den Pestkranken tödlich sein kann.

»Schlimmstenfalls stirbt er auch so«, schnitt mir Cristofano mit ungewohnter Härte das Wort ab. »Mein Plan ist folgender: Erst muss er sich übergeben. Aber Schluss mit den kaiserlichen Biesamküglein. Es muss etwas Stärkeres sein, *per exemplum* mein Diaromaticum: zur inneren und äußeren Anwendung. Zwei Quintlein auf nüchternen Magen, und schon kommt's hoch. Es eröffnet Leib und Geist. Erleichtert das Haupt. Und bewirkt Spucken. Ein Zeichen dafür, dass alle Schwachheiten hinweggenommen werden. *Recipe*!«, schrie Cristofano plötzlich so laut, dass ich erschrak. »Feiner Sacharinzucker, gemahlene Perlen, Moos, Nieswurz, Paradeisholz, Zimmet und der philosophische Stein. *Misce* und presse alles zu kleinen Pillulen, die nicht verderben: ein Wundermittel gegen die Pestilenz. Sie verfeinern die groben verderbten Säfte, die die Beulen hervorbringen. Sie tun dem Magen wohl und erfreuen das Herz.«

Bedfordi stand Schlimmes bevor, dachte ich. Aber hatten wir eine andere Wahl? Außer auf Gott ruhte unsere ganze Hoffnung auf Cristofano.

Vor lauter Aufregung erteilte mir der Arzt andauernd Befehle, ohne mir Zeit zu ihrer Ausführung zu lassen, und sprach mechanisch die Rezepte vor sich hin, die er in irgendeinem medizinischen Handbuch gelesen haben musste.

»Zweitens: *elixir vitae* zur Wiederherstellung. Ein großer Erfolg bei der Pest hier in Rom im Jahre sechsundfünfzig. Von gewaltiger Tugend und Heilkraft gegen vielerlei schlimme und bösartige Leiden. Seiner Natur nach unerhört heftig eindringend; austrocknend und stärkend für alle von Krankheit befallenen Orte. Vor Fäule bewahrend für der Verderbung fähige Sachen, resolvierend bei Katarrh, Husten, Brustengigkeit und dergleichen mehr. Kurierend und heilend bei jeder Spezies eitriger Geschwüre und aus Frigidität entsprungenen Schmerzen.«

Einen Augenblick lang schien Cristofano zu schwanken, den Blick ins Leere gerichtet. Ich wollte ihm beispringen, doch da fuhr er bereits fort: »Drittens: Pillulen gegen die Pestilenz nach Meister Alexander Cospius aus Bolsena. Imola 1527: sehr erfolgreich. Bolarmen, Siegelerde, Kampfer, Blutwurz, Aloepatic. Jeweils zwei Quintlein. Alles mit Kohlrübensaft vermengt. Und ein Skropel Safran. Viertens: die Arznei von Meister Robertus Cocchalinus de Formigine. Im Jahr 1500 bewirkte er Großes im lombardischen Reggio. *Recipe*!«, stieß er wieder mit krächzender Stimme hervor.

Er befahl mir, einen Absud aus schwarzer Nieswurz, *Terra di Siena*, Koloquinte und Rhabarber zu bereiten.

»Die durch den Mund zu verabreichende Arznei von Meister Cocchalinus werden wir ihm durch den Hintern einflößen. Genau. So wird sie hochsteigen und auf halber Strecke den Pillulen von Meister Cospius begegnen. Und gemeinsam werden sie dann diese ekelhafte Pestilenz angreifen. Und besiegen, ja!«

Wir gingen zu Bedfordi hinauf, der bereits mehr tot als lebendig in seinem Bett lag, und obwohl es mir graute, half ich bei der Durchführung der Behandlung, die sich Cristofano ausgedacht hatte.

Am Ende der schaurigen Operationen sah es in dem Zimmer aus wie in einem Schlachthaus: Erbrochenes, Blut und Kot in Lachen vermischt boten ein entsetzliches Bild und stanken nicht minder. Wir schritten nun zum Aufschneiden der Beulen, indem wir sie zuerst mit einem Sirup aus Essig und philosophischem Öl bestrichen, der nach Aussage des Arztes den Schmerz lindern sollte.

»Und danach mit einem *gratia dei* Pflaster verbinden«, sagte Cristofano abschließend und atmete mehrmals tief durch.

Ja, betete ich stumm, *gratia dei,* die Gnade Gottes hatten wir wahrlich nötig: Der junge Engländer hatte auf die Therapie in keiner Weise reagiert. Unempfindlich gegen alles hatte er nicht einmal vor Schmerz gewimmert. Wir starrten vergebens auf ihn, um irgendein Zeichen zu erhalten, sei es gut oder böse.

Mit geballten Fäusten bedeutete Cristofano mir, ihm ohne Verzug in die Küche zu folgen. Schweißgebadet und murmelnd fing er an, eine Menge von Kräutern grob zu zerstoßen. Er mischte sie und stellte sie in allerfeinstem Aquavit in einer *retorta*, einem Kolben mit krummen Hals, zum Kochen auf ein Ventilöflein bei gelindestem Feuer.

»Jetzt werden wir Wasser, Öl und Fuselöl bekommen. Und das eine vom anderen geschieden!«, verkündete er mit Nachdruck.

Bald begann das Gefäß eine milchige Flüssigkeit abzusondern, die sodann gelblich dampfte. Daraufhin wechselte Cristofano den Kolben aus und bewahrte das weißliche Wasser in einem gut verschlossenen eisernen Krug auf.

»Das erste Balsamwasser!«, rief er und schüttelte den Krug mit grotesk übertriebener Freude.

Er vergrößerte die Flamme unter dem Gefäß, in dem eine Flüssigkeit weiterbrodelte und sich in ein Öl schwarz wie Tinte verwandelte.

»Balsammutter!«, verkündete Cristofano und goss das Öl in einen Fiasco.

Dann fachte er die Flamme noch heftiger an, bis aus dem Schnabel des Kolbens alles verdampfte. »Balsamlikör, wundervoll!«, rief er in wilder Freude und hielt ihn mir mit den anderen beiden Heilmitteln in einer Flasche hin.

»Soll ich es zu Bedfordi tragen?«

»Nein!«, schrie Cristofano empört mit strafendem Blick und erhobenem Zeigefinger, wie man Hunden oder unartigen Kindern droht.

Seine Augen waren weit aufgerissen und blutunterlaufen: »Nein, mein Junge, dies ist nicht für Bedfordi. Es ist für uns. Für uns alle. Drei hervorragende Aquavite. *Finissimae.*«

Er gab mir den noch warmen Kolben in die Hand und trank mit unverhohlener Gier einen Becher des ersten Brandes.

»Aber wozu sind sie gut?«, fragte ich verängstigt.

Statt einer Antwort füllte er sich den Becher von dem zweiten Brand und schüttete ihn ebenfalls hinunter.

»Um der Angst eins auszuwischen, ha ha!«, sagte Cristofano, während er auch von dem dritten Aquavit einen Becher schluckte und sich ein viertes Mal einschenkte.

Dann zwang er mich dazu, wie ein Idiot mit dem leeren Kolben, den ich in der Hand hielt, mit ihm anzustoßen.

»So merken wir es nicht einmal, wenn sie uns zum Krepieren ins Lazarett schaffen, ha ha ha!«

Nach diesen Worten warf er den Becher über die Schulter und rülpste ein paarmal kräftig. Beim Versuch zu laufen, stolperte er über seine eigenen Füße, sank zu Boden, erschreckend weiß im Gesicht, und verlor schließlich das Bewusstsein.

Von Angst gepackt, wollte ich um Hilfe rufen, hielt mich aber zurück. Wenn eine Panik ausgebrochen wäre, hätte die Lage in der Locanda außer Kontrolle geraten können, und die wachhabenden Soldaten wären womöglich auf uns aufmerksam geworden. Ich rannte deshalb zu Abbé Melani, um ihn um Beistand zu bitten. Mit großer Vorsicht (und allergrößter Mühe) gelang es uns, fast ohne Lärm zu verursachen, den Arzt in sein Zimmer im ersten Stock zu schleppen. Ich berichtete dem Abbé über das Fortschreiten der Krankheit des jungen Engländers und Cristofanos verwirrten Geisteszustand vor seinem Zusammenbruch.

Der Arzt lag derweilen weiß und reglos auf dem Bett, schwer und laut schnaufend.

»Röchelt er, Signor Atto?«, fragte ich mit einem Kloß im Hals.

Abbé Melani beugte sich prüfend über den Leidenden.

»Nein, er schnarcht«, antwortete er belustigt. »Den Verdacht hatte ich übrigens schon lange, dass Bacchus seine Finger in den Mixturen der *medici* hat. Außerdem hat er zu viel gearbeitet. Lassen wir ihn schlafen, aber wir sollten ein Auge auf ihn haben. Man kann nie vorsichtig genug sein.«

Wir setzten uns neben das Bett und unterhielten uns leise. Melani fragte noch einmal nach Bedfordi und wirkte sehr beunruhigt: Die schreckliche Aussicht, dass wir ins Lazarett mussten, war in greifbare Nähe gerückt. Vergebens erörterten wir alle Möglichkeiten der Flucht durch die unterirdischen Gänge. Früher oder später würde man uns in jedem Fall erwischen.

Betrübt versuchte ich an etwas anderes zu denken. Da fiel mir ein, dass Bedfordis Zimmer noch vom Unrat des armen Pestkranken gereinigt werden musste. Ich gab Atto deshalb ein Zeichen, dass er mich bei dem Engländer nebenan finden konnte, und machte mich an die undankbare Aufgabe. Als ich zurückkam, lag Atto selig schlummernd auf einem Stuhl, die Arme verschränkt und die Beine auf den Sitz gestreckt, den ich freigegeben hatte. Ich beugte mich über Cristofano: Er schlief fest, und sein Gesicht schien bereits ein wenig Farbe zurückgewonnen zu haben.

Einigermaßen beruhigt, hatte ich mich gerade in einer Ecke am Bettrand zusammengekauert, als ich ein undeutliches Brummen hörte. Es kam von Atto. Schlecht und recht auf die beiden Stühle ausgestreckt, bewegte er sich unruhig im Schlaf. Sein Kopf hing herunter und wackelte hin und her. Die auf der Brust liegenden Hände waren fest um den Spitzenbesatz der Ärmel gekrampft, während sein Brummen an einen maulenden Bub erinnerte, der sich die Vorwürfe des Vaters anhören muss.

Ich spitzte die Ohren. Keuchend und unregelmäßig atmend, als ob er in ein Schluchzen ausbrechen wollte, sagte Atto etwas auf Französisch.

»*Les baricades, baricades ...*«, jammerte er leise im Schlaf.

Mir fiel ein, dass Atto als kaum Zwanzigjähriger, während

der Frondistenaufstände, mit der königlichen Familie und seinem Lehrer, *seigneur* Luigi Rossi, aus Paris hatte fliehen müssen. Jetzt fantasierte er etwas von Barrikaden: Vielleicht durchlebte er im Traum erneut die Unruhen jener Tage.

Ich fragte mich, ob ich ihn nicht wieder wecken und diesen hässlichen Erinnerungen entreißen sollte. Als ich vorsichtig vom Bett geglitten war und mein Gesicht dem seinen genähert hatte, hielt ich inne: Zum ersten Mal hatte ich die Möglichkeit, Atto so ganz aus der Nähe zu betrachten, ohne von seinem wachsamen Auge behindert zu werden. Das etwas aufgedunsene und vom Schlaf fleckige Gesicht des Abbé rührte mich: Die bartlosen und schon etwas schlaff gewordenen Wangen erzählten von der Einsamkeit und Melancholie des Eunuchen. Ein Meer uralter Qual, auf dem das stolze und launische Grübchen am Kinn sich wie ein Schiffbrüchiger über Wasser zu halten versuchte, um Ehrerbietung und Respekt für den Diplomaten seiner Allerchristlichsten Majestät einzufordern. Es gab mir einen Stich ins Herz, aber unversehens wurde ich aus meinen sentimentalen Gedanken gerissen.

»*Baricades … mistérieuses, mistérieuses. Baricades. Mistérieuses. Les baricades …*«, murmelte Abbé Melani plötzlich wieder.

Atto fantasierte, und dennoch bewegten mich diese Worte auf unerklärliche Weise. Welche Bedeutung mochten jene Barrikaden wohl für Melani haben? *Baricades mistérieuses*, geheimnisvolle Barrikaden. Woran erinnerten mich diese beiden Worte bloß? Mir war, als käme mir der Begriff bekannt vor …

In diesem Augenblick erwachte Atto. Er wirkte gar nicht gequält wie noch kurz zuvor. Als er mich sah, breitete sich vielmehr ein Lächeln auf seinem Gesicht aus, und er trällerte:

Chi giace nel sonno
non speri mai Fama.
Chi dorme codardo
*è degno che mora …**

* Wer im Schlaf liegt, / kann nie auf Ruhm hoffen. / Wer feige schläft, / hat den Tod verdient …

»So hätte mich mein Lehrer, *seigneur* Luigi, gehänselt«, scherzte Atto, streckte seine Glieder und kratzte sich hier und da. »Habe ich irgendetwas versäumt? Wie geht's dem Arzt?«, fragte er, als er mich gedankenverloren dastehen sah.

»Nichts Neues, Signor Atto.«

»Ich glaube, ich muss mich bei dir entschuldigen, mein Junge«, sagte er einen Augenblick später.

»Wofür, Signor Atto?«

»Also, vielleicht hätte ich dich nicht so auf den Arm nehmen sollen, als wir heute Nachmittag in meinem Zimmer waren. Wegen der Sache mit Cloridia, meine ich.«

Ich antwortete, dass keine Entschuldigung vonnöten sei; in Wirklichkeit aber war ich ebenso überrascht wie befriedigt über dieses Eingeständnis des Abbé. Deshalb erzählte ich ihm bereitwillig alles, was mir Cloridia erklärt hatte, und sprach ausführlich über die magische und überraschende Wissenschaft der Zahlen, in denen das Schicksal eines jeden Menschen verborgen ist. Dann ging ich zu den seherischen Fähigkeiten der Wünschelrute über.

»Ich verstehe. Die Wünschelrute ist ein, wie soll ich sagen, ungewöhnliches und fesselndes Thema«, bemerkte Atto, »mit dem sich Cloridia gewiss gut auskennt.«

»Oh, na ja, sie hatte sich gerade die Haare gewaschen und mich gerufen, um sie ihr zu entwirren«, erwiderte ich, um mich gegen die leichte Ironie in Attos Worten zu wehren.

O biondi tesori
inanellati
chiome divine, cori,
*labirinti dorati ...**

sang der Abbé. Zuerst wurde ich rot vor Wut und Scham, ließ mich aber sogleich gefangen nehmen von der Schönheit dieser Arie, die diesmal gar nicht spöttisch klang;

* O blonde Schätze, / geringelte, / göttliche Locken, Chöre, / vergoldete Labyrinthe ...

... tra i vostri splendori
m'è dolce smarrire
*la vita e morire ...**

Von der Melodie getragen, begann ich von der Liebe zu träumen: Ich wiegte mich in der Erinnerung an Cloridias blonde Locken und ihre süße Stimme. Tief in meinem Herzen fragte ich mich, was sie wohl ins Donzello geführt hatte. Nach ihren Worten war es die Wünschelrute. Doch hatte sie hinzugefügt, diese richte sich nach »Abstoßung« und »Anziehung«. Worum ging es demnach in ihrem Fall? Sie war auf den Spuren eines Menschen in die Locanda gekommen, der ihr ein schweres Unrecht angetan hatte und an dem sie sich vielleicht rächen wollte; oder aber, o liebliche Ahnung!, Cloridia hatte hierher gefunden durch die Anziehungskraft der Liebe, auf die die Rute anscheinend sehr stark ansprach? Ich begann zu fantasieren, dass es vielleicht so und nicht anders war ...

Su tutto allacciate,
legate, legate
*gioir e tormento! ...***

Attos Gesang schien dem goldenen Haar meiner dunkelhäutigen Kurtisane gewidmet und untermalte meine Gedanken.

Andererseits, so fuhr ich in meinen Liebesträumereien fort, hatte mir Cloridia diese Momente der ... Entspannung nicht ganz uneigennützig geschenkt, ohne auch nur andeutungsweise Geld zu verlangen, so wie sie es (leider) am Ende der letzten Traumdeutungs-Begegnung getan hatte?

Während ich diesen Gedanken nachhing und Atto sich vom Gesang so hinreißen ließ, dass er immer lauter wurde, erwachte Cristofano.

Er betrachtete den Abbé mit zusammengekniffenen Augen, ohne ihn jedoch zu unterbrechen. Nach einem Augenblick des

---

* In Eurer Pracht / ist es mir süß, / das Leben zu verlieren und zu sterben ...
** Alles bindet, / fesselt Ihr, / Freude und Qual! ...

Schweigens dankte er ihm sogar für seinen Beistand. Ich atmete erleichtert auf: Nach Aussehen und Gesichtsfarbe des Arztes zu schließen, schien er wiederhergestellt. Er sprach flüssig und normal, so dass ich über seinen Gesundheitszustand ganz beruhigt war. Es war also nur eine vorübergehende Krise gewesen.

»Ihr habt noch immer eine wunderbare Stimme, Signor Melani«, stellte der Arzt fest, nachdem er sich erhoben und sein Gewand glatt gestrichen hatte. »Obgleich es nicht sehr klug war, dass Euch auch die anderen Gäste auf diesem Stockwerk hören konnten. Hoffentlich stellen mir Dulcibeni und Devizé keine Fragen, wieso Ihr ausgerechnet in meinem Zimmer gesungen habt.«

Nachdem er Abbé Melani noch einmal für seinen rechtzeitigen Beistand gedankt hatte, begab sich Cristofano mit mir in das Zimmer nebenan, um nach dem armen Bedfordi zu sehen, während Atto in sein eigenes Zimmer im zweiten Stock hinaufstieg.

Bedfordi lag regungslos wie bisher. Der Arzt schüttelte den Kopf: »Ich fürchte, es ist der Zeitpunkt gekommen, um die anderen Herbergsgäste über den Zustand dieses unglücklichen jungen Mannes aufzuklären. Sollte er sterben, müssen wir alles tun, damit in der Locanda keine Panik ausbricht.«

Wir kamen überein, vor allem Pater Robleda zu benachrichtigen, damit er dem Kranken die Letzte Ölung erteilen konnte. Ich vermied es, Cristofano darüber aufzuklären, dass Robleda schon einmal, als ich ihn dazu aufforderte, dem jungen Mann das heilige Öl zu spenden, aus Angst vor Ansteckung abgelehnt hatte: Es handle sich um einen Protestanten, daher sei er exkommuniziert.

Als wir an die Tür des Jesuiten klopften, konnte ich mir die Reaktion des furchtsamen Robleda auf die schlimme Nachricht nur allzu gut vorstellen: ängstliches Stammeln und laute Entrüstung über Cristofanos Unfähigkeit. Zu meiner Überraschung bewahrheitete sich nichts von alledem.

»Wie: Habt Ihr Bedfordi noch nicht durch Magnetismus zu heilen versucht?«, fragte Robleda den Arzt, als dieser seine Darstellung der traurigen Lage beendet hatte.

Cristofano war sprachlos. Daraufhin rief Robleda ihm ins Gedächtnis, dass nach Pater Kircher die gesamte Schöpfung vom Magnetismus beherrscht sei. Der Erläuterung dieser seiner Theorie habe der gelehrte Jesuit sogar ein ganzes Buch gewidmet und darin ein für alle Mal geklärt, dass die Welt nichts anderes sei als ein großer magnetischer Zusammenhang, in dessen Zentrum Gott, der erste und einzige Ursprungsmagnet, stehe, zu dem jeder Gegenstand und jedes lebende Wesen unwiderstehlich hinstrebe. Sei die Liebe (die göttliche ebenso wie die menschliche) etwa nicht Ausdruck einer magnetischen Anziehungskraft, genauso wie jede andere Form von Faszination? Die Planeten und die Sterne zögen sich, wie jedermann wisse, gegenseitig an; aber die Himmelskörper seien auch in ihrem Inneren von Magnetkraft erfüllt.

»Na ja, das Beispiel des Kompasses ist auch mir vertraut«, unterbrach Cristofano.

»... der Seefahrern und Reisenden die Orientierung ermöglicht, gewiss«, schnitt Robleda ihm das Wort ab, »aber der Magnetismus geht noch viel weiter.«

»Da ist der *effectus* von Sonne und Mond auf das Wasser, der in den Gezeiten so klar zum Ausdruck kommt. Diese universelle *vis attractiva* zeigt sich auch bei den Pflanzen ganz unzweifelhaft, wenn man die Unregelmäßigkeiten der Äderungen und der Ringe an einem abgesägten Baumstamm beobachtet, die den Einfluss äußerer Kräfte auf ihr Wachstum beweisen. Dank des Magnetismus ziehen die Pflanzen die Nahrung, die sie am Leben hält, durch die Wurzeln aus dem Boden. Diese magnetische Pflanzenkraft erreicht ihren Höhepunkt im Boramez«, sagte Robleda, den zweifelsohne auch der Arzt kennen müsse.

»Jaaa, in der Tat ...«, sagte Cristofano zögernd.

»Was ist das?«, fragte ich.

»Also, mein Junge«, erklärte der Jesuit in väterlichem Tonfall, »es geht um die berühmte Pflanze aus dem Lande der Tataren, die aufgrund magnetischer Kräfte die Nähe von Schafen spürt und wunderbare Blüten in Schafform hervorbringt.«

Genauso folgen die heliotropen Pflanzen durch magnetische Anziehung dem Lauf der Sonne (wie die Sonnenblume, mit deren Hilfe Pater Kircher eine außergewöhnliche heliotropische Uhr gebaut hat) und die selenotropischen Pflanzen, deren Stempel sich hingegen dem Mond zuwenden. Auch Tiere besitzen diese magnetischen Kräfte: Abgesehen von allzu bekannten *exempla* wie dem Zitterrochen und dem Seeteufel, die ihre Beute anziehen und lähmen, lässt sich der tierische Magnetismus deutlich am *anguis studipus*, der riesigen amerikanischen Schlange beobachten, die regungslos unter der Erde lebt, von wo aus sie ihre Beute anzieht, vor allem Hirsche, die sie ganz ruhig umschlingt und auffrisst, indem sie das Fleisch, ja sogar das harte Horn, langsam im Maul auflöst. Besitzen schließlich die anthropomorphen Fische, auch Sirenen genannt, die die unglücklichen Seeleute in die Tiefe ziehen, etwa nicht magnetische Kräfte?

»Ich verstehe«, erwiderte Cristofano leicht verwirrt, »aber wir müssen Bedfordi heilen und nicht verschlingen oder fangen.«

»Und glaubt Ihr etwa, dass die ärztlichen Heilmittel nicht durch magnetische Kräfte wirken?«, fragte Robleda geschickt mit rhetorischem Schwung.

»Ich habe noch nie von jemandem gehört, der auf diese Weise geheilt worden wäre«, bemerkte ich zweifelnd.

»Ohoho, natürlich ist diese Methode nur anzuwenden, wo alle anderen Heilmittel versagt haben«, verteidigte sich Robleda. »Vor allem darf man die Gesetze des Magnetismus nicht aus dem Auge verlieren. *Primum*, man muss das Leiden mit jeder Frucht, jedem Samen, Kraut, Steinchen oder Metall kurieren, das in Farbe, Form, Substanz, Gestalt und so fort dem erkrankten Körperteil ähnlich ist. Dabei ist die Verwandtschaft zu den Sternen zu beachten: heliotropische Pflanzen für die sonnigen Typen, selenotropische für die eher düsteren und so fort. Dann das *principium similitudinis*, zum Exempel: Nierensteine heilt man mit Steinen aus der Schweinsblase oder der Blase anderer Tiere, die gern in steinigem Gelände leben wie etwa Schalentiere und Austern. Das Gleiche gilt für Pflanzen: Die Wegwarte, deren Wurzeln knotig und verzweigt sind, eignet sich hervorragend zur Heilung von Hämorrhoiden. Schließlich können sogar Gifte als Antidot wirken; ebenso ist Honig angebracht bei Bienenstichen, Spinnenbeine sind hilfreich für Umschläge bei Spinnenbissen …«

»Jetzt verstehe ich«, gab Cristofano vor, »mir entgeht jedoch noch immer, mit welcher magnetischen Behandlung man Bedfordi heilen könnte.«

»Das ist doch ganz einfach: mit Musik.«

Pater Robleda hegte keinerlei Zweifel: Wie Kircher aufs deutlichste erklärt hatte, fällt auch die Tonkunst unter das Gesetz des universalen Magnetismus. Die Alten wussten, dass die Tonarten durch Magnetismus das Gemüt beeinflussen können: Die dorische Tonart regt zu Mäßigung und Bescheidenheit an; die lydische eignet sich für Leichenfeiern, weil sie Weinen und Jammern auslöst; die mixolydische erregt Mitleid, Bedauern und ähnliche Gefühle; die äolische oder ionische macht schläfrig und träge. Und wenn man den Rand eines Glases mit angefeuchteter Fingerkuppe reibt, geht von dem Glas ein Ton aus, der sich magnetisch auf alle gleichen Gläser in der Nähe überträgt und einen choralen Klang hervorruft. Aber die *vis magnetismus musicae* hat auch hochvermögende therapeutische Effekte, die sich vor allem bei der Behandlung des Tarantismus erweisen.

»Tarantismus?«, fragte ich, während Cristofano zustimmend nickte.

»Er tritt häufig in der Umgebung der Stadt Tarent auf, im Königreich Neapel«, erklärte der Arzt, »dort gibt es eine sehr giftige Spinnenart mit Namen Tarantel.«

Ihr Biss habe, behauptete Cristofano, gelinde gesagt, furchterregende Auswirkungen: Das Opfer wird zuerst von einem nicht enden wollenden Lachanfall gepackt und dreht und windet sich ohne Unterlass. Dann springt es auf, hebt den rechten Arm in die Höhe, als wollte es ein Schwert zücken wie ein Gladiator, der feierlich zum Kampf antritt, und vollführt eine Reihe lächerlicher Gesten, um sich dann wieder in einem Anfall von Heiterkeit zu Boden zu werfen. Darauf folgt eine weitere Phase, in welcher der Gestochene sich wie ein General oder Condottiere aufspielt, gefolgt von unstillbarem Verlangen nach Wasser oder Erfrischung, und wenn man ihm ein Gefäß voll

Wasser reicht, steckt er den ganzen Kopf hinein und schüttelt ihn heftig wie Spatzen, wenn sie in einem Brunnen baden. Danach läuft er zu einem Baum, klettert hinauf und bleibt dort oben hängen, manchmal sogar tagelang. Schließlich lässt er sich am Ende seiner Kräfte auf die Erde fallen, krümmt sich, die Arme um die Knie geschlungen, beginnt zu wimmern und zu seufzen, hämmert wie ein Fallsüchtiger oder Wahnsinniger mit den Fäusten auf den Boden und beschwört Strafen und Unglück über sein Haupt.

»Aber das ist ja schrecklich«, stellte ich erschüttert fest. »Und alles nur durch den Stich einer Tarantel?«

»Ganz gewiss«, bestätigte Robleda, »und ich kann dir auch noch von anderen magnetischen Wirkungen berichten. Der Biss der roten Tarantel macht das Opfer rot im Gesicht, der Biss der grünen grün und derjenige der gestreiften *idem*; die Wassertarantel lässt ihre Opfer nach Wasser verlangen, die Tarantel der warmen Orte macht zornig, und so weiter und so fort.«

»Und wie behandelt man die Gebissenen?«, fragte ich, von immer größerer Neugier gepackt.

»Indem er die primitiven Kenntnisse einiger Einwohner von Tarent vervollkommnete, hat Pater Kircher ein Antidot entwickelt«, antwortete Robleda, während er in seinen Schubladen wühlte, um uns schließlich voller Stolz ein Blatt zu zeigen.

Tonum Frigium

Wie ein Clavicymbal ist gebauet dies Brüstelin,
Die Tasten – gespannte Sinn', und fügsam willig
Händelin
Die Saiten – Schmerzen, Zähren, heyße Seuffzerlin,
Die Ros' – meyn todt getroffnes Herzelin,
Meyn G'danken, die sind Schicksalschläg' mit ihren
Hämmerlin,
Meyn angebetet Liebstes, das ist wahrlich eine
Meysterin,
Die singet fröhlich für sich hin, biß dass ganz mausetodt
ich bin.

Verblüfft und misstrauisch lasen wir diese kaum verständlichen Worte. Robleda begriff sogleich unsere Skepsis: »Nein, es handelt sich nicht um einen Zauberspruch, sondern um den Text eines alten Liedes, das die Einheimischen zur Begleitung verschiedener Instrumente sangen, um magnetisch die Wirkung des Tarantelgiftes zu neutralisieren. Das eigentliche Gegengift ist nicht das Gedicht, sondern die Musik: Sie heißt Tarantella oder so ähnlich. Aber erst Pater Kircher hat nach langwierigen Untersuchungen die angemessene Musik gefunden.«

Bei diesen Worten zeigte er mir ein weiteres, ziemlich zerknülltes Papier mit Notenlinien und Noten.

»Und womit spielt man?«

»Also, die Einwohner von Tarent benutzen Trommeln, Leiern, Zithern, Zimbeln und Flöten. Und natürlich Gitarren wie die von Devizé.«

»Wollt Ihr damit behaupten«, erwiderte der Arzt ziemlich verwundert, »dass Devizé mit dieser Musik Bedfordi heilen könnte?«

»O nein. Diese Musik eignet sich leider nur für die Taranteln. Man muss etwas anderes verwenden.«

»Eine andere Musik?«, fragte ich.

»Man muss es einfach ausprobieren. Wir sollten Devizé auswählen lassen. Denkt daran, meine Kinder: In verzweifelten Fällen kommt die einzig wahre Hilfe vom Herrn; weil«, fügte Robleda hinzu, »noch niemand ein Antidot gegen die Pest gefunden hat.«

»Ihr habt Recht, Pater«, hörte ich Cristofano sagen, während ich mich dunkel an die *arcanae obices* erinnerte. »Und ich will mein ganzes Vertrauen in die Theorien Eures Mitbruders Kircher setzen.«

Der Arzt war, wie er selbst eingestand, mit seinem Latein am Ende. Und obwohl er immer noch hoffte, dass seine Behandlung bei Bedfordi früher oder später eine wohltuende Wirkung erzielen würde, wollte er dem Todkranken nicht diesen allerletzten verzweifelten Versuch verweigern. Er teilte mir deshalb mit, dass wir die anderen vorläufig nicht über den bösen Zustand des Engländers informieren würden.

Später, während ich schon das Abendessen servierte, berichtete mir Cristofano, dass er mit Devizé für morgen eine Verabredung getroffen hatte. Der französische Musiker, dessen Zimmer neben dem von Bedfordi lag, sollte nichts anderes tun, als auf der Schwelle des Engländers Gitarre zu spielen.

»Also bis morgen früh, Signor Cristofano?«

»Nein, ich habe mich mit Devizé kurz vor dem Mittagessen verabredet. Das ist die beste Zeit: Die Sonne steht hoch, und die Energie der musikalischen Schwingungen kann sich am allerbesten ausbreiten. Gute Nacht, mein Junge.«

Achte Nacht

Vom 18. auf den 19. September 1683

Zu! Sie ist abgesperrt, verflucht.«

Das war nicht anders zu erwarten, dachte ich, während Atto Melani sich vergebens nach oben gegen die Falltür stemmte, die in Tiracordas Stall führte. Schon als wir, begleitet von den leise vor sich hin brummelnden Heiligenfledderern, wieder einmal durch die unterirdischen Gänge marschierten, hatte ich den Eindruck, dass es diesmal schief gehen würde. Dulcibeni hatte gemerkt, dass wir ihm auf der Spur waren. Vielleicht ahnte er nicht, dass wir ihn schon im Arbeitszimmer Tiracordas beobachtet hatten; aber er wollte wohl unter keinen Umständen riskieren, dabei gesehen zu werden, wie er mit seinem alten Freund (oder gegen ihn) merkwürdige Pläne schmiedete. Daher hatte er, sobald er im Hause seines Landsmanns war, wohlweislich die Falltür verschlossen.

»Verzeihung, Signor Abbé«, sagte ich, während Atto sich nervös die Hände säuberte, »aber vielleicht ist es besser so. Wenn Dulcibeni heute keinen Verdacht schöpft, während er seine Rätsel mit Tiracorda löst, können wir vielleicht morgen ungehindert hineinkommen.«

»Keineswegs«, antwortete Atto trocken, »inzwischen weiß er, dass er beobachtet wird. Wenn er irgendetwas vorhat, wird er sich beeilen: Heute Nacht oder spätestens morgen.«

»Und was machen wir jetzt?«

»Jetzt müssen wir einen Weg finden, um in Tiracordas Haus zu kommen, auch wenn ich nicht die geringste Ahnung habe, wie. Man bräuchte ...«

»Gfrrrlûlbh«, unterbrach ihn Ciacconio und drängte sich vor.

Ugonio blickte ihn stirnrunzelnd an, als wollte er ihm Vorwürfe machen.

»Endlich ein Freiwilliger«, stellte Abbé Melani dagegen zufrieden fest.

Wenige Minuten später waren wir schon in zwei, wenn auch ungleiche, Gruppen getrennt. Atto, Ugonio und ich marschierten im Gang C zu dem unterirdischen Wasserlauf. Ciacconio dagegen war durch den Schacht, der aus demselben Gang in der Nähe des Pantheons auf die Piazza della Rotonda führte, ins Freie geklettert. Er wollte nicht verraten, wie er vorhatte, in Tiracordas Haus einzudringen. Geduldig hatten wir ihm das Haus bis in alle Einzelheiten beschrieben, nur damit uns der Heiligenfledderer am Ende treuherzig erklärte, dass ihm das überhaupt nichts nütze. Wir hatten ihm sogar eine Skizze mit der Anordnung der Fenster gemacht, doch unmittelbar nachdem wir uns trennten, hörten wir ein hastiges, tierisches Schmatzen durch den Tunnel hallen. Unserer Skizze, an der sich Ciacconio auf schreckliche Weise labte, war nur ein kurzes Leben beschert.

»Meint Ihr, er wird es schaffen?«, fragte ich Abbé Melani.

»Ich habe nicht die leiseste Vorstellung. Wir haben ihm bis zum Überdruss jeden Winkel des Hauses beschrieben, aber es ist, als wüsste er schon, was er zu tun hat. Ich kann sie nicht ausstehen, diese beiden.«

Inzwischen waren wir raschen Schrittes zu dem kleinen unterirdischen Wasserlauf unterwegs, in dessen Nähe Dulcibeni vor zwei Tagen auf unerklärliche Weise verschwunden war. Wir kamen an den alten, ekelerregenden Rattenleichen vorbei und hörten schon das Rauschen des Wassers. Diesmal waren wir gut ausgerüstet: Auf Attos Verlangen hatten die Heiligenfledderer ein langes, starkes Seil, einige Eisennägel, einen Hammer und einen ziemlich langen Stock mitgebracht. Dies alles sollte uns bei dem gefährlichen und unklugen Vorhaben dienen, das Atto sich in den Kopf gesetzt hatte: die Durchquerung des Flusses.

Wir blieben eine Weile nachdenklich stehen und betrachteten den Wasserlauf, der fast noch schwärzer, stinkender und bedrohlicher aussah als gewöhnlich. Mir schauderte bei der Vorstellung, in diese dreckige, abstoßende Brühe zu fallen. Sogar Ugonio wirkte besorgt. Mit einem stummen Stoßgebet zum Herrn machte ich mir Mut.

Plötzlich aber sah ich, wie Atto sich von mir wegdrehte und seinen Blick rechter Hand auf die Stelle richtete, wo der Gang in den Kanal mündete. Eine Weile blieb Atto regungslos vor der Ecke zwischen den beiden Tunneln stehen. Dann strich er mit einer Hand an der Wand über dem Wasser entlang.

»Was macht Ihr da?«, fragte ich alarmiert, weil der Abbé sich bedrohlich weit über den Fluss beugte.

»Still«, zischte er mich an und tastete immer gieriger die Wand ab, als suche er etwas.

Aus Angst, er könnte das Gleichgewicht verlieren, wollte ich ihm gerade zu Hilfe eilen, als ich sah, wie er sich endlich aus der gefahrvollen Stellung zurückzog und dabei mit der Linken etwas festhielt. Es war ein kleines Seil, wie es die Fischer auf dem Tiber zum Vertäuen ihrer Boote benutzen. Atto zog es langsam an sich und wickelte es auf. Als das andere Ende sich anscheinend nicht mehr bewegen ließ, forderte Atto Ugonio und mich auf, in den Fluss zu schauen. Genau vor uns lag im schwankenden Licht der Laterne ein Lastkahn.

»Jetzt, glaube ich, hast auch du es begriffen«, sagte Melani später, als wir schweigend in der Strömung dahintrieben.

»Ehrlich gesagt, nein«, gab ich zu, »wie seid Ihr auf den Kahn gestoßen?«

»Ganz einfach. Dulcibeni hatte zwei Möglichkeiten: den Fluss zu überqueren oder ihn entlangzufahren. Für die zweite Möglichkeit musste dort, wo die beiden Tunnel aufeinander treffen, ein Boot liegen. Als wir ankamen, war kein Boot zu sehen, aber wenn eins da gewesen wäre, hätte die Strömung es gewiß abgetrieben.«

»Wenn also ein Boot vertäut war«, ging mir auf, »wäre es von uns aus nach rechts getrieben, weil der Fluss von links nach rechts in Richtung Tiber fließt.«

»Genau. Das Seil musste also von dem Gang C aus rechts immer in Strömungsrichtung festgemacht sein. Andernfalls hätten wir das Tau von links nach rechts zum Boot gespannt vor uns gesehen. Deshalb habe ich rechts gesucht. Der Kahn war an einem eisernen Haken festgemacht, der da seit wer weiß wann hängt.«

Während ich über diesen neuen Beweis für Abbé Melanis Scharfsinn nachdachte, beschleunigte Ugonio unsere Fahrt sanft mit den beiden Rudern, über die der Kahn verfügte. Die dürftige Umgebung, die sich im Lichtschein unserer Laterne zeigte, war finster und eintönig. Von der steinernen Deckenwölbung des unterirdischen Kanals hallte das Klatschen der Fluten gegen unser zerbrechliches Gefährt wider.

»Aber Ihr wart nicht sicher, dass Dulcibeni ein Boot benutzt hatte«, entgegnete ich plötzlich, »Ihr habt gesagt, ›wenn eins da gewesen wäre‹ …«

»Manchmal muss man die Wahrheit vorwegnehmen, um sie zu erkennen.«

»Was wollt Ihr damit sagen?«

»Auch bei den Dingen des Staates ist es so: Wenn man vor unerklärlichen und unlogischen Tatsachen steht, muss man sich vorstellen, was die unerlässliche Voraussetzung dafür ist, sei sie auch noch so unwahrscheinlich.«

»Das verstehe ich nicht.«

»Die absurdesten Wahrheiten, mein Junge, die sich dann auch als die finstersten erweisen, hinterlassen nie Spuren. Vergiss das nicht.«

»Soll das heißen, dass sie nicht aufgedeckt werden können?«

»Das ist nicht gesagt. Es gibt zwei Möglichkeiten. Die eine ist die, dass jemand sie kennt oder erahnt hat, aber keine Beweise besitzt.«

»Und dann?«, fragte ich, obwohl ich schon die letzten Worte des Abbé nicht recht verstanden hatte.

»Und dann muss er die fehlenden Beweise eben konstruieren, damit die Wahrheit ans Licht kommt«, antwortete Atto scheinbar naiv.

»Soll das heißen, man kann auf falsche Beweise für wahre Tatsachen stoßen?«, fragte ich bass erstaunt.

»Bravo. Aber darüber brauchst du dich nicht zu wundern. Du darfst nie denselben Fehler begehen wie alle anderen, nämlich auch den Inhalt eines als Fälschung erkannten Dokuments oder eines Beweisstücks für falsch zu halten und gar das Gegenteil zu glauben. Denk daran, wenn du einmal Gazettenschreiber bist: Oft sind gerade die schrecklichsten und unerhörtesten Wahrheiten in gefälschten Dokumenten versteckt.«

»Und wenn es nicht einmal die gibt?«, fragte ich.

»An diesem Punkt – und das ist die zweite Möglichkeit – bleibt nichts anderes übrig, als Vermutungen anzustellen, wie ich dir anfangs sagte, und anschließend herauszufinden, ob die Überlegung stimmen kann.«

»Also muss man auch so vorgehen, um das *secretum pestis* zu lösen.«

»Bis jetzt noch nicht«, antwortete Melani. »Zuerst muss man die Rolle aller Beteiligten verstehen, und vor allem wissen, welches Spiel hier eigentlich gespielt wird. Und ich glaube das herausgefunden zu haben.«

Ich blickte ihn wortlos an, wobei meine Miene wohl meine Ungeduld verriet.

»Es handelt sich um ein Komplott gegen den Allerchristlichsten König«, verkündete Atto feierlich.

»Und wer sollte es geschmiedet haben?«

»Das liegt doch auf der Hand: seine Gemahlin, die Königin.«

Angesichts meines ungläubigen Staunens musste Atto meinem Gedächtnis etwas nachhelfen. Ludwig XIV. hatte Fouquet ins Gefängnis geworfen, um ihm das Geheimnis der Pest abzupressen. Um Fouquet herum gab es eine Reihe von Personen, die wie der Oberintendant vom König gedemütigt oder ruiniert worden waren. Vor allem Lauzun, der mit Fouquet in der Festung Pinerolo saß und als Informant benutzt wurde; dann Mademoiselle, die reiche Cousine Seiner Majestät, der der König verboten hatte, Lauzun zu heiraten. Darüber hinaus war Devizé, der Fouquet in die Locanda begleitet hatte, Maria Theresia treu ergeben, die wiederum von Ludwig XIV. in jeder

Hinsicht betrogen, schlecht und ungerecht behandelt worden war.

»Das reicht aber nicht aus, um zu behaupten, dass alle ein Komplott gegen den Allerchristlichsten König geschmiedet hätten«, warf ich zweifelnd dazwischen.

»Das ist wahr. Aber denk nach: Der König will das Geheimnis der Pest. Fouquet weigert sich, es zu verraten, wahrscheinlich mit dem Argument, er wisse nichts. Als Colbert den wirren Brief Kirchers in die Hand bekommt, den wir jetzt bei Dulcibeni gefunden haben, kann Fouquet nicht mehr leugnen, ohne sein Leben und das seiner Familie aufs Spiel zu setzen. Schließlich einigt er sich mit dem König und kann im Austausch gegen das *secretum pestis* Pinerolo verlassen. Bist du so weit einverstanden?«

»Einverstanden.«

»Nun, so hat der König jetzt auf der ganzen Linie gesiegt. Glaubst du, dass Fouquet, der zwanzig Jahre härtester Kerkerhaft hinter sich hat und nun vor dem Nichts steht, zufrieden ist?«

»Nein.«

»Es wäre doch nur menschlich, wenn er sich vor seinem Tod noch ein bisschen am König gerächt hätte?«

»Na ja, schon.«

»Siehst du. Stell dir also vor: Ein überaus mächtiger Feind entreißt dir das Geheimnis der Pest. Er will es unter allen Umständen haben, denn er lechzt danach, noch mächtiger zu werden. Aber er hat nicht verstanden, dass du auch das Geheimnis des Antidots besitzt, das *secretum vitae*. Wenn du es nicht selbst verwenden kannst, was würdest du dann tun?«

»Ich würde es jemand anderem geben, der … auf jeden Fall einem Feind meines Feindes.«

»Sehr gut. Und Fouquet brauchte nur zu wählen zwischen all denen, die sich am Sonnenkönig rächen wollten. Angefangen bei Lauzun.«

»Aber warum hat Ludwig XIV. Eurer Meinung nach nicht begriffen, dass Fouquet auch das Antidot gegen die Pest besaß?«

»Das kann ich nur vermuten. Wie du dich vielleicht erinnerst, hatte ich in Kirchers Brief auch gelesen, *secretum vitae arcanae obices celant*, das heißt, dass das Geheimnis des Lebens unter geheimnisvollen Hindernissen versteckt ist, das Geheimnis der Übertragung der Pest dagegen nicht. Deshalb hat Fouquet, so glaube ich, nicht mehr leugnen können, das *secretum morbi* zu kennen, während er das Geheimnis des Gegenmittels für sich behielt und unter Hinweis auf diesen Satz Kirchers behauptete, dieser habe das Geheimnis auch ihm selbst nicht enthüllt. Diese Täuschung dürfte dem Oberintendanten ziemlich leicht gefallen sein, da der König, wie ich ihn kenne, vor allem an der Verbreitung der Pest interessiert war und nicht daran, wie man sie bekämpfen kann.«

»Das scheint mir alles ein bisschen verwickelt.«

»Aber es ergibt einen Sinn. Und jetzt denk mit: Wem würde es am meisten Kopfzerbrechen bereiten, wenn Ludwig XIV. das Geheimnis der Pest kannte?«

»Na ja, vor allem dem Kaiser«, antwortete ich, weil ich mich daran erinnerte, was mir Brenozzi erzählt hatte.

»Hervorragend. Vielleicht auch Spanien, das mit Frankreich jahrhundertelang Krieg geführt hat. Richtig?«

»Möglicherweise«, gab ich zu, ohne zu verstehen, worauf Atto hinauswollte.

»Das Reich ist in habsburgischer Hand und Spanien ebenfalls. Königin Maria Theresia gehört zu welchem Haus?«

»Zu den Habsburgern!«

»Nun sind wir am Ziel. Um Ordnung in die Tatsachen zu bringen, muss man also davon ausgehen, dass Maria Theresia das *secretum vitae* bekommen und gegen Ludwig XIV. benutzt hat. Fouquet kann es Lauzun gegeben haben und dieser wiederum seiner geliebten Mademoiselle, die es an die Königin weitergereicht hat.«

»Eine Königin, die im Geheimen gegen den König, ihren Gemahl, arbeitet«, dachte ich laut. »Das ist unerhört.«

»Und auch in diesem Punkt irrst du«, sagte Atto, »denn es gibt einen Präzedenzfall.«

Nach den Worten des Abbé fingen die Geheimdienste der französischen Krone im Jahr 1637, also ein Jahr vor der Geburt Ludwigs XIV., einen Brief des spanischen Botschafters in Brüssel ab. Er war an Anna von Österreich, die Schwester des spanischen Königs Philipp IV. und Gemahlin Ludwigs XIII., gerichtet. Die Mutter des Sonnenkönigs also. Aus diesem Schreiben ließ sich entnehmen, dass Anna von Österreich in geheimem Briefwechsel mit ihrem Vaterland stand. Und das ausgerechnet zu einer Zeit, in der ein heftiger Konflikt zwischen Frankreich und Spanien tobte. Der König und Richelieu ordneten sorgfältige, diskrete Ermittlungen an. Dabei kam heraus, dass sich die Königin etwas zu oft in ein bestimmtes Kloster in Paris zurückzog: Offiziell, um zu beten, in Wirklichkeit aber, um mit Madrid und den spanischen Botschaftern in England und Flandern zu korrespondieren.

Anna leugnete, sich für Spionagezwecke hergegeben zu haben. Daraufhin wurde sie von Richelieu zu einem vertraulichen Gespräch gebeten: Mit eisiger Miene gab der Kardinal der Königin zu verstehen, dass sie eine Haftstrafe riskiere und nicht mit einem bloßen Geständnis davonkäme. Ludwig XIII. würde ihr nur im Austausch für eine erschöpfende Auskunft über alle Informationen, die sie in ihrem geheimen Briefwechsel mit den Spaniern erhalten habe, verzeihen. Annas Briefe enthielten nämlich nicht ihre üblichen Klagen über das Leben am Hofe von Paris (wo sie, wie es auch Maria Theresia ergehen sollte, sehr unglücklich war). Die französische Königin tauschte wichtige politische Nachrichten mit den Spaniern aus, vielleicht in dem Glauben, so das Ende des Krieges beschleunigen zu können. Das aber widersprach den Interessen des Königreichs. Anna gestand alles.

»Bei den Verhandlungen zum Pyrenäenfrieden auf der Fasaneninsel 1659«, fuhr Atto fort, »sah Anna endlich ihren Bruder Philipp IV. von Spanien wieder. Seit fünfundvierzig Jahren waren sie einander nicht begegnet. Damals, als die kaum sechzehnjährige Prinzessin für immer nach Frankreich abreiste, hatten sie sich nur schwer getrennt. Anna umarmte ihren Bruder und küsste ihn zärtlich. Philipp aber entzog sein Gesicht ihren Lippen und blickte ihr in die Augen. Sie fragte: ›Werdet Ihr mir verzeihen, dass ich eine so gute Französin war?‹, und er antwortete: ›Ich achte Euch.‹ Seit Anna gezwungenermaßen nicht mehr für ihn spionierte, liebte der Bruder sie nicht mehr.«

»Aber sie war doch die Königin Frankreichs, sie konnte nicht …«

»Ich weiß, ich weiß«, sagte Atto obenhin, »ich habe dir diese alte Geschichte nur erzählt, um dir begreiflich zu machen, wie die Habsburger sind, auch wenn sie einen fremden König heiraten: Sie bleiben Habsburger.«

»Schwarzwasser galoppisiert.«

Ugonio, der nervös zu werden schien, hatte uns unterbrochen. Nach einem relativ ruhigen Stück war der Fluss bedrohlich angeschwollen. Der Heiligenfledderer ruderte heftiger, aber diesmal, um das Boot langsamer zu machen. Gegen die Strömung kämpfend, hatte er zuerst ein Ruder an der harten Kanalwand abgebrochen. Jetzt war ein schwieriger Augenblick gekommen: In geringer Entfernung vor uns teilte sich der Fluss in zwei Arme, einer doppelt so breit wie der andere. Das Rauschen und die Geschwindigkeit der Strömung nahmen gewaltig zu.

»Rechts oder links?«, fragte ich den Heiligenfledderer.

»Um Skropel zu mindern, statt Skrupel zu mehren, und mehr Gutes als Böses zu wirken, ignorisiere ich die Intention und gouverniere die Direktion«, sagte Ugonio, während Atto protestierte.

»Bleib auf dem größeren Kanal, nicht abdrehen«, sagte der Abbé, »der kleinere Arm könnte ohne Abfluss sein.«

Ugonio dagegen ruderte entschieden in die Richtung des kleinen Armes, in dem die Strömung sogleich schwächer wurde.

»Warum hast du nicht auf mich gehört?«, herrschte Atto ihn an.

»Kanälchen einführend, Kanal ausschnüffelnd, wenn der Verpflichtung Genüge getan, dem Getauften Jubel erwächst, wohlverstanden.«

Atto rieb sich die Stirn, als hätte er plötzlich heftige Kopfschmerzen, machte aber keinen Versuch, Ugonios rätselhafte Erklärung zu verstehen, sondern verschloss sich in zorniges Schweigen.

Es dauerte nicht lange, bis Abbé Melani seiner unterdrückten Wut freien Lauf lassen konnte. Nach wenigen Minuten ruhiger Fahrt begann die Wölbung des neuen Tunnels niedriger zu werden.

»Das ist ein Seitenarm der Abwasserleitung, verdammt, du und dein Spatzenhirn«, warf Atto Ugonio an den Kopf.

»Wenn nicht ausschnüffelet, wie alswohlviel andere Armung flutet«, antwortete Ugonio unbeeindruckt.

»Aber was soll das heißen?«, fragte ich besorgt, weil die Deckenwölbung immer niedriger wurde.

»Nicht ausschnüffelnd, vieltrotzdoch engend.«

Wir gaben es auf, Ugonios Verbalhieroglyphen auszudeuten, nicht zuletzt deshalb, weil der Tunnel inzwischen so niedrig war, dass wir uns unbequem auf dem Kahn zusammenkauern mussten. Ugonio konnte nur noch mit Mühe rudern, und Atto musste das Boot vom Heck aus mit einem der Stöcke weitertreiben. Der schon an sich kaum erträgliche Gestank des Abwassers wurde noch widerwärtiger durch unsere geduckte Position und den engen Raum, auf dem wir zusammengedrängt waren. Mit heftigem Bedauern dachte ich an Cloridia zurück, an die Wutanfälle meines Padrone, an Tage voller Sonnenschein und an mein Bett.

Plötzlich rauschte das Wasser direkt neben unserem Boot auf. Lebewesen unbekannter Art schienen sich um uns herum zu tummeln.

»Mausratten«, verkündete Ugonio, »flüchtigend.«

»Grauenvoll«, sagte Abbé Melani schaudernd.

Das Gewölbe war jetzt noch niedriger. Ugonio musste die Ruder einziehen. Nur Atto stieß das Boot vom Heck aus mit dem Stock am Grund des Kanals rhythmisch voran. Das Wasser bewegte sich kaum noch, und doch fehlte die natürliche Stille: In bizarrem Kontrapunkt zu dem regelmäßigen Eintauchen von Attos Stock verfolgte uns das düstere Gurgeln der Ratten.

»Wenn ich nicht wüsste, dass ich noch am Leben bin, würde ich annehmen, wir befinden uns jetzt auf dem Styx«, sagte Atto, schwer atmend vor Anstrengung, und fügte hinzu: »Vorausgesetzt natürlich, ich irre mich nicht im ersten Punkt.«

Inzwischen lagen wir mit dem Gesicht nach oben eng nebeneinander in dem winzigen Inneren des Kahns, als wir gewahr wurden, dass die Akustik im Tunnel sich änderte und sanfter wurde, so als ob sich der Kanal erweitern würde. In dem Augenblick erschien über unseren erschreckten Gesichtern im Gewölbe ein lodernder Ring, dessen gelbe und rote Feuerzungen den Eindruck erweckten, als wollten sie uns aufsaugen.

Reglos und bedrohlich standen drei Magier im Kreis um die Öffnung. In leuchtend rote Mäntel und lange, spitz zulaufende Kapuzen gehüllt, beobachteten sie uns kalt. Durch zwei runde Öffnungen in den Kapuzen starrten böse blitzende, allwissende Augen. Einer der drei hielt einen Totenkopf in der Hand.

Vollkommen überrumpelt schreckten wir alle gleichzeitig hoch. Der Kahn trudelte aus der Fahrtrichtung und legte sich quer; Bug und Heck stießen an die Wände des Kanals, und der Kahn verklemmte sich genau unter dem Feuerkreis.

Einer der drei Zauberer (oder waren es die Wächter der Hölle?) beugte sein Haupt herab und betrachtete uns mit bösartiger Neugierde. Er hielt eine Fackel und schwenkte sie mehrmals hin und her, um unsere Gesichter besser zu beleuchten; seine Begleiter berieten sich leise untereinander.

»Vielleicht habe ich mich im ersten Punkt doch geirrt«, hörte ich Atto stammeln.

Der zweite Zauberer, der eine große weiße Kerze in der Hand hielt, beugte sich ebenfalls herab. Da brach Ugonio in einen kindlichen Angstschrei aus, warf sich wie verrückt hin und her und versetzte mir unabsichtlich einen Tritt in den Magen und Abbé Melani einen ordentlichen Handkantenschlag auf die Nase. Hatten wir uns bisher aus Angst auf den Boden gedrückt, so reagierten wir beide jetzt unverzeihlicherweise vollkommen blind und schlugen wild um uns. Das Boot war derweilen wieder in Fahrt gekommen, und bevor wir uns dessen bewusst waren, wurde es von unserem heftigen, angsterfüllten Ringen überwältigt. Ich hörte neben mir einen Aufprall, nein, zwei.

Die Welt stürzte über mir zusammen, alles war plötzlich kalt und finster, während aus den Tiefen der Hölle Lebewesen hervortauchten, die mir übers Gesicht strichen und es mit unsäglichem Schmutz bedeckten. Auch ich wollte schreien, aber meine Stimme wurde erstickt, und ich stürzte in die Tiefe wie Ikarus.

Ich werde wohl nie wissen, wie lange (Sekunden, Stunden?) der Alptraum in dem unterirdischen Kanal dauerte. Ich weiß nur noch, dass Ugonio mich rettete, weil er mich mit animalischer Kraft aus den Fluten fischte und mich einfach auf harte Planken warf, wobei er mir fast das Rückgrat brach.

Von Angst überwältigt, hatte ich das Bewusstsein verloren. Ich hatte mich wohl in dem Kanal schlecht und recht vorwärts bewegt, dachte ich, indem ich entweder mit den Händen ruderte (auch ich konnte auf Zehenspitzen den Grund erreichen) oder mich treiben ließ, bis mir schließlich Ugonio zu Hilfe kam. Jetzt lag ich in dem Kahn, der wieder herumgedreht und aufs Trockene gezogen worden war.

Der Rücken tat mir gehörig weh; ich zitterte vor Kälte und Angst, die noch immer ihre diabolische Wirkung ausübte. Deshalb traute ich meinen Augen nicht, als ich mich aufsetzte, um mich umzuschauen.

»Seid Abbé Melani dankbar, ihr beiden«, hörte ich Atto sagen. »Wenn ich beim Sturz ins Wasser die Laterne losgelassen hätte, wären wir jetzt eine Beute der Ratten.«

Der schwache Lichtschein erhellte heroisch die Umgebung und bot unseren Augen das überraschendste Bild. Trotz der Düsternis konnte ich erkennen, dass wir uns mitten in einem großen unterirdischen See befanden. Über unseren Köpfen öffnete sich, wie das Echo erahnen ließ, eine majestätisch große Kuppel. Von allen Seiten umgab uns drohend das schwarze, stygische Wasser, aber physisch befanden wir uns in Sicherheit: Wir waren auf einer Insel gelandet.

»Um mehr Gutes als Schlechtes zu wirken und mehr Vater als Vatermörder zu sein, verängstige ich vor diesem Schöpfer und revoltierendem, unrätlichem Spektakulosum. Scheußhafter Kriminaliger!«

»Da hast du Recht. Wer auch immer es war, ist ein Ungeheuer«, sagte Atto, zum ersten Mal einer Meinung mit Ugonio.

Mit einem Blick war die Insel zu erfassen, auf die uns das Schicksal (oder besser unsere Unvorsichtigkeit und unser mangelndes Gottvertrauen) verschlagen hatte. Das winzige Stück Erde war rasch zu durchmessen, und ich hätte es, um mich klar auszudrücken, für nicht größer als die bescheidene Kirche von Santa Maria in Posterula gehalten.

Aber Attos und Ugonios Aufmerksamkeit richtete sich auf die Mitte der Insel, wo einige Gegenstände verschiedener Größe versammelt waren, die ich noch nicht genau unterscheiden konnte.

Ich befühlte meine Kleider: Durch und durch war ich nass und zitterte vor Kälte. Trotzdem gab ich mir einen Ruck, indem ich meine innere Wärme zu beleben suchte, kletterte ebenfalls aus dem Boot und betrat vorsichtig mit dem Fuß tastend den aschgrauen Boden der Insel. Als ich Atto und Ugonio erreichte, durchsuchten sie den Haufen bereits mit nachdenklicher und angewiderter Miene an mehreren Stellen.

»Ich muss schon sagen, mein Junge, dein Talent zu Ohnmachtsanfällen wird immer ausgeprägter«, empfing mich Atto. »Du bist ein wenig blass. Wie ich sehe, hat dich die Begegnung vorhin erschreckt.«

»Aber wer war das? Gütiger Himmel, sie sahen aus wie ...«

»Nein, es waren nicht die Wächter der Hölle. Es war nur die *societas orationis et mortis*, die Bruderschaft des Gebets und des Todes.«

»Die fromme Bruderschaft, die Leichen bestattet, um die sich sonst niemand kümmert?«

»Genau die. Sie sind auch zur Locanda gekommen, um die Leiche des armen Fouquet mitzunehmen, erinnerst du dich? Leider hatte ich vergessen, dass sie bei der Prozession diese Mäntel, Kapuzen, Fackeln, Totenköpfe und so fort tragen. Recht grotesk jedenfalls.«

»Selbst Ugonio ist erschrocken«, stellte ich fest.

»Ich habe ihn gefragt, warum, aber er wollte mir nicht antworten. Meinem Eindruck nach gehört die *societas orationis* zu den wenigen Dingen, vor denen die Heiligenfledderer Angst haben. Die Prozession der Bruderschaft bewegte sich in einem Gang vorwärts, von dem aus eine Öffnung in den Kanal führt, auf dem wir leider genau in demselben Augenblick dahintrieben. Sie haben uns gehört und sich dann über die Öffnung gebeugt, und die Panik hat uns einen üblen Streich gespielt. Weißt du, was dann passiert ist?«

»Ich ... nein, ich erinnere mich an nichts«, musste ich zugeben.

Atto erzählte mir kurz die folgenden Ereignisse: Er und Ugonio waren ins Wasser gefallen, der Kahn kenterte und überschlug sich. Ich war unter dem Boot gefangen, mit dem Körper im Wasser, dem Kopf draußen, deshalb war mein Schrei erstickt worden wie unter einer Glocke. Die Ratten, die den Kanal bevölkerten, waren mir, über das Durcheinander verängstigt, ins Gesicht gesprungen und hatten mich mit ihren Exkrementen beschmutzt.

Ich betastete mein Gesicht: Es stimmte. Während ich mich mit dem Ärmel abwischte, drehte sich mir vor Ekel der Magen um.

»Dabei haben wir Glück gehabt«, fuhr Atto fort und führte mich derweil auf der Insel herum, »denn durch das Geschrei ist es Ugonio und mir gelungen, diese abscheulichen Biester zu verscheuchen ...«

»Mausratten, nicht Biestige«, korrigierte Ugonio traurig mit dem Blick auf eine Art Käfig, der vor unseren Füßen stand.

»Ratten, Mäuse, schon gut! Um es kurz zu machen«, beendete Abbé Melani seinen Bericht, »haben wir dich und den Kahn aus diesem verdammten Kanal herausgezogen und sind in diesem unterirdischen See gelandet. Die drei Kapuzenmänner sind uns Gott sei Dank nicht gefolgt, und jetzt sind wir also hier. Nur Mut! Du bist nicht der Einzige, den es friert. Schau mich an: Auch ich bin vollkommen durchnässt und voller Schlamm. Wer hätte gedacht, dass ich so viele wunderbare Kleider in deiner verfluchten Locanda ruinieren würde ... Aber jetzt komm.«

Melani zeigte auf die seltsame Werkstatt in der Mitte der Insel.

Auf dem Boden lagen zwei große weiße Steinblöcke, die als

Gestell für zwei dunkle, verfaulte Holzplatten dienten. Auf der einen lag eine ganze Reihe von Werkzeugen: Zangen, spitze Messerchen und Schlachtermesser, Scheren und verschiedene Klingen ohne Griff; als ich mich der Laterne näherte, bemerkte ich, dass alle Spuren von getrocknetem Blut trugen, von leuchtend rot bis verkrustet schwarz. Der Tisch roch grauenvoll nach Aas. Zwischen den Messern standen zwei große, zur Hälfte heruntergebrannte Kerzen. Abbé Melani zündete sie an.

Auf dem anderen Tisch lagen weitere, geheimnisvollere Gegenstände: ein bemaltes Tongefäß mit Deckel, das einige Löcher an den Seiten hatte und mir merkwürdig bekannt vorkam; eine kleine Ampulle aus durchsichtigem Glas, wie ich sie ebenfalls kannte; daneben eine große, tiefe Schüssel aus rötlichem Ton von ungefähr einer Elle Durchmesser, in der ein bizarres Werkzeug lag. Es war eine Art kleiner Galgen: Auf einem breiten Dreifuß erhob sich eine senkrechte Stange, die in zwei gebogenen, durch eine Schraube beliebig verstellbaren Armen endete, wie um irgendein unglückliches Menschlein zu strangulieren. Das Gefäß war halb voll mit Wasser, so dass das kleine Hinrichtungsgerät (das nicht höher als eine Kanne war) bis auf den Strangulierungsring ganz von Wasser bedeckt war.

Auf der Erde jedoch lag das merkwürdigste Stück dieser seltsamen Werkstatt: ein eiserner Käfig, nicht höher als ein Kleinkind, mit dicht stehenden Gitterstäben; er mochte, so dachte ich, für kleine, lebhafte, vielleicht fliegende Lebewesen wie Schmetterlinge oder Kanarienvögel dienen.

Als ich bemerkte, dass sich im Käfiginneren etwas bewegte, beugte ich mich hinunter. Ein kleines graues Wesen betrachtete mich verängstigt und verstohlen aus seinem Versteck in einem mit Stroh gefüllten Holzschächtelchen.

Atto kam mit der Laterne näher, damit ich genauer betrachten konnte, was er und Ugonio bereits erkannt hatten. Als einzigen Gefangenen der Insel, den unsere Anwesenheit sichtlich erschreckte, entdeckte ich verblüfft eine arme kleine Ratte.

Um den Käfig herum standen dicht nebeneinander weitere unheimliche Gerätschaften, die wir vorsichtig und voller Abscheu untersuchten: Urnen voller gelblichem Pulver, Flüssigkeiten, Sekrete, Galle, Schleim und Schlamm; Krüge voller tierischem (oder menschlichem?) Fett, das mit Asche und Hautfetzen gemischt zu sein schien, und andere widerliche Mixturen; Kolben, Destilliergefäße, Glasflaschen, ein Eimer voller offensichtlich tierischer Knochen (die Ugonio dennoch sorgfältig zu durchsuchen verlangte), ein Stück verfaultes Fleisch, angeschimmeltes Obst, Nussschalen; ein Kochgefäß voller Haarbüschel, ein anderes aus Glas mit einem Knäuel von kleinen Schlangen in Alkohol; ein Käscher, ein Kohlebecken mit Blasebalg, altes Brennholz, halb verfaultes Papier, Kohle und Steine; schließlich ein Paar schmutzige grobe Handschuhe, ein Haufen vollkommen verdreckter Lappen, anderer schmutzstarrender Plunder und billiges Geschirr.

»Das Versteck eines Schwarzkünstlers!«, sagte ich entsetzt.

»Schlimmer noch«, erwiderte Atto, während wir weiter ziellos in diesem wahnsinnigen und barbarischen Gemischtwarenladen herumirrten. »Es ist das Versteck von Dulcibeni, der als Gast in deiner Locanda weilt.«

»Und was sollte er hier um Gottes willen tun?«, rief ich entgeistert aus.

»Das zu verstehen ist nicht einfach. Ganz sicher tut er den Ratten etwas an, was Ugonio nicht gefällt.«

Der Heiligenfledderer betrachtete noch immer nachdenklich den Metzgertisch, ohne sich im mindesten durch den tödlichen Gestank, der davon ausging, stören zu lassen.

»Kerkeriert, strangulisiert, operiziert ... daswasdann nicht verkapiert«, sagte er schließlich.

»Vielen Dank, so weit bin ich auch schon«, sagte Atto. »Zuerst fängt er die Ratten mit dem Käscher und steckt sie in den Käfig. Für irgendeinen merkwürdigen Zauber bringt er sie auf dieser kleinen Richtstätte um. Dann zerlegt er sie, und man versteht nicht, was er noch alles damit macht«, sagte Atto mit einem bitteren Lächeln. »All das folgt jedenfalls genau den frommen Vorschriften der Jansenisten von Port-Royal. Die im Käfig scheint die einzige Überlebende zu sein.«

»Signor Atto«, brachte ich trotz meines Ekels über diesen Triumph der Obszönität heraus, »kommt Euch hier nicht auch einiges bekannt vor?«

Dabei zeigte ich ihm die Ampulle auf dem Tisch neben der Miniaturrichtstätte.

Als Antwort zog Atto etwas aus der Tasche, was ich bereits vollkommen vergessen hatte. Aus einem Taschentuch wickelte er die Scherbe der mit Blut gefüllten kleinen Ampulle, die wir im Gang D gefunden hatten. Er hielt sie neben das unversehrte Exemplar.

»Sie gleichen einander aufs Haar!«, bemerkte ich überrascht.

Die Form und die grünliche Farbe der zerbrochenen Ampulle waren tatsächlich identisch mit der, die wir auf der Insel gefunden hatten.

»Aber auch das bemalte Gefäß mit dem Deckel haben wir schon gesehen«, insistierte ich. »Es stand, wenn ich nicht irre ...«

»... in Tiracordas Geheimschrank«, half mir Atto.

»Genau!«

»Nein, nein. Du denkst an das Gefäß, mit dem sich Dulcibeni zu schaffen machte, als sein Freund eingeschlafen war. Dieses hier aber ist viel größer und intensiver bemalt. Das Muster und die Löcher an der Seite sind, da hast du Recht, fast gleich: Vielleicht ist es derselbe Künstler.«

Auch das Gefäß auf der Insel verfügte nämlich über seitliche Luftlöcher und war mit Sumpfpflanzen und kleinen schwimmenden Lebewesen, Kaulquappen vielleicht, geschmückt, die zwischen den Blättern herumzappelten. Ich öffnete den Deckel, hielt die Laterne näher daran und steckte einen Finger hinein: Das Gefäß enthielt schmutzig graues Wasser, in dem weiße, leichte Stofffetzen schwammen. Auf dem Grund ein bisschen Sand.

»Signor Atto, Cristofano hat mir gesagt, es sei gefährlich, in Zeiten der Pest Ratten anzufassen.«

»Ich weiß. Daran habe ich vorgestern Nacht auch gedacht, als wir die sterbenden Tiere mit dem Blutgerinnsel am Maul fanden. Offensichtlich kennt unser Dulcibeni derlei Ängste nicht.«

»Ist Eilandung, Ungutung, Ungerechtung, Unverheißung«, mahnte Ugonio mit ernster Stimme.

»Hab schon verstanden, du Ungeheuer, wir verlassen die Insel bald. Statt zu jammern, könntest du uns wenigstens sagen, wo wir eigentlich sind, da du uns ja hierher gebracht hast.«

»Das stimmt«, sagte auch ich zu Ugonio, »wenn du an der Abzweigung den anderen Flussarm genommen hättest, wären wir nicht auf Dulcibenis Insel gestoßen.«

»Nicht Werkung von Erfreuung, stattwohltrotz Bekümmerung der Eilandung, Vollführung auf Altar mit großer Kundigung.«

»Tja, heute geht ihm alles auf -ung aus«, brummte Abbé Melani in sich hinein und drehte die Augen zum Himmel, zum Zeichen äußerster Verzweiflung. Nach kurzem Schweigen brach es dann aus ihm heraus: »So soll er mir doch endlich sagen, was zum Teufel diese untergrundunge Eilandung eigentlich ist!«, brüllte er, dass es in der ganzen riesigen Grotte widerhallte.

Als sich das Echo gelegt hatte, forderte Ugonio mich wortlos auf, ihm zu folgen. Er zeigte mir die Rückseite des Steinblocks unter dem Tisch, nickte mit dem Kopf und stieß ein zufriedenes Grunzen aus, als hätte er damit Melanis Forderung erfüllt.

Auch Atto kam hinzu. Auf dem Stein war ein Relief mit Darstellungen von Menschen und Tieren erkennbar. Melani ging ganz nahe heran und begann, mit den Fingerspitzen ungeduldig die Oberfläche abzutasten, als suche er eine Bestätigung für etwas, was seine Augen schon entdeckt hatten.

»Unglaublich. Es ist ein Mithräum«, flüsterte er. »Schau, schau hier. Wie aus dem Lehrbuch, alles da: das Stieropfer, der Skorpion ...«

Wir befanden uns also an einem Ort, an dem vor langer Zeit ein unterirdischer Tempel gestanden hatte, in dem die alten Römer den Gott Mithras verehrten. Diese Gottheit aus dem Osten, erklärte Atto, wetteiferte, als sie auch in Rom verehrt wurde, bald an Popularität mit Apollo, weil beide Sonnengötter waren. Dass es sich hier um ein antikes Mithräum handelte, ließ sich eindeutig an der Darstellung auf den beiden Steinen ablesen, wie sie für Mithras typisch ist: Der Gott tötet einen Stier, dessen Hoden ein Skorpion umklammert hält. Außerdem wurde Mithras häufig in unterirdischen Tempeln verehrt, angenommen, dieser Platz hier war von Anfang an unter der Erde.

»Wir haben nur diese beiden großen Steine gefunden, die Dulcibeni für seine Praktiken braucht«, schloss Abbé Melani, »vielleicht, weil der Rest des Tempels im See begraben liegt.«

»Wie konnte so etwas passieren?«

»Mit all diesen unterirdischen Wasserläufen verschiebt sich hier unten die Erde ab und zu. Das hast du selbst gesehen: Unter der Erde gibt es nicht nur Gänge, sondern auch Grotten, Höhlen, riesige Hohlräume und ganze römische Paläste, die in die Bauten der letzten Jahrhunderte mit einbezogen wurden. Das Wasser der Flüsse und Kloaken höhlt das Gestein immer mehr aus, und ab und an stürzt eine Grotte ein, eine andere füllt sich mit Wasser und so fort. Das ist das Wesen der *Urbs subterranea.*«

Ich musste instinktiv an den Riss denken, der sich vor einigen Tagen in der Wand des Treppenhauses der Locanda aufgetan hatte, nachdem ein unterirdisches Getöse zu hören war.

Ugonio ließ von neuem erkennen, dass er ungeduldig wurde. Wir beschlossen, den Kahn zu Wasser zu lassen, um den Rückweg zu wagen. Atto konnte es kaum erwarten, Ciacconio zu sehen und zu erfahren, wie er in Tiracordas Haus eingedrungen war. Wir wendeten erneut unser bescheidenes schwimmendes Gefährt (das glücklicherweise weder ein Leck abbekommen noch sonst größeren Schaden genommen hatte) und machten uns daran, den engen Kanal, der uns zu dem Mithräum gebracht hatte, in der umgekehrten Richtung zurückzurudern.

Ugonio wirkte äußerst übel gelaunt. Plötzlich, als wir gerade abstoßen wollten, sprang er aus dem Boot und kehrte mit seinem schwankenden Schritt wild um sich spritzend rasch zu der Insel zurück.

»Ugonio!«, rief ich ihn überrascht zurück.

»Nur Ruhe, es dauert nicht lange«, sagte Atto Melani, der geahnt zu haben schien, was der Heiligenfledderer vorhatte.

Nach wenigen Augenblicken kam Ugonio denn auch wieder an und sprang geschickt ins Boot zurück. Er schien erleichtert.

Als ich ihn gerade fragen wollte, was zum Teufel ihn zurückgehalten hatte, begriff ich es plötzlich.

»Ist Eilandung Ungerechtung«, brummte Ugonio in sich hinein.

Er hatte die letzte Ratte aus dem Käfig befreit.

Der Rückweg durch den bedrückenden Kanal, der den See speiste, war vielleicht weniger dramatisch, aber nicht weniger anstrengend. Vor lauter Erschöpfung kamen wir gegen die Strömung, obgleich sie schwach war, nur langsam und mühselig voran. Niemand sprach ein Wort, am Heck drückten Atto und Ugonio mit den Stangen das Boot vorwärts, während ich zum Ausgleich des Gewichts am Bug saß und die Laterne hielt.

Nach einer Weile spürte ich das Bedürfnis, die Stille zu durchbrechen, in der nur ab und zu das schaurige Klatschen des Wassers zu hören war.

»Signor Atto, mir fällt etwas sehr Merkwürdiges ein, das mit den von unterirdischen Flüssen ausgelösten Bewegungen zu tun hat.«

Ich erzählte ihm, dass die astrologische Gazette, die wir Stilone Priàso entwendet hatten, für September Naturereignisse wie Erdbeben und Ähnliches vorhersagte. Tatsächlich hatte ich vor einigen Tagen in der Locanda ein finster drohendes Rumoren in den Eingeweiden der Erde gehört, und in der Wand des Treppenhauses der Locanda hatte sich ein Riss aufgetan. Handelte es sich nur um ein zufälliges Zusammentreffen? Oder wusste der Verfasser der Gazette, dass im September mit derartigen Naturereignissen schneller zu rechnen war?

»Ich kann dir nur sagen, dass ich nicht an derartiges Geschwätz glaube«, sagte Abbé Melani mit einem verächtlichen Lachen, »sonst wäre ich schon längst zu einem Astrologen gerannt und hätte mir Gegenwart, Vergangenheit und Zukunft erklären lassen. Ich kann mir nicht vorstellen, dass mein Geburtsdatum am 31. März etwas zu tun haben könnte …«

»*Aries*«, brummte Ugonio.

Atto und ich blickten einander verdutzt an.

»Ach ja. Ich habe vergessen, dass du … jedenfalls kennst du dich aus«, erwiderte Atto und versuchte, nicht loszulachen.

Der Heiligenfledderer aber ließ sich nicht einschüchtern. Nach der Lehre des großen Astrologen Arcandam, dozierte Ugonio unbeirrt, ist die Natur des Widdergeborenen warm und trocken, deshalb wird er leicht von Zorn überwältigt. Er ist rothaarig oder blond und hat fast immer ein Mal auf der Schulter oder am linken Fuß, er hat kräftiges Haar und starken Bartwuchs, eine ausgeprägte Augenfarbe, weiße Zähne, starke Wangenknochen, eine schöne Nase und große Lider.

Er untersucht und erforscht die Worte und Taten der anderen Menschen und geht jedem Geheimnis nach; er ist von unermüdlichem, erhabenem, unstetem und kraftvollem Geist, hat viele Freunde und geht dem Bösen aus dem Weg; abgesehen von quälenden Kopfschmerzen, ist er selten krank, verfügt über große Beredsamkeit, lebt wie ein Einsiedler, ist verschwenderisch mit dem Notwendigen, sinnt auf Betrug und greift häufig zu Drohungen; in kriegerischen Unternehmungen ist ihm das Glück gleichermaßen gewogen wie bei jeder Art von Verhandlungen.

In früher Jugend ist der Widdergeborene ziemlich streitsüchtig und aufbrausend, er lässt sich vom Zorn packen, zeigt es aber kaum nach außen, er ist ein Lügner und Betrüger, der hinter süßen Worten Falschheit und Täuschung verbirgt, sein Wort bricht, Wunder verspricht und seine Versprechen nicht einhält. Einen Teil seines Lebens verbringt er in einflussreicher Stellung; weil er geizig ist, achtet er darauf, was er kauft und verkauft; er ist neidisch und neigt deshalb zum Missmut, mehr aber noch wird er von anderen beneidet und hat deshalb viele Feinde und Widersacher. Er ist so sehr allerlei Widrigkeiten ausgesetzt, dass er nicht bequem leben kann ohne Gefahr für sein Hab und Gut. Sein Vermögen ist Schwankungen unterworfen, das heißt, er verliert das eben Erworbene und gewinnt das gerade Verlorene. Im Überfluss erhält er Geschenke.

Der Widdergeborene reist viel, verlässt seine Heimat und seine Eltern. Ab dem dreiundzwanzigsten Lebensjahr wendet sich sein Schicksal, und er geht mit viel Geld um. Mit vierzig wird er reich und kommt in Amt und Würden. Was er tut, wird er bis zur Vollkommenheit beherrschen; seine Dienste werden überaus geschätzt. Nicht die Frau, die ursprünglich für ihn vorgesehen war, heiratet er, sondern eine andere, die er liebt und von der er adelige Kinder haben wird. Mit Kirchenmännern führt er Unterredungen. Wenn er bei Tag geboren ist, steht er ganz allgemein bei Fürsten und hohen Herren in hohem Ansehen. Er wird siebenundachtzig Jahre und drei Monate alt.

Statt uns über Ugonio lustig zu machen, hörten Atto und ich ihm in ehrfürchtigem Schweigen zu, bis er geendet hatte. Abbé Melani hatte sogar aufgehört, das Boot vorwärts zu treiben, während der Heiligenfledderer demütig den Rhythmus hielt.

»Na, lass mal sehen«, überlegte Atto. »Reich stimmt. Geschick in Verhandlungen stimmt. Helles Haar, jedenfalls bis es weiß wurde, stimmt. Unternimmt viele Reisen, untersucht und erforscht die Worte und Taten der anderen: aber sicher. Starker Bartwuchs, schöne Augen, weiße Zähne, ausgeprägte Wangen, schöne Nase: richtig. Eloquent, von unermüdlichem, erhabenem, unstetem und kraftvollem Geist: Gott möge mir die mangelnde Bescheidenheit verzeihen, aber das ist nicht ganz verkehrt, im Gegenteil. Was noch? Ach ja: Das Ansehen bei Fürsten, der Umgang mit Geistlichen und das Kopfweh. Ich weiß nicht, wo unser Ugonio alle diese Kenntnisse über das Sternzeichen des Widders bezieht, gewiss aber ist nicht alles aus der Luft gegriffen.«

Ich unterließ es, Atto Melani zu fragen, ob er sich auch in den dem Widdergeborenen zugeschriebenen Eigenschaften des Geizes, Jähzorns, Betrugs, Neids und der Verwendung von Lüge und Drohung wiedererkannte. Ebenso wenig fragte ich Ugonio, warum er unter den vielen Fehlern, die er den Widdergeborenen zuschrieb, nicht auch die Eitelkeit genannt hatte. Auch die Perspektive der Heirat und der Nachkommenschaft, die dem Abbé offensichtlich verschlossen war, erwähnte ich nicht.

»Du verstehst wirklich viel von Astrologie«, schmeichelte ich dem Heiligenfledderer stattdessen und dachte dabei auch an den geistreichen *excursus* über medizinische Astrologie einige Nächte zuvor.

»Verlesen, verhört, versagt.«

»Du musst wissen, mein Junge«, mischte sich Abbé Melani

ein, »dass in dieser heiligen Stadt jedes Haus, jede Mauer, jeder einzelne Stein von Magie, Aberglauben und finsterem hermetischen Wissen getränkt ist. Unsere beiden kleinen Ungeheuer müssen irgendein Handbuch über astrologische Beratung gelesen haben; die gibt es überall, obwohl niemand es auszusprechen wagt. Alle Empörung darüber ist nur Theater für die Gutgläubigen: Denk an die Geschichte von Abt Morandi.«

In diesem Augenblick wurden wir durch das Rauschen der Strömung aus dem Gespräch gerissen: Wir hatten die Mündung in den Hauptkanal erreicht.

»Jetzt sollten wir zu den Rudern greifen«, sagte Atto, als unser Kahn aus dem Seitenarm in die wesentlich schnellere und stärkere Strömung zu treiben drohte.

Einen Moment später starrten wir einander alle rat- und wortlos an: »Die Ruder«, sagte ich, »haben wir wohl verloren, als die drei von der Bruderschaft des Todes aufgetaucht sind.«

Ich sah, wie Atto Ugonio aufgebracht fixierte, als erwarte er eine Erklärung.

»*Aries* auch zerstreubar«, verteidigte sich Ugonio in dem Versuch, dem Abbé die Schuld für den Verlust der Ruder zuzuschieben.

Der Kahn gewann, nun hilflos der Strömung ausgeliefert, zunehmend an Fahrt. Alle unsere Versuche, uns mit den Stangen auf dem Grund dagegenzustemmen, blieben vergebens.

Ein kurzes Stück trieben wir auf dem Fluss weiter; bald aber ergoss sich von links ein Zufluss mit so großer Wucht in den Kanal, dass wir uns mit aller Kraft an unserem armseligen Kahn festhalten mussten, um nicht herausgeschleudert zu werden. Das Rauschen des Wassers wurde nun lauter und bedrängender; die Wände des Kanals boten keinerlei Halt. Niemand wagte zu sprechen.

Ugonio versuchte, das Seil, das er dabeihatte, um irgendeinen Mauervorsprung zu werfen, aber die Steine und Ziegel waren alle zu glatt.

Plötzlich erinnerte ich mich daran, dass der Heiligenfledderer auf dem Hinweg, wenn auch ziemlich unverständlich, den

Grund genannt hatte, warum er an der Abzweigung nicht auf dem Hauptkanal weiterfahren wollte.

»Hast du gesagt, dass dieser Fluss ›ausschnüffelnd‹ sei?«, fragte ich ihn.

Ugonio nickte: »Ausfluss mit bösester Schnüffelung.«

Urplötzlich befanden wir uns mitten auf einer Art Wasserkreuzung: Von links und rechts strömten gleich starke Zuflüsse gegeneinander und ergossen sich mit tosendem Lärm in unseren Kanal.

Das war der Anfang vom Ende. Der Kahn begann wie trunken von den übereinander stürzenden Fluten um sich selbst zu kreiseln, zuerst langsam, dann in immer rasenderem Tempo. Wir klammerten uns jetzt nicht nur an das Boot, sondern auch eng aneinander. Durch die Drehung verloren wir bald so sehr die Orientierung, dass ich einen Augenblick lang den absurden Eindruck hatte, wieder flussaufwärts in die rettende Richtung zu treiben.

Inzwischen kam ein ohrenbetäubender Lärm immer näher. Unser einziger Bezugspunkt war die Laterne, die Atto mit allergrößter Anstrengung in die Höhe und möglichst ruhig hielt, so als hinge davon das Schicksal der Welt ab; um diesen Lichtpunkt kreiste alles wie wahnsinnig. Von Angst und Schwindel benommen, dachte ich, es sei wie Fliegen.

Meinem Wunsch wurde Genüge getan. Unter dem Kahn schien das Wasser zu verschwinden, und ich hörte die Strömung tief unter uns, als würden wir durch Magnetkraft in die Höhe gehoben und auf irgendeinem rettenden Strand barmherzig abgesetzt. Einen ganz kurzen, unwirklichen Augenblick lang kamen mir Pater Robledas Worte über die Lehre Kirchers vom universellen Magnetismus, der von Gott ausgeht und alle Dinge zusammenhält, in den Sinn.

Doch alsbald krachte eine riesige, blinde Kraft gegen den Boden des Kahnes, schleuderte uns hinaus, und alles wurde finster. Ich fand mich im Wasser wieder, umspült von eisigen, grauenerregenden Strudeln und stinkendem, ekligem Schaum, so dass ich vor Schreck und Verzweiflung aufschrie.

Wir waren eine Kaskade hinuntergestürzt in noch stinkendere und abstoßendere Fluten. Beim Aufprall war der Kahn umgekippt und die Laterne verloren gegangen. Wenigstens ab und zu konnte ich mit den Fußspitzen den Grund berühren, vielleicht weil dort manchmal ein großer Stein lag. Andernfalls wäre ich sicher ertrunken. Der Gestank verschlug einem den Atem, und nur mit Mühe und voller Angst konnte ich Luft holen.

»Lebt ihr noch?«, rief Atto in der Dunkelheit in das ohrenbetäubende Rauschen des Wasserfalls.

»Ich bin hier«, stieß ich atemlos hervor, weil ich darum kämpfen musste, mich über Wasser zu halten.

Ein stumpfer Gegenstand schlug mir so heftig gegen die Brust, dass ich keine Luft mehr bekam.

»Haltet euch fest, haltet euch am Boot fest, es ist hier zwischen uns«, sagte Atto.

Wie durch ein Wunder gelang es mir, mich an den Seitenplanken des Kahns festzuklammern, als die Strömung uns wieder in die Tiefe zu reißen drohte.

»Ugonio«, schrie Atto aus Leibeskräften, »Ugonio, wo bist du?«

Wir waren nur noch zu zweit. In der Gewissheit, dass es aufs Ende zuging, ließen wir uns an unser armseliges Gefährt geklammert inmitten von Abwässern und anderen unbeschreiblichen Fäkalien treiben.

»Ausschnüffelnd … jetzt hab ich verstanden«, sagte Atto.

»Was verstanden?«

»Das hier ist nicht irgendein Kanal. Es ist die *Cloaca Maxima*, die größte Abwasserleitung Roms, die aus der Antike stammt.«

Die Strömung nahm weiter zu, und der Akustik nach zu schließen, befanden wir uns in einer breiten Röhre, deren Decke aber so niedrig schien, dass der gekenterte Kahn gerade noch vorwärts kam. Das Rauschen hatte jetzt abgenommen, denn der Wasserfall lag hinter uns.

Plötzlich jedoch blieb der Kahn stecken. Die Wölbung war inzwischen so niedrig, dass sie unser kleines, umgekipptes Boot auf komische Weise zum Stillstand gebracht hatte. Mit Mühe konnte ich mich am Rand festhalten, hob einen Arm und stellte mit Schrecken fest, wie beängstigend nahe die Decke war. Die Luft war stickig und stinkend, man konnte kaum atmen.

»Was sollen wir tun?«, presste ich heraus und versuchte dabei verzweifelt, den Mund über der Wasseroberfläche zu halten.

»Umkehren können wir nicht. Lassen wir uns einfach von der Strömung treiben.«

»Aber ich kann nicht schwimmen.«

»Ich auch nicht. Das Wasser trägt, du musst dich nur oben halten. Leg dich auf den Rücken und halt den Kopf hoch«, sagte Atto und spuckte dabei aus, um sich die Lippen zu säubern, »und stoße dich mit den Armen manchmal ab, aber nicht zu heftig, denn sonst gehst du unter.«

»Und dann?«

»Irgendwo werden wir rauskommen.«

»Und wenn das Wasser bis zur Decke reicht?«

Atto blieb die Antwort schuldig.

Am Ende unserer Kräfte ließen wir uns von den Fluten (wenn man die ekelerregende Brühe so nennen konnte) so weit mitreißen, bis sich meine Voraussage bewahrheitete. Die Strömung wurde wieder stärker, als ob es erneut abwärts ginge; es war so wenig Platz, dass ich zwischen langem Atemanhalten und plötzlichem, heftigen Luftholen abwechseln musste. Die so eingeatmeten ungesunden Gase verursachten mir stechende Kopfschmerzen und Schwindel. Es war, als würden wir in einen tiefen, mächtigen Schlund hinabgerissen.

Plötzlich stieß ich mit dem Schädel gegen die Decke. Die Geschwindigkeit nahm zu. Dies war das Ende.

Ich wollte mich übergeben. Doch ich hielt mich zurück, als stünde der Augenblick der Befreiung unmittelbar bevor und mit ihr der Friede. Halb erstickt, aber ganz nah hörte ich zum letzten Mal Attos Stimme.

»O weh, also ist es doch wahr«, brummte er in sich hinein.

Neunter Tag

19. September 1683

Schau, schau hier. Dieser da ist jung.«

Hände und Blicke barmherziger Engel wandten sich mir zu. Ich war am Ende einer langen Reise angekommen. Allein, ich existierte nicht mehr: Mein Leib musste andernorts sein, während mein Selbst nunmehr die wohltuende Wärme empfing, die vom Himmel auf alle guten Seelen herabstrahlt. Ich wartete darauf, dass mir der Weg gewiesen werde.

Einige zeitlose Augenblicke lang tasteten mich die Hände eines Engels behutsam ab. Leise, unverständlich gemurmelte Worte weckten mich allmählich auf. Schließlich konnte ich einen Fetzen dieses himmlischen Gesprächs verstehen: »Schau dir den anderen genauer an.«

Nach ein paar flüchtigen, gleichwohl vielleicht ewigen Momenten begriff ich, dass die geflügelten Himmelsboten mich vorübergehend verlassen hatten. Mag sein, dass ich ihres barmherzigen Beistandes derzeit nicht bedurfte. Ich öffnete mich deshalb dem göttlichen Licht, das der gütige Himmel über mir und um mich und andere verirrte Seelen ausbreitete.

Wider alles Erwarten hatte ich noch Augen zu sehen, Ohren zu hören und einen Leib, die heilige, sanfte Morgenröte zu genießen, die mich ganz durchdrang. Ich öffnete die Lider und sah vor mir das göttliche Symbol unseres Herrn, wie es Jahrhunderte zuvor von den ersten Christen verwendet wurde: ein prachtvoller silberner Fisch, der mich mitleidig anblickte.

Endlich erhob ich die Augen zu dem gleißenden Licht, musste aber sofort die Hand vors Gesicht halten.

Es war Tag, und ich lag in der Sonne an einem Ufer.

Allmählich begriff ich, dass ich, wenn auch übel zugerichtet, noch am Leben war. Vergebens suchte mein Blick die beiden Engel (oder was auch immer sie waren), die sich um mich bemüht hatten. Mein Kopf schmerzte furchtbar, und meine Pupillen ertrugen das Tageslicht nicht. Beim Aufstehen merkte ich, dass ich mich kaum auf den Füßen halten konnte. Meine Knie zitterten, und auf dem schlammigen Untergrund drohte ich gefährlich auszurutschen.

Mit zusammengekniffenen Augen warf ich einen Blick auf die Umgebung. Ohne Zweifel befand ich mich am Tiberufer. Im ersten Morgenlicht zogen einige Fischerboote ruhig durchs Wasser. Auf dem anderen Ufer lagen die Ruinen des antiken Ponte Rotto, zur Rechten erhob sich der Umriss der Tiberinsel zwischen den beiden Flussarmen, die sie seit Jahrhunderten sanft umfangen; zur Linken zeichnete sich der Hügel von Santa Sabina gegen den ruhigen Morgenhimmel ab. Jetzt wusste ich, wo ich mich befand: Etwas rechts der Mündung der *Cloaca Maxima*, die mich und Atto in den Fluss gespuckt hatte. Glücklicherweise hatte die Strömung uns nicht weiter flussabwärts getrieben. Verworren erinnerte ich mich daran, dem Wasser entkommen zu sein und mich erschöpft auf die nackte Erde geworfen zu haben. Es war ein Wunder, dass ich noch am Leben war; wäre all dies im Winter passiert, dachte ich, hätte ich meine Seele gewiss dem Herrn überantwortet.

Stattdessen wärmte mich jetzt die Septembersonne, die gerade am klaren Himmel aufging; sobald sich aber meine Stimmung aufgehellt hatte, merkte ich, dass ich vollkommen verdreckt und durchnässt war, und ein unbeherrschbares Zittern bemächtigte sich meines ganzen Körpers.

»Lass mich los, du Gauner, lass mich los! Zu Hilfe!«

Die Stimme kam von hinten. Ich drehte mich um und sah, dass der Weg von hohen Büschen versperrt war. Ich zwängte mich hindurch und fand Abbé Melani auf dem Boden liegend, ebenfalls ganz mit Schlamm bedeckt und schon nicht mehr in der Lage zu schreien: Er erbrach sich heftig. Zwei Männer, genauer gesagt zwei finstere Gestalten, beugten sich über ihn, aber kaum dass ich mich näherte, zogen sie sich zurück, ergriffen die Flucht und verschwanden hinter der niedrigen Uferböschung. Von den Booten um uns herum schien keiner der Fischer die Szene beobachtet zu haben.

Von schrecklichen Krämpfen geschüttelt, erbrach Atto das Wasser, das er während unseres unglückseligen Schiffbruchs geschluckt hatte. Ich hielt seinen Kopf und hoffte, dass er an dem Erbrochenen nicht erstickte. Nach einer Weile war er wieder in der Lage, normal zu sprechen und zu atmen.

»Diese beiden Halunken …«

»Regt Euch nicht auf, Signor Atto.«

»… Diebsgesindel. Die erwische ich noch.«

Weder damals noch später fand ich den Mut, Atto zu gestehen, dass ich in den beiden Dieben die segensreichen Engel meines Erwachens gesehen hatte. Statt sich um uns zu kümmern, hatten sie uns eingehend durchsucht, um uns zu bestehlen. Der Silberfisch, den ich an meiner Seite wahrgenommen hatte, war kein Zeichen des Himmels, sondern nur der Abfall irgendeines Fischverkäufers.

»Jedenfalls haben sie nichts gefunden«, brachte Atto zwischen einem Schwall und dem nächsten heraus. »Das wenige, was ich dabeihatte, habe ich bereits in der *Cloaca Maxima* verloren.«

»Wie fühlt Ihr Euch?«

»Wie kann sich ein Mensch in meinem Alter unter diesen Umständen schon fühlen?«, sagte er und knöpfte sich seinen durch und durch verschmutzten Rock und sein Hemd auf. »Wenn es nach mir ginge, bliebe ich hier in der Sonne, bis ich mich aufgewärmt habe. Aber leider geht das nicht.«

Ich erschrak. Bald würde Cristofano seinen morgendlichen Rundgang durch die Zimmer beginnen.

Unter den neugierigen Blicken einiger Fischer, die in der Nähe anlegten, entfernten wir uns.

Zuerst nahmen wir ein Gässchen längs dem Flussbett und ließen den Monte Savello rechts liegen. Die wenigen Passanten musterten bestürzt unser schmutziges und zerlumptes Aussehen. Ich hatte meine Schuhe verloren, hinkte und hustete in einem fort; Atto schien um dreißig Jahre gealtert, und seine Kleider schlotterten an ihm, als habe er sie auf einem Friedhof gestohlen. Er fluchte halb laut über das Rheuma und den Muskelkater, den ihm die grausamen Anstrengungen der letzten Nacht und die Feuchtigkeit verursacht hatten. Wir gingen in Richtung Portico d'Ottavia, als er plötzlich kehrtmachte.

»Hier kennen mich zu viele Leute, wir nehmen besser einen anderen Weg.«

Deshalb überquerten wir zunächst die Piazza Montanara und dann die Piazza Campitelli. Immer mehr Menschen waren unterwegs.

Im Labyrinth der engen, gewundenen, feuchten, dunklen und fast ungepflasterten Gässchen nahm ich dennoch mit Freude die altvertraute Mischung aus Dreck, Staub, Gestank und Stimmengewirr wahr. Große und kleine Schweine schnüffelten in den Bergen von Unrat neben den Kesseln mit Nudeln und den großen Pfannen, in denen trotz der frühen Stunde und trotz aller Verbote und Verordnungen der Gesundheitsbehörden bereits Fische brutzelten.

Ich hörte Atto angeekelt und empört schimpfen, als der plötzliche Lärm von Rädern seine Worte übertönte.

Als der Wagen vorbei war, fuhr Abbé Melani fort: »Können wir wirklich nur wie die Schweine im Mist Frieden finden, Ruhe im Unrat, Erholung in dem Durcheinander heruntergekommener Straßen? Wozu in einer Stadt wie Rom leben, wenn man sich nur wie ein Tier und nicht wie ein Mensch bewegen kann? Ich flehe dich an, heiliger Vater, erlöse uns von dem Unflat!«

Ich blickte ihn fragend an.

»Das sind die Worte von Lorenzo Pizzati aus Pontremoli«, antwortete er. »Ein Höfling der Kurie unter Papst Klemens IX. Aber er hatte ja so Recht: Vor etwa zwei Jahrzehnten richtete er diese offenherzigen Bittschreiben an den damaligen Papst.«

»Dann ist Rom also schon immer so gewesen«, rief ich erstaunt aus, weil ich mir die *Urbs* der Vergangenheit ganz anders und wie im Märchen ausgemalt hatte.

»Wie ich dir bereits gesagt habe, war ich damals in Rom:

Nun, ich kann dir versichern, seitdem wurden die Straßen fast täglich (und schlecht dazu) repariert. Und wenn du Abwasserleitungen und -röhren hinzuzählst, dann war die Stadt eine einzige Baustelle. Um den Pfützen aus Regenwasser und Abfällen auszuweichen, musste man sogar im August Stiefel tragen. Pizzati hatte vollkommen Recht: Rom ist wie Babel, eine Stadt, in der ständiger Lärm herrscht. Es ist keine Stadt mehr, sondern ein Stall«, sagte der Abbé und legte die Betonung auf das letzte Wort.

»Und Klemens IX. unternahm nichts, um die Lage zu verbessern?«

»Ganz im Gegenteil, mein Junge. Aber du weißt selbst, was für Sturköpfe die Römer sind. Man hat zum Beispiel versucht, ein System der öffentlichen Abfallbeseitigung einzuführen: Man befahl den Bürgern, vor allem im Sommer vor ihrer Türe zu kehren. Alles vergebens.«

Plötzlich riss mich der Abbé heftig zurück, und wir drängten uns beide auf dem engen Gehsteig zusammen: So entkam ich um Haaresbreite einer rasch vorbeifahrenden riesigen Luxuskarosse. Die Stimmung des Abbé wurde noch düsterer.

»Carlo Borromeo sagte, dass man in Rom, um Erfolg zu haben, zwei Dinge braucht: die Liebe zu Gott und einen Wagen«, urteilte Melani bitter. »Weißt du, dass es in dieser Stadt mehr als tausend Kutschen gibt?«

»Daher also rührt der Lärm, den ich von ferne höre, auch wenn niemand durch die Gasse geht«, sagte ich entrüstet. »Aber wohin fahren all diese Wagen bloß?«

»Oh, nirgendshin. Es sind nur Adelige, Botschafter, Ärzte, berühmte Anwälte und römische Kardinäle, die selbst für die allerkürzesten Entfernungen die Kutsche nehmen. Überdies lassen sie sich auch spazieren fahren, manchmal sogar mit mehreren Wagen zugleich.«

»Haben sie denn so große Familien?«

»Aber nein«, lachte Atto. »Man fährt mit vier oder fünf Karossen spazieren, um seine glanzvolle Position zu unterstreichen. Kardinäle und Botschafter in offizieller Mission sind zuweilen mit bis zu dreihundert Wagen unterwegs. Mit dem unvermeidlichen täglichen Gedränge und den Staubwolken.«

»Jetzt«, stimmte ich bei, »kann ich mir auch den Streit um einen Halteplatz erklären, den ich vor einiger Zeit an der Piazza in Posterula erlebt habe: Die Kutscher zweier adeliger Karossen verprügelten einander nach Strich und Faden.«

An diesem Punkt bog Atto wiederum ab.

»Auch an diesem Ort könnte man mich erkennen. Hier wohnt ein junger Kanoniker ... Gehen wir lieber zur Piazza San Pantaleo.«

Erschöpft wie ich war, protestierte ich wegen all dieser komplizierten Umwege.

»Sei still und versuche, nicht aufzufallen«, sagte Atto und strich sich unversehens das weiße, welke Haar glatt.

»Gott sei Dank achtet in diesem tierischen Durcheinander niemand auf uns«, zischte er und setzte mit fast unhörbarer Stimme hinzu: »Ich hasse es, so auszusehen.«

Es war klüger, und Atto wusste das, sich einen Weg durch die Menschenmassen auf dem Markt der Piazza Navona zu bahnen, als allein auf der Piazza Madama oder in der Strada di Parione herumirrend gesehen zu werden.

»Wir müssen so schnell wie möglich Tiracordas Haus erreichen«, sagte Atto, »aber ohne die Wachen des Bargello zu alarmieren, die vor der Locanda ihren Dienst antreten.«

»Und dann?«

»Versuchen wir, in den Stall und von da aus in die unterirdischen Gänge zu kommen.«

»Das wird aber ziemlich schwierig, jeder dort könnte uns erkennen.«

»Ich weiß, aber hast du eine bessere Idee?«

Wir waren also gerüstet, uns ins Gedränge auf dem Markt der Piazza Navona zu stürzen. Doch groß war unsere Enttäuschung, als wir den Platz halb leer vorfanden, belebt nur von einigen vereinzelten Grüppchen, in deren Mitte auf einem kleinen Podium oder einem Stuhl stehend bärtige, schweißgebadete Redner mit weit ausladenden Gesten heftig auf ihre Zuhörer einredeten. Kein Markt, keine Verkäufer, keine Stände mit Obst und Gemüse, keine Menschenmenge.

»Verflixt, es ist Sonntag«, sagten Atto und ich fast wie aus einem Munde.

Am Sonntag fand kein Markt statt, deshalb waren nur wenige Menschen unterwegs. Wegen der Quarantäne und der vielen Aufregungen wussten wir nicht einmal, welcher Wochentag war.

Wie an allen Feiertagen beherrschten den Platz nur Priester, Prediger und fromme Männer mit ihren Erbauungspredigten. Der eine mit geschliffener Logik, der andere mit dröhnender Rhetorik, zogen sie kleine Gruppen von Neugierigen, Studenten, Gelehrten, Nichtstuern, Bettlern und nicht zuletzt Taschendieben an, die sich den Umstand zunutze machten, dass die anderen Zuhörer abgelenkt waren. Das fröhliche alltägliche Chaos des Marktgeschehens war einer bleischweren Atmosphäre gewichen; als passten sie sich diesem Klima an, verdunkelten plötzlich aufziehende Wolken die Sonne.

Vor Enttäuschung wie benommen, fühlten wir uns beim Überqueren des Platzes noch nackter und wehrloser, als wir es ohnedies waren. Deshalb entfernten wir uns eilends von der Platzmitte und hielten uns in der Hoffnung, nicht aufzufallen, ganz vorsichtig auf der rechten Seite. Ich erschrak, als ein kleines Kind sich von einer Menschenansammlung ganz in unserer Nähe löste und uns dem Erwachsenen zeigte, der es begleitete. Dieser fixierte uns kurz, um dann aber glücklicherweise seine Aufmerksamkeit von unserem jämmerlichen Anblick abzuwenden.

»Sie werden uns sehen, verdammt. Versuchen wir, uns unter die Menge zu mischen«, sagte Atto und zeigte auf eine Gruppe ganz in unserer Nähe.

Wir schlossen uns also einer kleinen, eng beieinander stehenden Menschentraube an, die sich um einen für uns unsichtbaren Mittelpunkt drängte. Wir befanden uns mitten auf dem Platz, nur ein paar Schritte entfernt von dem Vierflüssebrunnen des Cavalier Bernini; die vier riesenhaften Wassergottheiten in Menschengestalt schienen mit ihrer marmornen Wucht gleichsam mahnend an der sakralen Atmosphäre teilzuhaben. Aus dem Brunnen blickte mich ein steinerner Löwe wild, aber machtlos an. Über den Brunnenskulpturen ragte ein mit Hieroglyphen übersäter und von einer winzigen vergoldeten Pyramide gekrönter Obelisk in den Himmel, als streckte er sich von selbst dem Allerhöchsten entgegen. Hatte mir nicht irgendjemand in den letzten Tagen erzählt, dass genau dieser Obelisk von Kircher entziffert worden war? Ich wurde jedoch abgelenkt von der Menge, die sich noch enger zusammendrängte, um die Predigt zu hören, die von weiter vorne zu vernehmen war.

Durch das Gewirr von Köpfen, Rücken und Schultern konnte ich den Prediger nur für wenige Augenblicke sehen. Seine Kopfbedeckung verriet ihn als einen Jesuiten, ein rundlicher Mann von dunkelroter Gesichtsfarbe, auf dessen Haupt ein zu großer Dreispitz saß und der die kleine, dicht gedrängte Gruppe der Zuhörer mit einem sturzbachartigen Redefluss unterhielt.

»... und was ist ein Leben in Demut?«, hörte ich ihn laut in die Runde fragen. »Und ich sage euch: Wenig sprechen, viel weinen, einmal von dem einen, dann vom anderen verlacht werden; ein Leben, das von Armut, Schwachheit des Leibes, Ehrverlust und Mangel am Nötigsten gezeichnet ist. Kann denn ein solches Leben anders sein als unglücklich? Und ich antworte euch: Ja!«

Aus der Menge erhoben sich Ausrufe der Ungläubigkeit und Skepsis.

»Ich weiß!«, fuhr der Prediger heftig fort. »Die Menschen des Geistes sind an diese Übel gewöhnt, ja sie wollen sie freiwillig erleiden. Und wenn sie auf ihrem Weg nicht darauf stoßen, so suchen sie danach!«

Wieder ging ein unruhiges Raunen durch die Reihen der Zuhörer.

»Wie Simon aus Kyrene, der sich verrückt stellte, um vom Volk verhöhnt zu werden. Wie Bernhard von Clairvaux, der sich trotz seiner schwachen Gesundheit immer in die eisigsten und unwirtlichsten Einsiedeleien zurückzog! Sie hätten es auch anders haben können! Und deshalb haltet ihr sie nur für jämmerliche Gestalten? Nein, nein, hört zu, was der berühmte Geistliche Salviano gesagt hat ...«

Abbé Melani stieß mich an, um meine Aufmerksamkeit auf sich zu lenken: »Die Luft ist rein, glaube ich, los, gehen wir.«

Wir verließen die Piazza Navona an der Ecke, die unserer Locanda am nächsten lag, in der Hoffnung, nicht noch auf den letzten Schritten eine unliebsame Überraschung zu erleben.

»Der berühmte Geistliche Salviano mag sagen, was er will, ich kann es jedenfalls kaum erwarten, mich endlich umziehen zu können«, schnaubte Atto am Ende seiner Kräfte.

Ohne den Mut zu haben, mich umzusehen, hatte ich das unangenehme Gefühl, dass uns jemand folgte.

Wir hatten die gefährliche Überquerung des Platzes beinahe hinter uns, als das Unvorhergesehene geschah. Atto ging direkt vor mir dicht an der Mauer eines Palazzo entlang, als ich sah, wie sich aus einer kleinen Tür blitzschnell zwei Arme herausstreckten, ihn ergriffen und gewaltsam hineinzogen. Bei diesem schrecklichen Anblick und vor lauter Erschöpfung fiel ich fast in Ohnmacht. Ich blieb wie versteinert stehen und wusste nicht, sollte ich fliehen oder um Hilfe schreien, wobei ich in jedem Fall Gefahr gelaufen wäre, erkannt und verhaftet zu werden.

Aus dieser Ungewissheit riss mich hinter meinem Rücken eine bekannte Stimme, die mir so himmlisch erschien, wie ich es nie für möglich gehalten hätte:

»Beeilung, du auch in Verstecknis.«

Sosehr Abbé Melani die Heiligenfledderer auch verachten mochte, musste er sich diesmal, glaube ich, sehr anstrengen, um sich nicht anmerken zu lassen, wie dankbar er für ihr Eingreifen war. Ugonio hatte nicht nur auf wundersame Weise die *Cloaca Maxima* überlebt, sondern sich auch, nachdem er Ciacconio wiedergetroffen hatte, auf die Suche nach uns gemacht und uns – wenn auch auf etwas grobe Art – in Sicherheit gebracht. Ciacconio hatte Atto hinter die kleine Tür an der Piazza Navona gezogen, vor der Ugonio dann mich drängte, ebenfalls dahinter zu verschwinden.

Kaum dass wir die Schwelle überschritten hatten und ohne dass uns die Zeit blieb, Fragen zu stellen, schoben uns die Heiligenfledderer durch eine weitere Tür und hießen uns eine steile Treppe hinuntersteigen, die in einen engen und düsteren kleinen, fensterlosen Gang führte. Ciacconio holte eine Laterne hervor, von der ich absurderweise glaubte, er habe sie schon brennend unter seinem schmutzstarrenden Umhang getragen. Unser Retter schien ebenso durchnässt wie wir selbst, doch er hüpfte geschwind und leichtfüßig wie immer die Stufen hinunter.

»Wo bringt ihr uns hin?«, fragte Atto, der wenigstens dies eine Mal von der Wendung der Dinge überrascht und nicht mehr Herr der Lage war.

»Piazzame Navonio riskantig«, sagte Ugonio, »wenn mehr Vater als Vatermörder, Unterpantheonium gesundheitlicher.«

Mir fiel ein, dass die Heiligenfledderer uns während einer unserer Erkundungen des Ganges C die Abzweigung zu einem Ausgang gezeigt hatten, der in den Hof eines Palazzo auf der Piazza della Rotonda hinter dem Pantheon führte. Eine gute Viertelstunde lang führten uns die beiden von einem Keller in den nächsten, über schmale Stiegen und Wendeltreppen, durch niedrige Türen, verlassene Lagerräume und endlose Gänge. Ab und zu holte Ugonio seinen Ring voller Schlüssel hervor, öffnete eine Tür, ließ uns durch und schloss dann hinter unserem Rücken mit vier oder fünf Umdrehungen wieder ab. Erschöpft wie wir waren, schoben die beiden Atto und mich vor sich her, als wäre von uns nur noch die sterbliche Hülle übrig und schon bereit, die Erde zu verlassen.

Schließlich gelangten wir vor eine Art großes hölzernes Portal, das sich quietschend auf einen Innenhof öffnete, wo uns das Tageslicht erneut schmerzhaft in die Augen traf. Von da aus kamen wir in eine kleine Gasse und dann durch ein Tor ohne Schloss in einen weiteren, halb verfallenen Hof.

»Beeilung in Verhöhlung«, mahnte Ugonio und zeigte auf eine Art hölzerne Falltür auf dem Boden. Wir hoben die Bretter auf und blickten in einen erstickenden, dunklen Abgrund. Über dem oberen Rand des senkrechten Schachtes war eine horizontale Eisenstange mit einem Seil angebracht, an dem wir uns in die Tiefe gleiten ließen. Wir wussten, wo wir landen würden: im Gewirr der Gänge unter der Locanda.

Während sich die Falltür über unseren Köpfen schloss, sah ich die Gesichter der Heiligenfledderer unter ihren Kapuzen im Tageslicht verschwinden. Ich hätte Ugonio gerne gefragt, wie er unseren Schiffbruch in der *Cloaca Maxima* überlebt hatte und wie zum Teufel er herausgekommen war, aber es blieb keine Zeit mehr. Während ich an das Seil geklammert hinunterrutschte, schienen sich unsere Blicke einen flüchtigen Moment lang zu treffen. Unerklärlicherweise war ich sicher, dass er wusste, was ich dachte: Ich war glücklich, weil er es geschafft hatte.

In mein Zimmer zurückgekehrt, zog ich mich hastig um, versteckte die schlammverkrusteten Kleider und begab mich unverzüglich zu Cristofano, bereit, meine Abwesenheit wenig glaubwürdig mit einem Besuch im Keller zu rechtfertigen. Ich war zu müde, um mir Sorgen zu machen, und gefasst auf Fragen und Vorwürfe, auf die ich keinerlei Antwort würde finden können.

Aber Cristofano schlief. Vielleicht noch erschöpft von der Krise des Vortags, war er zu Bett gegangen, ohne auch nur die Tür zu schließen. Noch halb angekleidet, lag er schlecht und recht auf seinem Lager ausgestreckt.

Ich hütete mich, ihn zu wecken. Die Sonne stand noch tief am Horizont; ich hatte vor unserer Verabredung mit Devizé in Bedfordis Zimmer noch etwas Zeit: zum Schlafen.

Wider Erwarten aber war mein Schlaf keineswegs erholsam, sondern von wirren und quälenden Träumen gestört, in denen ich unser unglückseliges Abenteuer in der Unterwelt noch einmal durchlebte: Zuerst die Begegnung mit der Bruderschaft des Todes und die schrecklichen Minuten unter dem umgedrehten Boot, dann die beunruhigenden Fundstücke auf der Insel des Mithräums und schließlich der lange Alptraum in der *Cloaca Maxima*, wo ich geglaubt hatte, den Tod zu finden. Darum erwachte ich, als Cristofanos Knöchel gegen meine Tür pochten, erschöpfter als zuvor.

Auch der Arzt war anscheinend nicht in allerbester Verfassung. Zwei tiefe, bläuliche Ringe umgaben seine Augen, die wässrig und abwesend blickten, und seine Haltung, die ich als aufrecht und fest kannte, war nun leicht gebeugt. Er grüßte mich nicht und stellte, dem Himmel sei Dank, auch keine Fragen über die letzte Nacht.

Ich musste Cristofano sogar daran erinnern, dass wir uns in Kürze wie gewohnt darum kümmern mussten, die Herbergsgäste zu sättigen. Zuvor jedoch galt es, das Dringlichste zu erledigen. Es war Zeit, Robledas Theorie in die Praxis umzusetzen: Bedfordi sollte nun mit Devizés Gitarrenklängen behandelt werden. Ich ging also bei dem Jesuiten vorbei, um ihm zu sagen, dass wir seinen Ratschlägen folgen wollten. Danach riefen wir Devizé und begaben uns im Nebenzimmer an das Krankenbett des armen Engländers.

Der junge Musiker hatte sich einen Schemel mitgebracht, um im Flur spielen zu können, ohne das Zimmer des Pestkranken betreten zu müssen und damit womöglich seine eigene Gesundheit zu gefährden. Die Türe sollte offen bleiben, um die (so hofften wir) heilenden Gitarrenklänge hereinzulassen. Cristofano dagegen setzte sich direkt neben Bedfordis Bett, damit er – falls es dazu kommen sollte – seine Reaktionen genau beobachten konnte.

Einige Schritte von dem Gitarristen entfernt hielt ich mich diskret im Flur auf. Devizé rückte sich auf seinem Schemel zurecht, um die bequemste Haltung zu finden, und stimmte kurz sein Instrument. Zum Einspielen wählte er eine Allemande, dann eine Courante, um schließlich zu einer strengen Sarabande überzugehen. Danach stimmte er sein Instrument noch einmal und fragte Cristofano, ob es etwas Neues zum Befinden des Kranken gäbe.

»Nichts.«

Das Konzert ging mit einer Gavotte und einer Gigue weiter.

»Nichts. Nichts, gar nichts. Er scheint die Musik nicht einmal zu hören«, berichtete der Arzt entmutigt und voller Ungeduld.

Da endlich stimmte Devizé das an, was ich erhofft hatte und das von allen Tänzen, die ich ihn hatte spielen hören, allein in der Lage schien, Aufmerksamkeit und Herz aller Herbergsgäste gefangen zu nehmen: das wunderbare Rondo, das Devizés Lehrer Francesco Corbetta für die französische Königin Maria Theresia geschrieben hatte.

Wie vermutet war ich nicht der Einzige, der auf dieses Stück und seine unausweichliche Faszination gewartet hatte. Devizé spielte das Rondo einmal, dann ein zweites und ein drittes Mal, als wollte er zu verstehen geben, dass auch ihm selbst diese süßen Klänge – aus unerklärlichen Gründen – besonders teuer waren. Wir Zuhörer verharrten schweigend, alle gleichermaßen hingerissen. Wir hatten dieses Stück schon so viele Male gehört und konnten doch nie genug davon bekommen.

Während wir dem Rondo ein viertes Mal lauschten, trat bei mir ganz plötzlich an die Stelle des bloßen Genusses ein ganz anderer Eindruck. Gerade ließ ich mich von den zyklischen Wiederholungen des Refrains wiegen, als mir einfiel: Was hatte Devizé vor einigen Tagen gesagt? Die alternierenden Strophen des Rondos enthielten »immer neue harmonische Kühnheiten, die alle auf unerwartete Weise endeten, fast als hätten sie nichts gemein mit der herkömmlichen Musiktheorie. Und nachdem das Rondo seinen Höhepunkt erreicht hat, setzt abrupt der Schluss ein.«

Und was hatte Abbé Melani in Kirchers Brief gelesen? Dass auch die Pest zyklisch verlaufe: »Der Pestzyklus hat in seiner Endphase etwas Unerwartetes, Geheimnisvolles, der medizinischen Lehre Fremdes: *Senescit ex abrupto*, das heißt, sie lässt plötzlich nach, wenn die Seuche ihren Höhepunkt erreicht hat.«

Die Worte, mit denen Devizé das Rondo beschrieben hatte, waren fast die gleichen, mit denen Kircher von der Pest sprach …

Ich wartete bis zum Ende des Stücks und stellte dann endlich die Frage, die ich schon lange, schon längst hätte stellen sollen: »Signor Devizé, hat dieses Rondo einen Namen?«

»Ja, *Les Baricades mistérieuses*«, sagte er langsam und betont.

Ich schwieg.

»Übersetzt hieße es geheimnisvolle Barrikaden …«, fügte er hinzu, als wolle er die Stille füllen.

Ich schwieg weiter, wie versteinert.

Geheimnisvolle Barrikaden, *les baricades mistérieuses*: Waren das nicht die dunklen Worte, die Atto Melani am Nachmittag zuvor im Schlaf gemurmelt hatte?

Kaum hatte ich mir diese Frage gestellt, begannen meine Gedanken wie scheuende Pferde zu galoppieren: auf andere rätselhafte Hindernisse zu, die *arcanae obices* aus Kirchers Brief …

Meine Überlegungen wurden weggefegt. Die beiden lateinischen Wörter summten mir unabweisbar im Kopf herum und stürzten mich in ein Meer des Misstrauens und der Täuschung: Mir wurde schwindelig. Ich sprang auf und stürzte unter den verwunderten Blicken von Cristofano und Devizé, der noch einmal dasselbe Motiv spielte, in meine Kammer.

Als ich die Tür hinter mir zuschlug, hatte ich das Gefühl, unter dem Gewicht dieser Entdeckung und all dessen, was sie wie eine zerstörerische Lawine nach sich zog, zusammenzubrechen.

Das schreckliche Geheimnis der *arcanae obices* Kirchers, die rätselhaften Hindernisse, hinter denen sich das *secretum vitae* verbarg, hatte vor meinen Augen endlich Gestalt angenommen.

Ich brauchte Zeit zum Überlegen, ganz allein für mich in meiner Kammer. Nicht etwa, um meine Gedanken zu ordnen, sondern vielmehr, um zu verstehen, wem ich sie anvertrauen konnte.

Atto und ich waren den Spuren der *arcanae obices* gefolgt, den »rätselhaften Hindernissen«, die die außerordentliche Fähigkeit besitzen, die Pest zu besiegen, wie es Kircher in seinem delirierenden Brief an den Oberintendanten Fouquet geschrieben hatte; dann hatte ich gehört, wie der Abbé im Schlaf in der Sprache seiner Wahlheimat von nicht näher bezeichneten *baricades mistérieuses* sprach. Und jetzt hatte Devizé auf die Frage nach dem Namen des Rondos, das er zur Heilung Bedfordis spielte, genau diese Worte genannt, *Les Baricades mistérieuses*. Irgendjemand wusste viel mehr, als er zuzugeben bereit war.

»Du verstehst aber auch gar nichts!«, rief Abbé Melani aus.

Ich hatte ihn aus tiefem Schlaf geweckt, weil ich von ihm Erklärungen erwartete, doch die große Neuigkeit, die ich ihm zu berichten hatte, feuerte seine Worte und Gesten sogleich an. Er verlangte, dass ich meinen Bericht noch einmal Wort für Wort wiederhole: Wie Devizé das Rondo gespielt hatte, um Bedfordi zu heilen, und mir dann, als sei es das Selbstverständlichste der Welt, erklärte, das Stück trage den Titel *Les Baricades mistérieuses*.

»Entschuldige, aber du musst mir drei Minuten zum Überlegen lassen«, sagte er, von der Neuigkeit fast überwältigt.

»Ihr wisst jedoch, dass ich eine Erklärung erwarte und dass …«

»Einverstanden, einverstanden, aber jetzt lass mich nachdenken.«

Ich musste den Abbé also allein lassen und konnte erst nach einiger Zeit wieder an seine Tür klopfen. Seinem Blick nach zu schließen, der nun wieder wachsam und kämpferisch war, hätte ich nicht geglaubt, dass er überhaupt geschlafen hatte.

»Ausgerechnet jetzt, wo wir der Wahrheit ganz nahe sind, hast du beschlossen, mein Feind zu werden«, begann er fast den Tränen nah.

»Nicht Feind«, beeilte ich mich, ihn zu korrigieren. »Aber Ihr müsst verstehen …«

»Nun komm schon«, unterbrach er mich, »versuche erst einmal deinen Verstand zu gebrauchen.«

»Wenn Ihr erlaubt, Signor Atto, bin ich diesmal bestens in der Lage, meinen Verstand zu gebrauchen. Und ich frage mich: Wie ist es möglich, dass Ihr den Titel dieses Rondos kennt und dass er die Übersetzung von *arcanae obices* ist?«

Es erfüllte mich mit Stolz, diesen gewitzten Menschen, wenn auch nur kurz, in die Enge treiben zu können. Misstrauisch und vorwurfsvoll suchte ich in seinen Zügen zu lesen.

»Bist du fertig?«

»Ja.«

»Gut, dann lass jetzt mich reden«, sagte er schließlich. »Du hast gehört, wie ich im Schlaf ›*baricades mistérieuses*‹ gemurmelt habe, wenn ich dich recht verstehe.«

»Stimmt.«

»Gut. Wie auch dir bekannt ist, ist das mehr oder weniger die Übersetzung von *arcanae obices.*«

»Genau. Und ich hätte wirklich gern eine Erklärung dafür, wie Ihr wissen konntet …«

»Gemach, gemach. Begreifst du denn nicht? Das ist doch gar nicht der Punkt.«

»Aber Ihr …«

»Vertrau mir noch dies eine Mal. Was ich dir jetzt sage, wird deine Meinung ändern.«

»Signor Atto, ich kann nicht diesen Rätseln hinterherzulaufen versuchen und dann …«

»Du musst gar nicht hinterherlaufen. Wir sind bereits am Ziel. Das Geheimnis der *arcanae obices* ist mitten unter uns, und womöglich näher bei dir als bei mir.«

»Was meint Ihr damit?«

»Dass du es gesehen hast, oder genauer, dass du es öfter gehört hast als ich.«

»Will heißen …«

»Das *secretum vitae*, das vor der Pest bewahrt, ist in diesem Musikstück enthalten.«

Diesmal war ich es, der eine ganze Weile brauchte, um mich an diese alles umstürzende Vorstellung zu gewöhnen. In dem wunderbaren Rondo, das mich so sehr fasziniert hatte, war demnach der Kern des Rätsels um Kircher, Fouquet, den Sonnenkönig und Maria Theresia verborgen.

Atto ließ mir Zeit und sah zu, wie ich erbleichte und vollkommen überwältigt nur hilflos stammelte: »Aber ich habe geglaubt … es kann nicht sein.«

»Das habe auch ich mir im ersten Moment gesagt, aber wenn du genauer nachdenkst, wirst du es verstehen. Hör zu, wie ich es mir zusammengereimt habe: Hatte ich dir nicht gesagt, dass Corbetta, Devizés Lehrer, ein Meister der Kunst war, Botschaften musikalisch zu verschlüsseln?«

»Ja, das ist wahr.«

»Siehst du. Und Devizé selbst hat dir gesagt, dass Corbetta das Rondo der *Baricades mistérieuses* komponiert und vor seinem Tod Maria Theresia geschenkt hat.«

»Auch das ist wahr.«

»Gut. Die Widmung, die du mit eigenen Augen gesehen hast, lautet ›*à Mademoiselle*‹: die Gattin von Lauzun. Lauzun war mit Fouquet im Kerker. Und Fouquet hatte von Kircher das Geheimnis der Pest erhalten. Nun aber muss Fouquet, als er noch Oberintendant war, im Einvernehmen mit Kircher Corbetta beauftragt haben, das *secretum vitae*, das heißt die *arcanae obices* oder geheimnisvollen Barrikaden oder wie auch immer man sie nennen will, die vor der Pest bewahren, in Musik umzusetzen.«

»Aber auch Kircher, habt Ihr mir gesagt, konnte Botschaften musikalisch verschlüsseln.«

»Gewiss. Ich schließe auch gar nicht aus, dass Kircher Fouquet das *secretum vitae* bereits in musikalischen Tabulaturen verschlüsselt übergeben hat. Wahrscheinlich war jedoch die Verschlüsselung noch sehr einfach. Erinnerst du dich, was Devizé dir erzählt hat? Corbetta, der Schöpfer dieses Rondos, hat es aus einer bereits vorhandenen Melodie weiterentwickelt. Ich bin sicher, dass er sich auf Kircher bezog. Nicht nur das: Devizé selbst könnte, wenn er das Stück wieder und wieder spielte, die Ausführung so verbessert haben, dass keinem in den Sinn kam, unter einer so wunderbaren Musik könnte sich eine chiffrierte Botschaft verstecken. Unglaublich, nicht? Ich selbst habe Mühe, das Ganze zu begreifen.«

»Und in der Form des Rondos muss der Oberintendant das *secretum vitae* bewahrt haben.«

»Tja. Diese Tabulaturen haben wer weiß wie das Unglück, das über den armen Nicolas hereingebrochen ist, überlebt.«

»Bis er sie in Pinerolo ...«

»... Lauzun anvertraut hat. Weißt du, was ich an diesem Punkt denke? Dass es Lauzun selbst war, der die Widmung ›*à Mademoiselle*‹ geschrieben hat: Er wird die Notenblätter seiner Gemahlin gegeben haben, damit sie in die Hände von Königin Maria Theresia kommen.«

»Aber Devizé hat mir gesagt, Corbetta habe sie der Königin geschenkt.«

»Eine kleine Unwahrheit ohne Belang, die nur dazu dient, eine einfache Geschichte für dich daraus zu machen: In Wahrheit ist das Rondo, bevor es in den Besitz von Maria Theresia kam, durch die Hände von Fouquet, Lauzun und Mademoiselle gegangen.«

»Eines verstehe ich nicht, Signor Atto: Hattet Ihr nicht den Verdacht, Lauzun sei nur deshalb in Pinerolo neben dem Oberintendanten eingekerkert worden, um ihm das Geheimnis zu entreißen?«

»Vielleicht hat Lauzun zwei Herren gedient. Statt Fouquet auszuspionieren und ihn zu verraten, hat er es vielleicht vorgezogen, ihm die Wahrheit zu sagen, schon allein deshalb, weil man das Eichhörnchen nicht so leicht täuschen konnte. So hat Lauzun ihm geholfen, mit dem König im Tausch gegen das *secretum morbi* seine Freilassung durchzusetzen. Aber er hat sich anscheinend gehütet, und das gereicht ihm zur Ehre, Seiner Majestät, dem Allerchristlichsten König, zu enthüllen, dass Fouquet in der Form des Rondos auch über das *secretum vitae* verfügte. Im Gegenteil, er und Mademoiselle haben diese Gelegenheit benutzt, um sich am König zu rächen und dieses überaus kostbare Antidot gegen die Verbreitung der Pest in die Hände der Feinde Seiner Majestät gelangen zu lassen. Sosehr es mich zu sagen schmerzt, gehörte zu diesen Feinden in erster Linie seine Gemahlin, Königin Maria Theresia, Gott sei ihr gnädig.«

Gedankenverloren ließ ich vor meinem inneren Auge alle die Zusammenhänge Revue passieren, die Atto mir gerade dargelegt hatte.

»Tatsächlich hat diese Musik etwas Merkwürdiges«, bemerkte ich bei dem Versuch, die Fäden meiner Erinnerung zusammenzuknüpfen, »es ist, als ob sie hin- und herginge … immer gleich und doch stets verschieden. Ich vermag es nicht genau zu erklären, aber es lässt mich an das denken, was Kircher über die Pest geschrieben hat: Die Krankheit entfernt sich und kehrt wieder, sie entfernt sich und kehrt wieder, und schließlich verschwindet sie endgültig gerade dann, wenn sie ihren Höhepunkt erreicht. Es ist, als ob … die Musik von diesen Dingen spräche.«

»Ach ja? Umso besser. Dass das Rondo in der Tat etwas irgendwie Rätselhaftes und Undefinierbares hat, ging mir auch schon durch den Kopf, als ich es in den Tagen vor der Klausur hörte.«

Vor lauter Überlegen und Herumrätseln hatte ich den eigentlichen Grund meines Besuchs bei Abbé Melani ganz und gar vergessen: Ich wollte eine Erklärung erhalten für das, was er im Schlaf gesprochen hatte. Aber Atto ließ mich auch diesmal nicht zu Wort kommen.

»Hör zu. Uns bleiben noch zwei ungelöste Probleme: In erster Linie, wem nützt das Antidot des *secretum vitae* gegen das *secretum morbi* und damit gegen Seine Allerchristlichste Majestät? Und dann: Was um alles in der Welt hat Dulcibeni vor? Er war mit Devizé und Fouquet unterwegs, bevor mein armer Freund«, und an dieser Stelle wurde Attos Stimme unter dem Gewicht seiner Gefühle brüchig, »in deiner Locanda starb.«

Ich wollte ihn gerade daran erinnern, dass man auch noch herausbringen müsse, wer oder was an dem rätselhaften Tod Fouquets schuld und was aus meinen Perlen geworden sei, als der Abbé mir väterlich mit der Handfläche das Kinn hob und fortfuhr: »Jetzt frage ich dich: Wenn ich gewusst hätte, an welcher Tür ich klopfen muss, um die von Kircher erwähnten *arcanae obices* zu finden, hätte ich dann so viel Zeit verloren, nur um in den Genuss deiner Gesellschaft zu kommen?«

»Na ja, vielleicht nicht.«

»*Ganz sicher* nicht: Ich hätte direkt auf Devizé gezielt, um hinter das Geheimnis seines Rondos zu kommen. Vielleicht wäre es mir sogar ohne allzu große Mühe gelungen: Möglicherweise ist sich Devizé gar nicht darüber im Klaren, was sich in dem Rondo der *Baricades mistérieuses* verbirgt. Dann wäre ich Corbetta, Lauzun, Mademoiselle und diese ganze verflucht komplizierte Geschichte los.«

Genau da kreuzten sich wie zufällig unsere Blicke.

»Nein, mein Junge. Ich muss dir sagen: Du bist mir wahrlich eine kostbare Hilfe, aber ich habe nie versucht, dich zu täuschen, um mir deine Dienste zu erschleichen. Jetzt allerdings muss dich Abbé Melani noch ein letztes Mal um ein Opfer bitten. Wirst du mir noch einmal gehorchen?«

Die Antwort wurde mir vom Echo eines Schreis erspart: Ohne Mühe erkannte ich Cristofanos Stimme.

Ich verließ Abbé Melani und rannte zu Bedfordis Zimmer.

»Triumph! Wunder! Sieg!«, schrie der Arzt ein ums andere Mal, keuchend, das Gesicht rot vor Aufregung, die Hand auf dem Herzen, mit dem Rücken an die Wand gelehnt, um nicht zu fallen.

Der junge Engländer, Eduardus Bedfordi, saß auf dem Bettrand und hustete vernehmlich.

»Könnte ich ein Glas Wasser bekommen?«, fragte er mit rauer Stimme, als sei er aus langem Schlaf erwacht.

Eine Viertelstunde später drängten sich alle Gäste der Locanda um den verdutzten Devizé vor Bedfordis Zimmer. Freudestrahlend und atemlos vor Überraschung waren die Herbergsgäste wie ein munterer Bach im Flur des ersten Stocks zusammengeströmt und überschütteten einander mit Ausrufen des Staunens und mit Fragen, auf die niemand eine Antwort erwartete. Sie wagten nicht, sich Cristofano und dem genesenen Kranken zu nähern: Der Arzt, der sich inzwischen wieder gefangen hatte, war gerade dabei, den Patienten sorgfältig zu untersuchen. Das Ergebnis folgte auf dem Fuß: »Es geht ihm gut. Es geht ihm einfach ausgezeichnet. Ich würde sogar sagen, es ging ihm noch nie besser«, verkündete Cristofano mit einem befreienden Lachen, das die anderen unmittelbar ansteckte.

Anders als mein Padrone, Signor Pellegrino, hatte Bedfordi innerhalb kurzer Zeit sein Bewusstsein vollkommen wiedererlangt. Er fragte, was vorgefallen sei, warum er am ganzen Leib merkwürdige Verbände trage und ihm alle Glieder schmerzten: Das Aufschneiden der Beulen und die Aderlässe hatten seinen jungen Leib übel zugerichtet.

Bedfordi erinnerte sich an nichts. Auf alle der besonders von Brenozzi gestellten Fragen reagierte er verwirrt, riss die Augen auf und schüttelte müde den Kopf.

Bei genauerem Hinsehen stellte ich fest, dass nicht alle in

derselben Stimmung waren. Zur Freude von Pater Robleda, Brenozzi, Stilone Priàso und meiner Cloridia (die mir ein strahlendes Lächeln schenkte) standen das bewegte Schweigen Devizés und die wächserne Blässe Dulcibenis in heftigem Kontrast. Ich sah, wie Melani nachdenklich an Cristofano eine Frage richtete, sich dann entfernte und wieder die Treppe hinaufging.

Erst aufgrund des allgemeinen Jubels verstand Bedfordi allmählich, dass er an der Pest gelitten und tagelang als hoffnungsloser Fall gegolten hatte. Aus seinem Gesicht wich alle Farbe.

»Aber dann diese Vision ...«, rief er aus.

»Welche Vision?«, fragten alle im Chor.

»Also ... ich glaubte, in der Hölle zu sein.«

Der kaum Genesene erzählte, er erinnere sich nur an das Gefühl, plötzlich immer tiefer und tiefer und schließlich ins Feuer gestürzt zu sein. Dann, nach wie langer Zeit wusste er nicht zu sagen, war ihm kein Geringerer als Luzifer selbst erschienen. Der böse Dämon mit grüner Haut und einem Bärtchen auf der Oberlippe und Kinn (genau wie Cristofano, zeigte er) schob ihm eine seiner roten Krallen, aus der Feuerzungen hervorschlugen, in den Rachen und versuchte, ihm die Seele aus dem Leib zu reißen. Als ihm dies nicht gelang, stieß Luzifer mit seinem Dreizack mehrmals zu und ließ ihn fast verbluten. Dann ergriff die grässliche Bestie seinen zermarterten Leib und warf ihn ins siedende Pech, und darinnen, so schwor Bedfordi, erschien ihm alles furchtbar wirklich, und er hätte nie geglaubt, dass man sich so vor Schmerzen winden kann. In dem Pech hatte der junge Mann eine Weile ausgeharrt, hatte sich gewunden vor Schmerzen, zu Gott um Vergebung für all seine Sünden und seinen schwachen Glauben gebetet und den Allerhöchsten angefleht, ihn aus den höllischen Qualen zu befreien. Dann, nur noch Finsternis.

Wir hatten in ehrfürchtigem Schweigen zugehört; nun aber wetteiferten die Herbergsgäste darum, wer stimmgewaltiger das geschehene Wunder pries. Pater Robleda, der sich während Bedfordis Bericht mehrmals bekreuzigt hatte, beugte sich vorsichtig aus der Gruppe heraus zu dem Engländer hin und segnete ihn tief bewegt aus der Entfernung. Daraufhin knieten einige nieder und bekreuzigten sich ebenfalls.

Nur das Gesicht des Arztes hatte sich verfinstert. Er wusste ebenso gut wie ich, dass Bedfordis Vision nichts anderes als die im Fieberwahn verzerrte Erinnerung an die grausamen Therapien war, denen Cristofano ihn ausgesetzt hatte, während er pestkrank daniederlag. Die Teufelskralle, die ihm die Seele aus dem Leib reißen wollte, waren die kaiserlichen Biesamküglein, mit denen der Arzt den Kranken zum Erbrechen bringen wollte, während in Luzifers gewalttätigem Dreizack unschwer die Werkzeuge zu erkennen waren, mit denen Cristofano den Aderlass praktizierte, und in siedendes Pech gar hatte der arme Bedfordi in seinen qualvollen Visionen den heißen Kessel für das Schwadenbad verwandelt.

Bedfordi war hungrig, aber gleichzeitig klagte er über ein heftiges Brennen im Magen. Cristofano befahl mir deshalb, ein wenig von der übrig gebliebenen Taubenbrühe aufzuwärmen. Sie sei nahrhaft und würde auch die Eingeweide beruhigen. In dem Moment aber schlief der Engländer ein.

Wir beschlossen, ihn ruhen zu lassen, und gingen alle in die Räume im Erdgeschoss hinunter. Eigenartigerweise kümmerte sich niemand darum, dass die Gäste ohne Erlaubnis des Arztes ihre Zimmer verlassen hatten, und auch Cristofano, der sie schelten und wieder hätte zurückschicken müssen, tat nichts dergleichen. Die Pest schien vorüber: Durch stillschweigendes Übereinkommen war die Klausur aufgehoben, und niemand erwähnte sie auch nur.

Die Herbergsgäste des Donzello schienen ebenfalls großen Hunger zu haben. Deshalb stieg ich in den Keller hinunter, um die Zutaten für ein kräftiges, richtig fettes Festessen zu holen. Während ich kopfüber fast bis zu den Füßen im gepressten Schnee steckte und nach Rehklein, Kalbsbrieschen und Hammelfleisch wühlte, um es in Wurzelsud gesotten zuzubereiten, bedrängten mich unzählige Fragen. Wie war es möglich, dass Bedfordi die Krankheit überwunden hatte? Devizé hatte auf Robledas Rat für ihn gespielt: Vielleicht war also dessen Theorie über den Magnetismus der Musik doch richtig. Der Engländer war freilich erst nach den *Baricades mistérieuses* zu neuem Leben erwacht ... Aber sollte dieses Rondo nicht bloß eine Chiffrierung des *secretum vitae* sein? Das jedenfalls hatte Abbé Melani vermutet. Jetzt dagegen hatte es sich als das Heilende selbst erwiesen ... Nein, ich vermochte beim allerbesten Willen keine Ordnung in diese verwickelte Geschichte zu bringen. Ich musste, so schnell es ging, mit Abbé Melani sprechen.

Auf dem Weg nach oben hörte ich Cristofanos Stimme, und im Gastzimmer sah ich, dass Atto sich zu den anderen gesellt hatte.

»Was soll ich sagen?«, fragte sich der Arzt an die kleine Versammlung gewandt. »Es wird der Magnetismus der Musik gewesen sein, wie Pater Robleda sagt, oder meine Behandlungen, ich weiß es nicht. Wahr ist, dass niemand den Grund kennt, warum die Pest so unversehens verschwindet. Das Ungewöhnlichste an diesem Fall aber ist, dass Bedfordi kein Zeichen von Besserung gezeigt hat. Im Gegenteil: Er rang mit dem Tod, und ich hätte wohl bald bekannt geben müssen, dass alles Hoffen vergebens gewesen war.«

Robleda nickte heftig, den Kopf den anderen zugewandt, um zu zeigen, dass er an diesen verzweifelten Momenten teilgenommen hatte.

»Ich kann nur sagen«, fuhr Cristofano fort, »dass dies nicht der erste Fall ist. Manche erklären diese geheimnisvollen Heilungen mit der Überzeugung, dass die Pest nicht in den Haushaltsgerätschaften, den Häusern oder sonstiger *materia* kleben bleibe, sondern von heute auf morgen auf unbegreifliche Weise verschwinden kann. Ich erinnere mich, dass während der Pest des Jahres 1656 hier in Rom, die ich miterlebt habe, keine Arznei das Geringste helfen wollte. Als letztes Mittel entschloss man sich daher, eine große Fastenzeit und viele Barfüßerprozessionen anzuordnen, um in Sack und Asche gehüllt, zerknirscht und unter Tränen Vergebung der Sünden zu erflehen. Da soll der Herrgott den Erzengel Michael geschickt haben, der mit dem blutigen Schwert in der Hand von der Bevölkerung der ganzen Stadt am 8. Mai über der Engelsburg gesehen wurde: Von jenem Tag an hörte die Pest mit einem Schlag auf, und nirgends blieb mehr eine *contagio*, nicht einmal in Kleidern und Betten, die gewöhnlich einen äußerst gefährlichen

Ansteckungsherd darstellen. Und das ist noch nicht alles. Auch die Geschichtsschreiber der Antike erzählen von solch merkwürdigen Vorkommnissen. Im Jahr 567, wird überliefert, grassierte eine schreckliche Pestilenz in der ganzen Welt, die nur ein Viertel der Menschheit überlebte. Dann aber ließ sie abrupt nach, und es blieb kein einziger Ansteckungsherd. Auch 1348 wurde die ganze Welt drei Jahre lang vom schwarzen Tod heimgesucht, besonders betroffen waren Mailand, wo sechzigtausend Menschen starben, und Venedig, wo die Seuche ebenfalls gewaltig wütete.«

»Bei der Pest von 1468«, pflichtete Brenozzi dem Arzt bei, »starben in Venedig sechsunddreißigtausend Menschen, in Brescia mehr als zwanzigtausend, und viele Städte waren gänzlich öd und entvölkert. Aber auch diese beiden Epidemien verschwanden ganz plötzlich und schwelten nirgends weiter. So war es auch mit den späteren Epidemien: 1485 wütete die Seuche am allerärgsten in Venedig, so dass daran viele vornehme Adelspersonen starben, darunter sogar der Doge Giovanni Mocenigo; 1527 war auch ein allgemeines Sterben in der ganzen Welt, 1556 in Venedig und seinem ganzen Herrschaftsgebiet, auch wenn sie wegen der guten Vorsorge des Senats wenig Schaden anrichtete. All diese Ansteckungen gingen von einem bestimmten Punkt an spontan zurück, ohne Herde zu hinterlassen. Wie, wie nur lässt sich das erklären?«, schloss er emphatisch mit hochrotem Haupt.

»Ja, auch ich habe es bisher vorgezogen zu schweigen, um nicht als Unglücksbringer dazustehen«, mischte sich Stilone Priàso mit ernster Stimme ein, »aber nach Ansicht der Astrologen sterben durch den bösen Einfluss des Hundssterns in den letzten beiden August- und den ersten drei Septemberwochen alle Pestkranken innerhalb von zwei oder drei Tagen, wenn nicht gar innerhalb von vierundzwanzig Stunden. Bei der Pest von 1665 in London war dies tatsächlich die schlimmste Zeit, und es heißt, in einer einzigen Nacht seien zwischen ein und drei Uhr morgens mehr als dreißigtausend Menschen dahingerafft worden. Bei uns dagegen hat sich in demselben Zeitraum nichts zugetragen.«

Ein Schauder der Angst und Erleichterung lief durch die kleine Versammlung, während Robleda aufstand und neugierig in die Küche kam. Als von dem Rehklein und dem Hammel in Wurzelsud der erste verführerische Duft aufzusteigen begann, servierte ich eine Brühe mit Spargel und herben Weintrauben, um den ärgsten Hunger zu stillen.

»Auf dem Höhepunkt der Pestilenz in Rom im Jahre '56«, griff Cristofano seine Erzählung wieder auf, »war ich ein junger Medicus, und ich erinnere mich, dass ein *collega*, der mir einen Besuch abstattete, prophezeite, das Wüten der Seuche werde bald ein Ende nehmen. Gerade aber in jener Woche wurden die meisten Toten des ganzen Jahres gemeldet. Das merkte ich bei meinem Kollegen an und fragte ihn, worauf er denn seine zuversichtlichen Vorhersagen gründe. Er aber gab mir die höchst überraschende Antwort: ›Ich schließe es aus der Zahl der in diesem Augenblick erkrankten Menschen, denn wenn die Krankheit so tödliche Kraft besäße wie vor zwei Wochen, dann müssten wir das Dreifache an Toten haben. Damals starben die Befallenen innerhalb von zwei oder drei Tagen, jetzt dagegen dauert es acht oder zehn Tage. Vor zwei Wochen zählte man höchstens eine Heilung auf fünf Fälle, während wir jetzt mindestens drei Heilungen auf fünf Fälle annehmen können. Ihr könnt sicher sein, dass im nächsten Wochenbericht die Erkrankungen noch weiter sinken, die Heilungen dagegen zunehmen. Die Seuche hat ihre böse Macht verloren, und obwohl die Zahl der Infizierten immer noch hoch ist und die Ansteckung sich ausbreitet, wird die der Toten immer geringer werden.‹«

»Und kam es wirklich so?«, fragte Devizé sichtlich verstört.

»Haargenau. Zwei Wochen später wurden nur noch halb so viele Tote gemeldet. Die Zahl war in Wirklichkeit immer noch sehr groß, doch viel höher war jetzt die der Geheilten.«

Dass sein Kollege sich nicht getäuscht hatte, wurde, so erklärte Cristofano weiter, in den folgenden Wochen ganz augenscheinlich: Einen Monat später war die Zahl der Toten wesentlich geringer, obwohl immer noch Zehntausende erkrankt waren.

»Die Seuche hatte ihre Malignität verloren«, wiederholte der Arzt, »und zwar nicht schrittweise, sondern mitten in ihrem

Wüten, als alle vollkommen verzweifelt waren. Genauso, wie es uns jetzt mit dem jungen Engländer ergangen ist.«

»Nur die Hand Gottes kann den Lauf der Krankheit so jäh unterbrechen«, gab der Jesuit bewegt zu bedenken.

Cristofano nickte ernst: »Die ärztliche Kunst war ohne jede Macht gegen die Ansteckung, der die Menschen allüberall zum Opfer fielen, und wenn es noch zwei oder drei Wochen so weitergegangen wäre, hätte in Rom keine einzige Menschenseele überlebt.«

Nachdem die Pest jedoch ihre todbringende Macht eingebüßt hatte, so fuhr der Arzt fort, starb nur noch ein sehr kleiner Teil der Befallenen. Die *medici* selbst waren darüber verwundert. Sie konnten zusehen, wie es den Patienten besser ging; diese schwitzten stark, und die Beulen waren auf dem Weg der Reifung, die Schwellungen entzündeten sich nicht mehr, die Temperatur war nicht mehr erhöht und das Kopfweh verschwunden. Auch Ärzte von keineswegs glühender Frömmigkeit mussten schließlich zugeben, dass der plötzliche Rückgang der Pestilenz übernatürlichen Ursprungs sein müsse.

»Die Straßen bevölkerten sich mit eben Genesenen, die Hals und Haupt noch verbunden hatten oder wegen der Beulennarben in der Leiste hinkten. Und alle waren voller Jubel darüber, der Gefahr entronnen zu sein.«

Da erhob sich Robleda, zog aus seinem schwarzen Gewand ein Kruzifix hervor, hielt es den Zuhörern hin und rief feierlich aus: »Welch wunderbare Wendung, o Herr, unser Gott! Die wir bis jetzt lebendig begraben waren, hast du zu neuem Leben erweckt!«

In brennender Dankbarkeit knieten wir nieder und stimmten mit dem Jesuiten ein Loblied auf den Höchsten an. Danach genossen alle das aufgetragene Essen in vollen Zügen.

Ich jedoch konnte meine Gedanken nicht von Cristofanos Worten lösen: Demnach folgte die Pest einem geheimnisvollen natürlichen Kreislauf, durch den sie sich zuerst verbreitete, dann plötzlich schwächer wurde, ihre tödliche Kraft verlor und schließlich ganz versiegte. Sie verschwand auf ebenso rätselhafte Weise, wie sie gekommen war. *Morbus crescit sicut mortales, senescit ex abrupto* … Die Krankheit wächst wie die

Menschen und altert ganz unversehens. Waren das nicht die gleichen Worte, wie sie Abbé Melani in dem kryptisch formulierten Brief von Pater Kircher gelesen hatte, den er in Dulcibenis Unterhosen gefunden hatte?

Nachdem ich am Küchentisch hastig meine Mahlzeit heruntergeschlungen hatte, kehrte ich ins Speisezimmer zurück, um mich mit Atto durch einen Blick zu verständigen: Sobald wie möglich würde ich ihn aufsuchen.

So brachte ich zunächst Pellegrino sein Essen, der als wiederhergestellt gelten konnte, bis auf die weiter andauernde Benommenheit im Kopf. Der Arzt kam vorbei, um mir zu sagen, dass er selbst dem jungen Engländer die Brühe bringen wollte.

Ich ergriff die Gelegenheit, um zu fragen: »Signor Cristofano, könnte man Devizé nicht auch im Zimmer meines Padrone spielen lassen, um ihn wieder so munter wie früher zu machen?«

»Ich glaube, es würde nichts nützen, mein Junge. Leider haben sich die Dinge nicht so entwickelt, wie ich dachte: Pellegrino wird nicht so bald ganz zu sich kommen. Im Laufe der letzten Tage habe ich seine Gesundung genau verfolgt: Ich bin sicher, dass es sich nicht um Petechien und schon gar nicht um die Pest handelt, und das hast wohl auch du schon begriffen.«

»Aber was hat er dann?«, flüsterte ich bestürzt über den leeren und stumpfen Blick des Wirts.

»Blut im Kopf, weil er die Treppe hinuntergefallen ist. Ein Blutgerinnsel, das nur sehr, sehr langsam zurückgeht. Ich glaube, bis dahin werden wir längst alle gesund und munter hier herausgekommen sein. Aber keine Angst: Dein Padrone hat doch eine Frau?«

Und mit diesen Worten verschwand er. Während ich Pellegrino fütterte, gab es mir einen Stich ins Herz, als ich daran dachte, wie es ihm ergehen würde, wenn ihn seine gestrenge Gattin in diesem abgestumpften Zustand vorfand.

Kaum dass ich eingetreten war, schleuderte mir Atto entgegen: »Erinnerst du dich daran, was wir gelesen haben? Nach Kircher entsteht, wächst, altert und stirbt die Pest genau wie die Menschen. Kurz vor dem Ende bäumt sie sich noch einmal auf, erreicht ihren Höhepunkt, um dann zu verschwinden.«

»Genauso hat Cristofano es vorhin beschrieben.«

»Eben. Und weißt du, was das bedeutet?«

»Vielleicht, dass Bedfordi von selbst gesundet ist und nicht dank des Rondos?«

»Du enttäuschst mich, mein Junge. Begreifst du es denn nicht? Die Pest stand in dieser Locanda erst am Anfang: Sie hätte erst um sich greifen müssen, bevor sie ihre tödliche Wirkung verlor. Doch es ist ganz anders gekommen. Niemand anderes ist krank geworden. Weißt du, was ich glaube? Seit Devizé, an sein Zimmer gefesselt, angefangen hat, immer häufiger das Rondo zu spielen, hat diese Melodie die Räume der Locanda durchströmt und uns vor Ansteckung bewahrt.«

»Glaubt Ihr wirklich, dass wir nur dank dieser Musik keine weiteren Pestkranken bekommen haben?«, fragte ich zweifelnd.

»Das ist kaum zu glauben, ich weiß. Aber überlege: Seit Menschengedenken war es angesichts der Ausbreitung der Pest nie ausreichend, sich allein in ein Zimmer einzuschließen. Von Cristofanos vorbeugenden Mitteln ... wollen wir gar nicht reden«, lachte der Abbé. »Und außerdem sprechen die Tatsachen eine unmissverständliche Sprache: Der Arzt war jeden Tag mit dem armen Bedfordi in Kontakt und hat dann alle anderen aufgesucht. Aber weder er noch einer von uns ist krank geworden. Wie erklärst du dir das?«

Ist schon wahr, dachte ich: Wenn auch ich gegen die Ansteckung mit der Pest gefeit sein mochte, ließ sich das doch keineswegs für Cristofano behaupten.

»Nicht nur das«, fuhr Atto fort, »sobald er dem Rondo direkt ausgesetzt war, erwachte selbst Bedfordi, der nahe daran war, seine Seele Gott zu überantworten, wieder zum Leben, und die Krankheit war im wahrsten Sinne des Wortes wie weggeblasen.«

»Es ist ... als hätte Pater Kircher ein Geheimnis aufgedeckt, das bei den Pestkranken den natürlichen Ablauf der Krankheit beschleunigt und sie vertreibt, ohne dass sie Schaden anrichten kann. Ein Geheimnis, das aber auch die Gesunden vor der Ansteckung schützt!«

»Bravo, du hast es erfasst. Das in dem Rondo verborgene *secretum vitae* wirkt genauso.«

Auf seinem Bett ausgestreckt, fasste Atto alles noch einmal zusammen: Devizé hatte mit seinem Spiel Bedfordi wieder zum Leben erweckt. Die Idee dazu stammte von Robleda, der von der magnetischen Wirkung der Musik überzeugt war. Anfangs jedoch hatte der Franzose lange gespielt, ohne dass etwas geschehen wäre.

»Du wirst bemerkt haben, dass ich mich nach Bedfordis Genesung mit dem Arzt unterhalten habe: Also, er hat mir bestätigt, dass der Kranke erst, nachdem Devizé das Rondo gespielt und mehrmals wiederholt hatte, Lebenszeichen gab. Ich habe mich gefragt: Was mag sich wohl hinter diesen vermaledeiten *Baricades mistérieuses* verstecken?«

»Auch ich habe darüber nachgedacht, Signor Atto: Diese Melodie muss geheimnisvolle Kräfte besitzen …«

»Genau. Als ob Kircher darin ein heilendes Geheimnis verborgen hätte, das mit der Musik, die es enthält, jedoch so eins ist, dass es seine machtvolle, wohltuende Wirkung schon allein beim Anhören des Rondos entfaltet. Hast du das jetzt wirklich verstanden?«

Ich nickte, ohne wirkliche Überzeugung.

»Aber könnten wir nicht mehr darüber erfahren?«, bohrte ich weiter. »Könnten wir nicht versuchen, das Rondo zu entschlüsseln: Ihr versteht doch etwas von Musik; ich probiere, Devizé die Tabulaturen zu entwenden, und dann könnten wir einen Versuch wagen. Vielleicht gelingt es uns sogar, aus Devizé selbst etwas herauszubringen …«

Der Abbé hielt mich mit einer Handbewegung auf.

»Glaub nicht, dass er mehr weiß als wir«, erwiderte er mit einem väterlichen Lächeln. »Und welchen Sinn hätte das noch für uns? Die Macht der Musik: Das ist das eigentliche Geheimnis. In diesen Tagen und Nächten haben wir nichts anderes getan, als nach logischen Zusammenhängen zu suchen: Wir wollten alles verstehen und um jeden Preis. Ziemlich anmaßend wollten wir die Quadratur des Kreises finden. Und ich als Erster:

> Dem Geometer gleich, der tief in Sinnen
> Das Maß des Kreises sucht betörter Meinung,
> Und grübelnd nicht den Grundsatz kann gewinnen,
> So stand ich bei der plötzlichen Erscheinung:

wie der Dichter sagt.«

»Worte Eures Lehrers, *seigneur* Luigi?«

»Diese nicht, sie stammen von einem göttlichen Landsmann, der einige Jahrhunderte früher gelebt hat, heute aber leider vergessen ist. Damit wollte ich dir nur sagen, dass wir uns den Kopf zerbrochen, unser Herz freilich nicht bemüht haben.«

»Also haben wir alles falsch verstanden, Signor Atto?«

»Nein. Was wir entdeckt, erahnt und abgeleitet haben, war alles richtig. Jedoch unvollständig.«

»Und das heißt?«

»Mit Gewissheit ist in diesem Rondo verschlüsselt ich weiß nicht, welche Formel Kirchers gegen die Pest enthalten. Aber das ist nicht alles, was Kircher uns sagen wollte. Das *secretum vitae*, das Geheimnis des Lebens, ist mehr. Und das kann nicht ausgesprochen werden: Du wirst es weder in Worten noch in Zahlen finden. Allein in der Musik. So lautet Kirchers Botschaft.«

Noch immer halb auf dem Bett ausgestreckt, hatte Atto sein Haupt an die Wand gelehnt und schaute sinnend über mich hinweg ins Leere.

Ich war enttäuscht: Abbé Melanis Erklärung stillte meine Neugier nicht.

»Aber gibt es denn keine Möglichkeit, die Melodie der *Baricades mistérieuses* zu entschlüsseln? So könnten wir endlich das Geheimrezept erfahren, das von der Pest zu heilen vermag«, beharrte ich.

»Vergiss es. Wir könnten jahrhundertelang über diesen Notenblättern brüten, ohne auch nur eine Silbe herauszubekommen. Uns bleibt nur das, was wir heute gesehen und gehört haben: Dieses Rondo heilt beim bloßen Anhören von der Pest. Das muss uns genügen. Wie es ihm dagegen gelingt, vermögen wir nicht zu verstehen: ›Hier ward der Flug der Fantasie bezwungen‹«, zitierte der Abbé noch einmal seinen Landsmann und schloss: »Dieser verrückte Athanasius Kircher war jedenfalls ein bedeutender Gelehrter und Geistlicher und hat uns mit seinem Rondo auch eine Lektion in Demut erteilt. Vergiss das nie, mein lieber Junge.«

Überwältigt von der Fülle der Entdeckungen und Überraschungen, erwartete ich auf meinem Lager den Schlaf. Ich war gefangen von endlosen Überlegungen und Gemütsbewegungen. Erst am Ende des Gesprächs mit Atto hatte ich die doppelte und unentwirrbare Magie des Rondos erfasst: Nicht zufällig trugen die *Baricades mistérieuses* diesen Titel. Und sie zu entschlüsseln hatte keinen Sinn. Wie Kircher hatte mich auch Abbé Melani, ein Mann, dem es gewiss nicht an Stolz und Misstrauen mangelte, mit seinem Bekenntnis zur Demut etwas gelehrt. Schon halb im Traum dachte ich lange über das Geheimnis der *Baricades* nach, während ich vergebens versuchte, die bewegende Melodie zu summen.

Bewegt hatte mich auch der väterliche Ton, mit dem Atto mich »mein lieber Junge« genannt hatte. Bei dieser Erinnerung verharrte ich lange, und erst kurz vor dem Einschlafen fiel mir ein, dass der Abbé trotz seiner schönen Reden und der gegebenen Versprechen nicht erklärt hatte, wieso er am Tag zuvor im Schlaf die Worte »*baricades mistérieuses*« ausgesprochen hatte.

Ich verbrachte ich weiß nicht, wie viele Stunden schlafend in meiner Kammer. Als ich erwachte, herrschte im Donzello vollkommene Stille. Nachdem sich der Freudentaumel gelegt hatte, schien die ganze Locanda in Lethargie verfallen zu sein. Auch wenn ich die Ohren spitzte, hörte ich weder Devizé spielen noch Brenozzi umherlaufen, um die anderen Herbergsgäste zu stören. Und Cristofano war nicht gekommen, um mich zu holen.

Für die Zubereitung des Abendessens war es eigentlich noch zu früh, aber ich entschloss mich dennoch, in die Küche hinunterzugehen: Mehr noch als beim Mittagessen wollte ich die gute Neuigkeit der Heilung Bedfordis und damit der Hoffnung auf Freiheit angemessen feiern. Ich nahm mir vor, kleine, zarte, frisch eingetroffene Droscheln, auch Drosseln genannt, zu braten. Auf der Treppe traf ich Cristofano, den ich nach dem Befinden des Engländers fragte.

»Es geht ihm gut, ausgezeichnet«, antwortete er erfreut. »Er hat nur ein wenig Schmerzen, äh, wegen der aufgeschnittenen Beulen«, fügte er etwas verschämt hinzu.

»Ich habe vor, Droscheln zum Abendessen zu braten: Meint Ihr, sie werden auch Bedfordi gut tun?«

Der Arzt machte mit den Lippen ein schmatzendes Geräusch: »Mehr als gut. Drosseln haben ein Fleisch von hervorragendem Geschmack, gehaltvoll und nahrhaft, leicht zu verdauen, gut für Genesende und alle Personen mit geschwächter Konstitution. Jetzt sind sie außerdem am allerbesten. Im Winter dagegen kommen sie aus den Bergen bei Spoleto oder Terni und sind sehr fett, weil sie sich dann von Myrte und Wacholder ernähren. Wenn sie allerdings die Myrtenbeeren gefressen haben, ist dies ein probates Mittel gegen Durchfall. Wenn du aber wirklich Drosseln braten willst«, sagte er mit hungriger Ungeduld in der Stimme, »solltest du dich beeilen: Ihre Zubereitung braucht Zeit.«

Im Erdgeschoss stellte ich fest, dass die anderen Herbergsgäste schon heruntergekommen waren, um sich etwas zu zerstreuen, sie spielten Karten, unterhielten sich oder genossen die Freiheit, herumlaufen zu können. Niemand schien in sein Zimmer zurückkehren zu wollen, wo alle tagelang in der Angst verharrt hatten, an der Pest zu sterben.

Freudestrahlend kam mir meine Cloridia entgegen: »Wir sind wieder lebendig!«, rief sie glücklich aus. »Nur Pompeo Dulcibeni fehlt, glaube ich«, fügte sie mit fragendem Blick hinzu.

Meine Stimmung verfinsterte sich: Wieder zeigte Cloridia Interesse für den ältlichen Edelmann aus den Marken.

»Eigentlich fehlt auch Abbé Melani«, antwortete ich trocken, wandte ihr absichtlich den Rücken zu und eilte in den Keller, um alles zum Kochen Notwendige zu holen.

Das Abendessen gelang mir fast so gut wie damals das Kuheuter und fand – man verzeihe mir die Unbescheidenheit – bei allen großes Lob. Wie ich es bei meinem Padrone abgeschaut hatte, bereitete ich die Droscheln auf verschiedenste, fantasievolle Arten zu. Einige panierte ich und briet sie umwickelt mit Speckscheiben, worauf ich sie mit Broccolispitzen bedeckte und mit Zitronensaft beträufelte, andere füllte ich mit klein geschnittener Hühnerleber, Rosinen, Kräutern, Schinken, Gewürzen und Speckscheiben. Wieder andere briet ich, nachdem ich ein richtig schönes Feuer gemacht hatte, mit Bratwurststücken, Pomeranzenschnitzen und Wurzelwerk. Oder ich kochte sie in salzigem Sud, bedeckt mit Fenchel und Salatherzen, gebunden mit Ei und kredenzte sie dann im Netz oder in Weinblättern mit einem Obstmus.

Während diese alle auf dem Herd standen, briet ich andere am Spieß: in Brotteig oder mit Speckscheiben und Lorbeerblättern, mit gutem Öl bestrichen und mit Semmelbröseln bestreut. Ich wagte mich sogar daran, die Droscheln nach der Art zuzubereiten, in der Pellegrino ein Meister war und die er »im Schlafrock« nannte: mit Speck und Schinken gespickt, mit Näglein und *sauce royale* bedeckt, dann in ein Netz und in ein Kürbisblatt gewickelt. Ein paar andere, ein bisschen größere Drosseln kochte ich bis zur Hälfte gar, schnitt sie in der Mitte durch und briet sie dann in reichlich Fett heraus. Als Beigabe zu den Drosseln bereitete ich ausgebackenes Gemüse, beträufelt mit Zitronensaft und überpudert nur mit Zucker, ohne Zimmet.

Als die Speisen fast fertig waren, umringten mich die Gäste mit erwartungsvollen Gesichtern, bedienten sich selbst und reichten einander die verschiedenen Gerichte. Überraschend sorgte Cloridia für meine Portion: Sie hatte mir einen großen Teller gefüllt und auch nicht vergessen, ihn mit Petersilgen und einem Spitz Zitrone zu verzieren. Mir wurde ganz heiß, aber sie ließ mir keine Zeit, etwas zu sagen, sondern gesellte sich mit einem Lächeln zu den anderen Gästen.

Inzwischen war auch Abbé Melani heruntergekommen. Dulcibeni dagegen war nicht zu sehen. Ich ging hinauf, um an sein Zimmer zu klopfen und zu fragen, ob er keinen Appetit habe. Auch wenn ich gerne etwas über seine Pläne erfahren hätte, hätte sich keine Gelegenheit dazu geboten. Durch die geschlossene Tür teilte er mir nur mit, er habe überhaupt keinen Hunger und auch keine Lust, mit irgendjemandem zu reden. Um ihn nicht misstrauisch zu machen, drang ich nicht in ihn. Während ich mich von seiner Türe entfernte, hörte ich ein Geräusch, das mir inzwischen vertraut war, eine Art rasches, zischendes Schniefen.

Dulcibeni griff wieder zu seiner Tabaksdose.

Neunte Nacht

Vom 19. auf den 20. September 1683

Bedrängung, Gefahrung und Verheiligung«, versicherte Ugonio ungewöhnlich aufgeregt.

»Verheiligung? Und was soll das heißen?«, fragte Abbé Melani.

»Gfrrrûlbh«, erklärte Ciacconio und bekreuzigte sich.

»Wenn Verheiligung Geschäftigung verbisiert, oder vielmehr wenigstens Kirchender oder Heiligender oder Wichtigender präsentiert, und der Verpflichtung Genüge getan, dem Getauften Jubel erwächst, wohlverstanden, was Ciacconio mit gebührlicher, weislicher, dauerlicher Respektabilität appelliert.«

Atto und ich blickten einander entgeistert an. Die Heiligenfledderer schienen ungewöhnlich unruhig und versuchten uns etwas über eine Persönlichkeit der Kurie oder Ähnliches zu erklären, vor der sie große Ehrfurcht zu hegen schienen.

Gespannt darauf, wie Ciacconios heimlicher Besuch im Hause Tiracordas verlaufen war, hatten wir die beiden in ihrem Archiv besucht, wo sie wie üblich mit ihrem Berg von Knochen und Unrat beschäftigt waren. Ugonio hatte Ciacconios Knurren in Worte gefasst und uns sofort gewarnt: Im Hause des mit Dulcibeni befreundeten Arztes drohte etwas Gefährliches, das unbedingt verhindert werden musste und mit einer hohen, noch nicht identifizierbaren Persönlichkeit zu tun hatte, vielleicht mit einem Geistlichen.

»Sag mir vor allem: Wie hast du es geschafft, in Tiracordas Haus zu kommen?«, fragte Atto.

»Gfrrrlûlbh«, antwortete Ciacconio mit einem verschlagenen Lächeln.

»Hereingedrungen im kaminlichen Schornichstein«, erklärte Ugonio.

»Durch den Kamin? Deshalb hat es ihn nicht interessiert, wo die Fenster sind. Aber da hat er sich doch ganz schmutzig gemacht … vergiss es«, korrigierte sich Atto, weil auch er wusste, dass Schmutz das natürliche Element der zwei Heiligenfledderer war.

Ciacconio war es ohne große Schwierigkeiten gelungen, durch den Kamin der Küche ins Erdgeschoss einzusteigen. Von dort aus war er den Stimmen gefolgt und bis zum Arbeitszimmer vorgestoßen, wo Tiracorda und Dulcibeni ein für ihn unverständliches Gespräch führten.

»Gesprechung Theoristisches, Enigmistisches … vielleicht Magistisches«, erklärte Ugonio.

»Gfrrrlûlbh«, bestätigte Ciacconio und nickte sichtlich beunruhigt nachdrücklich mit dem Kopf.

»Aber nein, nein, keine Angst«, unterbrach Atto lächelnd, »das sind nur Rätselfragen.«

Ciacconio hatte den Scharaden zugehört, mit denen Tiracorda und Dulcibeni sich zu unterhalten pflegten, und hatte sie für dunkle kabbalistische Zeremonien gehalten.

»In Gesprechung Doctorus fabuliert, sich nächtens nach Monte Cavallo verliert und heiligende Persona therapisiert«, fügte Ugonio hinzu.

»Ich habe verstanden: Heute Nacht wird er sich nach Monte Cavallo, das heißt in den päpstlichen Palast begeben, um diese Person, diesen sehr hoch stehenden Geistlichen zu behandeln«, übersetzte Atto und schaute mich dabei bedeutungsvoll an.

»Und dann?«

»Danndanach magnocumgaudio Alcoholicum trinkiert, und Doctorus dulcis in fungo somnolenziert.«

Dulcibeni hatte also wiederum den Likör mitgebracht, der dem Arzt so mundete und diesen eingeschläfert hatte.

Hier nun begann der wichtigste Teil von Ciacconios Bericht. Kaum war Tiracorda im Reich der Träume gelandet, hatte Dulcibeni ein seltsam bemaltes Gefäß mit Luftlöchern an der Seite aus dem Schrank genommen. Dann hatte er eine kleine Ampulle aus der Tasche geholt und daraus einige Tropfen einer Flüssigkeit in Tiracordas Gefäß tropfen lassen. Atto und ich tauschten beunruhigte Blicke.

»Bei Ausführung der Tröpfelung Sprechung: ›Für sie‹.«

»›Für sie‹ … Interessant. Und dann?«, drängte Atto.

»Danndanach Furiengewitter prässiert.«

»Die Furie?«, fragten wir gleichzeitig.

In Tiracordas Arbeitszimmer war Paradisa erschienen, die ihren Gemahl in Bacchus' Armen und Dulcibeni im Besitz der verhassten Alkoholika ertappte.

»Ja, viel gesprudelt, verzürnt und cholerig«, erklärte Ugonio.

Soweit wir verstanden, hatte Paradisa angefangen, ihren Gatten mit Schimpfwörtern zu überschütten, ihn mit den Gläsern, mit denen die beiden angestoßen hatten, mit den Arbeitsinstrumenten des armen Arztes und überhaupt mit allem, was ihr in die Hände kam, zu bombardieren. Tiracorda musste unter dem Tisch Zuflucht suchen, um all diesen Wurfgeschossen zu entgehen, während Dulcibeni hastig das bemalte Gefäß, in das er etwas von der geheimnisvollen Flüssigkeit getropft hatte, wieder an seinen Platz stellte.

»Weibsperson beschmäht: Doctorus nicht ereignet, therapisiert, um mehr Gutes als Böses zu wirken«, sagte Ugonio kopfschüttelnd, während Ciacconio mit besorgter Miene dazu nickte.

Genau in diesem Augenblick, so berichtete Ugonio weiter, nahm Ciacconios Mission leider eine andere Wendung. Während Paradisa ihren Hass auf Weine und Liköre ungehemmt an dem wehrlosen Tiracorda ausließ und Dulcibeni sich ganz brav in einer Ecke verkroch, um das Gewitter vorüberziehen zu lassen, packte Ciacconio die Gelegenheit beim Schopfe, um seine niederen Instinkte zu befriedigen. Schon bevor die Frau aufgetaucht war, hatte er nämlich auf einem Regal in Tiracordas Arbeitszimmer einen Gegenstand entdeckt, der ihm ins Auge stach.

»Gfrrrlûlbh«, grummelte er befriedigt und zog aus seinem

Umhang einen glänzend polierten, großartigen Totenschädel mit Unterkiefer hervor, den Tiracorda wahrscheinlich bei seinen Vorlesungen den Studenten vorgeführt hatte.

Während Paradisa tobte, schlich Ciacconio auf allen vieren ins Zimmer, im weiten Bogen um den Tisch, unter dem sich Tiracorda versteckte, und brachte sich ungesehen in den Besitz des Schädels. Wie es der Zufall wollte, traf jedoch ein großer Kerzenständer, den Paradisa gegen Tiracorda schleudern wollte, beim Abprall ausgerechnet Ciacconio. Vor Schmerz sprang der Heiligenfledderer daraufhin auf den Tisch und brüllte wie eine Art Kriegsgeheul die einzige Silbe, deren er fähig war.

Beim Anblick dieses schmutzstarrenden, ungestalten Wesens, das zudem nun mit dem Kerzenständer auf sie zielte, begann Paradisa aus Leibeskräften zu schreien. Dulcibeni blieb wie versteinert in seiner Ecke, und Tiracorda versuchte sich noch mehr auf den Boden zu drücken.

Auf Paradisas Geschrei hin eilten die Mägde aus dem oberen Stockwerk herbei und liefen Ciacconio über den Weg, als er gerade die Treppe zur Küche hinunterrennen wollte. Der Heiligenfledderer vermochte angesichts der drei jungen, hübschen Mädchen der Versuchung nicht zu widerstehen, seine Pfoten nach der nächstbesten auszustrecken.

Die Ärmste verlor, von dem Ungeheuer gerade da schlüpfrig betatscht, wo ihr Fleisch am weichsten und schwellendsten war, auf der Stelle das Bewusstsein; die zweite Dienerin verfiel in hysterisches Geschrei, während die dritte Hals über Kopf davonlief.

»Nicht wisslich, ob nicht auch pisslich«, ergänzte Ugonio, und beide Heiligenfledderer brachen in ziemlich ordinäres Lachen aus.

Wild über das unerwartete Vergnügen feixend, erreichte Ciacconio schließlich Küche und Kamin, durch den er rasch (und auf wirklich unbegreifliche Weise) auf das Dach von Tiracordas Haus und in die Freiheit hinaufkletterte.

»Unglaublich«, kommentierte Atto Melani, »diese beiden haben mehr Leben als ein Salamander.«

»Gfrrrlûlbh«, erklärte Ciacconio dazu.

»Was hat er gesagt?«

»Dass in dem Gefäß nicht Salamaster, sondern Blutekler waren«, übersetzte Ugonio.

»Wie bitte? Vielleicht meinst du …«, stotterte Abbé Melani.

»Blutegel«, kam ich ihm zuvor, »die waren also in Tiracordas Gefäß, das Dulcibeni so sehr interessierte …«

Plötzlich hielt ich inne, denn eine blitzartige Eingebung brachte meine Gedanken völlig durcheinander.

»Ich hab's verstanden, ich hab alles verstanden!«, schrie ich zuletzt und sah, wie Atto ungeduldig an meinen Lippen hing. »Dulcibeni … o Gott! …«

»Sag, so sprich doch«, flehte mich Melani an, packte mich bei den Schultern und schüttelte mich wie ein Bäumchen, während die Heiligenfledderer uns verblüfft und neugierig wie zwei Eulen anstierten.

»… er will den Tod des Papstes«, vermochte ich schließlich zu stammeln.

Wir ließen uns alle vier nieder, wie erdrückt von der unerträglichen Last dieser Enthüllung.

»Die Frage ist: Was ist die Flüssigkeit, die Dulcibeni insgeheim in das Gefäß mit den Blutegeln getropft hat?«, sagte Atto.

»Etwas, was er auf seiner Insel zubereitet hat«, antwortete ich sofort, »in seinem Laboratorium, in dem er Ratten schlachtet.«

»Genau. Er schlachtet sie, und dann nimmt er ihr Blut. Aber es sind kranke Ratten«, fügte Atto hinzu, »denn wir haben einige tote und einige sterbende gesehen, erinnerst du dich?«

»Natürlich erinnere ich mich: Es lief ihnen doch Blut aus der Schnauze! Und Cristofano hat mir gesagt, das sei bei pestkranken Ratten der Fall«, erwiderte ich erregt.

»Also hatten diese Ratten die Pest«, pflichtete Atto bei. »Aus ihrem Blut hat Dulcibeni eine infizierte Flüssigkeit präpariert. Dann ist er zu Tiracorda gegangen und hat ihn mit seinem Likör eingeschläfert. So konnte er die Pest bringende Flüssigkeit in das Gefäß voller Blutegel gießen, die damit zu Krankheitsträgern wurden. Mit diesen Blutegeln wird Tiracorda heute Nacht Innozenz XI. zur Ader lassen«, schloss Atto mit vor Erregung brüchiger Stimme, »und ihn mit der Pest verseuchen. Vielleicht sind wir zu spät darauf gekommen.«

»Wir sind seit Tagen ganz nahe daran gewesen, Signor Atto. Wir haben Tiracorda sogar sagen hören, dass er den Papst zur Ader lassen will!«, warf ich hitzig ein.

»Gütiger Himmel, du hast Recht«, antworte Melani düster nach einem kurzen Augenblick des Nachdenkens. »Es war beim ersten Mal, als wir seinem Gespräch mit Dulcibeni zuhörten. Wieso habe ich das nicht verstanden?«

Wir überlegten, kramten in unserem Gedächtnis und stellten weiter Vermutungen an, um unsere Rekonstruktion des Geschehens rasch zu vervollständigen und zu befestigen.

»Dulcibeni hat viele medizinische Fachbücher gelesen«, fing der Abbé wieder an, »das merkt man, sobald er das Thema streift. Daher weiß er sehr genau, dass bei Pestepidemien die Ratten erkranken und dass er von ihnen, das heißt von ihrem Blut, das bekommen kann, was er braucht. Er hat Fouquet auf seiner Reise begleitet, der die Geheimnisse der Pest kennt. Auch kennt er die Theorie Kirchers, nach der sich die Seuche nicht durch Miasmen, Gerüche oder Gestank verbreitet, sondern durch *animalcula*. Das heißt durch winzig kleine Wesen, die von einem Lebewesen zum anderen wandern können. Von den Ratten bis zum Papst.«

»Richtig!«, erinnerte ich mich. »Zu Beginn der Quarantäne haben wir einmal alle über die Pesttheorien diskutiert, und Dulcibeni erklärte Kirchers Ansichten bis in die kleinsten Einzelheiten. Er kannte sie so genau, dass es wirkte, als hätte er nie an etwas anderes gedacht, es war für ihn fast ...«

»... eine Obsession, genau das. Den Plan, den Papst anzustecken, muss er schon lange vorher gefasst haben. Vielleicht, als er mit Fouquet über die Geheimnisse der Pest sprach, während der drei Jahre, die der Oberintendant in Neapel verbracht hat.«

»Dann aber muss Fouquet großes Vertrauen zu Dulcibeni gehabt haben.«

»Gewiss. Wir haben ja auch Kirchers Brief in seinen Unterhosen gefunden. Warum hätte sich Dulcibeni denn sonst so rührend um einen blinden Alten kümmern sollen?«, stellte der Abbé sarkastisch fest.

»Aber wo hat Dulcibeni die *animalcula* her, die die Pest übertragen?«, fragte ich.

»Krankheitsherde gibt es immer hier und da, auch wenn daraus nicht zwangsläufig eine wirkliche Epidemie erwächst. Ich erinnere mich zum Beispiel, gehört zu haben, dass es Anfang dieses Jahres einige Pestfälle an der Grenze zum Kaiserreich, in der Gegend von Bozen, gab. Dort wird sich Dulcibeni das Blut der kranken Ratten besorgt haben, mit denen er seine Experimente begann. Dann, als er den richtigen Augenblick für gekommen hielt, hat er hier in der Locanda neben Tiracordas Haus immer mehr Ratten infiziert, um stets frisches Blut bereitzuhaben.«

»Er hat also die Pest am Leben erhalten, indem er sie von einer Ratte auf die andere übertrug.«

»Genau. Aber vielleicht hatte er ab einem bestimmten Punkt die Dinge nicht mehr unter Kontrolle. In den unterirdischen Gängen kam alles Mögliche zusammen: kranke Tiere, Ampullen voller Blut, Gäste aus der Locanda, die kamen und gingen … zu viel Verkehr. Am Ende hat ein unsichtbarer Erreger, irgendein *animalculum*, sogar Bedfordi erreicht, und unseren jungen Engländer hat die Krankheit erwischt. Besser so: Es hätte genauso gut dich oder mich treffen können.«

»Und Pellegrinos Krankheit, und Fouquets Tod?«

»Das hat nichts mit der Pest zu tun. Das Leiden deines Padrone hat sich ganz einfach als Folge des Sturzes oder wenig mehr erwiesen. Fouquet dagegen ist nach Cristofanos – und meiner – Meinung vergiftet worden. Und es würde mich überhaupt nicht wundern, wenn Dulcibeni ihn ermordet hätte.«

»Oh, gütiger Himmel, auch die Ermordung Fouquets?«, erschrak ich. »Aber Dulcibeni schien mir nicht so bösartig, so … jedenfalls hat er sehr gelitten wegen seiner Tochter, der Arme; er ist fast zu bescheiden in seinem Benehmen; und schließlich hat er das Vertrauen des alten Fouquet zu gewinnen vermocht, er hat ihm geholfen, ihn geschützt …«

»Dulcibeni will den Papst töten«, schnitt mir Atto das Wort

ab, »du hast es als Erster kapiert. Warum sollte er dann nicht auch seinen Freund vergiftet haben?«

»Ja, aber ...«

»Alle begehen früher oder später den Fehler, sich dem falschen Menschen anzuvertrauen«, sagte er hart mit einem schiefen Lächeln. »Und außerdem weißt du, dass sich der Oberintendant immer zu sehr auf seine Freunde verlassen hat,« fügte der Abbé hinzu und erschrak ein wenig über seine eigenen Worte. »Wenn du aber gern weiterzweifeln willst«, reizte er mich, »dann habe ich noch eine viel wichtigere Frage. Während des Aderlasses heute Nacht wird der Papst von den Blutegeln Tiracordas mit der Pest infiziert, und er wird daran sterben. Und warum? Nur weil die Odescalchi Dulcibeni nicht geholfen haben, seine Tochter zu finden?«

»Und weiter?«

»Scheint dir das nicht ein bisschen wenig, um einen Pontifex zum Tode zu verurteilen?«

»Ja, wahrhaftig ...«

»Es ist wenig, zu wenig«, betonte Atto, »und ich habe den Eindruck, Dulcibeni wagt sich auch aus anderen Gründen an ein so kühnes Unternehmen. Im Augenblick aber kommt mir keiner in den Sinn.«

Während wir überlegten, diskutierten auch Ugonio und Ciacconio heftig miteinander. Am Ende erhob sich Ugonio, als wolle er sich rasch auf den Weg machen.

»Wenn wir schon bei tödlichen Gefahren sind: Wie hast du es geschafft, dich aus der *Cloaca Maxima* zu retten?«, fragte ich den Heiligenfledderer.

»Sakrament der Errettung hat Baronio getan.«

»Baronio? Wer ist das?«

Ugonio blickte uns so bedeutungsvoll an, als wolle er eine feierliche Ankündigung machen: »Woimmerauch, so dringlich als sofort personalisierte Erkennung«, äußerte er, während sein Kumpan uns durch ruckartige Bewegungen aufforderte, aufzustehen und ihnen zu folgen.

So begaben wir uns unter Führung der Heiligenfledderer noch einmal zum Gang C.

Nach einigen Minuten hielten Ugonio und Ciacconio unvermittelt inne. Wir befanden uns im ersten Abschnitt des Tunnels, und ich meinte ein leises Geflüster zu hören, das sich langsam näherte. Auch hatte ich den Eindruck, einen starken, unangenehm animalischen Gestank wahrzunehmen.

Plötzlich knieten Ugonio und Ciacconio nieder, als bezeigten sie einer unsichtbaren Gottheit ihre Ergebenheit. Aus dem tiefen Dunkel des Tunnels sah ich undeutlich eine Reihe von staubgrauen, wankenden Gestalten auftauchen.

»Gfrrrlûlbh«, brachte Ciacconio voll Ehrerbietung hervor.

»Baronio, aller Heiligenfledderer Exzellentius, Prominentius und Duxentius«, verkündete Ugonio feierlich.

Dass das Schattenvolk der Heiligenfledderer ziemlich zahlreich war, ließ sich erahnen. Dass es jedoch von einem anerkannten Herrn geführt wurde, dem die stinkende Masse der Reliquiensammler Ansehen, Autorität und beinahe wundertätige Kräfte zuerkannte, hatten wir wahrlich nicht erwartet.

Doch mit dieser Neuigkeit wurden wir nun vertraut gemacht. Umgeben von einer großen Schar seiner Anhänger, war uns der geheimnisvolle Baronio entgegengeeilt, als hätte er unser Kommen vorhergesehen. Sein Gefolge war bunt (falls sich dieses Wort auf bloße Grau- und Brauntöne anwenden lässt) und war Ugonio und Ciacconio nicht unähnlich: Irgendwie in jämmerliche, staubige Umhänge gewandet, Hände und Gesichter von Kapuzen und überlangen Ärmeln verhüllt, bildeten die Kumpane von Ugonio, Ciacconio und Baronio das furchterregendste Lumpenpack, das ein Mensch sich überhaupt vorstellen kann. Der durchdringende Gestank, den ich zuvor wahrgenommen hatte, war nichts anderes gewesen als die Ankündigung ihres Kommens.

Baronio trat vor, der nur deshalb zu erkennen war, weil er die anderen um weniges überragte.

Kaum hatte er ein paar Schritte auf uns zugemacht, als etwas Unvorhergesehenes geschah. Der Anführer der Heiligenfledderer kehrte hastig wieder um und verschanzte sich hinter einigen seiner kurzbeinigen Gefolgsleute. Die Schar der Heiligenfledderer schloss sich daraufhin wie eine Phalanx dicht zusammen und gab misstrauische Brummtöne von sich.

Da sagte Ciacconio »Gfrrrlûlbh«, und plötzlich schien sich die Gruppe zu beruhigen.

»Baronio verängstelt: Hat dich mit *daemunculus subterraneus* verwachselt«, erklärte mir Ugonio, »aber ich verkläre und verschwöre, du guter Kumpanus.«

Der Anführer der Heiligenfledderer hatte mich mit einem der Erdgeister verwechselt, die – nach ihren bizarren Glaubensvorstellungen – in den Tiefen der Erde leben und von deren Existenz die Reliquiensammler, ohne sie je gesehen zu haben, felsenfest überzeugt waren. Ugonio legte mir dar, dass diese Wesen weite unterirdische Gegenden bewohnten und von Nikephoros, Kaspar Schott, Fortunius Licetus, Johannes Eusebius Nierembergius und sogar von Kircher ausführlich beschrieben worden seien. Der Letztere habe sich nicht nur mit dem Wesen und Verhalten der *daemunculi subterranei,* sondern auch mit dem der Zyklopen, Giganten, Pygmäen, Monopoden, Tritonen, Sirenen, Satyren, Kynozephalen und Azephalen intensiv auseinander gesetzt.

Nun aber hatte ich nichts mehr zu fürchten: Ugonio und Ciacconio bürgten für Atto und mich. Rasch wurden uns dann die anderen Heiligenfledderer der Reihe nach mit ihren teils recht ungewöhnlichen Namen vorgestellt (im Einzelnen kann mich mein Gedächtnis vielleicht täuschen): Gallonio, Stellonio, Marronio, Salonio, Plafonio, Scacconio, Grufonio, Polonio, Suetonio und Antonio.

»Welche Ehre«, sagte Atto, der seinen Ekel und Sarkasmus nur mühsam verbergen konnte.

Ugonio erklärte, dass die Gruppe unter Baronios Führung ihm zu Hilfe geeilt war, als unser Kahn umgekippt und zum Spielball der Fluten der *Cloaca Maxima* geworden war. Auch jetzt hatte der Anführer der Heiligenfledderer auf geheimnisvolle Weise (vielleicht durch denselben wunderbaren Geruchssinn, über den Ciacconio verfügte, oder durch andere ungewöhnliche Fähigkeiten) gespürt, dass Ugonio ihn treffen wollte, und war ihm aus den Tiefen der Erde oder vielleicht einfach durch die Falltür, die vom Pantheon in die unterirdischen Gänge führte, entgegengeeilt.

Die Heiligenfledderer schien demnach ein Band der Brüderlichkeit und christlichen Nächstenliebe zusammenzuhalten. Über einen Kardinal, der leidenschaftlich Reliquien sammelte, hatten sie sogar beim Papst um die Erlaubnis gebeten, eine Erzbruderschaft zu gründen, aber der Papst hatte (»merkwürdiglich«, wie Ugonio meinte) nicht darauf geantwortet.

»Sie stehlen, betrügen und schmuggeln, und dann tun sie recht heilig«, zischelte mir Atto zu.

Von nun an schwieg Ugonio und überließ das Wort Baronio. Endlich hörten auch die anderen Heiligenfledderer auf, sich unentwegt zu kratzen, zu hüsteln und schmatzend und sabbernd an unsichtbaren, ekelhaften Brocken herumzukauen.

Baronio blähte die Brust, reckte seinen gichtkrummen Finger streng in die Höhe und verkündete: »Gfrrrlûlbh!«

»Außerordentlich«, erwiderte Atto Melani eisig, »wir sprechen sozusagen dieselbe Sprache.«

»Ist nicht Sprechung, ist Schwörung«, mischte sich Ugonio etwas verärgert ein, vielleicht, weil er gemerkt hatte, dass Atto sich über seinen Anführer subtil lustig machte.

Wir erfuhren nun, dass das beschränkte lexikalische Repertoire der Heiligenfledderer nicht auf Dummheit oder mangelnder Bildung beruhte, sondern auf einem frommen Gelübde.

»Bis heiliges Objectum nicht gefunden, nicht verbalisieren«, sagte Ugonio, der uns erklärte, er sei von diesem Bann frei, um die Kontakte zwischen der Gemeinschaft der Heiligenfledderer und dem Rest der Welt aufrechtzuerhalten.

»Ach ja? Und was wäre denn dieses heilige Objectum, das Ihr sucht?«

»Ampullonia mit wahrer Blutung unseres Herrn Jesu Christi«, sagte Ugonio, während alle anderen sich gleichzeitig bekreuzigten.

»Eine edle und heilige Aufgabe, die Eure«, sagte Atto lächelnd zu Baronio gewandt.

»Bete darum, dass das Gelübde nie aufgehoben wird, sonst reden hier in Rom am Ende alle wie Ugonio«, flüsterte er mir dann zu, ohne dass die anderen es hören konnten.

»Ist wahrunscheinlich, alldieweil der Untermalende germanierlich«, antwortete jedoch Ugonio ganz unerwartet.

»Du bist Deutscher?«, wunderte sich Atto.

»Verkomme aus Vindobona«, erläuterte der Heiligenfledderer bereitwillig.

»Ach, du bist in Wien geboren«, übersetzte der Abbé. »Deshalb sprichst du so …«

»… verherrsche italiotischen Sermon wie Sprachmutter«, beeilte sich Ugonio den Satz zu beenden, »und bin gratifiziert Eurer Entschiedenheit zur Komplimentierung der Schätzung verzückt.«

Nach diesem kräftigen Eigenlob für seine schwer verquere, eigenwillige Art zu sprechen erklärte Ugonio seinen Gefährten die Geschehnisse: Ein finsteres Individuum, Gast in unserer Locanda, hatte einen Plan ausgeheckt, um seine Heiligkeit Innozenz XI. mit einem pestverseuchten Blutegel zu ermorden, und zwar ausgerechnet zu einem Zeitpunkt, an dem das Schicksal der Christenheit in Wien entschieden wurde. Das tödliche Vorhaben sollte in dieser Nacht in die Tat umgesetzt werden.

Die Heiligenfledderer nahmen die Enthüllung mit dem Ausdruck tiefster Empörung, ja fast Panik auf. Es folgte eine kurze, heftige Diskussion, die uns Ugonio zusammenfassend übersetzte. Plafonio schlug vor, sich zum Gebet zurückzuziehen und das Eingreifen des Allerhöchsten zu erbitten. Gallonio dagegen sprach sich für eine diplomatische Mission aus: Eine Delegation der Heiligenfledderer sollte sich zu Dulcibeni begeben, um ihn von seinem Vorhaben abzubringen. Stellonio mischte sich mit dem Vorschlag in die Diskussion, in die Locanda einzudringen, Dulcibeni zu fassen und ihn an Ort und Stelle hinzurichten. Doch gab Grufonio zu bedenken, dass ein solcher Handstreich unangenehme Rückwirkungen wie beispielsweise das Eingreifen der päpstlichen Wachen hervorrufen könnte. Marronio fügte hinzu, das Eindringen in eine Locanda, die wegen Pestverdacht geschlossen war, würde zweifellos noch weitere unbestreitbare Risiken nach sich ziehen. Außerdem, so bemerkte Suetonio, würde ein solcher Handstreich Dulcibenis Attentat keineswegs verhindern können: Wenn nämlich Tiracorda den Papst aufsuchte (und an dieser Stelle bekreuzigte sich Grufonio), sei alles verloren. Man müsse deshalb Tiracorda um jeden Preis aufhalten. Die ganze Gruppe der Heiligenfledderer blickte auf Baronio, der die wirkungsvollen Worte sprach: »Gfrrrlûlbh.«

Darauf fing Baronios Gesindel an herumzuspringen und kriegerische, irre Laute von sich zu geben, es stellte sich dann vor unseren Augen wie ein Trupp Soldaten in Zweierreihe auf und verschwand im Tunnel C, der zu Tiracordas Haus führte.

All dem wohnten Atto und ich hilflos und verwirrt bei; Ugonio, der mit seinem gewohnten Begleiter bei uns zurückgeblieben war, musste uns erklären, was vor sich ging: Die Heiligenfledderer hatten beschlossen, Tiracorda unter allen Umständen aufzuhalten. Sie wollten sich in den Gassen um sein Haus postieren und den Wagen, der den Leibarzt zum Monte Cavallo bringen sollte, stoppen.

»Und wir, Signor Atto, was werden wir tun, um Tiracorda aufzuhalten?«, fragte ich in heller Aufregung und entschlossen, mich mit meiner ganzen Kraft demjenigen entgegenzustellen, der das Leben des Stellvertreters Christi bedrohte.

Doch der Abbé hörte mir nicht zu. Stattdessen erwiderte er mit tonloser Stimme auf Ugonios Erklärungen: »Aha, so ist das.«

Er hatte die Situation nicht mehr in der Hand und schien darüber nicht sehr erfreut.

»Also, was machen wir?«

»Tiracorda muss aufgehalten werden, so viel ist sicher«, sagte Melani und versuchte, seine entschiedene Haltung wiederzugewinnen. »Während Baronio und die anderen die Oberfläche im Auge behalten, werden wir uns den unterirdischen Gängen widmen. Schaut her.«

Wir sahen zu, wie er eine neue Version des Planes der unterirdischen Gänge entwarf, auf die gleiche Weise, wie er ihn schon früher angefertigt, dann aber in den Fluten der *Cloaca Maxima* verloren hatte. Auf dem neuen Plan war auch der Gang C bis zu der Stelle, wo man auf dem Kanal Dulcibenis Laboratoriumsinsel und die *Cloaca Maxima* erreichte. Deutlich zu erkennen war auch der Gang D bis zum Stall Tiracordas neben der Locanda.

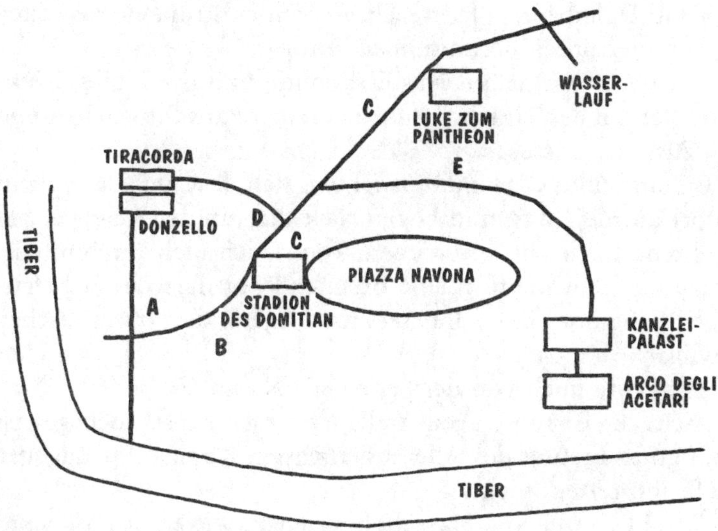

»Um Tiracorda abzufangen, genügt es nicht, die Straßen um die Via dell'Orso zu überwachen«, erklärte Atto. »Wir können nicht völlig ausschließen, dass der Arzt es vorzieht, die unterirdischen Gänge zu benutzen, um die Sache besser geheim zu halten, und zwar zuerst den Gang D, dann C, B und A, um am Tiberufer an die Oberfläche zu kommen.«

»Und warum?«

»Er könnte beispielsweise ein Stück weit flussaufwärts ein Boot benutzen, bis zur Anlegestelle der Ripetta. Damit würde die Strecke zwar länger, aber es wäre fast unmöglich, ihm zu folgen. Tiracorda könnte auch irgendeinen Ausgang benutzen, den wir nicht kennen. Es wird gut sein, die Aufgaben zu verteilen und alle Möglichkeiten in Betracht zu ziehen: Ugonio und Ciacconio werden die Gänge A, B, C und D im Auge behalten.«

»Ist das nicht ein bisschen viel für die beiden alleine?«

»Sie sind nicht nur zu zweit, sondern zu dritt: Ciacconios Nase ist auch noch dabei. Ich und du, mein Junge, wir werden den Teil des Ganges B kontrollieren, wo wir noch nie gewesen sind. Nur um sicherzugehen, dass Tiracorda uns da nicht entschlüpfen kann.«

»Und Dulcibeni?«, fragte ich. »Fürchtet Ihr nicht, dass auch er sich hier unten herumtreiben wird?«

»Nein. Er hat getan, was er konnte, und die Blutegel infiziert. Jetzt muss Tiracorda nur noch den Papst aufsuchen und ihn zur Ader lassen.«

Ugonio und Ciacconio machten sich fast im Laufschritt sofort auf den Weg und bogen rückwärts in den Gang C ein. Während auch wir aufbrachen, konnte ich nicht umhin, eine Frage zu stellen, um meine brennende Neugierde zu befriedigen: »Signor Atto, Ihr seid ein Agent des französischen Königs?«

Er blickte mich von der Seite an: »Na und?«

»Seht, es ist nur ... jedenfalls ist dieser Papst doch gewiss kein guter Freund des Allerchristlichsten Königs. Ihr dagegen wollt ihn retten, nicht?«

Atto blieb stehen: »Hast du je gesehen, wie ein Mensch enthauptet wird?«

»Nein.«

»Nun, dann wisse, dass die Zunge sich noch bewegen kann, wenn das Haupt schon vom Richtblock rollt. Und sprechen. Deshalb erfüllt es keinen Fürsten mit Freude, wenn seinesgleichen dahingeht. Er fürchtet diesen Kopf, der herunterrollt, und diese Zunge, die gefährliche Dinge sagen kann.«

»Dann lassen Herrscher niemals jemanden umbringen.«

»Na ja, so ist es auch wieder nicht ... sie können es tun, wenn die Sicherheit der Krone in Gefahr ist. Aber die Politik, denk immer daran, mein Junge, die wahre Politik beruht auf Gleichgewichten und nicht auf Sturmangriffen.«

Ich beobachtete ihn verstohlen und erkannte an der brüchigen Stimme, dem blassen Gesicht und den unruhigen Augen, dass seine Ängste Abbé Melani wieder eingeholt hatten: Trotz seiner Worte hatte ich sein Zögern wahrgenommen. Die Heiligenfledderer hatten ihm keine Zeit zum Überlegen gelassen, sondern ihm rasch die Initiative aus der Hand gerissen, um Innozenz XI. zu retten, in einem heldenhaften Unterfangen, wie es Atto nicht ebenso schnell in Angriff genommen hatte, in das er aber nun unversehens hineingeschleudert worden war. Jetzt konnte er nicht mehr zurück. Seinen Unmut versuchte er zu verbergen, indem er seine Schritte beschleunigte und mir so nur den nervös gespannten Rücken zuwandte.

Als wir das Archiv von Ugonio und Ciacconio erreichten, war von den beiden weit und breit nichts zu sehen. Sie mussten schon gut versteckt in einem Winkel auf der Lauer liegen.

»Wir sind's! Alles in Ordnung?«, fragte Atto mit erhobener Stimme.

Aus irgendeinem in tiefschwarzer Dunkelheit verborgenen Gewölbe vernahmen wir als Bestätigung das unverwechselbare Knurren Ciacconios.

So setzten wir die Erkundung fort und nahmen im Gehen unsere Überlegungen wieder auf.

Wir waren uns darin einig, dass es eine unverzeihliche Blindheit gewesen war, in den vorausgegangenen Tagen die äußerst deutlichen Indizien, über die wir im Bilde waren, nicht miteinander in Verbindung zu bringen. Glücklicherweise war es gerade noch möglich, das scheuende Pferd der Wahrheit bei der Mähne zu packen. Atto versuchte noch einmal, die uns bekannten Elemente zusammenzufassen: »Dulcibeni arbeitete für die Familie Odescalchi als Buchhalter oder Ähnliches. Er hatte von einer türkischen Sklavin eine Tochter namens Maria. Das junge Mädchen wurde von dem ehemaligen Sklavenhändler Feroni und seiner rechten Hand namens Huygens entführt, sicherlich, um den Gelüsten des Letzteren Genüge zu tun. Maria wurde wahrscheinlich sehr weit weggebracht, irgendwohin in den Norden. Um sie wiederzufinden, wendet sich Dulcibeni an die Familie Odescalchi, aber diese verweigert ihm ihre Hilfe. Aus diesem Grund hasst Dulcibeni sämtliche Mitglieder der Familie, allen voran den mächtigen Kardinal Benedetto Odescalchi, der in der Zwischenzeit Papst geworden ist. Darüber hinaus geschieht nach der Entführung etwas Seltsames: Dulcibeni wird angegriffen und aus einem Fenster geworfen, wahrscheinlich in der Absicht, ihn zu töten. Bist du so weit einverstanden?«

»Einverstanden.«

»Hier haben wir den ersten dunklen Punkt: Warum wollte ihn jemand – womöglich im Auftrag von Feroni oder der Familie Odescalchi – ermorden?«

»Vielleicht um ihn daran zu hindern, dass er sich seine Tochter zurückholte?«

»Vielleicht«, sagte Atto, wenig überzeugt. »Aber auch du hast gehört, dass die Erkundungen all seiner Emissäre ergebnislos blieben. Ich glaube eher, dass Dulcibeni für irgendjemanden gefährlich geworden war.«

»Signor Atto, aber warum war Dulcibenis Tochter eine Sklavin?«

»Hast du Tiracorda nicht gehört? Weil ihre Mutter eine türkische Sklavin war, die Dulcibeni nicht hatte heiraten wollen. Ich verstehe wenig vom Handel mit Negern und Ungläubigen, aber nach den Worten Dulcibenis wurde die Tochter der Sklavin der Odescalchi ebenfalls als deren Sklavin betrachtet. Ich frage mich nur: Warum haben Huygens und Feroni sie nicht einfach gekauft?«

»Vielleicht wollten die Odescalchi sie ihnen nicht verkaufen.«

»Aber die Mutter haben sie verkauft. Nein, ich denke eher, dass Dulcibeni sich dem Verkauf seiner Tochter widersetzt hat: Deshalb ist sie entführt worden, vielleicht mit Unterstützung der Odescalchi selbst.«

»Wollt Ihr damit sagen, dass eine derart verabscheuungswürdige Tat von der Familie gedeckt worden sein könnte?«, fragte ich entsetzt.

»Gewiss. Und möglicherweise genau von jenem Kardinal Benedetto Odescalchi, der heute Papst ist. Vergiss nicht, dass Feroni sehr reich und ziemlich mächtig war. Ein Mann, dem man nichts abschlägt. So ließe sich erklären, warum die Odescalchi Dulcibeni nicht helfen wollten, seine Tochter wiederzufinden.«

»Aber mit welchen Mitteln konnte Dulcibeni sich gegen den Verkauf wenden, wenn das Mädchen Eigentum der Odescalchi war?«

»Du fragst ganz richtig: Mit welchen Mitteln? Das, glaube ich, ist der Punkt: Dulcibeni muss ein Druckmittel gehabt haben, das den Odescalchi die Hände gebunden und ihnen vielleicht keine andere Wahl gelassen hat, als mit Feroni die Entführung zu vereinbaren und dann Dulcibeni für immer zum Schweigen zu bringen.«

Feroni: Ich wollte dem Abbé sagen, dass mir der Name irgendwie bekannt vorkam. Da mir aber nicht einfiel, wann und wo ich ihn schon gehört hatte, schwieg ich.

»Ein Druckmittel gegen die Odescalchi. Ein Geheimnis vielleicht … wer weiß«, murmelte Abbé Melani derweil mit einem schlüpfrigen Blitzen in den Augen.

Ein schändliches Geheimnis aus der Vergangenheit des Papstes: Ich begriff, dass Atto Melani, der Agent Seiner Allerchristlichsten Majestät, sein Leben dafür gegeben hätte, dieses Geheimnis zu lüften.

»Wir müssen das Rätsel lösen, verflixt!«, rief er am Ende seiner Überlegungen. »Zuerst aber fangen wir noch einmal von vorne an: Dulcibeni fasst den Entschluss, keinen Geringeren als den Papst umzubringen. Er kann gewiss nicht darauf hoffen, beim Pontifex eine Audienz zu bekommen, um ihm dann ein Messer in die Brust zu stoßen. Wie kann man einen Menschen aus der Ferne umbringen? Man kann versuchen, ihn zu vergiften; aber Gift in die päpstliche Küche zu schmuggeln ist mehr als schwierig. Dulcibeni hat sich dagegen eine viel raffiniertere Lösung ausgedacht. Er erinnert sich daran, einen alten Freund zu haben, der seiner Sache dienlich sein kann: Giovanni Tiracorda, der Leibarzt des Papstes. Der Papst aus der Familie der Odescalchi hat, das weiß Dulcibeni, schon immer gesundheitliche Probleme gehabt. Tiracorda behandelt ihn, und diesen Umstand kann Dulcibeni sich zunutze machen. Darüber hinaus verschlechtert sich der Zustand des Papstes, denn er wird von der furchtbaren Angst gepeinigt, dass die christlichen Heere vor Wien eine Niederlage erleiden könnten. Er wird zur Ader gelassen; dazu verwendet man Blutegel, die sich von Blut ernähren. Was also tut Dulcibeni? Während sie sich mit Rätseln die Zeit vertreiben, macht er Tiracorda betrunken. Das ist nicht besonders schwierig, weil Paradisa, die Frau des Arztes, bigott und halb verrückt ist: Sie glaubt, Alkohol führe die Seele in die Verdammnis. Tiracorda muss also heimlich trinken, und deshalb lässt er sich fast immer voll laufen. Sobald er betrunken ist, infiziert sein Freund Dulcibeni die für den Papst bestimmten Blutegel mit der pestverseuchten Flüssigkeit, die er auf seiner Insel gewonnen hat. Die Tierchen werden ihre Zähne in das heilige Fleisch des Pontifex versenken und ihm die Seuche übertragen.«

»Grauenhaft!«, kommentierte ich.

»Das würde ich nicht sagen. Es ist einfach das, wozu ein rachedurstiger Mensch fähig ist. Erinnerst du dich an das erste Mal, als wir in Tiracordas Haus eingedrungen sind? Dulcibeni hat ihn gefragt: ›Wie geht es ihnen?‹, und bezog sich dabei – das wissen wir jetzt – auf die Blutegel, die er bereits damals infizieren wollte. Dann aber hat Tiracorda aus Versehen die Flasche mit dem Likör umgestoßen, und Dulcibeni musste sein Vorhaben verschieben. Gestern Nacht dagegen verlief alles glatt. Während er die Blutegel präparierte, murmelte er: ›Für sie‹: Er übte Rache an den Odescalchi wegen des Verschwindens seiner Tochter.«

»Aber er brauchte einen ruhigen Platz, um seinen Plan vorzubereiten und alles Notwendige herzustellen«, bemerkte ich.

»Ganz recht. Vor allem, um mit Kunstgriffen, die wir nicht kennen, die Krankheit zu erzeugen. Die gefangenen Ratten sperrt er auf der Insel in einen Käfig und pflanzt ihnen die Krankheit ein; dann entnimmt er ihnen Blut und bearbeitet es, um die tödliche Flüssigkeit zu erhalten. Bestimmt war er es, der in den unterirdischen Gängen das Blatt aus der Bibel verloren hat.«

»Dann wäre auch er es, der meine Perlen gestohlen hat?«

»Wer denn sonst? Aber unterbrich mich jetzt nicht«, schnitt mir Atto das Wort ab und fuhr fort: »Als nach Beginn der Quarantäne dein Padrone krank wurde, musste Dulcibeni, um weiter die unterirdischen Gänge und seine Insel in dem Mithräum aufsuchen zu können, die Schlüssel von Pellegrinos Gürtel entwenden und von einem Schlüsselmacher eine Kopie anfertigen lassen. Er hat den Nachschlüssel in eine Bibelseite von Komarek gewickelt. Doch bei all dem Hantieren mit Ratten, Blutegeln und Destillierkolben musste er sie unvermeidlich mit Blut beschmieren.«

»Auf der Insel haben wir ein Gefäß für Blutegel gefunden, das genauso aussieht wie das bei Tiracorda«, fiel mir ein, »und dann all diese Instrumente …«

»Das Gefäß, stelle ich mir vor, diente ihm dazu, einige Blutegel zu züchten, vielleicht um Gewissheit zu haben, dass sie sich von infiziertem Blut ernähren können, ohne vorzeitig einzugehen. Sobald er aber bemerkte, dass er nicht der Einzige war, der sich in den unterirdischen Gängen aufhielt, und dass ihm vielleicht jemand folgte, befreite er sich von den kleinen Saugern, die als Beweis seines verbrecherischen Vorhabens hätten dienen können. Die Vorrichtungen und Werkzeuge auf der Insel brauchte er dagegen nicht nur für seine Experimente mit den Ratten, sondern auch zur Herstellung des tödlichen Giftes. Deshalb erinnerte alles an die Werkstatt eines Alchimisten: Destillierkolben, Salben, Feuerstellen …«

»Und diese Art kleines Schafott?«

»Wer weiß, vielleicht hielt er damit die Ratten fest, während er sie zur Ader ließ oder um sie zu schlachten und ihnen dann das Blut zu entnehmen.«

Deshalb, so sagten wir uns noch einmal, hatten wir in den unterirdischen Gängen verendende Ratten gefunden: Sie waren Dulcibenis Experimenten womöglich entkommen oder hatten überlebt, und wir waren auf sie gestoßen, kurz bevor sie doch verendeten. Die Ampulle voller Blut schließlich, die wir im Gang D gefunden hatten, war Dulcibeni sicher verloren gegangen, als er, wahrscheinlich erfolglos, versucht hatte, die Blutegel seines Freundes Tiracorda direkt mit dem Blut der Ratten zu infizieren.

»Aber in den unterirdischen Gängen haben wir auch die Mamacòcablätter gefunden«, warf ich ein.

»Dafür habe ich tatsächlich keine Erklärung«, gab Abbé Melani zu. »Sie haben weder mit der Pest etwas zu tun noch mit Dulcibenis Vorhaben. Etwas anderes: Ich kann einfach nicht glauben, dass Dulcibeni tagelang mit dem Schwung eines Jünglings laufen, rudern, klettern und unserer Verfolgung entkommen konnte, und zudem nachts. Man könnte fast meinen, jemand habe ihm geholfen.«

Während wir diese Überlegungen anstellten, waren wir an der Falltür angelangt, die an der Verbindung der Gänge B und A lag. Der linke Teil des Abschnitts B war der letzte, den zu erkunden wir uns vor einigen Tagen noch einmal vorgenommen hatten, um unsere Kenntnis der Gänge unter der Locanda zu vervollständigen.

Anders als sonst ließen wir uns nicht durch die Luke aus dem Gang B nach A hinunter, wie wir es hätten tun müssen, um in das Donzello zurückzukehren, sondern wir setzten unseren Weg fort. Dank der von Atto gezeichneten Karte wusste ich, dass wir die Locanda rechts liegen ließen, die Tiberschleife links und uns flussabwärts bewegten.

Unterwegs begegnete uns nichts Überraschendes, bis wir auf eine Treppe mit quadratischem Grundriss stießen, die ganz ähnlich aussah wie diejenige, die aus der geheimen Kammer im Donzello in die unterirdischen Gänge führte und die wir nur allzu gut kannten.

»Aber so werden wir auf der Via dell'Orso herauskommen«, sagte ich, während wir die Stufen hinaufkletterten.

»Nicht ganz, vielleicht ein bisschen weiter südlich, in der Via Tor di Nona.«

Der Aufstieg führte in eine Art Vorraum mit einem Fußboden aus antiken Ziegelsteinen, der ebenfalls jenem glich, über den wir immer die Locanda verließen.

An der Decke war eine Art schwerer eiserner oder vielleicht bleierner Schachtdeckel zu erkennen (oder vielmehr zu ertasten), der keinem Stoß nachgab und sich einfach nicht öffnen ließ. Doch wir mussten dieses letzte Hindernis überwinden, um zu entdecken, an welche Stelle der Oberfläche uns unser Weg geführt hatte. Mit einem seitlichen Stoß des ganzen Körpers und fest gegen die letzte Stufe der Steintreppe gestemmt, gelang es uns schließlich mit vereinten Kräften, die schwere Platte zu heben. Wir vermochten sie so weit beiseite zu schieben, dass sie mit einem dumpfen Dröhnen auf das Pflaster schlitterte und den Ausstieg aus der Unterwelt freigab. Aus den Augenwinkeln nahmen wir wahr, was man auch laut hörte: dass nur wenige Schritte entfernt ein heftiges Gefecht im Gange war.

Auf der schwach erhellten nächtlichen Straße tasteten wir uns vorwärts. Im Halbdunkel konnte ich in der Straßenmitte eine Kutsche unterscheiden, die von zwei Fackeln an beiden Seiten des Gehäuses düster beleuchtet wurde. Vom Kutscher, der sich mit aller Kraft aus der Umklammerung einiger Angreifer zu lösen versuchte, waren halb erstickte Schreie zu hören. Einer der Kerle hatte wohl die Zügel ergriffen und die Pferde zum Stehen gebracht, die nervös wieherten und schnaubten. Genau in diesem Augenblick schlüpfte ein anderes Individuum aus der Kutsche und machte sich mit einem voluminösen Gegenstand im Arm davon. Die Kutsche wurde ohne Zweifel gerade ausgeraubt.

Trotz der Verwirrung durch unseren langen unterirdischen Aufenthalt erkannte ich unsere Umgebung instinktiv als die Via Tor di Nona, die parallel zum Tiber auf die Via dell'Orso zuführt. Abbé Melani hatte sich mit seiner Einschätzung unserer Marschrichtung nicht geirrt.

»Geschwind, lass uns hinlaufen«, flüsterte Atto und deutete auf die Kutsche.

Die gewalttätige Szene, der wir beiwohnten, hatte mich fast gelähmt. Ich wusste, dass in geringer Entfernung, am Anfang der nahen Engelsbrücke, gewöhnlich einige Wachen postiert waren. Die Gefahr, in einen so schweren Anschlag verwickelt zu werden, konnte mich jedoch nicht davon abhalten, dem Abbé zu folgen, der sich an den Mauern entlang vorsichtig dem Schauplatz des Überfalls näherte.

»Pompeo, hilf mir! Wachen, zu Hilfe!«, hörten wir es aus der Kutsche schreien.

Die dünne, flehentliche Stimme aus dem Wageninneren war ohne jeden Zweifel die von Giovanni Tiracorda.

Mit einem Mal begriff ich alles: Der Mann auf dem Kutschbock, der sich vergebens gegen übermächtige Kräfte wehrte und heisere Schreie ausstieß, konnte niemand anderer als Pompeo Dulcibeni sein. Gegen alle unsere Voraussicht musste Tiracorda ihn wohl gebeten haben, ihn dabei zu begleiten, wenn er den Papst in seinem Palast auf dem Monte Cavallo zur Behandlung aufsuchte. Der Arzt, der zu alt und zu ungeschickt war, um die Kutsche zu lenken, wollte sich offensichtlich lieber von einem Freund als von irgendeinem Kutscher zu seiner heiklen und geheimen Mission fahren lassen. Die Heiligenfledderer jedoch, die in der Umgebung rechtzeitig auf der Lauer lagen, hatten die Kutsche aufgehalten.

Das Ganze dauerte nur wenige Augenblicke. Sobald das Gepäckstück aus dem Wageninneren gerissen war, ließen die vier oder fünf Heiligenfledderer, die Dulcibeni festhielten, los und ergriffen die Flucht. Sie rannten nahe an uns vorbei in die Richtung der Luke, aus der wir selbst gerade herausgestiegen waren.

»Die Blutegel, sie müssen die Blutegel genommen haben«, sagte ich aufgeregt.

»Psst!«, brachte mich Atto zum Schweigen, und ich verstand, dass er nicht beabsichtigte, an dem Geschehen Teil zu nehmen. Derweilen zeigten sich einige Anwohner, die den Lärm der Auseinandersetzung gehört hatten, an ihren Fenstern. Jeden Moment konnten die Wachen auftauchen.

Im Wageninneren jammerte Tiracorda kläglich, und Dulcibeni kletterte von seinem Bock herunter, wahrscheinlich, um seinem Freund beizustehen.

Da geschah das Unglaubliche. Eine Schattengestalt hatte vor der Luke, in der die Heiligenfledderer verschwunden waren, blitzschnell kehrtgemacht, näherte sich im Zickzack und sprang erneut in das Kutschgehäuse. Sie schien den voluminösen Gegenstand noch im Arm zu halten, den wir ihn dem schwachen Tiracorda hatten entwenden sehen.

»Nein, Verfluchter, das Kruzifix nicht, es, es ist eine Reliquie drin ...«

Die flehenden Worte des Arztes hallten kläglich durch die Dunkelheit, während der Schatten nach einem kurzen Handgemenge auf der anderen Seite wieder aus dem Wagen sprang. Ein fataler Fehler: Hier erwartete ihn Pompeo Dulcibeni. Wir vernahmen das harte und trockene Knallen der Peitsche, mit der er sich diesmal bewehrt hatte, auf die Beine des Räubers einschlug und ihn zu Fall brachte. Während er vergeblich versuchte, sich aus dem Staub hochzurappeln, erkannte ich im Licht einer der beiden Fackeln die ungelenke, buckelige Gestalt Ciacconios.

Trotz der Gefahr, entdeckt zu werden, gingen wir noch ein wenig näher heran. Weil uns die Sicht durch die noch offen stehende Wagentür teilweise versperrt war, konnten wir lediglich hören, wie die Peitsche ein zweites Mal knallte, dann ein drittes, und als Antwort vernahmen wir das unverwechselbare Knurren Ciacconios, diesmal mit einem deutlichen Unterton des Protests.

»Räudige Hunde«, zischte Dulcibeni, während er etwas im Wageninneren ablegte, die Türe schloss, auf den Bock sprang und die Pferde antrieb.

Wieder einmal hinderte mich der rasende Ablauf der Ereignisse daran, Vorsicht, Vernunft und nicht zuletzt Gottesfurcht walten zu lassen. Anderenfalls hätte ich mich dem gefährlichen Einfluss des Abbé Melani entziehen müssen und mich nicht weiter in abenteuerliche, verbrecherische und gewalttätige Machenschaften verwickeln lassen.

Nach wie vor davon überzeugt, unserem geistlichen und weltlichen Herrn Papst Innozenz XI. das Leben retten zu müssen, wagte ich nicht, mich zu wehren, als Abbé Melani mich aus dem Schatten herauszog und zu dem Wagen drängte, der sich gerade in Bewegung setzte.

»Jetzt oder nie!«, befahl er, während wir der Kutsche ein paar Schritte nachrannten und uns dann auf das Trittbrett der Diener hinter dem Kutschgehäuse schwangen.

Kaum hatten wir die großen Griffe hinten am Wagen gefasst, als ich erneut eine Erschütterung des Trittbretts und gierige Hände spürte, die mir einen kräftigen Stoß versetzten und mich beinahe auf die Straße geschleudert hätten. Von dieser neuen Überraschung völlig überwältigt, drehte ich mich um und hatte das schrecklich fratzenhafte, zahnlos teuflische Lächeln Ciacconios vor mir, der ein Kruzifix mit einem Anhänger in der Hand hielt.

Durch diesen dritten blinden Passagier belastet, war die Kutsche plötzlich seitlich ausgebrochen.

»Räudige Hunde, ich bring euch alle um«, schrie Dulcibeni und ließ die Peitsche mehrmals knallen.

Der Wagen bog nach links in die Via di Panico ein, während auf der entgegengesetzten Seite die aufgeregte Schar der Heiligenfledderer machtlos zusehen musste, wie unser Gefährt in die andere Richtung fuhr und ihnen entkam. Als sie Ciacconio nicht hatten zurückkommen sehen, waren sie offensichtlich wieder an die Oberfläche geklettert. Drei oder vier von ihnen versuchten, uns zu Fuß zu folgen, während wir auf der Höhe der Piazza di Monte Giordano wiederum nach rechts in Richtung der Chiavica di Santa Lucia einbogen. Wegen des Hinterhalts hatte Dulcibeni nicht die Straße zum Monte Cavallo nehmen können, und er schien nun ziellos weiterzurasen.

»Hast du's wieder mal nicht lassen können, du hässliche Bestie«, schrie Abbé Melani Ciacconio an, während der Wagen an Geschwindigkeit gewann.

»Gfrrrlûlbh«, rechtfertigte sich Ciacconio.

»Weißt du, was er angestellt hat?«, fragte Atto zu mir gewandt. »Weil es ihm nicht reichte, Sieger zu sein, ist er zurückgekommen, um aus dem Wagen auch das Kruzifix mit der Reliquie zu stehlen, das Ugonio sich schon beim ersten Mal, als wir durch den Stall Tiracordas eindrangen, unter den Nagel reißen wollte. Auf diese Weise aber hat Dulcibeni ihm die Blutegel wieder abgenommen.«

Die Heiligenfledderer blieben uns noch auf der Spur, auch wenn sie immer weiter zurückfielen. Genau in diesem Augenblick (wir waren wieder nach links eingebogen) hörten wir die zitternde und verängstigte Stimme Tiracordas, der sich aus dem Fenster gelehnt hatte: »Pompeo, Pompeo, sie verfolgen uns, und da hinten ist jemand ...«

Dulcibeni antwortete nicht. Eine unerwartete, gewaltige Detonation machte uns ganz taub, während eine Rauchwolke uns kurz die Sicht nahm und ein scharfes, unangenehmes Pfeifen fast die Ohren zerriss.

»Runter! Er hat eine Pistole«, rief uns Atto zu und duckte sich hinter das Kutschgehäuse.

Während ich es ihm nachtat, wurde der Wagen immer schneller. Den armen Pferden, die schon von dem Überfall der Heiligenfledderer verstört waren, gingen bei dem unerwarteten Krachen die Nerven endgültig durch.

Statt sich in Sicherheit zu bringen, tat Ciacconio wie üblich das Unvernünftigste und kletterte auf das Kutschgehäuse, um auf allen vieren zu Dulcibeni zu kriechen, wobei er sich wie durch ein Wunder an dem schwankenden, wenig sicheren Dach festhalten konnte. Doch schon einen Augenblick später zwang ihn die Peitsche, unverzüglich von seinem Vorhaben Abstand zu nehmen.

Wir bogen gerade in vollem Galopp von der Via del Pellegrino auf den Campo di Fiori ein, als ich sah, wie Ciacconio, immer noch drohend auf dem Dach, das Kruzifix von dem Anhänger mit der Reliquie abriss und es mit aller Kraft gegen Dulcibeni schleuderte. Aus dem Schwanken der Kutsche schlossen wir, dass er sein Ziel getroffen hatte. Ciacconio versuchte wieder, nach vorne zu kriechen, weil er vielleicht die Zeit ausnutzen wollte, bis Dulcibeni seine Pistole erneut laden konnte.

»Wenn Dulcibeni die Pferde nicht aufhält, werden wir an einer Mauer zerschmettert«, vernahm ich schwach Attos Stimme im ohrenbetäubenden Lärm der Räder auf dem Pflaster.

Wieder Peitschenknallen; statt langsamer wurden wir immer schneller. Ich merkte, dass wir fast die ganze Zeit geradeaus fuhren.

»Pompeo, um Gottes willen, haltet den Wagen an«, hörten wir Tiracorda im Wageninnern jammern, obwohl seine Stimme im Lärm der Räder und Hufe fast unterging.

Wir hatten bereits die Piazza Mattei und auch schon die Piazza Campitelli hinter uns gelassen; die nächtliche Irrfahrt der Kutsche, die rechts am Monte Savello entlangraste, schien ohne jeden Sinn und ohne jede Hoffnung auf Rettung. Während die beiden seitlichen Fackeln eine fast festliche Lichtspur durchs Dunkel zogen, beobachteten die wenigen in ihre Mäntel gehüllten, bloß vom Mond beschienenen Passanten scheu und voll sprachloser Verwunderung, wie wir mit Getöse vorbeifegten. Wir begegneten sogar einer Nachtwache, die gar nicht schnell genug reagieren konnte, um uns aufzuhalten und zu verhören.

»Pompeo, ich bitte Euch«, flehte Tiracorda. »Haltet an, haltet sofort an.«

»Warum hält er denn nicht an und warum fährt er immer geradeaus?«, schrie ich Atto zu.

Während wir die Piazza della Consolazione überquerten, waren weder Dulcibenis Peitsche noch Ciacconios Grunzlaute zu hören. Vorsichtig lugten wir übers Dach und sahen Dulcibeni und Ciacconio auf dem Kutschbock einander wild mit

Schlägen, Fäusten und Fußtritten traktieren. Niemand hielt die Zügel in der Hand.

»Großer Gott«, rief Atto aus. »Deshalb sind wir immer geradeaus gefahren.«

In diesem Augenblick fuhren wir in das lange Rechteck des Campo Vaccino, wo die Überreste des Forum Romanum zu sehen sind. Unseren verzweifelten Blicken bot sich links der Triumphbogen des Septimius Severus, rechts die Ruinen des Jupiter Stator Tempels und dann der Eingang zu den Gärten der Farnese, dahinter, immer näher kommend, der Titusbogen.

Unsere Fahrt auf dem barbarisch unebenen Boden des Campo Vaccino wurde jetzt noch abenteuerlicher. Wie durch ein Wunder kamen wir um ein paar umgestürzte antike römische Säulen herum. Schließlich fuhren wir durch den Titusbogen hindurch und in wahnsinnigem Tempo die dahinter liegende abschüssige Strecke hinunter, und es schien, als könnte uns nichts mehr zum Stehen bringen. Da hörte ich Dulcibenis wütende Stimme: »Dreckiger Hund, fahr zur Hölle.«

»Gfrrrlûlbh«, beschimpfte ihn Ciacconio seinerseits.

Etwas Graues, Zerlumptes plumpste vom Wagen, genau als unser Gefährt erschöpft und triumphierend auf den großen Platz rollte, den seit eintausendsechshundert Jahren großartig und unbeteiligt die müde Ruine des Kolosseum beherrscht.

Während wir uns dem imposanten Amphitheater näherten, hörten wir unter uns ein lautes Krachen. Die Hinterachse hatte den Belastungen der wilden Fahrt nicht standgehalten, brachte unser Gefährt ins Schleudern und ließ es dann plötzlich nach rechts wegknicken. Bevor die Kutsche umstürzte, sprangen Atto und ich schreiend vor Angst und Überraschung ab und rollten auf den Boden, wobei wir wie durch ein Wunder nicht von den Speichen der großen Räder zerquetscht wurden, die wie Pfeile um uns herumschossen. Die Pferde kamen jämmerlich zu Fall, während die umgekippte Kutsche mit ihren beiden Passagieren wie auf einem ausgebreiteten Schweißtuch aus Erde, Steinen und Gras qualvoll dahinschlitterte.

Nach ein paar Augenblicken verständlicher Betäubung stand ich wieder auf. Ich war zwar übel zugerichtet, aber nicht verletzt. Die Kutsche lag auf der Seite, ein Rad drehte sich leer in der Luft, und ließ für die zwei Insassen Schlimmes erahnen. Die seitlichen Fackeln waren ausgegangen und rauchten nur noch.

Wir wussten bereits, dass das graue, kurz zuvor von unserem Fahrzeug gefallene Etwas der arme Ciacconio gewesen sein musste, den Dulcibeni in voller Fahrt hinuntergestoßen hatte. Sofort aber wurde unsere Aufmerksamkeit von etwas anderem beansprucht. Atto deutete auf die offene Wagentür, die sich heroisch in den Himmel reckte. Wir verstanden einander sofort: Ohne Zögern stürzten wir zum Kutschgehäuse, in dem ächzend und halb ohnmächtig Tiracorda auf dem Rücken lag. Schneller als Atto riss ich dem Leibarzt ein schweres, metallverstärktes Lederköfferchen aus der Hand, in dem ein klirrendes Geräusch auf ein Gefäß schließen ließ. Ohne jeden Zweifel handelte es sich dabei um den Gegenstand, den wir Ciacconio aus dem Wageninnern hatten wegschaffen sehen: Es war der Behälter für das hermetisch verschlossene Gefäß, in dem die Doctores ihre Blutegel transportieren.

»Wir haben es!«, jubelte ich. »Jetzt aber nichts wie weg!«

Ich konnte meinen Satz kaum beenden, als ich mit einem wuchtigen Griff aus dem Wagen gerissen und unbarmherzig zu Boden geschleudert wurde, wo ich wie ein kleines Bündel Lumpen schmerzhaft dahinrollte. Es war Dulcibeni, der wohl in der Zwischenzeit wieder zu sich gekommen war. Er versuchte jetzt, mir das Lederköfferchen aus der Hand zu reißen: Ich aber hielt es mit ganzer Kraft fest und rollte mich eng um meine Beute, so dass ich sie mit Armen, Brust und Beinen schützte. Daher gelang es Dulcibeni lediglich, mich mitsamt meiner wertvollen Last hochzuheben, ohne uns voneinander trennen zu können.

Während Dulcibeni sich abmühte, mich mit seinem stattlichen Gewicht niederdrückte und mir manchen schmerzhaften Stoß versetzte, versuchte Abbé Melani dem Wüten des alten Jansenisten Einhalt zu gebieten. Doch vergebens: Dulcibeni schien die Kraft von hundert Männern zu besitzen. Wir stürzten alle drei in einem chaotischen, verbissenen Gerangel zu Boden.

»Lass mich los, Melani«, stieß Dulcibeni hervor. »Du weißt nicht, was du tust, wirklich nicht!«

»Willst du tatsächlich so weit gehen, den Papst umzubringen wegen deiner Tochter? Wegen einer halben Negerin, einem Bastard?«

»Du kannst nicht …«, Dulcibeni keuchte, während Atto ihm einige Augenblicke lang den Arm umdrehen konnte und ihm so den Atem nahm.

»Hat dich die Tochter einer türkischen Hure so weit gebracht?«, setzte Atto bissig nach, vor Anstrengung immer noch heftig hustend, während er Dulcibenis Arm freigeben musste.

Pompeo versetzte dem Abbé mit der Faust einen Schlag direkt auf die Nase, der diesen laut aufheulen ließ, bevor er wie halb tot zusammensackte.

Ich klammerte mich immer noch an den Koffer und wagte kaum, mich zu bewegen, als sich Dulcibeni jetzt mir zuwandte. Er packte meine Handgelenke, als wollte er sie zerdrücken, und entwand mir den Koffer. Dann rannte er wieder auf die Kutsche zu.

Im Mondschein folgte ich ihm mit den Blicken. Kurz darauf verließ er das Gehäuse und sprang geschickt vom Wagen herunter. In der Linken hielt er das Lederköfferchen.

»Gib mir die andere. Ja, gut, sie ist dahinten«, sagte er in Richtung Kutsche.

Dann streckte er seine rechte Hand durch die Türöffnung und zog, wenn mich meine Augen nicht täuschten, eine Pistole heraus. Statt die erste Waffe wieder zu laden, hatte er es natürlich vorgezogen, zu der bereits geladenen zweiten zu greifen. Atto hatte sich derweilen aufgerappelt und stürzte auf die Kutsche zu.

»Abbé Melani«, sagte Dulcibeni halb spöttisch, halb drohend, »da du so gern andere bespitzelst, kannst du jetzt dein Werk vollenden.«

Dann drehte er sich um und begann in Richtung Kolosseum zu rennen.

»Halt! Gib mir diesen Koffer«, drängte ihn Atto.

»Aber Signor Atto, Dulcibeni …«, warf ich dazwischen.

»… ist bewaffnet, das weiß ich sehr wohl«, antwortete Abbé Melani und duckte sich vorsichtig auf den Boden. »Aber er wird uns nicht entkommen.«

Ich war beeindruckt von Attos entschlossenem Tonfall, und wie in einem Aufblitzen erkannte ich, was tief in seinem Herzen und seinem Denken lauerte und weshalb er an diesem Abend beim Aufspringen auf Tiracordas Kutsche ohne Zögern sein Leben aufs Spiel gesetzt hatte, um Dulcibeni zu fassen.

Atto hatte die natürliche Neigung, sich in finstere Intrigen verwickeln zu lassen, und er war mächtig stolz, und seine Brust schwellte gehörig an, wenn er einen Verschwörer aufspürte: All diese Anlagen, Bestrebungen und Eigenschaften seines Wesens waren noch nicht befriedigt. Die nur halb enthüllten Geheimnisse Dulcibenis hatten Melani in ihren Sog gerissen. Jetzt konnte und wollte der Abbé sich nicht mehr zurückziehen. Er wollte bis auf den Grund vordringen. Atto rannte nicht, um Dulcibeni die pestverseuchten Blutegel zu entreißen: Er wollte dessen Geheimnisse.

Während mir diese Bilder und Gedanken tausendmal schneller als Tiracordas Kutsche durch den Kopf rasten, flüchtete Dulcibeni in Richtung Kolosseum.

»Wir bleiben ihm auf den Fersen, aber immer in Deckung«, schärfte mir Atto ein.

Ohne einen Einwand zu wagen, bekreuzigte ich mich im Angesicht des waghalsigen Unternehmens, zu dem wir berufen waren, und folgte Melani.

Dulcibeni war im Handumdrehen im Dunkel der Torbögen des Kolosseums verschwunden. Atto riss mich ungestüm nach rechts, als wollte er den gleichen Weg wie der Verfolgte einschlagen, aber außerhalb der Kolonnaden.

»Wir müssen ihn überrumpeln, bevor er die Pistole neu lädt«, flüsterte er mir zu.

Tief geduckt näherten wir uns den Bögen des Kolosseums. Zuerst blieben wir hinter einer der mächtigen tragenden Säulen stehen, pressten uns wie Efeublätter an die Steinquader und spähten in den Portikus: Von Dulcibeni war nichts zu sehen und zu hören.

Mit gespitzten Ohren wagten wir uns einige Schritte vor. Ich hatte mich erst ein Mal in meinem Leben in die Ruinen des Kolosseums gewagt, aber ich wusste, dass sie häufig nicht nur von Eulen und Fledermäusen, sondern auch von Zuhältern, Diebsgesindel und üblem Gelichter aller Art bevölkert waren, das sich hier vor der Justiz versteckte oder seinen verwerflichen Geschäften nachging. Es war so finster, dass man fast überhaupt nichts sehen konnte; nur ab und zu war etwas im Widerschein des Himmels zu erkennen, der schüchtern vom Mond erleuchtet war.

Vorsichtig tasteten wir uns in dem großen Portikus vorwärts, wobei wir fast mehr darauf achteten, nicht über irgendeine aus dem Boden ragende Steinplatte zu stolpern, als auf Spuren unserer Beute. Das Geräusch unserer Schritte wurde von der Deckenwölbung und der Mauer zu unserer Rechten zurückgeworfen, die den Portikus gegen die Arena abgrenzte. In regelmäßigen Abständen erlaubten große senkrechte Schlitze einen Blick ins Innere. Außer dem Knirschen unserer Schritte und den Geräuschen der Bewegungen, die wir nicht vermeiden konnten, war nichts zu hören. Deshalb schreckten wir auf, als sich uns klar und deutlich im Dunkel eine Stimme offenbarte: »Armer Melani, Sklave deines Königs bis zum Ende.«

Atto blieb stehen: »Dulcibeni, wo bist du?«

Es blieb einen Augenblick still.

»Ich steige zum Himmel auf, ich will Gott aus der Nähe sehen«, verkündete Dulcibeni von einem unbestimmbaren Ort aus, der gleichzeitig nah und fern zu sein schien.

Vergebens blickten wir uns um.

»Bleib stehen, und lass uns reden«, sagte Atto. »Wenn du das tust, werden wir dich nicht anzeigen.«

»Willst du alles wissen? Ich will dich zufrieden stellen. Aber erst musst du mich finden.«

Dulcibeni entfernte sich, jedoch weder hinter noch vor uns unter dem Portikus, und auch nicht außerhalb des Kolosseums.

»Er ist schon drinnen«, schloss Atto.

Erst später, lange Zeit nach diesen Ereignissen, erfuhr ich, dass die Mauer, die das Innere des Amphitheaters gegenüber dem Säulenumgang abgrenzte und gleichzeitig erlaubte, die große Arena zu bewundern, immer wieder von Übeltätern aufgebrochen wurde. Der Zutritt zur Arena war nur durch die einander gegenüberliegenden großen Holztore erlaubt, die des Nachts natürlich geschlossen blieben. Um die Ruinen als geheimes Versteck benutzen zu können, schlug das böse Gesindel Breschen in die Umfassung, die von den zuständigen Behörden selten rechtzeitig wieder zugemauert wurden.

Durch eines dieser Schlupflöcher war Dulcibeni offensichtlich ins Innere gelangt. Melani begann sofort die Außenseite der Mauer zu untersuchen, um den Durchschlupf zu finden.

»Komm, komm nur, Melani«, verspottete uns unterdessen Dulcibeni, dessen Stimme sich immer weiter entfernte.

»Verdammt, es ist nicht ... doch, da!«, rief Atto aus.

Mehr als um ein Loch handelte es sich um eine Erweiterung der Schlitze in der Umfassungsmauer in Taillenhöhe eines normal großen Erwachsenen. Wir halfen uns gegenseitig, durch die Öffnung zu klettern. Während ich mich in die Arena hinunterließ, erschrak ich zu Tode, denn von draußen packte mich eine Hand an der Schulter. In meiner Angst dachte ich an einen der Verbrecher, die sich des Nachts in der Gegend herumtrieben, und wollte gerade losschreien, als mich eine vertraute Stimme zum Schweigen brachte: »Gfrrrlûlbh.«

Ciacconio hatte uns wiedergefunden und wollte uns bei der schwierigen Ergreifung von Dulcibeni helfen. Während sich der Heiligenfledderer ebenfalls durch die Öffnung zwängte, atmete ich erleichtert auf und teilte Atto die Neuigkeit mit.

Der Abbé hatte bereits das Terrain erkundet. Wir befanden uns in einem der zahlreichen Gänge, die sich zwischen der Außenmauer des Kolosseums und der Arena im Inneren hinziehen, deren Sandboden vor Jahrhunderten vom Blut der Gladiatoren, Löwen, Märtyrer und Christen getränkt worden war, die allesamt dem irrsinnigen Wahn der heidnischen Massen geopfert wurden.

Im Gänsemarsch liefen wir zwischen den hohen, zur Mitte hin abfallenden Steinmauern rings um die frühere Arena entlang, die – wie leicht zu erkennen war – einstmals die Sitzreihen für das Publikum getragen hatten. Die nächtliche Stunde, die Feuchtigkeit, der Modergeruch der Mauern, Bögen und halb verfallenen Übergänge und nicht zuletzt das wilde Geschwirr der Fledermäuse erzeugten eine düstere und drohende Atmosphäre. Der Gestank von Fäulnis und Exkrementen hinderte sogar Ciacconio daran, mit seinem sagenhaften Geruchssinn herauszufinden, in welcher Richtung wir Dulcibeni suchen sollten. Mehrmals sah ich, wie der Heiligenfledderer sein Riechorgan in die Höhe reckte, um wieder und wieder Witterung aufzunehmen, doch vergebens. Nur das Mondlicht, das auf die hellen Steine der obersten Ränge des Kolosseums fiel, machte uns Mut und erlaubte es uns, ohne Laternen überhaupt vorwärts zu kommen und nicht in eine der tiefen Spalten zu stürzen, die sich zwischen den brüchigen Mauern auftaten.

Nach ergebnislosem Suchen blieb Atto ungeduldig stehen.

»Dulcibeni, wo bist du?«, rief er.

Nur das ruhelose Schweigen der Ruinen antwortete ihm.

»Wollen wir uns trennen?«, schlug ich vor.

»Kommt nicht in Frage«, erwiderte Atto. »Apropos, wo sind deine Freunde geblieben?«, fragte er Ciacconio.

»Gfrrrlûlbh«, erklärte dieser mit den Händen fuchtelnd, um klar zu machen, dass der Rest der Heiligenfleddderermeute sich, wiewohl zu Fuß, so geschwind als möglich einfinden würde.

»Gut. Wir brauchen Verstärkung, um ...«

»Knecht der Krone, kommst du nicht, mich zu holen?«

Dulcibeni trieb uns wieder zur Tat. Die Stimme kam diesmal eindeutig von oben, direkt über uns.

»Dummer Jansenist«, sagte Atto leise, ganz offensichtlich verärgert über die Provokation. Dann rief er laut: »Komm näher, Pompeo, ich will nur mit dir reden.«

Als Erwiderung hörten wir ein schallendes Lachen.

»Gut, dann komme eben ich«, gab Atto zurück.

Das war in Wirklichkeit leichter gesagt als getan. Das Innere des Kolosseums zwischen der Arena und der Fassade war ein labyrinthisches Gewirr aus verfallenen Mauern, abgebrochenen Gesimsen und umgestürzten Säulen, deren seltsame und bizarre Formen im schwachen Licht die Orientierung noch zusätzlich erschwerten.

Jahrhundertelang hatte man das Kolosseum verwahrlosen lassen, und dann waren von den Päpsten Marmor und Steine in großen Mengen zum (gerechtfertigten und sakrosanten) Bau vieler Kirchen verwendet worden. Wie gesagt, von den Rängen waren nur die Stützmauern übrig. Diese erstreckten sich strahlenförmig vom Rande der Arena bis zur Höhe des äußeren Mauerrings hinauf. Parallel dazu verliefen in konzentrischen Kreisen die zahlreichen engen Verbindungsgänge um die ganze Kampfbahn. Alles zusammen bildete ein kompliziertes Labyrinth, in dem wir uns zurechtfinden mussten.

Eine kurze Strecke lang folgten wir einem der kreisförmigen Gänge und versuchten uns der Stelle zu nähern, von der Dulcibenis Stimme zu kommen schien. Dieser Versuch erwies sich als erfolglos. Atto blickte Ciacconio fragend an. Der Heiligenfledderer erforschte noch einmal mit geweiteten Nüstern die Luft, aber wieder ohne Ergebnis.

Dulcibeni musste unsere Schwierigkeiten wohl ahnen, denn alsbald ließ er sich vernehmen: »Abbé Melani, gleich verliere ich die Geduld.«

Entgegen unseren Erwartungen kam die Stimme ganz aus der Nähe, doch die von den Ruinen zurückgeworfenen Echos verhinderten, dass wir die Richtung bestimmen konnten, aus der die höhnischen Worte des Flüchtenden zu uns drangen. Als der Widerhall der Stimme verklungen war, vernahm ich kurioserweise wiederholt ein kurzes Zischen in wohl bekanntem Ton.

»Habt auch Ihr es gehört?«, fragte ich Atto leise. »Es scheint, er schnupft wieder … seinen Tabak.«

»Seltsam«, bemerkte der Abbé, »in einem Moment wie diesem …«

»Ich habe ihn auch heute Abend schnupfen gehört, als er nicht zum Abendessen herunterkommen wollte.«

»Also kurz bevor er sich aufmachte, sein Werk zu vollenden«, bemerkte Abbé Melani.

»Genau. Ich habe auch gehört, wie er Tabak schnupfte, bevor er seine Monologe über die Könige hielt«, fügte ich hinzu, »über die korrupten Souveräne und all dies Zeug. Und mir ist aufgefallen, dass er nach dem Schnupfen wacher und kraftvoller erschien. Es ist, als bediene er sich des Tabaks, um seine Gedanken zu klären oder ... um seine Kräfte zu stärken, so ist es.«

»Ich glaube, ich habe jetzt verstanden, warum«, murmelte Atto in sich hinein, unterbrach sich aber sogleich.

Ciacconio zupfte uns am Ärmel, um uns in Richtung der Kampfbahn zu ziehen. Der Heiligenfledderer hatte das Labyrinth verlassen, um Dulcibenis Duftspur besser folgen zu können. Kaum war er ins Freie getreten, streckte er die Nase in die Höhe und fuhr zusammen: »Gfrrrlûlbh«, stieß er hervor und zeigte dabei auf einen Punkt auf den riesigen, unwegsamen Umfassungsmauern des Kolosseums.

»Bist du sicher?«, fragten wir ihn wie aus einem Munde, beinahe sprachlos über die Gefährlichkeit und Unzugänglichkeit der Stelle, auf die Ciacconio deutete.

Der nickte mit dem Kopf, und so steuerten wir unverzüglich dieses Ziel an.

Die Seitenwände der Kampfbahn bestanden aus drei mit Bögen überspannten Rängen. Der Punkt, auf den Ciacconio gezeigt hatte, war ein Bogen auf mittlerer Höhe und lag vielleicht höher als die ganze Locanda del Donzello.

»Wie sollen wir da hinaufkommen?«, fragte Abbé Melani.

»Lass dir doch von deinen Monstern helfen«, hörten wir Dulcibeni schreien: Diesmal hatte Atto nicht leise genug gesprochen.

»Du hast Recht, eine gute Idee«, brüllte dieser zurück. »Du irrst dich nicht«, fügte er dann zu Ciacconio gewandt hinzu, »die Stimme kommt von dort oben.«

Ciacconio bahnte sich bereits hastig einen Weg durch das Labyrinth. Er führte uns zu einem der beiden großen Holzportale, die tagsüber offen standen, so dass man das Amphitheater betreten konnte. Genau vor dem Portal führte eine große Treppe steil hinauf in den mächtigen Baukörper des Kolosseums.

»Hier muss er hinaufgeklettert sein«, flüsterte Melani.

Die Treppe führte tatsächlich bis in den ersten Stock, das heißt bis zur Höhe der zweiten Bogenreihe. Als wir die letzten Stufen bewältigt hatten und hinaustraten, fanden wir uns in einem riesigen kreisförmigen Gang, der um das ganze Amphitheater herumführte. Hier, hoch oberhalb des Zuschauerraums, breitete sich das Mondlicht verlässlicher und verschwenderischer aus als unten. Großartig war der Blick auf die Öffnung in der Mitte, auf die Ruinen der Ränge und über uns auf die machtvollen Mauern, die den ganzen Bau umfassten und sich majestätisch gegen den Himmel abzeichneten. Heftig atmend vom hastigen Aufstieg, hielten wir einen Augenblick inne und verloren, von dem majestätischen Schauspiel hingerissen, beinahe unser Ziel aus den Augen.

»Du hast es fast geschafft, Spion der Könige«, tönte von rechts Dulcibenis raue, heisere Stimme.

Ein Knall aus derselben Richtung versetzte uns in Angst und Schrecken, so dass wir uns sofort auf den Boden warfen. Dulcibeni hatte geschossen.

Dann ließen uns einige dumpfe Schläge in ein paar Schritt Entfernung hochfahren. Auf allen vieren näherte ich mich und fand, halb zerstört vom harten Aufprall, Dulcibenis Pistole.

»Zweimal verfehlt, wie schade. Nur Mut, Melani, jetzt kämpfen wir mit gleichen Waffen.«

Ich reichte Atto, der nachdenklich in Dulcibenis Richtung blickte, die Pistole. »Irgendetwas stimmt hier nicht«, meinte der Abbé, während wir uns dem Punkt näherten, von dem sowohl die Stimme als auch die Pistole gekommen waren.

Auch mir kam etwas komisch vor. Schon beim Hinaufsteigen hatten mich nicht wenige Zweifel befallen. Wieso hatte uns Dulcibeni auf diese bizarre nächtliche Verfolgungsjagd in die Ruine des Kolosseums gelockt, obwohl er damit kostbare Zeit verlor und außerdem Gefahr lief, von den Sbirren auf frischer Tat ertappt zu werden? Warum wollte er Abbé Melani unbedingt bis in diese schwindelnde Höhe locken mit seinem Versprechen, ihm alles zu enthüllen, was Atto zu wissen wünschte?

Während wir mit äußerster Kraftanstrengung die von der Zeit zerfressenen Ränge der Antike hinaufkletterten, hörten wir in der Ferne das Echo von Rufen und kriegerischem Lärm, als ob eine Truppe auf ein vorbestimmtes Ziel zusteuerte.

»Ich hab es doch gewusst«, bemerkte Abbé Melani schwer atmend. »Irgendwann mussten sich ja ein paar Sbirren und Volksanführer bemerkbar machen. Seine wilde Jagd mit der Kutsche konnte nicht unbemerkt bleiben.«

Mit seinen höhnischen Provokationen hatte der Flüchtende es uns leicht gemacht, seine Spur zu verfolgen. Doch es zeigte sich sogleich, dass wir ihn nur sehr schwer würden erreichen können. Dulcibeni hatte sich nämlich auf die Spitze einer Stützmauer der Ränge emporgeschwungen. Von dem Gang aus, in dem wir uns befanden, stieg diese schräg bis zu einem kleinen Fenster fast an der höchsten Stelle der Umfassungsmauer des Kolosseums an.

Dort hatte er es sich im Fensterrahmen bequem gemacht, den Rücken an die Mauer gelehnt, und hielt das Köfferchen mit den Blutegeln immer noch fest im Arm. Ich wunderte mich über die Behändigkeit, mit der er dort hinaufgeklettert sein musste: Unter der schräg ansteigenden Mauer, auf der er balanciert war, öffnete sich ein schrecklicher, gefahrvoller Abgrund, in dem jeder, der hinabgestürzt wäre, ein böses Ende gefunden hätte. Auf der anderen Seite der Fensteröffnung ging es mindestens zwei Palazzi weit in die Tiefe, aber Dulcibeni schien in keiner Weise davon beunruhigt. Er saß zwischen drei beängstigenden und erhabenen Welten: Auf der einen Seite die große Arena des Kolosseum, auf der anderen die furchtbare Höhe der äußeren Fassade und über ihm der Sternenhimmel, der sich wie eine Kulisse über dem finsteren, grandiosen Schauspiel dieser Nacht wölbte.

Außen, vor dem Kolosseum, meinte man Stimmen und Geräusche anderer Anwesender zu vernehmen: Die Sbirren schienen eingetroffen zu sein. Von dem, den wir fassen wollten, trennte uns in Luftlinie nicht mehr als die Breite einer mittelgroßen Straße der Stadt.

»Da sind sie, die Retter des Wucherers mit der Tiara, des unersättlichen Raubtiers aus Como«, stieß Dulcibeni hervor und brach in ein unnatürliches, gezwungenes Gelächter aus, das einer krankhaften Mischung aus Wut und Euphorie zu entspringen schien.

Atto warf mir und Ciacconio einen fragenden Blick zu. Dulcibeni schnupfte erneut und dann noch einmal.

»Ich hab verstanden, was du tust, damit du's nur weißt«, sagte Atto.

»Sag mir, sag mir, Melani, sag mir, was du verstanden hast«, rief Dulcibeni und setzte sich wieder hin.

»Der Tabak ist kein Tabak ...«

»Wie schlau du bist. Soll ich dir etwas sagen? Du hast Recht. Viele Dinge sind nicht das, was sie zu sein scheinen.«

»Du schnupfst diese merkwürdigen trockenen Blätter, wie heißen sie ...«, beharrte Atto.

»Die Mamacòca!«, rief ich.

»Wie gewitzt, ich bewundere Euren Scharfsinn«, antwortete Dulcibeni beißend.

»Deshalb wirst du nachts nicht müde«, sagte der Abbé. »Tags aber bist du reizbar und meinst, dass du noch mehr brauchst, und so füllst du dir andauernd die Nasenflügel: Dann kommt es vor, dass du allein vor dem Spiegel Reden hältst und dir einbildest, deine Tochter vor dir zu haben. Und bei deinen verrückten Schmähreden gegen Könige und Kronen redest du dich so in Fahrt, dass dich niemand mehr zu bremsen vermag, denn dieses Kraut stärkt zwar die Kräfte des Leibes, aber ... es vernebelt den Geist und macht wie besessen. Oder irre ich mich?«

»Wie ich sehe, hast du Gefallen daran gefunden, diesen armen Jungen ins Metier des Spions einzuführen, statt ihn seiner natürlichen Bestimmung als Spielzeug der Fürsten und Schaustück für Gaffer zu überlassen«, erwiderte Dulcibeni mit einem höhnischen Lachen, mit dem er sich an mir rächen wollte.

Leider war es ja wahr, dass ich an der Tür des Jansenisten gelauscht und alles dem Abbé weitergetragen hatte.

Dulcibeni sprang nun geschickt auf die schräg abfallende Mauer, ohne an den Abgrund zu denken, der sich unter ihm öffnete, und hievte sich (trotz der Behinderung durch den Koffer) auf den obersten Rand der großen Fassadenmauer, die oben mehr als drei Schritt breit war.

Unser Gegner stand jetzt aufrecht da und erhob sich fast majestätisch weit über unseren Köpfen. Wenige Schritte von ihm entfernt war an der Fassade ein mehr als mannshohes Holzkreuz als Zeichen dafür angebracht, dass das Bauwerk der Erinnerung an die christlichen Märtyrer geweiht war.

Dulcibeni schaute außen am Kolosseum hinunter: »Nur Mut, Melani, bald kommt Verstärkung. Da unten stehen schon die Sbirren.«

»Dann sag mir, bevor sie kommen«, fuhr Atto fort, »warum willst du Innozenz XI. töten?«

»Streng dein Gehirn an«, sagte Dulcibeni und trat von der Kante zurück: Genau in dem Augenblick war es Atto gelungen, seinerseits den schmalen Grat zu erklimmen, der auf die Außenmauer führte.

»Was hat er dir getan, verdammt?«, setzte Atto mit gepresster Stimme nach. »Er hat den christlichen Glauben entehrt, hat ihn mit Schimpf und Schande bedeckt? Ist das deine Meinung? Sag's mir, Pompeo, du bist besessen wie alle Jansenisten. Du hasst die Welt, Pompeo, weil du dich nicht selbst hassen kannst.«

Dulcibeni antwortete nicht. Derweilen kroch Atto, an den nackten Stein gekrallt, mühsam aufwärts zu seinem Gesprächspartner.

»Deine Experimente auf der Insel«, fuhr er fort, während er sich schwerfällig mit Armen und Beinen oben auf der Mauer festklammerte, »die Besuche bei Tiracorda, die Nächte in den unterirdischen Gängen … Das alles hast du nur getan wegen einer kleinen Hündin, einer Bastardin, einer halben Ungläubigen, armer Irrer du. Du solltest Huygens und diesem alten, geilen Feroni dankbar sein, dass sie ihr die Ehre erwiesen, ihr die jungfräuliche Zierde zu entreißen, bevor sie sie ins Meer warfen.«

Ich war sprachlos, wie unerwartet grausam Abbé Melani Dulcibeni verhöhnte. Dann aber verstand ich, dass er ihn so lange provozieren wollte, bis er explodierte. Und er hatte Erfolg.

»Schweig, du Kastrat, Schande Gottes, du kannst dir doch nur den Arsch aufreißen lassen«, brüllte Dulcibeni von weitem. »Dass du deinen Schwanz gern in die Scheiße steckst, das wusste ich schon: Aber dass auch dein Gehirn davon voll ist …«

»Deine Tochter, Pompeo«, nutzte Atto die Atempause, »die wollte doch der alte Feroni kaufen, oder?«

Dulcibeni gab einen überraschten Laut von sich, sagte aber nur: »Weiter, weiter, du bist auf dem richtigen Weg.«

»Mal sehen …«, stieß Atto hervor, weil er vor Anstrengung kaum sprechen konnte, dabei kam er immer näher an Dulcibeni heran. »Huygens kümmerte sich um Feronis Geschäfte; deshalb hatte er oft mit den Odescalchi und auch mit dir zu tun. Eines Tages entdeckte er deine Tochter und vernarrte sich in sie. Der alte Trottel von Feroni wollte sie ihm wie üblich unbedingt verschaffen. Er wollte sie den Odescalchi abkaufen, um sie eventuell später, wenn Huygens sie leid geworden war, weiterzuverkaufen. Vielleicht bekam er sie von Innozenz XI. selbst, der damals noch Kardinal war.«

»Er bekam sie von ihm und von dessen Neffen Livio, verdammte Seelen«, verbesserte Dulcibeni.

»Du hattest kein Recht, dich zu widersetzen«, fuhr Atto fort, »denn du hattest dich geweigert, ihre Mutter zu heiraten, eine elende türkische Sklavin, und deshalb gehörte deine Tochter nicht dir, sondern den Odescalchi. Doch du fandest einen Weg: Die Drohung mit einem Skandal, mit einem Flecken auf der Ehre der Odescalchi. Kurzum, du hast sie erpresst.«

Dulcibeni schwieg noch, und diesmal schien sein Schweigen mehr denn je Bestätigung.

»Mir fehlt nur ein Datum«, fragte Atto. »Wann ist deine Tochter geraubt worden?«

»1676, sie war erst zwölf Jahre alt.«

»Kurz vor dem Konklave, stimmt's?«, sagte Atto und näherte sich einen weiteren Schritt.

»Ich glaube, du hast verstanden.«

»Die Wahl des neuen Papstes stand bevor, und Kardinal Benedetto Odescalchi, der schon beim letzten Konklave die Wahl nur um Haaresbreite verloren hatte, wollte diesmal den Triumph nicht verfehlen. Mit deiner Erpressung aber hattest du ihn in der Hand: Wenn eine gewisse Nachricht den anderen Kardinälen zu Ohren gekommen wäre, hätte sich daraus ein riesiger Skandal entwickelt und mit Odescalchis Wahl wäre es vorbei gewesen. Bin ich auf der richtigen Fährte?«

»Richtiger geht's nicht«, antwortete Dulcibeni, ohne seine Überraschung zu verbergen.

»Was war der Skandal, Pompeo? Was hatten die Odescalchi zu verbergen?«

»Erzähl erst deine rührende Geschichte zu Ende«, forderte Dulcibeni spöttisch.

Der Abendwind, der in dieser Höhe stärker zu spüren war, blies uns allen heftig ins Gesicht; ich zitterte und wusste nicht, ob aus Angst oder wegen der Kälte.

»Mit Vergnügen«, gab Atto zurück. »Durch die Erpressung hast du gehofft, den Verkauf deiner Tochter zu verhindern. Stattdessen hast du dein Todesurteil unterschrieben. Feroni entführt, vielleicht sogar unter Mithilfe der Odescalchi, deine Tochter und verschließt dir den Mund, zumindest bis zur Wahl Benedettos. Danach versuchst du, das Mädchen aufzuspüren. Aber du bist nicht gewitzt genug.«

»Ich habe ganz Holland abgesucht, weit und breit. Nur Gott allein weiß, dass ich nicht mehr hätte tun können!«, schrie Dulcibeni.

»Du findest also deine Tochter nicht und wirst zudem Opfer eines merkwürdigen Unfalls: Irgendjemand stößt dich aus dem Fenster oder so etwas Ähnliches. Aber du hast es überlebt.«

»Unten war eine Hecke, ich hatte Glück«, ergänzte Dulcibeni. »Mach weiter!«

Atto zögerte bei dieser erneuten Aufforderung Dulcibenis. Auch ich fragte mich, warum er sich so auf Melani einließ.

»Du bist aus Rom geflohen, wurdest verfolgt und in Angst und Schrecken gehalten«, fuhr Melani fort. »Alles Übrige wusste ich schon: Du hast dich zum Jansenismus bekehrt, und in Neapel hast du Fouquet getroffen. Aber etwas anderes verstehe ich nicht: Warum willst du dich jetzt, nach so vielen Jahren rächen? Vielleicht weil … o Gott, jetzt habe ich es verstanden.«

Ich sah, wie sich Melani mit der Hand vor Überraschung an die Stirn fuhr. Inzwischen hatte er kühn balancierend ein weiteres Stück Mauer erklommen und sich Dulcibeni noch weiter genähert.

»Weil jetzt in Wien gekämpft wird, und wenn du den Papst umbringst, wird das christliche Bündnis auseinander brechen, die Türken werden siegen und ganz Europa verwüsten. Ist es nicht so?«, rief Atto mit sich vor Staunen und Empörung überschlagender Stimme.

»Europa ist schon verwüstet, und zwar von seinen eigenen Königen«, erwiderte Dulcibeni.

»Oh, du verdammter Irrer«, warf ihm Atto vor. »Du würdest am liebsten, du willst ...«, und dabei nieste er drei-, vier-, fünfmal mit ungewohnter Heftigkeit, wobei er beinahe die Mauer losließ und in die Tiefe stürzte.

»Verflixt«, bemerkte er verdrossen. »Früher brachten mich nur holländische Stoffe zum Niesen. Und jetzt habe ich endlich verstanden, warum ich so oft niesen muss, seit ich in dieser vermaledeiten Locanda bin.«

Auch ich verstand es nun: Die alten holländischen Kleider Dulcibenis waren daran schuld. Dennoch kam mir plötzlich in den Sinn, dass Atto manchmal auch zu niesen angefangen hatte, wenn ich kam. Vielleicht deshalb, so überlegte ich, weil ich kurz zuvor im Zimmer des Jansenisten gewesen war. Oder aber ...

Doch im Augenblick musste ich solche Überlegungen auf später verschieben. Ich sah, wie sich Dulcibeni auf der Mauerkrone des Amphitheaters zuerst nach links und dann nach rechts bewegte und dabei die Kutsche Tiracordas im Auge behielt.

»Du verheimlichst immer noch etwas, Pompeo«, rief Atto, nachdem er sich von seinem Niesanfall erholt und rittlings das Gleichgewicht wiedergewonnen hatte. »Womit konntest du die Odescalchi erpressen? Was ist das Geheimnis, mit dem du Kardinal Benedetto in der Hand hattest?«

»Es gibt nichts mehr zu sagen«, erwiderte Dulcibeni kurz angebunden und sah sich erneut nach dem Wagen des Leibarztes um.

»Nein, nein, das wäre zu einfach! Außerdem ist die Geschichte mit deiner Tochter nicht glaubwürdig: Zu wenig, um einem Papst nach dem Leben zu trachten. Wie passt das zusammen: Erst willst du ihre Mutter nicht heiraten, und dann tust du aus Rache so etwas? Nein, das stimmt nicht. Außerdem ist dieser Papst euch Jansenisten wohlgesonnen. Heraus mit der Sprache, Pompeo!«

»Das geht dich nichts an.«

»Du kannst nicht …«

»Einem Spion des Allerchristlichsten Königs habe ich nicht mehr zu sagen.«

»Gewiss, aber du wolltest mit deinen Blutegeln genau diesem Allerchristlichsten König einen schönen Gefallen tun: ihn auf einen Streich vom Papst und von Wien befreien.«

»Und du glaubst wirklich, dass Ludwig XIV. von einem Sieg der Türken profitieren würde?«, antwortete Dulcibeni erbost. »Armer Verblendeter! Nein, die osmanische Flutwelle würde auch deinen König von Frankreich überrollen. Keine Rücksicht auf Verräter: Das ist die Regel der Sieger.«

»Dann besteht darin dein Plan für eine Wiedergeburt, deine Hoffnung auf eine Rückkehr zur Reinheit des christlichen Glaubens, stimmt's, Jansenist?«, gab Atto zurück. »Ja, fegen wir einfach die Römische Kirche und die christlichen Herrscher hinweg, lassen wir zu, dass die Altäre in Flammen aufgehen. So kehren wir zur Zeit der Märtyrer zurück: abgestochen von den Türken, aber gefestigter und stärker im Glauben! Glaubst du wirklich daran? Wer von uns beiden gibt sich mehr Illusionen hin, Dulcibeni?«

In der Zwischenzeit hatte ich mich von Atto und Dulcibeni entfernt und eine Art kleine Terrasse an der Treppe erreicht, auf der wir heraufgekommen waren. Von dort aus konnte ich sehen, was außerhalb des Kolosseum vor sich ging, und verstand nun, warum Dulcibeni so aufmerksam nach unten blickte.

Ein Gruppe von Sbirren machte sich tatsächlich an der Kutsche zu schaffen, und man hörte von ferne Tiracordas Stimme. Einige beobachteten uns, und ich vermutete und fürchtete zugleich, dass sie binnen kurzem heraufkommen würden, um uns festzunehmen.

Plötzlich aber ließ mich nicht mehr der kalte Abendhauch zittern, sondern ein Schrei, genauer ein tierischer Chor, der sich vom Platz vor dem Kolosseum erhob, und ein diffuses Prasseln wie von vielen geworfenen Steinen oder Holzprügeln.

Die Horde der Heiligenfledderer (die diesen Angriff offenbar gut vorbereitet hatte) strömte mit Prügeln und Stöcken bewaffnet in schnellem Lauf auf den Platz, ohne den Männern des Bargello Zeit zu geben zu verstehen, was da vor sich ging. Wir konnten die Szene recht gut beobachten, weil sie vom Fackelschein der Sbirren hier und da beleuchtet war.

Der Überfall war zielstrebig, grausam und blitzartig. Eine Gruppe von Angreifern kam vom Konstantinsbogen, eine zweite über die Mauer der Gärten hinter den Ruinen der Curia Hostilia und eine dritte aus den Überresten des Tempels von Isis und Osiris. Das laute und wilde Kriegsgeschrei der Heranstürmenden stürzte die nur fünf oder sechs Opfer in völlige Verwirrung, denn sie sahen sich einer mindestens doppelt so großen Anzahl von Angreifern gegenüber.

Ein paar etwas abseits stehende Sbirren, vor Verwunderung wie gelähmt, wurden als Erste von den drei Heiligenfledderern, die vom Konstantinsbogen kamen, zu Boden geworfen, gekratzt, getreten und gebissen. Am Ende war nur noch ein wüstes Knäuel aus Beinen, Armen und Köpfen zu sehen, verbissen in einen primitiven, regellosen Nahkampf. Die Opfer waren jedoch keineswegs tödlich verwundet, sondern nur übel zugerichtet, da sie recht bald in Richtung der Straße zur Porta San Giovanni unehrenhaft den Rückzug antraten. Zwei anderen Sbirren (genau denen, die wahrscheinlich gerade dabei waren, ins Kolosseum einzudringen, um uns zu verhaften) jagte der kreischende Haufen der Heiligenfledderer einen solchen Schrecken ein, dass sie nicht einmal versuchten, handgemein zu werden, sondern, so schnell sie konnten, den Weg hinaufrannten, der nach San Pietro in Vincoli führt. Vier grölende Angreifer verfolgten sie, unter denen ich das unverwechselbare Organ Ugonios auszumachen glaubte.

Ganz anders erging es den beiden Sbirren an Tiracordas Wagen: Einer von den zweien konnte sich ein Terzett von Heiligenfledderern mit dem Säbel gut vom Leibe halten. Derweilen hievte sein Kamerad, der als Einziger zu Pferd saß, eine dritte Person zu sich hinauf, die (wenn mich meine Augen nicht täuschten) ziemlich dick und ungeschickt war und eine Tasche um den Hals hängen hatte. Es war Tiracorda, den der Sbirre offenbar als Opfer der verbrecherischen Ereignisse dieser Nacht erkannt hatte und retten wollte. Sobald sich die beiden auf dem Pferd entfernten, um in Richtung Monte Cavallo ihr Heil zu suchen, machte sich auch der andere auf die Socken und verschwand in der Dunkelheit. Um das Kolosseum herum herrschte wieder Stille.

Ich richtete meinen Blick erneut auf Atto und Dulcibeni, die ebenfalls von dieser regelrechten Schlacht, die sich vor unseren Augen abgespielt hatte, abgelenkt waren.

»Es ist aus, Melani«, sagte der Jansenist. »Mit deinen Ungeheuern aus der Unterwelt hast du obsiegt, mit deiner Manie, zu spionieren und zu intrigieren, mit deinem krankhaften Verlangen, einem Fürsten unter den Rock zu kriechen. Jetzt werde ich diese Tasche öffnen und dir ihren Inhalt übergeben, den dein Jüngelchen vielleicht mehr ersehnt als du.«

»Ja, es ist aus«, wiederholte Atto mit einem müden Seufzer. Er hatte die Mauerkrone fast erklommen und befand sich nun wenige Handbreit von Dulcibenis Füßen entfernt. Gleich würde er auf die Außenmauer des Kolosseums steigen und seinem Gegner von Angesicht zu Angesicht gegenübertreten können.

Ich dagegen teilte die Meinung des Abbé nicht: Es war noch nicht aus. Wir hatten Dulcibeni aufgelauert, ihn verfolgt, nachgeforscht und nächtelang diskutiert. Alles, um vor allem eine Frage zu beantworten: Wer hatte Nicolas Fouquet ermordet und wie? Ich wunderte mich, dass unter den vielen Fragen, die Atto gestellt hatte, gerade diese eine fehlte. Aber wenn er nicht fragte, konnte immer noch ich es tun.

»Warum aber auch den Oberintendanten ermorden, Signor Pompeo?«

Dulcibeni riss die Augen auf und brach in ein hässliches Gelächter aus.

»Frag deinen geliebten Abbé danach, Junge!«, rief er. »Frag ihn, wieso sein treuer Freund Fouquet nach dem Fußbad krank geworden ist. Lass dir auch sagen, warum Abbé Melani derweil so überaus aufgeregt war und warum er den Armen mit seinen Fragen quälte und ihn nicht einmal in Ruhe sterben ließ. Und dann ... frag ihn, was für ein machtvolles Mittel in dem Wasser für das Fußbad war, frag ihn, welche Gifte so heimtückisch töten können.«

Instinktiv blickte ich auf Atto, der schwieg, als wäre er auf dem falschen Fuß erwischt worden.

»Aber du ...«, machte er einen schwachen Versuch einzugreifen.

»Ich habe eine meiner Ratten in dieses Wasser getaucht«, fing Dulcibeni wieder an, »und kurz darauf ist sie so jämmerlich krepiert, wie du es dir nicht vorstellen kannst. Ein machtvolles und arglistiges Gift, Abbé Melani: Gut verdünnt in einem Fußbad dringt es, ohne Spuren zu hinterlassen, über die Haut und die Nägel in den Leib bis in die Eingeweide vor und zerstört sie vollständig. Wirklich ein meisterhaftes Mittel, wie es nur die französischen Duftmischer zu kreieren verstehen, stimmt's?«

Da erinnerte ich mich plötzlich daran, dass Cristofano bei der zweiten Untersuchung der Leiche Fouquets um die Wanne für das Fußbad einige Wasserlachen entdeckt hatte, obwohl ich am selben Morgen den Fußboden schon sorgfältig sauber gemacht hatte. Dulcibeni musste etwas verschüttet haben, als er von dem Wasser des Fußbads eine Probe entnahm. Mir lief es kalt den Rücken herunter bei dem Gedanken, dass ich einen Tropfen der tödlichen Flüssigkeit berührt hatte. Glücklicherweise wohl zu wenig, um auch nur ein leichtes Unwohlsein zu verspüren.

Zu Atto gewandt fügte Dulcibeni dann hinzu: »Hat dir der Allerchristlichste König etwa einen ganz speziellen Auftrag erteilt, Signor Atto Melani? Etwas Schreckliches, zu dem du dennoch nicht nein sagen konntest, weil es um den Beweis unverbrüchlicher Treue zum König ging ...«

»Das reicht, ich erlaube dir das nicht!«, fuhr ihn Atto an, während er sich endlich auf die große Außenmauer des Kolosseums hinaufstemmte.

»Mit welchen feigen Lügen über Fouquet hat dich Seine Majestät gefüttert, als er dir befahl, ihn aus dem Weg zu schaffen?«, insistierte Dulcibeni. »Und du, gemeiner Sklave, hast gehorcht. Dann aber, als er in deinen Armen starb, hat der Oberintendant etwas geflüstert, worauf du nicht gefasst warst. Ich kann's mir vorstellen: die Andeutung dunkler Geheimnisse, einige Halbsätze, die vielleicht niemand hätte verstehen können. Aber es hat gereicht, um dich begreifen zu lassen, dass du nur eine Figur in einem dir unbekannten Spiel warst.«

»Du fantasierst, Dulcibeni, ich habe nicht ...«, versuchte Atto ihn wieder zu unterbrechen.

»Ah! Du brauchst gar nichts zu sagen: Diese wenigen Worte werden für immer ein Geheimnis zwischen dir und Fouquet bleiben. Das ist nicht das Entscheidende«, schrie Dulcibeni gegen den Wind, der immer heftiger blies. »Aber in jenem Augenblick hast du begriffen, wie sehr dich der König belogen und ausgenutzt hat. Und du hast angefangen, um dein eigenes Leben zu fürchten. Da hast du dir in den Kopf gesetzt, über alle Gäste der Locanda Nachforschungen anzustellen: Verzweifelt hast du nach dem wahren Grund für den Auftrag gesucht, deinen Freund zu töten.«

»Du bist von Sinnen, Dulcibeni, du bist von Sinnen und versuchst mich anzuklagen, um deine Missetaten zu verbergen, du bist ...«

»Und du, mein Junge,«, unterbrach ihn Dulcibeni, wiederum an mich gerichtet, »frag deinen Abbé auch danach, warum Fouquets letzte Worte lauteten ›O weh, also ist es doch wahr?‹. Erinnern sie nicht an eine berühmte Arie aus den goldenen Tagen des Oberintendanten? Abbé Melani, du musst sie erkannt haben: Sag mir, wie oft hast du selbst sie vor ihm gesungen? Und er hat dich daran erinnern wollen, als er mit dem Schmerz deines Verrats starb. Wie Julius Caesar, als er unter den Meuchelmördern, die auf ihn einstachen, auch seinen Sohn Brutus erkannte.«

Atto erwiderte nichts mehr. Er war auf die Mauer geklettert, und nun standen er und Dulcibeni einander gegenüber. Das Schweigen des Abbé hatte jedoch andere Gründe. Dulcibeni öffnete das Köfferchen mit den Blutegeln.

»Es war ein Versprechen. Und ich halte immer, was ich versprochen habe«, sagte Dulcibeni. »Der Inhalt gehört dir.«

Dann trat er an den Mauerrand, drehte den Koffer um und kippte ihn über der Leere aus.

Doch (das konnte sogar ich aus der Entfernung sehen) es fiel nichts heraus. Er war leer.

Dulcibeni lachte.

»Armer Tölpel«, sagte er zu Melani, »hast du wirklich geglaubt, ich würde mit dir hier meine Zeit vertrödeln, nur um mich von dir beschimpfen zu lassen?«

Instinktiv suchten Atto und ich uns gegenseitig mit den Augen, weil wir denselben Gedanken hatten: Dulcibeni hatte uns nur hier heraufgelockt, um uns Zeit verlieren zu lassen. Die Blutegel hatte er vor seiner Flucht ins Kolosseum in der Kutsche gelassen.

»Jetzt sind sie mit ihrem Herrn auf dem Weg zu den Adern des Papstes«, fügte er höhnisch hinzu und bestätigte damit unseren Verdacht, »und niemand kann sie aufhalten.«

Atto setzte sich erschöpft zu Boden. Dulcibeni ließ das Köfferchen an der Außenseite des Kolosseums hinab ins Nichts fallen. Wenige Sekunden später hörten wir den traurigen, dumpfen Aufprall.

Dulcibeni nutzte die Pause, um erneut seine Tabaksdose aus der Tasche zu holen und sich eine ordentliche Prise Mamacòca zu genehmigen; dann schleuderte er auch die kleine Schachtel mit einer triumphalen und verächtlichen Armbewegung in die Tiefe.

Aber genau durch diese ausladende Drehung verlor er das Gleichgewicht. Wir sahen ihn leicht schwanken, dann wieder den aufrechten Stand suchen und schließlich nach rechts wegkippen, wo das große Holzkreuz stand.

Es geschah in Sekundenschnelle. Dulcibeni fasste sich mit den Händen an den Kopf, als fühlte er einen schrecklichen, stechenden Schmerz oder eine plötzliche Blutleere, und schlug gegen das Kreuz, das er – dachte ich – gar nicht wahrgenommen hatte.

Durch den Zusammenstoß mit dem hölzernen Mahnmal verlor Dulcibeni vollends das Gleichgewicht. Ich sah, wie er ins Innere des Kolosseums stürzte und in wenigen Augenblicken mehrere Manneslängen tief fiel. Glücklicherweise traf er – und das rettete ihm das Leben – zunächst auf eine leicht geneigte Fläche aus Ziegeln auf. Dann kam der Körper auf einer großen Steinfläche zum Liegen, die ihn barmherzig aufnahm wie ein Flussbett das Wrack von Schiffen, die der Kraft eines Unwetters zum Opfer gefallen sind.

Nur mit Hilfe einiger Heiligenfledderer waren wir in der Lage, den bewusstlosen Dulcibeni zu bergen. Er lebte und kam nach ein paar Minuten auch wieder zu sich.

»Meine Beine ... ich spüre sie nicht mehr«, waren seine ersten Worte.

Unter Führung von Baronio schafften die Heiligenfledderer aus der Nähe einen Karren herbei, den vielleicht irgendein Obstverkäufer hatte stehen lassen. Obwohl er alt und klapprig war, ließ er sich dank der vereinten Anstrengungen der Heiligenfledderer zum Transport des armen geschundenen Dulcibeni verwenden. Atto und ich hätten den Verletzten in den Ruinen des Kolosseums einfach zurücklassen können, waren uns aber sofort einig, dass das eine völlig unnötige und überdies gefährliche Grausamkeit wäre. Man hätte ihn früher oder später gefunden, und außerdem wäre sein Fehlen in der Locanda aufgefallen und hätte zunächst Cristofano und dann die Behörden auf den Plan gerufen.

Ich war erleichtert über den gemeinsamen Beschluss, Dulcibeni zu retten: Die dunkle und tragische Geschichte seiner Tochter hatte mich nicht unberührt gelassen.

Der Heimweg ins Donzello war endlos und trübselig. Wir suchten die verschlungensten Abkürzungen, um nicht wieder den Sbirren in die Hände zu laufen. Die Heiligenfledderer waren schweigsam und ruppig und untröstlich, dass sie Tiracorda nicht hatten daran hindern können, mit den Blutegeln zu verschwinden. Auch quälte sie die Verbitterung über die Niederlage und die Angst, dass bereits am nächsten Tag die tödliche Erkrankung beim Papst entdeckt werden könnte. Andererseits kam wegen seines verzweifelten Zustands niemand auf den Gedanken, Dulcibeni anzuzeigen: Der wilde

Angriff, den die Heiligenfledderer kurz zuvor gegen die Sbirren entfacht hatten, ließ Vorsicht und Stillschweigen ratsam erscheinen. Es war besser für alle, wenn von den Ereignissen dieser Nacht bei den Ordnungshütern nur Erinnerungen, aber keine Spuren blieben.

Um keine allzu große und deshalb auffällige Gruppe zu bilden, verließen uns einige der Heiligenfledderer nicht ohne ein hastiges Knurren als Abschied. Nun waren wir nur noch zu siebt: Ugonio, Ciacconio, Polonio, Grüfonio, Atto, Dulcibeni (auf dem Karren) und ich.

Wir wechselten uns mit dem Schieben des Karrens ab und blieben eng beieinander. Wir hatten bereits die Chiesa del Gesù erreicht, wo wir wieder in die unterirdischen Gänge hinabtauchen wollten, als ich gewahr wurde, dass Ciacconio nicht Schritt hielt und zurückgeblieben war. Da ich bei genauerem Hinsehen feststellte, dass er sich mühsam vorwärts schleppte, machte ich die Ersten in der Gruppe darauf aufmerksam, und wir warteten, bis Ciacconio uns einholte.

»Verliert Pneuma durch hastende Eile. Leicht entblasbar«, erklärte Ugonio.

Doch Ciacconio schien nicht nur außer Atem zu sein. Kaum hatte er die Gruppe erreicht, sank er auf den Karren, setzte sich dann mit dem Rücken zu einer Wand auf die Erde und rührte sich nicht mehr. Sein Atem ging kurz und oberflächlich.

»Ciacconio, was ist mit dir?«, fragte ich ihn beunruhigt.

»Gfrrrluûbh«, antwortete er und deutete links auf den Bauch.

»Bist du müde, oder fühlst du dich unwohl?«

»Gfrrrlûlbh«, erwiderte er mit der gleichen Geste, so als wäre das alles, was er noch zustande brächte.

Unvermittelt berührte ich Ciacconios Gewand (obwohl jeder physische Kontakt mit den Heiligenfledderern wohl alles andere als ratsam war) an der von ihm bezeichneten Stelle. Sie schien feucht.

Während ich die Stofffalten ein wenig zur Seite schob, nahm ich einen unangenehmen, aber vertrauten Geruch wahr. Alle waren näher gekommen, und Abbé Melani drängte sich ganz vor. Er berührte Ciacconios Mantel und führte seine Hand zur Nase.

»Blut. Gütiger Himmel, öffnen wir ihm die Kleider«, sagte er und knüpfte mit nervöser Hast den Strick auf, der Ciacconios Habit zusammenhielt. Er hatte eine klaffende Wunde mitten am Bauch, aus der ohne Unterlass Blut strömte und den Stoff schon ganz durchtränkt hatte. Ciacconio war schwer verletzt, hatte bereits viel Blut verloren, und es war ein Wunder, dass er überhaupt die Kraft gehabt hatte, so weit zu laufen.

»Mein Gott, er braucht Hilfe, er kann nicht mit uns kommen«, sagte ich, überwältigt von dieser Entdeckung.

Es folgte ein langer Augenblick des Schweigens. Welche Gedanken den anderen währenddessen im Kopfe herumgingen, war nur allzu leicht zu erraten. Die Kugel, die Ciacconio getroffen hatte, stammte aus Dulcibenis Pistole, der, freilich ohne es zu wollen, den unglücklichen Heiligenfledderer tödlich verletzt hatte.

»Gfrrrlûlbh«, sagte da Ciacconio, zeigte mit einer Hand auf die Straße und forderte uns durch eine Geste auf, unseren Weg fortzusetzen. Ugonio kniete nieder und beugte sich zu ihm herunter. Es folgte eine rasche, unverständliche Unterhaltung zwischen den beiden, während der Ugonio mehrmals die Stimme erhob, als wolle er seinen Kumpan von seiner Meinung überzeugen. Ciacconio dagegen wiederholte immer das gleiche Gemurmel, zunehmend schwächer und mühsamer.

Da merkte Atto, was bevorstand, und sagte zu Ugonio gewandt: »Mein Gott, wir können ihn hier nicht allein lassen. Ruf deine Freunde, damit sie ihn holen, man muss etwas unternehmen, jemanden rufen, einen Wundarzt ...«

»Gfrrrlûlbh«, flüsterte Ciacconio leise und gottergeben und brachte damit seine Meinung endgültiger zum Ausdruck, als es jede menschliche Erläuterung vermocht hätte.

Ugonio seinerseits legte die Hand sanft auf die Schulter seines Gefährten und erhob sich dann, als wäre das Gespräch beendet. Auch Polonio und Grufonio beugten sich zu dem Verwundeten und tauschten mit ihm wirre, geheimnisvoll geflüsterte Worte. Am Ende knieten sie nieder und begannen gemeinsam zu beten.

»Oh, nein«, sagte ich unter Tränen, »er kann, er darf nicht sterben.«

Selbst Atto, der doch immer so wenig Sympathie für die Heiligenfledderer und ihre bizarren Fähigkeiten bewiesen hatte, konnte seine Rührung nicht verbergen. Ich sah ihn zur Seite treten und das Gesicht bedecken, während sich seine Schultern krampfhaft zusammenzogen. In einem tonlosen, befreienden Schluchzen brach sich endlich Melanis Schmerz Bahn: die Trauer um Ciacconio, um Fouquet, um Wien und um sich selbst, denn er war zwar ein Verräter, aber auch ein Verratener und ein einsamer Mann. Während ich an die letzten geheimnisvollen Worte Dulcibenis über Fouquets Tod dachte, spürte ich, wie dunkle Wolken zwischen mir und Atto aufzogen.

Am Ende beugten wir alle das Knie zum Gebet, während Ciacconios Atem immer kürzer ging und immer mehr erstickte, bis Grufonio sich kurz entfernte, um die übrigen Heiligenfledderer zu verständigen (so jedenfalls glaubte ich zu verstehen), die denn auch nach wenigen Minuten erschienen, um den armen Leichnam wegzutragen und ihm eine würdige Bestattung zuteil werden zu lassen.

Dann erlebte ich die letzten bewegenden Sekunden im Leben Ciacconios. Während ihn seine Freunde umringten, hielt Ugonio dem Sterbenden das Haupt. Durch eine Geste gebot er allen zu schweigen und die Gebete zu unterbrechen. Die Stille der Nacht senkte sich auf die Szene, so dass wir deutlich die letzten Worte des Heiligenfledderers vernehmen konnten: »Gfrrrlûlbh.«

Ich blickte fragend zu Ugonio, der schluchzend übersetzte: »Wie Tränung in Regnung.«

Dann hörte der Unglückliche zu atmen auf.

Keine weiteren Erklärungen waren vonnöten. Mit diesen Worten hatte Ciacconio sein flüchtiges Erdenleben klar umschrieben: Wir sind wie Tränen im Regen, die sich, kaum vergossen, im übermächtigen Strom der sterblichen Dinge verlieren.

Nachdem die Leiche Ciacconios von seinen Freunden fortgebracht worden war, machten wir uns wieder auf, das Herz schwer von unsäglichem Gram. Ich ging gesenkten Hauptes und wie von einer fremden Kraft getrieben. Vor lauter Schmerz hatte ich auf dem restlichen Weg nicht einmal den Mut, den armen Ugonio anzuschauen, weil ich fürchtete, die Tränen nicht zurückhalten zu können. Mir kamen alle Abenteuer, die wir mit den beiden Heiligenfledderern bestanden hatten, wieder in den Sinn: die Erkundung der unterirdischen Gänge, die Verfolgung von Stilone Priàso, das Eindringen in Tiracordas Haus ... Ich stellte mir vor, wie viele andere Erlebnisse Ugonio mit Ciacconio geteilt haben mochte, und begriff, wenn ich meinen Gemütszustand mit seinem verglich, wie verzweifelt er seinen Freund vermissen würde.

Die Trauer war so groß, dass sie meine Erinnerungen an den Rest des Heimwegs überdeckt: die Rückkehr in die unterirdischen Gänge, der mühselige Marsch durch die engen Gewölbe und der schwierige Transport Dulcibenis in die Locanda und schließlich in sein Zimmer. Um ihn hinaufzuziehen, mussten wir aus einigen Stangen des Karrens, den wir oben benutzt hatten, eine Art Trage herstellen. Der jetzt fiebernde und halb bewusstlose Kranke, der wohl lediglich ahnte, dass er schwere, vielleicht irreversible Verletzungen davongetragen hatte, wurde so wie eine Salami zusammengeschnürt von Falltür zu Falltür, von Treppe zu Treppe geschleppt, unter äußerster Kraftanstrengung von zwölf Armen: vier Heiligenfledderer, Atto und ich.

Der Morgen graute bereits, als die Heiligenfledderer sich verabschiedeten und durch die geheime Kammer verschwanden. Ich fürchtete natürlich, dass Cristofano unser wenn auch leises Trappeln und Rumoren gehört haben könnte, vor allem, als wir Dulcibeni in die Locanda hinaufzogen und dann die Treppe hinunter in den ersten Stock schafften. Doch als wir am Zimmer des Arztes vorbeikamen, hörten wir ihn nur gleichmäßig und friedlich schnarchen.

Auch von Ugonio hatte ich Abschied nehmen müssen. Während Atto sich abseits hielt, legte mir der Heiligenfledderer seine knochigen Hände fest auf die Schultern: Er wusste, dass wir uns schwerlich wiederbegegnen würden. Ich würde nicht mehr in seinen *mundus subterraneus* hinabsteigen, und er kam nie herauf unter das Himmelsgewölbe, außer nachts, wenn ehrliche und arme Menschen (wie ich es war) längst von den Mühen des Tages erschöpft im Schlaf liegen. So gingen wir traurigen Herzens auseinander; und ich habe ihn tatsächlich nie wiedergesehen.

Wir mussten uns unbedingt schlafen legen und die kurze Zeit nutzen, die Atto und mir blieb, um neue Kräfte zu sammeln. Doch weil mich die Ereignisse zu sehr erschüttert hatten, wusste ich im Voraus, dass ich niemals Schlaf finden würde. Deshalb beschloss ich, in der verbleibenden Zeit die jüngsten Geschehnisse in meinem Tagebuch festzuhalten.

Ohne viele Worte trennte ich mich vorläufig von Atto, aber jeder konnte im Blick des anderen lesen, was er dachte: Schon seit einigen Stunden hatten die Pest bringenden Blutegel Dulcibenis sich in das weiche, müde Fleisch Innozenz' XI. gebissen.

Alles hing nun davon ab, ob die Krankheit langwierig oder wie in vielen Fällen blitzartig verlief.

Vielleicht würde schon der neue Tag die Nachricht vom Tod des Papstes bringen. Und mit ihm, wer weiß, vielleicht den Ausgang der Schlacht vor Wien.

Ereignisse zwischen dem 20. und 25. September 1683

Die Aufzeichnungen dieser Nacht waren die letzten in meinem Heft. Die folgenden Ereignisse ließen mir keine Zeit mehr (und machten mir auch keine Lust) weiterzuschreiben. Zum Glück sind mir jene letzten Klausurtage in der Locanda lebendig in Erinnerung, zumindest die wichtigsten Geschehnisse.

Am folgenden Tag fand man Dulcibeni in seinem Bett jämmerlich in seinem eigenen Urin liegend, unfähig, aufzustehen oder die Beine zu bewegen. Alle Versuche, ihm zum Gehen oder auch nur zur Kontrolle über seine unteren Gliedmaßen zu verhelfen, waren vergebens. Er nahm sogar seine Füße nicht mehr wahr; man konnte das Fleisch verletzen, ohne dass er es im mindesten spürte. Cristofano hielt die Krankheitssymptome für sehr gravierend; er habe, so berichtete er, schon viele derartige Fälle erlebt. Ganz ähnlich sei es bei einem Jungen gewesen, der bei der Arbeit in einem Marmorbruch von einem schlecht befestigten Gerüst heruntergefallen und mit dem Rücken hart auf den Boden aufgeschlagen sei; am anderen Tag sei er im gleichen Zustand wie Dulcibeni in seinem Bett aufgewacht, habe leider seine Beine nicht mehr zu bewegen gelernt und sei fürs ganze Leben behindert geblieben.

Man müsse jedoch nicht alle Hoffnung fahren lassen, unterstrich Cristofano und verbreitete weit ausholende Beschwichtigungen, die mir ebenso wortreich wie vage erschienen. Der stark fiebernde Kranke war sich seines bedrohlichen Zustandes offensichtlich noch nicht bewusst.

Der schwere Unfall, den Dulcibeni erlitten hatte, veranlasste Cristofano natürlich zu heftigen Nachfragen, denn er verstand sehr wohl, dass der Mann aus den Marken (und wer ihn zurückgebracht hatte) die Möglichkeit gehabt haben musste, in der Locanda aus und ein zu gehen.

Auch die Abschürfungen, die Schnitte und Kratzer, die Atto und ich uns zugezogen hatten, als wir von Tiracordas Wagen gefallen waren, verlangten nach Erklärungen. Während Cristofano uns seine ärztliche Hilfe angedeihen ließ – er behandelte unsere Wunden mit seinem selbst verfertigten Balsam und Goldschwefelwasser, die Abschürfungen mit *oleum philosophorum* und besonders feiner Latwerge –, waren wir deshalb gezwungen einzugestehen, dass Dulcibeni, um der Quarantäne zu entkommen, tatsächlich die Locanda verlassen und sich von der geheimen Kammer aus in das Gewirr der unterirdischen Stollen gewagt hatte. Wir beide aber, so behaupteten wir, hätten diese seine Absicht geahnt, ihn schon lange beobachtet, seien ihm gefolgt und hätten ihn schließlich zurückgebracht. Auf dem Rückweg habe er dann das Gleichgewicht verloren, sei in den senkrechten Schacht, der zur Locanda führe, gestürzt und habe sich dabei die schwere Verletzung zugezogen, die ihn nun ans Bett fesselte.

Dulcibeni war ja nicht in der Lage, uns Lügen zu strafen: Am Tag nach seinem Sturz hatte er sehr hohes Fieber bekommen, so dass er kaum des Denkens und Sprechens mächtig war. Nur ab und zu kam er zu sich, jammerte und klagte über schreckliche, anhaltende Schmerzen am Rücken.

Vielleicht auch wegen dieses mitleiderregenden Anblicks ließ Cristofano uns gegenüber Nachsicht walten; unser Bericht war ganz offensichtlich lückenhaft und wenig glaubwürdig und hätte einem ernsthaften Verhör nicht standgehalten, vor allem wenn ein solches von Männern des Bargello vorgenommen worden wäre. Im Lichte der hervorragenden Genesung Bedfordis und der voraussichtlichen Aufhebung der Quarantäne wog der Arzt wohlwollend Risiken und Vorteile gegeneinander ab und tat einfach so, als schenke er unserer Version Glauben, ohne das Geschehene der Wache (die wie immer vor der Locanda stand) zu melden. Wenn unsere Klausur vorüber sei, werde er, so versicherte er uns, sich dafür einsetzen, dass Dulcibeni die bestmögliche Behandlung bekomme. Dass er sich zu einer so nachgiebigen Haltung entschloss, lag vielleicht auch an der festlichen Stimmung, die sich gerade damals in der Stadt zu verbreiten begann und von der ich gleich erzählen will.

Schon eine Weile zuvor waren Gerüchte über den Ausgang der Schlacht vor Wien im Umlauf. Die ersten Nachrichten waren am 20. eingetroffen, aber erst in der Nacht zum Dienstag, dem 21. (und ich hätte deshalb erst später Einzelheiten erfahren), hatte Kardinal Pio in der Nacht aus Venedig ein Schreiben mit der Kunde von der Flucht des türkischen Heeres aus Wien erhalten. Zwei Tage später trafen, wiederum nachts, weitere Schreiben aus dem Reich ein, die den Sieg der Christen bestätigten. In der Stadt waren die ersten, noch unsicheren Zeichen der Freude zu vernehmen. Allmählich wurden immer mehr Einzelheiten bekannt: Wien, das so lange belagert worden war, war endlich entsetzt worden.

Am 23. brachte der Bote von Kardinal Buonvisi die offizielle Siegesnachricht nach Rom: Elf Tage zuvor, am 12. September, hatten die christlichen Truppen die Schlachtreihen der Feinde Gottes durchbrochen.

In den Wochen darauf berichteten die Zeitungen ausführlich und in allen Einzelheiten darüber, in meiner Erinnerung jedoch mischen sich die Erzählungen über die glorreiche Schlacht unentwirrbar mit der erregten und erregenden Stimmung der ersten Stunden, nachdem man vom Sieg erfahren hatte.

Als in der Nacht vom 11. zum 12. September die Sterne am Himmel aufgingen, hatte man gehört, wie das osmanische Heer in Schlachtordnung seine Gebete mit lautestem Geschrei begleitete; die Reihen waren auch sichtbar, von Lichtern und brennenden Feuern erhellt, die mit den Doppelfackeln der prachtvollen Pavillons im Feldlager der Ungläubigen um die Wette strahlten.

Auch die Unsrigen hatten inbrünstig gebetet: Das christliche Heer war dem der Ungläubigen weit unterlegen. Im ersten Morgengrauen hatte der Kapuzinermönch Marco d'Aviano, der das christliche Heer mitzureißen und zu begeistern verstand, am 12. September mit den christlichen Befehlshabern in einem kleinen Kamaldulenserkloster auf einer Anhöhe namens Kahlenberg, der das rechte Donauufer über Wien beherrscht, eine Messe gelesen. Unmittelbar danach waren die Schlachtreihen gegeneinander angetreten, bereit zum Sieg oder zum Tod.

Auf dem linken Flügel stand Karl von Lothringen mit dem Markgrafen Hermann und dem jungen Ludwig Wilhelm, dem Grafen von Leslie und dem Grafen Caprara, dem Prinzen Lubomirski mit seinen Husaren, der gefürchteten gepanzerten Kavallerie, außerdem Mercy und Tafe, die künftigen Helden Ungarns. Neben Dutzenden anderer Fürsten erwartete auch der noch unbekannte Prinz Eugen von Savoyen seine Feuertaufe, der wie Karl von Lothringen Paris verlassen hatte, um dem Sonnenkönig zu entkommen, und künftig dafür berühmt werden sollte, dass er den Osten Europas von der Herrschaft der Ungläubigen befreite. Auch der Kurfürst von Sachsen mit seinem Feldmarschall Goltz und der Kurfürst von Bayern mit den fünf Wittelsbachern bereiteten ihre Truppen auf die Entscheidung vor. Im Zentrum der christlichen Schlachtordnung standen neben den Bayern die fränkischen und schwäbischen Truppen; außerdem die Fürsten und Regenten von Thüringen, aus den berühmten Häusern der Welfen und Holsteiner; weitere berühmte Namen waren die Markgrafen von Bayreuth, die Feldmarschälle und Generäle Rodolfo Baratta, Dünewald, Stirum, der Baron von Degenfeld, Kàroly Pàlffy und viele andere heldenhafte Verteidiger der christlichen Sache. Der rechte Flügel wurde von den kampfbewährten Polen unter König Johann Sobieski und seinen Generälen gehalten.

Als die unglücklichen Eingeschlossenen in Wien dieses machtvolle Aufgebot verbündeter Kräfte sahen, schossen sie mit Dutzenden von Leuchtraketen und Kanonensalven Salut.

Auch im Feldlager von Kara Mustafa war das Heer gesichtet worden, aber als die Türken sich zur Gegenwehr entschlossen, war es schon zu spät: Die Angreifer kamen bereits im Sturmlauf den Kahlenberg herunter. Der Großwesir und seine Männer verließen überstürzt Zelte und Gräben, um sich ihrerseits zur Schlachtordnung zu formieren. Die Mitte gebührte Kara Mustafa mit dem Großteil seiner *spahi*. An seiner Seite stand der gottlose Prediger der Ungläubigen Wani Efendi mit ihrer heiligen Fahne, vor ihm Aga mit den Regimentern der blutrünstigen Janitscharen, auf dem rechten Flügel zur Donau hin die ebenso blutrünstigen Woiwoden von Moldau und Walachei, der Wesir Kara Mehmet von Diyarbakir und Ibrahim Pascha aus Buda; am linken Flügel der Khan der Tataren mit einer großen Zahl von Paschas.

Die sanften, grünen und weinbestandenen Anhöhen vor den Toren Wiens werden zum Schauplatz der Schlacht. Das erste, denkwürdige Treffen findet am Nussberg zwischen dem linken Flügel der Christen und den Janitscharen statt. Nach langem unentschiedenen Kampf gelingt es den Kaiserlichen und den Sachsen, die feindlichen Linien zu durchbrechen, und um Mittag werden die Türken nach Grinzing und Heiligenstadt zurückgetrieben. Derweil erreicht Karl von Lothringen Döbling und nähert sich dem türkischen Feldlager, während die österreichische Kavallerie unter Graf Caprara und die Husaren Lubomirskis die Moldauer in einem heftigen Gefecht ins Gras beißen lassen und die Übrigen an der Donau entlang zurückdrängen. Zugleich lässt König Sobieski die polnische Kavallerie, nachdem ihr die deutschen und polnischen Infanteristen den Weg gebahnt haben, von der Höhe des Kahlenbergs herabsprengen. Die Janitscharen werden von Haus zu Haus, Weinberg zu Weinberg, Heuhaufen zu Heuhaufen gejagt und mitleidlos aus Neustift, Pötzleinsdorf und Dornbach vertrieben.

Die Christlichen müssen noch einmal zittern, als Kara Mustafa die Bewegung seiner Gegner zu nutzen und in die Lücken zu stoßen versucht, die ihr machtvolles Vorrücken hinterlässt. Doch er erreicht wenig; Karl von Lothringen lässt seine Österreicher angreifen und nach rechts schwenken: In Dornbach schneiden sie den Türken den Weg ab, die sich nach Döbling zurückzuziehen versuchen. Die polnische Kavallerie bricht derweil jede Gegenwehr und dringt bis Hernals vor.

In der Mitte der vordersten Linie reitet der polnische König unter dem Flattern des ruhmreichen sarmatischen Heeresbanners mit dem Falkenflügel auf der Lanzenspitze, großartig und unbezähmbar neben dem erst sechzehnjährigen und schon zum Helden gewordenen Prinz Jakob, zu ihren Seiten die Reiter, die über ihren Rüstungen wunderbar farbige, mit Federn und Edelsteinen geschmückte Umhänge tragen. Unter der Losung »Jesusmaria!« fegen die Lanzen der Husaren und der Schweren Reiter König Johanns die *spahi* vor sich her und stürmen direkt auf das Zelt von Kara Mustafa zu.

Als der Letztere von seinem Befehlsstand aus das Gefecht zwischen den Seinen und der polnischen Kavallerie verfolgt, richtet er den Blick instinktiv auf das grüne Banner, in dessen Schatten er steht: Genau auf seine heilige Standarte haben die Christen es abgesehen. Da lässt er sich von der Angst überwältigen, entschließt sich zur Aufgabe und veranlasst zuerst seine Paschas, dann alle seine Truppen zu einem schmachvollen Rückzug. Auch das Zentrum der türkischen Schlachtordnung gibt nach; der Rest des Heeres gerät in Panik, aus der Niederlage wird eine Katastrophe.

Die Belagerten in Wien fassen endlich Mut und wagen am Schottentor einen Ausfall, während die flüchtenden Türken dem Feind ihr riesiges Heerlager mit all seinen unermesslichen Schätzen preisgeben, allerdings nicht ohne vorher noch Hunderte von Gefangenen niederzumetzeln und sechstausend Männer, elftausend Frauen, vierzehntausend Mädchen und fünfzigtausend Kinder als Sklaven fortzuschleppen.

Der Sieg ist so vollständig und so triumphal, dass niemand den Versuch macht, die flüchtenden Ungläubigen zu verfolgen. Aus Angst vor einer Rückkehr der Türken müssen die christlichen Soldaten stattdessen die ganze Nacht in voller Rüstung kampfbereit bleiben.

König Sobieski betritt als Erster Kara Mustafas persönliches Zelt und erbeutet neben den großen Schätzen und den Wundern des Orients, mit denen sich der schamlose, gottesleugnerische Satrap zu umgeben pflegte, vor allem den Pferdeschwanz und den Hengst des Besiegten.

Tags darauf zählt man die Toten und die Beute: zehntausend

türkische Gefallene, dreihundert Kanonen, fünfzehntausend Zelte und Berge von Waffen. Die Christen haben zweitausend Tote zu beklagen, darunter bedauerlicherweise General de Souches und Fürst Potocki. Doch für Trauer bleibt keine Zeit: Ganz Wien, das um ein Haar ein Opfer der Ungläubigen geworden wäre, will die Sieger feiern und lässt sie im Triumph einziehen. König Sobieski schreibt demütig an den Papst, der Sieg sei einzig und allein einem Wunder zu verdanken: *Venimus, vidimus, Deus vicit.*

Die Einzelheiten dieser denkwürdigen Ereignisse sollte ich, wie gesagt, erst später erfahren. Doch um die Locanda wuchs bereits der Jubel: Am 24. September wurde in allen Kirchen eine Bekanntmachung angeheftet mit dem Befehl, an diesem Abend mit allen Glocken das Ave Maria zu läuten, um dem Herrn für den Sieg über die Türken zu danken; Freudenlichter standen in allen Fenstern und unter allgemeinem, ausgelassenem Jubel brannte man Knallkörper, Leuchtraketen, Feuerräder und Böller in großer Zahl ab. Dergestalt hörte man von unseren Fenstern nicht nur das Freudengeschrei der Menschen, sondern auch die heftigen Explosionen des Feuerwerks über den Dächern der Botschaften, der Engelsburg, auf der Piazza Navona und dem Campo di Fiore.

Wir schlugen die Läden auf und lugten durch die Gitter vor den Fenstern der Locanda, um mitzuerleben, wie das Volk auf den Straßen ausgelassen als Wesir oder Pascha verkleidete Puppen verbrannte. Ganze Familien und Gruppen von Kindern, Jugendlichen und Greisen erhellten in wilden Fackelzügen die milden Septembernächte und begleiteten mit ihrem Lachen das helle Geläut der Kirchenglocken.

Selbst die Menschen aus der Nachbarschaft der Locanda, die in den vergangenen Tagen aus Angst vor Ansteckung unseren Fenstern vorsichtig ferngeblieben waren, ließen uns jetzt mit Rufen und Scherzworten an ihrer Freude teilhaben. Sie schienen zu spüren, dass der Moment auch unserer Befreiung nahte, als sei die Entsetzung Wiens ein Vorspiel für die um so vieles unbedeutendere Befreiung des Donzello von der drohenden Pest gewesen.

Auch unter uns, die wir gleichwohl noch eingeschlossen waren, verbreitete sich große Freude: Ich selbst überbrachte jedem einzelnen Herbergsgast die wunderbare Neuigkeit. Wir feierten alle zusammen in den Erdgeschossräumen, umarmten einander und stießen in allergrößter Glückseligkeit an. Ich vor allem fühlte mich im siebten Himmel: Dulcibeni war mit seinem Plan, das christliche Europa ins Herz zu treffen, gescheitert, gleichwohl blieb ich noch in Sorge um die Gesundheit des Papstes.

Außer dem ehrlichsten Ausdruck der Zufriedenheit vernahmen wir unter den Nachrichten, die von Mund zu Mund gingen und von der Straße aus auch uns erreichten, zwei Umstände, die mich überraschten und nachdenklich stimmten.

Der erste: Von einer der Wachen (die, da sie keine gegenteilige Anweisung hatten, die Locanda weiterhin im Auge behielten) erfuhren wir, dass der christliche Sieg nicht zuletzt auf einer Reihe unerklärlicher Fehler der Türken beruhte.

Kara Mustafas Truppen, die durch ihre bekannte Technik der Minen und Laufgräben die Kräfte der Verteidiger der belagerten Stadt geschwächt hatten, hätten nach dem Urteil der Sieger selbst längst vor der Ankunft der Verstärkung durch König Sobieski mit einem konzentrischen Angriff siegreich sein können. Statt aber rasch den entscheidenden Vorstoß zu wagen, hatte Kara Mustafa seltsamerweise nichts unternommen und so wertvolle Tage verloren. Auch hatten die Türken sich nicht darum gekümmert, die Höhe des Kahlenbergs zu besetzen, die ihnen einen entscheidenden taktischen Vorteil gesichert hätte. Darüber hinaus hatten sie auch noch versäumt, die christlichen Verstärkungen anzugreifen, bevor diese die Donau überschritten und sich damit unweigerlich den Belagerten näherten.

Den Grund für diese Versäumnisse wusste niemand zu sagen. Es war, als hätten die Türken irgendetwas erwartet … Irgendetwas, das ihnen den Sieg sicherte. Aber was?

Schließlich gab es noch den weiteren merkwürdigen Umstand, dass die Seuchenherde, die die Stadt seit Monaten bedrohten, ohne augenscheinlichen Grund verschwunden waren.

Den Siegern waren diese Wunder als Zeichen des göttlichen Willens erschienen, desselben Wohlwollens, das bis zum Schluss die verzweifelte Gegenwehr der Belagerten und die Truppen der Befreier unter Johann Sobieski geleitet hatte.

Ihren Höhepunkt erreichten die Feierlichkeiten in Rom am 25. September, worüber ich jedoch erst später berichten werde, da ich zunächst von anderen wichtigen Tatsachen erzählen muss, von denen ich in jenen letzten Tagen unserer Klausur erfuhr.

Das merkwürdige plötzliche Verschwinden der Pest in Wien machte mich ziemlich nachdenklich. Nachdem sie die Eingeschlossenen mehr als die Osmanen selbst geängstigt hatte, war die Pest ebenso schnell wie unerklärlich vorübergegangen. Dieser Umstand war entscheidend: Wenn sich die Seuche unter der Bevölkerung Wiens ausgebreitet hätte, hätten die Türken gewiss ohne jede Schwierigkeit den Sieg davongetragen.

Es war unmöglich, diese Neuigkeiten nicht mit den Tatsachen in Verbindung zu bringen, die Atto und ich mühsam entdeckt oder miteinander verknüpft hatten und die ich mir noch einmal vor Augen führte. Ludwig XIV. hoffte auf einen Sieg der Türken vor Wien, um sich Europa dann mit den Ungläubigen zu teilen. Für die Verwirklichung dieser Träume setzte der Sonnenkönig auf die Nutzung der Verbreitung der Pest durch das *secretum pestis* oder *secretum morbi*, das er Fouquet doch noch entrissen hatte.

Zur gleichen Zeit verfolgte jedoch Maria Theresia, die Gemahlin des Allerchristlichsten Königs, genau das gegenteilige Ziel. Eng verbunden mit dem stolzen Kaiserhaus Habsburg, dem sie entstammte, versuchte die Königin von Frankreich, heimlich die Pläne ihres Gatten zu durchkreuzen. Wie Atto vermutete, hatte Fouquet durch Lauzun und Mademoiselle (die den König mindestens ebenso verachteten wie Maria Theresia) dieser das einzige Gegengift zukommen lassen, das die Waffe der Pest besiegen konnte: das *secretum vitae*, das heißt das Rondo, mit dem Devizé uns in jenen Tagen in der Locanda erfreut und damit augenscheinlich sogar Bedfordi geheilt hatte.

Es war kein Zufall, dass sich das Antidot gegen die Pest ausgerechnet in Devizés Händen befand: Auch wenn das Rondo in seiner ursprünglichen einfachen Form wahrscheinlich von Kircher komponiert worden war, hatte es der Gitarrist Francesco Corbetta, der Meister chiffrierter, in Musik versteckter Botschaften, verbessert und notiert.

Das Bild der Zusammenhänge wurde selbst in dieser vereinfachten Form ebenso wenig dem Verstand wie der Erfahrung gerecht. Wenn jedoch die Methode, die Atto Melani mich gelehrt hatte, richtig war (dort, wo man nichts weiß, Vermutungen anzustellen), bekam alles seinen Sinn. Man musste also fortfahren, sich von Überlegung zu Überlegung vorwärts zu tasten, um das Absurde zu erklären.

Ich stellte mir also folgende Frage: Wenn Ludwig XIV. den gefürchteten Habsburgern, die ihn mit Spanien und Österreich an den Grenzen seines Reiches bedrängten, und vor allem dem verhassten Kaiser Leopold einen tödlichen Schlag hätte versetzen wollen, wo hätte er dann die Pest ausgelöst? Die Antwort verblüffte mich, denn sie war denkbar einfach: in Wien.

Fand nicht in Wien die Schlacht statt, die über das Schicksal der Christenheit entschied? Und wusste ich nicht, seit ich dem Gespräch zwischen Brenozzi und Stilone Priàso zugehört hatte, dass der Allerchristlichste König heimlich mit den Türken gemeinsame Sache machte, um das Heilige Römische Reich von Ost und West in einen verhängnisvollen Zangengriff zu nehmen?

Das war aber nicht alles. Seit Monaten hatte die Pest tatsächlich in Wien grassiert und all die heldenhaften Verteidiger in der belagerten Stadt in Angst und Schrecken versetzt. Genau dieser Seuchenherd war jedoch erloschen oder aber von irgendeiner unsichtbaren Hand auf rätselhafte Weise gelöscht und damit das Schicksal der Stadt und des ganzen Abendlands gerettet worden.

Obwohl ich selbst in diese ausgeklügelten Zusammenhänge tief verstrickt war, fiel es mir schwer, die unausweichlichen

Schlussfolgerungen zu akzeptieren: Die Pest in Wien war von Agenten Ludwigs XIV. oder deren anonymen Helfershelfern mit Hilfe des *secretum morbi* hervorgerufen worden. Deshalb hatten die Türken tagelang nichts unternommen, obwohl sie die Stadt hätten einnehmen können: Sie warteten auf die unheilvolle Wirkung der Seuche, die ihr geheimer Verbündeter, der Herrscher Frankreichs, in die Stadt gebracht hatte.

Doch dieser feige Sabotageakt war auf ebenso mächtige Gegenkräfte gestoßen: Maria Theresias Emissäre waren rechtzeitig nach Wien gelangt, um durch das *secretum vitae* der Gefahr Einhalt zu gebieten und den Seuchenherd zu ersticken. Wie, sollte ich nie erfahren. Ohne Zweifel hatte das sinnlose Zögern des türkischen Heeres Kara Mustafa den Kopf gekostet.

Diese Sicht der vielfältigen Geschehnisse mochte allzu fantasievoll, ja verrückt erscheinen, aber mir drängte sie sich mit zwingender Logik auf. Grenzten nicht auch die komplizierten Beziehungen zwischen Kircher und Fouquet, Maria Theresia und Ludwig XIV., Lauzun und Mademoiselle, Corbetta und Devizé an Wahnsinn? Und doch hatte ich mit Atto Melani ganze Nächte damit verbracht, in einer Art seherischer Besessenheit dieses unsinnige Geflecht Stück für Stück zusammenzusetzen. Unsinnig vielleicht, aber für mich längst wirklicher als das Leben, das außerhalb der Locanda seinen Gang ging.

Meine Fantasie war bevölkert von finsteren Agenten des Sonnenkönigs, die das arme, ausgeblutete Wien mit der Pest verseuchen wollten, und auf der anderen Seite die Verteidiger, die geheimen Abgesandten Maria Theresias. Alle waren in irgendwelchen verlassenen Kellern mit rätselhaften, in den Pentagrammen Kirchers und Corbettas versteckten Formeln beschäftigt, hantierten mit Alambicen, Destillierkolben und anderen merkwürdigen Werkzeugen (wie denen auf Dulcibenis Insel) und murmelten unverständliche Zauberformeln. Die einen wollten damit Wasser, Gärten und Straßen vergiften, die anderen dieselben entgiften. In dem unsichtbaren Kampf zwischen dem *secretum morbi* und dem *secretum vitae* hatte das Gesetz des Lebens obsiegt: dasselbe, das auch mein Herz und meinen Geist gefesselt hatte, als Devizé auf seiner Gitarre das Rondo spielte.

Aus dem Musiker hätte ich natürlich keine Silbe herausgebracht. Dennoch war seine Rolle klar, und ich konnte sie mir in aller Deutlichkeit vorstellen: Devizé erhält aus der Hand der Königin die Originalabschrift des Rondos der *Baricades mistérieuses* mit dem Auftrag, nach Italien zu gehen, um in Neapel einen älteren Reisenden mit doppelter Identität aufzusuchen ... In Neapel trifft Devizé Fouquet schon in Begleitung Dulcibenis. Er zeigt dem alten Oberintendanten das Rondo, das dieser selbst vor Jahren Lauzun anvertraut hatte, um es der Königin zu überbringen. Fouquet aber ist inzwischen blind: Er mag die Notenblätter in seine knochigen Hände genommen, sie befühlt und wiedererkannt haben. Devizé hat ihm das Rondo wahrscheinlich vorgespielt und damit auch die letzten Zweifel des alten Mannes beseitigt, der vor Rührung in Tränen ausbricht: Die Königin hat es geschafft, das *secretum vitae* ist in guten Händen, Europa wird nicht dem Wahnsinn eines einzigen Herrschers zum Opfer fallen. Und Maria Theresia hat, bevor sie aus dem Erdenleben schied, durch Devizé Fouquet diese letzte Gewissheit zukommen lassen.

Devizé und Dulcibeni entscheiden gemeinsam, ihren Schützling nach Rom zu bringen, denn im Umkreis des Papstes können die gefährlichen Emissäre des Sonnenkönigs nicht ungehindert agieren. Auch wenn Dulcibeni in Wirklichkeit ganz andere Pläne hat ... Während Devizé in der Locanda in Rom für uns die *Baricades mistérieuses* spielt, weiß er, dass Maria Theresia von Paris aus die geheime Quintessenz dieser Noten, das *secretum vitae*, nach Wien geschickt hat, um die Ausbreitung der Pest zu verhindern, die den Türken den Sieg gesichert hätte.

Über all dies hätte ich aus Devizé kein Sterbenswörtchen herausbekommen. Seine Treue zu Maria Theresia würde, sofern sie ehrlich war, gewiss nicht mit dem Tod der Herrscherin enden. Und als Verschwörer gegen den Sonnenkönig durchschaut zu werden hätte tödliche Konsequenzen mit sich gebracht. Doch in Anwendung der Methode, die Atto Melani mich gelehrt hatte, würde es mir gelingen, Devizé der gefahrvollen Aufgabe zu entheben. An seiner Stelle würde ich sprechen, der kleine Hausbursche, dessen Worte keinerlei Gewicht hatten. Nur einige wenige, genau abgezirkelte Worte: Nicht aus dem, was er antworten würde, sondern aus seinem Schweigen konnte ich dann meine Schlüsse ziehen.

Die geeignete Gelegenheit fand sich schnell. Er hatte mich am späten Nachmittag gerufen, weil er eine weitere Vesper verlangte. Ich brachte ihm einen bescheidenen Korb mit einer Salami und ein paar Scheiben Brot, die er mit Heißhunger verzehrte. Kaum hatte er sich die Backen mit dem schmackhaften Vesperbrot voll gestopft, verabschiedete ich mich und ging zur Tür.

»Apropos«, sagte ich beim Hinausgehen, »in Wien scheint man Königin Maria Theresia große Dankbarkeit zu erweisen für die Heilung von der Pest.«

Devizé wurde blass.

»Mmmf«, nuschelte er beunruhigt, der Bissen blieb ihm im Halse stecken, und er musste aufstehen, um einen Schluck Wasser zu holen.

»Oh, habt Ihr Euch verschluckt? Trinkt nur«, sagte ich und reichte ihm einen Krug, den ich zwar mitgebracht, ihm aber absichtlich nicht gegeben hatte.

Während er trank, riss er die Augen auf, als wollte er etwas fragen.

»Wollt Ihr wissen, wer mir das gesagt hat? Nun, Ihr wisst ja, dass Signor Pompeo Dulcibeni aufgrund dieses unglücklichen Unfalls sehr hohes Fieber bekommen hat, und bei einem Anfall hat er viel und lange geredet. Ich war zufällig anwesend.«

Das war eine dreiste Lüge, die Devizé aber ebenso gierig in sich aufsog wie das gerade getrunkene Wasser.

»Und was … was hat er sonst noch gesagt?«, stammelte der Musiker, während er sich Mund und Kinn mit dem Ärmel abwischte und mühsam die Fassung zu bewahren suchte.

»Oh, viele Dinge, die ich vermutlich gar nicht richtig verstanden habe. Ihr wisst, das Fieber … Wenn ich mich recht erinnere, nannte er immer wieder den Namen Fucché oder so ähnlich, dann einen gewissen Loßen, glaube ich«, ließ ich fallen, wobei ich die Namen absichtlich verdrehte. »Er sprach von einer Festung, von der Pest, von einem Geheimnis der Pest oder so etwas, und dann von einem Antidot, von der Königin Maria Theresia, von den Türken und sogar von einer Verschwörung. Er redete eben lauter wirres Zeug, Ihr wisst, wie das ist. Zuerst war Cristofano beunruhigt, aber inzwischen ist Dulcibeni über den Berg, jetzt muss man sich wegen der Beine und dem Rücken Sorgen machen, die …«

»Cristofano? Hat der auch zugehört?«

»Ja, aber Ihr wisst doch, wenn ein Arzt am Werk ist, hört er immer nur mit halbem Ohr zu. Ich habe darüber auch mit Abbé Melani gesprochen, und der …«

»Was hast du getan?«, stöhnte Devizé.

»Ich habe Melani erzählt, dass es Dulcibeni schlecht ging und er im Fieberwahn redete.«

»Und du hast ihm alles erzählt?«, fragte er außer sich vor Entsetzen.

»Wie soll ich mich denn daran erinnern, Signor Devizé?«, antwortete ich höflich, aber leicht entrüstet. »Ich weiß nur, dass Signor Pompeo Dulcibeni mehr im Jenseits als im Diesseits war und dass Abbé Melani meine Sorge um ihn teilte. Jetzt aber müsst Ihr mich entschuldigen«, sagte ich zum Abschied und verschwand durch die Tür.

Gleichzeitig mit der Bestätigung dessen, was Devizé wusste, hatte ich mir auch eine kleine Rache gegönnt. Der Schrecken, der den Gitarristen erfasst hatte, sprach eine klare Sprache: Er wusste nicht nur, was auch ich und Atto wussten, sondern war daran – wie ich es vorhergesehen hatte – auch in erster Person beteiligt. Genau deshalb machte es mir ein Heidenvergnügen, ihn dem schrecklichen Verdacht zu überlassen, die im Fieber (in Wirklichkeit nie) gesprochenen Worte Dulcibenis seien durch mich nicht nur Cristofano, sondern auch Abbé Melani zu Ohren gekommen. Und wenn Atto wollte, könnte er Devizé deshalb als Verräter beim französischen König anschwärzen.

Mir brannte nach wie vor die Herablassung auf der Seele, mit der mich der Gitarrist immer behandelt hatte. Dank meiner gut ausgedachten Lügen durfte ich in dieser Nacht endlich den sanften Schlaf der reichen Herren schlafen, er aber nur den unruhigen der armen Ausgestoßenen.

Ich muss gestehen: Es gab immer noch einen, und nur diesen einen Menschen, mit dem ich diese äußerste geistige Anstrengung hätte teilen wollen und sollen. Doch die Zeiten waren vorbei. Ich konnte vor mir selbst nicht verleugnen, dass sich das Verhältnis zwischen mir und Atto nach der Auseinandersetzung mit Dulcibeni auf den Mauern des Kolosseums gänzlich verändert hatte.

Gewiss, er hatte den verbrecherischen, gotteslästerlichen Plan Dulcibenis aufgedeckt. Aber im Augenblick der Wahrheit war er ins Wanken geraten, und zwar nicht im physischen Sinn wie Dulcibeni. Er war als Ankläger aufs Kolosseum gestiegen, und als Angeklagter heruntergekommen.

Ich war erstaunt und entrüstet darüber, wie halbherzig er den Vorwürfen und Andeutungen Dulcibenis wegen Fouquets Tod widersprach. Schon in der Vergangenheit hatte ich ihn zögern sehen; aber immer nur aus Furcht vor finsteren, lastenden Drohungen. Vor Dulcibeni verhielt er sich dagegen so, als ob der Grund für sein Stammeln nicht Furcht vor dem Unbekannten sei, sondern vor dem, was er nur allzu genau wusste und verbergen musste. Deshalb klangen Dulcibenis Anklagen (über das Gift im Fußbad und den Mordauftrag des französischen Königs), auch wenn sie jedes Beweises entbehrten, endgültiger als ein Urteilsspruch.

Außerdem war da noch diese seltsame, fragwürdige Übereinstimmung: Wie Dulcibeni erwähnt hatte, lauteten Fouquets letzte Worte: »*Ahi, dunqu'è pur vero.*« Diese Zeile aus einer Arie von Luigi Rossi hatte ich Atto einmal mit höchster Ergriffenheit singen hören. »*Ahi, dunqu'è pur vero … che tu cangiasti pensiero*«, O weh, also ist es doch wahr, dass du deinen Sinn geändert hast: Die letzten Worte der Strophe klangen unmissverständlich wie eine Anklage.

Und ebendiese Worte hatte ich ihn auch flüstern hören, als wir in den Fluten der *Cloaca Maxima* unsererseits die Welt zu verlassen drohten. Warum war ihm auch damals, im Angesicht des Todes, dieser Vers auf die Lippen gekommen?

In meiner Fantasie malte ich mir aus, einen alten Freund hinterrücks ermordet zu haben, und ich stellte mir das Schuldgefühl vor, es hätte mich sicher aufgefressen! Hätten mir nicht die letzten Worte meines Opfers, die ich gehört hätte, immer so in den Ohren geklungen, dass sie mir schließlich von den Lippen flossen?

Als Dulcibeni ihn anklagte und ihm diesen leidvollen und ergreifenden Vers wiederholte, hatte ich gehört, wie Melanis Stimme brüchig wurde unter dem Gewicht der Schuld, welche auch immer sie sein mochte.

Für mich war es nicht mehr derselbe Atto Melani wie zuvor. Nicht mehr derselbe drängende Mentor, nicht mehr derselbe vertraute Meister. Er war wieder zu dem Kastraten Atto Melani geworden, wie ich ihn vor wenigen Tagen aus den Gesprächen von Devizé, Cristofano und Stilone Priàso kennen gelernt hatte: Abbé von Beaubec von Ludwigs XIV. Gnaden, ein großer Intrigant, ein noch größerer Lügner, der größte Verräter und ein hervorragender Spion. Vielleicht auch ein Mörder.

Es kam mir wieder in den Sinn, dass der Abbé mir nie eine überzeugende Erklärung dafür geliefert hatte, warum er im Schlaf die Worte »*Baricades mistérieuses*« gemurmelt hatte, und ich begriff nun endlich, dass er sie, ohne ihren Sinn zu verstehen, von dem sterbenden Fouquet vernommen haben musste, während er ihn – wie Pellegrino genau berichtet hatte – an den Schultern schüttelte und ihm Fragen ins Gesicht schleuderte, die ohne Antwort bleiben mussten.

Schließlich tat der Abbé mir Leid, denn er war selbst, wie Dulcibeni festgestellt hatte, von seinem König hintergangen worden. Ich hatte nämlich längst begriffen, dass Atto in seiner Erzählung über die Durchsuchung von Colberts Arbeitszimmer etwas ausgelassen hatte: Er hatte die Briefe, aus denen Fouquets Anwesenheit in Rom hervorging, Ludwig XIV. gezeigt.

Ich konnte es nicht fassen: Wie um Himmels willen hatte er den Mut aufgebracht, seinen früheren Wohltäter so zu verraten? Vielleicht wollte Atto einmal mehr der Allerchristlichsten Majestät seine Treue beweisen. Durch eine Geste von großem Gewicht: Er überantwortete dem König ausgerechnet den

Mann, dessen Freundschaft ihm zwanzig Jahre zuvor die Verbannung aus Frankreich eingebracht hatte. Aber diese Geste war ein fataler Irrtum: Der König entlohnte seinen treuen Kastraten mit einem weiteren Verrat. Er schickte ihn nach Rom, damit er Fouquet ermorde, ohne ihm jedoch die wahren Gründe für diesen furchterregenden Befehl zu enthüllen, und erst recht nicht die Abgründe von Mordgier und Hass, die er in seinem Herzen nährte. Wer weiß, welche absurde Geschichte der König Atto aufgetischt, mit welchen schandbaren Lügen er ein weiteres Mal die besudelte Ehre des alten Oberintendanten beschmutzt haben mochte.

In den letzten Tagen, die ich im Doncello verbrachte, blieb ich gefangen von diesem entehrten Bild des Abbé Melani, wie er das Leben seines armen alten Freundes an den Herrscher verschacherte und sich dann den grausamen Befehlen des gewalttätigen Despoten nicht mehr zu entziehen wusste.

Wie hatte er es fertig gebracht, vor mir dann den tief getroffenen Freund zu spielen? Er muss alle Register seiner Schauspielkunst als Kastrat gezogen haben, dachte ich voller Wut. Oder vielleicht waren seine Tränen echt: Aber dann waren es Tränen der Reue.

Ich weiß nicht, ob Atto auch geweint hatte, als er auf Befehl seines Herrn nach Rom abreiste, um dem Leben seines Freundes Fouquet ein Ende zu bereiten, oder ob er die Tat wie ein williges Werkzeug zur Ausführung brachte.

Als der alte und blinde Oberintendant durch seine Hand starb, müssen ihn dessen letzte Worte vollkommen erschüttert haben: Durch diese mühsam hervorgestoßenen Sätze über mysteriöse Hindernisse und dunkle Geheimnisse, aber vielleicht mehr durch diese ehrlichen gebrochenen Augen muss Atto begriffen haben, dass er den Lügen seines Königs zum Opfer gefallen war.

Danach war es zu spät, alles wieder gutzumachen, aber noch nicht zu spät, um alles zu begreifen. Daher hatte Atto die Ermittlungen begonnen und mich Unwissenden mit hineingezogen.

Bald war ich nicht mehr in der Lage, meine Überlegungen weiterzutreiben. Und es gelang mir auch nicht, meine Abscheu gegen Abbé Melani zu überwinden. Ich redete nicht mehr mit ihm. Je mehr ich über ihn nachdachte, desto mehr zerbrach das alte Vertrauen zwischen uns, die alte Nähe, die wir in diesen wenigen Tagen des Zusammenlebens so rasch aufgebaut hatten.

Kein Mensch allerdings hat mich je mehr gelehrt und mehr inspiriert als er. Deshalb versuchte ich wenigstens nach außen den dienstfertigen Eifer zu bewahren, an den ich ihn gewöhnt hatte. Aber meine Augen und meine Stimme strahlten nicht mehr das Licht und die Wärme aus, die nur die Wohltat der Freundschaft zu verleihen vermag.

Die gleiche Veränderung beobachtete ich an ihm: Wir waren einander bereits wieder fremd, und er wusste das. Jetzt, da Dulcibeni ans Bett gefesselt war und wir seinen Plan aufgedeckt hatten, gab es für Abbé Melani keinen Feind mehr zu besiegen, keinen Hinterhalt zu legen und kein Rätsel zu lösen. Ohne den Zwang zum Handeln hatte er nicht mehr den Versuch gemacht, sich vor meinen Augen zu rechtfertigen, mir eine Erklärung für sein Verhalten zu liefern, wie er es bis dahin immer getan hatte, wenn ich wieder einmal schmollte. In den letzten Tagen umgab er sich mit einer Mauer verlegenen, abweisenden Schweigens, wie sie allein die Schuld errichtet.

Nur einmal, eines Morgens, während ich in der Küche das Essen zubereitete, nahm er plötzlich meinen Arm und ergriff fest meine Hände: »Komm mit mir nach Paris. Ich habe ein großes Haus, ich werde dir die denkbar beste Erziehung zuteil werden lassen und dich an Sohnes statt annehmen«, sagte er mit ernstem, traurigem Nachdruck.

Ich spürte etwas in der Faust, öffnete sie und fand meine drei Margariten, die venezianischen Perlen, die mir Brenozzi geschenkt hatte. Ich hätte es ahnen müssen: Als wir das erste Mal in der geheimen Kammer waren, hatte er sie mir vor meiner Nase gestohlen, um mich dazu zu bringen, ihm bei seinen Nachforschungen zu helfen.

Jetzt gab er sie mir zurück und deckte damit selbst seine letzte Lüge auf. Sollte das vielleicht ein Versöhnungsversuch sein?

Ich dachte einen Augenblick nach und entschied: »Ihr wollt, dass ich Euer Sohn werde?!«, schleuderte ich dem Kastraten, der nie selbst Kinder haben würde, mit einem grausamen Lachen entgegen.

Bei diesen Worten öffnete ich die Hand und ließ die Perlen zu Boden rollen.

Diese kleine, eitle Rache setzte meiner Beziehung zu Atto unwiderruflich ein Ende: Mit diesen drei Perlen rollten auch unsere Verbundenheit, unser Vertrauen und unsere Zuneigung, die uns in den letzten Tagen so eng zusammengeführt hatten, weit von uns weg. Es war vorbei.

Nicht alles jedoch war damit gelöst. An dem Bild, das wir zusammengesetzt hatten, fehlte noch immer etwas: Was war der wahre Grund für Dulcibenis furchtbaren Hass gegen die Odescalchi und besonders gegen Innozenz XI.? Als Motiv galt eigentlich die Entführung und das Verschwinden von Dulcibenis Tochter. Wie aber Atto richtig bemerkt hatte, schien dies nicht der einzige Grund zu sein.

Als ich mich einige Tage nach der Nacht im Kolosseum mit dieser Frage herumquälte, hatte ich eine jener schmerzlichen und unerwarteten Erleuchtungen, die uns im Leben so selten (jetzt, da ich dies schreibe, kann ich aus eigener Erfahrung sprechen) zuteil werden.

Ich durchdachte noch einmal die Rekonstruktion der Ereignisse, wie sie Abbé Melani vor Dulcibeni dargelegt hatte. Dessen zwölfjährige Tochter, eine Sklavin der Odescalchi, war von Huygens und Francesco Feroni, einem Sklavenhändler, entführt und nach Holland gebracht worden.

Wo mochte Dulcibenis Tochter jetzt sein? Sie lebte als Sklavin in Holland, da sich Feronis rechte Hand in sie verliebt hatte, oder war in irgendein anderes Land verkauft worden. Doch ich hatte auch gehört, dass sich einige besonders schöne Sklavinnen freikaufen konnten: Durch die Prostitution, natürlich, ein, wie ich wusste, blühendes Gewerbe in jenem dem Meer entrissenen Land.

Wie mochte sie wohl aussehen? Wenn sie noch lebte, hätte sie bald neunzehn Jahre alt sein müssen. Von ihrer Mutter, die dunkelhäutig gewesen war, musste sie die Hautfarbe geerbt haben. Ihr Gesicht konnte man sich nur schwer vorstellen, ohne die Mutter gekannt zu haben. Sicher aber war sie misshandelt worden, eingesperrt, geschlagen. Ihr Leib, dachte ich, musste davon gezeichnet sein.

»Wie hast du es begriffen?«, fragte Cloridia nur.

»Durch die Narben. Die Narben an deinen Handgelenken. Und dann Holland, die italienischen Kaufleute, die du so sehr verachtest, der Name Feroni, der Kaffee, der dich an deine Mutter erinnert, deine ständigen Fragen nach Dulcibeni, dein Alter und deine Hautfarbe, deine Suche mit der Wünschelrute, die dich hierher geführt hat; und dann das Arcanum des Gerichts, erinnerst du dich? Du hast etwas von der Wiedergutmachung erlittenen Unrechts erwähnt«, antwortete ich. »Und schließlich das Niesen Abbé Melanis, der gegen holländische Stoffe empfindlich ist, wie nur du und dein Vater sie in dieser Locanda tragen.«

Freilich gab sich Cloridia nicht mit dieser Erklärung zufrieden, und um meine Eingebung zu rechtfertigen, musste ich ihr einen großen Teil der Abenteuer der letzten Tage erzählen. Anfangs wollte sie natürlich vielen meiner Enthüllungen nicht glauben, obwohl ich absichtlich zahlreiche Ereignisse ausließ, die mir selbst als zu fantastisch und zu unwahrscheinlich vorkamen.

Es war natürlich keineswegs einfach, ihr zu beweisen, dass ihr Vater ein Attentat auf den Papst geplant hatte, und erst sehr viel später ließ sie sich davon überzeugen.

Doch am Ende, nach langen und geduldigen Erklärungen, vertraute sie mir und glaubte die meisten Tatsachen, von denen ich sie in Kenntnis setzte. Meine Erzählung, unterbrochen von ihren zahlreichen Fragen, währte fast die ganze Nacht, während der wir uns freilich auch Ruhepausen gönnten, und dann war ich es, der Fragen stellte und mich unterweisen ließ.

»Und er ist nie auf die Idee gekommen?«, fragte ich sie zuletzt.

»Nie, da bin ich sicher.«

»Wirst du es ihm sagen?«

»Anfangs wollte ich es tun«, antwortete sie nach kurzem Schweigen. »Ich hatte ja so sehr nach ihm gesucht. Jetzt aber habe ich meinen Sinn geändert. Zuallererst würde er es nicht glauben; außerdem wäre er vielleicht nicht einmal glücklich darüber. Und dann, weißt du, meine Mutter: Ich kann es nicht vergessen.«

»Dann wissen es nur wir beide«, bemerkte ich.

»Besser so.«

»Dass es niemand anderes weiß?«

»Nein, besser, dass auch du es weißt«, sagte sie und streichelte mir über den Kopf.

An diesem Punkt fehlte noch eine letzte Nachricht, auf die nicht nur ich gespannt wartete. Die allgemeine Freude über den Sieg von Wien erfüllte die Straßen mit überschwänglicher Feststimmung. Dulcibeni war also mit seinen Anstrengungen, die wahre Religion in Europa untergehen zu lassen, zu spät gekommen. Aber der Papst? Hatten Tiracordas Blutegel schon ihre Wirkung getan? Vielleicht wälzte sich der Mann, der das Bündnis für den Sieg über die Türken geschmiedet hatte, jetzt fiebernd in den Laken, ein Opfer der Pest. Natürlich konnten wir es damals noch nicht wissen, und vor allem nicht, solange wir in unseren Zimmern eingeschlossen waren. Bald aber sollte ein Ereignis eintreten, das uns endlich aus der Gefangenschaft befreite.

Wie bereits öfter erwähnt, war in den Tagen vor der Quarantäne in der Tiefe unter der Locanda ein Getöse zu hören gewesen, und sofort danach hatte Padrone Pellegrino im ersten Stock einen Riss in der Treppenhauswand entdeckt. Dieses Phänomen rief natürlich große Beunruhigung hervor, trat jedoch durch den Tod Fouquets, die Verhängung der Quarantäne und die vielen darauf folgenden Ereignisse in den Hintergrund. Aber die astrologische Gazette von Stilone Priàso sagte, wie ich mit eigenen Augen hatte lesen können, »Erdbeben und unterirdische Feuer« vorher. Selbst wenn es sich nur um einen Zufall handeln mochte, schien diese Prophezeiung wie geschaffen, um auch die ruhigsten Gemüter in Aufregung zu versetzen.

Die Erinnerung an jenes unterirdische Dröhnen blieb daher in mir wach, und meine Unruhe wuchs, weil der Riss in der Treppenhauswand – ich wüsste nicht zu sagen, ob nur in meiner Einbildung – von Tag zu Tag länger und tiefer zu werden schien.

Vielleicht war es dieser ängstliche Gemütszustand, der mich mitten in der Nacht vom 24. auf den 25. September aufschrecken ließ. Als ich die Augen aufschlug, erschien mir die feuchte Dunkelheit meiner Kammer noch schwerer und bedrückender als gewöhnlich. Was hatte mich aufgeweckt? Weder ein dringendes nächtliches Bedürfnis noch irgendein störender Lärm, wie ich sofort feststellen konnte. Nein: Es handelte sich vielmehr um ein unheilverkündendes, undeutliches Knirschen, von dem ich nicht hätte sagen können, woher es kam. Es klang, wie wenn Steine ächzend gegeneinander reiben, die ein ungeheures Mahlwerk langsam zermalmt.

Denken und handeln war eins: Ich riss die Tür meiner Kammer auf, stürzte in den Flur, hinunter in die anderen Stockwerke und schrie dabei aus Leibeskräften. Die Locanda war im Begriff einzustürzen.

Cristofano kümmerte sich mit bewundernswerter Geistesgegenwart darum, die Nachtwache zu verständigen, damit sie uns auf die Straße und in Sicherheit entließ. Einige Nachbarn waren sofort ans Fenster geeilt und beobachteten mit einer Mischung aus Neugierde und Beunruhigung, wie die Locanda unter Schwierigkeiten und Gefahren geräumt wurde. Das Knirschen kam von der Treppe, wo aus dem Riss innerhalb weniger Stunden ein Abgrund geworden war. Wie immer war der Mut von wenigen notwendig (Atto Melani, Cristofano und ich), um den hilflosen Dulcibeni nach draußen in Sicherheit zu bringen. Der genesende Bedfordi schaffte es allein, mein Padrone ebenfalls, der trotz seiner Stumpfheit seine gewohnte geistige Verfassung so weit wiederfand, dass er laut über das böse Schicksal fluchen konnte. Kaum waren wir alle im Freien, schien die Gefahr fast gebannt. Es war jedoch nicht ratsam, das Haus wieder zu betreten, wie das laute Krachen herunterfallender Putzbrocken aus dem Inneren bestätigte. Cristofano verhandelte angestrengt mit der Wache.

Ergebnis dieser Unterredung war die Entscheidung, sich an das nahe gelegene Kloster der Zölestiner zu wenden, die sicher mit unserem traurigen Schicksal Mitleid haben und uns Beistand und Unterkunft gewähren würden.

So geschah es auch; die mitten in der Nacht aus dem Schlaf gerissenen Mönche empfingen uns nicht gerade begeistert (vielleicht auch wegen des Pestverdachts der letzten Tage), wiesen uns aber in frommer Großzügigkeit kleine Zellen an, in denen sich jeder angemessen und bequem aufhalten konnte.

Die große Neuigkeit des folgenden Tages, des 25. September, erreichte uns schon beim Aufwachen. In der Stadt herrschte noch immer die festliche Atmosphäre der Feiern zum Sieg in Wien, und als ich meine Nase aus der Zelle steckte, merkte ich sofort, dass auch die Mönche von der sorglosen Zerstreutheit angesteckt waren. Keiner von ihnen überwachte uns besonders, und der Einzige, der einen Kontrollbesuch bei mir machte, war Cristofano, der bei Dulcibeni geschlafen hatte, um ihm bei eventuellen nächtlichen Bedürfnissen beizustehen. Er bestätigte mir mit einiger Verwunderung, dass wir in unserer Bewegungsfreiheit keinerlei Beschränkungen unterworfen waren und dass jeder von uns theoretisch durch eine der vielen Türen des Klosters verschwinden könnte, was wohl in den nächsten Tagen unvermeidlich auch geschehen werde. Cristofano wusste freilich nicht, dass die erste Flucht schon in wenigen Stunden stattfinden würde.

Das indiskret belauschte Gespräch zweier Mönche vor meiner Türe setzte mich über das Ereignis in Kenntnis, das am Abend vorgesehen war: In der Basilika von San Giovanni sollte ein großes *Te Deum* für den Sieg in Wien zelebriert werden. Und an dieser feierlichen Messe würde auch Seine Heiligkeit, Papst Innozenz XI., teilnehmen.

Abgesehen von einigen Besuchen bei Dulcibeni, Cristofano

und einem bei Pellegrino, verbrachte ich fast den ganzen Tag in meiner Zelle. Für das Essen sorgte reichlich, aber wenig schmackhaft die Küche der Zölestiner. Zu den Schmerzen des Leibes gesellten sich bei meinem Padrone nun die des Gemüts: Man hatte ihm erklärt, dass die Locanda gefährdet sei und dass in den ersten Morgenstunden das ganze Treppenhaus vom Keller bis zum letzten Stockwerk, die Treppenabsätze und die Wand zum Hof bereits eingestürzt waren. Bei dieser Nachricht schreckte auch ich auf, denn mit großer Wahrscheinlichkeit war dann auch die geheime Abstellkammer verloren, von der aus man zu den unterirdischen Gängen gelangte. Gern hätte ich diese Neuigkeit Abbé Melani mitgeteilt, aber dazu war keine Zeit mehr.

Als das Licht des Nachmittags bereits in sanfte abendliche Dämmerung überging, war es mir ein Leichtes, aus meinem Zimmer und durch eine unbewachte Seitentür aus dem Kloster zu entweichen. Ich versicherte mich durch Zahlung einer bescheidenen Summe (die ich meinen geringen, bei der Flucht aus der Locanda geretteten Ersparnissen entnahm) der Mitwisserschaft eines Dieners der Mönche, um die Tür bei meiner Rückkehr bestimmt offen zu finden.

Ich wollte nicht fliehen, sondern hatte nur ein Ziel im Auge, und wenn ich das erreicht hätte, wollte ich wieder ins Kloster zurückkehren. Es war nicht einfach, zur Basilika San Giovanni zu gelangen, weil dort viel Volk zusammenströmte. Vom Zölestinerkloster aus nahm ich den Weg zum Pantheon, dann zur Piazza San Marco und von dort aus zum Kolosseum. In wenigen Minuten gelangte ich auf der Straße, die vom Amphitheater direkt zur Basilika führt, auf die Piazza San Giovanni in Laterano und fand mich inmitten einer von Minute zu Minute anschwellenden, vor Aufregung fiebernden Menge. Ich schlängelte mich zum Haupteingang durch, wo ich merkte, dass ich gerade rechtzeitig eintraf: Auf beiden Seiten umrahmt von einer jubelnden Menge trat Seine Heiligkeit genau in diesem Augenblick heraus.

Als ich mich streckte, um besser zu sehen, stieß mir ein alter Mann, der sich an meiner Seite Platz schaffen wollte, mit dem Ellbogen gegen mein Ohr.

»Heh, sei vorsichtig, Junge«, sagte er grob, als hätte der Schlag ihn und nicht mich getroffen.

Trotz der allzu vielen Hälse und Köpfe, die mich überragten, gelang es mir doch, mich mühsam durch die Menge zu zwängen, bis ich Seine Heiligkeit zu Gesicht bekam, bevor er wieder in die Kutsche stieg und sich dem Blick der applaudierenden Menge entzog. Ich sah ihn in dem Moment, als er die Gläubigen grüßte und sie mit freundlicher, liebenswürdiger Geste ein-, zwei- und dreimal segnete. Dank meiner jugendlichen Wendigkeit war es mir gelungen, bis auf wenige Schritte an den Heiligen Vater heranzukommen; so konnte ich sein Gesicht aus der Nähe betrachten und die Farbe der Wangen, das Licht seiner Augen, ja sogar die Beschaffenheit der Haut wahrnehmen.

Ich war kein Arzt und schon gar kein Wahrsager. Vielleicht trieb einfach mein Wissensdurst meine Beobachtungsgabe auf fast übernatürliche Weise so weit über das gewöhnliche Maß allgemeiner Kenntnis hinaus, dass ich mir sicher war, der Papst sei auf keinen Fall krank. Er hatte die Gesichtszüge eines Menschen, der viel gelitten hat, das wohl: Aber sie zeigten Seelenpein, nicht zuletzt hervorgerufen von der lange währenden Angst um das Schicksal Wiens. Direkt neben mir hörte ich zwei ältere Prälaten einander zuflüstern, man habe Innozenz XI., als ihn die Siegesnachricht erreichte, auf die Knie niedersinken, wie ein Kind weinen und die Steinfliesen seines Gemaches mit Tränen benetzen sehen.

Aber krank, nein, krank war er nicht: Das bewies der leuchtende Blick, die rosige Haut und auch der kurze, kraftvolle Schwung, mit dem er die Kutsche bestieg, um sich darin niederzulassen. Nicht weit entfernt entdeckte ich unversehens das ruhige Antlitz Tiracordas, umgeben von einer Gruppe junger Leute (vielleicht seine Studenten, dachte ich). Bevor mich die kräftige Hand einer päpstlichen Wache zurückstieß, konnte ich gerade noch hören, wie Tiracorda sagte: »Aber nein, Ihr meint es zu gut, es ist nicht mein Verdienst ... Es war die Hand des Herrn: Sobald die frohe Botschaft eingetroffen war, musste ich nichts mehr tun.«

Nun hatte ich die Gewissheit. Nachdem er vom Sieg in Wien

erfahren hatte, fühlte sich der Pontifex besser, so dass der Aderlass überflüssig war. Der Papst war gesund und munter. Dulcibeni war gescheitert.

Ich merkte, dass nicht ich allein Bescheid wusste. In geringer Entfernung erkannte ich, ohne dass er selbst mich sah, Abbé Melanis nervöse und finstere Miene.

Ohne Abbé Melani noch einmal zu entdecken und auch ohne nach ihm zu suchen, ließ ich mich auf dem Weg zurück im Strom der lärmend heimkehrenden Menge treiben. Um mich herum hörte ich immer wieder Ausrufe der Begeisterung über die Zeremonie, über die Heiligkeit des Papstes und sein glorreiches Wirken zur Rettung der Christenheit. Zufällig ging ich hinter einer lebhaften Gruppe von Kapuzinermönchen her, die sich, fröhlich ihre Fackeln schwenkend, Platz schafften und die Freude weiterverbreiteten, die sie bei der Feier des *Te Deum* erfahren hatten. Aus ihrem Geplauder entnahm ich einige merkwürdige Einzelheiten über die Belagerung Wiens (von deren Wahrheitsgehalt ich mich in den folgenden Monaten überzeugen konnte). Die Mönche bezogen sich auf Nachrichten von Marco d'Aviano, dem Kapuzinerpater, der sich so große Verdienste um das Bündnis gegen die Türken erworben hatte. Nach dem Ende der Belagerung war der polnische König Johann Sobieski entgegen dem Befehl von Kaiser Leopold feierlich in Wien eingezogen – so hörte ich sie mit von Begeisterung gelösten Zungen erzählen – und war von den Bewohnern als Sieger begrüßt worden. Der Kaiser neidete, wie er selbst Marco d'Aviano anvertraute, dem Polen nicht diesen Triumph, wohl aber die Liebe seiner Untertanen: Ganz Wien hatte miterlebt, dass Leopold die Stadt ihrem Schicksal überlassen hatte und wie ein Dieb geflohen war; nun jubelte die festliche Menge dem fremden König zu, der gerade sein eigenes Leben, das seiner Leute und sogar das seines Erstgeborenen riskiert hatte, um sie vor den Türken zu retten. Offensichtlich zahlte der Habsburger Sobieski nun diese Demütigung heim: Als sie zusammentrafen, verhielt sich der Kaiser hochfahrend und eisig. »Ich bin wie versteinert«, hatte Sobieski den Seinigen anvertraut.

»Dann aber hat der Allerhöchste dafür gesorgt, dass alles wieder gut wurde«, schloss einer der Mönche versöhnlich.

»Ja, ja, wenn Gott will«, gab ihm ein Mitbruder Recht, »wird am Ende alles wieder gut.«

Diese weisen Worte gingen mir noch durch den Kopf, als Cristofano mir am nächsten Tag mitteilte, dass wir innerhalb weniger Tage aus der Quarantäne befreit würden. Unterstützt von der allgemeinen Feststimmung, hatte der Arzt die Behörden leicht davon zu überzeugen vermocht, dass keine Ansteckungsgefahr mehr bestand. Der Einzige, der noch ärztliche Hilfe brauchte, war Pompeo Dulcibeni, dessen Zustand der Arzt den Wachen mit einem unglücklichen Sturz auf der Treppe der Locanda erklärte. Dulcibeni, der Arme, musste damit rechnen, für immer gelähmt zu bleiben. Cristofano konnte sich noch einige Tage um ihn kümmern, dann würde auch er wieder ins Großherzogtum Toskana zurückkehren.

Wer würde sich schon, dachte ich mit bitterem Lächeln, um denjenigen kümmern, der dem Papst nach dem Leben getrachtet hatte?

Ereignisse des Jahres 1688

Seit dem schrecklichen Abenteuer im Donzello waren fünf Jahre vergangen. Die Locanda war nicht wieder eröffnet worden: Pellegrino war mit seiner Frau weggezogen, ich glaube, zu Verwandten von ihr.

Cloridia, Pompeo Dulcibeni und ich lebten in einem bescheidenen Bauernhaus außerhalb der Stadt, weit hinter Porta San Pancrazio, wo ich mich auch jetzt noch befinde, während ich diese Zeilen niederschreibe. Die Tage und Jahreszeiten waren damals wie heute für mich nur von den Ernten unseres kleinen Feldes und der Sorge um die paar Tiere bestimmt, die wir dank der Ersparnisse Dulcibenis hatten kaufen können. Ich war bereits mit allen Härten des Landlebens vertraut: Ich hatte gelernt, den Boden umzugraben, Wind und Himmel zu befragen, die Früchte meiner Arbeit gegen die der anderen zu tauschen, um Preise zu feilschen und mich nicht übers Ohr hauen zu lassen. Auch hatte ich gelernt, am Abend mit den geschwollenen und schmutzigen Fingern eines Bauern die Seiten eines Buches umzublättern.

Cloridia und ich lebten *more uxorio* zusammen. Niemand hätte uns deshalb je Vorwürfe machen können: In unsere gottverlassene Gegend kam nicht einmal für den österlichen Segen ein Priester.

Seit er sich endgültig damit abgefunden hatte, dass er seine Beine nicht mehr würde bewegen können, war Pompeo noch schweigsamer und abweisender geworden. Er half sich nicht mehr damit, die zerriebenen Mamacòcablätter zu schnupfen, die Droge aus Peru, die er sich in Holland verschafft hatte. Deshalb litt er aber auch nicht mehr an jenen Anfällen finsterer Überreizung, die er gebraucht hatte, um seine hektische Betriebsamkeit in den unterirdischen Gängen der Locanda auszuhalten.

Er hatte noch nicht begriffen, warum wir ihn bei uns aufnahmen, um ihm ein Dach über dem Kopf zu geben und ihm beizustehen. Anfangs hegte er den Verdacht, wir hätten es auf das nicht wenige Geld abgesehen, das er mitbrachte. Die Wahrheit über Cloridia entdeckte er nie. Und auch sie selbst wollte ihm nie enthüllen, dass sie seine Tochter war. Sie hatte ihm in ihrem Herzen nie verziehen, dass er den Verkauf ihrer Mutter als Sklavin zugelassen hatte.

Als genügend Zeit verflossen war, um den Kummer der Erinnerung zu mildern, erzählte Cloridia mir endlich, was sie erlebt hatte, nachdem sie ihrem Vater entrissen worden war. Huygens hatte sie glauben gemacht, er habe sie noch als Kind von Dulcibeni gekauft. Er hatte sie eine Weile für sich behalten und dann, als er ihrer müde war, vor seiner Rückkehr in die Toskana zu Feroni an andere reiche italienische Kaufleute weiterverkauft.

Lange Jahre war meine Cloridia mit diesen Kaufleuten herumgereist, dann mit anderen, mit wieder anderen und mehr als einmal gekauft und verkauft worden. Daher war es nur ein kleiner Schritt zum allerältesten und schändlichsten Gewerbe der Welt. Doch von heimlich und mühsam zusammengespartem Geld hatte sie es schließlich geschafft, sich freizukaufen: Das reiche und freizügige Amsterdam war die ideale Stadt für diesen abscheulichen Menschenhandel. Am Ende jedoch gewann das Verlangen die Oberhand, ihren Vater wiederzusehen und ihn dafür zur Rechenschaft zu ziehen, dass er sie im Stich gelassen hatte, und so gelangte sie mit Hilfe der Zahlenmystik und der geheimen Kräfte der Wünschelrute ins Donzello.

Trotz all der schrecklichen Erlebnisse und trotz der traurigen Erinnerungen, die ihr manchmal den Schlaf raubten, pflegte Cloridia den kranken Dulcibeni hingebungsvoll und beharrlich. Dieser hörte seinerseits bald auf, sie abschätzig zu behandeln. Er stellte ihr nie Fragen über ihre Vergangenheit und ersparte ihr so die Peinlichkeit, lügen zu müssen.

Schon bald bat Pompeo mich darum, die Koffer voller Bücher zu holen, die er in Neapel zurückgelassen hatte. Er schenkte sie mir und sagte mir vorher, dass ich ihren Wert mit der Zeit immer höher schätzen würde. Dank dieser Bücher und der Gespräche, die wir darüber führten, begann Dulcibeni allmählich, mehr zu erzählen. Mit der Zeit ging er von Kommentaren zu Erinnerungen und von diesen zu Unterweisungen über. Er gab mir nicht nur theoretischen, sondern auch praktischen Unterricht: Wer lange Jahre als Kaufmann Europa bereist hat und zudem im Dienste eines mächtigen Hauses wie dem der Odescalchi stand, der hat viel zu berichten. Dennoch stand zwischen uns immer noch ungelöst die Frage: Warum hatte Dulcibeni dem Papst nach dem Leben getrachtet?

Eines Tages, dessen war ich gewiss, würde er das Geheimnis lüften. Allerdings wusste ich, dass es wegen seines argwöhnischen und dickköpfigen Wesens vollkommen sinnlos gewesen wäre, ihn danach zu fragen. Man musste sich in Geduld üben.

Es war im Herbst 1688, als sich in Rom die Nachricht schwerwiegender und schmerzlicher Ereignisse verbreitete. Der ketzerische Fürst Wilhelm von Oranien hatte mit seiner Flotte den Ärmelkanal überquert und war an der englischen Küste in einem Ort namens Torbay gelandet. Fast ohne bei seinem Vormarsch auf Widerstand zu stoßen, usurpierte Wilhelm innerhalb kürzester Zeit den Thron des katholischen Stuart Jakob, dem seine zweite Frau erst zwei Monate zuvor den ersehnten männlichen Erben geschenkt und damit Wilhelm die Hoffnung genommen hatte, jemals englischer König zu werden. Durch Wilhelms Handstreich geriet England in die Hand der protestantischen Ketzer und war für den römischen Glauben verloren.

Als ich ihm von diesen dramatischen Ereignissen berichtete, gab Pompeo Dulcibeni keinen Kommentar dazu ab. Er saß im

Garten und streichelte ein Kätzchen auf seinem Schoß. Er schien vollkommen ruhig. Plötzlich aber sah ich, wie er sich auf die Lippe biss, das Tierchen wegjagte und mit zitternder Hand auf den Tisch neben sich schlug.

»Was habt Ihr, Pompeo?«, fragte ich und sprang auf, weil ich fürchtete, er fühle sich vielleicht nicht wohl.

»Er hat es geschafft, der Verfluchte! Am Ende hat er es doch noch geschafft«, schnaubte Dulcibeni voll dumpfer Wut und starrte über meinen Kopf hinweg ins Weite.

Ich blickte ihn forschend an, wagte aber nicht, in ihn zu dringen. Und Pompeo Dulcibeni begann mit halb geschlossenen Lidern langsam zu sprechen.

Die ganze Geschichte hatte dreißig Jahre zuvor ihren Anfang genommen. Damals, so erzählte Dulcibeni, hatte sich die Familie Odescalchi des denkbar schlimmsten Verbrechens schuldig gemacht: Sie hatte den Ketzern geholfen.

Es war um das Jahr 1660, und Wilhelm von Oranien war damals noch ein Kind. Das Haus Oranien brauchte wie immer Geld. Die Geldnot war so schlimm, dass Wilhelms Mutter und seine Großmutter allen Familienschmuck hatten versetzen müssen.

Auf der politischen Bühne Europas kündigten sich für Holland verheerende Kriege an, die auch tatsächlich bald ausbrechen sollten. Zuerst gegen England und dann gegen Frankreich. Um diese Kriege zu führen, war Geld vonnöten. Viel Geld.

Nach einer Reihe streng geheimer Vorverhandlungen, deren Einzelheiten nicht einmal Dulcibeni genau kannte, wandte sich das Haus Oranien an die Odescalchi. Die Familie gehörte zu den liquidesten Geldverleihern Italiens und zeigte sich nicht abgeneigt.

Auf diese Weise wurden die Kriege des ketzerischen Holland von der katholischen Familie des Kardinals Odescalchi, des künftigen Papstes Innozenz XI., finanziert.

Selbstverständlich wurde das ganze Geschäft unter strengster Geheimhaltung abgewickelt. Kardinal Benedetto Odescalchi lebte in Rom; sein Bruder Carlo, der persönlich die Geschäfte der Familie leitete, in Como. Das Geld wurde von Venedig aus über zwei absolut vertrauenswürdige Strohmänner an die Oranier weitergeleitet, so dass man die Angelegenheit in keiner Weise mit der Familie von Innozenz XI. in Verbindung bringen konnte. Die Gutschriften waren darüber hinaus nicht direkt an Mitglieder des Hauses adressiert, sondern an geheime Mittelsmänner: an Admiral Jean Neufville, an den Bankier Jan Deutz, an die Kaufleute Bartolotti, an den Amsterdamer Ratsherrn Jan Baptist Hochepied …

Von diesen Letzteren wurden die Gelder dann an das Haus Oranien weitergeleitet, um den Krieg gegen Ludwig XIV. zu finanzieren.

»Und Ihr?«, unterbrach ich ihn.

»Und ich fuhr im Auftrag der Odescalchi zwischen Italien und Holland hin und her: Ich stellte sicher, dass die Wechselbriefe ihren Adressaten erreichten, eingelöst wurden und dass eine entsprechende Empfangsbestätigung ausgestellt wurde. Zudem wachte ich darüber, dass nichts davon nach außen drang.«

»Das heißt also, dass mit dem Geld von Papst Innozenz XI. die Landung der Ketzer in England finanziert worden ist!«, schloss ich verblüfft.

»Mehr oder weniger. Allerdings haben die Odescalchi den holländischen Ketzern nur bis vor etwa fünfzehn Jahren Geld geliehen, während Wilhelm erst jetzt in England gelandet ist.«

»Und dann?«

Und dann geschah etwas Merkwürdiges, erklärte Dulcibeni. Im Jahre 1673 war Carlo Odescalchi, der Bruder des späteren Papstes, gestorben. Der Pontifex konnte damals die Familiengeschäfte von Rom aus nicht mehr leiten und entschied, den Holländern keine Kredite mehr zu gewähren. Das Spiel war zu gefährlich geworden, und der fromme Kardinal Odescalchi durfte nicht riskieren, entdeckt zu werden. Sein Ansehen musste makellos bleiben. Er plante weitsichtig: Kaum drei Jahre später fand das Konklave statt, das ihn zum Papst wählen sollte.

»Aber er hatte den Ketzern Geld geliehen!«, empörte ich mich.

»Hör dir den Rest an.«

Im Laufe der Zeit waren die Schulden des Hauses Oranien an die Odescalchi ins Unermessliche gestiegen, über hundertfünfzigtausend Scudi. Wie sollte diese Summe nun, da Benedetto Papst war, wieder zurückgezahlt werden? Der ursprüngliche Vertrag sah vor, dass die Odescalchi im Falle der Zahlungsunfähigkeit ihres Schuldners auf das Privatvermögen Wilhelms zurückgreifen konnten. Jetzt aber stand Benedetto Odescalchi als Pontifex im Lichte der Öffentlichkeit: Er konnte schwerlich auf den Besitz eines ketzerischen Fürsten Anspruch erheben, denn damit hätte er seine Darlehen zugegeben. Es hätte einen tödlichen Skandal ausgelöst. Benedetto hatte zwar unterdessen all seinen Besitz formal seinem Neffen Livio vermacht, aber in Wirklichkeit wusste man sehr wohl, dass er nach wie vor alles kontrollierte.

Darüber hinaus bestand ein weiteres Problem. Wilhelm war immer noch in Geldnöten, denn seine holländischen Geldgeber (die reichen Amsterdamer Familien) hielten ihren Beutel fest verschlossen. Innozenz XI. lief also Gefahr, seine Darlehen nicht wiederzusehen.

Deshalb, so Dulcibeni, standen Innozenz XI. und Ludwig XIV. einander immer derart feindlich gegenüber: Der Allerchristlichste König von Frankreich war der Einzige, der Wilhelm den Weg versperrte, der Einzige, der verhindern konnte, dass er den englischen Thron bestieg. Ludwig XIV. war das einzige Hindernis zwischen Innozenz XI. und seinem Geld.

Die Odescalchi hatten es bis dahin geschafft, nichts an die Öffentlichkeit dringen zu lassen. Doch 1676, kurz vor der Eröffnung des Konklave, geschieht etwas Unvorhergesehenes: Huygens, die rechte Hand des Sklavenhändlers Francesco Feroni (der ebenfalls mit den Odescalchi in Geschäftsbeziehungen steht), vernarrt sich in die Tochter, die Pompeo Dulcibeni von einer türkischen Sklavin hat, und will sie – unterstützt von Feroni – in seine Hand bekommen. Dulcibeni kann sich mit legalen Mitteln nicht dagegen wehren, denn er hat die Mutter des Kindes nicht geheiratet. Doch er gibt den Odescalchi zu verstehen, dass, wenn Feroni und Huygens nicht auf ihre Forderung verzichten, für Kardinal Benedetto ziemlich abträgliche Indiskretionen in Umlauf gesetzt werden könnten: Andeutungen von Darlehen auf Zinsen an die holländischen Häretiker ... dann wäre es aus mit Kardinal Odescalchis Wahl zum Papst.

Den Rest wusste ich schon: Das Mädchen wird entführt, Dulcibeni dagegen wird von unbekannter Hand aus einem Fenster gestoßen und überlebt nur durch ein Wunder. Er muss sich verstecken, während Benedetto Odescalchi zum Papst gewählt wird.

»Bis heute allerdings ist es dem Papst nicht gelungen, sein Geld von Wilhelm von Oranien zurückzubekommen. Dessen bin ich mir sicher. Ich weiß, wie diese Dinge vonstatten gehen. Jetzt aber wird sich alles ändern«, schloss Dulcibeni.

»Und warum?«

»Das ist doch klar: Jetzt wird Wilhelm König von England und zahlt auf die eine oder andere Weise dem Papst seine Schulden zurück.«

Ich schwieg, verwirrt und verstört.

»Das ist das wahre Motiv für Euren Plan«, sagte ich, »für die Besuche bei Tiracorda, die Experimente auf der Insel ... Abbé Melani hatte also Recht: Nicht nur die Entführung Eurer Tochter hat Euch dazu getrieben. Für Euch war es, als ob Ihr den Papst richten würdet wegen, ich weiß nicht, wie ich sagen soll, des Verrats an ...«

»Wegen des Verrats am Glauben, genau. Er hat die Ehre der Kirche und der Christenheit verschachert. Und denk daran, das Leiden des Leibes ist nichts im Vergleich zum Leiden der Seele. Das ist die eigentliche Pest.«

»Ihr aber wolltet die ganze Christenheit in den Untergang treiben: Deshalb wart Ihr entschlossen, den Papst während der Belagerung Wiens zu infizieren.«

»Die Belagerung Wiens ... da gibt es noch etwas, was du wissen musst. Auch der Kaiser hat etwas mit dem Geld der Odescalchi zu tun.«

»Der Kaiser?«, rief ich aus.

Das Spiel war einfach und wurde auch diesmal mit äußerster Diskretion gehandhabt. Um den Krieg gegen die Türken finanzieren zu können, bekam das Haus Habsburg Hilfsgelder aus den Schatullen der Apostolischen Kammer. Gleichzeitig aber nahm Kaiser Leopold als Privatmann ein Darlehen von den Odescalchi. Als Sicherheit bekam die päpstliche Familie das Mercurium, auch Quecksilber genannt, aus den kaiserlichen Minen.«

»Und was haben die Odescalchi mit diesem Quecksilber gemacht?«

»Ganz einfach: Sie verkauften es an die holländischen Ketzer weiter. Genauer gesagt an den protestantischen Bankier Jan Deutz.«

»Dann hat Wien seine Rettung auch den Ketzern zu verdanken!«

»In gewissem Sinne ja. Vor allem aber dem Geld der Odescalchi. Und du kannst sicher sein, sie werden sich diesen Gefallen vom Kaiser teuer bezahlen lassen. Nicht nur in Form von Geld.«

»Was meint Ihr damit?«

»Gewiss wird der Kaiser dem Papst oder seinem Neffen Livio, seinem einzigen Erben, irgendeinen bedeutenden politischen Gefallen tun. Warte ein paar Jahre, dann wirst du es sehen.«

September 1699

Fast elf Jahre sind vergangen seit der Landung Wilhelms von Oranien in England, und ich schließe nun diese Erinnerungen. Der ketzerische Herrscher regiert noch immer und nach wie vor unangefochten; die Ehre der Kirche und der englischen Katholiken ist von Innozenz XI. für eine Hand voll Scudi verschachert worden.

Aber Papst Odescalchi kann sein schändliches Unternehmen nicht mehr wiederholen. Er ist vor zehn Jahren nach langer und schwerer Krankheit verstorben. Beim Öffnen der Leiche fand man seine Eingeweide zerfressen und die Nieren voller Steine. Von verschiedener Seite wurde bereits vorgeschlagen, ihn zur Ehre der Altäre zu erhöhen und ihn selig sprechen zu lassen.

Auch Pompeo Dulcibeni ist von uns gegangen. Er ist dieses Jahr als guter Christ nach vielen Gebeten und ehrlicher Reue über seine nicht wenigen Sünden gestorben. An einem Sonntag im April hatten wir ein bisschen zu viel gegessen, und er (der immer rot im Gesicht war und in den letzten Jahren ein wenig zu oft dem Wein zusprach) hatte mich gebeten, ihm ins Bett zu helfen, um ein wenig auszuruhen. Er stand nicht wieder auf.

Was ich heute bin, verdanke ich, glaube ich, zum großen Teil ihm: Er war gleichsam mein neuer Lehrer geworden, und Gott allein weiß, wie sehr er sich von Abbé Melani unterschied. Dank seines langen und leidvollen Verweilens auf dieser Erde hat Pompeo mir viel über das Leben und seine Übel beigebracht, wobei er immer versucht hat, mir all dies im Lichte des Glaubens und der Gottesfurcht zu vermitteln. Ich habe alle Bücher gelesen, die er mir geschenkt hat: Bücher über Geschichte, Theologie, Dichtung und auch über Medizin, darüber hinaus einiges über die Grundlagen der Wissenschaft der Kaufleute und Unternehmen, von der Dulcibeni so viel verstand und die man heutzutage unbedingt kennen muss. Deshalb merke ich jetzt, dass ich die Erinnerungen an damals vielleicht mit dem Wissen von heute niedergeschrieben und dem jungen unbedarften Hausburschen des Donzello zuweilen Gedanken und Worte in den Mund gelegt habe, die mir Gott erst heute hat zuteil werden lassen.

Die wichtigsten Entdeckungen fand ich jedoch nicht in den Büchern über politische oder ethische Lehren, sondern in denen über Medizin. Ich kam nur mühsam zu der Überzeugung, dass ich keineswegs gegen die Pest immun war, wie mir Cristofano zu Beginn der Quarantäne versichert hatte: Meine unglückliche Lage war keineswegs ein Schutz gegen die Ansteckung. Der Arzt hatte gelogen, vielleicht um sich meiner Dienste zu versichern, und hatte alles nur erfunden: Angefangen von dem Märchen über den sodomitischen afrikanischen Homunculus bis hin zu den Klassifikationen von Kaspar Schott, Fortunius Licetus und Johann Eusebius Nierembergius, bei denen nirgends davon die Rede ist, dass jemand wie ich gegen die Pest immun sei. Cristofano wusste ganz genau, dass es keinerlei Beziehung zwischen der Körpergröße und der Seuche gibt. Ein Zwerg zu sein wie ich, »Spielzeug der Fürsten und Schaustück für Gaffer«, wie mich Dulcibeni tituliert hatte, bewahrt in keiner Weise vor der schrecklichen Krankheit.

Ich werde Cristofano dennoch immer dankbar sein: Aufgrund seiner lässlichen Sünde der Lüge ging ich trotz meiner geringen Größe mit stolzgeschwellter Brust einher. Es war das einzige Mal in meinem Leben. Meine grausame Verwachsung hat mir nur eingetragen, dass ich im zarten Kindesalter ausgesetzt und zum Gespött der Menschheit wurde; dennoch darf ich mich – wie schon Cristofano unterstrich – unter die Glücklichsten meiner Art rechnen, unter die *mediocres* von Statur, nicht unter die *minores* oder schlimmer noch unter die *minimi*.

Wenn ich an das Abenteuer im Donzello zurückdenke, dann klingen mir noch immer die Ohren von dem grausamen Gelächter der Männer des Bargello, als sie mich zu Beginn der Quarantäne mit Gewalt in die Locanda drängten; und ebenso schlimm war es, wenn sich Dulcibeni ein Vergnügen daraus machte, mich als *pumilio*, als Zwerg anzureden. Mir kommt wieder das obszöne Laster Brenozzis in den Sinn, sich immer zwischen den Beinen an seinen Selleriestängel zu fassen, genau in Höhe meiner Nase; und die Schar der Heiligenfledderer, die mich für einen ihrer *daemunculi subterranei* hielt, einen der kleinen Teufelchen ihrer Alpträume. Und im Geiste sehe ich mich wieder, wie ich, scheinbar geschaffen für diese unterirdische Welt, behände vor Atto durch die engen Stollen unter der Locanda eilte.

In jenen Tagen im Donzello war mir meine unglückselige Gestalt nicht weniger zur Last als sonst im Leben. Aber ich wollte bei der Darstellung der Szenen dieses großen Schauspiels darauf lieber nicht eingehen: Wer wollte der Erzählung eines Menschen Glauben schenken, den nur die Falten im Gesicht von einem kleinen Kind unterscheiden?

Dulcibenis Enthüllungen wurden unterdessen von den Tatsachen bestätigt. Livio Odescalchi, der Neffe von Innozenz XI. und sein Alleinerbe, hat von Kaiser Leopold das ungarische Lehen Sirmium zu einem Schleuderpreis erworben. Und das, so munkelt man in Rom, gegen den Widerstand der kaiserlichen Ratgeber. Um dem guten Geschäft Glanz zu verleihen, hat der Kaiser Livio sogar zum Fürsten des Heiligen Römischen Reiches ernannt. Aber jedes allzu aufwändige Geschenk ist in Wirklichkeit, wie man weiß, insgeheim die Erstattung eines Gefallens. Es war also wahr: Auch der Kaiser war Schuldner der Odescalchi und hatte das Darlehen nun verzinst zurückgezahlt.

Livio Odescalchi scheint sich für seine schamlosen Wuchergeschäfte keineswegs zu schämen. Beim Tod von Innozenz XI. soll er über mehr als eineinhalb Millionen Scudi und über das Lehen Ceri verfügt haben. Unmittelbar danach verschaffte er sich das Fürstentum Bracciano, die Markgrafschaft Roncofreddo, die Grafschaft Montiano, die Signoria Palo und nicht zuletzt die Villa Montalto di Frascati. Schließlich versuchte Livio sogar, nach dem Tod Johann Sobieskis, des Siegers von Wien, durch ein Geschenk von acht Millionen Gulden Nachfolger des polnischen Königs zu werden.

Sinnlos, sich darüber aufzuregen: Gold – die ruchlose Macht, die weder Grenzen noch Mitleid kennt – hat nie aufgehört, sich wie eine Seuche in Europa zu verbreiten, und wird die Kirche und die Kronen immer mehr in seinen Würgegriff bekommen.

Ich bin nicht mehr der naive Junge aus den Tagen des Donzello. Was ich damals sah und hörte, und keinem Menschen je enthüllen werde, hat mein Leben für immer geprägt. Der Glaube hat mich nicht verlassen; dennoch hat das Gefühl der Hingabe und Treue, das jeder gute Christ gegenüber der Kirche empfinden sollte, unwiederbringlich Schaden gelitten.

Meine Erinnerung auf diesen Seiten niederzuschreiben hat mir zumindest geholfen, die Augenblicke allergrößter Entmutigung zu überwinden. Ein Übriges haben Gebete, die Nähe Cloridias und die Lektüre dieser Jahre getan.

Vor drei Monaten sind Cloridia und ich endlich den Bund der Ehe eingegangen: Wir nutzten die Gelegenheit, als ein Wanderprediger in unsere arme Gegend kam.

Vor wenigen Tagen habe ich einem Kantor der Sixtinischen Kapelle ein paar Trauben verkauft und ihn dabei gefragt, ob er manchmal Arien des berühmten Luigi Rossi singe.

»Rossi?«, erwiderte der Mann stirnrunzelnd. »Ach ja, vielleicht habe ich den Namen schon einmal gehört, aber es muss altes Zeug sein, aus der Zeit der Barberini. Nein«, fügte er lachend hinzu, »heute erinnert sich niemand mehr an ihn: Jetzt schwärmen in Rom alle für den großen Corelli, weißt du das nicht?«

Erst jetzt werde ich gewahr, dass ich die Jahre vor meiner Haustür habe vorbeifließen lassen. Nein, ich kenne diesen Corelli nicht. Aber ich weiß, dass ich den Namen von *seigneur* Luigi ebenso wenig vergessen werde wie die wunderbaren Klänge seiner Arien, die schon außer Mode waren, als Abbé Melani sie für sich und mich anstimmte.

Ab und zu, manchmal sogar im Traum, kommen mir die Stimme und die stechenden Augen von Atto Melani in den Sinn, von dem ich mir vorstelle, dass er alt und gebeugt in seinem Haus in Paris sitzt, jenem großen und geräumigen Haus, wo zu wohnen er mir einmal angeboten hatte.

Glücklicherweise hält mich die tägliche Mühe von der Nostalgie fern: Unser Gütchen hat sich vergrößert, und die Arbeit nimmt ständig zu. Wir verkaufen unter anderem frische Kräuter und gutes Obst an die nahe gelegene Villa der Familie Spada, von der ich auch oft für andere Aufgaben herangezogen werde.

Sobald mir die Arbeit eine Pause erlaubt, kehre ich jedoch zur Erinnerung an Attos Worte zurück, wiederhole mir im Geiste seinen Satz über den einsamen Adler und die Rabenschwärme und versuche, mir seinen Ton, seine Betonung und seine Intention zu vergegenwärtigen, auch wenn ich weiß, dass sie unbesonnen und verwegen sind.

Oft bin ich in die Via dell'Orso gegangen, um die neuen Bewohner des kleinen Palazzo, der an der Stelle der Locanda (jetzt sind dort nur Mietwohnungen) errichtet wurde, zu fragen, ob aus Paris Briefe für mich eingetroffen seien oder ob jemand nach dem damaligen Hausburschen gefragt habe. Doch, wie befürchtet, wurde meine Erwartung jedes Mal enttäuscht.

Die Zeit hat mir geholfen zu verstehen. Erst heute habe ich begriffen, dass Abbé Melani Fouquet in Wirklichkeit nicht hatte verraten wollen. Zwar hat er die bei Colbert gestohlenen Briefe, aus denen ersichtlich war, dass der Oberintendant sich in Rom versteckt hielt, dem Sonnenkönig übergeben. Aber schon zuvor hatte der König gegenüber Fouquet Milde walten lassen, hatte ihm Erleichterung seiner Haftbedingungen gewährt, und man hoffte sogar auf seine Befreiung. Doch alle glaubten, die Entlassung verzögere sich wie üblich wegen Colbert: War es also nicht sogar eine gute Idee, dem König die Schreiben des Colubra zu übergeben? Melani konnte gewiss nicht ahnen, was dem König blitzschnell durch den Kopf ging, als er die von Atto aus Colberts Arbeitszimmer entwendeten Briefe zu Gesicht bekam: Fouquet hielt sich mit dem *secretum pestis* in Rom auf, vielleicht würde er es dem Papst übergeben, der auf der Seite des belagerten Wien stand …

Ludwig XIV. durfte nicht zulassen, dass gerade in dem Augenblick, in dem die von ihm geplante Übereinkunft mit den Türken zustande kam, alles zunichte wurde. Er wird Atto hastig verabschiedet haben, um Zeit zum Nachdenken zu bekommen. Er wird ihn später zurückgeholt haben, um ihm wer weiß welche Lügengeschichte aufzutischen. Was auch immer es war, über den Ausgang dieser Unterredung habe ich keinen Zweifel: Atto wird nach Rom geschickt, um einen letzten tragischen Beweis seiner Treue zur Krone zu erbringen.

Heute scheint mir all dies nicht mehr erschreckend. Beinahe mit einer gewissen Wehmut denke ich daran zurück, wie Melani mich mit dem Trick der Perlen dazu brachte, ihm bei seiner Aufdeckungsarbeit zu helfen. Und gerne würde ich noch einmal zu dem Tag zurückkehren können, an dem ich Atto Melani zum letzten Mal sah: Signor Abbé, bleibt stehen, ich möchte Euch sagen …

Doch es ist nicht mehr möglich. Damals und für immer stand meine jugendliche Naivität zwischen uns, meine enttäuschte Begeisterung, meine Ungeduld. Heute weiß ich, dass es ungerecht war, die Freundschaft der Reinheit zu opfern, das Vertrauen der Vernunft, das Gefühl der Ehrlichkeit.

Man kann nicht mit einem Spion befreundet sein, ohne sich von der Wahrheit zu verabschieden.

Alle Prophezeiungen sind eingetroffen. In den ersten Tagen der Quarantäne hatte ich geträumt, dass Atto mir einen Ring übergab und Devizé Trompete spielte. Und in Cloridias Buch über Traumdeutung habe ich gelesen, dass der Ring Gutes in Verbindung mit Schwierigkeiten bedeutet, während die Trompete okkultes Wissen symbolisiert: wie eben das Geheimnis der Pest.

Im Traum hatte ich gesehen, wie Pellegrino von den Toten aufersteht: Vorhersage von Mühe und Leid, die uns tatsächlich alle trafen. In meinen Traumfantasien wurde Salz verstreut, was ein Bild für Mord ist (der Tod Fouquets); dann sah ich eine Gitarre, die Melancholie und Arbeit ohne Anerkennung symbolisiert (ich und Cloridia, unbekannt und missachtet auf unserem Gütchen). Nur das allerletzte Bild war mir günstig, und Cloridia wusste das ganz genau: die Katze, die Wollust ankündigt.

Auch die astrologische Gazette von Stilone Priàso hatte alles richtig vorausgesagt: nicht nur den Einsturz der Locanda, sondern auch die Gefangenschaft einer Gruppe von edlen Herren (die Quarantäne im Donzello), die Belagerung einer Stadt (Wien), bösartige Fieber und giftige Gebrechen (mehrere unserer Herbergsgäste), Tod eines Herrschers (Maria Theresia), die Reisen der Botschafter (um die Nachricht vom Sieg in Wien zu überbringen). Nur eine Voraussage hatte sich nicht bestätigt oder war vielmehr von einer stärkeren Macht überwältigt worden: Die *Baricades mistérieuses* hatten den »Tod der gefangenen Edelleute« verhindert, den die Gazette prophezeit hatte.

All das hat mir geholfen, eine Entscheidung zu treffen, oder besser, mich von einem alten, ungesunden Verlangen zu befreien.

Ich will nicht mehr Gazettenschreiber werden. Nicht nur, weil ich den (mit dem Glauben unvereinbaren) Zweifel hege, ob es nicht doch die Launen der Sterne sind, die unser Schicksal bestimmen. Meine ehemalige Begeisterung erlosch auch aus anderen Gründen.

In den Zeitungen, die ich nach meinem Abenteuer in der Locanda in großer Zahl zu Gesicht bekam, war nichts von dem zu finden, was Atto mich gelehrt hatte. Damit meine ich nicht die Fakten: Ich wusste bereits, dass die wahren Geheimnisse der Herrscher und Staaten sich nie in den Journalen finden lassen werden, die auf der Straße verkauft werden. Den Berichten der Schreiber mangelt es vor allem an dem Mut, sich Gedanken zu machen, an Wissensdurst, sie stellen keine Herausforderung für einen wirklich kühnen Intellekt dar. Die Gazetten sind keineswegs alle nutzlos, aber sie sind nicht für die geschrieben, die ernsthaft die Wahrheit suchen.

Diesen Zustand hätte ich mit meinen geringen Kräften gewiss nicht ändern können. Wer es je wagen würde, die Geheimnisse um Fouquet und Kircher, Maria Theresia und Ludwig XIV., Wilhelm von Oranien und Innozenz XI. an die Öffentlichkeit zu bringen, würde sofort verhaftet, in Ketten gelegt und für immer in eine Irrenanstalt gesperrt.

Atto hatte Recht, als er sagte, es sei für einen Gazettenschreiber keineswegs von Nutzen, die Wahrheit zu kennen. Im Gegenteil: Es ist das allergrößte Hindernis.

Schweigen ist die einzige Rettung für den Wissenden.

Was mir niemand mehr wiedergeben kann und was mir am meisten fehlt, sind nicht die Worte, sondern die Klänge. Von den *Baricades mistérieuses* (von denen ich leider keine Abschrift aufbewahren konnte) bleibt mir nur die verblasste, lückenhafte Erinnerung von vor sechzehn Jahren.

Ich habe daraus eine Art Spiel mit mir selbst gemacht, eine heitere Herausforderung meines eigenen Gedächtnisses. Wie war es, wie klang diese Passage, dieser Akkord, diese gewagte Modulation?

Wenn die Hitze der Hundstage Kopf und Knie schwer macht, setze ich mich unter die Eiche, die unserer bescheidenen Hütte Schatten spendet, auf Pompeo Dulcibenis Lieblingsstuhl, schließe die Augen und singe leise Devizés Rondo vor mich hin: ein-, zweimal und dann wieder und immer wieder, obwohl ich weiß, dass es immer blasser, unsicherer und immer weiter vom Original entfernt klingt.

Vor wenigen Monaten habe ich einen Brief an Atto geschrieben. Ich hatte seine Adresse in Paris nicht und schickte den

Brief nach Versailles in der Hoffnung, dass man ihn ihm zukommen lässt. Bei Hofe, dessen bin ich sicher, kennen alle den berühmten Kastraten, den Abbé und Ratgeber des Allerchristlichsten Königs.

Ich habe ihm anvertraut, wie tief ich es bedauere, mich von ihm verabschiedet zu haben, ohne ihm meine Dankbarkeit und Ergebenheit zum Ausdruck gebracht zu haben. Ich bot ihm meine Dienste an und bat ihn dringend, mir die Gunst zu erweisen, sie anzunehmen und mich seinen ergebensten, treuesten Diener zu nennen. Schließlich deutete ich auch an, diese Erinnerungen geschrieben zu haben, die sich auf mein Tagebuch aus jenen Tagen stützten, von dessen Existenz Atto keine Ahnung hatte.

Leider hat er mir bisher nicht geantwortet. Deshalb quält mich in letzter Zeit ein schrecklicher Verdacht.

Was hat Atto dem Allerchristlichsten König wohl bei seiner Rückkehr nach Paris berichtet? Kann es ihm gelungen sein zu verhehlen, wie viele Geheimnisse des Königs er aufgedeckt hatte? Oder senkte er vielleicht, von Fragen bedrängt, den Blick und gab damit zu verstehen, dass er über allzu viele Schandtaten des Königs Bescheid wusste?

Deshalb stelle ich mir manchmal einen nächtlichen Überfall in einem entlegenen Winkel der Stadt vor, einen unterdrückten Schrei, die Schritte flüchtender Meuchelmörder, Atto, wie er blutüberströmt im Schmutz der Straße liegt …

Aber ich gebe nicht auf. Ich kämpfe gegen meine Fantasien an und hoffe weiter. Und während ich darauf warte, dass mich aus Paris Post erreicht, summe ich manchmal die Zeilen einer Arie von Attos altem Lehrer, *seigneur* Luigi, vor mich hin:

Speranza, al tuo pallore
so che non speri più.
E pur non lasci tu
*di lusingarmi il core …**

* Hoffnung, bei deiner Blässe, / weiß ich, hoffst du nicht mehr. / Dennoch lässt du es nicht, / meinem Herzen zu schmeicheln …

Addendum

Lieber Alessio,

Sie sind nun am Ende des Werkes meiner beiden alten Freunde angelangt. Jetzt ist es an Ihnen, den letzten Schritt zu tun und es in die Hände des Heiligen Vaters zu legen. Während ich diese Zeilen schreibe, bete ich darum, dass der Heilige Geist Ihre Lektüre und die daraus folgende Entscheidung leiten möge.

Fast vierzig Jahre sind bereits vergangen, seit ich per Post das Manuskript bekam, in dem die Geschichte des Donzello und seines kleinwüchsigen Hausburschen erzählt wird. Natürlich dachte ich zunächst, es handle sich um ein Werk, in dem die Fantasie dominiert. Die Autoren hatten freilich nach eigenen Aussagen eine historische Quelle benutzt: die unveröffentlichten Erinnerungen eines Hausburschen aus dem Jahre 1699. Darüber hinaus wusste ich als Priester und Wissenschaftler, dass alles der historischen Wahrheit entspricht, was darin über Abt Morandi und Campanella steht, über die Jansenisten, die Jesuiten und über die alte *Societas orationis et mortis*, über das nicht mehr existierende Zölestinerkloster und nicht zuletzt über die bizarren Vorstellungen des siebzehnten Jahrhunderts von Beichte und Letzter Ölung. Schließlich deuten der Gebrauch mancher Wörter und die lockere Verwendung lateinischer Zitate unzweifelhaft auf die im siebzehnten Jahrhundert verwendete Sprache hin.

Oft gebrauchen die Personen der Handlung sogar ganz betont Worte und Terminologie aus barocken Traktaten in ihrer ganzen Umständlichkeit.

Was aber war, abgesehen von diesen Kleinigkeiten, wirklich frei erfunden? Diese Frage muss unzweifelhaft gestellt werden, nicht nur wegen des kühnen und gelegentlich verblüffenden Inhalts, sondern auch wegen der Darstellung der beiden Hauptfiguren. Sie erinnern, wie gesagt, allzu sehr an das klassische Paar des Detektivromans, wie es beispielsweise von Sherlock Holmes und seinem Helfer und Erzähler Watson verkörpert wird, ganz zu schweigen von Poirot und Hastings bei Agatha Christie, Letztere ermitteln außerdem am liebsten in einer abgeschlossenen Umgebung wie in der Locanda (bei Agatha Christie sind es Züge, Schiffe oder Inseln).

Andererseits findet sich bereits in den aus dem siebzehnten Jahrhundert stammenden Memoiren des *Lazarillo de Tormes* ein ähnliches Paar von Lehrer und Schüler, von Altem und Jungen. Ja, man könnte selbst Dante und seinen »Lehrer und Führer« Vergil heranziehen, der ihn durch die Unterwelt, deren Wege mit den unterirdischen Gängen des Donzello vergleichbar sind, leitet und ihn unterweist.

Ich dachte zunächst, ich hätte es mit einem in Form von Erinnerungen abgefassten *Bildungsroman* zu tun, wie wohl jemand sagen würde, der sich in der Literatur wirklich auskennt, was ich von mir nicht zu behaupten wage. Ohne Zweifel nämlich wird der anfangs naive Hausbursche in den Nächten, die er mit Abbé Melani in den unterirdischen Gängen verbringt, und durch das, was Melani ihn lehrt, erwachsen.

Bald aber erkannte ich, dass derartige Überlegungen, so anregend sie für den Intellekt sein mögen, keine Antwort auf die zentrale Frage nach der Verfasserschaft des Manuskripts geben. Meine beiden Freunde oder der Hausbursche selbst? Oder beide? Aber bis zu welchem Grad?

Solange ich nur nach zeitlich weit entfernten Modellen suchte, kam ich nicht ans Ziel. Welchen Sinn hatte es, mit Aretino oder, noch besser, mit Boccaccios *Decamerone* die Aufteilung nach Tagen zu vergleichen, bei dem darüber hinaus – wie im Donzello – die Hauptfiguren wegen der Pest eingesperrt sind und sich die Zeit mit ganz unterschiedlichen Erzählungen vertreiben? Hätte nicht schon der unbekannte Hausbursche dieses Vorbild im Kopf haben können?

Ich kam zu dem Schluss, dass »Bücher immer von anderen Büchern sprechen und jede Geschichte eine bereits erzählte erzählt«, wie ich weiß nicht mehr, wer, einmal gesagt hat. Deshalb gab ich diese Art fruchtloser Nachforschungen auf.

Dagegen stellten einige unverfrorene Anleihen den genuinen Charakter des ganzen Werkes noch mehr in Frage: Beispielsweise ist eine der Hasstiraden von Pompeo Dulcibeni, in der er den gekrönten Häuptern Inzest vorwirft und sie Schakale nennt, ganz einfach teilweise einer berühmten Rede Robespierres entnommen, und darauf spielen die Autoren sogar selbst an, indem sie Dulcibeni ohne Kniehosen, *sans culottes*, auf dem Bett liegen lassen.

Schließlich und endlich eine Reihe kühner Kunstgriffe. Etwa die Gestaltung der Figuren des Ugonio und Ciacconio: Ihr Vorbild sind Grabräuber und Diebe antiker Gegenstände, wie sie auch heute noch in unserem Land verbreitet sind, und sie tragen (wie auch die anderen Heiligenfledderer Baronio und Gallonio) die Namen berühmter Gelehrter und Erforscher der Katakomben aus dem siebzehnten Jahrhundert. Ganz zu schweigen von der Kurtisane Cloridia, die wie eine Psychoanalytikerin *ante litteram* am Kopfende des Bettes sitzt, auf dem der Junge liegt, während sie ihm zuhört und seinen Traum interpretiert.

Auch die böswillige Darstellung von Papst Innozenz XI. erschien mir lediglich als üble Verdrehung der historischen Wahrheit. Da auch ich aus Como stamme, kannte ich Leben und Werk des Papstes aus meiner Heimatstadt sehr genau. Ebenso waren mir die bösartigen Verleumdungen bekannt, die – schon zu seinen Lebzeiten – ganz offensichtlich zum Zweck politischer Propaganda über ihn in Umlauf gebracht worden waren und von Pater Robleda dem Hausburschen weitergegeben werden. Diese Vorwürfe waren jedoch von ernsthaften Historikern eindeutig widerlegt worden. Vor allem Papasogli hatte mit seiner ausführlichen, über dreihundert Seiten starken Monographie über den seligen Innozenz XI. in den fünfziger Jahren des letzten Jahrhunderts dazu beigetragen, alle diesbezüglichen Lügen ad absurdum zu führen. Vor ihm waren bereits durch den großen Kirchenhistoriker Pastor viele Vorwürfe entkräftet worden.

Nicht nur die Darstellung des Papstes in dem Werk wirkte ziemlich haltlos, sondern auch die Geschichte des Oberintendanten Fouquet.

Nach der Erzählung des Burschen wird Fouquet am 11. September 1683 in der Locanda del Donzello von Atto Melani vergiftet. Dagegen kann man in jedem Schulbuch nachlesen, dass der Oberintendant 1680 in der Festung Pinerolo starb und nicht erst drei Jahre später in Rom! Zwar stimmt es, dass einige fantasievolle Historiker und Schriftsteller die Behauptung aufstellten, Fouquet sei nicht in Gefangenschaft gestorben, aber die Frage ist längst überholt und schon zu oft behandelt worden, als dass ich hier länger darauf eingehen müsste. Voltaire, der noch die Verwandten des Oberintendanten befragen konnte, war der Meinung, dass man nie mit Sicherheit wissen werde, wann und wo Fouquet starb. Dennoch scheint mir die Darstellung in dem von meinen beiden alten Freunden übersandten Werk zu gewagt, wonach Fouquet auf Befehl Ludwigs XIV. in einer römischen Locanda umgebracht worden sein soll.

Das waren Unstimmigkeiten, ja richtiggehende Verfälschungen der historischen Wahrheit, und deshalb war ich nahe daran, den Roman in den Papierkorb zu befördern. Denn hatte ich nicht den Beweis dafür gefunden, dass es sich um eine Fälschung handelt? Bald aber sollte ich feststellen, dass die Dinge nicht so einfach lagen.

Alles begann undurchsichtig zu werden, sobald ich mich entschloss, die Gestalt Fouquets genauer zu studieren. Seit Jahrhunderten wird der Oberintendant in den Geschichtsbüchern als der Prototyp des räuberischen und korrupten Ministers dargestellt, Colbert dagegen als vorbildlicher Staatsmann. Nach Atto Melani war jedoch in Wirklichkeit Fouquet das unschuldige Opfer des Neids und der Feindschaft des mittelmäßigen Colbert. Anfangs betrachtete ich diesen überraschenden Rollentausch als bloßes Werk der Fantasie, sah mich aber bald gezwungen, meine Meinung zu revidieren. Ich fand nämlich in einer Bibliothek einen ausführlichen Aufsatz des französischen Historikers Daniel Dessert, der vor ungefähr sechzig Jahren – gestützt auf historische Quellen – dafür eintrat, Fouquet den ihm gebührenden Ruhm zukommen zu lassen und die Niederträchtigkeiten und Komplotte Colberts zu entlarven. In seinem bewundernswerten Aufsatz legt Dessert Punkt für Punkt alles dar (und untermauert es mit unwiderleglichen Beweisen), was Atto dem Hausburschen zur Verteidigung des Oberintendanten erzählt.

Wie es leider häufig geschieht, wenn jemand jahrhundertelang aufrechterhaltene Mythen zerstört, wurde Desserts verdienstvolle Arbeit von seinen Historikerkollegen, die er der Faulheit und Ignoranz geziehen hatte, mit Missachtung bestraft. Bezeichnenderweise hat jedoch kein Historiker je den Mut gefunden, die umfangreiche und engagierte Untersuchung zu widerlegen.

Die dramatische Geschichte Fouquets, wie sie Abbé Melani ausführlich erzählt hatte, war also keineswegs eine reine Ausgeburt der Fantasie. Und nicht nur das. Im weiteren Verlauf meiner Bibliotheksrecherchen stellte ich fest, dass Fouquet und Kircher einander sehr wahrscheinlich gekannt haben, auch wenn es dafür keine eindeutigen Beweise gibt, da der Jesuit sich tatsächlich für die Mumien des Oberintendanten interessierte (das berichtet Anatole France in einem kleinen Buch über Fouquet, und auch bei Kircher findet sich eine teilweise Bestätigung).

Auch die überaus geheimnisumwitterte Einzelhaft Fouquets in Pinerolo ist, wie ich sorgfältig recherchiert habe, in allen Einzelheiten wahrheitsgemäß dargestellt. Der Sonnenkönig hielt den Oberintendanten anscheinend wirklich aus Furcht vor dessen Wissen gefangen; man hat jedoch nie herausgefunden, worum es sich dabei handelte. Auch der zwielichtige Graf Lauzun, der zehn Jahre in Pinerolo inhaftiert war und dort heimlich (und auf unerklärliche Weise) mit Fouquet kommunizierte, ist richtig dargestellt. Er wurde unmittelbar nach dem Verschwinden des Oberintendanten freigelassen.

Es gab also einige solide, durch Quellen untermauerte Bezüge zur historischen Wirklichkeit.

»Und wenn alles wahr wäre?«, dachte ich plötzlich verwirrt beim Durchblättern des Manuskripts.

An diesem Punkt musste ich unbedingt weiter in den Bibliotheken forschen, in der Hoffnung, auf irgendeinen groben Fehler zu stoßen, der das Schriftstück meiner beiden Freunde als Fälschung erweisen und mir erlauben würde, die Sache schnellstens zu beenden. Ich muss gestehen, dass ich Angst hatte.

Leider bestätigten sich meine Befürchtungen. Aus zeitgenössischen Wörterbüchern, Enzyklopädien und Lexika traten mir unglaublich schnell – genau so, wie ich sie in dem Manuskript gelesen hatte – die Beschreibungen Roms, die Quarantänemaßnahmen, die Theorien über die Pest, die Pest in London und Rom, Cristofanos Heilmittel und die Rezepte des Hausburschen vor Augen; und dann Ludwig XIV., Maria Theresia, die venezianischen Spiegelmacher bis hin zu Tiracordas Rätseln und dem Verlauf der unterirdischen Gänge der *Urbs*.

Schlag auf Schlag stieß ich auf die Wünschelrute, die Traumdeutung, die Numerologie und die Astrologie, die Legende der Mamacòca (das heißt des Kokain). Schließlich die Belagerung und die Schlacht von Wien und die rätselhafte Frage, auf welchem geheimnisvollen Weg sich die Türken französische Belagerungstechniken zu Eigen machen konnten und wie es zu den strategischen Fehlern der Ungläubigen kam, die für ihre vernichtende Niederlage verantwortlich waren.

Als ich, immer noch zweifelnd, in der Biblioteca Casanatense in Rom schließlich ein Original des Blattes aus der von Komarek gedruckten Bibel vor mir hatte, gab ich mich geschlagen: Alles, was ich gelesen hatte, war auf verblüffende, verstörende Weise bis in die unbedeutendsten Einzelheiten authentisch.

Schweren Herzens sah ich mich deshalb gezwungen weiterzuforschen. Statt Fehlern fand ich bewiesene und der Wahrheit entsprechende Aussagen. Ich begann, mich als Opfer einer raffinierten Intrige zu fühlen, erfasst von einem bösartigen Räderwerk, verstrickt in ein Spinnennetz, in dem man umso fester hängen bleibt, je tiefer man eindringt.

Deshalb entschloss ich mich, mich mit den Theorien Kirchers auseinander zu setzen: Sein Leben und seine Schriften kannte ich schon einigermaßen, hatte aber nie von dem *secretum pestis* noch von dem angeblichen *secretum vitae* gehört, das in der Lage sein sollte, die Seuche zu vertreiben, und schon gar nicht von einem Rondo, in dem dieses Geheimnis enthalten sei. Auch ich hatte natürlich wie Pater Robleda Kirchers *Magnes, sive de arte magnetica* gelesen, in dem der deutsche Jesuit die These von der therapeutischen Wirkung der Musik vertritt und eine von ihm selbst komponierte Melodie als Antidot gegen den Tarantelbiss empfiehlt. Allerdings wusste ich auch, dass Kircher in neuerer Zeit zuweilen als Scharlatan abgetan wurde: In seinem Traktat über die Pest beispielsweise behauptet er, die Bazillen der Krankheit im Mikroskop gesehen zu haben. Zu Kirchers Zeit, wenden dagegen die Historiker ein, existierten noch keine derart starken Vergrößerungsgläser. Also alles nur erfunden?

Wenn es so war, musste ich alle notwendigen Beweise sammeln. Ich informierte mich vor allem darüber, was wir in historischer Sicht als Pest bezeichnen: Es handelt sich dabei um die Bubonen- oder Beulenpest, die sich durch das Bakterium *Yersinia pestis* über Flöhe von Ratten und Mäusen auf den Menschen überträgt. Sie hat nichts zu tun mit dem, was man bei verschiedenen Tieren als Pest bezeichnet, und auch nicht mit der so genannten Lungenpest, die in der Dritten Welt auch heute noch gelegentlich auftritt.

Überrascht aber war ich zu lesen, dass die Beulenpest seit Jahrhunderten nicht mehr vorkommt und dass niemand weiß, warum.

Ich merkte, wie ich unwillkürlich lächeln musste, als ich las, dass die Pest in Europa (und früher noch in Italien) um die Wende des 17. zum 18. Jahrhundert praktisch verschwand, also etwa um die Zeit, zu der die Geschichte in der Locanda spielt. Nichts anderes hatte ich mir erwartet.

Es gibt zahlreiche Theorien über das mysteriöse Verschwinden der Seuche, keine aber ist wirklich überzeugend. Einige Historiker machen die Entwicklung einer verbesserten Gesundheitsfürsorge dafür verantwortlich. Andere dagegen behaupten, man müsse dankbar dafür sein, dass in Europa der *rattus norvegicus* (die braune Ratte) allmählich den *rattus rattus* (die schwarze Ratte) verdrängte, der die *xenopsylla cheopis* beherbergt, den Floh, der die Pestbakterie überträgt. Wieder andere halten die neuen ziegelgedeckten Steinhäuser anstelle der strohgedeckten Holzhäuser oder die Eliminierung der häuslichen Getreidevorräte für den Grund des Verschwindens der Seuche, weil auf diese Weise Ratten und Mäuse aus den Häusern verschwanden. Eine weitere Theorie hält die Ausbreitung der Pseudotuberkulose für die Ursache, weil diese gutartige Krankheit gegen die Beulenpest immun macht.

Aus den akademischen Diskussionen geht jedoch nur eines mit Sicherheit hervor: Um die Wende des 17. zum 18. Jahrhundert wurde Europa auf rätselhafte Weise von ihrer ältesten Geißel befreit. Und genau das hatte Kircher mit seinen *secreta* versprochen.

Die Übereinstimmungen wurden immer zahlreicher, sobald ich das Rätsel der *Baricades mistérieuses* überdachte, das Rondo, in dem das *secretum vitae* versteckt war wie das Antidot gegen den Tarantelbiss in Kirchers Tarantella. An genau dieser Stelle aber, Gott möge mir verzeihen, erlebte ich endlich die geheime Befriedigung, einen schweren historischen Fehler zu erkennen.

Ich brauchte nur ein x-beliebiges Musiklexikon durchzublättern, um festzustellen, dass die *Baricades mistérieuses* nicht das Werk des verkannten Gitarristen und Komponisten Francesco Corbetta sind, wie in dem Manuskript meiner beiden Freunde erzählt wird, sondern von François Couperin stammen, dem berühmten französischen Komponisten und Clavicembalospieler, der von 1668 bis 1733 lebte. Das Rondo gehört zum ersten Buch seiner *Pièces de Clavecin* und ist daher für Clavicembalo und nicht für Gitarre geschrieben. Vor allem aber wurde es 1713 zum ersten Mal veröffentlicht: dreißig Jahre nach den Ereignissen, die sich in der Locanda abgespielt haben sollen. Dieser schwerwiegende Anachronismus der zwei jungen Autoren nahm ihrer Arbeit nicht nur jeden Wahrheitsgehalt, sondern auch jede Wahrscheinlichkeit.

Sobald ich diese gewichtige und unerwartete Inkongruenz

entdeckt hatte, schien es mir überflüssig, das übrige Erzählgebäude widerlegen zu wollen. Eine Schrift, die einen solchen Fehler enthielt, konnte wohl kaum den glorreichen Ruf des seligen Innozenz XI. beeinträchtigen.

Eine Zeit lang beschränkte ich mich darauf, in Augenblicken abendlicher Muße träge das Manuskript durchzublättern, wobei ich mehr an die Autoren als an den Inhalt dachte. Diese beunruhigende Geschichte voller bösartiger Gerüchte über den Papst aus meiner Heimatstadt schien mir eine offene Provokation oder besser ein übler Scherz. In meinem Herzen gewannen Groll und ein natürliches Misstrauen, das ich (so muss ich gestehen) schon immer gegen Journalisten hegte, die Oberhand.

Die Jahre vergingen. Ich hatte meine beiden alten Freunde längst vollkommen vergessen, und mit ihnen das Manuskript, das in irgendeinem alten Schrank begraben lag. Aus übertriebener Vorsicht hatte ich es jedoch vor fremden Augen verborgen gehalten, um nicht zu riskieren, dass es ohne die unerlässlichen Gegengifte gelesen würde.

Noch konnte ich nicht ahnen, als wie klug sich diese Vorsichtsmaßnahme erweisen sollte.

Als ich vor drei Jahren erfuhr, dass der Papst die Heiligsprechung von Innozenz XI. wieder vorantreiben wollte, konnte ich mich nicht einmal mehr daran erinnern, wo der Packen vergilbter Blätter geblieben war. Nur zu bald wurde ich wieder darauf gestoßen.

Es geschah in Como, an einem nasskalten Novemberabend. Auf heftiges Drängen einiger Freunde von mir wohnte ich einem Konzert bei, das ein hochverdienter Musikverein meiner Diözese organisiert hatte. Gegen Ende des ersten Teils spielte der Neffe eines meiner ehemaligen Studienkollegen Klavier. Ich hatte einen anstrengenden Tag hinter mir, und bis zu diesem Zeitpunkt hatte ich die Darbietungen ein bisschen zerstreut verfolgt. Plötzlich aber wurde ich von einem einschmeichelnden, schwebenden Motiv ergriffen wie nie zuvor. Es handelte sich um einen Tanz barocker Prägung, aber mit Akzenten und träumerischen Harmonien, die von Scarlatti bis Debussy, von Franck bis Rameau reichten. Ich habe mich immer mit guter Musik beschäftigt und schmeichle mir, eine ansehnliche diskographische Sammlung zu besitzen. Wenn mich jedoch jemand gefragt hätte, aus welchem Jahrhundert jene zeitlosen Noten stammten, hätte ich keine Antwort gewusst.

Erst am Ende des Stücks schlug ich das Programmheft auf, das ich auf meinen Knien vergessen hatte, und las den Titel dieser Musik: *Les Baricades mistérieuses*.

Wiederum erwies sich die Erzählung des Hausburschen als wahrheitsgemäß. Dieses Stück besaß auf unerklärliche Weise die Macht zu verzaubern, zu verwirren und Herz und Verstand zu fesseln. Sobald man es einmal gehört hatte, ließ es einen nicht mehr los. Es war nicht überraschend, dass der Bursche davon so tief getroffen war und auch Jahre später das Motiv immer und immer wiederholte. Das Rätsel des *secretum vitae* war mit einem anderen Rätsel verknüpft.

Das reichte nicht aus, um zu sagen, dass auch alles Übrige wahr war. Aber es war zu viel, um dem Ganzen nicht doch auf die Spur kommen zu wollen.

Am nächsten Morgen kaufte ich eine kostspielige Gesamtaufnahme der zahlreichen *Pièces de Clavecin* von Couperin. Nachdem ich sie tagelang mit größter Aufmerksamkeit gehört hatte, kam ich zu einer eindeutigen Schlussfolgerung. Keines der Stücke von Couperin ähnelte den *Baricades mistérieuses*. Ich konsultierte Lexika und las verschiedene Monographien. Die wenigen Kritiker, die sich damit beschäftigt hatten, waren in diesem Punkt einig: Couperin hatte nichts anderes Derartiges komponiert. Die Tänze der Suiten Couperins tragen fast immer einen deskriptiven Titel: *Les Sentiments, La Lugubre, L'Âme en peine, La Volupteuse* und so fort. Andere Titel wie *La Raphaèle, L'Angélique, La Milordine* oder *La Castelane* waren Anspielungen auf bekannte Hofdamen, und die Zeitgenossen machten sich ein Vergnügen daraus, sie zu entschlüsseln. Nur für die *Baricades mistérieuses* gibt es keine Erklärung. Ein Musikwissenschaftler nannte diese Noten »wahrhaft *mystérieux*«.

Es war, als stamme das Werk von einem anderen. Aber wenn ja, von wem? Mit ihren gewagten Dissonanzen, den einschmeichelnden, raffinierten Harmonien sind die *Baricades* vom nüchternen Stil Couperins allzu weit entfernt. In einem erfindungsreichen Spiel von Resonanzen, antizipierenden und retardierenden Momenten verschmelzen die vier Stimmen im feinen Uhrwerk eines Arpeggio. Es ist der Stil *brisé*, den die Clavicembalisten von den Lautenisten übernommen hatten. Und die Laute ist die nächste Verwandte der Gitarre ...

Ich begann, die Hypothese zu akzeptieren, dass die *Baricades mistérieuses* vielleicht von Corbetta geschrieben seien, wie der Hausbursche berichtet hatte. Warum aber hatte dann Couperin das Stück unter seinem Namen veröffentlicht? Und wie war es in seine Hände gelangt?

Nach dem Manuskript war der Verfasser des Rondos der kaum bekannte italienische Musiker Francesco Corbetta. Das schien eine reine Erfindung: Kein Musikwissenschaftler war je auf eine derartige Idee gekommen. Es gab jedoch einen eindrucksvollen Präzedenzfall: Schon zu Lebzeiten Corbettas hatte es Auseinandersetzungen um die Urheberschaft einiger seiner Stücke gegeben. Corbetta selbst bezichtigte einen Schüler, einige seiner Werke entwendet zu haben, um sie dann unter dem eigenen Namen zu veröffentlichen.

Ohne Schwierigkeiten ließ sich feststellen, dass Corbetta tatsächlich Lehrer und Freund Devizés gewesen war: Deshalb war es mehr als wahrscheinlich, dass die eine oder andere Tabulatur zwischen ihnen hin- und hergegangen ist. Zur damaligen Zeit wurden Noten selten gedruckt, und die Musiker übernahmen handschriftlich, was sie interessierte.

Als Corbetta im Jahr 1681 starb, genoss Roberto Devizé (oder De Visée nach der modernen Schreibweise) bereits große Berühmtheit als Virtuose und Lehrer für Gitarre, Laute, Theorbe und Chitarrone. Ludwig XIV. verlangte fast jeden Abend nach seinen Darbietungen. Devizé war in allen guten Salons des Hofes ein gern gesehener Gast. Dort spielte er im Duo mit anderen bekannten Musikern und darunter bezeichnenderweise auch mit dem Clavicembalisten François Couperin.

Devizé und Couperin kannten einander also und spielten zusammen; wahrscheinlich tauschten sie Komplimente, Ansichten, Ratschläge, vielleicht sogar manche Vertraulichkeit aus. Wir wissen, dass Devizé gern auf der Gitarre die Stücke Couperins spielte (einige seiner Transkriptionen sind bis heute erhalten). Es ist keineswegs unwahrscheinlich, dass auch Couperin seinerseits auf dem Clavicembalo die Suiten des Gitarristen ausprobierte. Und unvermeidlich mussten Notenhefte und Partituren von Hand zu Hand gehen. Vielleicht entnahm Couperin eines Abends, während Devizé von den Koketterien der Hofdamen abgelenkt war, den Notenblättern des Freundes jenes schöne Rondo mit dem merkwürdigen Titel und dachte: Ich werde es ihm beim nächsten Mal zurückgeben.

Unter dem Eindruck jener himmlischen Musik und des Rätsels, das vor meinen Augen entstand, verschlang ich die ganze Erzählung erneut und notierte mir dabei in einem Heft genau alle zu verifizierenden Stellen und Umstände. Ich wusste, dass ich nur auf diese Weise die Schatten des Zweifels aus meinem Herzen vertreiben konnte: War jene komische Geschichte nur eine geschickte Erfindung, die durch Manipulation der Wahrheit Unwahrheit verbreitete?

Die vor Ihnen liegenden Seiten enthalten das vollständige Ergebnis meiner Recherchen in den folgenden drei Jahren. Ich schicke voraus, falls Sie davon Gebrauch machen wollen, dass ich von allen zitierten Dokumenten und Büchern fotostatische Reproduktionen aufbewahre.

Vor allem eine Frage brannte mir auf den Nägeln, denn ihre Beantwortung konnte die Heiligsprechung des seligen Innozenz Odescalchi zu einer Katastrophe werden lassen. Sie betraf Dulcibenis großes Geheimnis und den wahren Grund all seiner Mordpläne: War Innozenz XI. wirklich der Komplize von Wilhelm von Oranien?

Der Hausbursche deutet dies leider erst auf den letzten Seiten an, als sich das Rätsel Dulcibenis löst. Meine beiden Freunde hatten auch darauf verzichtet, diese Geschichte aus eigener Initiative durch entsprechende Hinweise zu ergänzen. Warum, so fragte ich mich mit äußerster Verwunderung, hatten zwei so neugierige Journalisten nichts Derartiges getan? Vielleicht, so vermutete ich hoffnungsfroh, hatten sie nichts gegen den großen Odescalchi herausfinden können.

Meine Pflicht blieb es jedenfalls, weiter nachzuforschen und schwarz auf weiß alle Schatten und Verleumdungen zu zerstreuen, die das Bild des Seligen hätten verdunkeln können. Deshalb las ich mir noch einmal durch, was Pompeo Dulcibeni dem Hausburschen am Ende des Buches enthüllt.

Die Kredite, die Wilhelm vom Papst erhielt, waren nach den Worten des Jansenisten durch den persönlichen Besitz des Oraniers abgesichert. Wo aber lag dieser Besitz? Ich erkannte, dass ich keine Ahnung hatte, wo das Fürstentum Wilhelms lag. Vielleicht in Holland? Ich nahm einen Geschichtsatlas zur Hand, und als ich Oranien endlich gefunden hatte, konnte ich meine Überraschung nicht verbergen.

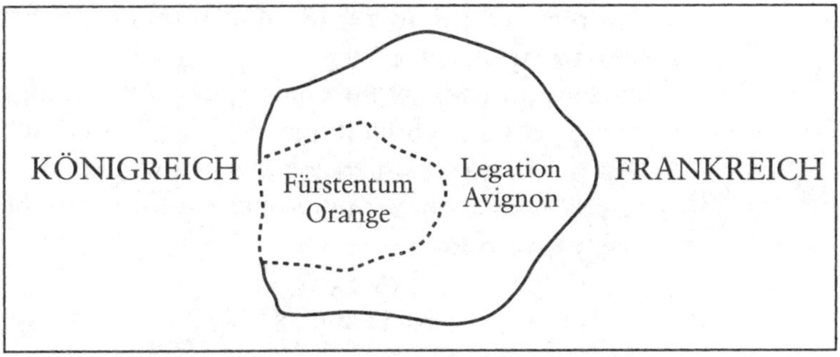

Das Fürstentum Orange, von dem sich der Name herleitet, lag im Süden Frankreichs mitten in der Legation Avignon, die seit dem Mittelalter zum Kirchenstaat gehörte. Die Legation Avignon ihrerseits war umgeben von Frankreich. Eine bizarre Situation: Das Fürstentum Orange war umgeben vom Land des katholischen Gegners, der seinerseits von einem weiteren Gegner eingeschlossen war: von Ludwig XIV., dem großen Widersacher Innozenz' XI.

Avignon also, dort, oder besser in den Quellen zu Avignon, musste man weitersuchen. Ich verschaffte mir deshalb eine Sondererlaubnis zum Besuch des vatikanischen Geheimarchivs und verbrachte dort einige Wochen. Ich wusste bereits, wo ich suchen musste: in dem zwischen Rom und Avignon geführten Schriftwechsel der Diplomatie und der Verwaltung. Ich durchstöberte Berge von Briefen in der Hoffnung, irgendeinen Hinweis auf Orange, Oranien, Wilhelm und Kredite zu finden. Tagelang fand ich gar nichts und wollte schon fast das Handtuch werfen, als ich in einem völlig uninteressanten Packen Briefe auf drei lose Hefte stieß. Sie gingen auf die letzten Monate des Jahres 1689 zurück, kurz nach dem Tod von Innozenz XI. Der neue Papst Alexander VIII. aus dem Hause Ottoboni hatte gerade den Stuhl Petri bestiegen. Leider war der Inhalt der drei Hefte nur für Eingeweihte lesbar:

22 76 18 11 97 46 98 64 48 36
71 37 81 18 73 67 14 38 69
2610 48 46 31 22 14 76
39 0 71 48 76 98 13 48 76
39 37 71 44 22 41 67 14
0 22 34 13 83 78 89 5
77 44 0 64 0 39 93 0 11
48 97 84 34 48 11 76 0
2499 0 55 0 71 11 37 18 16
34 73 39 0 29 22 76 18
22 97 97 37 98 38 2575
5 36 14 34 076 13 84 18
79 69 2347 94 18 22 19
19 14 78 2316 97 48 94
36 34 37 14 18 71 71 73
18 22 97 46 39 37 46
88 48 71 19 34 37 76 16 37
19 0 38 46 18 13 13 48 39
93 0 34 94 20 97 10 92 76

37 14 38 69 2610 555
48 2336 0 55 64 0 16
37 71 73 39 0 16 55 58 16
39 14 19 15 18 81 0 34 31
22 18 16 73 34 48 79 71 …

Und so ging es zwölf Seiten lang weiter, vierundzwanzig Zahlenkolonnen wie die hier wiedergegebene. Es handelte sich um einen chiffrierten Brief, und auf den ersten Blick hatte ich keine Hoffnung, ihn entschlüsseln zu können.

Glücklicherweise aber war die Chiffrierung diejenige, die die vatikanische Kanzlei in jener Zeit üblicherweise verwendete. Ich verglich die Nachricht deshalb mit anderen bereits dechiffrierten Briefen und konnte von daher den Text provisorisch entschlüsseln:

EINSEHRERGEBENERUNTERTANDESHEILIGEN-STUHLESUNDSEHRANGESEHENERGENTILHOM-MEAUSAVIGNONHATMIREINENBRIEFZUKOMMEN-LASSENDENEREMPFANGENHATVONEINEMUNTER-TANENDESFÜRSTENVONORANIEN …

Ich brauchte zwei Tage, um eine korrekte und lesbare Version des Textes zu erstellen, wobei ich allerdings einige unentschlüsselbare Worte in Zahlen stehen lassen musste, die aber glücklicherweise zum Verständnis des Textes entbehrlich waren. Das Ganze war ein Brief von Monsignore Cenci, dem Vizelegaten des Papstes in Avignon, der über merkwürdige Verhandlungen nach Rom berichtete.

Ein sehr ergebener Untertan des Heiligen Stuhles und sehr angesehener Edelmann aus Avignon hat mir einen Brief zukommen lassen, den er empfangen hat von einem Untertanen des Fürsten von Orange, demgemäß ein großes Verlangen der Untertanen jenes Fürstentums besteht, sich der Herrschaft des Heiligen Stuhles zu unterwerfen …
Wenn er mit mir über diesen Handel sprechen wird, werde ich alles berichten, was er mir sagen wird, und ich werde

weder annehmen noch den 2657 entfernen. Es scheint, dass am Konsens der Oranier nicht zu zweifeln ist …
Mein Amt hat mich verpflichtet, Mitteilung zu machen über alles, was ich von diesem außerordentlich wichtigen Handel weiß. Das anliegende Blatt enthält eine Kopie des Briefes, von dem oben die Rede war, der sich an Signor Salvador, den Auditor der Rota in Avignon richtet, von Signor Beaucastel, gentilhomme aus Courteson …

Folgendes war geschehen: Monsieur de Beaucastel, ein Edelmann aus dem Städtchen Courthézon, Untertan des Fürsten von Orange, hatte sich zunächst an einen Priester in Avignon gewandt, an den Auditor der Rota Paolo de Salvador und dann an den stellvertretenden Legaten Cenci. Beaucastel hatte einen gelinde gesagt überraschenden Vorschlag zu unterbreiten: Das Fürstentum Orange wollte sich dem Papst anbieten. Ich war vollkommen verblüfft: Warum wollten die Untertanen Wilhelms von Oranien, die zudem in der Mehrzahl Protestanten waren, unter die Herrschaft des Papstes kommen? Und wie konnten sie so sicher sein, dass Wilhelm zustimmen würde?

Bei der weiteren Suche in dem Briefwechsel zwischen Rom und Avignon fand ich noch andere Briefe von Cenci und dem Staatssekretariat des Vatikans, ja sogar den ursprünglichen Brief von Beaucastel an Salvador. Den wenigen chiffrierten Briefen lag jeweils die dechiffrierte Fassung bei. Ich stellte jedoch zu meiner Überraschung fest, dass ausgerechnet der erste und wichtigste, den ich entschlüsselt hatte, ohne die dechiffrierte Fassung war, als ob sie angesichts des schwerwiegenden Inhalts irgendjemand hätte verschwinden lassen … Darüber hinaus fand sich das Schreiben nicht an der richtigen Stelle, es war fern von dem Stoß mit den dazugehörigen Briefen eingeordnet.

Trotz dieser Schwierigkeiten gelang es mir schließlich, eine außergewöhnliche Geschichte zu rekonstruieren, die kein Historiker bisher ans Licht gebracht hat.

Der Grund für den Wunsch der Bewohner des Fürstentums Orange, sich der Herrschaft des Papstes zu unterwerfen, war ebenso einfach wie erschütternd: Wilhelm von Oranien war bei

Innozenz XI. hoch verschuldet. Die Untertanen des Oraniers hatten für den Papst bereits tief in die Tasche greifen müssen und waren zu dem Schluss gekommen, sie könnten ihre Probleme am besten dadurch lösen, dass sie sich dem Kirchenstaat direkt zur Annexion anboten. »Hier in diesem Reich«, schrieb Monsignore Cenci, »ist die Meinung weit verbreitet, der Fürst von Orange werde dem Vatikan große Beträge nicht zurückzahlen können und denke, ihm stattdessen einfach einen Staat zu überantworten, der ihm selbst ohnehin wenig einbringt.«

Genau aus diesem Grund waren nicht alle Untertanen des Oraniers einverstanden: »In der Vergangenheit haben wir der Kirche schon zu viel Geld gegeben!«, protestierte Monsieur de Saint Clément, der ehemalige Schatzmeister des Fürstentums.

In Rom wurde der Vorschlag Beaucastels jedenfalls kategorisch abgelehnt. Der vatikanische Staatssekretär, Kardinal Rubini, und der Neffe des neuen Papstes, Kardinal Ottoboni, befahlen Cenci, das peinliche Anerbieten zurückzuweisen. Anders konnte es auch gar nicht sein: Der neue Papst wusste rein gar nichts von derartigen Schulden. Zudem sei es unmöglich – schrieb Kardinal Rubini an Cenci –, dass der ruhmreiche Papst aus der Familie Odescalchi einem ketzerischen Fürsten Geld geliehen habe ...

Ich war erschüttert. Die im Geheimarchiv des Vatikans aufgefundenen Briefe bestätigten, was Dulcibeni dem Hausburschen enthüllt hatte: Wilhelm von Oranien war von Innozenz XI. finanziert worden. Darüber hinaus sollte der Fürst von Oranien, falls er seine Schulden nicht zurückzahlen konnte, mit seinem persönlichen Besitz haften. Ja, die Schuld war so groß geworden, dass die Untertanen seines Fürstentums auf die Idee gekommen waren, sich dem Papst aus freien Stücken zu unterwerfen!

Damit konnte ich mich freilich nicht zufrieden geben. Ich musste eine Bestätigung für die Aussagen der Untertanen des Oraniers finden und mich deshalb über Wilhelm informieren:

Woher nahm er das Geld für seine kriegerischen Unternehmungen? Wer hatte die Landung in England finanziert?

Die Werke über die *Glorious Revolution*, wie der Staatsstreich des Fürsten von Oranien, mit dem er sich des englischen Throns bemächtigte, heute genannt wird, wiederholen immer dieselbe Leier: Wilhelm war gut, Wilhelm war stark, Wilhelm war so idealistisch und uneigennützig, dass er eigentlich gar nicht König werden wollte!

Nach der Darstellung der Historiker scheint der stolze Wilhelm von Luft gelebt zu haben, aber wer verschaffte ihm die notwendigen Mittel dazu, dass er seit seiner Jugend gegen die Armeen Ludwigs XIV. kämpfen und sie besiegen konnte? Jemand muss ihm wohl Geld gegeben haben für den Proviant, für die Söldner (die zu jener Zeit die Masse der Truppen bildeten), für die Kanonen und für ein paar Generäle, die diesen Namen verdienten.

Alle in die Kriege verstrickten Herrscher Europas waren beständig auf der Suche nach Finanzquellen. Doch der Fürst von Orange hatte einen Vorteil: Wenn es im 17. Jahrhundert eine Stadt gab, in der Geld im Umlauf war, viel Geld, dann war es Amsterdam, wo nicht zufällig das Bankenwesen jüdischer Geldverleiher aufblühte. Die Hauptstadt der Vereinigten Niederlande war der reichste Finanzplatz Europas, genau wie es Cloridia und nach ihr andere Personen in dem Manuskript dem Hausburschen des Donzello erzählten.

Ich zog einige gute Bücher über Wirtschaftsgeschichte zu Rate und entdeckte, dass zur Zeit Wilhelms von Oranien ein großer Teil der Amsterdamer Geschäftsleute aus Italien stammte. In der Stadt wimmelte es nur so von Namen wie Tensini, Verrazzano, Balbi, Quingetti und von den Burlamacchi und Calandrini, die ursprünglich in Antwerpen waren (Namen, die dem Hausburschen fast alle von Cloridia und dann von Cristofano genannt werden). Diese Italiener kamen aus Genua, Florenz, Venedig, sie waren Kaufleute und Bankiers, einige auch Abgesandte der Fürsten und Republiken Italiens. Einige besonders Geschäftstüchtige hatten es sogar geschafft, Zugang zum engen Kreis der Amsterdamer Aristokratie zu erhalten. Andere, wie Francesco Feroni, waren fest im profitträchtigen, aber gefährlichen Sklavenhandel etabliert.

Das interessanteste Beispiel bot jedoch die Familie Bartolotti aus Bologna, deren Mitglieder zunächst als einfache Bierbrauer angefangen hatten, dann Kaufleute und schließlich steinreiche Bankiers wurden. Sie heirateten in eine holländische Familie ein und verloren ihre italienischen Wurzeln fast vollständig. Diese protestantischen Bartolotti waren im Laufe weniger Jahrzehnte so wohlhabend geworden, dass sie das Haus Oranien finanzieren konnten und zuerst den Großvater und dann Wilhelm selbst mit großen Summen versorgten. Die Darlehen waren mitunter durch Hypotheken auf Landbesitz in Holland und Deutschland abgesichert.

Geld gegen Landbesitz: Nach der Darstellung Dulcibenis hatten die Odescalchi einen solchen Vertrag mit dem Haus Oranien geschlossen. Eine interessante Übereinstimmung.

Dieses Wissen über die italienischen Kaufleute und die Finanziers des Hauses Oranien reichte mir zunächst aus. Nun musste ich mich den Odescalchi zuwenden und ihre Papiere sprechen lassen.

Ich verbrachte viele Monate, ich weiß nicht einmal, wie viele, im Archiv des Palazzo Odescalchi und im römischen Staatsarchiv, unterstützt nur von einem jungen Mitarbeiter. Den ganzen Tag über die Quellen gebeugt, litten wir beide unter der Kälte und dem Staub, während wir alle Quellen zu Innozenz sichteten, um etwas zu finden, das zu Wilhelm von Oranien führen könnte: Briefe, Verträge, Verfügungen, Berichte, Memoranden, Journale, Hauptbücher. Vergeblich.

Seit dem Beginn meiner Untersuchungsarbeit war viel Zeit verstrichen, ich hatte das Gefühl, nicht mehr vom Fleck zu kommen, und dachte schon daran aufzugeben. Bis ich mir die Frage stellte, was genau Dulcibeni gesagt hatte. Das Geld kam aus Venedig. In Venedig gab es eine Geschäftsfiliale der Odescalchi: Von dort aus musste ich mir den Weg bahnen.

Dem Testament Carlo Odescalchis, des älteren Bruders von Benedetto, entnahm ich, dass der Familienbesitz der beiden immer »gemeinsam und ungeteilt« geblieben war: Was also dem einen gehörte, gehörte auch dem anderen. Deshalb erschien der Papst in seinen Dokumenten als fast arm: Nur aus den Papieren des Bruders ließ sich ersehen, was Benedetto wirklich besaß.

Carlo Odescalchi war mithin der Mittelpunkt der Geschäftstätigkeit der Familie: Er verwaltete die ausgedehnten Ländereien der Odescalchi in der Lombardei; außerdem leitete er von Mailand aus die Filiale in Venedig, wo zwei Bevollmächtigte für ihn arbeiteten. Also ging ich auf die Suche nach den beiden Inventarbüchern, die in Carlos Testament erwähnt waren. Dadurch hätte sich das Problem lösen lassen: Wenn es eine Liste der Schuldner gab, müsste darin auch Wilhelm von Oranien verzeichnet sein. Doch von dem Inventarbuch war merkwürdigerweise keine Spur zu finden.

Daraufhin sah ich die privaten Hauptbücher Carlos durch, und dort wurde ich endlich fündig. In den dicken, ledergebundenen Bänden, die vom Bruder des seligen Innozenz bis zu seinem Tod geführt wurden und die heute im römischen Staatsarchiv aufbewahrt sind, waren riesige Geschäfte und Finanztransaktionen verzeichnet: Millionen und Abermillionen von Scudi. Ein kleiner Teil betraf Handelstransaktionen, das Einziehen von Abgaben und Pachteinnahmen. Dann kam der Teil, der mich interessierte: Hunderte von Finanzoperationen, meistenteils von Venedig aus über die Bevollmächtigten Cernezzi und Rezzonico, die dafür entsprechende Provisionen erhielten. Ich fühlte, wie mir das Blut heftig in den Schläfen pochte, als ich sah, dass die meisten Zahlungen nach Holland geflossen waren.

Der Sache auf den Grund zu gehen war von da an nicht mehr schwierig. Zwischen 1660 und 1671 hatte Carlo Odescalchi einen Gesamtbetrag von 153 000 Scudi in Einzelsummen verschiedener Währungen von Venedig nach Holland überwiesen: Das entspricht fast genau dem ungeheuren jährlichen Defizit des Kirchenstaates (173 000 Scudi) zum Zeitpunkt der Wahl Benedettos zum Papst.

Ungefähr in der Zeit zwischen 1660 und 1669 schickten die Odescalchi mehr als 22 000 Scudi an Jan Deutz, den Gründer und Eigentümer einer der größten holländischen Banken. Die Familie Deutz war im wahrsten Sinne des Wortes ein Stück Holland, nicht nur wegen des Umfangs ihres angehäuften Reichtums, sondern auch wegen der Regierungsämter, die Mitglieder der Familie auf verschiedenen Ebenen bekleideten und wegen der engen verwandtschaftlichen Beziehungen, durch die sie mit den Spitzen der herrschenden Schichten in Holland verbunden waren. Ein Schwager von Jan Deutz war der Generalstatthalter Jan de Witt, Lehrer und Mentor des jungen Wilhelm III. Der Sohn und Geschäftspartner des Bankiers, Jan Deutz der Jüngere, gehörte von 1692 bis 1719 dem Rat der Stadt Amsterdam an; die Töchter der Familie Deutz waren mit Bürgermeistern, Generälen, holländischen Kaufleuten und Bankiers verheiratet.

Das war nur der Anfang. Von Juni bis Dezember 1669 überwiesen die Odescalchi 6000 Scudi an eine Gesellschaft, an der Guglielmo Bartolotti beteiligt war: einer der Geldgeber Wilhelms von Oranien. Das war der entscheidende Beweis: Die Odescalchi überwiesen Geld an die Bartolotti, die es ihrerseits Wilhelm liehen, das heißt, das Geld floss aus den Kassen des künftigen Papstes letztendlich in die des Hauses Oranien.

Je mehr ich klopfte, desto mehr Türen gingen auf. Die Bevollmächtigten der Odescalchi in Venedig hatten von November 1660 bis Oktober 1665 weitere 22 000 Scudi an einen gewissen Jean de Neufville überwiesen, der alles andere als eine Randfigur im Umkreis Wilhelms war: Seine Tochter Barbara heiratete Hiob de Wildt, zuerst Sekretär des Admirals der Stadt Amsterdam und dann auf persönlichen Wunsch Wilhelms zum Großadmiral ernannt. Die Familie de Wildt war im Übrigen schon immer eng mit dem Haus Oranien verbunden: Hiobs Großvater, Gillis de Wildt, war von Prinz Moritz von Oranien zum Ratsmitglied der Stadt Haarlem ernannt worden. Hiob de Wildt dagegen nahm die Darlehen für den Einfall in England im Jahre 1688 in Empfang und fungierte dann, als Wilhelm den englischen Thron bestiegen hatte, als dessen persönlicher Repräsentant in Holland.

Schließlich ließen die Bevollmächtigten der Odescalchi im Jahre 1665 auch noch Daniel und Jan Baptist Hochepied eine kleine Summe zukommen, von denen der Erstere im Rat der Stadt Amsterdam saß und außerdem der Vereinigten Ostindischen Kompanie vorstand, dem Herzstück von Handel und Finanzen des ketzerischen, protestantischen Holland.

Es war also wahr. Dulcibeni hatte nichts erfunden: Die Odescalchi hatten genau die Holländer heimlich finanziert, die der Jansenist dem Hausburschen später nannte. Auch ein wichtiges Detail stimmte mit dieser Darstellung überein: Um keine Spuren zu hinterlassen, wurden die Summen unter den Namen der venezianischen Bevollmächtigten der Odescalchi, Cernezzi und Rezzonico, an Freunde des Hauses Oranien überwiesen. An manchen Stellen notierte Carlo Odescalchi in den Hauptbüchern, dass die eine oder andere Operation im Namen von Cernezzi oder Rezzonico ausgeführt werden sollte, die Gelder aber stammten von ihm. Und daher auch von seinem Bruder.

Schließlich fand ich sogar die Summen für den Sklavenhändler Francesco Feroni: 24 000 Scudi in zehn Jahren, von 1661 bis 1671. Wer weiß, wie viel diese Darlehen eingebracht haben, jedenfalls dürften sie das Motiv dafür sein, dass die Odescalchi der Forderung Feronis auf Herausgabe von Dulcibenis Tochter nachkamen.

Nicht nur das: Die Odescalchi waren auch Gläubiger der Familie Grillo und Lomellini aus Genua, die als Inhaber des Sklavenhandelsmonopols der spanischen Krone Freunde und ebenfalls Geldgeber Feronis waren.

Ich habe nachgerechnet, wie viele Tausend Scudi jährlich von den Odescalchi nach Holland überwiesen worden sind, und daraus eine Grafik erstellt.

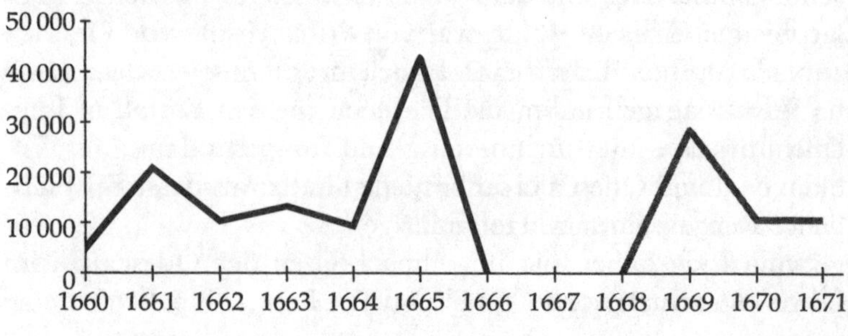

Diese Summen dienten ganz sicher der Finanzierung der Kriege. Was die Daten bestätigen: Im Jahr 1665 beispielsweise, als die Transfers mit 43 964 Scudi ihren Höhepunkt erreichten, begann Holland den Krieg gegen England.

Meine Forschungsarbeit wäre wesentlich erleichtert worden, wenn ich die Hauptbücher von Carlo Odescalchi mit seiner Geschäftskorrespondenz hätte vergleichen können. Merkwürdigerweise aber sind die Briefe der Jahre 1650 bis 1680, aus denen die Namen der holländischen Schuldner hätten hervorgehen müssen, unauffindbar: Weder im Staatsarchiv in Rom noch im Archiv des Palazzo Odescalchi, den beiden einzigen Orten, an denen man Papiere der Familie einsehen kann, sind sie verzeichnet.

Es ist freilich nicht das erste Mal, dass in dieser Angelegenheit Dinge auf seltsame Weise verschwunden sind. Ludwig XIV. bezahlte in Rom einen hochrangigen Spion: Kardinal Alderano Cybo, den engsten Mitarbeiter von Innozenz XI. Cybo hat den Franzosen eine äußerst wertvolle Information zugespielt: Der Staatssekretär des Vatikans, Lorenzo Casoni, stehe in heimlichem Kontakt mit dem Prinzen von Oranien.

Ob wahr oder falsch, lässt sich nicht mehr feststellen, denn die Bände mit der Korrespondenz Casonis wurden Ende des 18. Jahrhunderts von unbekannter Hand entwendet.

Auch die traurigsten und verstörendsten Details des Manuskripts meiner beiden alten Freunde haben sich als wahr erwiesen. Anfangs hielt ich es für unmöglich, dass Innozenz XI. und seine Familie über Cloridia wie über eine Sache verfügten und sie wie gemeine Sklavenhändler Feroni überließen.

Nachdem ich jedoch einige gut recherchierte Texte gelesen hatte, musste ich meine Meinung revidieren. Die Familie Odescalchi besaß wie viele andere adelige Familien für gewöhnlich Sklaven. Livio Odescalchi, der Neffe des Papstes, war beispielsweise Besitzer eines fünfzehnjährigen Alí aus Smyrna. Der selige Innozenz XI. hatte Selim, einen neunjährigen Mohren. Das aber war nicht alles.

Im Jahre 1887 veröffentlichte der renommierte Archivar Giuseppe Bertolotti in einer wenig bekannten Fachzeitschrift über das Gefängniswesen, der »Rivista di disciplina carceraria« eine gründliche Untersuchung über die Sklaverei im Kirchenstaat. Daraus ergab sich ein überraschendes Bild des seligen Innozenz, wie man es in keiner seiner Biographien finden kann.

Alle Päpste, bis weit über die Zeit der Gegenreformation hinaus, verfügten über gekaufte oder kriegsgefangene Sklaven, die entweder als Ruderer auf den päpstlichen Galeeren eingesetzt wurden oder aber dem Papst privat zu Diensten waren. Die von Innozenz XI. unterzeichneten Schreiben in Sklavenangelegenheiten bezeichnet Bertolotti als die bei weitem grausamsten, und er empfindet gegenüber diesen vom Papst persönlich firmierten »Kaufverträgen über Menschenfleisch nach Art von Sklavenhändlern« tiefe Abscheu.

Nach Jahren unmenschlicher Qualen baten diese Zwangsarbeiter, wenn sie für ihre Fron untauglich waren, um ihre Freilassung. Als Gegenleistung verlangte Papst Odescalchi die jämmerlichen Ersparnisse, die die Unglücklichen Jahr für Jahr zusammengekratzt hatten. So muss Salem Alí aus Alexandria, der ein Augenleiden hat und vom Arzt für arbeitsunfähig erklärt worden ist, für die Befreiung vom Galeerendienst 200 Scudi in die päpstlichen Kassen zahlen. Alí Mustafa aus Konstantinopel, der für 50 Scudi von den Malteser Galeeren gekauft worden war und wegen »Beschwerden durch Unterleibsschmerzen und Ischias« seine Aufgaben nicht mehr erfüllen kann, soll dem vatikanischen Arzt 300 Scudi übergeben. Mamut Abdì aus Tokad, der von seinen sechzig Lebensjahren zweiundzwanzig als Sklave verbracht hat, muss 100 Scudi zahlen. Ibrahim Amur aus Konstantinopel erkauft sich die Freiheit für 200 Scudi. Der fünfundsechzigjährige kranke Mamut Amurat vom Schwarzen Meer kann dagegen nur 80 Scudi bieten.

Wer kein Geld hatte, den ließ man warten, bis der Tod das Problem löste. Bis dahin warf man den Betroffenen in den Kerker, wo die Ärzte von Mühsal, Entbehrungen, schrecklichen Geschwüren und jahrzehntealten Verletzungen geschundene Körper in Empfang nahmen.

Erschüttert von dieser Entdeckung, suchte ich nach den von Bertolotti benutzten Quellen, die dieser als »leicht zugänglich« bezeichnet. Nichts zu machen: Auch diese sind verschwunden.

Die Akten hätten sich im römischen Staatsarchiv unter den *Acta Diversorum* des Kämmerers und des Schatzmeisters des Apostolischen Stuhls für das Jahr 1678 befinden müssen. Die Bände des Kämmerers sind bis zum Jahr 1677 und dann ab 1679 vorhanden: Es fehlt genau das Jahr 1678 und nur das.

Die Akten des Schatzmeisters aus den Jahren 1676 bis 1683 sind in einem Band zusammengefasst, aber auch hier findet sich keine Spur von 1678.

Nannte nicht die Weissagung des Malachias Innozenz XI. *belua insatiabilis*, ein unersättliches Raubtier?

Nachdem ich monatelang hustend im Staub der handschriftlichen Quellen des siebzehnten Jahrhunderts gewühlt hatte, nahm ich das gedruckte *Epistolario Innocenziano* zur Hand: Hundertsechsunddreißig Briefe, die Benedetto Odescalchi im Laufe von zwanzig Jahren an seinen Neffen, den Mailänder Senator Antonio Maria Erba, geschrieben hat. Der sorgfältige Herausgeber des Briefwechsels, der aus Como stammende Pietro Gini, muss aus lauter ehrfürchtiger Begeisterung vollkommen übersehen haben, was er da der Druckerpresse überantwortete.

Es handelt sich nur um Privatbriefe, aber gerade aus diesem Briefwechsel mit Freunden und Verwandten gehen der Charakter dieses Mannes und sein Verhältnis zum Geld eindeutig hervor. Katasterverfügungen und Grundbesitzangelegenheiten, Erbschaften, Geldanlagen, Entschädigungsprozesse, einzutreibende Summen, Pfändung von Schuldnern. Jeder Satz, jede Zeile, jede Bemerkung ist vergiftet vom unablässigen Gedanken an Geld. Abgesehen von wenigen anderen Nachrichten über Familienstreitigkeiten und den Gesundheitszustand von Verwandten ist in der Privatkorrespondenz von Innozenz von nichts anderem die Rede.

Zahlreich dagegen finden sich Ratschläge, wie man sein Vermögen zusammenhält oder Schulden eintreiben kann. In einem Brief vom September 1680 denkt der Papst darüber nach, dass es besser sei, nie etwas mit den Gerichten zu tun zu haben, aber wenn man sein Geld zurückhaben wolle, müsse man als Erstes Anklage erheben: Für einen Kompromiss bleibe immer noch Zeit.

Selbst der engste Kreis der Vertrauten des Papstes scheint seine Haltung mit Verwunderung betrachtet zu haben. Eine handschriftliche Bemerkung des Neffen Livio um 1676: Man müsse »irgendeinen Mitarbeiter für die Geschäftskorrespondenz finden, denn wenn der Papst weiterhin alles allein und mit eigener Hand macht, wird seine Gesundheit es nicht verkraften«.

Die Obsession für das Geld frisst ihn sogar körperlich auf.

Lieber Alessio, jetzt weiß ich also Bescheid. Vor meinen Augen haben sich die Erinnerungen des Hausburschen aus der Locanda Tag für Tag als wahrhaftig herausgestellt. Alles, was Dulcibeni dem Hausburschen am Ende enthüllte und das Motiv für seinen versuchten Mordanschlag auf Innozenz XI. bildete, entsprach der Wirklichkeit.

Der selige Innozenz hatte mit den ketzerischen Protestanten unter einer Decke gesteckt und damit der katholischen Kirche geschadet; er hatte zugelassen, dass Wilhelm von Oranien die englische Krone eroberte, einzig und allein, um seine Außenstände eintreiben zu können.

Papst Innozenz finanzierte außerdem die Sklavenhändler, verzichtete nicht darauf, persönlich Sklaven zu besitzen, und behandelte alte und todkranke mit blutrünstiger Grausamkeit.

Er war ein geiziger und habgieriger Mann, unfähig, sich über materielle Überlegungen zu erheben, besessen vom Gedanken an Gewinn und Geld.

Die Gestalt und das Werk Innozenz' XI. sind demnach völlig zu Unrecht gefeiert und erhöht worden, mit falschen, irreführenden oder parteilichen Argumenten. Beweismaterial wurde vernichtet: Das Besitzinventar im Testament von Carlo Odescalchi, die Geschäftskorrespondenz im Archiv der Familie aus den Jahren 1650 bis 1680, der Briefwechsel des vatikanischen Staatssekretärs Casoni, die bei Bertolotti zitierten eigenhändigen Schreiben über die Sklaven und andere Papiere, deren zumeist unerklärliches Verschwinden aus den Archiven ich im Anhang aufzeige.

Am Ende triumphierte also die Lüge, und der Geldgeber der Ketzer wurde Retter der Christenheit genannt. Der habgierige Kaufmann wurde zum umsichtigen Verwalter und der sturköpfige Politiker ein prinzipientreuer Staatsmann; Rache verkleidete sich als Stolz, der Geizige wurde genügsam genannt, der Ignorant verwandelte sich in einen einfachen Menschen, das Böse nahm die Kleider des Guten, und dieses Letztere wurde, von allen verlassen, zu Erde, Staub, Rauch, Schatten, nichts.

Jetzt, endlich, verstehe ich vielleicht auch die Widmung meiner beiden Freunde: »Den Besiegten«. Besiegt wurde Fouquet: Colbert wurde Ruhm zuteil, ihm nur Schande. Besiegt wurde auch Pompeo Dulcibeni, weil er keine Gerechtigkeit erlangte: Seine Blutegel versagten. Auch Atto Melani war ein Besiegter: Er wurde vom Sonnenkönig gezwungen, seinen Freund Fouquet zu töten, und trotz unzähliger geschickter Versuche gelang es ihm nicht, Dulcibeni sein Geheimnis zu entlocken. Besiegt wurde auch der Hausbursche, der angesichts des Bösen, das er erlebte, seinen Glauben und seine Unschuld einbüßte: Statt Gazettenschreiber zu werden, flüchtete er sich in einfache und harte Feldarbeit. Auch seine so sorgfältig und mühevoll aufgezeichneten Erinnerungen waren umsonst, denn sie blieben jahrhundertelang vergessen und ungelesen.

Alles Bemühen der darin geschilderten Personen war somit vergeblich angesichts der bösen Macht der Ungerechtigkeit, die die Weltgeschichte beherrscht. Ihre Anstrengungen dienten vielleicht nur ihnen selbst dazu zu entdecken, was außer ihnen – und lange Zeit nach ihnen – niemand hatte wissen dürfen. Sie dienten vielleicht vor allem dazu, sie leiden zu lassen.

Wenn es sich um einen Roman handelt, so ist es der Roman der Vergeblichkeit.

Ich hoffe, Ihr werdet mir verzeihen, lieber Alessio, dass ich in diesen letzten Zeilen meinen Gefühlen freien Lauf ließ. Von meiner Seite habe ich getan, was ich tun konnte. Eines Tages werden Historiker die Dokumente in den Archiven aufspüren, die Quellen sorgsam prüfen, um die genauen Umstände in allen Einzelheiten zu klären.

Vorher jedoch gebührt es dem Heiligen Vater, und ihm allein, darüber zu urteilen, ob das Werk meiner Freunde veröffentlicht werden darf oder geheim gehalten werden muss. Eine Publikation würde weit reichende Konsequenzen haben, die nicht nur die römisch-katholische Kirche betreffen. Wie könnte es den Oraniern in Großbritannien dann noch möglich sein, stolz und herausfordernd durch die Straßen von London und Belfast zu marschieren, um alljährlich am 12. Juli der Schlacht am Fluss Boyne zu gedenken, in der Wilhelm von Oranien die katholischen Kräfte endgültig besiegte? Welchen Sinn würde ihre Feier der protestantischen Schlagkraft haben, wenn sie wüssten, dass sie diese einem Papst verdanken?

Wenn die alten Weissagungen nicht lügen, wird der Heilige Vater jetzt die gerechteste und erleuchtetste Entscheidung treffen. Nach den Prophezeiungen des Heiligen Malachias, an die Pater Robleda erinnert hatte, wird unser geliebter und langlebiger Pontifex der letzte und heiligste sein: *De gloria olivae* wird er dort genannt.

Ich weiß, dass die dem Malachias zugeschriebene Reihe der Päpste seit langem als Fälschung des 15. Jahrhunderts angesehen wird, die nicht aus dem Mittelalter stammen kann. Kein Wissenschaftler konnte jedoch bisher erklären, wie darin die Namen der Päpste bis auf die heutige Zeit richtig angegeben sein konnten.

Die Aufzählung sagt uns, dass die Zeit zu Ende geht: *Fides intrepida* (Pius XI.), *Pastor angelicus* (Pius XII.), *Pastor et nauta* (Johannes XXIII.), *Flos florum* (Paul VI.), *De medietate lunae* (Johannes Paul I.), *De labore solis* (Johannes Paul II.) und als Letzter *De gloria olivae*: Alle 111 Päpste der Prophezeiung haben inzwischen den Stuhl des Heiligen Petrus bestiegen. Der jetzige Heilige Vater wird deshalb vielleicht die Rückkehr Petri auf die Erde vorbereiten, auf dass jedermann gerichtet und jedes Unrecht gesühnt wird.

Cloridia hatte dem Burschen gesagt, sie sei von Zahlen und dem Tarot geleitet nach Rom gekommen: Das *Arcanum*-Gericht verlangte die »Wiedergutmachung erlittenen Unrechts« und »ein gerechtes Urteil der Nachwelt«. Wenn die Weissagungen Malachias' wahr sind, ist die Zeit gekommen.

Schon allzu oft wurde die geschichtliche Wahrheit beleidigt, verraten und verstümmelt. Wenn man jetzt nicht einschreitet, wenn man jetzt nicht mit lauter Stimme die Wahrheit sagt, wenn jetzt nicht das Werk meiner beiden Freunde veröffentlicht wird, verschwinden womöglich weiterhin Beweise: Dann werden die Briefe von Beaucastel und Monsignore Cenci nicht mehr auffindbar sein, weil sie irrtümlicherweise im falschen Faszikel gelandet sind, und auch nicht die Hauptbücher von Carlo Odescalchi wie vor ihnen viele andere Dokumente.

Ich weiß, lieber Alessio, wie gern Sie Termine einhalten, die Ihnen Ihr Amt auferlegt. Genau aus diesem Grund vertraue ich darauf, dass Sie diese Papiere mit größter Eile dem Heiligen Vater vorlegen, damit er entscheiden kann, ob er im äußersten Fall, aber doch noch rechtzeitig ein *imprimatur* anordnen will.

Anmerkungen

Die Locanda

Die Locanda del Donzello hat es wirklich gegeben. Ich konnte ihre Lage anhand der *Status animarum* (der alljährlich an Ostern in den römischen Pfarreien durchgeführten Erhebungen) in der ehemaligen Pfarrei von Santa Maria in Posterula, der kleinen Kirche nahe der Locanda, genau verifizieren. Im 19. Jahrhundert wurden die Kirche und die gleichnamige Piazzetta der Errichtung von Uferbefestigungen des Tiber geopfert; die Jahr für Jahr von den Priestern von Santa Maria in Posterula durchgeführten Gemeindezählungen sind im historischen Archiv des Vikariats von Rom aufbewahrt und einsehbar.

Das ehemalige Gasthaus war, wie es der Hausbursche beschreibt, in einem kleinen Palazzo aus dem 16. Jahrhundert am Anfang der Via dell' Orso dort untergebracht, wo sich heute die Hausnummern 87 und 88 befinden. Den Haupteingang bildet ein schönes, mit Bossenwerk umrahmtes Portal, daneben sieht man eine Tür mit Rundbogen, die 1683 in den Gastraum der Locanda führte und heute der Eingang zu einem Antiquariat ist. Das Gebäude wurde vor ein paar Jahrzehnten von einer Familie gekauft, die jetzt noch dort wohnt und einige Wohnungen im Haus vermietet.

Anhand des Grundbuchs konnte ich feststellen, dass das Haus in der Via dell'Orso von 1683 bis heute eine Reihe von baulichen Veränderungen erlebt, sein ursprüngliches Aussehen jedoch grundsätzlich bewahrt hat. Die Fenster im Erdgeschoss und im ersten Stock sind beispielsweise nicht mehr vergittert; das Dachgeschoss wurde als dritter Stock mit einer Dachterrasse ausgebaut. Die Fensterreihe auf die Gasse an der Ecke zur Via dell'Orso ist zugemauert, aber nach wie vor erkennbar. Das Türmchen, in dem Cloridia gewohnt hatte, wurde vergrößert, so dass es heute ein ganzes Stockwerk bildet. Auf den anderen Etagen sind nur die tragenden Wände erhalten geblieben, während die Zwischenwände im Laufe der Jahrhunderte mehrmals versetzt wurden. Nicht einmal die Kammer, von der aus die geheime Tür zu den unterirdischen Gängen führte, ist erhalten geblieben: An dieser Stelle sind in jüngster Zeit neue Wohnungen entstanden.

Die Locanda ist zu erkennen, als hätte die Zeit stillgestanden. Mit etwas Phantasie könnte man meinen, aus diesen alten Fenstern die Stimme Pellegrinos oder die entrüsteten Ausrufe von Pater Robleda zu vernehmen.

Auch andere Dokumente, die für meine Nachforschungen entscheidend waren, sind glücklicherweise nicht dem Zahn der Zeit zum Opfer gefallen. In den Beständen der Familie Orsini im historischen Archiv der Stadt Rom habe ich ein wertvolles Register der Gäste des Donzello bis zum Jahre 1682 gefunden. Der in grobes Pergament gebundene Band ist mit unsicherer Hand überschrieben: *Libro nel quale vi stà notato ciascheduno, che è venuto ad alloggiare alla Cammera Locanda della sig.ra Luigia de Grandis Bonetti all'Orso* (Buch, in dem jeder verzeichnet ist, der abgestiegen ist in einem Zimmer der Locanda der Signora Luigia de Grandis Bonetti an der Via dell'Orso). Eine handschriftliche Bemerkung in dem Buch bestätigt, dass die Locanda »Donzello« hieß.

Aus dem Gästeregister kann man viele überraschende Übereinstimmungen entnehmen. Nach der Erzählung des Hausburschen starb die Besitzerin des Donzello, Signora Luigia, an den Folgen eines Überfalls durch zwei Zigeuner.

Tatsächlich brechen die Aufzeichnungen am 20. Oktober 1682 unvermittelt ab, und wie es scheint, hatte Luigia Bonetti, die Eigentümerin der Locanda, um diese Zeit einen schweren Unfall: Man erfährt bis zum 29. November, ihrem Todestag (den ich in den Kirchenbüchern von Santa Maria in Posterula feststellen konnte), nichts mehr über sie.

Das ist aber nicht alles. Ich glaubte meinen Augen nicht zu trauen, als ich im Gästeregister der Locanda einige vertraute Namen las: Eduardus Bedfordi, achtundzwanzig Jahre, Engländer; Angelo Brenozzi, dreiundzwanzig Jahre, Venezianer; und schließlich Domenico Stilone Priàso, dreißig Jahre, Neapolitaner: alle zu Gast in der Locanda in der Zeit zwischen 1680 und 1681. Die drei jungen Leute waren also Menschen aus Fleisch und Blut und hatten schon zu Zeiten der Signora Luigia in der Locanda gewohnt, noch bevor der Hausbursche dort auftauchte.

Deshalb habe ich auch nach Spuren des Hausburschen gesucht, der leider in seinen Erinnerungen nie seinen wirklichen Namen erwähnt, und nach denen seines Padrone Pellegrino de Grandis.

Der Junge sagt, er sei von Pellegrino im Frühjahr 1683 aufgenommen worden, nachdem dieser mit seiner Frau und den beiden Töchtern aus Bologna gekommen sei und eine Zeit lang in der Nähe des Donzello gewohnt habe, »in Erwartung, dass einige vorübergehende Mieter des kleinen Palazzo auszögen«.

Tatsächlich stimmt all dies mit meinen Recherchen überein. In den *Status animarum* habe ich gefunden, dass der Palazzo der Locanda in jenem Frühjahr einige Familien als Mieter beherbergte; wenig später taucht zum ersten Mal ein gewisser Pellegrino de Grandis, ein Koch aus Bologna, mit seiner Frau Bona Candiotti und zwei Töchtern auf. Sie werden von einem zwanzigjährigen Hausburschen namens Francesco begleitet. Ob das wohl der zwergwüchsige Junge der Locanda war?

Ein Jahr später finden sich im Palazzo des Donzello wieder neue Mieter: Ein Zeichen dafür, dass die Einsturzschäden, von denen der Hausbursche am Ende der Erzählung berichtet, repariert waren, dass aber Pellegrino die Locanda nicht mehr betrieb. Weder von ihm noch von seinem jungen Helfer finden sich weitere Spuren.

Personen und Dokumente

Giovanni Tiracorda war einer der bekanntesten päpstlichen Leibärzte und behandelte Innozenz XI. mehrere Male. Nach meinen Recherchen (ebenfalls anhand der *Status animarum* von Santa Maria in Posterula) wohnte er mit seiner Frau Paradisa und drei Dienerinnen wirklich in der Via dell'Orso neben der Locanda del Donzello. Die Beschreibung des Arztes als jovial und rundlich, wie sie der Hausbursche gibt, entspricht genau der heute in der vatikanischen Bibliothek erhaltenen Karikatur von Pier Leone Ghezzi. Auch Bücher, Möbel, Einrichtungsgegenstände und der Grundriss des Hauses in der Darstellung des Hausburschen entsprechen bis in die kleinsten Details dem Besitzinventar im Testament des Arztes, das ich im römischen Staatsarchiv einsehen konnte.

Sogar der hysterische Charakter der Ehefrau Paradisa scheint der Wahrheit zu entsprechen. Im Archiv des Pio Sodalizio dei Piceni (Fromme Bruderschaft der Picener) in Rom sind die wenigen Papiere Tiracordas erhalten, die den Verwüstungen durch die in der ewigen Stadt stationierten napoleonischen Truppen entgangen sind. Unter den übrig gebliebenen Dokumenten befindet sich ein Band mit Akten aus den Prozessen, die nach dem Tod ihres Mannes gegen Paradisa angestrengt worden waren. Aus einigen Gutachten geht hervor, dass die Frau nicht mehr im Vollbesitz ihrer geistigen Kräfte war.

Zum Nachnamen Dulcibeni habe ich bei meinen zwei Besuchen in Fermo, der kleinen Stadt in den Marken, zahlreiche Hinweise gefunden; leider war jedoch keine Quelle aus dem 17. Jahrhundert darunter, die auf einen Mann mit Vornamen Pompeo hätte schließen lassen. In Neapel dagegen bin ich auf Beweise für die Existenz eines bedeutenden Jansenisten-Zirkels gestoßen, dem Dulcibeni angehört haben könnte.

Im Archiv der Medici in Florenz konnte ich fast die ganze Geschichte von Feroni und Huygens rekonstruieren: Nach seiner Rückkehr aus Holland in die Toskana wollte Francesco Feroni für seine Tochter Caterina eine Hochzeit mit einem Adeligen arrangieren. Das Mädchen war jedoch so unsterblich in den engsten Mitarbeiter seines Vaters, den aus Köln stammenden Anton Huygens, verliebt, dass sie »an dauerndem Fieber erkrankte, das fortan in Terzanfieber überging«. Dennoch arbeitete Huygens weiter für Feroni und leitete schließlich sogar eine Geschäftsfiliale in Livorno. Auch in diesem Punkt scheinen die Erinnerungen des Hausburschen der Wahrheit zu entsprechen.

Zu dem Arzt Cristofano aus Siena konnte ich nur Nachrichten über seinen gleichnamigen Vater entdecken, den bekannten *Provveditore alla Sanità* (Inspekteur des Gesundheitswesens) Cristofano Ceffini, der während der Pest in Prato im Jahre 1630 dort tätig war. Er hinterließ ein *Libro della Sanità* (Buch über das Gesundheitswesen) mit einer Aufzählung aller Vorschriften, die die Mitarbeiter der Gesundheitsbehörde beim Ausbruch einer Seuche zu beachten hatten.

Luigi Rossi, Atto Melanis Lehrer, lebte in Rom und Paris, wo er Freund und Mentor des jungen Atto wurde. Alles, was Abbé Melani singt, stammt aus seinen Arien. *Seigneur* Luigi (wie er in den Originalpartituren heißt, die über alle Bibliotheken Europas verstreut sind) kümmerte sich trotz seines Erfolgs selbst nie darum, seine Werke, die sich die damaligen Herrscher gegenseitig streitig machten, drucken zu lassen. So geriet Luigi Rossi, obwohl er im 17. Jahrhundert als der größte Komponist Europas galt, bereits bei Anbruch des 18. Jahrhunderts in Vergessenheit.

Im Handel waren nur zwei Aufnahmen mit Rossis Liebesliedern erhältlich, aber ich hatte Glück: Es sind genau die Lieder, die Atto singt, und so konnte ich diese wunderbaren Melodien hören und mich von ihnen gefangen nehmen lassen.

Die astrologische Gazette von Stilone Priàso, über die sich der Hausbursche des Donzello den Kopf zerbricht, erschien im Dezember 1682 und ist in der Biblioteca Casanatense in Rom einsehbar. Mit äußerster Beunruhigung, muss ich gestehen, habe ich entdeckt, dass der Autor tatsächlich die Schlacht vor Wien, die im September 1683 stattfinden sollte, vorausgesagt hat. Dieses Rätsel wird, so glaube ich, ungelöst bleiben müssen.

In der Biblioteca Casanatense konnte ich dank der fachkundigen und überaus freundlichen Hilfe der Bibliothekare auch ein astrologisches Handbuch finden, in dem eine Charakterisierung des Widdergeborenen enthalten ist, wie sie Ugonio Atto und dem Burschen während der Fahrt auf den unterirdischen Kanälen wiedergibt. Dieses kleine Traktat erschien in Lyon im Jahre 1625, also ein Jahr vor Attos Geburt: *Livre D'Arcandam Docteur et As-*

trologue traictant des predictions d'Astrologie (Buch des Arcandam, Doktor und Astrologe, behandelnd die Voraussagen der Astrologie). Im Falle von Atto Melani haben sich die Weissagungen des Arcandam mit unerhörter Genauigkeit bewahrheitet, einschließlich der Dauer seines Lebens: Er wurde siebenundachtzig Jahre alt, wie es der Astrologe vorhergesagt hatte.

Atto Melani

Alle in der Erzählung des Jungen enthaltenen Lebensumstände von Atto Melani sind authentisch. Der Kastrat und Sänger, Diplomat und Spion Atto diente zunächst den Medici, dann Mazarin und schließlich dem Sonnenkönig, aber auch Fouquet und einer unbekannten Zahl von Kardinälen und adeligen Familien. Seine Karriere als Kastrat war lang und erfolgreich, und sein Gesang wurde wirklich – wie er stolz gegenüber dem Hausburschen behauptet – von Jean de la Fontaine und Francesco Redi gefeiert. Atto wird zudem in allen wesentlichen musikalischen Lexika und einigen französischen Memoiren erwähnt.

Auch Attos Aussehen und sein Charakter werden von dem Jungen treffend beschrieben: Das lässt sich schon an dem Standbild an seinem Grab ablesen, das die Erben in der Cappella Melani in der Kirche San Domenico in Pistoia haben errichten lassen. Wenn man nach oben blickt, begegnet man den wachsamen Augen des Abbé und man wird den verächtlichen Zug um die Lippen und das verwegen vorgereckte Kinn wiedererkennen. Der Marquis de Grammont nannte den jungen Atto Melani in seinen Erinnerungen »amüsant und keineswegs dumm«. Man braucht nur die vielen Briefe Attos zu lesen, die wie *disiecta membra* in den Archiven der Fürstentümer ganz Italiens verstreut sind, um seinen bewundernswerten Sinn für Witz und Ironie, seine Klatschsucht und seinen Scharfsinn kennen zu lernen.

In seiner Korrespondenz finden sich viele der Lehren, die Atto dem Jungen erteilt hat, angefangen bei den gelehrten (und höchst anfechtbaren) Ausführungen darüber, warum es für einen christlichen Herrscher absolut legitim war, sich mit den Türken zu verbünden.

Auch der Führer zu den architektonischen Wundern Roms, den Abbé Melani in seinem Zimmer in der Locanda in den Pausen zwischen seinen Abenteuern schrieb, scheint alles andere als erfunden. Dieses Werk ähnelt außerordentlich einem anonymen Manuskript in französischer Sprache, das unter dem Titel *Specchio di Roma barocca* (Spiegel des barocken Rom) von einem kleinen römischen Verlag 1996 erstmals veröffentlicht wurde. Der unbekannte Autor der Handschrift war ein misogyner, frankophiler, gebildeter und wohlhabender Abbé, der sich in der Politik gut auskannte und Beziehungen zum päpstlichen Hof unterhielt. Beinahe ein Porträt des Abbé Melani.

Darüber hinaus muss der Autor in den Jahren 1678 bis 1681 in Rom gelebt haben, genau wie Atto, der im Jahr 1679 dort Kircher begegnete.

Wie Attos Führer ist auch der *Specchio di Roma barocca* unvollendet geblieben. Der Autor brach seine Arbeit bei der Beschreibung der Kirche Sant'Attanasio dei Greci ab. Unglaublich, aber Atto Melani hört, überwältigt von der Erinnerung an sein Zusammentreffen mit Kircher, an dem gleichen Punkt zu schreiben auf. Reiner Zufall?

Atto kannte außerdem tatsächlich Jean Buvat, den Schreiber, der – wie man in der Erzählung des Hausburschen erfährt – in Paris seine Korrespondenz abwickelte, indem er die Handschrift Melanis perfekt nachahmte. Buvat hat es wirklich gegeben: Er war Kopist in der königlichen Bibliothek, verstand sich auf die Entzifferung alter Handschriften und war ein hervorragender Kalligraph. Atto, für den Buvat ebenfalls tätig war, setzte sich – allerdings vergebens – für ihn beim Leiter der Bibliothek für eine Gehaltserhöhung ein (Vgl. *Mémoire-journal de Jean Buvat*, in: *Révue des bibliothèques*, Okt./Dez. 1900, S. 235 f.).

Die Geschichte hat Buvat ein besseres Schicksal vorbehalten als Atto: Während Abbé Melani in Vergessenheit geriet, spielt Buvat eine wichtige Rolle in *Der Chevalier d'Harmental* von Alexandre Dumas dem Älteren.

Atto und Fouquet

Ich habe eine kurze Biographie Attos gefunden (Archivio di Stato di Firenze, *Fondo Tordi*, n. 350 c. 62), die einige Jahre nach seinem Tod von seinem Neffen Luigi verfasst wurde und der zu entnehmen ist, dass Atto – wie es in den Erinnerungen des Hausburschen steht – mit Fouquet befreundet war. Nach den Aufzeichnungen des Neffen unterhielt der Oberintendant mit Abbé Melani sogar einen ausführlichen Briefwechsel. Von dieser Korrespondenz konnte ich jedoch, ehrlich gesagt, keine Spur finden.

Wie waren also in Wirklichkeit die Beziehungen Attos zu dem Oberintendanten?

Als Fouquet verhaftet wird, ist Atto in Rom. Wie in den Erinnerungen des Hausburschen erwähnt, ist er vor dem Zorn des Herzogs von La Meilleraye, des mächtigen Nachfolgers von Mazarin, geflohen, der merkte, dass der Kastrat seine Nase zu sehr in die Angelegenheiten seines Hauses gesteckt und deshalb vom König dessen Verbannung verlangt hat. In Paris jedoch verbreitet sich das Gerücht, Atto sei in den Skandal um Fouquet verwickelt.

Aus Rom schreibt Atto im Herbst 1661 an Hugues De Lionne, den Minister Ludwigs XIV.

In diesem traurigen, im Original französischen Brief (den ich im Archiv des Pariser Außenministeriums gefunden habe: *Correspondence politi-*

que, Rome 142, c. 227 ff.) lassen die fahrige Handschrift, die umständliche Syntax und die orthographischen Fehler seine ganze Angst erkennen:

Rom, letzter Tag im Oktober 1661

Ihr sagt mir, dass es für meine üble Lage kein Heilmittel gibt und dass der König mir immer noch zürnt.

Mir dies zu schreiben heißt, mir mein Todesurteil zu verkünden, und Ihr seid unmenschlich gewesen angesichts der Tatsache, dass Ihr meine Unschuld kennt, mich nicht einmal ein wenig zu trösten, denn Ihr wisst sehr wohl, wie ich den König verehre und mit welcher Hingabe ich ihm immer geziemend gedient habe.

Wollte Gott, dass ich ihn nicht so sehr geliebt und mich Signor Fouquet enger verbunden gefühlt hätte als ihm: Dann sähe ich mich jetzt zu Recht bestraft für ein begangenes Verbrechen und hätte mich nur über mich selbst zu beklagen. Jetzt freilich bin ich der unglücklichste junge Mensch auf der Welt, weil ich nie wieder Trost finden kann, weil ich den König nicht nur als einen großen Herrscher betrachte, sondern als eine Person, der ich so viel Liebe entgegenbringe, wie es einem Menschen überhaupt möglich ist. Ich hatte kein anderes Ziel, als ihm geziemend zu dienen und mir seine Gunst ehrlich zu verdienen, ohne in irgendeiner Weise auch nur auf das kleinste Entgelt zu hoffen, und ich kann Euch sagen, dass ich auch zu Zeiten des Kardinals [Mazarin] nicht so lange in Frankreich geblieben wäre ohne die Liebe, die ich für ihn empfand.

Meine Seele ist nicht stark genug, um einem solch großen Unglück standzuhalten.

Ich wage nicht, mich zu beklagen, weil ich nicht weiß, wem ich die Schuld an meiner unglückseligen Lage geben kann, und auch wenn ich der Meinung bin, dass der König mir großes Unrecht zufügt, darf ich nicht einmal den Mund auftun, denn er ist zu Recht überrascht darüber, dass ich mit dem Herrn Oberintendanten einen Briefwechsel unterhielt.

Er hatte daher guten Grund, mich für treubrüchig und einen Verräter zu halten, wenn er sah, dass ich Signor Fouquet die Abschriften der Briefe schickte, die ich an Seine Majestät gesandt hatte. Er tut recht daran, mein Verhalten und die Ausdrücke, derer ich mich diente [*sic*], wenn ich an Fouquet schrieb, zu verurteilen.

Ja, mein armer De Lionne, der König hat mich gerecht behandelt, wenn er Euch erklärt hat, er sei mit mir unzufrieden, denn die Hand, die alle seine Briefe veruntreut hat, ist es wert, abgehauen zu werden, mein Herz aber ist unschuldig, und meine Seele hat keinen einzigen Fehler begangen: Sie waren dem König immer treu ergeben, und wenn der König gerecht sein will, muss er die eine verdammen, die anderen aber freisprechen, da die Hand irrte aus einem Übermaß an Liebe meines Herzens für den König. Sie irrte, denn ich verspürte ein Übermaß an Sehnsucht, zu ihm zurückzukehren, denn ich war in Not, von allen verlassen, und da ich glaubte, der Oberintendant sei der ergebenste Minister des Königs, der ihm mehr an Wohlwollen erwies als jedem anderen.

Das sind die vier Gründe, die mich mit diesem Ziel veranlassten, Signor Fouquet zu schreiben, und es gibt kein einziges Wort in meinen Briefen, das ich nicht rechtfertigen könnte, und wenn der König die Güte haben will, mir diese Gunst zu gewähren, die noch nie einem Missetäter abgeschlagen worden ist, dann lasst alle meine Briefe überprüfen, lasst mich verhören, lasst mich ins Gefängnis werfen, noch bevor ich geantwortet habe, um bestraft oder, wenn ich es verdiene, begnadigt zu werden.

In den Briefen, die ich an Signor Fouquet schrieb, wird man keinen Hinweis darauf finden, dass ich ihm geschrieben hätte, bevor ich in Ungnade fiel, und das ist der Beweis dafür, dass ich ihn vorher nicht kannte.

Man wird keinen Hinweis darauf finden, dass er mir irgendeine Summe Geldes hat zukommen lassen und dass ich zum Kreis derer gehört hätte, die von ihm heimlich eine Pension erhalten hätten.

Mit Hilfe einiger Schreiben, die ich von ihm erhielt, kann ich eindeutig die Wahrheit beweisen und dass er in Kenntnis der Gründe, die mich ihm zu schreiben veranlassten, mir (vielleicht ehrlich oder nur, um mir zu schmeicheln) versicherte, er werde sich beim König für mich verwenden und sich meiner Interessen annehmen.

Hier im Anhang findet Ihr eine Abschrift des letzten Briefes, des einzigen, den ich erhalten habe, seit ich hier in Rom bin. Wenn Ihr das Original zu sehen wünscht, braucht Ihr es nur zu sagen …

Atto bekennt demnach: Von allen Briefen, die er an den König schrieb, sandte er jeweils eine Abschrift an den Oberintendanten! Es waren die Briefe eines Agenten Frankreichs, die ausdrücklich an den Herrscher adressiert waren: eine Todsünde.

Atto leugnet jedoch, dies für Geld getan zu haben, und er behauptet stattdessen, erst mit Fouquet in Verbindung getreten zu sein, nachdem er in Ungnade gefallen war, das heißt, nachdem er den Zorn des Herzogs de La Meilleraye erregt und deshalb einen Zufluchtsort gesucht hatte (genau wie es Devizé in den Erinnerungen des Hausburschen darstellt).

Um den Wahrheitsgehalt seiner Worte zu beweisen, fügt Atto die Abschrift eines Briefes von Fouquet bei. Dieses bewegende Schreiben an den Kastraten verfasst der Oberintendant am 27. August 1661, also wenige Tage vor seiner Verhaftung. Es ist einer seiner letzten Briefe als freier Mann.

Fontainebleau, 27. August 1661

Ihren Brief vom Ersten des Monats habe ich zusammen mit dem von Kardinal N. erhalten.

Ich hätte Euch schon früher geschrieben, wenn mich nicht eine Erkältung für vierzehn Tage ans Bett gefesselt hätte, so dass ich erst gestern aufstehen konnte.

Ich treffe Vorbereitungen, übermorgen mit dem König in die Bretagne aufzubrechen, und werde dafür sorgen, dass die Italiener unsere Briefe nicht mehr abfangen können; darüber werde ich mit Monsieur de Neaveaux sprechen, sobald ich in Nantes bin.

Seid nicht in Sorge wegen Eurer Angelegenheiten, denn ich werde mich besonders dafür einsetzen, und auch wenn meine Unpässlichkeit mich in den letzten Tagen daran gehindert hat, mich wie gewöhnlich mit dem König zu unterreden, habe ich es nicht unterlassen, ihm Euren unermüdlichen Einsatz zu seinen Diensten vor Augen zu führen, und er ist damit sehr zufrieden.

Diesen Brief wird Euch Abbé de Crecy übergeben, dem Ihr vertrauen könnt. Mit Vergnügen habe ich gelesen, was Ihr mir durch Kardinal N. übermitteln lasst, und bitte Euch, ihm zu sagen, dass ich ihm in allem behilflich sein werde. Ich bitte Euch auch, Madame N. meine Grüße zu übermitteln; ich bringe ihr meine ganze Ehrerbietung dar und betrachte mich als ihren Diener.

Die Unruhe, in der ich mich am Vorabend einer so wichtigen Reise befinde, hindert mich daran, detaillierter auf den ganzen Inhalt Eures Schreibens einzugehen. Sendet mir eine Aufstellung, wie viel von Eurer Pension man Euch schuldet, und seid versichert, dass ich jede Gelegenheit wahrnehmen werde, um Euch meine Hochschätzung und meine Bereitschaft zu beweisen, Euch zu dienen.

Wenn Fouquet ein derartiges Schreiben an Atto gesandt hat (das Original ist, wenn es jemals existiert hat, verloren gegangen), so war es keine besonders brillante Idee von Melani, es als Beweis seiner Unschuld zu verwenden. Die Beziehung zwischen dem Kastraten und dem Oberintendanten ist zu zweideutig und das sie umgebende Klima zu sehr mit Verdachtsmomenten belastet: abgefangene Briefe, geheime Kuriere, ein Kardinal N. (vielleicht Rospigliosi, Attos Freund?) und eine mysteriöse Madame N. (vielleicht Maria Mancini, die Nichte Mazarins und ehemalige Geliebte des Königs, die sich in jenen Tagen ebenfalls in Rom aufhielt?).

Besonders verdächtig aber ist die Art, wie Atto und Fouquet um den König herumtanzen. Ersterer lässt seine Korrespondenz mit dem Herrscher Letzterem zukommen, der seinerseits dem Herrscher den Freund empfiehlt. Und dann die Pension, für die Fouquet Atto Hilfe verspricht …

Trotz des Skandals, in den er verwickelt wurde, verriet Fouquet den Freund nicht. Als er während des Prozesses über seine Beziehungen zu Melani befragt wurde, antwortete Fouquet ausweichend und bewahrte Atto damit vor dem Gefängnis: Das konnte ich den Prozessakten eindeutig entnehmen, genau wie es Devizé den Gästen der Locanda berichtet.

Atto Melanis letzte Lebensjahre

In seinen letzten Lebensjahren muss der Kastrat Melani die Last der Einsamkeit empfunden haben. Vielleicht aus diesem Grund verbrachte er diese Zeit in seinem Haus in Paris mit seinen beiden Neffen Leopoldo und Domenico. So kann es auch wahr sein, dass Melani, wie es der Hausbursche in seinem Manuskript erzählt, ihm angeboten hatte, ihn mitzunehmen.

Auf dem Totenbett ordnete Atto an, alle seine Papiere zusammenzupacken und sie ins Haus eines vertrauten Freundes zu schaffen. Er wusste, dass sich das Haus während seines Todeskampfes mit Neugierigen und Profiteuren füllen würde, die auf seine Geheimnisse erpicht waren. Vielleicht dachte er auch daran, wie er selbst einst, so erzählt es der Hausbursche, heimlich in das Arbeitszimmer des weniger vorsichtigen Colbert eingedrungen war.

Die Widmung am Anfang des Buches

Rita und Francesco hatten mir gesagt, dass sie die Erinnerungen des Hausburschen unter Attos Papieren gefunden hatten. Wie sollen sie dorthin geraten sein? Um das zu verstehen, muss man die geheimnisvolle Widmung lesen, den anonymen Brief ohne Absender und Adressat, die am Anfang der Erinnerungen des Jungen steht:

> Signore,
> indem ich Euch diese Memoiren übersende,
> die ich schließlich wiederfand, wage ich zu hoffen,
> dass Eure Exzellenz in meinen Bemühungen,
> Eure Wünsche zu erfüllen, das Übermaß an Leidenschaft
> und Liebe erkennen wird, die stets mein Glück
> ausmachten, wenn ich sie Eurer Exzellenz
> unter Beweis stellen konnte.

Auf den letzten Seiten seiner Erzählung schreibt der Junge, von Gewissensbissen geplagt, einen Brief an Atto, um ihm erneut seine Freundschaft anzubieten. Darin aber gibt er einen flüchtigen Hinweis darauf, zuerst Tagebuch geführt und dann die Ereignisse in der Locanda ausführlich niedergeschrieben zu haben.

Der Hausbursche behauptet, Atto habe ihm nie geantwortet, und fürchtet sogar, er sei umgebracht worden. Wir aber wissen, dass der schlaue Abbé seine Haut rettete, noch viele Jahre lebte und deshalb diesen Brief erhalten haben muss. Ich stelle mir vielmehr vor, wie sein Gesicht angesichts dieser Zeilen zuerst erfreut aufleuchtet, sich dann sofort ängstlich verdunkelt, bis er schließlich eine Entscheidung trifft: Er beauftragt einen seiner Vertrauensleute damit, sich nach Rom zu begeben und die Erinnerungen zu entwenden, bevor sie in falsche Hände geraten. Jene Seiten enthüllen zu viele Geheimnisse und klagen ihn der schrecklichsten Verbrechen an.

Die anonyme Widmung wird demnach von seinem Vertrauten für Atto verfasst worden sein, nachdem er den Auftrag erledigt hatte. Deshalb haben Rita und Francesco behauptet, sie hätten die Erinnerungen des Hausburschen unter den Papieren Melanis gefunden.

Haben sich Atto und der Junge noch einmal getroffen? Vielleicht hat Abbé Melani eines Tages, von Sehnsucht erfasst, plötzlich seinem *valet de chambre* befohlen, die Koffer zu packen, weil er dringend an den römischen Hof reisen müsse …

Innozenz XI. und Wilhelm von Oranien

Dokumente

Ein Kapitel der europäischen Geschichte, das neu geschrieben werden muss

Die Befreiung von Wien im Jahre 1683, die religiösen Auseinandersetzugen zwischen Frankreich und dem Heiligen Stuhl, die Eroberung Englands durch Wilhelm von Oranien im Jahre 1688 und das Ende des englischen Katholizismus, die politische Isolierung Ludwigs XIV. gegenüber den anderen Mächten, das gesamte europäische Mächtegleichgewicht in den folgenden Jahrzehnten: Im Lichte der Dokumente, die die geheimen Schachzüge von Papst Innozenz und seiner Familie erhellen, müsste ein ganzes Kapitel der Geschichte Europas neu geschrieben werden. Dafür aber müsste ein Vorhang aus Schweigen, Heucheleien und Lügen gelüftet werden.

Innozenz XI. finanzierte den Sieg von Wien gegen die Türken aus den Kassen des Heiligen Stuhls. Dieses Verdienst kann ihm niemand abstreiten. Wie sich jedoch anhand der Hauptbücher von Carlo Odescalchi beweisen lässt, ist auch wahr, was der Hausbursche des Donzello schrieb, als er seine Erinnerungen im Jahr 1699 wieder zur Hand nahm: Auch privat wie normale Geschäftsleute liehen die Odescalchi dem Kaiser Geld. Als Sicherheit für die Kredite erhielten sie tonnenweise Quecksilber (oder Mercurium, wie man damals sagte), das die Familie des Papstes an den protestantischen holländischen Bankier Jan Deutz verkaufte. Fünfundsiebzig Prozent der Gewinne flossen an die Odescalchi, der Rest dagegen an die bekannten Strohmänner Cernezzi und Rezzonico, die die ganze Transaktion diskret von Venedig aus leiteten. Diese nur auf Gewinn zielenden Geschäfte sollten im Dunkel bleiben (um nur einige Beispiele zu nennen: Archivio di Stato di Roma, *Fondo Odescalchi* XXII A 13, c. 265; XXIII A2, cc. 52, 59 105, 139, 168, 169, 220, 234, 242; XXVII B6, n. 11; XXXIII A1, c. 194, 331).

Nach dem Tod von Papst Innozenz XI. beeilte sich der Kaiser, den Odescalchi gegenüber seine Dankbarkeit zu zeigen: Er wollte Livio, dem Neffen des Papstes, in Ungarn Grundbesitz zu Vorzugspreisen überlassen. Die Operation wurde jedoch verhindert, weil der kaiserliche Kämmerer die Livio Odescalchi gebotenen Bedingungen als zu großzügig einschätzte. Der Kaiser überließ Livio deshalb für 336 000 Taler das ungarische Lehen Sirmium. Auch das ein Vorzugspreis? Sirmium lag in dem den türkischen Invasoren nach dem Sieg von Wien mühsam wieder entrissenen Gebieten. Die Hauptstadt des Kaiserreiches war zwar mit den Mitteln des Heiligen Stuhles gerettet worden, aber am Ende erntete die Familie Odescalchi die Früchte dieses Sieges. Zur Besiegelung des Ganzen wurde Livio zum Fürsten des Heiligen Römischen Reiches ernannt.

Dass sich hinter der äußerst engen Liaison zwischen dem Kaiser und den Odescalchi etwas verbergen könnte, war nicht einmal den Zeitgenossen entgangen. Bereits im Jahre 1701 notierte der Tagebuchschreiber Francesco Valesio (*Diario di Roma*, II 601), Livio Odescalchi, der ehemalige Kammerherr, sei »in merkwürdiger Metamorphose sogar zum Hofrat ernannt und mit weitestgehenden Privilegien ausgestattet worden«.

Doch mit Geld kann man (fast) alles kaufen. Am Ende seiner Erinnerungen berichtet der Hausbursche, dass Livio Odescalchi nach dem Tod seines päpstlichen Onkels für riesige Summen Grundbesitz, Paläste und Villen erwarb und dass er nach dem Tod des polnischen Königs Johann Sobieski, der mit seinen Truppen die Belagerung um Wien gesprengt hatte, (allerdings vergeblich) in Warschau durch Unsummen den polnischen Thron zu kaufen versuchte (Vgl. z. B. Archivio di Stato di Roma, *Fondo Odescalchi*, App. 38 n. 1,5,9,13).

Nur auf diese Weise erklärt sich, warum Papst Innozenz XI. bis zu seinem Lebensabend dem Kaiser weiter Geld übersandte, auch als die Türkengefahr nachgelassen hatte: All diese Investitionen sollten der Familie zugute kommen. Dabei spielte es keine Rolle, wenn er zu diesem Zweck dem Ketzer Wilhelm von Oranien in die Hände arbeitete.

Diese Zielsetzung verfolgte der Papst hartnäckig auch in den dramatischsten Augenblicken. Als Ludwig XIV. und Jakob Stuart Innozenz XI. dringend aufforderten, statt an den Kaiser an die katholischen Truppen der Stuart, die in Irland gegen Wilhelm von Oranien kämpften, Subsidien zu senden, antwortete dieser nach Angaben des Historikers Charles Gérin mit Formulierungen, die erst heute ihren vollen Sinn preisgeben (*Revue des questions historiques*, XX, 1876, S. 428). Er erklärte, er führe in Wien »einen ewigen Kreuzzug«, an dem er wie seine Vorgänger »persönlich beteiligt« sei. Er stelle den Verbündeten »die eigenen Galeeren, die eigenen Soldaten und eigenes Geld« zur Verfügung und verteidige nicht nur den Bestand des christlichen Europa, sondern auch seine »besonderen Interessen als weltlicher Herrscher und italienischer Fürst«.

Leider hat Atto Melani Recht, wenn er im Zusammenhang mit dem Prozess gegen Fouquet sagt: Die Geschichte wird von den Siegern geschrieben. Und bis heute war die offizielle Geschichtsschreibung siegreich. Über Innozenz XI. hat niemand die Wahrheit sagen können (oder wollen).

Über Darlehen von Innozenz XI. an Wilhelm von Oranien sprachen zuerst einige anonyme Zeitungen, die in Frankreich unmittelbar nach der Landung des protestantischen Fürsten in England verbreitet wurden (vgl. J. Orcibal, *Louis XIV contre Innocent XI*, Paris 1949, S. 63 f., 91 f.). Darüber hinaus behauptet Madame Maintenon in ihren Memoiren, der Papst habe Wilhelm eine Summe von 200 000 Dukaten für seine Landung in England zur Verfügung gestellt: Doch die Authentizität der Aussage ist nicht gesichert. Es handelte sich um Gerüchte, die von den Franzosen verbreitet worden waren mit dem eindeutigen Zweck, den Pontifex zu diffamieren. Das Gerede wurde dann in Memoiren und Traktaten aufgegriffen, ohne dass Beweise für die Behauptungen beigebracht worden wären.

Gefährlicher für das Bild Innozenz' XI. war dagegen Pierre Bayle mit seinem berühmten *Dictionnaire historique et critique*. Bayle erwähnt, dass Innozenz aus einer Bankiersfamilie stammte, und gibt einen satirischen Kommentar wieder, der am Tag der Wahl von Kardinal Odescalchi unter der Statue des Pasquino angebracht war: »*Invenerunt hominem in telonio sedentem*, das heißt: Sie haben einen Papst gewählt, der am Wucherertisch sitzt.«

In diesem Fall handelte es sich nicht um ein künstlich in Umlauf gebrachtes Gerücht. Bayle, den bedeutenden Intellektuellen der frühen Aufklärung, konnte man nicht platter Parteinahme für Frankreich zeihen. Sein *Dictionnaire* erschien 1697 und war damit den Ereignissen, von denen an dieser Stelle die Rede war, noch ziemlich nahe.

Kein Historiker hat jedoch versucht, die Tatsachen zu klären und die von der anonymen Zeitung und von Bayle gelegte Spur zu verfolgen. Die Wahrheit über die Odescalchi war in eine Hand voll verbotener Schriften und ein altes verstaubtes Lexikon eines holländischen Philosophen und Renegaten verbannt (Bayle trat vom Calvinismus zum Katholizismus über, ging dann den umgekehrten Weg, um schließlich jedes Credo abzulehnen).

Die Hagiographie triumphierte indessen kampflos, und Innozenz XI. wurde unter die Großen der Geschichte eingereiht. Die Tatsachen schienen unbestreitbar: Im Jahre 1683 wurde Wien befreit, weil er die katholischen Herrscher mobilisiert und an Österreich und Polen Subsidien der Apostolischen Kammer gesandt hatte. Innozenz XI. gilt als der heroische, asketische Papst, der dem Nepotismus ein Ende setzte, die Konten der Kirche in Ordnung brachte, den Frauen verbot, sich kurzärmelig in der Öffentlichkeit zu zeigen, den Irrsinn des Karnevals beendete und die Theater Roms als Orte des Verderbens schließen ließ …

Nach seinem Tod fordern alle Herrscherhäuser Europas in einer Flut von Briefen Innozenz' Seligsprechung. Auch dank der Bemühungen seines Neffen Livio beginnt bereits 1714 das Verfahren in diesem Sinne. Es werden noch lebende Zeugen befragt, Dokumente gesammelt und seine Biographie von frühester Jugend an rekonstruiert.

Beinahe von Anfang an treten jedoch verschiedene Schwierigkeiten auf, die den Gang der Voruntersuchungen verlangsamen. Vielleicht werden die alten französischen Pamphlete und das *Dictionnaire* von Bayle bekannt: Bösartige Schriften, unbewiesene und vielleicht unbeweisbare Gerüchte, die jedoch auch im Falle eines keuschen, tugendhaften und heroischen Lebens wie desjenigen von Benedetto Odescalchi erwogen werden müssen. Man befürchtet auch Widerstand von Seiten Frankreichs, das misstrauisch die Erhöhung eines seiner alten und besonders grimmigen Feinde beobachtet. Das schon von unzähligen, überaus sorgfältigen Voruntersuchungen belastete Verfahren der Seligsprechung tritt auf der Stelle: Aus einem reißenden Strom verwandelt es sich in einen trüben Fluss und scheint schließlich ganz zu versanden.

Jahrzehnte vergehen. Erst 1771 ist wieder von Innozenz XI. die Rede, als der englische Historiker John Dalrymple seine *Memoirs of Great Britain and Ireland* veröffentlicht. Vielleicht sieht man jetzt klarer, was die Seligsprechung verzögert. Um die Thesen Dalrymples zu verstehen, muss man allerdings einen Schritt zurücktreten und den Blick auf die politische Landschaft Europas am Vorabend der Landung von Wilhelm von Oranien in England werfen.

In den letzten Monaten des Jahres 1688 war ein neuer, gefährlicher politischer Spannungsherd im Deutschen Reich entstanden. Seit Monaten wartete man auf die Besetzung des Kölner Erzbistums, wo Frankreich um jeden Preis Kardinal Fürstenberg sehen wollte. Falls dieses Manöver erfolgreich gewesen wäre, hätte Ludwig XIV. einen äußerst wertvollen Brückenkopf in Mitteleuropa besessen und eine militärische und strategische Vorherrschaft gewonnen, die die anderen Fürsten nicht hinnehmen wollten. Innozenz XI. selbst hatte der Ernennung Fürstenbergs seine rechtlich erforderliche Zustimmung verweigert. Ganz Europa beobachtete in jenen Wochen die Truppenbewegungen Wilhelms von Oranien. Was hatte Wilhelm vor? Wollte er gegen Frankreich marschieren, um mit Waffengewalt das Problem des Kölner Erzbischofs zu lösen, und damit ganz Europa in eine furchtbare Auseinandersetzung hineinziehen? Oder stand er – wie einige vermuteten – kurz davor, England zu überfallen?

Dalrymples These lautet, Wilhelm von Oranien habe den Papst glauben lassen, er werde seine Truppen gegen die Franzosen einsetzen. Innozenz XI., der wie üblich darauf brannte, Ludwig XIV. Steine in den Weg zu legen, fiel darauf herein und lieh Wilhelm das notwendige Geld für sein Heer. Der Prinz von Oranien überquerte stattdessen den Ärmelkanal und gewann England für immer dem protestantischen Glauben zurück.

Die Ketzerei habe, so der englische Historiker, dank der Hilfe der katholischen Kirche gesiegt. Denn auch wenn er sich hatte täuschen lassen, so hatte der Papst dennoch einen protestantischen Herrscher im Kampf gegen einen katholischen finanziert.

Diese These war schon zu Lebzeiten von Innozenz XI. und Ludwig XIV. in einigen anonymen Blättern verbreitet worden. Diesmal aber konnte Dalrymple schlagende Beweise vorlegen: zwei lange und detaillierte Briefe von Kardinal d'Estreis, dem Sonderbotschafter Ludwigs XIV. in Rom, die an den französischen König und an dessen Kriegsminister Louvois gerichtet waren.

Aus den beiden Schreiben geht hervor, dass Innozenz' engste Mitarbeiter die wahren Absichten Wilhelms von Oranien lange vorher kannten und wussten, dass er England angreifen werde. Schon Ende 1687 – ein Jahr vor der Landung des protestantischen Herrschers in England – sei der Staatssekretär des Vatikans, Lorenz Casoni, mit einem holländischen Bürgermeister, einem geheimen Gesandten Wilhelms, zusammengetroffen. Unter den Dienern Casonis gab es jedoch einen Verräter, der die von Casoni an Kaiser Leopold gerichteten Briefe abfing. Aus diesen Briefen war ersichtlich, dass der Papst Prinz Wilhelm und Kaiser Leopold große Summen für die Auseinandersetzung um das Erzbistum Köln gegen die Franzosen bereitstellte. In Casonis Schreiben an Leopold trat als eigentliche Zielsetzung Wilhelms klar zutage, nicht einen Konflikt in Mitteleuropa gegen die Franzosen vom Zaun zu brechen, sondern England anzugreifen. Darüber waren die Staatssekretäre Innozenz' XI. genauestens informiert.

D'Estrées Briefe versetzten dem Verfahren der Seligsprechung Innozenz' XI. einen tödlichen Schlag. Auch wenn der Papst nicht gewusst haben sollte, dass Wilhelm in Wirklichkeit die Vernichtung des Katholizismus in England plante, war es jedenfalls eindeutig, dass er den Prinzen zu Kriegszwecken finanzierte und darüber hinaus gegen den Allerchristlichsten König.

Eine Vielzahl von Historikern beschäftigte sich in den folgenden Jahren mit den von Dalrymple entdeckten Briefen und zerstörte das positive Bild Benedetto Odescalchis vollends. Darüber hinaus tauchten auch neue Zweifel in rein theologischen Fragen auf, durch die die Seligsprechung weiter kompliziert wurde und einen nicht wieder gutzumachenden Schaden erlitten zu haben schien.

Es musste erst eine für diese schwerwiegenden Umstände angemessene Zeitspanne vergehen, bevor wieder jemand den notwendigen Mut und die nötige Klarheit aufbrachte, um die Frage erneut anzugehen. Erst 1876 erfährt die Geschichte durch einen grundlegenden Artikel des Historikers Charles Gérin eine Wende um hundertachtzig Grad. Gérin weist in der *Revue des questions historiques* mit wissenschaftlicher Strenge und einer Vielzahl von Argumenten nach, dass die von Dalrymple veröffentlichten

Briefe d'Estreis nichts als eine grobe Fälschung und wahrscheinlich wiederum ein Werk der französischen Propaganda sind. Ungenauigkeiten, Irrtümer, Ungereimtheiten und vor allem einige auffällige Anachronismen berauben die angeblichen Quellen jeder Glaubwürdigkeit.

Zu allem Überfluss zeigt Gérin, dass die Originale der Briefe, die nach Aussage von Dalrymple im Archiv des französischen Außenministeriums lagen, unauffindbar sind. Dalrymple selbst, bemerkt Gérin, hatte offen zugegeben, die Originale nie gesehen und sich auf Kopien aus der Hand eines Bekannten verlassen zu haben. Die Wirkung des Artikels von Gérin ist enorm, auch wenn sie auf Historikerkreise beschränkt bleibt. Dutzende von Autoren (darunter der berühmte Leopold von Ranke, der Doyen der Historiker des Papsttums) hatten sich leichtsinnig auf die *Memoirs* von Dalrymple verlassen, ohne seine Quellen zu überprüfen.

Als unvermeidliche Konsequenz und mit blinder Symmetrie werden, nachdem die Briefe einmal als Fälschung entlarvt sind, auch die darin enthaltenen Fakten für falsch und das Gegenteil für wahr erklärt. Wenn die Vorwürfe aus gefälschten Quellen stammen, wird der Angeklagte automatisch unschuldig.

Die scheinbar längst überholte Frage der Beziehungen zwischen Innozenz XI. und Wilhelm von Oranien, die durch Gérin ein für alle Mal geklärt schien, wird unerwarteterweise kurz vor Ausbruch des Ersten Weltkriegs von dem deutschen Historiker Gustav Roloff neu aufgeworfen. In einem 1914 veröffentlichten Aufsatz legt Roloff neue Quellen über Innozenz und Prinz Wilhelm von Oranien vor (*Der Papst in der letzten großen Krisis des Protestantismus*, in: *Preußische Jahrbücher,* CLVI (1914), S. 269–284). Aus einem Bericht des brandenburgischen Diplomaten Johann von Görtz geht hervor, dass Ludwig XIV. im Juli 1688, also wenige Monate vor der Landung Wilhelms von Oranien in England, Kaiser Leopold von Österreich (der zwar katholisch, aber traditionell mit den Holländern verbündet war) vertraulich zur Nichtintervention auffordert, falls Frankreich die Niederlande angreifen sollte. Leopold aber wusste bereits, dass der Prinz von Oranien einen Überfall auf England plante, und stand deshalb vor einem dramatischen Dilemma: Sollte er das katholische (aber in ganz Europa verhasste) Frankreich oder die ketzerischen Generalstaaten unterstützen?

Nach dem Bericht des Freiherrn von Görtz war es Innozenz XI., der den Kaiser von seinen Zweifeln befreite. Der Papst selbst habe Leopold mitgeteilt, »dass Er des Königs *actiones* und *dessins* gar nicht approbierte, dass selbige aus keinem gerechten Eifer für die katholische Religion herrührten, sondern auf Anstiften von Frankreich, welches ganz Europa und folglich auch England übern Haufen zu werfen trachtete«.

Befreit von der Last der Glaubensfrage, habe Leopold nicht gezögert, weitere Beistandsverträge mit Wilhelm abzuschließen und so den Einfall eines Ketzerfürsten in England zu fördern. Die entscheidende Aussage von Innozenz XI. sei in Wien kurz vor dem Handstreich Wilhelms eingetroffen, über dessen unmittelbares Bevorstehen der Papst durch seinen Nuntius D'Adda in London informiert gewesen sein musste. Allerdings, merkt Roloff an, lasse sich kein Brief Innozenz' XI. nachweisen, in dem er Leopold seine Meinung kundtut; aber man kann wohl annehmen, dass die Nachricht schnell und diskret auf mündlichem Weg durch den vatikanischen Nuntius in Wien überbracht wurde.

Roloff selbst aber ist nicht völlig zufrieden mit seiner Darstellung. Noch etwas anderes müsse im Spiel sein, sagt der deutsche Historiker: »Handelte es sich um einen Papst der Renaissance, so würde man seine Haltung in der Kölner wie in der englisch-oranischen Frage unschwer aus dem politischen Gegensatz zu Frankreich erklären können, aber für die Zeit nach den großen religiösen Kämpfen scheint dies Motiv nicht auszureichen.« Den Schritt des Papstes bestimmte, oder besser *musste* etwas bestimmt haben, von dem man bisher nur die bedrückende Wirkung wahrnahm.

Die Partie ist noch nicht zu Ende. Zum Gegenangriff rüstet 1926 ein weiterer deutscher Historiker namens Eberhard von Danckelman mit der erklärten Absicht, die Entscheidungsschlacht zu schlagen. In einem Zeitschriftenaufsatz nimmt er sich die Thesen Roloffs vor (*Zur Frage der Mitwissenschaft Papst Innozenz' XI. an der oranischen Expedition*, in: *Quellen und Forschungen aus italienischen Archiven und Bibliotheken* XVIII (1926), S. 311–333). Gestützt auf Briefe der diplomatischen Vertreter des Vatikan, behauptet Danckelman, Innozenz XI. habe nicht nur nichts von dem drohenden Angriff des Prinzen von Oranien gewusst, sondern auch mit großer Sorge die Entwicklung der politischen Lage in England verfolgt.

Dann kommt der für uns entscheidende Punkt. Fast *en passant* gibt Danckelman preis, es habe in der Vergangenheit Gerüchte darüber gegeben, dass der Prinz von Oranien dem Papst große Summen schuldete. Aufgrund dieser Schulden habe Wilhelm sogar mit dem Gedanken gespielt, sein Fürstentum Orange Innozenz zu überlassen. Die in Frage stehenden Gelder hätten ausdrücklich für den Überfall auf England dienen sollen.

In wenigen Zeilen legt Danckelman dem Leser regelrecht eine Bombe vor die Füße. Auch Saint-Simon hatte zwar in seinen *Mémoires* diese giftige Nachricht wiedergegeben (die Voltaire dann als unwahrscheinlich abtat). Kein ernsthafter, quellenkritischer moderner Historiker hatte jedoch die skandalöse Hypothese ernst genommen, der selige Innozenz habe dem Prinzen von Oranien Geld geliehen, um den katholischen Glauben in England zu vernichten.

Selbst Roloff hatte sich auf die Schlussfolgerung beschränkt, der Papst habe im Voraus gewusst, dass der Prinz von Oranien England angreifen werde, und nichts getan, um ihn daran zu hindern. Doch er hatte keineswegs behauptet, Wilhelm sei von Innozenz XI. finanziert worden. Diesem »etwas«, das nach Roloffs Meinung die Schachzüge des Papstes geleitet und ihn dazu gebracht haben musste, heimlich auf Wilhelms Seite zu stehen, hatte Danckelman – um Roloff zu widerlegen – einen Namen gegeben: Geld.

Die Hypothese, Innozenz habe das Unternehmen Wilhelms finanziert, sei, so argumentiert Danckelman, nur haltbar unter der Voraussetzung, dass der Papst von der bevorstehenden Landung Wilhelms wusste, wie Roloff bewiesen zu haben glaubte. Sobald er den englischen Thron bestiegen hatte, wäre es für Wilhelm ein Leichtes gewesen, seine Schulden beim Papst zu begleichen, und er hätte alles einschließlich der Zinsen früher oder später wie an jeden anderen Gläubiger zurückgezahlt.

Der Papst jedoch wusste nichts, schwört Danckelman. Der Heilige Vater hatte von Wilhelm nichts zu erwarten, weil ihm von dem geplanten Überfall auf England nichts bekannt war. Laut Danckelman geht dies aus dem unmittelbar vor Wilhelms Unternehmen geführten Briefwechsel zwischen dem vatikanischen Staatssekretär Kardinal Alderano Cybo, dem Nuntius in Wien, Kardinal Francesco Buonvisi und dem Nuntius in London, Ferdinando D'Adda hervor. Nach diesen Briefen ist der Papst höchst beunruhigt über die Kriegsvorbereitungen des Prinzen von Oranien, und es findet sich keinerlei Hinweis auf geheime Abmachungen zwischen dem Heiligen Stuhl und Wilhelm. Also weiß der Papst nichts.

Angenommen, Innozenz habe Wilhelm Subsidien zufließen lassen, fährt Danckelman fort, dann wären diese sicher über die Nuntiatur in London abgewickelt worden. Doch in den von Rom an die Londoner Nuntiatur überwiesenen Summen, die der deutsche Wissenschaftler sorgfältig geprüft hat, findet sich keine Spur einer Finanzierung Wilhelms. Die herangezogenen Quellen, schließt Danckelman befriedigt, »geben völlige Klarheit« in dieser Frage. Roloffs These sei widerlegt, und wer auch immer von der Finanzierung Wilhelms durch den Papst zu sprechen wage, sei vernichtet, *quod erat demonstrandum*.

Im Jahr 1956 wird der Papst aus der Familie Odescalchi endlich selig gesprochen, wobei nach Meinung einiger der Kalte Krieg eine Rolle spielte: Die Türken sind zur Metapher für das Sowjetimperium geworden, während der derzeitige Papst dem heroischen Vorbild von Innozenz XI. folgen will, der dreihundert Jahre vor ihm das christliche Abendland vor dem Ansturm der Türken bewahrt hat. Pius XII. will es nun vor den Schrecken des Kommunismus schützen.

Die Wahrheit hat allzu lange warten müssen. Sobald sich jedoch eine offizielle Version herauskristallisiert hat, wiederholten die Historiker das einmal Gesagte mit ungekanntem Eifer. Weil die gleichermaßen allzu alten und allzu neuen Fragen sie vielleicht beunruhigten, streiften sie den Abgrund aus ungelösten Rätseln, der Prinz Wilhelm III. von Oranien, den Wiederbegründer der anglikanischen Kirche in England, und den größten Papst des 17. Jahrhunderts auf immer miteinander verbindet, nur mit einem gleichgültigen Blick.

Stattdessen widmeten sich Monographien, Aufsätze und Doktorarbeiten Themen wie der Haarentfernung im Mittelalter, dem Alltag der Taubstummen im *Ancien régime* oder dem Weltbild der Müller in Galizien. Niemand hielt es dagegen für notwendig, jenes große geschichtliche Rätsel zu lösen, unvoreingenommen die Papiere der Odescalchi zu lesen und im Staub der Archive zu wühlen.

Der Söldnerpapst

Und doch ist es so: Nie hat jemand versucht, die Wahrheit über Innozenz XI. darzustellen. In der Biblioteca Nazionale Vittorio Emanuele in Rom habe ich ein merkwürdiges kleines Buch aus dem Jahre 1742 gefunden: *De suppositis militaribus stipendiis Benedicti Odescalchi* von Graf Giuseppe Della Torre Rezzonico. Rezzonico verfolgt mit seiner Schrift den Zweck, einem Gerücht entgegenzutreten, das schon unmittelbar nach dem Tod von Innozenz XI. im Umlauf war: Es wurde behauptet, der Selige habe in jungen Jahren als Söldner in Holland in der spanischen Armee gekämpft und dabei unter anderem eine schwere Verwundung am rechten Arm davongetragen. Rezzonico behauptet, Benedetto Odescalchi habe als sehr junger Mann zwar wirklich als Soldat gedient, aber in der Miliz der Stadt Como und nicht als Söldner.

Leider war der Autor ein Verwandter jenes Rezzonico, der in Venedig als Strohmann der Odescalchi arbeitete; leider auch war die Familie Rezzonico mit der Familie von Innozenz XI. verwandt. Um die soldatische Vergangenheit des Seligen zu widerlegen, hätte man sich wohl einen Historiker gewünscht, der den Dingen, über die er spricht, distanzierter gegenübersteht. Aber auch einige Fakten verlangen eine genauere Überprüfung. Nach Aussage von Pierre Bayle erlitt der junge Benedetto Odescalchi als Söldner in Spanien am rechten Arm eine Verletzung. Merkwürdigerweise lässt sich den offiziellen Stellungnahmen seiner Ärzte entnehmen, dass der Pontifex bis zu seinem Tod ausgerechnet an diesem Körperteil unter schweren Schmerzen litt.

Ganz abgesehen vom Wahrheitsgehalt solcher Behauptungen, ist es doch immerhin verwunderlich, dass auch dieser dunkle Aspekt im Leben des Papstes aus der Familie Odescalchi jahrzehntelang unbeachtet blieb. In Rezzonicos Buch habe ich einen Zettel gefunden, mit dem der vorherige Leser es bestellt hatte. Die Unterschrift: »Baron v. Danckelman, 16. April 1925«. Nach ihm hat niemals mehr jemand diese Seiten durchgeblättert.

Wahrheit oder Fälschung

Atto Melani brachte dem Hausburschen zu Recht bei, dass Fälschungen nicht immer die Unwahrheit sagen. Auch die gefälschten Briefe von d'Estrée, die Dalrymple veröffentlichte, gehören in diese bizarre Kategorie von Dokumenten, wenn man sie im rechten Licht betrachtet: Sie sind keine echten Quellen, sagen aber dennoch die Wahrheit. Nicht umsonst bestätigt ein anderer (diesmal authentischer und von Gérin publizierter) Brief des Kardinals d'Estrée an Ludwig XIV. vom 16. November 1688 die Kontakte zwischen Graf Casoni und Wilhelm von Oranien:

> Kardinal Cybo [...] hat erfahren, dass vermittels eines Geistlichen, der im letzten Jahr mit Briefen einiger Missionare jenes Landes aus Holland gekommen war, denen man Hoffnung gemacht hatte, diese Staaten [die Vereinigten Niederlande] würden den Katholiken die freie Ausübung ihres Glaubens zugestehen, er [Casoni] mit einem vom Prinzen von Oranien abhängigen Mann eine Art Vereinbarung getroffen und ihm diese Freiheit in Aussicht gestellt hat; dass dieser Mann mit dem Missionar in der Überzeugung verhandelte, der Prinz von Oranien hege großen Respekt vor dem Papst und werde vieles für ihn tun; dass sich diese Beziehungen in letzter Zeit gefestigt hatten und der Prinz von Oranien hat wissen lassen, er hege ausschließlich gute Absichten.

Die von d'Estrée wiedergegebenen Umstände sind schon allein deshalb glaubhaft, weil die Quelle der Nachricht, Kardinal Cybo, ein von Ludwig XIV. bezahlter Spion war (Orcibal, a.a.O., S. 73, Anm. 337). Der französische König schickte nämlich am 9. Dezember folgende erzürnte Antwort an d'Estrée:

> Wenn der Papst die guten Beziehungen zu mir wiederherstellen wollte, müsste er Casoni endgültig entlassen und dessen verbrecherischem Briefwechsel mit dem Prinzen ein Ende setzen.

Auch die Memoiren von Madame de Maintenon, in denen sie über Zahlungen Innozenz' XI. an Wilhelm von Oranien spricht, sind nicht echt. Aber sagen sie nicht dennoch die Wahrheit?

Die Mission Chamlais

Wie erwähnt spitzt sich der dramatische Konflikt zwischen dem Prinzen von Oranien, Ludwig XIV. und Innozenz XI. im Herbst 1688 zu: Wilhelm hält Europa in Atem, weil er nicht durchblicken lässt, ob er wegen des Streits um das Kölner Erzbistum die Franzosen am Rhein bekriegen oder nach der englischen Krone greifen will. Der Papst schaut zu und tut so, als wisse er nicht, was geschehen wird. Und Ludwig XIV.?

Der Sonnenkönig, der keineswegs den Frieden um jeden Preis liebte, hatte lange zu verhindern versucht, dass sich die Dinge überstürzten. In den vorangegangenen Monaten hatte er Monsieur Chamlais als Sonderbeauftragten zu einem streng geheimen Besuch beim Papst nach Rom geschickt (vgl. *Recueil des instructions données aux ambassadeurs* ..., hg. v. G. Hanotaux, Paris 1888, XVII, S. 7). Die Mission war so vertraulich, dass nicht einmal die offiziellen diplomatischen Repräsentanten Frankreichs in Rom darüber unterrichtet waren. Chamlais hatte die äußerst schwierige Aufgabe, sich persönlich vom Papst empfangen zu lassen und ihm eine Botschaft von seinem ärgsten Feind, dem Allerchristlichsten König, zu überbringen. Das Hauptthema dieses Gesprächs kann man sich leicht vorstellen: Eine Lösung für das Problem des Erzbistums Köln zu finden, die tickende Bombe Wilhelm von Oranien zu entschärfen und einen gesamteuropäischen Krieg zu verhindern.

Im Vatikan wird Chamlais von Casoni empfangen, dem er mitteilt, auf Befehl des französischen Königs persönlich und allein mit dem Papst sprechen zu müssen. Casoni schickt ihn mit leeren Händen weg: Er erklärt ihm, er sei nur für das Rechnungswesen zuständig, während der königliche Gesandte sich in einer so delikaten Angelegenheit um eine Audienz bei Kardinal Cybo, dem ersten Minister des Papstes, bemühen solle. Chamlais geht darauf ein unter der Bedingung, dass niemand von seinem Treffen mit Cybo erfahren dürfe.

Bei seinem nächsten Besuch zeigt Chamlais Cybo den Brief, den Ludwig XIV. ihm für den Papst anvertraut hat. Er wird beschieden, die Antwort zwei Tage später abholen zu können. Der Sonderbeauftragte erscheint ein weiteres Mal, muss sich aber von Cybo sagen lassen, der Papst könne ihn nicht empfangen. Chamlais möge alles so mit Cybo besprechen, als sei der Papst selbst sein Gesprächspartner ...

Innozenz XI. weiß sehr wohl, dass die Befehle Ludwigs XIV. Chamlais verbieten, mit jemand anderem als dem Papst persönlich zu sprechen. Darüber hinaus haben die Diplomaten des Papstes mit ihren Vertröstungen Tage um Tage verstreichen lassen. Der geheime Abgesandte des französischen Königs kehrt schließlich erschöpft und gedemütigt nach Frankreich zurück, ohne mit Innozenz XI. verhandelt zu haben. Ludwig XIV. ist außer sich vor Wut. Der Konflikt zwischen Rom und Paris in der Frage der Erzdiözese Köln bleibt ungelöst, die Lage im Deutschen Reich bleibt gespannt, und das bietet Wilhelm von Oranien den besten Vorwand, um weiter seine Truppen in Alarmbereitschaft zu halten. Um dann zum Angriff überzugehen ... gegen England.

Der Papst kann, weil er sich geweigert hatte, Chamlais zu empfangen, so tun, als wisse er nicht, welche Gefahr den englischen Katholiken droht. Doch nach der Landung des Prinzen von Oranien entschlüpft ihm ein verräterischer Satz, den Leopold von Ranke zitiert: *Salus ex inimicis nostris*, die Rettung kommt von unseren Feinden (*Englische Geschichte*, Leipzig 1870, III, S. 201).

Die Revolution von 1688

Bei alldem handelt es sich nicht bloß um eine akademische Frage. Um die Tragweite der Glorious Revolution zu ermessen und damit das Verhalten Innozenz' XI. zu verstehen, soll Roloff erneut zu Wort kommen (a.a.O., S. 269):

> Wie die französische Revolution das 18. und 19. Jahrhundert scheidet, so steht zwischen dem 17. und 18. die englische des Jahres 1688 ... Für das Inselreich bedeutete es die Sicherung des evangelischen Glaubensbekenntnisses, das durch die katholisierenden Bestrebungen Jakobs II. in große Gefahr geraten war, und die Sicherung der aristokratischen Parlamentsherrschaft, nach deren Umsturz die Stuarts trachteten. Der Sieg des Parlaments über das absolute Königtum ermöglichte die Durchsetzung der beiden großen Parteien [d. h. der Tories und Whigs – Anm. M&S], die sich seitdem die Leitung der englischen Geschicke geteilt haben, ... Dadurch, dass die politische Macht dauernd in die Hände der Geburts- und Geldaristokratie überging und diese im Allgemeinen merkantile Interessen vertraten, wurde die Gesetzgebung dementsprechend gehandhabt.

Darüber hinaus wurden (was dem Papst besonders wichtig hätte sein müssen) nach dem Sieg des Oraniers die Gesetze verschärft, die die Katholiken aus dem öffentlichen Leben ausschlossen. Unter der Herrschaft Jakobs II. hatten sich 300 000 Engländer zum katholischen Glauben bekannt. Im Jahr 1780 war diese Zahl auf kaum 70 000 gesunken.

Die Schulden Wilhelms von Oranien

Von Anfang an hätte man Wilhelms Finanzsituation überprüfen müssen. In den Biographien Wilhelms von Oranien bleibt dagegen gerade das grundlegende Problem ziemlich ungeklärt: Wer finanzierte die Heere, mit denen er Holland verteidigte? Auf diese Frage gibt es keine Antwort, weil sie nie wirklich ernsthaft gestellt worden ist. Dabei sollten Historiker von Berufs wegen doch neugierig sein.

Nach Aussage des anglikanischen Bischofs Gilbert Burnet, eines Zeitgenossen und Freundes von Wilhelm, kam der Prinz »in ziemlich ungünstigen Verhältnissen auf die Welt [...]. Seine privaten Angelegenheiten standen sehr schlecht: Sein Vermögen war um zwei große Bestände verringert, die an seine Mutter und Großmutter gegangen waren, ganz zu schweigen von den großen Schulden, die sein Vater aufgehäuft hatte, um die englische Krone zu unterstützen.« (*Bishop Burnet's History of his Own Time*, London 1857, S. 212)

Burnet hatte aktiv an der Vorbereitung der Revolution von 1688 teilgenommen als einer der sehr wenigen, die über die geplante Landung in England unterrichtet waren, und er stand in den schwierigsten Momenten des »Staatsstreichs« einschließlich des abschließenden Marsches von der Küste nach London an Wilhelms Seite. Es wäre deshalb nicht überraschend, wenn er andere, für die Krone und die anglikanische Kirche noch belastendere Tatsachen verschwiegen hätte.

Der deutsche Historiker Wolfgang Windelband gibt einen Brief Wilhelms an seinen Freund Waldeck wieder, den er kurz nach der Thronbesteigung schrieb: »Wenn Ihr wüsstet, welches Leben ich führe, hättet Ihr bestimmt Mitleid mit mir. Gott aber weiß, und das bleibt mir der einzige Trost, dass mich nicht Ehrgeiz getrieben hat.« (zit. n. W. Windelband, *Wilhelm von Oranien und das europäische Staatensystem*, in: *Von staatlichem Wesen und Werden. Festschrift Erich Marcks zum 60. Geburtstag*, Neudr. Aalen 1981 [Stuttgart 1921])

Sind das die Worte eines Menschen, fragte sich Windelband verwundert, für den sich gerade der Traum seines Lebens erfüllt hat? Und könnten diese Worte nicht, setze ich hinzu, aus dem Munde eines Menschen stammen, der drückende Geldprobleme hat, über die er nicht sprechen darf?

Seine englischen Untertanen hielten ihren neuen König nicht für ein Musterbeispiel an Bescheidenheit. Wie Ranke berichtet (*Englische Geschichte*, a.a.O.), verlangte Wilhelm 1689 vom Parlament eine dauernde persönliche Rente, wie sie auch die Stuart vor ihm bekommen hatten: »Es ist für unsere Sicherheit unabdingbar, Geld zur Verfügung zu haben.« Das Parlament traute Wilhelm nicht: Dem König wurde nur eine Rente für ein Jahr zugestanden mit der ausdrücklichen Klausel »nicht länger«. Wilhelm war tief getroffen und empfand diese Entscheidung als persönliche Beleidigung. Doch er besaß keine Möglichkeit, sich zu widersetzen. Genau um diese Zeit kam es zu den geheimen Verhandlungen zwischen Beaucastel, Cenci und dem vatikanischen Staatssekretär.

Bei genauer Betrachtung ist die ganze Geschichte des Hauses Oranien geprägt von Episoden, die beweisen, dass die protestantischen Fürsten fast immer in erheblicher Geldverlegenheit waren. Nach Aussage der englischen Historikerin Mary Carolin Trevelyan »wären die Ambitionen Wilhelms II. [des Vaters von Wilhelm III.] um vieles weniger gefährdet gewesen, wenn er als Generalkapitän der Republik der Vereinigten Niederlande nicht versucht hätte, ein Heer zu halten, das größer war, als er es bezahlen konnte«. Um die notwendigen Gelder für die Verteidigung aufzutreiben, griff Wilhelm II. zur Gewalt und ließ 1650 fünf der wichtigsten Vertreter der niederländischen Provinzen einkerkern und belagerte Amsterdam (G. J. Renier, *William of Orange*, London 1932, S. 16 f.).

Im Jahr 1657 musste die Mutter von Wilhelm III. nach Angaben von Trevelyan ihren Schmuck in Amsterdam versetzen, um den Wünschen ihrer Brüder gerecht zu werden. 1661 starb sie in England. Im Mai des folgenden Jahres strengte Wilhelms Großmutter, Prinzessin Amalie von

Solms, einen Prozess um die Rückgabe des Schmuckes an. Ihr Sekretär Rivet schrieb an Huygens, den Sekretär von Wilhelm, der junge Prinz spreche »von nichts anderem als von dieser Angelegenheit« (M. C. Trevelyan, *William the Third and the Defence of Holland 1672–1674*, London 1930, S. 22). Warum aber interessierte sich Wilhelm so sehr für jene Schmuckstücke, unter denen ein silbergefasster 39-karätiger Diamant war? Ging es ihm nur darum, ein demütigendes Pfanddarlehen zu tilgen? Oder ging es ihm um den Geldwert jener Juwelen?

Die Oranier benötigten im Übrigen wohl große Summen, um ihre Kriegsvorhaben zu bezahlen. In den Monaten vor der Landung in England wussten auch die Agenten des Papstes in den Niederlanden über die finanziellen Engpässe Wilhelms Bescheid: Mitte Oktober 1688 berichteten sie darüber (nachzulesen bei Danckelman), dass aufgrund heftiger Stürme zehn oder sogar zwölf Schiffe von Wilhelms Flotte von einem Manöver auf offener See nicht zurückgekehrt seien und dass der Prinz von Oranien sich große Sorgen mache, weil ihn eine Verzögerung der Vorbereitungen 50 000 Livre pro Tag koste.

Dringende Geldnot kann zu Handlungen verleiten, die eines Prinzen unwürdig sind, bis hin zu Betrug und Verrat. Nach Aussagen des Münzhistorikers Nicolò Papadopoli fälschte die Münze des Fürstentums Orange im 17. Jahrhundert skrupellos venezianische Zechinen und konnte sich auch den entsprechenden Sanktionen leicht entziehen (*Imitazione dello zecchino veneziano fatta da Guglielmo Enrico d'Orange (1650–1702)*, in: *Rivista italiana di Numismatica e scienze affini*, XXIII [1910] H. III). Als die Falschmünzerei 1646 aufgedeckt wurde, führte die Serenissima Repubblica gerade in Candia (Kreta) gegen die Türken Krieg und bezog Waffen und Soldaten ausgerechnet aus den Niederlanden: Deshalb mussten die Venezianer den Betrug stillschweigend hinnehmen. Die Oranier fälschten wahrscheinlich auch die damals in den Niederlanden als Zahlungsmittel verwendeten ungarischen Dukaten.

Die Finanziers der Landung in England

Wilhelm war also arm oder besser gesagt ewig verschuldet und ständig auf der Suche nach Mitteln für seine kriegerischen Unternehmungen. Deshalb muss man sich die Frage stellen, wer ihn finanzierte, angefangen bei denen, die dies ganz offen taten.

Die politischen und militärischen Unternehmungen Wilhelms von Oranien einschließlich der Landung in England wurden von drei hauptsächlichen Bündnissen unterstützt: von den jüdischen Bankiers, von der Admiralität der Stadt Amsterdam und schließlich von einigen Patrizierfamilien.

Die jüdischen Bankiers nahmen im Finanzleben der Stadt Amsterdam und der Niederlande insgesamt eine herausragende Stellung ein. Eine besondere Rolle spielte dabei Baron Francisco Lopes Suasso, der zwischen Madrid, Brüssel und Amsterdam vermittelte und Wilhelm großzügig unterstützte. Nach Aussagen von Zeitgenossen schoss er ihm ohne jede Sicherheit zwei Millionen holländische Gulden mit dem berühmt gewordenen Satz vor: »Wenn Ihr Glück haben werdet, weiß ich, dass Ihr mein Geld zurückzahlt; wenn Ihr scheitert, bin ich damit einverstanden, es zu verlieren.« Weitere finanzielle Hilfen erhielt der Prinz von Oranien von den *Proveditеurs General* (wie er selbst sie hatte nennen lassen) Antonio Alvarez Machado und Jacob Pereira, zwei sephardischen Juden und Bankiers (vgl. D. Swetschinski, N. Shoenduve, *De familie Lopes Suasso, financiers van Willem III.*, Zwolle 1988).

Nicht weniger wichtig war für Wilhelm außerdem die Unterstützung durch die Admiralität von Amsterdam, die nach Angaben des Historikers Jonathan Israel ungefähr 50 Prozent der Kriegsflotte und der Armee bezahlte, die in England landete. Zeitgenössische Schätzungen sprechen von 1800 Mann, die unmittelbar vor der Überfahrt Tag und Nacht im Einsatz waren.

Schließlich erhielt Wilhelm, wenn auch unter unzähligen Schwierigkeiten, von einigen holländischen Familien Hilfsgelder. Israel erklärt, dass die Amsterdamer Patrizier aus Angst, einem Fürsten Waffen in die Hand zu geben, das von ihnen für die Flotte zur Verfügung gestellte Kapital nicht offiziell den Kriegsvorbereitungen gegen England zukommen ließen und so taten, als ob das Unternehmen Wilhelms Privatangelegenheit wäre und nicht im Interesse Amsterdams und der Vereinigten Provinzen läge. Am Ende sollte Wilhelm sich die Finger verbrennen: Die Verantwortung lag bei ihm, die Schulden musste er tragen. Um diese Farce in Szene zu setzen, wurde das Geld unter falschem Etikett durchgeschleust, so dass nichts in den öffentlichen Kassen auftauchte. Ein Teil der Summe wurde beispielsweise heimlich von den vier Millionen Gulden abgezweigt, die die Vereinigten Provinzen im Juli vor der Landung in England für den Ausbau ihrer Befestigungsanlagen gesammelt hatten. All dies erklärt, warum den Gläubigern am Ende als Sicherheit nur der persönliche Besitz Wilhelms, das heißt sein Fürstentum Orange, blieb. Doch Wilhelm sollte englischer König werden, was ihn in die Lage versetzen würde, seine Schulden abzutragen (J. Israel, *The Amsterdam Stock Exchange and the English Revolution of 1688*, in: *Tijdschrift voor Geschiedenis* 103 [1990], S. 412–440).

Die Familie Bartolotti

Dann kommen Wilhelms geheime Geldgeber: die Odescalchi. Die Familie des Papstes finanzierte vielleicht nicht direkt Wilhelms Landung in England; ohne Zweifel aber ließ sie dem Haus Oranien lange Zeit über äußerst gewundene und geheime Wege Gelder zufließen. Der interessanteste Kanal in dieser Hinsicht ist jener der Familie Bartolotti, von der Cloridia dem Hausburschen in ihrem ersten Gespräch berichtet. Die Bartolotti stammten aus Bologna, doch bald ging ihr Blut ganz in dem der Familie van den Heuvel auf, die den italienischen Nachnamen nur aus erbrechtlichen Gründen weiter trug.

Einige Mitglieder der Familie Bartolotti-van den Heuvel, die bestens in die holländische Aristokratie integriert war, bekleideten höchste Ämter: Sie wurden Kommandanten der Infanterie von Amsterdam, gehörten dem Stadtregiment an oder waren protestantische Pastoren. Die verwandtschaftlichen Beziehungen zu den herrschenden Kreisen fanden ihre Krönung in der Heirat von Susanne, der Tochter von Costanza Bartolotti, mit Constantin Huygens, dem Sekretär Wilhelms III. von Oranien (Johan E. Elias, *De vroedschap van Amsterdam*, Amsterdam 1963, I, S. 388 f.).

Auf den Stufen der gesellschaftlichen Hierarchie so hoch steigen zu können war nur dem erlaubt, dessen Reichtum in gleichem Maße gewachsen war. In wenigen Jahrzehnten waren die Bartolotti als Bankiers so einflussreich geworden, dass sie den Großen, darunter dem Haus Oranien, zu Diensten sein konnten. Wilhelm Bartolotti beispielsweise gehörte zum Kreis der Gläubiger, die Friedrich Heinrich von Oranien, dem Großvater Wilhelms, einen Kredit von zwei Millionen Gulden mit vierprozentiger Verzinsung verschafften. Diesem Wilhelm Bartolotti hatte Wilhelms Großmutter, Amalia von Solms, ihren Familienschmuck verpfändet.

Der Sohn von Wilhelm Bartolotti, der ebenfalls Wilhelm hieß, verlieh Geld auf Zins und trieb mit einem Geschäftspartner namens Frederick Rihel Handelsgeschäfte (beide tauchen als Schuldner in den Hauptbüchern von Carlo Odescalchi auf; Archivio di Stato di Roma, *Fondo Odescalchi*, Libri mastri, XXIII A2 c.152). Von seinem Vater hatte der junge Bartolotti nicht nur Geld und Immobilien geerbt, sondern auch Kreditbriefe. Nach dem Tod seiner Mutter verlieh Wilhelm Bartolotti junior im Dezember 1665 auch an den kaum fünfzehnjährigen Wilhelm III. von Oranien Geld. Wilhelm schuldete Bartolotti 200 000 Gulden, die auf der Grundlage von zwei Obligationen zurückzuzahlen waren. Die erste Obligation über 150 000 Gulden war durch eine Hypothek auf »die Herrschaft der Stadt Veere und ihre Polder« gesichert. Als Sicherheit für die restliche Summe waren »einige deutschen Herrschaften im Reich« eingetragen, wo das Haus Oranien Besitz hatte (Elias, a.a.O., I, S. 390).

Die Geldströme aus den Kassen der Odescalchi in Richtung Holland, und das heißt in Richtung des Prinzen von Oranien, erreichten ihren größten Umfang im Jahr 1665. In diesem Jahr war Wilhelm zugegebenermaßen erst ein fünfzehnjähriger Knabe, und die holländischen Generalstände konnten sich, weil sie erblichen Herrschern stets misstrauten, erst im April 1666 dazu durchringen, ihm den vorläufigen und zweideutigen Titel eines Infanten der Niederlande zu verleihen. Ebenso wahr ist es, dass in den zwei Jahren des 1665 ausgebrochenen englisch-holländischen Krieges der Handel mit Italien (und damit vielleicht auch die

Finanztransaktionen) stark anstieg, so dass auch die vermehrten Einnahmen der Odescalchi dieser allgemeinen Entwicklung geschuldet sein könnten.

Niemand kann jedoch leugnen, dass die Gelder der Brüder Odescalchi in die Hände der kalvinistischen Aristokratie Amsterdams gelangten, die dann Wilhelms Landung in England unterstützte. Im Falle des Hauses Bartolotti lässt sich sogar *per tabulas* nachweisen, dass Gelder von den Odescalchi schließlich bei Wilhelm von Oranien landeten. Den Bartolotti ein Darlehen zu gewähren war deshalb letztlich so viel, wie es Wilhelm zu gewähren.

Es darf auch nicht vergessen werden, dass die Odescalchi bis zum Jahre 1671 den Holländern Darlehen gaben, als Benedetto Odescalchi schon seit vielen Jahren Kardinal und bereits als Kandidat für den Heiligen Stuhl im Gespräch war.

Nach dem Jahr 1665 nahmen die Überweisungen der Odescalchi nach Holland allerdings drastisch ab. Vielleicht gewann die Vorsicht oder der Ehrgeiz endlich die Oberhand. Denn was wäre geschehen, wenn man entdeckt hätte, dass ein Kardinal der Heiligen Römischen Kirche ins Land der Ketzer Geld schickte? Sicher wäre ein Skandal von solchem Ausmaß entstanden, dass der Betroffene ihn nicht überstanden hätte. Und Benedetto Odescalchi konnte ein derartiges Risiko nicht eingehen: Bereits im Juni 1667 sollte er zum zweiten Mal in seinem Leben an einem Konklave teilnehmen, und diesmal galt er als einer der Kandidaten. Wenn jemand aufgedeckt hätte, dass seine Familie Geld nach Holland verlieh, wäre er nicht in jenem Jahr und auch niemals später gewählt worden.

Feroni, Grillo und Lomellini

Die Aufzählung der geheimen Darlehen der Odescalchi ist damit alles andere als abgeschlossen. In dem Jahrzehnt von 1661 bis 1671 erhält auch der Sklavenhändler Feroni in Holland insgesamt 24 000 Scudi. Auch in diesem Fall handelt es sich sicher nicht um Handelsgeschäfte: In den seltenen Fällen, in denen er die Bezahlung von Waren anordnet, vermerkt Carlo Odescalchi genauestens die Art der Waren, das Lieferdatum und alle anderen nützlichen Details. Im Falle Feronis handelt es sich jedoch ebenso wie bei den Holländern um rein finanzielle Leistungen. Wiederum Darlehen.

Feroni widmet sich von 1662 bis 1670 dem Sklavenhandel. Entscheidend ist das Jahr 1664, als die spanische Krone zwei in Madrid ansässigen Genuesen namens Domenico Grillo und Ambrogio Lomellini das Monopol für den Transport schwarzer Sklaven in die spanischen Überseebesitzungen verleiht. Politische und wirtschaftliche Turbulenzen bringen die beiden Zwischenhändler in finanzielle Schwierigkeiten, aus denen sie zweimal nur dank Feronis Eingreifen gerettet werden. Der toskanische Kaufmann überweist in ihrem Auftrag und im Namen des spanischen Königs 300 000 Gulden an den Kaiser in Wien, der die Summe erwartete, um sie für seinen Kampf gegen die Türken zu verwenden. Vier Jahre später, im Jahre 1668, greift Feroni Grillo und Lomellini ein weiteres Mal unter die Arme, indem er der spanischen Krone in Antwerpen 600 000 Pesos vorschießt (P. Benigni, *Francesco Feroni empolese, negoziante in Amsterdam*, in: *Incontri – Rivista di studi italo-nederlandesi*, I, 1985, S. 98–121). In ebendiesen Jahren erhielt Feroni, wie wir gesehen haben, Kredite von den Odescalchi, die Grillo und Lomellini im Übrigen auch direkt finanzierten: In einem kleinen Hauptbuch der Familie Odescalchi aus dem Jahre 1669, das sich im römischen Staatsarchiv befindet, sind die beiden Sklavenhändler aus Madrid als Schuldner aufgeführt (*Fondo Odescalchi*, XXIII A1, c. 216; vgl. auch XXXII E 3,8).

Man könnte einwenden, dass Feroni nicht nur Sklavenhändler war; er hatte seine Laufbahn mit Seiden- und Weinhandel begonnen, und theoretisch hätte er das Geld der Odescalchi auch für weniger grausame Geschäfte verwenden können. Grillo und Lomellini dagegen nicht: Sie waren nur Sklavenhändler. Und dank der von den Odescalchi und von Feroni erhaltenen Summen konnten die beiden Genuesen wieder die Kontrolle über den Menschenhandel übernehmen und ihn den Engländern und Holländern entreißen.

Persönliche Interessen

Niemand hat je zu klären versucht, welche Beziehungen wirklich zwischen Innozenz XI. und Wilhelm bestanden. Dabei sind alle Quellen, die ich gelesen habe, einsehbar: Man muss nur suchen. Niemand hat es je getan, und vielleicht aus gutem Grund.

Wer Bescheid wissen musste, wusste Bescheid. Wer zwischen den Zeilen zu lesen versteht und die Thesen Danckelmans und der anderen Historiker überprüfte, die Innozenz XI. reinwaschen wollen, erkannte die Wahrheit sofort.

Die Historiker, die Innozenz XI. gegen Angriffe und Verdächtigungen verteidigten, waren unter anderem selbst nicht frei von Beeinflussungen. Graf Della Torre Rezzonico, der die Behauptung widerlegen wollte, Innozenz XI. habe als Söldner gedient, war wie gesagt mit den Odescalchi verwandt und ein Nachkomme jenes Aurelio Rezzonico, der von Venedig aus im Namen der Familie Odescalchi Geld nach Amsterdam überwies (vgl. G. B. Di Crollalanza, *Dizionario Blasonico*, Bologna 1886, II, S. 99; A. M. Querini, *Tiara et purpura veneta*, Brescia 1761, S. 319; *Dizionario storico portatile di tutte le venete patrizie famiglie*, Venedig 1780, S. 106).

Auch die persönliche Situation Danckelmans verdient Beachtung. Die Barone von Danckelman standen seit der Zeit Wilhelms III. in enger Verbindung mit dem Hause Oranien. Im 17. Jahrhundert war ein berühmter Vorfahre und Namensvetter des Historikers, Eberhard von Danckelman, Erzieher am Hofe des brandenburgischen Kurfürsten Friedrich und später dessen Erster Minister. Doch der Kurfürst war auch der Onkel von Wilhelm III. von Oranien und hatte ihn mehrmals in den Auseinandersetzungen mit Frankreich unterstützt. Der Kurfürst von Brandenburg hatte den Danckelmans den Adelstitel verliehen. Als gläubige Protestanten konnten sie ohne Zweifel der Wahrheit nicht ins Gesicht sehen: Wilhelm von Oranien hatte sich des englischen Thrones auch dank der Finanzhilfe des Papstes bemächtigt und von dessen Außenpolitik profitiert. Letztlich kann man auch nicht ausschließen, dass bei Danckelman vielleicht ökonomische Interessen im Spiel waren: Die Familie stammte ursprünglich aus der Grafschaft Lingen, die zum Erbe des Hauses Oranien gehörte; nach Wilhelms Tod fiel sie an den kurfürstlichen Onkel in Brandenburg (vgl. Kürschners Deutscher Gelehrten-Kalender, 1926, II, S. 374; C. Denina, *La Prusse littéraire sous Fréderic II*, Berlin 1791, I, *ad vocem*; A. Rössler, *Biographisches Wörterbuch*, *ad vocem*).

Wie alle anderen Historiker ließ Danckelman jedoch seine Leser über seine verwandtschaftlichen Beziehungen zu den behandelten Personen im Unklaren. Durch Verschweigen und Kunstgriffe wurden die Fakten in bewusster Parteilichkeit entstellt.

Andere Akteure des historischen Geschehens waren nicht besser. Sogar Kardinal Rubini, der Staatssekretär Alexanders VIII., der Monsignor Cenci veranlasste, das Angebot Beaucastels nicht anzunehmen, verfolgte ein persönliches Interesse in dieser Frage. Die Familie Rubini gehörte nämlich schon zu Lebzeiten seines Großvaters zu den Schuldnern von Innozenz XI., wie aus den Hauptbüchern von Carlo Odescalchi eindeutig hervorgeht. Die peinliche, in Avignon von Cenci aufgeworfene Geschichte der Darlehen so schnell wie möglich zu beenden schien das Klügste: Rubini wusste sehr gut, dass das Geld der Odescalchi in viele Richtungen geflossen war (*Fondo Odescalchi*, XXII A9, c. 179; XXII A13, anno 1650. Querini, a.a.O., S. 282; G. M. Crescimbeni, *Notizie istoriche degli Arcadi morti*, Rom 1720, III, S. 67; T. Riccardi, *Storia dei vescovi vicentini*, Vicenza 1786, S. 238).

Auch ein anderer hoher Würdenträger in der vatikanischen Hierarchie wusste sehr gut Bescheid: Monsignor Giovanni Antonio Davia, der zur Zeit des Überfalls von Wilhelm von Oranien die strategisch wichtige Position eines apostolischen Internuntius in Brüssel innehatte. Auch seine Familie erhielt verzinsliche Darlehen von der Familie des Papstes (darüber geben ebenfalls die Hauptbücher von Carlo Odescalchi Auskunft), und merkwürdigerweise besaß Monsignor Davia nicht das notwendige Gespür, um zu wissen, dass England in die Hand der Ketzer zu fallen drohte (*Fondo Odescalchi* XXVII B6; E. Danckelman, a.a.O.).

Auch der apostolische Gesandte in London, Graf Ferdinando D'Adda, reagierte seltsamerweise nicht rechtzeitig, denn, wie die Historiker bemerkt haben, versäumte er es, die Machenschaften der Londoner Freunde Wilhelms, die im Land seinen Staatsstreich unterstützten, zu durchschauen und darüber nach Rom zu berichten (G. Gigli, *Il nunzio pontificio D'Adda e la seconda rivoluzione inglese*, in: *Nuova rivista storica* XXIII [1939], S. 285–352). Wahrlich, ein schlechter Dienst, und doch wurde Graf D'Adda von Innozenz XI. (mit dem er im Übrigen verwandt war) zum Nuntius befördert. Vielleicht bestand ja seine Aufgabe in Wirklichkeit darin, seinen Dienst schlecht zu versehen?

Das jüdische Problem

Wie sich gezeigt hat, floss in zwei der drei vom Prinzen von Oranien offensichtlich genutzten Finanzierungsquellen, die von den Historikern nachgewiesen wurden (das heißt die Amsterdamer Admiralität, die holländischen Patrizierfamilien und die jüdischen Bankiers), auch Geld der Familie Odescalchi ein. Die Darlehen der Familie von Innozenz XI. gelangten nämlich sowohl in die Hände der Amsterdamer Admiralität (in der Person von Jean Neufville, der von Wilhelm von Oranien selbst zum Admiral ernannt worden war) als auch in diejenigen zahlreicher Familien der holländischen Wirtschafts- und Finanzaristokratie: die Deutz, die Hochepied und die Bartolotti, deren Namen in den Hauptbüchern von Carlo Odescalchi auftauchen.

Zwei von drei Geldquellen wurden demnach von der Familie des seligen Innozenz gespeist. Bei der Finanzierung des Hauses Oranien hatten die Odescalchi demnach nur einen Konkurrenten: die jüdischen Bankiers. Es mag ein Zufall sein, aber unter den zahlreichen strengen Maßnahmen, die von Innozenz XI. während seines Pontifikats eingeführt wurden, betraf eine besonders das Finanzwesen. Der selige Innozenz verbot den Juden unter Androhung schwerer Strafen die Ausübung von Bankgeschäften: ausgerechnet das Hauptgeschäftsfeld der Familie Odescalchi. Diese schwerwiegende Maßnahme, die das Ende einer langen Epoche der päpstlichen Toleranzpolitik bezeichnete, stürzte die römischen Juden in eine wirtschaftliche Krise, und bis zum Beginn des 19. Jahrhunderts mussten sie ohnmächtig zusehen, wie ihre Schulden immer mehr wuchsen und ihre Einnahmen immer mehr schwanden. Gleichzeitig richtete Innozenz die Darlehenskasse *Monte di pietà* ein, eine Maßnahme, die trotz ihrer unbestreitbaren sozialen Verdienste den jüdischen Bankiers in zunehmendem Maße Ressourcen und Kunden entzog.

Das Verbot, Geld auf Zinsen zu verleihen, wurde von Innozenz XI. 1682 ausgesprochen. Im selben Jahr hatte der jüdische Bankier Antonio Lopes Suasso Wilhelm von Oranien ein Darlehen von 200 000 Gulden gewährt. Bloßer Zufall?

Wie wir gesehen haben, unterstützten die Odescalchi in Madrid den

Sklavenhandel der Grillo und Lomellini. Auch in diesem Fall waren die Juden ihre Konkurrenten: Grillos Unternehmen wurde auch von den Bankiers Lopes Suasso finanziert. Auch nur eine Laune des Zufalls?

Vielleicht reichen diese Zusammenhänge nicht aus, um zu behaupten, dass Innozenz XI. das Verbot aus persönlichen Interessen erlassen habe. Viele Jahrhunderte später war die Seligsprechung von Papst Pius IX. begleitet von heftigen Auseinandersetzungen über seinen unverhohlenen Antisemitismus. Genauer betrachtet aber war nicht er der erste Feind der Juden, der selig gesprochen wurde, sondern der Papst aus der Familie Odescalchi. Im Gegensatz zu Pius IX. hatte dieser einige sehr konkrete und persönliche Gründe zur Feindschaft gegenüber dem Volke Israel. Einer weiteren Laune der Geschichte folgend, wurde Innozenz XI. unter dem Pontifikat von Pius XII. selig gesprochen: ein Papst, der seinerseits, wie inzwischen bekannt, eine zumindest umstrittene Haltung gegenüber den Juden einnahm, da man ihm sogar vorwirft, verschwiegen zu haben, was er über die *Shoah* wusste.

Weitere Investitionen der Odescalchi in Holland

Über die für Wilhelm von Oranien bestimmten Mittel hinaus lassen sich aus den Hauptbüchern der Familie Odescalchi viele andere Geldströme nachweisen, die es verdienten, weiter untersucht zu werden. Es gibt zum Beispiel den Fall eines Henrik und Franciscus Schilders, denen von März 1662 bis Mai 1671 10 542 Scudi überwiesen werden. Die Schilders waren im Bereich der Heeresausrüstung tätig: Franciscus war Kommissar für die Lebensmittelversorgung der Truppen von Antwerpen in den Spanischen Niederlanden. Der italienische Kaufmann Ottavio Tensini lieferte ihm Gerste für das spanische Heer. An Tensini, der als Versicherungsagent, Reeder, Importeur von Kaviar, Fetten und Pelzen aus Russland tätig war und darüber hinaus den Papst mit Arzneimitteln belieferte, flossen von Januar 1665 bis November 1670 11 206 Scudi von den Odescalchi. Konnte diese Summe etwa für die Heeresausrüstung des Prinzen von Oranien Verwendung finden?

Es wäre sinnvoll, auch den über 11 000 Scudi nachzugehen, die von Cernezzi und Rezzonico der holländischen Handelsgesellschaft Giovan Battista Bensi und Gabriel Voet geschickt wurden. Außer mit Häuten und Getreide trieb diese Firma auch mit Waffen Handel, und man kann sich die Frage stellen, ob die eine oder andere Partie von Musketen (vielleicht mit Riemen aus Seehundshaut, wie sie der italienische Kaufmann vertrieb) nicht mit dem Geld der katholischen Odescalchi gekauft wurde, um dann in den Händen der protestantischen Soldaten zu landen.

Viele andere Finanztransaktionen wären noch zu klären. Beispielsweise die Überweisungen zugunsten des österreichischen Kardinals Kollonitsch seit 1687: Im »privaten« Archiv der Odescalchi sind nämlich Zahlungsaufträge und Wechselbriefe zu finden, nach denen Kollonitsch 3600 gute kaiserliche Taler erhalten soll (*Fondo Odescalchi* XXVII G3). Der Kardinal, der zu den hartnäckigen Verteidigern Wiens während der Belagerung von 1683 gehörte, spielte auch bei der nachfolgenden Eroberung Ungarns eine führende Rolle. Doch in Ungarn lag auch das Herzogtum Sirmium, das der Kaiser später an Livio Odescalchi verkaufte: Vielleicht weil die Odescalchi seine Gläubiger waren? Darüber hinaus leiht Livio Odescalchi dem Kaiser im Jahre 1692 für den Krieg gegen die Türken weitere 180 000 Gulden mit einem Zinssatz von sechs Prozent und gesichert durch eine Hypothek auf die Zolleinnahmen der Provinz Bozen (*Fondo Odescalchi* App. 38 n. 114,1). Es wäre wohl eine schwere Erschütterung für die katholische Kirche, wenn bewiesen würde, dass anscheinend Ungarn mit dem Blut christlicher Soldaten nur deshalb zurückgewonnen wurde, um es dann an die Geldgeber des Kaisers zu verkaufen: an die Odescalchi.

Für diejenigen, die sich mit der Geschichte beschäftigen, könnten auch die zahlreichen, in den Büchern von Carlo Odescalchi verzeichneten Zahlungen zugunsten anderer italienischer Kaufleute in Holland und London von Interesse sein: Ottavio Tensini (Schwiegervater von Feroni), Paolo Parenzi, Gabriele Voet, Giuseppe Bandinucci, Pietr'Andrea und Ascanio Martini, Giuseppe Marucelli, Giovanni Verrazana, Stefano Annoni, Giovan Battista Cattaneo und Giacomo Bostica.

Zu klären wären auch die Geschäftsbeziehungen mit holländischen und flämischen Kaufleuten wie Ieremia Hagens, Isach Flaming, Tomas Verbecq oder Peter Vandeput. Alle erhalten nicht unbeträchtliche Summen, die sich insgesamt auf 14 000 Scudi belaufen, für die Carlo Odescalchi in keinem Fall den Zahlungsgrund notiert hat (vgl. z. B. *Fondo Odescalchi* XIII A2 cc. I, 84, 97–122, 134, 146, 159, 179, 192, 220, 244, 254, 263, 300). Eine gründliche Untersuchung müsste von den notariellen Urkunden in Amsterdam, London und Venedig ausgehen, um die Gründungsdokumente für die Handelsgesellschaften, die Verträge und die Wechselbriefe ausfindig zu machen.

Das Spiel des Kaisers

Bei den verwirrenden Finanztransaktionen, die die europäische Politik zwischen 1660 und 1700 heimlich bestimmten, spielte Kaiser Leopold unzweifelhaft eine entscheidende Rolle. Der Habsburger wusste genauestens Bescheid über die Gelder, die von den venezianischen Strohmännern der Odescalchi an die ketzerischen italienischen Bankiers flossen. Es genügt ein Blick auf die seit langem bekannten Dokumente (Hans von Zwiedineck, *Das gräflich Lamberg'sche Familienarchiv zu Schloss Freistritz bei Ilz*, Graz 1897). Während Aurelio und Carlo Rezzonico von Venedig aus Leopold über die kaiserliche Kammer in Graz Darlehen gewährten und die vom Kaiser als Pfand erhaltenen Fässer mit Quecksilber an die Holländer verkauften, machte der Habsburger im Januar 1666 die beiden Strohmänner der Odescalchi zu Baronen, »um die Angelegenheit schneller zum Abschluss zu bringen«.

In Wirklichkeit dürfte es wohl gar nicht allzu viele Schwierigkeiten gegeben haben, da Baron Abbondio Inzaghi, der Oberinspektor der österreichischen Quecksilberminen, das heißt der Vermittler der Transaktion auf kaiserlicher Seite, ein Landsmann der Odescalchi war: Auch er entstammte, wie der selige Innozenz, einer alteingesessenen Familie aus Como. Von Wien aus war auch Baron Andrea Giovannelli, ein Cousin von Carlo und Benedetto Odescalchi, als Mittelsmann tätig, und auch er wurde von Leopold mit einem Adelstitel belohnt.

Im Jahr 1672, als der Krieg zwischen Frankreich und Holland ausbrach, schlug Leopolds Vertrauensmann für Wirtschafts- und Heeresangelegenheiten, Karl Gottfried von Breuner, vor, Inzaghi zum Beauftragten für »die geplanten Handelsgeschäfte mit den Holländern« zu ernennen. Der Kaiser seinerseits erinnerte Breuer daran, dass er einem gewissen Deutz bereits 260 000 Gulden schulde: Deutz war der ketzerische holländische Bankier, dem die Odescalchi ihr Quecksilber weiterverkauften.

Der Notar in Como, der die Verträge zwischen Rezzonico, Cernezzi und Inzaghi ausfertigte, hieß Francesco Peverelli (vgl. über ihn z. B. *Fondo Odescalchi* XXXIII A1 c. 78: Archivio di Palazzo Odescalchi, ID6, cc. 70, 89, 352, 383). Zur Familie Peverelli gehörten jedoch auch Untertanen Leopolds, der ihnen unter anderem großzügige Vergünstigungen in Geld und Gütern hatte zukommen lassen.

Außerdem war die Rückzahlung der Kredite an Leopold nicht nur durch Quecksilber, sondern auch durch Zolleinnahmen abgesichert. Nach dem Tod von Carlo und Benedetto Odescalchi belieh Leopold weiterhin seine Zolleinnahmen. Bezeichnenderweise wandte er sich dazu an Livio Odescalchi, den Neffen des seligen Innozenz, der ihm für seine militärischen Unternehmungen ungeheure Summen lieh.

Die *Sache* Odescalchi war nur wenigen Eingeweihten bekannt. Und wenn es sich darum handelt, Geheimnisse über eine lange Zeit zu bewahren, dann ist es immer besser, sich an die zu wenden, die bereits Bescheid wissen. Als im Jahr 1758 ein Rezzonico unter dem Namen Klemens XIII. den Stuhl Petri bestieg, sollte er als Geheimkämmerer bezeichnenderweise einen Giovannelli wählen.

Ähnliche Beispiele lassen sich in dieser Geschichte nur allzu viele finden. Man braucht nur daran zu erinnern, dass die Darlehen der Odescalchi an die Bartolotti gingen, die mit Johann Huydecoper verwandt waren, dem Bürgermeister von Amsterdam und von der Stadtherrschaft als Gesandter am Hofe Friedrichs von Brandenburg akkreditiert, dem Onkel von Wilhelm von Oranien, zu dessen Untertanen, wie wir wissen, ein gewisser Danckelman gehörte …

Das Geheimnis der Hauptbücher

Die Buchführungsaufzeichnungen in den Hauptbüchern von Carlo Odescalchi zu entziffern beanspruchte viel Zeit. Das Führen von Büchern wurde zum Schutz des Handels von den venezianischen Behörden im 16. Jahrhundert angeordnet. Kaum war diese Maßnahme eingeführt, wurde sie von den Kaufleuten dadurch geschickt umgangen, dass unter ihrer direkten Kontrolle Buchhalter ihres Vertrauens die Bücher mit unverständlichen Zahlen und Namen füllten, die nur von ihnen selbst entzifferbar waren. Carlo Odescalchi tat noch mehr: In einer fast unleserlichen Schrift führte er selbst die Hauptbücher. Die Kontobücher der Familie, wie die von Carlo Odescalchi, enthielten dann noch tiefer versteckte Geheimnisse und äußerst sensible private Dinge. Sie wurden an unzugänglichen Stellen verwahrt und oft vernichtet, bevor sie in fremde Hände geraten konnten (vgl. z. B. V. Alfieri, *La partita doppia applicata alle scritture delle antiche aziende mercantili veneziane*, Turin 1881).

Die doppelte Buchführung, die in den Hauptbüchern der italienischen Kaufleute in rudimentärer Form bereits Anwendung fand, scheint in den Registern der Odescalchi nicht vorhanden. Die Operationen werden ohne zeitliche Reihenfolge oder Zuordnung gemischt. Die Verwendung wird benannt, aber das Ergebnis der einzelnen Vorgänge und vor allem der letztendliche Gesamtbetrag sind nicht aufgeführt.

Alles wäre viel einfacher gewesen, wenn man die laufende Buchführung hätte einsehen können, in der die einzelnen Operationen aufgezählt sind, die dann in die Hauptbücher übernommen werden. Diese laufenden Bücher sind aber leider nicht aufbewahrt worden. Auch das Erbinventar von Carlo Odescalchi hätte helfen können, eventuelle Darlehen an Wilhelm von Oranien nachzuweisen. Aber auch davon fehlt jede Spur.

Carlo der Fleißige

In der Mailänder Biblioteca Ambrosiana (Fondo Trotti Nr. 30 und 43) befindet sich das bisher nie gefundene, sorgfältig geführte Tagebuch, das Carlo Odescalchi von 1662 bis zu seinem Tod schrieb. Leider steht dort nichts über die Familiengeschäfte: Carlo machte nur genaueste Anmerkungen über seinen Gesundheitszustand, über seinen täglichen Umgang und das Wetter. Unter dem Datum des 30. September 1673, Carlos Todestag, hat eine anonyme Hand die letzten Augenblicke des Sterbenden beschrieben: die Letzte Ölung, den geistlichen Beistand durch zwei Jesuitenpatres, sein Sterben wie »ein wahrer Cavaliere«, dann eine kurze Aufzählung seiner guten Eigenschaften: Klugheit, Demut, Gerechtigkeit. Vor allem aber sei er »über die Maßen fleißig darin gewesen, alle ihn betreffenden Dinge eigenhändig aufzuzeichnen, um sicherzustellen, dass nach seinem Tode kein Schaden entstehen und die Inventare aller Einrichtungsgegenstände, Gebäude, Darlehen und Außenstände erstellt werden konnten«.

Beim Lob des Verstorbenen verliert der anonyme Schreiber mehr Worte über die Sorgfalt bei der Führung seiner Bücher und Geschäftspapiere als über seine moralischen Tugenden. Er muss ein wahrer Meister des Archivierens gewesen sein, der »Cavaliere« Carlo Odescalchi. Wie lässt sich dann erklären, dass das Inventar seines Erbes und die Journale seiner Hauptbücher unauffindbar sind?

Geheime Verhandlungen

Seit der Zeit, als die Päpste im Mittelalter nicht in Rom, sondern in Avignon ihren Sitz hatten, waren die Stadt der Provence und ihr Umland (die Grafschaft Venaissin) integraler Bestandteil des Kirchenstaats.

Die Auseinandersetzungen zwischen Ludwig XIV. und Innozenz XI. hatten jedoch dazu geführt, dass im September 1688 französische Truppen Avignon besetzten. Nur ein Jahr später, im August 1689, starb Papst Innozenz. Der neue Pontifex Alexander VIII. aus dem Hause Ottoboni wandte sich von der politischen Linie seines Vorgängers ab und war offen franzosenfreundlich. Als Zeichen der Entspannung zog der Allerchristlichste König seine Besatzungstruppen aus Avignon ab. Ende 1689 begab sich deshalb der apostolische stellvertretende Legat Baldassare Cenci mit dem Auftrag in die Stadt, die Übergabe der vatikanischen Besitzungen zu kontrollieren, die durch die französische Besatzung entstandenen Schäden festzuhalten und die lokale Verwaltung wieder in die Hand zu nehmen.

Von Anfang an sah sich Cenci jedoch mit einer – vorsichtig ausgedrückt – verwirrenden Situation konfrontiert. Avignon hatte durch die französische Besatzung schwere Schäden erlitten, schlimmer aber noch war die Lage in dem angrenzenden Fürstentum Orange, dem Stammsitz des Prinzen von Oranien, das seit Jahrzehnten regelmäßig von französischen Dragonern verwüstet wurde. Darüber hinaus war der Prinz von Oranien gerade König des fernen England geworden, und seine Untertanen fühlten sich – nicht zu Unrecht – von ihrem Herrn verlassen. Die Bewohner von Orange waren zum großen Teil Protestanten und fürchteten, dass die einfallenden Franzosen unter dem Vorwand nicht nur militärischer, sondern auch religiöser Gründe das leidgeprüfte Fürstentum vollends zerstörten. Deshalb herrschte in Orange noch immer größte Unruhe, als in Avignon bereits Friede eingekehrt war.

Am 7. November berichtete Cenci nach Rom, im antiken Amphitheater von Orange (das damals alle »Le Cirque« nannten) habe eine Versammlung mit Vertretern aller Stände des Fürstentums stattgefunden, die beschlossen, Ludwig XIV. die Herrschaft über das Fürstentum anzutragen. Es war eine Verzweiflungstat: Lieber unter der Herrschaft des Feindes als gegen ihn.

Während Cenci von Rom nach Avignon reiste, hatte ein Geistlicher aus Avignon, der Auditor der *Sacra Romana Rota* namens Paolo de Salvador, einen merkwürdigen Brief von einem der Untertanen des Fürstentums Orange erhalten: Absender des Schreibens war ein gewisser Monsieur de Beaucastel, ein kurz zuvor zum Katholizismus konvertierter Protestant und Vertreter der Bürger von Orange am Hof von Paris. Der Brief enthielt einen nichts weniger als sensationellen Vorschlag: Der französischen Übergriffe müde, wollten die Bewohner des Fürstentums Orange sich in Wirklichkeit in die Hände des Papstes begeben.

Angesichts dieser äußerst delikaten Angelegenheit berichtete Cenci nach der Lektüre von de Salvadors Brief umgehend an das Staatssekretariat in Rom. Der Vorschlag sei anzunehmen, schrieb Cenci. Zwar habe sich Orange gerade der französischen Herrschaft unterworfen, aber Ludwig XIV. könne vielleicht auf das Fürstentum Wilhelms verzichten, wenn der Papst sich mit ihm verbünden würde, um den katholischen Jakob Stuart gegen den Prinzen von Oranien zu unterstützen, der diesen gerade gestürzt hatte. Es sei allerdings sehr peinlich, wenn die Kirche den Besitz eines ketzerischen Fürsten als Geschenk annähme (der zu allem Überfluss auch noch Herrscher über England geworden war). Cenci schlägt deshalb einen Vorwand vor: Das Fürstentum könnte als Entschädigung angenommen werden für die Schäden, die die lang andauernden Kämpfe zwischen Katholiken und Protestanten in Avignon angerichtet hatten.

Das vatikanische Staatssekretariat ordnet dagegen an, die Offerte abzulehnen: Beaucastel solle sich lieber an Ludwig XIV. wenden, der das Fürstentum besser als die Kirche schützen könne.

Inzwischen begibt sich Beaucastel persönlich zu Cenci und wiederholt in Anwesenheit von de Salvador sein Anerbieten. Auf die Zurückweisung Cencis gibt Beaucastel eine zweideutige Erwiderung. Er behauptet, der Heilige Stuhl habe schon in der Vergangenheit ähnlich gehandelt: Die Kirche besitze nämlich die Grafschaft Venaissin »aufgrund eines Teilungsvertrags zwischen dem König von Frankreich und dem Papst nach den Albigenserkriegen«.

Diese Anspielung ist giftgetränkt: Um die Wende des 12. zum 13. Jahrhundert war nämlich in der Provence das Übel des Ketzertums nur mühsam beseitigt worden (G. Moroni, *Dizionario di erudizione storico-ecclesiastica*, Venedig 1840, Stichwort »Contado venaissino«). In einem blutigen, grausamen Kreuzzug war das Heer des Fürsten Raimund VI. von Toulouse vernichtet worden, der über die Provence geherrscht hatte und seit geraumer Zeit angeklagt war, die gegen die Kirche in Rom gerichteten Lehren der Albigenser zu verbreiten. Aus Furcht vor einer Gefangennahme und Auslieferung an die Inquisition hatte Raimund damals dem Papst einige Gebietsabtretungen versprochen, darunter drei Kastelle in der Grafschaft Venaissin und einen Teil von Avignon. Wenn Raimund sich zu den Lehren der Albigenser bekehren würde, so lautete der Vertrag, sollten die Besitzungen an die Kirche übergehen. Und so geschah es: Raimund blieb bei seinem Irrglauben, wurde zum Ketzer erklärt und exkommuniziert. Den Kampf führte sein Sohn Raimund VII. fort, der schließlich durch Papst Gregor IX. und den französischen König Ludwig IX. den Heiligen im Felde geschlagen wurde. Nur mit Gewalt allerdings konnte das Abkommen zwischen Kirche und Ketzern durchgesetzt werden: Im Vertrag von Paris fielen das Land und die Kastelle der Häretiker im Jahre 1228 an den Vatikan. Das Versprechen Raimunds gegenüber dem Heiligen Stuhl beruhte zwar nicht auf einem Darlehen der Kirche. Aber die Anspielung Beaucastels auf einen Vertrag zwischen Katholiken und Ketzern, der mit dem Besitz der Letzteren bezahlt wurde, klingt doch ziemlich ungewöhnlich.

Kehren wir jedoch zu den Geheimverhandlungen zwischen Cenci und den Repräsentanten des Fürstentums Orange zurück. Nach der maliziösen Erwähnung der Vergangenheit kommt der Tiefschlag: »Hier in diesem Reich war die Meinung sehr verbreitet«, enthüllt Beaucastel, »der Prinz von Oranien habe dem früheren Papst große Summen geschuldet, die zu bezahlen er es wohl für günstig hielt, sich eines Staates zu entledigen, aus dem so wenig Gewinn zu ziehen war.«

Wilhelm von Oranien, so wird hier klipp und klar gesagt, war bei Innozenz XI. hoch verschuldet und dachte daran, statt der Rückzahlung der Summe dem Papst das kleine Fürstentum Orange zu schenken, das ihm im Übrigen ohnehin zu wenig abwarf.

Cenci berichtet wiederum alles nach Rom. Doch vom Heiligen Stuhl kommt eine weitere und noch deutlichere Absage: Es ist undenkbar, dass der Papst aus der Familie Odescalchi einem Ketzerfürsten Geld geliehen habe. Die skandalöse Enthüllung verbreitet sich schnell. Cenci schreibt noch einmal nach Rom und fügt hinzu, sogar der ehemalige Schatzmeister Wilhelms von Oranien, Monsieur de Saint Clément (der von den Geschäften des Prinzen gewiss mit Sachkenntnis sprach), rate seinen Mitbürgern, sich den Franzosen zu unterwerfen. Sie hätten schon genug an den Papst gezahlt, begründet der ehemalige Schatzmeister seinen Rat, und die Truppen Ludwigs XIV. zu unterhalten sei auf jeden Fall besser, als das Geld für den Papst »dem Heiligen Geist zukommen« zu lassen. Das könnte man durchaus so verstehen, dass das Fürstentum von Orange Steuern zahlen musste, um die Darlehen des Papstes zurückzuzahlen.

Hier liegt der eindeutigste Beweis für die Schulden Wilhelms von Oranien bei Innozenz XI.: Der Schatzmeister Wilhelms spricht offen darüber, und der Umstand wird auf vertraulichem Weg von einer Quelle überliefert (dem stellvertretenden Legaten in Avignon), die sicher kein Interesse daran hatte, giftige Gerüchte zu verbreiten.

Der neue Papst – antwortet Cenci Staatssekretär Kardinal Rubini – habe keinerlei Absicht, die Bevölkerung von Orange als seine Untertanen aufzunehmen, auch wenn es deren »einstimmiger Wille« sei, sich dem Kirchenstaat anzuschließen: Der Pontifex wolle nicht die Zahl seiner Untertanen erhöhen, sondern nur die gegenwärtige behalten. Der französische König habe dagegen bessere Möglichkeiten, für die Bedürfnisse der Bevölkerung von Orange zu sorgen. Vor allem aber sei, betont Rubini, die Begründung für eine derartige Annexion zurückzuweisen, »der Prinz von Oranien habe dem früheren Papst große Summen geschuldet«. Die Verhandlungen zwischen Cenci und Beaucastel scheitern, Orange bleibt bei Frankreich.

Dieser letzte (und nur dieser) Brief wurde von Danckelman publiziert, aber *ad confutandum*: Da Rubini abstreitet, dass Innozenz XI. je einem ketzerischen Fürsten Geld geliehen haben könnte, existieren die Darlehen nicht! Schlauerweise hat Danckelman allerdings vermieden, auch die vorausgegangenen Briefe Cencis zu veröffentlichen (die ebenfalls im Geheimarchiv des Vatikan verwahrt sind), aus denen man die genau umgekehrte Schlussfolgerung ziehen kann. Eine Schlussfolgerung, die, wie wir gesehen haben, in den Hauptbüchern von Carlo Odescalchi Bestätigung findet.

Der Briefwechsel Cenci

Im Folgenden geben wir den im vatikanischen Geheimarchiv befindlichen Briefwechsel zwischen Monsieur Beaucastel, dem stellvertretenden Legaten in Avignon, Baldassare Cenci, und dem vatikanischen Staatssekretariat wieder:

Bestand Staatssekretariat, Legation Avignon, Faszikel 369
Monsieur Beaucastel an Paolo de Salvador (in Übersetzung),
4. Oktober 1689:

Signore,
Mit dem Ausdruck meiner tief empfundenen Freude darüber, die Autorität des Papstes wiederhergestellt, Seine Eminenz wieder zurückkehren und Euch neuerlich die Aufgaben Eures Amtes übernehmen zu sehen, fühle ich mich zugleich verpflichtet, Euch zu sagen, dass die äußerst verzweifelte Lage, in die dieser Staat durch siebzehn Kompanien Dragoner und zwanzig Kompanien Infanterie geraten ist, für die uns Einquartierung befohlen ist, uns gezwungen hat, uns dem König [von Frankreich] in die Hand zu geben, wofür die Zeremonie am letzten Dienstag, dem Fest Allerheiligen, in Anwesenheit aller Vertreter des Staates auf dem Platz des Cirque stattgefunden hat. Ich könnte nicht sagen, ob es sich um eine im Voraus geplante Sache handelte, in Wahrheit aber glaube ich es und werde Euch ausführlicher darüber berichten, sobald ich weiß, dass Seine Eminenz [Cenci] angekommen ist. Ich werde Euch in seiner Anwesenheit meine Gedanken darüber darlegen, wenn [unverständliches Wort] es dem Papier anzuvertrauen, werdet

Ihr leicht erraten, wenn ich Euch sage, dass sie unser Glück ebenso groß machen würde wie das Eure und dass die Verbindung der gegenwärtigen Angelegenheiten sie ohne große Mühe zur Vollendung bringen könnte. Ich werde von einem Rheumatismus geplagt, der mich fest ans Bett fesselt, aber wenn ich wieder aufstehen kann, lasse ich mich nach Avignon bringen, sobald ich weiß, dass Seine Eminenz angekommen ist, um ihm unsere demütige und ehrerbietige Dienstbereitschaft zu Füßen zu legen. Ich bitte Euch, ihm zu verstehen zu geben, wie sehr ich auf seine Rückkehr gehofft und wie viel Schmerz ich über seinen Abschied empfunden habe. Genießt die Annehmlichkeiten, die Euch zuteil werden; wir werden indirekt dabei sein, da es unmöglich ist, dass nicht auch uns ein Strahl zusteht; ich für mein Teil kann Euch besonders versichern, dass ich über das Vorgefallene [die Rückkehr Avignons in die Hand des Papstes] so erfreut war, als wäre ich Euer Landsmann (wenn ich das nur sein könnte), aber *non datur omnibus adire Corinthum*, oder besser *Avenionem*. Ich wüsste nicht zu sagen, ob ich in diesen wenigen lateinischen Worten einen Regelverstoß begangen habe, aber ich kann Euch versichern, dass ich nie einen solchen begehen werde gegen das, was ich versprochen habe.
Euer ergebenster und gehorsamster Diener

Monsieur Beaucastel

Bestand Staatssekretariat, Legation Avignon, Faszikel 350.
Monsignore Cenci an das Staatssekretariat (dechiffriert), ohne Datum:

Ein treu ergebener und fähiger Untertan des Heiligen Stuhles, ein Gentilhomme aus Avignon, hat mir einen Brief zukommen lassen, den er von einem Untertanen des Prinzen von Oranien erhalten hat, wonach man von einem großen Verlangen der Untertanen des Fürstentums auszugehen habe, sich der Herrschaft des Heiligen Stuhls zu unterwerfen, und von der Leichtigkeit, mit der dies unter den Umständen der gegenwärtigen Zeiten geschehen könne, und er fügt hinzu, er werde bei mir erscheinen, um mich zu meiner Rückkehr zu beglückwünschen, aber erst, wenn es ihm eine katarrhische Krankheit erlaubt, an der er gegenwärtig leidet. Wenn er mit mir über diese Angelegenheit spricht, werde ich alles berichten, was er mir sagt, und das 2657 [Geschäft?] weder ablehnen noch annehmen. Anscheinend gibt es keinen Zweifel an der Zustimmung der Einwohner von Orange, weil die große Not, in die sie vom Allerchristlichsten König versetzt worden sind, und die Unmöglichkeit, von ihrem natürlichen Herrn verteidigt zu werden, sie zu dem verzweifelten Entschluss gebracht haben, sich von diesem loszusagen und sich dem Allerchristlichsten König in die Hand zu geben, wie ich in meinen früheren Briefen bereits gemeldet habe, obwohl sie viel lieber Untertanen der milden Herrschaft Seiner Heiligkeit sein möchten, wie sie die Untertanen des hiesigen Staates kennen, die kei-

ne Veränderung ersehnen für Hunderte von Jahren. Nach ihrer Ansicht würde der Allerchristlichste König jedes weitere Interesse, das Fürstentum zu behalten, vielleicht einer Verpflichtung hintanstellen, die Seine Heiligkeit und deren Nachfolger übernehmen, König Jakob zu unterstützen und sich 2488 [zu rüsten?] gegen König Wilhelm, wenn der Heilige Stuhl diesem das genannte Fürstentum entzöge. Die Gerechtigkeit eines solchen Erwerbs lässt sich begründen mit der Zustimmung des Volkes, das sich in die Hand Seiner Heiligkeit begibt, um sich der Untertänigkeit eines ketzerischen Fürsten zu entziehen, der nicht in der Lage oder nicht willens ist, es aus dem größten Elend zu befreien; darüber hinaus mit den Forderungen des Heiligen Stuhles wegen der schweren Schäden, die die Oranier in der Vergangenheit aus Hass gegen den katholischen 2601 [Glauben?] angerichtet haben, von denen ich nicht weiß, ob je dafür einen Entschädigung geleistet worden ist, weshalb dem ganzen Land Abgaben auferlegt wurden, so dass besonders die Gemeinde Avignon von Hunderttausenden Scudi Schulden bedrückt wird [...].
Mein Amt hat mich dazu verpflichtet mitzuteilen, was ich über diese sehr wichtige Angelegenheit weiß. Das beiliegende Blatt enthält eine Abschrift des oben genannten Briefs von Signor Beaucastel, Gentilhomme aus Courteson, an Signor Salvador, Auditor der Rota in Avignon. Von anderen Gelegenheiten, bei denen ich mit ihm mündlich verhandelte, scheint er mir ein Mann großer Fähigkeiten, erst neuerlich zum katholischen Glauben konvertiert, aber mit allen äußeren Anzeichen wirklicher Bekehrung und am französischen Hofe wohl angesehen, in seiner Heimat auf einem bedeutenden Posten, den ihm der Allerchristlichste König verliehen hat und den er seit zwei Jahren auf Wunsch seines Publikums als der fähigste und bei seinen Mitbürgern beliebteste Mann innehat. Der vorbesagte Monsieur Salvador, der mir den vorbesagten Brief übergab, versicherte mir mündlich, einer der Konsuln von Courteson habe das Ansinnen [unverständliches Wort] mündlich die Übergabe des Fürstentums vorzuschlagen mit der Versicherung, dass der Allerchristlichste König gewiss zustimmen würde.

Bestand Staatssekretariat, Legation Avignon, Faszikel 350.
Monsignore Cenci an das Staatssekretariat (dechiffriert), ohne Datum:

Am letzten Dienstag kam Beaucastel mit Auditor Salvador zu mir und erklärte mir in dessen Anwesenheit den einmütigen Willen der Bewohner des Fürstentums der Oranier, sich der Herrschaft des Heiligen Stuhls zu unterwerfen. Ich erwiderte darauf wie auf eine wünschenswerte, aber von ihrer Durchführung weit entfernte Angelegenheit, und im Verlauf des Gesprächs begründete ich das damit, wie schwer ein Fundament für die Zustimmung des französischen Königs zu finden wäre. Er erwiderte mir nur, der Heilige Stuhl besitze auch die Grafschaft Venaissin nur aufgrund eines Teilungsvertrags zwischen dem französischen König und dem Papst aus der Zeit der Albigenserkriege. Von sich aus fügte er mir hinzu, dass hier in diesem Reich der Glaube weit verbreitet sei, der Prinz von Oranien habe dem früheren Papst große Summen geschuldet, die zu bezahlen er es wohl für günstig hielte, sich eines Staates zu entledigen, aus dem so wenig Gewinn zu ziehen sei. Ich führte weitschweifig aus, wie unwahrscheinlich es sei, dass der verstorbene Papst dem Prinzen von Oranien Geld verschafft habe, und da ich aus ihm nichts anderes Wichtiges erfahren konnte, schloss ich damit, dass mein Amt es mir nicht erlaube, zu wissen und zu entscheiden, welches Interesse S. Heiligkeit gegenüber dem Allerchristlichsten König und den anderen Herrschern Europas haben könne, so dass ich nicht in der Lage sei, seinem Verlangen und dem seiner Mitbürger entgegenzukommen; ohne es jedoch zu unterlassen, ihm tief empfundene Dankbarkeit für einen solchen Wunsch zum Ausdruck zu bringen, Untertanen meines Herrn zu werden, und mein Mitgefühl für die wirklich bedauernswerte Lage, in die sie versetzt sind. Salvador, der an einem anderen Tag noch einmal mit mir sprach, hat mir versichert, dass Beaucastel sehr besorgt sei, weil ich mich für dieses Anerbieten nicht erwärmt hätte, und ich wiederholte ihm dieselben Dinge.

Bestand Staatssekretariat, Legation Avignon, Faszikel 350.
Kardinal Ottoboni an Monsignore Cenci, 6. Dezember 1689:

Von all dem, was mir E. E. andeutete mit dem in Zahlen geschriebenen Blatt darüber, was Ihnen dort der Gentilhomme aus Avignon mit dem von seinem Freund aus Orange geschriebenen Brief mitgeteilt hatte, in dem von dem lebendigen Wunsch jener Untertanen die Rede ist, sich dem Heiligen Stuhl zu überantworten, habe ich Seiner Heiligkeit ausführlich Bericht erstattet, und indem unser gnädigster Herr damit einverstanden ist, dass E. E. gern Gehör gewähre, große Befriedigung und Hochschätzung den guten Willen derselbigen zum Ausdruck bringe und alles andere, was bei einer solchen Gelegenheit zu sagen ist, doch genau darauf achte, sich von jederlei Verpflichtung fern zu halten, weil unser gnädigster Herr der Ansicht ist, dass sie mit größerer Sicherheit vom Allerchristlichsten König verteidigt werden und unter seinem Schutz leben können als unter dem des Hl. Stuhles, der weder die Macht noch die Waffen hat, das Fürstentum Orange zu verteidigen.

Bestand Staatssekretariat, Legation Avignon, Faszikel 59.
Monsignore Cenci an Kardinal Ottoboni, 12. Dezember 1689:

Mir wird versichert, Graf Grignano und der Intendant der Provence [die französischen Statthalter in Avignon] hätten die Einwohner der

Stadt Orange und der anderen Orte des Fürstentums wissen lassen, dass der Allerchristlichste König es sehr schätze zu erfahren, sie hätten sich der Herrschaft des Fürsten entzogen und sich S. M. unterworfen und ihnen außerdem versichert, mit Beginn des folgenden Jahres werde er ihnen Zeichen seines Wohlwollens zukommen lassen. Ein gewisser M.r de Saint Clément, vormals Schatzmeister des Prinzen von Oranien, sagte, man verlange in Zukunft von ihnen nicht mehr als einen Soldo für die Ausrüstung jedes Soldaten, während sie für den Papst viel mehr hätten entrichten müssen, und lasse Brot und Mehl der Verköstigung dieser stationierten Soldaten und nicht mehr dem Heiligen Geist zukommen, wie dies für den Papst geschehen sei, und daher hätten sie nun Anlass aufzuatmen, da sie der an ihren Orten stationierten Infanterie Logis gewährten [...].

Aus E. Danckelman, a.a.O.:
Kardinalsekretär Rubini an Mons. Cenci, 13. Dezember 1689:

Auf die neuerlichen Versicherungen von Beaucastel an E. E. in Anwesenheit von Auditor Salvador über den einmütigen Willen der Bewohner von Orange, sich unter die Herrschaft des Heiligen Stuhls zu begeben und dort zu bleiben, erwiderte E. E. weise wie auch bei der durch und durch falschen Voraussetzung, der Prinz von Oranien schulde dem verstorbenen Papst große Summen, für die er diesen Staat hergeben könne, aus dem der Fürst so wenig Gewinn ziehe. Da ein solches Urteil zu ungebührlich und bösartig ist, während doch der ganzen Welt bekannt ist, dass dieser Heilige Vater weder fähig war, sich mit einem ketzerischen Fürsten zusammenzutun und ihm Hilfe zu leisten, noch irgendein Einvernehmen mit ihm oder anderen ketzerischen Fürsten hatte. Und als Antwort, wenn sie das Anerbieten erneuern sollten, könnt Ihr die gleichen Worte wählen, die ich auf Befehl Seiner H. im letzten Schreiben zum Ausdruck gebracht hatte, nämlich dass dieselbe der festen Überzeugung ist, diese Völker könnten mit größerer Sicherheit von dem Allerchristlichsten König verteidigt werden und unter seinem Schutz leben als unter dem des apostolischen Stuhls, der nicht den Erwerb der Staaten anderer erstrebt, sondern nur den Erhalt der eigenen, und weder Mittel noch Waffen hat, die der Oranier zu verteidigen.

Die Darlehensrückzahlung

Wurde das Darlehen der Odescalchi an Wilhelm von Oranien je zurückgezahlt? Um eine Antwort auf diese Frage zu finden, muss man sich mit einer anderen, nicht minder ungewöhnlichen Geschichte befassen.

Innozenz XI. stirbt im August 1689. Wenige Monate später stirbt in

Rom auch Christine von Schweden, die Herrscherin, die sich mehr als dreißig Jahre zuvor zum Katholizismus bekehrt hatte und seitdem in Rom unter dem Schutz des Papstes lebte.

Vor ihrem Tod ernennt Christine Kardinal Decio Azzolino, ihren langjährigen Ratgeber und engen Freund, zu ihrem Alleinerben. Aber der Kardinal stirbt seinerseits nur wenige Monate später, und Christines Erbe fällt an Pompeo Azzolino, einen Verwandten des Kardinals.

Pompeo, ein kleiner Adeliger vom Lande (die Azzolino stammten aus Fermo in den Marken wie auch Tiracorda und Dulcibeni), hat plötzlich das riesige Erbe der Christine von Schweden in Händen: über zweihundert Gemälde von Raffael, Tizian, Tintoretto, Rubens, Caravaggio, Michelangelo, Domenichino, Van Dyck, Andrea del Sarto, Bernini, Guido Reni, Carracci, Giulio Romano, Parmigianino, Giorgione, Velázquez und Palma il Vecchio; gold- und silberdurchwirkte Gobelins nach Zeichnungen von Raffael; Hunderte von Zeichnungen berühmter Maler; eine ganze Galerie von Statuen, Büsten, Köpfen, Vasen, Marmorsäulen; mehr als sechstausend Münzen und Medaillen; Rüstungen, Musikinstrumente, wertvolle Möbel; in Holland verwahrte Juwelen, Kreditforderungen an die schwedische und französische Krone und Ansprüche auf einige schwedische Besitzungen; schließlich noch Christines außergewöhnliche Bibliothek mit Tausenden von gedruckten Büchern und Handschriften, die schon die Zeitgenossen als unendlich wertvoll einschätzten.

Pompeo ist keineswegs außer sich vor Freude, als er in den Besitz dieser Erbschaft kommt. Christines Erbe ist nämlich mit hohen Schulden belastet, und wenn er nicht Höchstpreise erzielt, läuft er Gefahr, davon erstickt zu werden. Nur wenige verfügen über ausreichende Mittel, Besitztümer von solchem Umfang zu kaufen: Man müsste vielleicht Verhandlungen mit irgendeinem, selbst nicht allzu verschuldeten Fürsten aufnehmen. Doch Pompeo ist ein Parvenu: Er weiß nicht, wo anfangen, und in Rom wimmelt es nur so von Abenteurern, die darauf brennen, sich an diesen schüchternen Edelmann vom Lande heranzumachen.

Pompeo versucht, die Sache zu vereinfachen und die ganze Erbschaft en bloc zu verkaufen, doch das erweist sich als zu schwierig und zu riskant. Die Gläubiger werden allmählich nervös: Pompeo entschließt sich daraufhin in aller Eile, das Erbe zu teilen und einzelne Sammlungen und Stücke zu verkaufen. Die Gobelins und wertvollen Möbel (darunter ein Spiegel nach einem Entwurf von Bernini) landen bald bei den Ottoboni, der mächtigen Familie des neuen Papstes Alexander VIII.; die Bücher dagegen bereichern die vatikanische Bibliothek.

Inzwischen häufen sich die Schwierigkeiten. Außer Schulden bringt Christines Erbe auch eine Reihe tückischer gerichtlicher Verfahren mit sich. Schweden beansprucht das Recht auf die in Holland verpfändeten und bei einem Bankier verwahrten Schmuckstücke und lässt sie durch die Amsterdamer Behörden beschlagnahmen.

Diplomatische Verwicklungen mit Schweden sind das Letzte, was sich

Pompeo aufladen möchte. Man rät ihm, ein Bittschreiben an denjenigen zu senden, der Schweden am besten beeinflussen kann, wenn es um Angelegenheiten in Holland geht: Wilhelm von Oranien, den nunmehrigen König von England.

Im März 1691 richtet Pompeo Azzolino deshalb ein Schreiben an Wilhelm, in dem er um Schutz und Hilfe in der Frage der Juwelen bittet, und erhält eine, gelinde gesagt, unerwartete Antwort: Darüber in Kenntnis gesetzt, dass die Sammlung von Christine zum Verkauf steht, schlägt Wilhelm über einen Mittelsmann vor, alles zu kaufen, und verlangt sofort ein Inventar der Sammlungen.

Ein Blitz aus heiterem Himmel. Noch wenige Tage zuvor musste Pompeo die Bilder einzeln verkaufen, und er kann es kaum glauben, den Verkauf auf einen Schlag abschließen zu können. Noch verwunderlicher ist es jedoch, dass Wilhelm, der zur Finanzierung seiner militärischen Unternehmungen immer um Geld betteln musste, nun plötzlich das Bedürfnis verspürt, ein Vermögen für Bilder und Statuen auszugeben. Sogar der Sonnenkönig hatte darauf verzichtet, sein Interesse am Kauf von Christines Sammlungen anzumelden, als ihm sein Botschafter in Rom, Kardinal d'Estrée, von der Möglichkeit zum Kauf dieser Schätze berichtete.

An dieser Stelle kommt es zu einer weiteren dramatischen Wende, denn ein weiterer Käufer taucht auf, den wir gut kennen: Livio Odescalchi, der Neffe von Innozenz XI.

Für 123 000 Scudi schnappt Livio Wilhelm das Geschäft vor der Nase weg und übernimmt fast alles, was von der Erbschaft geblieben ist. Erstaunlicherweise ist Wilhelm Pompeo Azzolino deswegen nicht gram, sondern unterhält weiter die besten Beziehungen zu ihm. Die komplizierte Erbangelegenheit ist in kürzester Zeit zum Abschluss gekommen.

Der Ausgang dieser Geschichte ist ebenso verwunderlich wie unglaubwürdig. Ein immer in Geldverlegenheiten steckender protestantischer König behauptet, eine überaus wertvolle Kunstsammlung kaufen zu wollen. Der Neffe eines Papstes (der zudem diesem König eine Menge Geld geliehen hatte) schnappt ihm das Ganze vor der Nase weg, und der König beschränkt sich darauf, dem Verkäufer zu gratulieren (T. Montanari, *La dispersione delle collezioni di Cristina di Svezia. Gli Azzolino, gli Ottoboni e gli Odescalchi*, in: *Storia dell'Arte*, 90 [1997], S. 251–299).

Einige Zahlen: Die Odescalchi hatten Wilhelm ungefähr 153 000 Scudi geliehen. Livio kauft Christines Kunstwerke für eine nicht allzu weit abweichende Summe, nämlich um 123 000 Scudi.

Welch raffinierte Köpfe waren da am Werk! Seit Ende 1688 war Wilhelm endlich König von England und damit in der Lage, seine Schulden an die Odescalchi zurückzuzahlen. Ein Jahr später aber war Innozenz XI. bereits tot. Wie konnte man also die Rückzahlung abwickeln? Wahrscheinlich war zu diesem Zeitpunkt erst ein Teil des Darlehens getilgt. Die sich durch die Hinterlassenschaft von Christine von Schweden bietende Gelegenheit durfte man deshalb nicht ungenutzt vorübergehen lassen. Livio kaufte, aber über einen diskreten Mittelsmann war es Wilhelm, der zahlte.

Nach unzähligen Kriegen wurde die heimliche Beziehung zwischen dem Haus Odescalchi und den Oraniern unauffällig beendet. Man kann sich leicht die Szene ausmalen. Während er im goldenen römischen Mittagslicht einen Tintoretto oder einen Caravaggio bewunderte, ließ einer von Wilhelms Vertrauensleuten einem Emissär Livios wahrscheinlich einen Wechselbrief in die Hand gleiten. Bei alldem rief er natürlich die Erinnerung an die große Christine von Schweden wach, die gute Seele.

Livio und Paravicini

Vielleicht dank des Erbes von Christine von Schweden konnte Wilhelm von Oranien demnach die Kredite der Odescalchi abtragen. Doch die Familie von Innozenz XI. hatte ihm mindestens 153 000 Scudi geliehen, auf die auch noch Zinsen aufgelaufen waren. Pompeo Azzolino erhielt für den Verkauf von Christines Hinterlassenschaft lediglich 123 000 Scudi. Wo ist die Differenz geblieben?

Carlo Odescalchi, Innozenz' Bruder, war schon 1673 gestorben. Im Jahr 1680 wurde die Niederlassung der Odescalchi in Venedig geschlossen, nachdem die in Genua schon seit Jahren aufgelöst war. Über welchen erfahrenen und vertrauenswürdigen Mittelsmann verfügte Innozenz XI. jetzt noch, um die erste fällige Tranche zu kassieren?

Seinen Neffen Livio konnte er schwerlich einsetzen, nicht nur, weil dieser zu sehr im Lichte der Öffentlichkeit stand. Livio war der Prototyp des reichen und verzogenen Sprösslings: finster, rebellisch, introvertiert, launisch, instabil und vielleicht sogar leicht zu Tränen zu rühren. Er liebte das Geld, aber nur wenn die anderen es schon verdient hatten. Sein Onkel Benedetto hielt ihn von den Staatsgeschäften fern und wünschte, dass sich durch ihn die Familie fortpflanzte. Livio dagegen wollte gleichsam aus Trotz nie heiraten. Und er verließ auch nie Rom, um die vom Kaiser gekauften ungarischen Besitzungen von Sirmium zu besuchen. Papst Odescalchi ließ aus Sorge um Sitte und Ordnung alle Theater schließen? Nach dem Tod des Onkels kaufte sich Livio als Revanche eine Loge im Theater Tor di Nona. Von seinem Onkel hatte er vielleicht eine gewisse Tendenz zum Geiz und zur Hinterlist geerbt: Als der österreichische Botschafter in Rom ihn darum bat, ihm einige kaiserliche Dukaten in römische Währung zu wechseln, versuchte Livio, ihn dreist übers Ohr zu hauen, indem er ihm 40 Baiocchi für einen Dukaten anbot, während der offizielle Kurs bei 45 Baiocchi lag. Ergebnis: Der Botschafter bediente sich des verbreiteten Antisemitismus der Epoche und erzählte überall herum, der Neffe von Innozenz XI. betreibe Geschäfte »wie ein Jude« (M. Landau, *Wien, Rom Neapel – Zur Geschichte des Kampfes zwischen Papsttum und Kaisertum*, Leipzig 1884, S. 111, Anm. 1).

Livio benahm sich auch gegenüber dem Kaiser, dem er ein Darlehen und die Entsendung eines Truppenkontingents versprochen hatte, äußerst ungeschickt: 7000 Soldaten sollten sich den Kaiserlichen anschließen, wenn diese die Abruzzen erreichten. Als Gegenleistung forderte er den Titel eines Reichsfürsten. Wie wir wissen, wurde ihm der Titel zuerkannt, und Livio lieh dem Kaiser auch eine bescheidene Summe (noch dazu zu einem hohen Zinssatz). Aber die 7000 Soldaten stellte er nie.

Ein Opfer hypochondrischer Einbildungen, bewahrte Innozenz' Neffe sorgfältig ärztliche Ratschläge und Untersuchungsprotokolle auf. Mit einer winzigen, unleserlichen Schrift zeichnete er selbst die unbedeutendsten Krankheitssymptome auf. Fasziniert von okkulten Lehren, verbrachte er die Nächte mit alchimistischen Experimenten und der mühsamen Suche nach *remedia*, für die er auch an Unbekannte hohe Summen zu zahlen bereit war (*Fondo Odescalchi* XXVII B6; Archivio di palazzo Odescalchi, IIIB6, n. 58, 80). Und in den Augenblicken, in denen seine morbide Persönlichkeit allzu sehr unter den Forderungen seines Onkels litt, notierte er in einer Art kindlichem Racheakt böswillige Beobachtungen und Gerüchte (*Fondo Odescalchi*, Diario di Livio Odescalchi).

Wohl kaum hätte ein derartiger Charakter die Last schwerwiegender Geheimnisse, kompromittierender Begegnungen und riskanter Entscheidungen zu tragen vermocht. Für die Rückzahlung der Darlehen an Wilhelm musste ein erfahrener, entschlossener und kaltblütiger Mittelsmann gefunden werden.

Innozenz XI. konnte in Rom auf einen Mann zählen, der seine Interessen diskret und zuverlässig verfolgte: Der Bankier Francesco Paravicini, der aus einer mit den Odescalchi eng verbundenen Familie stammte. Er besaß die Kompetenz und die Konkretheit eines wirklichen Geschäftsmannes und verfolgte die verschiedensten ökonomischen Angelegenheiten des künftigen Papstes: von der Einziehung von Mieten bis zum Kauf von Pfandbriefen, vom Kassieren der Gelder, die Verwandte nach Rom schickten, bis zum Beitreiben von Darlehen. Bereits 1640 hatte Paravicini im Auftrag von Carlo Odescalchi für 12 000 Scudi zwei Posten eines geistlichen Kanzleisekretärs und -präsidenten gekauft und ihm mit diesem Geld, wie damals üblich, seinen Eintritt in die kirchliche Hierarchie ermöglicht.

Die Familie Paravicini musste demnach das vollste Vertrauen der Odescalchi genießen. Sobald Kardinal Benedetto Papst wurde, ernannte er sofort zwei weitere Paravicini, Giovanni Antonio und Filippo, zu Geheimkämmerern und Generalzahlmeistern der Apostolischen Kammer: Sie waren somit verantwortlich für jede Art von Zahlungen, die der Heilige Stuhl oder der Papst persönlich anordnete. Gleichzeitig schaffte der neue Papst die Ämter des Zahlmeisters der päpstlichen Legationen in Forlì, Ferrara, Ravenna, Bologna und Avignon ab: Deren Aufgabe wurde ohne ersichtlichen Grund den Paravicini übertragen (Archivio di Stato di Roma, *Camerale I – Chirografi*, vol. 169, 237, 239, 10. Oktober 1676, 12. Juni 1677; *Carteggio del Tesoriere generale della Reverenda camera apostolica*, 1673–1716. Vgl. auch C. Nardi, *I Registri del pagatorato delle soldatesche e dei Tesorieri della legazione di Avignone e del contado venaissino nell'Archivio di Stato di Roma*, Rom 1995).

War es sinnvoll, den Paravicini (die in Rom residierten) einen Aufgabenbereich im fernen Avignon anzuvertrauen, wo der Zahlmeister sich nur mit den Routineausgaben des Apostolischen Palasts und ein paar Truppen zu beschäftigen hatte? Merkwürdigerweise wurde das Amt des Zahlmeisters in Avignon unmittelbar nach Innozenz' Tod und der Aufhebung der französischen Besatzung wieder an Pietro Del Bianco verliehen, dessen Familie jahrzehntelang diese Pfründe innegehabt hatte.

Wie eng das Vertrauensverhältnis des Papstes zu Giovanni Antonio und Filippo Paravicini war, lässt sich aus einigen erhellenden Einzelheiten erkennen. Als den Apostolischen Nuntii in Wien und Warschau die notwendigen Subsidien für den Türkenkrieg überwiesen werden sollten, wickelten Vertrauensleute des Papstes diese Transaktion über Ulm, Innsbruck und Amsterdam (schon wieder ...) ab: Neben dem bekannten Rezzonico waren daran die beiden Paravicini beteiligt. Wären also nicht diese Letzteren die idealen Mittelsmänner gewesen, um die Kreditrückzahlungen von Wilhelm von Oranien einzutreiben (*Fondo Odescalchi* XXII A13, c. 440)?

Die in den Briefen Cencis wiedergegebenen Worte von Monsieur de Saint Clément und Beaucastel lassen vermuten, dass den Untertanen des Fürstentums Orange zur Rückzahlung der Schulden an den Papst eine Art *Odescalchi-Steuer* aufgebürdet worden war. Sobald die Summe beisammen war, war es am wirtschaftlichsten und sichersten, sie ohne große Umwege im nahe gelegenen Avignon zurückzuzahlen, wo die kompetenten und vertrauenswürdigen Paravicini die Kassenvollmacht besaßen. Der Schatzmeister Wilhelms brauchte nur regelmäßig in irgendeinem gottverlassenen Winkel der Provence einem Abgesandten des Papstes einen schlichten Wechselbrief in die Hand zu drücken. Keine Mittelsmänner mehr, keine Bankguthaben und keine internationalen Dreiecksgeschäfte.

Weitere unauffindbare Quellen

Um diese Hypothese zu überprüfen, mussten die Akten der Staatskasse von Avignon Aufschluss geben, die sich im römischen Staatsarchiv befinden. Aus diesen Papieren lässt sich entnehmen, dass die Paravicini, sobald sie zu Zahlmeistern geworden waren, sofort Einnahmen verbuchten: Statt zu zahlen, *erhalten* sie einige tausend Scudi aus einer Kassenabrechnung. Ein interessantes Indiz. Leider weisen die Bücher eine große, unerklärliche Lücke auf: Es fehlen die fünf Jahrgänge von 1682 bis 1687, fast die Hälfte des Pontifikats von Innozenz XI.

Um der Sache nachzugehen, hätte die Korrespondenz des Vorgesetzten der Paravicini, des Generalschatzmeisters der Apostolischen Kammer, hilfreich sein können. Nichts zu machen: In diesem Fall fehlen sogar alle Jahrgänge von 1673, dem Todesjahr von Carlo Odescalchi, bis 1716.

Die Lösung

Wenige Jahre vor der Seligsprechung Innozenz' XI. in der Zeit nach dem Zweiten Weltkrieg kaufte das vatikanische Geheimarchiv die Archivbestände Zarlatti, in dem Dokumente enthalten sind, die die Odescalchi und die Rezzonico betrafen. Die Archivalien reichen bis ins 18. Jahrhundert zurück. Es wäre interessant zu prüfen, ob sich um diese Zeit noch Spuren der früheren Beziehungen zwischen Benedetto Odescalchi, seinem Bruder Carlo und deren Strohmännern in Venedig nachweisen lassen. Doch darüber wird man nie etwas erfahren. Die Verantwortlichen des Geheimarchivs selbst haben die »unerklärlichen Verluste« und die »offensichtlichen Entnahmen« aus diesen Beständen beklagt, sobald sie im Vatikan gelagert waren; aus dem ursprünglichen Bestand wurden Faszikel abgetrennt, ohne Signatur gelassen (deshalb nicht identifizierbar) und falsch eingeordnet (deshalb unauffindbar; vgl. S. Pagano, *Archivi di famiglie romane e non romane nell'Archivio segreto vaticano*, in: *Roma moderna e contemporanea*, I [Sept./Dez. 1993], S. 194, 229–231; auf unerklärliche Weise verschwundene Dokumente erwähnt auch V. Salvadori (Hg.), *I carteggi delle biblioteche lombarde*, Mailand 1986, II, S. 191).

Vielleicht wollte jemand ganz sicher sein können?

Papst Johannes Paul II. ging mit leuchtendem Beispiel voran, als er vor einigen Jahren für die schweren von der Kirche im Laufe ihrer Geschichte begangenen Fehler rückhaltlos um Vergebung bat. Auf diesem Weg wäre es mehr als ein Rückschritt, die Fehler und die vielen Schatten, die auf dem irdischen Werk von Papst Benedetto Odescalchi lasten, nicht nur zu verheimlichen, sondern sogar zu belohnen. Vielleicht ist es an der Zeit, auch diese Rechnung zu begleichen.

Diskographie der in *Imprimatur* gespielten und gesungenen Werke

1. **Das geheimnisvolle Rondo** S. 60 (CD Emi CDM 5 65253 2; Georg Cziffra, »Cziffra Edition 4«, Track 12)
2. **Disperate speranze** (Rossi) S. 67 (CD Teldec 4509-90799-2; Tragicomedia, »Luigi Rossi: Le canterine romane«, Track 1)
3. **Ai sospiri, al dolore** (Rossi) S. 104 (ebd.; Track 13)
4. **Storia di Fouquet** (Rossi, Passacaille und Courante) S. 105 (ebd.; Track 4 und 5)
5. **Piango, prego e sospiro** (Rossi) S. 149 (ebd.; Track 2)
6. **A chi vive ogn'or contento** (Rossi) S. 157 (CD DHM 05472 77452 2; R. Jacobs, »Luigi Rossi: Canzonette amorose«, Track 1)
7. **In questo duro esilio** (Rossi) S. 168 (ebd.; Track 11)
8. **Chaconne des Harlequins** (Devizé nach Lully) S. 199 (CD Glossa GCD 920 104 ; J. M. Moreno, »Robert De Visée: Pièces de théorbe«, Track 10)
9. **Fan battaglia i miei pensieri** (Rossi) S. 247 (CD Teldec 4509-90799-2; Tragicomedia, »Luigi Rossi: Le canterine romane«, Track 17)
10. **Speranza, al tuo pallore** (Rossi) S. 269, 691 (ebd.; Track 15)
11. **Amanti, sentite** (Rossi), darin *Son faci le Stelle* S. 290, *A petto ch'adora* S. 497, *Chi giace nel sonno* S. 504 (CD DHM 05472 77452 2; R. Jacobs, »Luigi Rossi: Canzonette amorose«, Track 13)
12. **Ma quale pena infinita** (Rossi) S. 331 (ebd.; Track 6)
13. **Gigue in G-Dur** (Devizé) S. 340 (CD Glossa GCD 920 104; J. M. Moreno, »Robert De Visée: Pièces de théorbe«, Track 7)
14. **Chaconne** (Devizé) S. 340 (CD Glossa GCD 2 KO 106; J. M. Moreno, »Robert De Visée: Pièces de théorbe«, Track 22)
15. **Ahi, dunqu'è pur vero** (Rossi) S. 352 (CD DHM 05472 77452 2; R. Jacobs, »Luigi Rossi: Canzonette amorose«, Track 3)
16. **Lascia speranza, ohimè** (Rossi) S. 353 (ebd.; Track 6)
17. **Noi siam tre donzellette** (Rossi) S. 414 (CD Teldec 4509-90799-2; Tragicomedia, »Luigi Rossi: Le canterine romane«, Track 8 und 9)
18. **Le Caprice Royal** (Corbetta) S. 434 (CD DHM 05472 77371 2 ; A. Lawrence-King, »La Harpe Royale«, Track 1)
19. **Infelice pensier** (Rossi) S. 469 und 489 (CD Teldec 4509-90799-2; Tragicomedia, »Luigi Rossi: Le canterine romane«, Track 3)
20. **O biondi tesori** (Rossi) S. 505 und 506 (CD DHM 05472 77452 2; R. Jacobs, »Luigi Rossi: Canzonette amorose«, Track 5)
21. **Tarantella** (Kircher) S. 680 (CD Sony Classical SK 70767; L. Kirchhof, «Lute Music for Witches and Alchemists«, Track 7)